Continentia Verlag

Alan Patrick Stern

Redesigning Civilization

Wie erschaffen wir die westliche Zivilisation neu?

2. überarbeitete Auflage

Continentia Verlag

Wir bedanken uns bei der Vedanta Society of St. Louis für ihre Zustimmung, Ausschnitte aus dem Buch „Vedanta, Voice of Freedom" zu benutzen.

2. überarbeitete Auflage, 2023

Die 1. Auflage ist im Jahr 2019 erschienen.

Herausgegeben vom Continentia Verlag GmbH,

Oberloquitz 44, 07330 Probstzella, Deutschland;

E-Mail-Adresse: info@continentia-verlag.org.

Printed in Germany.

Druck: Books on Demand GmbH, Norderstedt, Deutschland

ISBN: 978-3-910500-02-0

Inhalt

We are God's children playing together on this lovely planet Earth – we should never forget it.

Paramahamsa Prajnanananda

EINLEITUNG

Am Anfang war der Mensch einer der Teilnehmer an der Natur. Ein besonderer zwar, aber trotzdem ein Teil des unbegreiflich komplexen und atemberaubend schönen Systems des Lebens. Er sammelte und jagte sein Essen und richtete seine Bleibe aus dem ein, was er in der Natur fand.

Irgendwann fing er aber an, die Natur zu seinem Vorteil zu verändern. Er verwandelte sie in Felder, auf denen er die Pflanzen anbaute und die Tiere hielt, die er bevorzugte. Er fällte Wälder, um aus ihnen Häuser zu bauen, benutzte die Ressourcen der Erde, um Werkzeuge und Geräte herzustellen, und verwandelte die Landschaft. Er veränderte unwiderruflich die Natur. Er war nicht mehr ein integrierter Bestandteil der Biosphäre, er benutzte sie, um sein eigenes, paralleles System aufzubauen: die Zivilisation. Dabei plante er sie nicht und schon gar nicht mit einem Entwurf des fertigen Systems im Kopf, das dauerhaft mit dem Rest der Biosphäre koexistieren kann. Den Rest der Geschichte kennen wir – sie führte zu der heutigen Situation, in der die Natur dem Hunger der Menschheit nach Ressourcen nicht mehr nachkommen kann. Diese Entwicklung war ein natürliches Ergebnis der Evolution der geistigen Fähigkeiten, die sich innerhalb unserer Gattung vollzog, und war wahrscheinlich unvermeidlich.

Was nun? Soll unser Ziel sein, den Verbrauch der Natur zu verringern und die heutige Zivilisation beizubehalten? Dieses Buch sagt: Nein. Und warum nicht? Weil das Problem viel tiefer liegt. Die Zivilisation hat Ausmaße und einen Grad der Komplexität angenommen, die es uns unmöglich machen, weiterhin planlos, spontan, aus einer momentanen Laune heraus vorzugehen. Die biologische Evolution hat uns gelehrt, den Bedürfnissen unseres Körpers und den Wünschen unseres Geistes zu folgen. Wenn acht Milliarden Menschen dies tun, brauchen sie drei oder vier Erden. Wir haben aber nur eine Erde. Was wir bisher gelernt haben, führt uns deswegen in eine Sackgasse.

Es gibt noch einen anderen Grund. Während wir den Bedürfnissen unseres Körpers und den Wünschen unseres Geistes folgten, haben wir uns von unserem Selbst, voneinander und von der Natur abgekoppelt.

Das ist der Grund, warum wir zunehmend unglücklich sind. Warum also sollen wir eine Form der Zivilisation fortsetzen, die uns unglücklich macht? Auch darüber haben wir nicht ausreichend nachgedacht. Wie werden wir als Menschen glücklich? Wenn es unserem Körper gut geht und alle unsere Wünsche erfüllt wurden? Auch hier reicht die Klugheit der bisherigen biologischen Evolution nicht mehr aus. Wir müssen eine andere Lehrerin finden.

Und wir brauchen dringend einen Plan – einen sachlichen, aus vernünftigen Entscheidungen hervorgegangenen Entwurf der Zivilisation, die dauerhaft innerhalb der Gegebenheiten unseres Planeten gedeiht. In diesem Buch werden wir aufzeigen, dass das derzeitige System Dynamiken und Zwänge entwickelt hat, die seine Modifikation hin zu einer nachhaltigen und glücklichen Zivilisation verhindern werden. Wir brauchen ein gänzlich neues System, mit anderen Dynamiken und mit neuen Regeln.

Die geistige Entwicklung des Menschen, die in einer reichen Kultur, ausgefeilter Technologie und umgestalteter Lebensumgebung mündete, war eine Phase in dem Prozess der Evolution des Lebens, die sicherlich nicht nur notwendig, aber auch gut war. Nun muss sie jedoch von der nächsten Phase abgelöst werden. Wird die Natur selbst diese Phase einleiten? Nein. Ihre Lösung wäre einfach die Beseitigung der Zivilisation, die sie zerstört. Es gibt aber einen tieferen Sinn darin, warum sich das Bewusstsein im Menschen so weit entwickelt hat. Diese Evolution hat einen Zweck, und es ist an der Zeit, uns dessen gewahr zu werden. Nach der vorbereitenden Entwicklung unserer kognitiven Fähigkeiten geht es diesmal um die Weiterentwicklung unseres Bewusstseins. Nach der Periode, in der die Menschheit ihre Intelligenz dafür einsetzte, die äußere Welt zu gestalten, kommt sie in die nächste Entwicklungsphase, in der sich die Zivilisation mehr dem inneren Universum des Menschen widmen wird: dem einzigen Platz, an dem wir Verständnis, Erfüllung und Glück finden können. Erst dieses Verständnis, diese Erfüllung und dieses Glück werden uns ermöglichen, ein Leben in Harmonie mit der Natur und untereinander zu führen – auf der Grundlage von geläutertem Bewusstsein, Mitgefühl und Liebe. Vor uns steht also keine geringere Aufgabe, als bewusst die nächste Phase der Evolution des Menschen einzuleiten. Diese Phase bedarf einer anderen Zivilisation als der, die wir bisher erschaffen haben. Das ist der Ausgangspunkt dieses Buches. Es entwirft, sachlich und systematisch, ein zivilisatorisches System, das uns zur Harmonie mit der Natur, untereinander und in unserem Inneren führen kann.

Was erwartet Sie konkret auf diesen Seiten? Zum Anfang werden Sie eingeladen, einen kurzen, kritischen Blick auf unsere Kultur zu werfen. Eine der Thesen dieses Buches ist, dass die Kultur – was wir denken, als real und richtig betrachten, woran wir glauben und welchen Sinn wir unserem Leben geben – die Entwicklung der Zivilisation bestimmt. Es gibt aber mehrere Kulturen – eine globale Kultur ist noch nicht da, vielleicht wird sie auch nie kommen. Es wäre vermessen, auch den anderen Kulturen Empfehlungen zu geben. Die Chinesen, die Inder, die Japaner oder die Russen werden sich ihre eigenen Gedanken über die Zukunft machen. Deswegen beschränke ich mich in diesem Buch auf die Kultur, die ich am besten kenne und in der ich zu Hause bin: die Kultur des Westens.

Was folgt, ist der Versuch, uns über das Ziel unserer gegenwärtigen westlichen Zivilisation bewusst zu werden. Es ist das, was ihr die Richtung und Dynamik gibt. Trotzdem haben wir bisher nie wirklich über das Ziel unserer gemeinsamen Anstrengung in dieser Welt nachgedacht. Warum tun wir das, was wir tun? Was wollen wir eigentlich erreichen? Was treibt uns an? Auf welcher Basis treffen wir unsere Entscheidungen? Eine andere Zivilisation werden wir nur aufbauen können, wenn wir andere Antworten auf diese Fragen finden.

Weil wir ein so komplexes System wie eine Zivilisation verändern wollen, müssen wir verstehen, wie solche Systeme funktionieren und wie sie verändert werden können. Dafür müssen Sie kein Vorwissen im systemischen Denken mitbringen, nur die Bereitschaft, die eingefahrenen Pfade Ihres Denkens zu verlassen. Versuchen Sie sich auch mit der visuellen Sprache der Zeichnungen anzufreunden, die die Systemwissenschaft benutzt, um komplexe Zusammenhänge verständlich darzustellen. Sie sind auch für einen Laien verständlich.

Im zweiten Teil dieses Buches nehmen wir uns vor, eine andere westliche Zivilisation zu entwerfen. Weil das Denken über unser Handeln und unsere Entscheidungen bestimmt, müssen wir zuerst verstehen, wie und warum wir so denken und handeln, wie wir es tun. Die moderne Wissenschaft bietet uns Erklärungen, die auf den Thesen Sigmund Freuds und den Theorien der Biologie beruhen. Ich meine, dass sie zu kurz greifen, dass sie den Menschen nicht ganz und nicht tief genug erfassen. Deswegen finden Sie hier ein Modell und Erklärungen, die auf der Vedanta-Philosophie des alten Indiens und den Erkenntnissen der Wissenschaft des Yogas basieren. Ich benutze sie, weil wir für die Gestaltung einer andersartigen Zivilisation ein neues, tieferes Verständnis des Menschen und seines Geistes brauchen.

Wenn das getan ist, werden wir ausreichend vorbereitet sein, um mit dem Design einer geänderten Zivilisation anzufangen. Zuerst geht es darum, ihr neue Ziele zu geben. Das ist keine banale Aufgabe. Deswegen betrachten wir erneut, diesmal deutlich kritischer und vorausschauend, unsere Kultur, unser Weltbild und unser Selbstverständnis. Aus dieser Betrachtung entsteht allmählich der neue Rahmen für unseren Entwurf. Für den darauffolgenden Gestaltungsprozess benutzen wir eine Methodologie, die für das Redesigning von Unternehmen und Organisationen in der 80er- und 90er-Jahren in den USA entwickelt wurde.[1] Das Resultat ist ein Entwurf, der uns als eine erste, aber doch schon ausreichend genaue Annäherung an eine zukünftige Zivilisation dient. Diese Zivilisation funktioniert nicht nur in Harmonie mit der übrigen Natur, sondern verspricht auch ein erfüllteres, friedlicheres und glücklicheres Leben für uns Menschen. Das Augenmerk liegt dabei auf dem System der Wirtschaft, weil sie die Hauptursache der gegenwärtigen Zerstörung der Natur ist und deswegen auch das wichtigste Element des neuen Designs sein muss. Zum Schluss denken wir darüber nach, wie eine solche grundlegende Änderung gelingen kann.

Um neue Strukturen bilden zu können, müssen die alten auseinanderfallen. Die neuen entstehen durch eine neue Zusammensetzung der Elemente, die jetzt in die alten Strukturen eingebunden sind. Der Mensch ist aber dank seiner Intelligenz theoretisch dazu in der Lage, die Loslösung der Elemente bewusst und kontrolliert zu bewirken und die neuen Strukturen bewusst und kontrolliert zu erschaffen. Zugegeben, in der bisherigen menschlichen Geschichte gibt es kein Beispiel eines solchen Designprozesses von der Größenordnung einer Zivilisation. Dieses Buch postuliert, dies zum ersten Mal in der Geschichte zu versuchen.

Wie bereits angedeutet, ist die Voraussetzung für dieses Gelingen ein anderes Weltbild und ein tiefgründigeres Menschenbild. Deswegen fassen wir am Schluss des Buches in der „Philosophischen Ergänzung" die Grundzüge des hier postulierten neuen Denkens über die Welt und über

1 Die Methode des Systemdesigns wurde von Russell L. Ackoff und seinen Kollegen und Schülern als eine praktische Methode der Unternehmensberater entwickelt und ist deswegen innerhalb der Wissenschaft weitgehend unbekannt.

uns selbst zusammen.

Bevor wir uns auf diese Reise begeben, lassen Sie mich noch die Story unserer bisherigen Zivilisation erzählen. Geschichten können sehr hilfreich sein, wenn es darum geht, das Wesentliche zu erfassen. Sie geht in etwa so:

Gott erschuf den Menschen. Er ließ sich dafür Zeit. Er zündete zuerst das Universum und legte sich anschließend schlafen. Nach 100 Millionen Jahren bildeten sich die ersten Sterne. In einem langen Prozess entstanden aus unvorstellbar vielen dieser Sterne unvorstellbar viele Galaxien. Und irgendwann, nach neun Milliarden Jahren, erwuchs aus einer Wolke Staub die Erde. Danach dauerte es eine weitere Milliarde Jahre, bis auf der Erde das biologische Leben begann. Vor 1,5 Milliarden Jahren bildeten sich die ersten Mehrzeller, aus denen sich die unbegreiflich große Vielfalt der Natur entwickelte. Aus ihr ging, vor hunderttausend Jahren, der Mensch hervor.

Er richtete sich auf und blickte gen nächtlichen Himmel; und Gott wachte auf. Gott sprach: „Ich gebe dir die Fähigkeit, zwischen richtig und nicht richtig zu unterscheiden. Nutze sie und lebe glücklich. Kümmere dich aber um die Fische des Meeres, um die Vögel des Himmels, um die Tiere, die sich auf der Erde regen, und um diesen Planeten. Ihr gehört zusammen." Der Mensch tat es und erzählte seinen Kindern und Enkelkindern über Gottes Auftrag. Irgendwann jedoch dachte eins der Kinder bei sich: „Ist das wahr? Gibt es einen Gott, der meinen Vorvätern diese Verantwortung auferlegt hat? Das glaube ich nicht." Und er fing an, die Reichtümer der Erde an sich zu nehmen und zu horten, und sie den anderen zu rauben. Die anderen sahen das und wollten nicht leer ausgehen, also fingen auch sie an, sich Land und Tiere, Gold und andere Menschen einzuverleiben. Sie lehrten ihre Kinder, zuerst an sich selbst zu denken, den Reichtum zu vermehren und alles Mögliche zu kaufen. Nachdem das Land und die Tiere der Erde verteilt waren, fing der Mensch an, die unter der Erde und in den Ozeanen versteckten Reichtümer an sich zu nehmen, bis es für die Fische des Meeres, die Vögel des Himmels, die Tiere, die sich auf der Erde regten, und für die Menschen, die dem Ruf nach Reichtum nicht folgen konnten oder wollten, keinen Platz mehr gab. Und mit all seinem Reichtum merkte er, dass er einsam war, getrennt von den anderen, getrennt von seiner Mutter Natur, getrennt von dem Heiligen, das nicht besessen werden kann, getrennt vom Sinn, der in seinem Inneren wohnte, wo es aber nichts zu holen gab. Er schaute nicht mehr gen Himmel, sondern auf einen Bildschirm, auf dem sich eine von ihm kreierte Welt regte, die ihn jetzt mehr faszinierte als die Natur.

Gott schaute auf das Treiben des Menschen und verstand, dass Ihm ein Fehler unterlaufen war: Dem Menschen fehlte es an Demut. Also wartete Er, bis der Mensch in seiner Einbildung und Gier untergeht, und beschloss, es das nächste Mal besser zu machen.

Ist das die Story, die wir, die heute auf dem Planeten Erde leben, zu Ende führen wollen? Unser gemeinsamer Traum war sorgloses, bequemes und unterhaltsames Leben. Wir haben tatsächlich ein bequemes und unterhaltsames Leben geschaffen. Nur die Sorgen fangen an, uns über den Kopf zu wachsen. Sie machen uns deutlich, dass wir den falschen Traum träumen. Der Mensch ist jedoch größer als dieser kleinwüchsige Traum. Deswegen erzählt dieses Buch eine andere Story. Sie zeigt uns ein anderes Verständnis, eine andere Motivation und eine andere Zukunft auf.

EINE EINSTIMMUNG

Es ist mal wieder Gewitter im Taunus. Ich schaue auf den Tanz der Bäume vor meinem Fenster, mit dem sie versuchen, mit dem Tanz der Elemente Schritt zu halten. Im Hintergrund holt das aufblitzende Licht immer wieder das Feld und den Umriss des Waldes auf dem Hügel aus der Dunkelheit der Nacht heraus. Ich kenne diesen Landstrich und weiß, dass es hinter der Vorderbühne des Sturmes eine tiefe Stille gibt, die andauernde Harmonie der Natur.

Ich bin Gott dankbar für diese Landschaft, für diese Kultur, für diese Sprache, in die Er mich gesetzt hat. Ich ließ in ihnen meine Wurzeln wachsen. Sie halfen mir bereits über viele Gewitter und werden sicher noch über viele weitere helfen. Ich möchte, dass diese Landschaft, dass diese Kultur erhalten bleibt. Ich weiß um ihre Unzulänglichkeiten. Es ist mir wohl bewusst, dass sie auch Illusionen birgt, die unsere Erde in Gefahr gebracht haben. Aber es ist unsere Kultur und wir brauchen sie.

Unsere Vorfahren haben sie über Jahrhunderte, über Jahrtausende mühevoll und unter Tränen aufgebaut. Es stecken dort Abermillionen von Jahren an intellektueller und materieller Arbeit und Begeisterung. Ja, sie haben bei dieser Anstrengung unzählige Fehler gemacht und nicht alles, was dabei erwachsen ist, war gut. Es ist ein Lernprozess – falls wir daraus lernen wollen. Die Fähigkeit zu lernen ist ein mächtiges Instrument, das uns gegeben ist. Als Gesellschaften machen wir davon nur selten Gebrauch. Wir müssen als Gesellschaft anfangen, das Lernen bewusst und systematisch zu betreiben.

Wir lassen gerade das, was auf unserem Planeten entstanden ist, wegspülen. Mit einer erschreckenden Energie versuchen wir, uns selbst zu Konsumenten zu degradieren. Die von uns im Westen eingeleitete Zerstörung der Natur ist ein Prozess, den wir nicht aufhalten werden, wenn wir unseren Lebensstil fortsetzen. Wir verbrauchen die Ressourcen der Erde unumkehrbar und verwandeln sie in Müll. Wir lassen eine Generation heranwachsen, die Gewalt übt, bevor sie Liebe lernt, deren Gehirne wir mit Bildern zumüllen, ohne ihnen eine Chance zu geben, die Schönheit der eigenen Fantasiebilder zu entdecken. Unsere westliche Welt (ja, die ganze Erde) ist einer Erosion ausgesetzt und kann durch die aufkommenden Gewitter und Überschwemmungen weggetragen werden. Wenn wir nichts dagegen tun, wird von dem Stück Land und allem, was darauf aufgebaut ist, irgendwann doch nur eine Sandbank übrig bleiben.

Wir wissen nicht wirklich, wie wir die Dynamik, die wir in Gang gesetzt haben, umkehren können. Wir sind wie Passagiere der ersten Klasse auf einer Titanic, deren Schicksal bereits feststeht – wir trinken nur unseren Champagner zu Ende. Kann man die westliche Zivilisation aber vielleicht doch retten? Dieses Buch ist die Antwort auf diese Frage.

Die westliche Zivilisation ist in einem Reifeprozess entstanden. Die ganze Schöpfung ist nichts anderes als ein Reifeprozess: die Entstehung der chemischen Bauelemente der Materie, die Entwicklung der Lebensformen, das Heranwachsen des Menschen zum Bewusstsein, die Entwicklung der Gesellschaft. Unsere Zivilisation, so wie sie heute ist, reift aber nicht mehr ausreichend. Es ist Herbst im Westen und die Bäume bereiten sich vor, die Blätter abzuwerfen.

Wir müssen einen Neuanfang schaffen. Wir werden nicht das, was hier herangereift ist, wegwerfen. Wir müssen aber einige der Ingredienzen verstärkt einsetzen, auf andere ganz verzichten und noch andere neu einbeziehen. Wir werden neue, kraftvolle Katalysatoren benötigen. Was wir vor allem brauchen werden, ist ein kluger und konsequenter Designprozess, eine bewusste Neugestaltung unserer Gesellschaften, unserer Kultur, unseres Wirtschaftens. Wir müssen unsere Zivilisation neu denken.

In diesem Buch finden Sie die Antworten auf das Warum und auf das Wie. Unsere Zivilisation steckt in einer Sackgasse, weil wir unsere Ziele zu klein gedacht haben. Sogar unser Selbstbild ist missgebildet. Nichtsdestotrotz haben wir eine beeindruckende Kultur und ein demokratisches System geschaffen – sie können uns helfen, den Westen neu zu erfinden. Dafür werden wir allerdings zwei Sachen leisten müssen: unsere heutige Lebensweise infrage stellen und pragmatisch, ohne Illusionen und Selbsttäuschung vorgehen. Wenn wir alles richtig machen, bekommen wir am Ende dieses Prozesses eine robuste Zivilisation, eine verstärkte Kultur und eine Gesellschaft, die ihre Probleme selbst in die Hand nimmt.

TEIL 1

DAS WESEN DER WESTLICHEN ZIVILISATION

BESTANDSAUFNAHME

Was ist Zivilisation? Wir wollen es mit einer simplen Metapher verdeutlichen. Denken Sie an ein wild bewachsenes Brachland, voller Dorngewächs und Unkraut, trocken und steinig. Zivilisation bedeutet, dieses Brachland nach und nach urbar zu machen.

Man richtet einen Gemüsegarten ein. Man setzt Obstbäume. Ein Teil wird in eine Wiese verwandelt, auf der Kühe grasen. Man gräbt einen Brunnen und baut ein Haus, in dem man Schutz und Wärme findet und in dem Kinder aufwachsen und Bücher gelesen werden. An der Nordseite des Hauses wird eine Werkstatt gebaut, auf einem Hügel ein Windrad, um Energie zu gewinnen. Aus dem Wald hinter dem Haus wird Holz gewonnen, aus dem Möbel gezimmert, Musikinstrumente geschnitzt, Papier für die Bücher hergestellt werden. Am Waldrand wird eine Altane errichtet, die mit der Zeit mit Kletterrosen bewächst – in der Altane kann man die Sonnenuntergänge beobachten und Gedichte schreiben. So entsteht aus dem Brachland allmählich ein Kulturland. Ähnlich verläuft auch der Prozess, durch den in einer Wildnis eine Zivilisation entsteht. Daran sind nur viel mehr Leute beteiligt.

Was bedeuten Kultur und Zivilisation?

Die Begriffe Zivilisation und Kultur werden oft zusammen genannt, manchmal sogar als Synonyme genutzt. Für den Zweck dieses Buches wollen wir aber diese und einige andere Begriffe klar definieren, um die Argumentationen gut nachvollziehbar zu machen.

Zivilisation ist das Resultat unserer Anstrengung in der materiellen Welt, Kultur das Ergebnis unseres Denkens und Tuns in der ideellen Welt. Die Zivilisation ist damit das Ergebnis des Handelns einer Menschengruppe, die eine Kultur teilt. Die Zivilisation schafft einen gemeinsamen Lebensraum, die Kultur füllt ihn mit Werten, Metaphern, Vorstellungen und Sinn.

Eine der grundlegenden Eigenschaften des menschlichen Verstandes ist die Fähigkeit, Gedankenbilder zu entwerfen und auf neue Zusammenhänge zu übertragen. Die Kultur ist nicht zuletzt eine Sammlung von kollektiv geteilten Bildern, die unsere Außen- und Innenwelt definieren und uns Orientierung geben. Sie bieten uns auch einen Bezugsrahmen für unsere Kommunikation und unsere Entscheidungen.

Eine Kultur ist also das, worüber eine bestimmte Gruppe von Menschen denkt, dass es wahr ist, und wovon sie unhinterfragt glaubt, dass es richtig ist. Es ist das Sediment dessen, was ihre Vorfahren dachten, sich wünschten, befürchteten, woran sie glaubten. Das bedeutet aber, dass das, was wir heute denken, die Kultur von morgen ist.

Die Kultur hat auch einen anderen Aspekt: Sie ordnet und regelt das Verhalten in der Gemeinschaft. Sie verkleidet das menschliche Naturell, die Impulse und die Willkür des Menschen mit einem Kanon an ethischen Normen, Regeln und Vorbildern, die die Kommunikation und Interaktion in der Gesellschaft zuerst möglich und dann auch angenehm machen. Swami Krishnananda (ein zeitgenössischer indischer Philosoph) bezeichnete diesen Aspekt der Kultur als „die Erziehung einer bestimmten sozialen Einheit". Diese Sicht auf die Kultur ist so treffend – nicht zuletzt, weil sie uns die Pflicht auferlegt, die Werte und das Benehmen in unserer „sozialen Einheit" (Familie, Unternehmen, Nation) aktiv mitzugestalten.

Als Maßstab der Reife einer Kultur kann die Anzahl und Bedeutungstiefe der Regeln, denen Menschen freiwillig folgen, angesehen werden. Das Recht und der Staat stehen für die Regeln, die den Menschen von außen auferlegt werden. Sie sind notwendig, um das gesellschaftliche Leben in der Makrodimension zu ordnen und weil bei einigen die persönliche Reife der kulturellen Reife der Gesellschaft nicht gerecht wird. Die Kultur ihrerseits wächst mit den Regeln und Verhaltensweisen, denen Menschen folgen, weil sie überzeugt sind, dass diese ihr persönliches Leben und das Zusammenleben bereichern. Je mehr Regeln und Verhaltensweisen von einer Gesellschaft als richtig und bereichernd angesehen werden, je tiefgründiger die Begründung dieser Regeln, umso reifer ist ihre Kultur.

Wie verändert sich die Kultur? Durch die Veränderung der geteilten Bilder darüber, wie die Gesellschaft in der Zukunft sein soll. Aus diesem Fakt folgen zwei wichtige Erkenntnisse. Erstens: Für die Entwicklung der Kultur ist es nicht entscheidend, wie wir heute sind, sondern wie wir morgen sein wollen. Zweitens: Es geht um eine geteilte Vorstellung.

Wer muss sie teilen? Sicher nicht alle. In jeder Menschengruppe gibt es Leute, deren Geist neugierig genug ist, um für neue Vorstellungen offen zu sein, und die aktiv genug sind, um ihren Vorstellungen durch die Kommunikation und Interaktionen innerhalb der Gruppe die notwendige Dynamik zu verleihen. Diese Leute sind immer eine Minderheit und sie bestimmen die Richtung, in die sich die Kultur verändert.

Ohne Veränderung, ohne Anpassung an die Veränderungen in ihrem Umfeld büßt die Kultur ihre Fähigkeit ein, uns die Orientierung bei neuartigen Herausforderungen zu geben, und hört sie auf, unsere Kreativität zu befruchten. Sie verliert ihre Vitalität und stirbt mit der Zeit. Ohne die vitalen Kräfte ihrer Kultur kann eine Zivilisation nicht überleben. Solange aber eine Kultur einer Entwicklung und Verfeinerung aus eigener Kraft, also einer Evolution, unterliegt, bietet sie der Gesellschaft die notwendige Energie und Richtung. Die Kultur ist also die Lebenskraft einer Zivilisation.

Die Versuche der Vergangenheit, die Gesellschaften zu verändern, scheiterten immer kläglich, wenn dabei die Menschen verändert werden sollten. Das geht natürlich nicht. Wenn man eine Änderung in der Gesellschaft bewirken möchte, muss man das verändern, woran sie glaubt. Das ist zwar schwierig, aber möglich. Das, woran wir glauben, muss ausreichend Energie besitzen, genug Kraft haben, um uns zum Handeln zu bewegen. Änderungen in jedem sozialen System brauchen viel davon. Je größer das System, umso mehr. Mit der Kultur fängt also alles an.

Was ist der Westen?

Er umfasst zuerst die Gesellschaften, die sich in Europa entwickelt haben. Die westliche Kultur und Zivilisation fußen auf der antiken griechischen und der christlichen Tradition. Diese Kultur und Zivilisation wurden später von den Europäern nach Nordamerika und Ozeanien übertragen. Die USA wurden im Laufe des 20. Jahrhunderts sogar zu der wichtigsten, der treibenden Kraft des Westens.

Wie weit reicht der Westen in den Osten und Südosten Europas? Eines der Ziele dieses Buches ist es, die westliche Zivilisation klar zu umreißen. Letztendlich wird es die Entscheidung der Tschechen oder der Bulgaren sein, ob sie dieselben Ziele erreichen und dieselben Werte leben wollen. Die Polen scheinen sich kürzlich auf demokratischem Wege dagegen entschieden zu haben. Die Ungarn beweisen ebenfalls, dass sie das westliche Verständnis der Demokratie mehrheitlich nicht teilen. Beide zeigen aber mit ihrem Verhalten, dass sie nach ihrer Identität noch suchen.

Eine Kultur entsteht auf der Ebene der Kommunikation zwischen den ihr zugehörigen Menschen. In Europa war der Gedankenaustausch nie auf die einzelnen Länder und Sprachräume begrenzt. Die grenzüberschreitende Kommunikation der Kunst, der Dialog der Wissenschaft, der Ideenaustausch über die Gesellschaft, das Recht und den Aufbau des Staates haben eine gemeinsame, mehrere Nationen überspannende Kultur geschaffen. In diesem kulturellen Raum etablierten sich gemeinsame Werte, wie das Ideal der Gleichberechtigung, wie der Respekt vor jedem einzelnen Menschen und seiner Individualität.

Wir dürfen allerdings nicht vergessen, dass die westliche Kultur auf dem Boden der einzelnen Gesellschaften innerhalb des europäischen Kontinents und in den Ländern, die durch die europäischen Auswanderer aufgebaut wurden, entstanden ist und weiterhin lebt. Ihr Wachstum oder ihr Ausdorren hängen von der Vitalität dieses Bodens ab. Im Laufe der letzten zweitausend Jahre ist in den einzelnen Sprachräumen und Ländern ein reichhaltiger kultureller Humus entstanden, der weiter kultiviert werden muss. Die westliche Kultur und Zivilisation kann man, um im Bild zu bleiben, als die Fauna betrachten, die auf dem Boden der nationalen Kulturen wächst.

Im Westen sind die Demokratie und die öffentliche Meinungsbildung entstanden. Sie waren für die Entwicklung der westlichen Kultur besonders wichtig. Die demokratische Herangehensweise in der Gestaltung der Gesellschaft und ihrer Subsysteme, die wir in diesem Buch Gemeinden nennen werden, sowie das Prinzip der Gleichheit im Zugang zu der kulturellen und gesellschaftlichen Kommunikation sind mittlerweile fest mit der westlichen Denkweise verwoben und definieren damit den Westen mit.

Eine Kultur besteht nicht nur aus geteilten Bildern, sondern auch aus Annahmen und Glaubenssätzen. Versuchen wir diese Glaubenssätze offenzulegen und zeichnen wir damit den Raum, in dem unsere westliche Kultur und Zivilisation zu Hause sind.

Unser Weltbild

Wir betrachten die Welt nicht wie aus einem Guss. Es ist eine folgenreiche Überzeugung. Wir denken in Gegensätzen und haben die Schöpfung vielfältig gespalten. Es gibt den Körper und die Seele, es gibt die objektive Wahrheit und die subjektiven Vorstellungen, es gibt die Natur und den Menschen. Für die Erklärung dieser abgespaltenen Bereiche, und zwar die, die wir als wichtig oder als real betrachten, sind die Einzelwissenschaften verantwortlich. Unser Weltbild ist eine Summe der Aussagen dieser Einzelwissenschaften. Dies verdeutlicht die besondere Stellung der Wissenschaft innerhalb der westlichen Kultur.

Im Ergebnis ist unser Verständnis der Welt materialistisch. Auch das Leben betrachten wir als eine besonders raffinierte Form der Materie: Durch die fortschreitende Komplexität der Lebensformen ist letztendlich auch das Denken und Fühlen, also das, was wir menschlichen Geist nennen, entstanden.

Wir begegnen dieser materiellen Welt rational, halten sie auch grundsätzlich für erforschbar und mit dem Intellekt erklärbar. Einer der Gründe dafür ist, dass sie ausnahmslos dem Gesetz der Kausalität unterworfen ist. Die große Mehrheit der Menschen im Westen zieht Gott bei der Erklärung dieser Welt nicht heran.

Unsere Aufmerksamkeit gilt zu einem entscheidenden Teil der Welt da draußen. Dort liegen die Objekte unserer Begierde, dort suchen wir auch nach Antworten auf die Fragen, die in unserer inneren Welt entstehen.

Es muss uns allerdings klar sein, dass jede und jeder von uns in Wirklichkeit nicht in dieser materiellen, sondern in der Welt lebt, die wir uns in unserem Geiste geschaffen haben. Unsere geistige Welt ist gefüllt nicht nur mit unseren eigenen Gedanken, Erinnerungen, Hoffnungen, Befürchtungen, Annahmen oder Sehnsüchten. Zu ihrer reichen Fauna und Flora gehören auch Gedanken derer, mit denen wir im Austausch stehen, sowie Vorstellungen und Normen der Kultur, in die wir hineingeboren wurden und die wir kaum bewusst wahrnehmen. Das alles zusammen und in Interaktion miteinander erzeugt in unseren Köpfen feste Denkmodelle, die wir vergleichbar zu Schablonen auf alles, was uns aus der Außenwelt erreicht, und alles, was in uns selbst entsteht, anwenden. Aus dieser inneren Welt handeln und verstehen wir. Dort sind auch unsere

Ziele und Wünsche beheimatet. Da unser Interesse der Welt da draußen gilt und wir deswegen selten gezielte Selbsterforschung betreiben, sind wir uns der Subjektivität dieser Welt nicht bewusst und nehmen unsere innere Welt für die objektive Realität. Die Realität, wie sie wirklich ist, und das, was wir für sie erachten, haben jedoch nur selten und nur wenig miteinander zu tun.

Jede und jeder von uns ist das Ergebnis eigener Wünsche. In der Summe erschaffen unsere weitgehend geteilten inneren Einstellungen die Welt, in der wir leben. Das ist ein Hoffnungsschimmer: Auf unser Denken und Wollen haben wir nämlich potenziell Einfluss.

Ziel des Lebens

Die meisten Menschen würden sagen, dass der Zweck ihres Lebens ist, glücklich zu werden.

In jedem Menschen auf diesem Planeten gibt es eine starke Sehnsucht nach Glück und Frieden. Es scheint ein Gesetz der Schöpfung zu sein. Die Unterschiede in den einzelnen Kulturen liegen darin, wie das Glück im Detail verstanden wird. Im Westen sucht man es vor allem in der Befriedigung der Sinne und des Geistes. Außerdem strebt man nach dem Gefühl der Sicherheit: der materiellen, aber auch der inneren, die man meistens in der Liebe anderer Menschen sucht. Dieses Verständnis der Menschen im Westen unterscheidet sich von dem anderer Kulturen nicht grundsätzlich. Es gibt hier allerdings eine Überbetonung des Sinnesgenusses, der Bequemlichkeit und des Geldes, die die Entwicklung unserer Zivilisation klar beeinflusst haben.

Wir sollten uns allerdings vergegenwärtigen, dass unsere Suche nach Glück in Wirklichkeit nicht in der äußeren materiellen, sondern in unserer inneren Welt stattfindet, über die wir eigentlich volle Kontrolle haben könnten. Diese innere Welt haben wir aber in unserem Weltbild auf die Hinterbühne verbannt.

Selbstverständnis der Menschen

Der Mensch in seiner Ganzheit besteht aus drei Ingredienzen: dem Körper, dem Geist (das ist seine Fähigkeit zu denken und zu fühlen und alles, was er mit dieser Fähigkeit in sich selbst erschafft) und der Seele (das ist seine Lebenskraft und die scheinbar unermessliche Tiefe seines Inneren Universums). Die meisten Westler klammern allerdings die Seele aus dem Bild aus. Auch wenn sie ihrer Existenz nicht widersprechen, sehen sie sie als für das Leben in dieser materiellen Welt irrelevant.

Der Mensch ist also ein denkender und fühlender Körper. Was wir unter der Steigerung des Wortes „man" zu „superman" verstehen, illustriert dieses Selbstverständnis eindrucksvoll.

Dieser Mensch ist frei und niemand darf über ihn bestimmen. Er hat gleiches Anrecht auf die materiellen und ideellen Ressourcen dieser Welt wie alle anderen und muss sich niemandem unterordnen. Er erwartet, dass ihm Achtung entgegengebracht wird. Die Frauen im Westen fühlen sich den Männern im Nichts unterlegen.

In seinem Denken ist er antiautoritär und kritisch, ja sogar trotzig. Er lässt sich nichts sagen und wenn er dem Willen anderer folgt, dann ist das seine freiwillige Entscheidung. Dem westlichen Menschen ist es wohl bewusst, dass seine Unabhängigkeit von ihm erfordert, dass er die Verantwortung für sein Leben im vollen Umfang übernehmen muss.

Er ist neugierig, grundsätzlich offen für neue Ideen und Menschen, für andere Kulturen und für Neues im Allgemeinen. Er sieht sich als intelligent, ja schlau an und möchte gut informiert bleiben. Er ist überzeugt, dass er rational handelt und objektiv denkt. Er schaut gern in die Zukunft, versucht sie zu gestalten. Dabei geht er davon aus, dass ihm alle Möglichkeiten offenstehen. Das macht ihn anspruchsvoll und ehrgeizig.

Ein Westler will unbedingt etwas erreichen, ist also unternehmerisch und versucht bei dem, was er tut, möglichst perfekt zu sein. Das macht ihn übrigens auch ungeduldig. Er ist pflichtbewusst und fühlt sich für sich selbst und für seine Familie verantwortlich. Um das Gemeinwohl kümmert er sich nur am Rande. Paradoxerweise ist ihm das Gemeinwohl nicht gleichgültig und er hat Erwartungen an den Staat und die Gemeinschaft.

Er möchte kultiviert erscheinen. Er ist dem Leben und der Welt gegenüber positiv eingestellt und sieht sich auch als Menschenfreund. Seine Privatsphäre ist ihm wichtig und er ist überzeugt, dass er recht auf sie hat. In seinem Selbstverständnis ist er eher urban, was dazu geführt hat, dass der Unterschied zwischen dem Land und der Stadt praktisch verschwunden ist. Bildung wird zwar geschätzt, aber Menschen ohne höhere Bildung fühlen sich deswegen nicht unterlegen. Das Gleiche gilt für das materielle Vermögen.

Wenn man alle diese Eigenschaften eines zeitgenössischen Westlers zusammennimmt, steht man einem recht positiv eingestellten potenziellen Gestalter gegenüber, dessen Selbstdisziplin und Bereitschaft, Mühen auf sich zu nehmen, allerdings etwas zu wünschen lassen.

Was ist uns wichtig?

Wir streben nach Reichtum und Anerkennung. Wir wünschen uns ein bequemes Zuhause in einer hübschen, ruhigen Umgebung, wo wir uns und unserer Familie ein glückliches Leben aufbauen. Deswegen spielt sich unser ganzes Leben in dem Spannungsfeld zwischen Beruf und Freizeit ab.

Wissen und abwechslungsreiche Erfahrungen sind uns in beiden Bereichen wichtig. Da wir uns als Körper betrachten und das Wohlergehen dieses Körpers und seines Geistes unser Ziel ist, hat die Gesundheit für uns eine vorrangige Bedeutung.

Freiheit und Selbstbestimmung sind uns ebenfalls sehr wichtig. Das Erste ist ein Gefühl, das andere eine Regel, nach der wir leben wollen. Das Gefühl ist ein Resultat einer gefühlten Unabhängigkeit: Unabhängigkeit von anderen Menschen, von den Widrigkeiten der Natur und der Lebensumgebung und von der Tätigkeit, die wir ausüben. Diese Unabhängigkeit streben wir an. Die Regel, also die Selbstbestimmung, ist ein Grundbaustein unserer Kultur.

Viele von uns missverstehen beides, indem sie denken, dass Geld ihnen Freiheit und Unabhängigkeit geben wird. Wir wollen frei sein, verkaufen aber gedankenlos unsere Freiheit, wenn man uns dafür im Gegenzug etwas bietet. Ein Gefühl lässt sich aber nicht kaufen und die Regel gibt es im Westen umsonst. Die wirkliche Freiheit kann man nur in seinem Inneren finden, und zwar erst dann, wenn man auf einige der angeblich so wichtigen äußeren Freiheitsgrade bewusst verzichtet. Es gibt nichts Befreienderes, als wenn man erkennt, dass man ein Sklave seiner eigenen Vorstellungen, Wünsche, Sinnesaufforderungen war, die man der Freiheit zugeschrieben hat.

Unser Verhältnis zu anderen basiert auf einer komplexen Verflechtung von Tauschbeziehungen. Wir geben und nehmen. Wir bieten an und erwarten. Dabei versuchen wir die Bilanz unserer Beziehungen zu optimieren.

Im Umgang miteinander sind wir höflich und freundlich, aber eher zurückhaltend, leicht distanziert. Wir möchten uns den anderen nicht aufdrängen und wollen auch von ihnen in Ruhe gelassen werden. Deswegen sind Gemeinden, im Sinne von Menschenzusammenschlüssen, die etwas gemeinsam tun oder wollen, eher schwach entwickelt. Höflich angesprochen, kommunizieren wir allerdings offen und gerne und sind hilfsbereit.

Wir erwarten, dass sich die anderen an die allgemein geltenden oder akzeptierten Normen halten und dass sie sich angemessen benehmen. Wir gehen in der Gesellschaft von Chancengleichheit und Fairness aus. Fremde sind uns willkommen, wenn sie sich an die Regeln halten. Wir sind auch tolerant und anderen Kulturen und Weltanschauungen gegenüber offen, wenn sie sich nicht aufdrängen. Eine Auffälligkeit im Benehmen ist verpönt. Außerdem sind uns Hygiene, Sauberkeit und Ästhetik der Lebensumgebung wichtig.

Als Gesellschaft treffen wir kurzsichtige und egoistische Entscheidungen. Wir lassen den Zusammenhalt verfallen. Als Zivilisation zerstören wir die Natur und verbrauchen rücksichtslos ihre Ressourcen. Darauf angesprochen setzen wir zwar eine besorgte Mine auf, verändern aber unseren Lebensstil kaum. Mit unserem Handeln zeigen wir, dass uns der Zusammenhalt und die Natur nicht wirklich wichtig sind.

Als Gemeinschaft der Nationen sind uns unsere sprachlichen und kulturellen Unterschiede wichtig. Wir halten auch den politischen und kulturellen Pluralismus innerhalb unserer Länder für einen maßgeblichen Wert. Die Trennung von Religion und Staat ist fest nicht nur in unserem politischen System, sondern auch in unserem Denken verankert. Unsere Religion hat nämlich als Zielgeber versagt. Warum? Weil sie nicht die spirituelle Entwicklung des Einzelnen als ihr Ziel begriff (auch wenn es das Anliegen von Jesus war), sondern die Gesellschaft zu beherrschen versuchte. Die materialistischen Ziele (Macht, Geld) konnte man aber besser ohne die Religion verfolgen.

Die Natur wird als etwas, was man benutzt, was Menschen zur Disposition steht, gesehen. Im Grunde genommen betrachten wir Zivilisation als Gegenteil der Natur. Wir brauchen uns also nicht zu wundern, dass unsere Zivilisation die Natur zerstört. Wir versuchen unser Umfeld möglichst so zu gestalten, dass es uns dient, das heißt, dass es unser Leben bequem macht.

In diesem Zusammenhang ist unsere Fokussierung auf die Zukunft maßgeblich. Wir glauben an den Fortschritt in jeglicher Sicht. Anders können wir gar nicht denken. Wir wollen weiter, schneller, feiner und sehen die Geschichte unserer Zivilisation als eine kontinuierliche Verbesserung. Mit unserem Ideenreichtum, unserer Kreativität und mit schwerer Arbeit verbessern wir die Welt. Das macht aus uns Optimisten. Dieser Optimismus zerbröckelt allerdings gegenwärtig spürbar, da unser Fortschrittsglaube durch das wachsende Verständnis über die Umweltzerstörung schwindet. Weil auf diesem Optimismus unsere gesamte Zivilisation fußt, stellt das alleine genommen für sie bereits eine existenzielle Gefahr dar.

Wen bezeichnen wir als zivilisiert?

Zivilisiert ist jemand, der sich benehmen kann. Wenn ein Mensch in der Gesellschaft der anderen, beispielsweise auf einer Party oder Konferenz, nicht auffällt, wenigstens nicht negativ, ist er zivilisiert, auch wenn er einen blauen Turban trägt oder eine unbekannte Sprache spricht. Das ist mehr als eine bloße Benimmregel. Es ist der äußere Ausdruck einer tiefgründigeren Einstellung zu anderen Menschen und der Umwelt. Wir nehmen Rücksicht auf sie. Wir kennen nicht nur und beachten weitgehend die Regeln in der Gesellschaft, wir erkennen auch freiwillig ihre Bedeutung an (wenigstens die Reiferen von uns). Wenn jemand beispielsweise Abfall aus seinem Auto auf den Straßenrand wegwirft, ist sein Verhalten mehr als schlechtes Benehmen und Verschmutzung der Natur – er missachtet die anderen Menschen und verhält sich rücksichtslos unserer gemeinsamen Lebensumgebung gegenüber.

Weil wir Zivilisation weitgehend mit Infrastruktur und Wohlstand gleichsetzen (also mit dem Verkehr, mit der Kommunikation, mit guter Kleidung, mit guter Wohnung und überhaupt mit der Möglichkeit, alles Mögliche kaufen zu können), glauben wir mehr zivilisiert zu sein als Menschen, die unseren Lebensstandard nicht teilen, auch wenn wir es nie sagen würden.

Respekt haben wir vor allem vor einem ausgebildeten und wohl geschliffenen Menschen. Wir achten auch besonders Leute, die Anerkennung vieler genießen, was oft mit einer formellen oder nichtformalisierten Macht und Position einhergeht. Reichtum ruft nur in den einfachen

Gemütern Respekt hervor. Wir haben in unseren Köpfen schon längst das Geld von der menschlichen Qualität seines Besitzers entkoppelt. Es ist immer noch etwas von der Wertschätzung älterer Menschen da, solange die Alten sich würdig benehmen oder Weisheit vermuten lassen.

Ein Archetyp des westlichen Menschen ist Robinson Crusoe. Crusoe wollte sich mit dem, was ihm vom Leben gegeben wurde, nicht zufriedengeben. Er wollte jemand anders werden und mehr an Reichtum und gesellschaftlicher Anerkennung erreichen. Besonders sein Inselaufenthalt führte die typischen westlichen Werte und Ambitionen vor. Nach seiner Strandung versuchte er, die westliche Zivilisation nachzubilden. Sein Mittel war die Naturbeherrschung.

Er ging systematisch und rational vor. Er zeigte dabei Ideenreichtum und Erfindungsgeist, war tatenreich und fleißig. Sein Ziel war, seine Lebensbedingungen zu verbessern. Trotzdem waren ihm die moralischen Werte wichtig, und zwar als Vorbereitung auf die Gesellschaft, die er voraussah. Das waren vor allem Selbstdisziplin, Sorgfalt und Pflichtbewusstsein. Dies sind heute immer noch wichtige Werte der westlichen Moral, bis auf die Selbstdisziplin, die Sigmund Freud und den antiautoritären Bewegungen des letzten Jahrhunderts zum Opfer gefallen ist.

Crusoe verkörpert außerdem die Suche des westlichen Menschen nach seiner Identität, die er im Gegensatz zur Natur in den Leistungen des menschlichen Geistes und in seiner Arbeit für sich selbst und für die Gesellschaft sieht.

Woran wir glauben

Wir betrachten das als wahr, was wissenschaftlich oder statistisch bestätigt ist. Weil die Wissenschaft das Bewusstsein nicht untersuchen kann, ist uns alles, was über die Materie hinausgeht, suspekt. Die Welt im Inneren des Menschen wird als subjektiv betrachtet und ist damit kein Teil der objektiven Wahrheit. (Dass die Wissenschaftler mit dem subjektiven, nicht zur Wahrheit gehörenden Instrument des Geistes ihre Wissenschaft betreiben, scheint sie nicht zu stören.) Diese Einstellung macht die Auseinandersetzung mit unserer inneren Welt schwierig.

Wir glauben an das, was sich messen lässt. Dieser Glaube ist das Resultat der Auswüchse des Mittelalters, in dem das Denken ad absurdum geführt wurde. Als Reaktion darauf haben wir uns an den Materialismus so stark geklammert, dass wir alle mit Misstrauen beäugen, die ihn infrage stellen. Wir verbinden mittlerweile auch Rationalität untrennbar mit dem Materialismus, was das logische Nachdenken über die Religion und Spiritualität ungemein erschwert.

Wir glauben an die Macht der Vernunft. Wir denken, dass es für jedes Problem eine Lösung gibt. Wir glauben an den Fortschritt und damit an eine bessere Zukunft. Dieser Glaube ist ein Kind der industriellen und technologischen Revolution der letzten 250 Jahre. Wenn wir überlegen, dass diese Zeitspanne nur drei Menschenleben entspricht, und dabei vergleichen, wie wir heute leben und wie wir Mitte des 18. Jahrhunderts gelebt haben, wird uns klar, welche Dynamik da im Gange ist. Sie revolutionierte nicht nur unser Denken, sondern auch unseren Glauben. Wir fühlen uns wie Kinder, die man alleine in einem Süßigkeitenladen gelassen hat. Wir sind berauscht von unserem Erfolg. Auch wenn man uns sagt, dass es so nicht weitergehen kann, dass viele Ressourcen zur Neige gehen, dass die Ausweitung unseres Lebensstandards auf alle Länder die Natur zerstören muss, und auch wenn wir dabei nicken und denken, es verstanden zu haben, glauben wir in der Tiefe unserer Herzen immer noch, dass es irgendwie weitergehen wird. Wir können gar nicht anders denken, als dass das Morgen mehr, schneller und besser bedeutet.

Außerdem glauben wir, dass alle Menschen gleiche Rechte haben und dass sie im Frieden leben können. Das war nicht immer so. Der Glaube an die Gleichberechtigung ist die Folge der Emanzipation, die mit der Aufklärung und der politischen Umwälzung in England, später in Frankreich angeleitet wurde. Sie ist spätestens nach dem Zweiten Weltkrieg in allen westlichen Gesellschaften zu einer Selbstverständlichkeit geworden und bezeugt die Reife unserer Kultur. Nach den unbeschreiblichen Verbrechen des Krieges ist auch der Wunsch nach einem dauerhaften internationalen Frieden so groß geworden, dass sich heute niemand, der Unfrieden stiften will, auf westliches, sicher nicht europäisch-westliches, Denken berufen kann.

Wir glauben an Regeln. Die wichtigsten, nach denen wir unsere Zivilisation ausgerichtet haben, sind Privateigentum, Marktwirtschaft mit offenen Märkten, Bürger- und Menschenrechte, Demokratie, Rechtsstaatlichkeit mit Gewaltenteilung, Trennung von Staat und Kirche, Meinungsfreiheit, soziale Gerechtigkeit (dazu gibt es allerdings einen spürbaren Unterschied zwischen Europa und den USA), respektvolles Miteinander, Religionsfreiheit und Schutz von Minderheiten, Wertschätzung des Individuums, Selbstverantwortung.

Wenn wir die Kulturen der Welt vergleichen, glauben wir, dass unser Lebensstil und unsere Lebensauffassung denen anderer überlegen sind und dass wir die Welt besser, realitätsnäher verstehen.

Es gibt auch einige generelle Merkmale unseres Denkens und unserer Beziehung zur Realität, die wir kennen müssen, wenn wir unsere Zivilisation verstehen und dann neu gestalten wollen:

- Wir glauben, was wir sehen und, generell, was wir mit unseren Sinnesorganen wahrnehmen.
- Wir glauben an das Gesetz der Menge: Wenn viele etwas sagen oder denken, muss es wahr sein. Wenn viele einen Weg gehen, wird er sicher zum Ziel führen. Wenn etwas wiederholt ein Ergebnis brachte, wird es sicher erneut das Ergebnis bringen.
- Wir glauben daran, was uns auf den ersten Blick logisch erscheint oder was uns die Fachleute, die Spezialisten sagen.
- Wenn wir für etwas einen Namen haben, eine Zuordnung finden, glauben wir, es verstanden zu haben.
- Wir glauben das, was wir glauben wollen. Was nicht mit unseren mentalen Bildern und festsitzenden Überzeugungen übereinstimmt, erklären wir für unwahr oder nicht existent.

Gesellschaft

Die Gesellschaft ordnet die Interessen des Einzelnen den Interessen der Gemeinschaft unter, indem sie Regeln für sein Verhalten vorschreibt. Das hat nichts mit einer Begrenzung seiner persönlichen Freiheit als Individuum zu tun. Um das zu verstehen, müssen wir uns bewusst werden, was Freiheit eigentlich bedeutet. Sie bedeutet nicht, das zu tun, was man will – das wäre Willkür. Die Freiheit manifestiert sich erst darin, dass wir uns frei entscheiden, etwas nicht zu tun. In der modernen Gesellschaft verschwinden zunehmend Konventionen und Zwänge. Parallel dazu wächst die Notwendigkeit, auf die Willkür bewusst und freiwillig zu verzichten.

In der inneren Dimension bedeutet Freiheit vor allem, die oder der zu sein, die oder der man sein will. Auch in der Gesellschaft bleibt der Bürger in seinem Denken und in seiner Expression völlig frei. Solange er nicht im Konflikt mit den berechtigten, als Regeln definierten Interessen der Gemeinschaft oder Rechten anderer handelt, kann er auch tun, was er möchte. Freiheit ist ein anderer Name für Verantwortung – das vergessen wir viel zu oft.

Weil wir aber in der Praxis im Gegensatz dazu die Freiheit als Freiheit im Tun verstehen und weil die Gesellschaft diese Art Freiheit einschränkt, ist unser Verhältnis zur Gesellschaft gespalten. Auf der anderen Seite können wir uns ohne Gesellschaft gar nicht mehr denken. Wir leben in ihr, wir leiten aus ihr unsere Identität und auch wenn wir gegen sie rebellieren, definieren wir uns in der Beziehung zu ihr. Sie ist unser Zuhause.

Was wir vergessen, ist, dass unsere Gesellschaft gar nicht selbstverständlich und geschichtlich gesehen gar nicht alt ist. Bevor unser Zusammenleben, unsere Interaktionen, die Vielzahl an Rollen und das daraus resultierte Geflecht von Beziehungen die heutige Komplexität erreicht haben, lebten wir in der Familie, in der Nachbarschaft, in dem Dorf oder der Stadt. Es waren überschaubare Systeme mit einem relativ einfachen Beziehungsgeflecht. Die heutige westliche Gesellschaft ist nicht nur besonders komplex. Auch unsere Verflechtung in ihr hat eine andere Qualität. Von einer Seite übt sie auf uns weniger Konformitätsdruck als die Vorgängergesellschaften und beschränkt uns nicht in unseren Kontakten. Von anderer Seite aber bindet sie uns in so viele Interaktionen mit ihren Strukturen und Gemeinden, dass wir stets von ihr beeinflusst werden und sie im Gegenzug beeinflussen. Wir sind nicht nur soziale Wesen, wir sind mittlerweile auch gesellschaftliche Wesen.

Die Gesellschaft ist ein sehr komplexes System, dessen Elemente Menschen, Familien oder Lebensgemeinschaften und verschiedenste Gemeinden sind. Alle diese Elemente beeinflussen sich gegenseitig auf vielfache Weise. Zusätzlich besitzen ihre Subsysteme und Schwestersysteme (der Staat, die Kultur, die Zivilisation und die Wirtschaft) gesellschaftliche Aspekte und spielen damit in der Gesellschaft eine Rolle. (In ihrer funktionalen Dimension, als intellektuelle und schöngeistige Aktivitäten der Gesellschaft, kann auch die Kultur als ein System betrachtet werden, was wir auch hin und wieder im weiteren Verlauf des Buches tun werden.)

Die Gesellschaft ist trotzdem eine andere Art System als die Zivilisation und ist anders beschaffen als die Kultur. Die Beziehungen innerhalb der

Kultur sind vor allem Kommunikationen, die Beziehungen innerhalb der Zivilisation sind vor allem Interaktionen und Tauschtransaktionen. Die Beziehungen innerhalb der Gesellschaft sind vor allem wechselseitige Beeinflussungen. Die Gesellschaft hat deswegen eine höhere Dynamik. Die durch das Internet herbeigeführte Medienrevolution hat die Möglichkeiten der wechselseitigen Beeinflussung erneut gesteigert und diese Dynamik gefördert. Die Bedeutung der Gesellschaft bei der Gestaltung unserer Zukunft im Vergleich zu den Institutionen der Kultur oder den Einrichtungen der Zivilisation wird deswegen weiter wachsen.

Die Entwicklung der modernen westlichen Gesellschaft wird also durch zwei Tendenzen gekennzeichnet: Die erste ist die zunehmende Souveränität und Unabhängigkeit ihrer Bestandteile (vor allem der einzelnen Menschen, aber auch ihrer Zusammenschlüsse, also Gemeinden). Die zweite sind die wachsenden Möglichkeiten der wechselseitigen Beeinflussung. Diese Dynamik sollten wir beim Nachdenken über die Neugestaltung unserer Zivilisation unbedingt berücksichtigen.

Die USA

Die USA ist einen etwas anderen Weg gegangen. Dort war alles etwas größer und von allem gab es genug. Die Amerikaner denken deswegen oft größer und lassen keine Beschränkungen bei ihrem Handeln zu. Wenn man aus dem Vollen schöpfen kann, kommt man nicht automatisch auf die Idee, dass man mit anderen teilen soll. Deswegen wird dort soziale Solidarität nicht automatisch als Teil der staatlichen Aufgabe gesehen.

Ihr Denken hat die US-Amerikaner zu vielen Höhen in der Wissenschaft, Wirtschaft, Technologie und Kultur geführt. Sie waren deswegen noch bis gestern, bis sie mit einem Mr. Trump schockten, kulturell für die gesamte westliche Welt ein Vorbild. Mittlerweile sehen wir klarer als früher, dass dieses Denken oft auf Kosten der Differenziertheit praktiziert wird, dass die lange kulturelle Tradition in Europa nicht nur eine Bürde ist und dass die Wahrheiten von vorgestern nicht unwahr geworden sind, sondern uns lediglich in dem neuen Kontext als unwahr oder unwichtig dargestellt wurden.

Zusätzlich wird uns die bittere Wahrheit immer augenscheinlicher, dass große Teile der US-amerikanischen Gesellschaft von einer tödlichen Krankheit befallen zu sein scheinen: von der moralischen Blindheit. Sie sehen Lügen als Wahrheit, bezeichnen Mitgefühl als Irrtum, betrachten Gleichberechtigung als Hindernis und verklären Knüppel als Werte. Die

Erreger dieser Krankheit werden zwar in den USA seit Jahrzehnten von unterschiedlichen Interessengruppen systematisch gezüchtet, das ändert allerdings nichts an der Feststellung, dass sie dort einen fruchtbaren Boden vorfinden. Der amerikanischen Gesellschaft fehlt das nötige Quäntchen Demut, das in Europa aus den Fehlern und Rückschlägen im Laufe ihrer Geschichte resultiert.

Deswegen wird die zivilisatorische Erneuerung des Westens wahrscheinlich nicht aus den USA kommen. Wir trauen aber den US-Amerikanern immer noch viel zu: Wenn sie sich uns irgendwann anschließen, können sie uns auch wieder überholen.

Wie sehen uns die anderen?

Es ist sicher interessant zu wissen, was Menschen, die in anderen Kulturen aufgewachsen sind, über uns denken. Sie bewundern unseren Unternehmensgeist, unseren Fleiß und unsere Energie. Sie sehen, dass wir keine Angst vor anderen haben, und erkennen den Mut an, der uns dazu befähigt, unsere Gesellschaften aktiv zu gestalten. Die Frauen beneiden uns um unsere Gleichberechtigung.

Von der anderen Seite nehmen sie uns als Menschen ohne tiefere moralische und spirituelle Werte wahr. Weil bei uns fast alles erlaubt ist, erleben sie uns als orientierungslos. Sie missbilligen unseren Materialismus und die Fixierung auf den Konsum. Sie halten uns für atheistisch und innen öde. Sie halten die Erziehung unserer Kinder für falsch. Insbesondere erleben sie unsere Kinder als respektlos, ohne Achtung vor den Eltern, Lehrern, den Älteren im Allgemeinen, ohne Wertschätzung für die ihnen überlassenen materiellen Werte und zunehmend auch als gewalttätig.

Krankheiten unserer Zivilisation

Wenn etwas sich nicht in die richtige Richtung entwickelt, sich gegen uns wendet, verdeutlicht es uns einerseits, welchen Zustand wir uns im Gegensatz wünschen, und andererseits, wo wir bei der Umsetzung unserer Wünsche nicht erfolgreich sind. Deswegen lohnt es sich, uns das, was wir als die Krankheiten unserer Zivilisation bezeichnen, vor Augen zu führen.

Über Stress und Hektik beklagen sich wirklich alle, sogar Rentner ohne regelmäßige Verpflichtungen. Wo kommt dieses Gefühl her? Wir sind ununterbrochen Signalen und Aufforderungen aus unserer Umgebung ausgesetzt. In der Arbeit haben wir keinen Augenblick, an dem uns keine E-Mails oder Anrufe erreichen. Neue Aufgaben kommen auf uns in einem Tempo zu, das ihr ruhiges und genaues Abarbeiten unmöglich macht. Der Zwang der kontinuierlichen Effizienzsteigerung, dem die Unternehmen sich unterworfen haben, bewirkt, dass die meisten von uns heute deutlich mehr leisten müssen als noch vor zwanzig oder dreißig Jahren. Nach der Arbeit beeilen wir uns, weil wir unsere Freizeit voll ausnutzen wollen. Weil alle anderen sich genauso beeilen, steigern wir uns gegenseitig in unserer Anspannung, wie das Beispiel Straßenverkehr deutlich zeigt. Was aber tun wir dann in unserer Freizeit? Wir kommunizieren über Belanglosigkeiten, konsumieren Medien oder hören Nachrichten, während wir die Hausarbeit erledigen. Wir kommen nie zu Ruhe. Die Langsamkeit verschieben wir gedanklich auf den Urlaub und weil der, um unseren Erwartungen gerecht zu werden, dann an einem ganz besonderen Ort stattfinden soll, bleiben wir auch auf dem Weg dorthin in unserer Hektik.

Mangelnde Konzentrationsfähigkeit ist eine andere Folge der Reizüberflutung. Wenn man wissen möchte, wie sie sich ausbreitet, muss man mit Lehrern sprechen. Es wächst eine Generation heran, die ohne ständige Sinnesreize und Unterhaltung gar nicht leben kann. Die Kultur und auch die materielle Zivilisation können allerdings nicht von Menschen aufrechterhalten, geschweige denn weiterentwickelt werden, die nicht fähig sind, konzentriert Werte zu schaffen.

Aus unserer Lebensweise resultiert ebenso der Lärm. Stille ist uns fremd und unbehaglich geworden. Wir schalten das Radio an, gleich nachdem wir uns ins Auto gesetzt haben, und das Smartphone und die Fernbedienung für den Fernseher liegen auf der Couch bereit. Wir leben in Städten, die keine Stille kennen, und wenn wir in der Natur laufen oder spazieren gehen, reden wir oder hören Musik.

Wir glauben, keine Zeit zu haben, uns unser Essen selbst vorzubereiten. Wir essen das, was andere produziert haben. Die machen das aber so, dass das Ergebnis gut aussieht und auf einfache Weise unseren bereits konditionierten Geschmackssinn befriedigt. Und sie benutzen dabei meistens möglichst billige Zutaten. Dieses Essen macht auf Dauer unseren Körper und unseren Geist krank.

Aus unserem Lebensstil, vor allem aus unserem Konsumverhalten, und der Mobilität, die wir zu benötigen glauben, resultiert die Luftverschmutzung. Wir können, wenn wir es wollen, unser Essen mit Zutaten aus ökologischer Landwirtschaft selbst vorbereiten. Wir können uns Quellwasser kaufen, wenn uns das Leitungswasser nicht rein genug ist. Aber die Luft müssen wir so einatmen, wie sie ist, und sie macht uns allmählich krank.

Aus unserer schnellen und unruhigen Lebensart folgen auch Ängste, Verunsicherung, psychische Labilität. Diese haben allerdings auch eine tiefer liegende Ursache. Wir haben uns von unserem Wohlstand mit allen seinen Sachen und angeblichen Sicherheiten abhängig gemacht. Unbewusst wissen wir aber, dass es keine Sicherheit gibt. Krankheit, Verlust der Arbeit, Tod können jeden jederzeit treffen. Wir verknüpfen auch unser Glück und Lebensziel mit vergänglichen Sachen und flüchtigen Erlebnissen. In dem Maße, in dem unser Leben vergeht, wird uns das unbewusst oder bewusst deutlich. Weil wir nichts Überdauerndes haben, was uns stark, furchtlos, zuversichtlich machen würde, sind wir in unserem Inneren verletzlich.

Zum Schluss seien auch die vielen Zivilisationskrankheiten genannt: Herz-Kreislauf-Erkrankungen, Wirbelsäulenprobleme, Krebs, Schlaganfall, Depression und Burn-out, Krankheiten der Seh- und Hörorgane, Übergewicht und Diabetes, Allergien … Sie zeigen uns auf, dass unser Lebensstil sich gegen uns wendet.

Unser gravierendstes Problem ist der mangelnde Kontakt mit der intakten Natur und wir empfinden es kaum noch als solches. Wir haben uns von unserer natürlichen Lebensumgebung isoliert. Alle Krankheiten unserer Zivilisation resultieren daraus. In der Natur gibt es Ruhe, Langsamkeit und Stille. Sie bringt uns saubere Luft, Wasser und Essen, wenn wir sie noch nicht vergiftet haben. Von der Natur geht ganz automatisch Kraft auf uns über.

Egozentrismus

Der westliche Mensch lebt voll und ganz in der Welt aus Materie. Weil er innerlich jedoch spürt, dass er in Wirklichkeit nicht Materie ist, fühlt er sich in seiner Haut in der Welt unbewusst wie jemand, der auf einer unfreundlichen, einsamen Insel gestrandet ist; Robinson Crusoe eben. Er zieht daraus den Trugschluss, dass er sich um sich selbst kümmern und das Beste daraus machen muss. Er fühlt sich als einsamer Kämpfer. Das

Resultat ist Egozentrismus. Deswegen denken wir, dass es uns zusteht, alles zu tun, um uns glücklich zu fühlen, bis auf die Grenzen, die uns die Gesellschaft aufzeichnet.

Diese Einstellung zur Welt ist allerdings nicht zwingend. Das wird uns deutlich, wenn wir unsere Kultur mit der indisch-vedischen vergleichen. Im Kern des indisch-vedischen Denkens steht das Reine Bewusstsein, das Göttliche also. Die Materie ist Mittel zum Zweck. Das Ziel des menschlichen Lebens ist das Gegenteil zur Materie: die Verwirklichung der dem Menschen angeborenen Göttlichkeit. Als Mittel zu diesem Zweck gilt, den anderen und der Schöpfung zu dienen; also das Gegenteil von Egozentrismus.

Dieser Unterschied wird besonders deutlich, wenn man die prägnantesten Persönlichkeiten der beiden Kulturen miteinander vergleicht: beispielsweise Rama, Krishna, Buddha, Adi Shankara, Gandhi einerseits und Alexander der Große, Caesar, Newton, Napoleon, Beethoven usw. andererseits. Die Erstgenannten sind Inbegriff der Sanftheit, Liebe und Selbstlosigkeit. Die unseren sind selbstbezogen und auf Ruhm bedacht. Und Jesus? Jesus war ein Revolutionär, der sich gegen unsere materialistische und egozentrische Kultur gestellt hat. Er war auch ein Orientaler. Trotz des Siegeszugs des Christentums in den Ländern der westlichen Zivilisation blieb seine Lehre ein Fremdkörper; die von Jesus vertretenen Werte wurden in unsere Kultur nie wirklich aufgenommen. Die Kirche hat sie ab dem Mittelalter nicht mehr vertreten, sondern sich an dem weltlichen Spiel der Macht und des Geldes beteiligt. Jesus sagte: „Gott ist mit und in euch.“, – wir haben Gott in den Himmel geschoben. Jesus sagte: „Ihr alle seid Kinder Gottes.“, – wir haben die anderen (die ja nach dieser Definition unsere Brüder und Schwestern sein müssten) als nicht dazugehörend betrachtet und ausgebeutet. Jesus sagte: „Diene nicht dem Mammon!“, – wir halten den real existierenden Kapitalismus als den Gipfel der gesellschaftlichen Entwicklung.

Wir sind ichbezogen und egoistisch und das wird uns langsam zum Verhängnis.

Eine der Folgen des Egozentrismus ist Individualismus. Unsere westliche Kultur ist vorrangig auf Individualität aufgebaut. Sie geht von dem Einzelnen aus und misst seinen Wünschen, Zielen, Ideen und seinem Glauben den höchsten Wert bei. Das, was den Einzelnen in seinen Möglichkeiten beschränkt, nach seinen eigenen Vorstellungen zu denken und zu handeln, lehnen wir ab. Diese gedankliche Unterordnung der gesamten Welt unter die Gedanken, Gefühle und Wünsche eines Einzelnen ist eine unzulässige gedankliche Degenerierung und sie ist folgenschwer. Daraus ist das Rennen der Ideen und Ideologien entstanden, das unsere Kultur auszeichnet. Diese Vorherrschaft der Individualität liegt auch der beschleunigten materiellen Entwicklung unserer Zivilisation zugrunde. Und war übrigens auch der Nährboden für unsere Kriege. Bezogen auf die im zweiten Teil des Buches (im Kapitel „Zivilisation im Inneren") dargelegten Organe des Geistes erkennen wir darin die Überbetonung des Ich-Bewusstseins, des Egos, aus dem sich auch der Egoismus nährt.

Wegen des Primats der Individualität schlich sich in unsere Kultur zuerst die Missachtung der Natur und dann der anderen ein. Die Achtung vor den Älteren, vor den Gelehrten, vor den Lehrern verlernten wir mittlerweile fast vollständig. Wir sehen sogar das Wegwerfen von Regeln als eine Voraussetzung der Freiheit und des Fortschritts und sind stolz darauf. Die antiautoritäre Bewegung schaffte die Regeln ab, beachtete aber die Werte noch. Die nachfolgende Generation fing an, auch die Werte abzuschaffen. Damit demontierten wir allerdings unsere Kultur. Wieso? Weil ohne Regeln die Werte einer Erosion unterworfen sind: Sie haben keine Stütze. Die reiferen Menschen, die Werte hochhalten, akzeptieren auch problemlos Regeln, wenn diese vernünftig und gut sind. Alle anderen von uns brauchen aber zuerst die Regeln, um auf ihrem Gerippe mit der Zeit ein Gebäude aus Werten aufbauen zu können. Wenn wir die Kinder Regeln und die Achtung nicht lehren, wenn wir selbst nicht wieder lernen, die Achtung anderer durch unser Verhalten zu verdienen, werden wir unsere Kultur verspielen.

Westliche Patina

Es gibt etwas Besonderes an der westlichen Kultur, das sie von den anderen Kulturen unterscheidet. Es ist schwierig in Worte zu fassen, besonders wenn es nicht als überheblich missverstanden werden soll. Nichtsdestotrotz ist es für alle, die in der westlichen Kultur bewandt sind und darüber hinaus genug Erfahrung in anderen Regionen der Welt gesammelt haben, wahrnehmbar. Wir versuchen es mit einem Bild zu verdeutlichen: mit der Patina auf einem alten Silberbesteck.

Menschen in allen Kulturen tun ihr Bestes, um gut zu leben. Sie haben ihre Werte und Traditionen und geben sich Mühe, etwas aufzubauen. Wenn sie zusammenkommen, setzen sie sich an den Tisch, scherzen, erzählen, was sie beschäftigt, erleben ihre Gemeinsamkeit. Wie der Tisch gedeckt ist, welches Verhalten bei der Unterhaltung als angenehm empfunden wird, macht den Unterschied. Auf unserem Tisch liegt Silber. Es ist mit Patina überzogen und auch wenn man es für die Gäste aufpoliert, sieht man, dass es alt ist.

Die anderen mögen neben Silberbesteck auch noch welches aus Gold, Zink und Eisen haben. Wir haben Silber, das aber durchgehend. Einige der Utensilien auf den anderen Tischen sind deutlich älter, sodass manche mit noch mehr Patina bedeckt sind. Unser Besteck ist eher einheitlich und für manchen Geschmack in seiner Form vielleicht etwas zu schlicht. Wenn man uns das verlauten lässt, nicken wir höflich, sehen allerdings darin eine wohltuende Eleganz. Tafelsilber erzwingt am Tisch ein bestimmtes Benehmen. Vieles wird dadurch unpassend, einiges verpönt. Man muss es nicht erklären, man spricht es nicht mal an, trotzdem setzt es der Unterhaltung einen Rahmen und einen Kontext.

Eines unserer Probleme heute ist, dass in der modernen globalen Tischkultur eine Vereinheitlichung stattfindet: Alle benutzen Plastikbesteck und werfen es anschließend weg. Es mag praktisch sein und es ist hygienisch genug, aber etwas geht dabei verloren: Auf dem Plastik kann sich keine Patina bilden.

Wer wir sind

In wenigen Sätzen zusammengefasst sind wir nach außen gerichtete Materialisten, die niemandem Rechenschaft schulden. In unserer Mentalität sind wir Kaufleute, allerdings nicht besonders kluge, weil wir unsere kostbare Zeit gegen vergängliche Annehmlichkeiten tauschen. Mit unseren Gedanken und Wünschen leben wir in der Zukunft. Wir glauben, alles zu wissen; was allerdings das Glück und den Sinn betrifft, also das, was uns eigentlich am wichtigsten ist, sind wir ignorant wie heranwachsende Teenager.

Und wie leben wir? Wir laufen in einem Hamsterrad mehr Wohlstand hinterher, in einem Teufelskreis aus Konsum und Arbeit.

Die Verunsicherung

Im Laufe der letzten 200 Jahre veränderte sich unsere Kultur entscheidend. Einige Werte gingen uns verloren, einige kamen dazu. Das Problem ist nur, dass die verloren gegangenen uns stark in unserer inneren Welt machten und die gewonnenen uns nur in der äußeren Welt stärkten. Wir haben die wichtigsten inneren Werte relativiert und dadurch die Hauptsäulen unseres menschlichen Zuhauses geschwächt: Es ist uns kaum klar, was schön und was gut, und gar nicht, was uns heilig ist.

Wir haben die festen Strukturen der alten Gesellschaft gesprengt und damit die Stabilität unseres Selbstverständnisses verloren. Jede und jeder von uns muss jetzt selbst die Orientierung in ihrem und seinem Leben finden. Früher standen die Rolle in der Gesellschaft und der Lebenszweck weitgehend fest und man hatte nur die Wahl, sie zu akzeptieren oder dagegen zu rebellieren – beides gab ein belastbares Gefühl der eigenen Identität. Heute stehen uns alle Wege offen und die Verantwortung, einen zu wählen, liegt bei uns, auch wenn viele mit dieser Verantwortung überfordert sind. Die unbeschränkte Freiheit der Lebensentwürfe gepaart mit der Relativierung der inneren Werte erzeugten ein Gefühl der Unsicherheit.

Diese Veränderungen in der Kultur und Gesellschaft verstärkten unseren Individualismus als Einstellung zur Welt und als Lebensentwurf entscheidend. Was für den einen den Rausch der unbegrenzten Möglichkeiten bedeutet, überfordert den anderen und erzeugt in ihm das Gefühl der Einsamkeit. Beide sind allerdings heimatlos in dem Sinne, dass sie nach ihrem Zuhause suchen müssen. Weil die eigentliche Heimat des Menschen in seinem Inneren liegt, unsere Kultur aber die Suche danach in der Außenwelt nahelegt, resultiert daraus ein Gefühl der Befremdung – innerlich spüren wir, dass uns etwas Wichtiges fehlt, dass wir nicht zu Hause sind, und sind unglücklich.

Wenn man die Welt ausschließlich als Materie versteht, kann man keinen existenziellen Halt haben, weil alles Materielle vergeht. Der Mensch spürt dennoch, dass der Körper ihn nicht gänzlich ausmacht, und wenn er sich für einen stolzen Empiriker hält, bekommt er von unserer westlichen Kultur keine Hilfe und bleibt mit seiner Vorahnung alleine gelassen.

Unsere Religion schaffte es, uns weder den Weg nach innen noch dieses innere Zuhause aufzuzeigen, obwohl die gesamte Lehre Jesus' genau diesem einen Ziel gewidmet war. Unsere Religion klammerte die wichtigste Bedeutungsebene seiner Botschaft aus und machte aus Gott eine Person, und zwar eine, die über uns richtet. Die Rolle der Religion wurde moralisch, wobei diese Moral von außen zu uns kam. Menschen spürten, dass dieser Gott nicht ihre Heimat ist, und versuchten das Gefühl der Heimatlosigkeit, die Lücke in sich, mit der verstärkten Aktivität in der Außenwelt zu beheben: in ihrer Umgebung, in der Familie, in der Wirtschaft, in der Kunst, in der Wissenschaft.

Die ernsthaft Suchenden bemühten sich, diese Lücke zu füllen (strebten anders gesagt nach Erfüllung, nach Vollkommenheit), indem sie die Schönheit und Heiligkeit im Geiste, in der Kunst, in Ideen und Ideologien oder in der Wissenschaft suchten. Diese Lücke ist jedoch unendlich und kann mit etwas Endlichem nicht gefüllt werden. Diese Entwicklung dauert nicht nur noch immer an, sie beschleunigt sich von Generation zu Generation.

Wir sind heimatlos, wissen es aber nicht. Wir versuchen diese Lücke in uns zu schließen, ohne darüber nachzudenken, wo sie herrührt. Das ist eine tragische Entwicklung: Sie führt zu Enttäuschung, Unverständnis, zum Protest, bisweilen zum Zynismus. Auf jeden Fall raubt sie uns unser Glück. Wirklich glücklich kann ein Mensch nur sein, wenn er versteht, wozu er lebt und wer er ist. So wie jeder ein materielles Zuhause für seinen Körper und ein kulturelles für seinen Geist benötigt, so braucht er auch ein inneres Zuhause für den Rest seiner Menschlichkeit, den wir meistens als Seele bezeichnen. Erst wenn wir auch in dieses Zuhause einziehen, fühlen wir uns erfüllt. Erst wenn unsere Kultur und Zivilisation auch diese dritte Säule bekommen, werden sie uns Stabilität geben.

Einer der zeitgenössischen indischen Asketen hat dazu eine wunderschöne Metapher benutzt: In der Avocado gibt es einen Kern. In diesem Kern gibt es einen Traum vom Avocadobaum. Genauso gibt es in jeder und jedem von uns den Traum von der Vollkommenheit, von Gott. In Wirklichkeit, jenseits jeder Erscheinung und jeder Einbildung, sind wir nicht der Körper, nicht der Geist, sondern dieser Traum. Die meisten von uns essen das Fruchtfleisch der Avocado und machen sich über das Wunder des die Frucht durchdringenden Lebens keine Gedanken. Genauso können wir unseren Körper und Geist lebenslang benutzen und nie in unseren Kern eintauchen. Aber erst wenn wir mit dem in uns versteckten Traum verschmelzen, können wir zum Leben spendenden Baum werden.

Unsere Verunsicherung wächst außerdem aus einem anderen, prosaischeren Grund: Das im Westen archetypische Lebensziel liegt in der Verbesserung des materiellen Lebensstandards. Nachdem ihre Eltern dieses Ziel weitgehend erreicht haben, müssen die gegenwärtigen Generationen neu nach dem Lebenssinn suchen. Das vergrößert die Unsicherheit und die Orientierungslosigkeit.

WURZELN

Das Spannungsfeld

Das westliche Weltbild wurde in seinen Grundzügen in einer relativ kurzen Zeit im antiken Griechenland geschmiedet. Die Griechen waren Materialisten. Ihre Götterwelt hatte für sie zwar eine wichtige Bedeutung, spielte aber eher eine kulturbildende als spirituelle Rolle. Sie dachten und handelten praktisch. Die höchste Stufe der menschlichen Entwicklung stellten für sie die Politik und die Leistungen des Intellekts dar. Die Schönheit sahen sie in den Erzeugnissen ihrer Hände und ihres Geistes, sofern ihre Werke und Gedanken mit anderen geteilt werden konnten. Alles Begehrenswerte lag für sie also in der Außenwelt. Sie waren von der Überlegenheit ihres Weltbildes überzeugt und betrachteten andere Kulturen als barbarisch. Das antike Rom übernahm diese Weltanschauung und gab ihr eine breite und überdauernde kulturelle Basis.

Zur zweiten wichtigen Wurzel des Westens wurde das Christentum, das auf dem Boden der hebräischen Kultur aufgewachsen war. Diese Kultur war gänzlich verschieden von der griechischen. Sie war von der Religion geprägt in dem Sinne, dass Gott der zentrale Bezugspunkt des persönlichen und gesellschaftlichen Lebens und der Kern der nationalen Identität war. Ihre Kultur war von der Mystik und Emotionalität gezeichnet und dem Inneren des Menschen zugewandt.

Interessanterweise blieben die geistigen Anstrengungen der Christen, die diese von der inneren Erfahrung geprägte Weltanschauung assimilieren wollten, weitgehend erfolglos. Im Gegenteil, die christliche Kirche übernahm die Politik, die Gestaltung der Gesellschaft als die wichtigen Komponenten ihrer Tätigkeit und stellte das Handeln in der Außenwelt in den Mittelpunkt. Die Lehre Jesu aus Nazareth an sich würde eine wunderbare Basis für die Synthese des Intellekts und der Spiritualität bieten und damit eine Brücke zwischen den beiden Polen schlagen. Leider haben wir diese Gelegenheit nicht genutzt. Die Botschaft von Jesus war: Werde eins mit Gott; dein Weg dorthin führt durch Mitgefühl sowie durch äußere Genügsamkeit und innere Arbeit an dir selbst. Wir leben im Westen nicht nach dieser Maxime und es ist nicht mal unser erklärtes Ziel. Wir sind keine Christen, sondern Heiden. Das ist die bittere Wahrheit.

In diesem Spannungsfeld hat sich unsere Kultur entwickelt. Im Mittelalter hat die Kirche versucht, die der materiellen Welt zugewandte Geisteshaltung der Menschen zu unterdrücken, aber ohne die Wärme und Innigkeit der orientalischen Kultur der Hebräer konnte sie keine überzeugende Alternative bieten. Außerdem tat sie oft das Gegenteil dessen, was sie predigte. Das führte zu einer Eruption, die nicht nur die Macht der Kirche, sondern auch alle Alternativentwürfe zu der hellenistischen Extrovertiertheit wegspülte.

Die Religion bekam die Rolle zugewiesen, die Sitten zu wahren. Mit Gott ging man folgerichtig so um wie mit jedem Aufseher: Wenn er zuschaute, war man brav und korrekt, wenn man sein Blickfeld verließ, tat man, was man wollte.

Der Humanismus und die Aufklärung

Mit der Aufklärung nahm die westliche Kultur ihre heute noch gültige Form an. Sie wurde vom Humanismus der Renaissance vorbereitet. Dieser stellte das Individuum mit seiner Persönlichkeit über alles andere. Es war eine Befreiung von der unmenschlichen Vorstellung, dass man Glück durch Verzicht und Strenge alleine, also ohne Liebe und Sanftmut erreichen kann. Das Mittelalter war so, als ob man vom Winter nur die Kälte und Dunkelheit ohne die Schönheit der weiß gekleideten Landschaft und ohne das Kerzenlicht übernommen hätte. Deswegen schafften die Menschen den Winter gänzlich ab und wollten nur noch den Sommer. Das neue Individuum suchte jetzt sein Glück in der Befriedigung des Rufs seiner Sinne und der Sehnsüchte seines Geistes.

Die Persönlichkeit entwickelte man vor allem durch Bildung, die sich an den Wissenschaften orientierte. Die menschliche und die zwischenmenschliche Entwicklung, damit auch die Entwicklung der Kultur, fand im Geiste statt. Die Moral, die Charakterbildung hatte ihre Rechtfertigung in der Gesellschaft, war also rational begründet. Der Mensch wurde wieder zum Ebenbild Gottes, indem man Gott auf das menschliche Maß schrumpfte, und der Mensch als neu ernannter Besitzer der schöpferischen Kraft machte sich daran, die Welt zu verbessern.

Das darauffolgende Zeitalter der Aufklärung hat Gott gänzlich aus dem gesellschaftlichen Denken verbannt. Alles Spirituelle wurde als Gegensatz zu Vernunft betrachtet. Das Individuum samt seiner Persönlichkeit rückte noch deutlicher ins Zentrum der Kunst, des Rechts, der Philosophie. Die allgemeine Bildung als ein primäres gesellschaftliches Ziel und die öffentliche Meinung wurden erfunden. Seit der Aufklärung bleibt die Position des Individuums als Dreh- und Angelpunkt der westlichen Kultur und der Zivilisation unangefochten.

Zu dieser Zeit wurde das Fortschrittsideal geboren und festigte sich in der Kultur und im gesellschaftlichen und ökonomischen Handeln. Das ist ein wichtiger Punkt, weil unser heutiges Verständnis der Zivilisation und ihres Ziels auf der Idee des Fortschritts aufgebaut ist. Deswegen lohnt es sich darüber nachzudenken, was Fortschritt ist. Das Wort wurde im 18. Jahrhundert vom Französischen übernommen, wo es als politisches Schlagwort in Gebrauch war. „Progrès" bedeutete aber eigentlich „vorankommen" und diese Bedeutung steht beim heutigen Gebrauch des Wortes immer noch im Vordergrund. Wenn es weiter, mehr, größer oder ausgefeilter wird, sehen wir das als Fortschritt. Was wäre, wenn wir Fortschritt zu einer qualitativen Veränderung umdefiniert hätten? Diese Bedeutung ist in unserem heutigen Gebrauch des Wortes eigentlich enthalten. Mit der neuen, präzisierten Definition des Wortes wären wir jedoch gezwungen, darüber nachzudenken, was Qualität für uns bedeutet und was sie verbessert und was nicht.

Die Wissenschaft

Die nach außen gerichtete Neugier und das Bestreben, die Lebensumgebung des Menschen zu verbessern, führten zu einer explosionsartigen Entwicklung der Naturwissenschaften. Die Wissenschaft füllte die Lücke, die die Religion hinterließ, und wurde zur einzigen Instanz, die die Wahrheit und Realität von der Einbildung und Illusion unterscheiden durfte. Sie erklärte die Welt zum Konglomerat aus Materie, das vollständig durch die Gesetze, denen die Materie unterworfen ist, beschrieben werden kann.

Mit dem Eintritt des industriellen Zeitalters hatte sich die Wissenschaft zunehmend der praktischen Nutzung der Natur zur Erstellung von immer weiter ausgefeilten Technologien und differenzierten Gütern gewidmet. Es folgten die Versuche, das Leben und den Menschen zu erklären, beides auf der Basis des Materialismus. Die Evolutionstheorie verfestigte endgültig das Bild der Welt als Ringermatte und ein Spielfeld des Egoismus. Die Psychoanalyse entband den Menschen von der Verantwortung für seine Taten und für das Streben nach Vervollkommnung und überließ ihn seinen Instinkten.

Interessanterweise verlässt die moderne Naturwissenschaft, angeführt von der Teilchen- und Astrophysik, zunehmend die strikt materielle Weltsicht. Angeleitet hatte diese Entwicklung Albert Einstein, der seine bahnbrechenden Erkenntnisse gerade deswegen gewinnen konnte, weil er kein Materialist war. Die Physik nähert sich den Grenzen der Materie durch Experiment, Einstein näherte sich ihnen durch seinen Geist.

Philosophie und Kunst

Einen Gegenentwurf zum radikalen Materialismus der Naturwissenschaften, wenigstens teilweise, bot die Philosophie. Allerdings waren ihre Ideen höchst unterschiedlich und fanden deswegen nur vereinzelt den Weg zu den Hauptströmungen der Kultur und bestimmten nicht ihre Richtung. „Der Mensch ist dem Menschen ein Wolf" oder die naive Vorstellung Rousseaus, dass die Gesellschaft den Menschen verdorben hat, sind dafür die Beispiele. Ein philosophischer Gedanke, dass sich die Gesellschaft und die Zivilisation im Verlauf ihrer Geschichte ständig verbessern, entsprach zwar der westlichen Grundüberzeugung, lieferte allerdings lediglich eine theoretische Untermauerung für das sowieso herrschende Fortschrittsdenken.

Auf den Trümmern der Kirche, gedüngt durch den Individualismus, erblühten die schönen Künste und wurden zum wichtigen kulturbildenden Faktor. Die Kunst war im Westen für die Höhenflüge der menschlichen Empfindung und des Geistes zuständig. Sie füllte den Platz, den die Religion frei ließ: Sie hatte nicht nur ästhetische, sondern auch metaphysische Aufgaben. Sie war unsere Annäherung an die Spiritualität in unserer materialistischen Welt.

Europa

Die Intellektuellen, Künstler, Gelehrten, Wissenschaftler in Europa hatten schon immer das Gefühl der Zusammengehörigkeit. Auch wenn die einzelnen Königreiche und Staaten sich feindselig gegenüberstanden und Kriege führten, tauschten die Bildungseliten ihre Ideen über die

Sprach- und Ländergrenzen hinweg aus. Das ist der Grund, warum es eine gemeinsame westliche Kultur und Zivilisation überhaupt gibt.

Diese Elite stellte das Individuum, seine Einzigartigkeit und sein Recht, diese Einzigartigkeit frei zum Ausdruck zu bringen, in den Mittelpunkt. Aus dieser Wurzel kam die Emanzipation der Bürger von den Herrschern und von der Kirche, der Frauen vom Patriarchat in der Gesellschaft und der Jugend vom Korsett der Tradition. Die Bürgerrechte, die Idee der allgemeingültigen Menschenrechte und der Liberalismus in der Wirtschaft und Politik nehmen ebenfalls dort seinen Ursprung. In diesem Individualismus ist auch die Dynamik unserer Kultur begründet, das ständige Brechen mit der Tradition und die Orientierung an der Zukunft.

Der Austausch, die Mobilität und sogar die Kriege haben den kulturellen Eliten auf dem Kontinent geholfen, Regeln zu erarbeiten, wie die Gesellschaft gut zusammenleben kann, auch wenn die einzelnen Menschen nicht dieselben Ansichten haben und nicht die gleichen Ziele verfolgen. Das hat zu der Überlegenheit der Regeln des Rechts über die Willkür der Einzelnen (auch wenn sie Machthaber sind) geführt. Das hat unsere Demokratie auf eine solide Basis gestellt und ist eine wichtige Errungenschaft der westlichen Zivilisation.

In diesem Zusammenhang ist es hilfreich, sich bewusst zu werden, wie wir im gegenwärtigen Europa die Demokratie verstehen. Das hat etwas mit unserem Verhältnis zur Macht zu tun. In nicht demokratischen Ländern wird die Macht von den Regierenden *ausgeübt*. Dafür nutzen sie das Arsenal aus Drohung, Belohnung und Manipulation durch Propaganda. Seit der Geburt der Demokratie in England und Frankreich haben wir im Westen in einem schmerzhaften Lernprozess ein empfindliches „Sinnesorgan" entwickelt, das uns spüren lässt, wenn uns die Machthaber manipulieren wollen. Die Demokratie verstehen wir deswegen als ein Regierungssystem, in dem die Regierenden die ihnen übertragene Macht mit der Intention des Wohlergehens aller Bürger benutzen, sie nicht zwecks Machterhaltung zu manipulieren versuchen und den Staat nicht für sich beanspruchen. Nach dieser Definition ist zum Beispiel Polen seit 2015 keine Demokratie, und Deutschland ist seit 1945 demokratisch geblieben. Dieses Verständnis der Demokratie definiert Europa, oder wenigstens den Westen, mit. Die sich verstärkenden antidemokratischen Tendenzen in vielen europäischen Ländern sind eine Entwicklung, die das Selbstverständnis der dortigen Bürger als Mitglieder der westlichen Wertegemeinschaft auf die Probe stellen. In diesem Spannungsfeld wird sich das

Selbstverständnis des westlichen Europas weiter schärfen müssen.

Der wirtschaftliche Boom

Die Industrialisierung und der Kapitalismus sind eindeutig Erfindungen des Westens. Sie brachten eine Verbesserung des materiellen Lebensstandards, zerstörten weitgehend die Natur und veränderten entscheidend das Denken der Menschen.

Der Markt, der die niedrigen Kosten belohnte, erzeugte, wie von unsichtbarer Hand gesteuert, Elend und Ausbeutung, die man als unvermeidbar hinnahm. Mit der Zeit haben wir das Elend abgeschafft und Ausbeutung gemildert und versuchen gerade, die Zerstörung der Natur zu zügeln. Das lässt uns glauben, dass wir das Erfolgsmodell der menschlichen Zivilisation schlechthin sind, und wir können uns keine Alternative vorstellen. Die Maximierung der Gewinne, der Zwang zum stetigen Wachstum und die Effizienzsteigerung sind bis heute die unangefochtenen Glaubenssätze unserer Zivilisation – die Götzen, die wir von Sonnenaufgang bis Sonnenuntergang anbeten. Wir denken mittlerweile Westen und Wirtschaft zusammen. Ein hoher Lebensstandard (den wir definieren als die Möglichkeit, immer mehr Sachen zu kaufen, als die Größe der Fläche, die wir zum Leben benutzen, und als die Anzahl der Maschinen und Geräte, die uns zur Verfügung stehen) dient uns als Maß der Zivilisation. Heute versucht uns die ganze Welt zu folgen und vernichtet dabei endgültig die Natur und den Reichtum ihrer Kulturen gleichermaßen.

Wir haben allerdings bei unseren Versuchen, die negativen Folgen der Industrialisierung zu mildern, viel gelernt und soziale und gesellschaftliche Mechanismen entwickelt, die ein großes Kapital für die Zukunft sein können. Der Sozialstaat und der Umweltschutz bezeugen, dass unser Denken, obwohl im Schraubstock aus Effektivität und Effizienz eingespannt, in den letzten fünfzig Jahren deutlich differenzierter wurde.

WELCHES ZIEL VERFOLGT UNSERE ZIVILISATION?

Die kürzeste Geschichte der Menschheit

Diese Welt entwickelt sich vom Einfachen zum Komplexen, von nicht belebter Materie zu immer komplexeren Lebensformen, von einfachen Formen des Bewusstseins zum puren Bewusstsein. Es ist das grundlegende Prinzip der Schöpfung und wir nennen es für den Zweck dieses Buches Evolution. So wie die komplexeren Formen der Materie aus einfacheren entstanden sind, so manifestiert sich auch das wachsende Bewusstsein parallel zu der wachsenden Komplexität der Lebensformen. Logisch betrachtet gibt es zwei Möglichkeiten. Wenn das Bewusstsein eine Eigenschaft der Komplexität an sich ist, entsteht es bei jedem sich entwickelnden Organismus neu. Wenn seine zunehmende Manifestation die Energie und das Ziel der Evolution ist, entwickelt es sich in lebenden Organismen von einem Leben zum nächsten, was man Reinkarnation nennt.

Weil die Aussagen dieses Buches in beiden Fällen gültig bleiben, stellen wir hier die Frage, welche der beiden Möglichkeiten wahr ist, gar nicht.

Diese Feststellung über die Evolution vorangestellt, kann man die Geschichte der Menschheit wie folgt kurz zusammenfassen:

Aus dem wachsenden Intellekt entstand die Neugier. Der Mensch wollte verstehen, wie die Welt funktioniert.

Mit dem Verstehen entstand die Fähigkeit, seine Umgebung und sich selbst zu verbessern. Das warf die Frage auf, was *besser* bedeutet.

Aus dieser Frage resultierten Antworten, die in drei verschiedene Richtungen gingen:

1) Besser ist, was mir nutzt, was mein Leben angenehmer gestaltet, was mir Vergnügen bereitet, was mir Sicherheit bietet, was mir Mühe erspart. Diese Antwort verstärkte die Gier, das Streben nach Eigennutzen, nach

ungebremster Befriedigung der Sinne, nach Bequemlichkeit. In der Gesellschaft entstand daraus die Wirtschaft.

2) Besser ist, was allen nutzt oder was den anderen dazu bewegt, mir zu helfen. Das verstärkte die Güte, die Beziehungen und das Bedürfnis, einer Gemeinschaft anzugehören: mit der Familie und dem Freundeskreis angefangen bis zum ganzen Land und zur ganzen Nation. In der Gesellschaft entstanden daraus Gemeinden, die Moral und die Sorge um das Gemeinwohl. Dies ist die eigentliche Faser, aus der der Stoff der Gesellschaft gewebt wurde.

3) Besser ist, was mir hilft, die Welt zu verstehen, was mich in meinem Inneren erfüllt, was mir schön, was richtig erscheint, was mir zu begreifen hilft, wer ich bin und was der Zweck meiner Existenz ist. Diese Antwort unterstützte das systematische Nachdenken und Forschen, das Streben nach Harmonie und die Kreativität, das Gewissen, die Suche nach Wahrheit und Glück, die Sehnsucht nach Vollkommenheit. In der Gesellschaft entstanden daraus die Religion, Kunst und Wissenschaft.

Diese drei Antworten und die aus ihnen resultierenden Antriebskräfte haben die Menschen und die Gesellschaften in allen Regionen der Welt geformt. Die erste Kraft können wir Abwärtstendenz nennen, die Last des Animalischen, die wir als Ergebnis der Evolution mit uns schleppen. Die zweite Kraft können wir horizontale Tendenz nennen, das Breitwerden des Herzens, das emotionale Reifen des Menschen, das Verantwortungsbewusstsein und das Mitgefühl. Sie führte uns zur dritten Kraft, die wir Aufwärtstendenz nennen können, die wir in diesem Buch als das Wachsen in Menschlichkeit bezeichnen werden und die der Dynamik der Evolution des Lebens folgt, dem Sog der Vollkommenheit. (Auch hier stellen wir die Frage, ob diese Vollkommenheit das Beiprodukt oder der Zweck der Evolution ist, nicht.)

Auf die Antworten auf die Frage, was *besser* bedeutet, folgte die Bemühung der Menschen, die Welt besser zu machen, den Himmel auf Erden zu schaffen. Der Himmel auf Erden ist das Ziel eines jeden von uns, jeder menschlichen Beziehung und auch das Ziel der Zivilisation. Dieser Himmel ist zweigeteilt, gespalten: Einerseits soll er meine eigenen Sinne befriedigen, mir Reichtum und Macht geben, mir ewiges Leben ohne Leid bescheren, andererseits soll er uns allen zusammengenommen Harmonie, Frieden, Nächstenliebe, Schönheit und Weisheit schenken. Außerdem gibt es noch einen anderen Himmel, den der Mensch für sich alleine in seinem Inneren sucht. Das ist der Himmel des vollkommenen Glücks und der Weg dorthin ist die Suche nach dem eigentlichen Selbst. Diese Suche nennen wir Spiritualität.

Der erste Himmel ist egoistisch. Er bildet das untere Gravitationsfeld, den unteren Pol des Menschen. Er ist in der sinnlichen Wahrnehmung verankert. Er führt zur Gier, wobei sich Gier (das stetige Verlangen nach mehr) nicht nur auf Besitz, sondern auf alle Bereiche erstreckt, wie beispielsweise Macht, Anerkennung oder Genuss. In der Mitte hat das wachsende Bewusstsein eine Lücke freigelegt, eine Lücke zwischen der Fähigkeit des menschlichen Geistes, zu lieben und zu verstehen, und seiner tagtäglichen Nutzung. Die Suche nach der richtigen Definition dieser Lücke prägte unsere Kultur. Wir nennen sie meistens Menschlichkeit, Herz oder Güte. Noch weiter gen Norden machte das Bewusstsein in uns eine noch größere Lücke auf zwischen dem, was wir denken und fühlen, und dem, was wir in uns erahnen. Diese Lücke haben wir Gott genannt. Sie bildet den anderen Pol des Menschen. Menschen, die aus der Beobachtung der Schöpfung den Schluss gezogen haben, dass die Welt lediglich aus Materie besteht, sehen in ihr einen sublimierten Bestandteil der Humanität und nennen sie Schönheit, Gefühl oder das Ideelle (interessanterweise sind es eigentlich Bezeichnungen des Immateriellen, die sich hinter Worten, die das Geistige bezeichnen, verstecken).

In der Mitte liegen also das menschliche Herz und der Intellekt und sie werden von beiden Polen angezogen: Der Egoismus zerrt an den Emotionen nach unten. Der Altruismus und das Streben nach Vollkommenheit ziehen an den Gefühlen und dem Verstand in die entgegengesetzte Richtung.

Es gab und gibt Menschen, die auf der menschlichen Reise gen Norden weit vorgedrungen und sogar dort angekommen sind. Sie betrachten die Kraft, die entgegen der Gravitation des Animalischen wirkt, als Reines Bewusstsein. Es vergrößert in uns in einem sehr langen Prozess den Raum nach oben, in dem unser Herz schlagen, unser Geist fliegen und das Bewusstsein wachsen kann.

Das Bewusstsein, der Intellekt und das Herz entwickeln sich also in dieselbe Richtung. Zusammen steuern sie das Wachsen jedes Einzelnen, das Wachsen in seiner Menschlichkeit. Die Verbindung, der Pfad zwischen den beiden Polen, dem animalischen und dem göttlichen, ist ein Kontinuum. Für die einzelnen Menschen zeichnet es den Weg ihrer Entwicklung, ihrer Evolution.

Ziel unserer Zivilisation

Die Entwicklung des Einzelnen kann nicht ohne Weiteres auf die Gesellschaft übertragen werden. Die Wege, die die Gesellschaften gehen, sind breiter, verwirrter, komplexer. Die Gesellschaften (und damit Zivilisationen und Kulturen) entwickeln eigene Dynamiken, die zu spezifischen Ansichten führen und für die sie typische Werte etablieren. Die Gesellschaften (wie auch die Menschen) können sich übrigens auch rückwärts entwickeln, kulturelle Werte zerstören oder fallen lassen. Damit ist es ebenfalls möglich, dass sie die Evolution der Einzelnen behindern, anstatt sie zu fördern.

Die Entwicklung der Gesellschaft folgt aber trotzdem den Vorstellungen und Bestrebungen der Mehrheit ihrer Mitglieder. Damit kristallisieren sich in Gesellschaften und Zivilisationen Ziele heraus, die demselben Schema folgen. Entweder unterstützen sie vorrangig die egoistischen Ziele der Einzelnen oder sie fokussieren das Wohl der Gemeinschaft. Es gibt aber auch die Möglichkeit, dass die dritte der Antworten innerhalb der Kultur so wichtig wird, dass die Zivilisation das Wachsen der Einzelnen in ihrer Menschlichkeit unterstützt. Unsere Zivilisation folgt vor allem der ersten Antwort. Ihr wichtigstes Ziel ist es, den materiellen Himmel auf Erden einzurichten, und zwar für jeden Einzelnen getrennt genommen. Anders formuliert: Jeder soll ein bequemes und angenehmes Leben führen können und dabei glücklich werden.

Auch Kulturen haben ihre eigenen Vorstellungen vom Glück und Sinn des Lebens, die den Vorstellungen der Mehrheit der Menschen folgen. Das Glück in der westlichen Kultur liegt größtenteils in der Außenwelt: Liebe in der Familie, Reichtum, Anerkennung, bequemes Leben, Vergnügen, Spaß. Wir projizieren unsere egoistischen Wünsche auf die Vorstellung vom Himmel. Auf diese Weise wäre er zwar ganz sicher kein Paradies, schon deswegen, weil die Wünsche der Einzelnen sich widersprechen müssen, daran denken wir aber nicht. Unser Himmel ist also unlogisch und eine Illusion, weil wir unsere Menschlichkeit dort hinschleppen. Der wirkliche Himmel ist, wenn wir das Göttliche in die Welt tragen!

Unser westliches Glück kommt damit von außen zu dem Einzelnen hin, ist also egozentrisch. Es gab auch schon Kulturen, die ihr Ziel im Wohlergehen der Gemeinschaft sahen (die Naturvölker) oder die das

Glück im Inneren Universum des Menschen suchten (beispielsweise Indien) – unsere westlichen Vorstellungen sind also nicht zwingend.

Die Zivilisationen übernehmen die Vorstellungen vom Glück und Sinn ihrer Gesellschaften und versuchen sie auf der materiellen Ebene zu erreichen. Da in unserer Kultur Beziehung, Familie, Reichtum und Anerkennung Privatangelegenheiten sind, blieb für unsere Zivilisation das Ziel, das Leben der Menschen einfacher und angenehmer zu machen. Unser gemeinsames Ziel ist also, die Lebensbedingungen zu erleichtern, die Befriedigung von materiellen Wünschen zu perfektionieren und die Annehmlichkeiten für Körper und Geist zu vervielfachen. Die Antriebskraft des Westes liegt damit im Streben nach dem möglichst hohen materiellen Wohlstand. Die Nächstenliebe, das Engagement für das Gemeinwohl und das Bestreben, die Schöpfung zu verstehen, sind in unserer Zivilisation Versuche, das Gegengewicht zu schaffen. Wir reisen gelegentlich mit unserem Geist dorthin, um den Nektar des Ideellen zu kosten. Wo wir allerdings täglich grasen, das sind die materiellen Wiesen des Eigennutzens. Als Mittel zum Zweck gilt es, sich die Natur untertan zu machen.

Macht euch die Erde untertan

Unsere Zivilisation war bei ihrem Bestreben, die Ressourcen der Natur zur Wohlstandsvermehrung zu nutzen, extrem erfolgreich. Wir wissen, wie man die in der Materie gespeicherte Energie nutzt, wie man die physikalischen Gesetze für die Herstellung von unzähligen Geräten verwendet und Technologien entwickelt, die uns helfen, unsere Bedürfnisse, Wünsche und Launen zu erfüllen. Gott selbst habe uns diesen Weg aufgezeigt. Er sagte uns: „Macht euch die Erde untertan.", und wir taten es eifrig.

Ist es wirklich das, was uns der Gott des Alten Testaments auf unseren Weg mitgegeben hat? Haben wir die Aufforderung richtig verstanden? Sie ist nicht wörtlich, sondern metaphorisch zu verstehen. Der Sinn des menschlichen Lebens liegt darin, die Gesetze der Natur im Inneren zu transformieren und auf eine neue Ebene zu heben. Aus dem „Fressen und Gefressenwerden" wird im Menschen Sanftmut. Aus den animalischen Freuden des Essens und Kopulierens werden im Menschen die Freuden des Geistes und der Seele. Aus dem Revierverhalten des Tieres, das in der Gier weiterlebt, wird im Menschen Mitgefühl. Das war die Aufforderung des Alten Testaments, das wie alle heiligen Schriften nur im übertragenen Sinne wirklich verstanden werden kann. Es war nicht die Aufforderung, die Erde so anzupassen, dass sie besser der Gier und der Sinnesbefriedigung dient. Wir sind nicht einfach nur eine schlauere Affenart – im Menschen ist das Leben auf eine grundsätzlich neue Evolutionsebene gestiegen.

Das Leben auf unserem Planeten hat seine Regeln, seinen Rhythmus und seine Wechselwirkungen. Wir leben aber so, als ob wir diesen Zusammenhängen und Zyklen nicht unterworfen wären. Wenn wir das Verständnis für das Leben als etwas Heiliges und für die Natur als etwas Ganzes, in dem wir Menschen nur einen bestimmten Platz einnehmen, nicht erlangen, werden uns das Leben und seine Regeln wegspülen und mit dem, was nach der Überschwemmung übrig bleibt, neu anfangen.

Wir können – und wahrscheinlich müssen auch – die Oberfläche unseres kleinen Planeten verändern. Es wäre auch nichts an den Städten aus Beton oder am globalen Zugang zu digitalisierten Inhalten auszusetzen, solange sie derart gestaltet und betrieben werden, dass sie das Leben der Natur und das Wachsen im Inneren des Menschen nicht behindern. Wir müssen uns wirklich dringend über das Ziel des Ganzen bewusst werden und dann unser Handeln auf dieses Ziel ausrichten.

Kultur – der Ausgleich

Weil wir in der materiellen Domäne so erfolgreich waren, verstärkte sich als Reaktion in den subtileren Geistern das Bedürfnis nach Schönheit, Harmonie und transzendentaler Wahrheit. Aus diesem Bedürfnis entstanden die Kunst und die Wissenschaft, auf die wir stolz sein können.

Wir haben auch die Ideen der Gleichheit, Menschenwürde und Solidarität innerhalb der Gesellschaft nicht nur entwickelt, sondern in der Praxis angewandt. Im Westen wurden die Demokratie erdacht, die Gleichberechtigung erkämpft, das Recht und die Pflicht zur Bildung für alle eingeführt, institutionalisierte Umverteilung von Wohlstand und das Solidaritätsprinzip in den Sozialversicherungen erfunden. Auch das ist etwas, womit wir im Vergleich der Kulturen überragen.

Für unseren spirituellen Drang stehen einige der christlichen Nonnen und Mönche, die im Gebet und in der Hingabe zu Gott Gipfel erklommen haben, die den Gipfeln des Himalayas nicht nachstehen. Stellvertretend sind hier Franz und Klara von Assisi genannt. Allerdings blieb die Spiritualität ein kleiner Nebenfluss in dem großen Flussdelta der westlichen Kultur.

Persönlichkeit

Eine der Grundlagen der westlichen Kultur ist der Gedanke von der unverwechselbaren Einzigartigkeit jeden einzelnen Menschen. Damit steht das Individuum im Zentrum unserer Zivilisation und die Persönlichkeit ist ein Schlüsselbegriff unserer Kultur. Unsere Kunst reflektiert sie, versucht sie zu beschreiben und zu formen, glorifiziert sie. Die Kultur hat zwei Aspekte. Einerseits liefert sie Annahmen über die Wirklichkeit und über ethische Normen, die unsere Persönlichkeit mitbilden. Wir nutzen diese Annahmen und Normen impliziert bei Entscheidungen. Sie bestimmen über unser Verhalten, ohne dass es uns bewusst ist, dass wir eine Wahl hätten. Das ist ihr bewahrender Aspekt. Andererseits stellt sie uns Ideale und Vorbilder auf, die uns bei unserer Weiterentwicklung die Richtung aufzeigen und Impulse dafür geben. Das ist ihr dynamischer Aspekt. Er bestimmt über die Entwicklung der Kultur und ist ihre Lebenskraft. Die Entwicklung der Persönlichkeit ist als Ziel bei beiden Aspekten der westlichen Kultur fest verwurzelt.

Wenn die Persönlichkeit so wichtig ist, sollten wir uns darüber klar werden, was wir eigentlich darunter verstehen. Die Natur gab jedem Menschen bestimmte Eigenschaften und Fähigkeiten. Die setzen zwar auf den generellen Fähigkeiten unserer Gattung auf, sind aber individuell. Sie entwickeln sich besonders intensiv in Interaktion mit der Umgebung in der Phase des Heranwachsens eines Menschen. Aus der Kombination der individuellen Fähigkeiten und der spezifischen Einflüsse entsteht etwas Einzigartiges. Die Persönlichkeit ist also die Einmaligkeit jedes Menschen. Jeder von uns hat die Möglichkeit, seine Persönlichkeit zu entwickeln, also seine Einmaligkeit zu veredeln. Man kann sie aber auch verkommen lassen. Weil wir unsere Existenz in dieser Welt als etwas Einmaliges betrachten, sie als die kurze Zeitspanne zwischen der Geburt und dem Tod sehen, bekommen der Ausdruck und die Entwicklung der Persönlichkeit in unserer Kultur einen ganz besonderen Stellenwert.

Vier Archetypen

Es gibt einige Bilder, Vorstellungen, die so tief im Bewusstsein der westlichen Menschen sitzen, dass sie als die Essenz unserer Kultur gesehen werden können.

Der bestimmende Archetyp unserer Zivilisation ist der Naturbeherrscher. Wir sehen das Ziel und den Weg unserer gemeinsamen Anstrengung in dieser Welt in der Unterordnung der Kräfte der Natur und in ihrer Benutzung für unsere Zwecke.

Der zweite Archetyp ist das Ideal der Freiheit und Gleichberechtigung. Er führte in Westen zum Individualismus und ist der bestimmende Archetyp unserer Gesellschaften.

Das Unternehmertum bildet den Unterbau unserer Ökonomie. Wir packen Sachen an und wenn wir etwas tun, dann richtig. Wir gestalten und schauen zuversichtlich in die Zukunft. Das ist der grundlegende Archetyp unserer Wirtschaft.

Wir glauben an die Wissenschaft: Wir denken, dass unsere Wissenschaftler in der Summe alles wissen. In der Kunst gibt es den Archetyp des schöpferischen Künstlers. In der tagtäglichen Kultur, im Umgang miteinander, gibt es das Urbild des gut geschliffenen Menschen, der sich selbst unter Kontrolle hat und genug Rücksicht auf seine Mitmenschen nimmt, eine Mischung aus dem englischen Gentleman und der italienischen Eleganz. In der Summe repräsentieren diese Muster das Streben nach etwas Besonderem: besonderen Leistungen, einzigartigen Werken, Perfektion und Überlegenheit in allen Bereichen. Das ist der wichtigste Archetyp unserer Kultur.

Diese vier Grundmuster liegen im Kern unserer westlichen Identität. Sie sind die unterirdischen Gravitationszentren, die die Richtung der Entwicklung des Westens in seiner gegenwärtigen Form bestimmen.

Fünf-Schichten-Modell

In den altindischen Schriften wird ein Modell des Menschen mit fünf Schichten beschrieben, fünf Umhüllungen der Seele. Die zwei gröbsten sind der materielle Körper und die ihn bewohnende Lebenskraft. Die nächste ist die Schicht der Gedanken und Emotionen (über die wir im Kapitel „Zivilisation im Inneren" im Detail schreiben werden). Darauf folgt die Schicht des Verstandes, der Fähigkeit zu urteilen und logisch zu denken. Die subtilste der Schichten ist die Schicht der Glückseligkeit. Der Mensch wächst, indem er seine Aufmerksamkeit und sein Bemühen vom Körper zum Mentalen, dann zum Intellektuellen richtet, bis er bei dem bedingungslosen Glück ankommt. Wir führen dieses Modell ein, um etwas Wichtiges zu verdeutlichen, was man sonst leicht übersieht.

Unsere Kultur ist vor allem das Ergebnis der Arbeit unseres Intellekts. Das ist in allen Hochkulturen so. In den besten Leistungen der Kunst und des Gebets kommt die subtilste Schicht noch dazu. Was dabei aber auffällt, ist, dass die westliche Kultur bei der Glückseligkeit im Vergleich zu den Kulturen Asiens deutliche Defizite aufweist. Wenn wir die Ziele der westlichen Zivilisation betrachten, sehen wir einen klaren Fokus auf das Materielle und den Verstand gelegt, wobei der Verstand hauptsächlich dafür benutzt wird, den Bedürfnissen des Körpers und seiner Gesundheit zu dienen. Was ist daran falsch, fragen Sie vielleicht? Das Problem kommt, wenn man die materiellen Bedürfnisse des Menschen weitgehend befriedigt hat. Welches Ziel bleibt dann für die zivilisatorische Anstrengung? Man denkt sich zusätzliche Bedürfnisse in den unteren Schichten aus, um ein Ziel zu haben. In dieser Situation befindet sich der Westen seit ungefähr vierzig Jahren. Wir müssen uns dringend neue Ziele stellen!

Ziele zusammengefasst

Damit haben wir die wichtigsten Ziele, die unsere Zivilisation und Kultur verfolgen, identifiziert.

Für die Zivilisation sind es

- die Vermehrung des materiellen Reichtums,
- das Leben der Menschen zu erleichtern, also die Lebensbedingungen so zu gestalten, dass die Befriedigung ihrer körperlichen Bedürfnisse perfektioniert wird,
- sich die Erde untertan zu machen, um diese beiden Ziele zu erreichen.

Für die Kultur sind es

- die Befriedigung der Bedürfnisse und der Sehnsüchte des menschlichen Geistes (durch Bildung, Wissenschaft und Kunst),
- Entfaltung der Persönlichkeit,
- Freiheit, Gleichheit, Brüderlichkeit.

Nebenbei bemerkt zeigt uns die bloße Nebeneinanderstellung der Ziele, dass unsere Zivilisation und unsere Kultur weitgehend entkoppelt sind.

Seelenlose Zivilisation

Wenn der Mensch seinen wahren Platz nicht wiederentdeckt, missversteht er sich selbst und widerspricht am Ende seiner eigenen Wirklichkeit.

Papst Franziskus, Enzyklika Laudato si´

Unser Ziel ist die Vermehrung des Vergnügens gewesen: des körperlichen, das aus der Befriedigung der Sinne kommt, und des geistigen, das von der Befriedigung der Neugier auf die äußere Welt und des Bedürfnisses nach Schönheit herrührt. Sind wir zufriedener geworden?

Wir haben uns voll auf ökonomisches Wachstum konzentriert. Nun haben wir den materiellen Wohlstand erreicht. Sind wir auch glücklicher? Leben wir ein erfülltes Leben?

Wir haben versucht, die materielle Welt zu verstehen, und haben die Wissenschaft entwickelt. Verstehen wir unser Denken, Fühlen, uns selbst besser? Können wir unsere wichtigsten Fragen besser beantworten?

Wir haben viele Regeln und verfeinern unseren Staat und unser Recht, um ihre Einhaltung zu überwachen. Haben wir uns moralisch weiterentwickelt? Sind wir bessere Menschen geworden?

Wir erzählen unseren Kindern, dass sie liebevoll, gut zu den anderen und wahrhaftig sein sollen, aber selbst leben wir im Wettbewerb und erwarten von allem und jedem eine Gegenleistung. Wenn die Kinder das durchschauen, werden sie egoistisch, aus Enttäuschung sogar egoistischer als wir selbst. Wir haben verlernt, mit der Haltung der Liebe und des Mitgefühls zu leben. Das ist eine ansteckende Krankheit. Es ist ein trauriges, bedauernswertes Leben, kalt und einsam. Es widerspricht allem, was wir uns wünschen.

Unsere Kultur hat keine Seele mehr. Wir haben sie gegen ein paar glitzernde Münzen getauscht. Ohne Seele kann sie nicht anders als sterben. Wir brauchen sie dringend.

WESTLICHE ZIVILISATION ALS SYSTEM

Wie wir denken

Unser Denken ist linear. Wir denken in kausalen und chronologischen Sequenzen. Diese Art zu denken bestimmt völlig unser Bild der Welt und unser Handeln. Ereignisse, die nicht einer linearen, kausalen Kette folgen, betrachten wir als unlogisch und blenden sie bei unseren Entscheidungen aus.

In Wirklichkeit gibt es bei jedem Ereignis meist mehrere Ursachen und mehrere Wirkungen. Es ist nicht so sehr die Menge an Ursachen und Wirkungen, die zu der Komplexität der Welt führt, sondern ihre Wechselwirkungen. Sie machen das Verständnis der Realität so schwierig. Die Welt ist unendlich komplex und unsere lineare und sequenzielle Herangehensweise meistens unzulänglich.

Bevor wir unsere gegenwärtige Lage wirklich verstehen können und vor allem bevor wir uns im zweiten Teil des Buches mit der Umgestaltung unserer Zivilisation beschäftigen können, brauchen wir das Wissen über die Alternative zu unserer gewohnten Art zu denken: das Denken in Systemmodellen.

Denken in Systemmodellen

Das meiste, was uns in der Welt umgibt, besteht aus Einzelteilen, aus sehr vielen Einzelteilen. Man nennt es Systeme. Eine Zivilisation ist auch ein System – ein extrem komplexes.

Was ist ein System? Wie kann man sein Verhalten verstehen? Wie kann man es beeinflussen?

- Ein Automobil, ein Mensch, das Ökosystem der Erde sind Beispiele von Systemen. Ein Beispiel eines komplexen sozialen Systems ist die Gesellschaft innerhalb eines Landes. Ihre Bestandteile sind die Organisationen, Vereine, Parteien, Netzwerke, Zusammenschlüsse von Menschen im Allgemeinen (wir nennen sie hier Gemeinden), Familien, einzelne Menschen ...

- Ein System ist ein Ganzes, das nicht in Einzelteile zerlegt werden kann, ohne zerstört zu werden. Das Zerlegen, auch nur gedanklich zwecks Analyse, tötet das System. Das rührt daher, dass die Eigenschaften des Ganzen mehr als von den einzelnen Elementen, von der Struktur des Systems und den Prozessen, die sich darin als Austausch- und Verhaltensmuster einstellen, abhängen.
- Das System kann damit nicht durch Betrachten seiner Teile verstanden werden. Der ganze menschliche Körper beispielsweise hat nicht die Eigenschaften der Lunge oder der Leber, ist auch nicht ihre Summe. Der Grund für das andersartige Verhalten des Ganzen ist, dass seine Teile voneinander abhängig sind und miteinander im Austausch bzw. in Interaktion stehen. Jeder Bestandteil eines Systems hat Bedeutung für das Ganze und beeinflusst seine Funktion. Wenn er das nicht täte, gehörte er nicht zu diesem System. (Komplexe lebende und soziale Systeme besitzen allerdings eine gewisse Redundanz ihrer elementarsten Teile, wie Zellen in einem lebenden Körper oder einzelne Menschen in einer Gesellschaft. Hier würde erst die Beseitigung einer bestimmten Menge dieser elementarsten Teile das System zerstören.) Aus der gegenseitigen Beeinflussung aller Elemente folgt, dass man ihre Eigenschaften oder Funktionen nicht verändern kann, ohne dass dies Einfluss auf die Eigenschaften oder das Verhalten der übrigen Elemente hat.
- Die Anzahl der Interaktionen wächst überproportional mit der Anzahl der Teile, so schnell, dass das Verhalten schon relativ simpler Systeme nicht mehr aus dem Verhalten der Bestandteile erklärt werden kann und (falls wir es noch nicht aus Erfahrung kennen) überraschend sein kann oder uns unlogisch, unerklärlich erscheint. Solche Systeme bezeichnet man als komplex.

Daraus folgt, dass die Funktion oder das Verhalten eines Systems keine Summe der Funktionen und des Verhaltens seiner Elemente ist. Außerdem verliert ein komplexes System sein Gleichgewicht und kann sogar zerstört werden, wenn man eine Verhaltensänderung durch Optimierung eines isolierten Teils oder nur einiger weniger Größen dieses Systems versucht. (Ein gutes Beispiel für dieses Phänomen ist unsere Zivilisation, die durch die einseitige Fokussierung auf das Geld als Messgröße des Outputs unkontrollierbar wird.)

- Das überraschende, scheinbar unlogische Verhalten der komplexen Systeme kommt daher, dass es mit unserer linearen und sequenziellen Denkweise nicht aufgefasst werden kann. Die Wirkung kann von Ursachen abhängen, die weit weg liegen oder bereits abgeklungen sind. Eine Ursache kann sogar von seiner Wirkung abhängen. Die Wichtigkeit einer Ursache verändert sich mit der Zeit. Eine große Wirkung kann von einer kleinen Ursache kommen. Jede Handlung kann viele, auch sehr unterschiedliche Ergebnisse erzeugen. Oft müssen wir, wenn wir meinen, die Ursachen für eine Wirkung identifiziert zu haben, nach einiger Zeit feststellen, dass diese Wirkung auch ohne diese Ursachen weiter existiert oder plötzlich von ganz anderen abhängt. Die Entwicklungen innerhalb komplexer Systeme sind eben selten linear. Manchmal weisen sie qualitative Sprünge auf, die nicht vorhersehbar waren. Systeme entwickeln nämlich Eigenschaften, die erst aus den Interaktionen ihrer Elemente „auftauchen" und die diese Elemente alleine genommen nicht aufweisen (man spricht von sogenannten emergenten Eigenschaften). Deswegen führt uns unser gewohntes lineares und sequenzielles Denken bei der Analyse der komplexen Systeme meistens in die Irre.
- Die Eigenschaften eines Systems entstehen vor allem in zwei Bereichen. Zum Ersten werden sie durch die Interaktionen der Elemente hervorgerufen. (Wenn wir beispielsweise den menschlichen Körper betrachten, hängt seine Funktion davon ab, dass seine Organe in bestimmter Weise Informationen und Stoffe austauschen. Verändern sich diese Interaktionen, wird er krank.)

  Die Elemente eines Systems müssen auf irgendeine Weise „zusammenarbeiten". Wenn sie es nicht tun, zerfällt das System. Bei dieser „Zusammenarbeit" kommt es darauf an, worin sie übereinstimmen, und nicht auf die Unterschiede zwischen ihnen. Sie kann am besten als Muster bei den Interaktionen durch die Beobachtung des ganzen Systems beschrieben werden.

  Zum Zweiten hängen die Eigenschaften eines Systems von seiner Funktion und seinen Interaktionen innerhalb des größeren Systems, dessen Teil es ist, ab. (Ein Football-Spieler, der andere zu Boden wirft und wie eine Bestie brüllt, kann zu Hause ein sanfter und liebevoller Vater sein.) Wenn man also das Verhalten eines Systems verstehen möchte, muss man es zuerst in seinem Umfeld betrachten. Man wird ein System nie verstehen können, ohne das es enthaltende, größere System zu verstehen. Dieselbe Art der Betrachtung wendet man später auch auf die Bestandteile des Systems an, das man verstehen will: Man betrachtet ihr

Verhalten im Kontext ihres Systems. Dabei versucht man zu beschreiben, wie sie zum Verhalten des Ganzen beitragen.

So wie ein größeres System seine Bestandteile beeinflusst, beeinflussen diese Bestandteile das System, wenn sie sich oder ihre Interaktionen verändern. So haben zum Beispiel die neoliberalen Regeln der Wirtschaft oder die Verschiebung der Bildungsziele die moderne Gesellschaft entscheidend geformt.

- Zum besseren Verständnis eines Systems ist es hilfreich, das Fließen von Ressourcen, Energie, Informationen, Geld u. Ä. in seinem Inneren und im Austausch mit der Außenwelt zu analysieren.
- Instabile Systeme, die exponentielle (also sich stets beschleunigende) Prozesse enthalten, entwickeln zerstörerische Kraft. Exponentielle Entwicklungen bleiben am Anfang unsichtbar, weil sie in dieser Phase ihrer Entwicklung das System noch nicht in erkennbarer Weise verändern. Später sprengen sie jedoch die bisherigen Selbstregulierungsmechanismen des Systems.

  Stabile Systeme basieren auf Gleichgewichten, die aber auch dynamisch sein können. So gibt es in komplexen Systemen oft Polaritäten und sogar Widersprüche. In einem stabilen System befinden sie sich in einem dynamischen Gleichgewicht, das oft Energie für Veränderungen im System liefert. Das beste Beispiel eines stabilen Systems ist die Biosphäre. Sie ist auf Gleichgewichten und oft auch auf Kooperationen, Symbiosen aufgebaut. Gleichzeitig führt sie uns vor, dass stabile Systeme sich entwickeln können. Weil der Mensch dem System der Biosphäre exponentielle Entwicklungen hinzugefügt hat, werden sie zur Instabilität des Systems führen. Daraus folgt, dass wir die Leben spendende Vitalität der Natur und ihre Lebensvielfalt schützende Stabilität nur erhalten können, wenn wir diese sich beschleunigenden Entwicklungen stoppen; anders gesagt, die Natur in Ruhe lassen.

- In sozialen Systemen wird die Komplexität dadurch erhöht, dass die Teile des Systems sich unabhängig verhalten dürfen, eigenen Willen haben, eigene Ziele verfolgen.
- Je komplexer ein soziales System, desto mehr müssen sich seine Teile unterscheiden, desto differenzierter muss es sein. Nur simple Systeme dürfen relativ homogen bleiben. Eine unvorsichtige Vereinfachung der Regeln für die Interaktionen oder ein Versuch der Vereinheitlichung der Bestandteile würden die Integrationskräfte des Systems zerstören.

(Versucht man beispielsweise eine Gruppe von Menschen zu Uniformität zu zwingen, wird sie in ihrem Handeln nicht produktiv und zerfällt, sobald sich dazu die Gelegenheit ergibt.) Verbreitung von Wissen und Erhöhung des Verständnisses der Menschen verbessert die Fähigkeit jedes sozialen Systems, höhere Komplexität zu integrieren – die Menschen können dann die komplexen Zusammenhänge besser verstehen, akzeptieren bewusst die Unterschiede und erkennen den übergreifenden Zweck.

Je komplexer die Zivilisation, um so differenzierter müssen die Menschen denken können. Komplexe Gesellschaft benötigt zunehmende Reife der Kultur und wachsende geistige Sublimierung der Einzelnen.

- Daraus folgt, dass soziale Systeme, die weitgehend monolithisch sind, zerfallen, wenn sie zu groß werden. Wenn die Regeln in dem übergreifenden System das Wachstum begünstigen, können Systeme beachtliche Größe erreichen (weltweite Konzerne sind ein Beispiel dafür). Allerdings werden ihre Einzelteile irgendwann so viel eigenen Willen und Kraft entwickeln, dass sie das zu große System sprengen, wenn es nicht ausreichend Unterschiede zulässt. Riesige Systeme können nur überleben, wenn sie sehr viele Unterschiede und Freiheiten zulassen. In sozialen Systemen sind diese Unterschiede vor allem geistiger Natur und die Freiheiten betreffen die Ziele und das Verhalten.
- Soziale Systeme sind bestrebt, stabil zu bleiben – sie besitzen ein „Beharrungsvermögen", sind strukturkonservativ. Dafür sorgt ihre Kultur. Die Kultur eines sozialen Systems bewirkt, dass sich sein Verhalten immer wieder wiederholt, reproduziert, obwohl es eigentlich frei wäre, anders zu handeln. Deswegen benötigt jegliche Veränderung „Energie" und Zeit.
- Dieses Beharrungsvermögen der Kultur kann man mit dem Konzept der Dynamiken erklären. Eine Dynamik ist eine besondere Art Struktur innerhalb des Systems, die sich aus den Interaktionen und Materialflüssen im System im Verlauf seiner Geschichte indirekt ergibt. Sie entsteht spontan im System, bestimmt weitgehend sein Verhalten und seine Entwicklung, wurde aber nie explizit in das System eingeführt.

Die speziellen Dynamiken der Kultur sind dabei einer Art „Gravitation" ausgesetzt. Man kann dieses Phänomen mit einer Metapher verdeutlichen: Die Gesellschaft mit ihren Strukturen und geschriebenen und ungeschriebenen Regeln ist wie eine Landschaft, in der die Gewässer der Verhaltens- und Denkweisen der Menschen, also die Kultur, ihre Wege finden. Sie formen Flüsse, deren Verläufe mit der Zeit die Täler der Landschaft vertiefen. Die Landschaft ist allerdings tektonischen Veränderungen ausgesetzt. Nach einer Veränderung in der Erdoberfläche passen sich die Wasserläufe an und beharren dann wieder in ihren modifizierten Läufen für einige Zeit.

- Das Verhalten eines sozialen Systems verändert sich, wenn sich die individuellen Werte und Überzeugungen der Menschen, ihr Selbstverständnis und ihr Bild der Wirklichkeit oder die Art und Weise, wie sie Entscheidungen treffen und wie sie interagieren, verändern.
- Die Kultur und die Regeln, nach denen die Teile des sozialen Systems interagieren, sowie die Ziele zusammengenommen bestimmen über sein Verhalten und erzeugen immer wieder aufs Neue seine Eigenschaften. Wenn eine Gesellschaft beispielsweise glaubt, dass die Natur etwas Heiliges, Wichtigeres als der einzelne Mensch ist, wird sie im Einklang mit ihr funktionieren. Die Art und Weise, wie die Menschen wohnen, arbeiten, ihr Essen erzeugen, wie die Gesellschaft ihr Umfeld gestaltet und ihre materiellen und geistigen Bedürfnisse befriedigt, werden dieser Grundüberzeugung folgen. Dieses Verhalten wird von Generation zu Generation weitergereicht.
- Wenn man ein System verändern will, muss man versuchen, die Interaktionen samt der Regeln und nicht die Teile selbst zu verändern. Wenn es möglich und für den Zweck des Systems förderlich ist, kann man auch versuchen, neue Teile hinzufügen. Dies bedeutet allerdings oft eine größere Veränderung im System. Dabei muss man immer auch seine Interaktionen (also sein Verhalten) in dem größeren System in Betracht ziehen.

  Allerdings darf man nie vergessen, dass ein System nichts Passives ist – das Verändern ist immer ein Mitspielen. In einem komplexen System verändert das Spielen selbst meistens die Spielregeln. (Denken Sie zum Beispiel daran, wie ein kleiner Online-Shop mit Büchern den Handel weltweit verändert hat.)

- Komplexe Systeme scheinen einer Evolution zu unterliegen, die auf ein Naturgesetz zurückzuführen ist. Es gibt in unserem Universum strukturierende, organisierende Muster und Regeln, sozusagen eine unsichtbare „Energie", eine „Evolutionskraft", die es zur Weiterentwicklung treibt. (Diese Feststellung basiert auf meiner Beobachtung komplexer sozialer Systeme und wird von den meisten Systemwissenschaftlern nicht geteilt.) Dieser Energie sind alle Systeme ausgesetzt, und zwar umso stärker, je komplexer sie sind. Das Leben und der Mensch sind gute Beispiele dafür. Auch soziale Systeme entwickeln sich in einer Art und Weise, die nicht gänzlich durch bloße Interaktionen ihrer Teile oder durch die Reaktionen auf die Einflüsse in ihrem Umfeld erklärt werden kann. Die Wirkung dieser evolutionären Energie wird allerdings erst aus der Perspektive und über längere Zeiträume sichtbar. Das schließt trotzdem nicht aus, dass einzelne Systeme nicht aussterben oder sich zerstören können.

Designen von sozialen Systemen basiert auf Regeln und ist deswegen mit dem Designen von Maschinen oder anderen deterministischen Konglomeraten nicht vergleichbar. Wenn man versucht, soziale Systeme wie eine Maschine zu gestalten, wird man kläglich scheitern.

Zusammengefasst: Ein soziales System kann man nur verstehen, wenn man die Interaktionen seiner Teile, die Interaktionen des ganzen Systems in seinem Umfeld, die Ziele, die das System verfolgt, und seine Kultur versteht. Eine absichtliche Veränderung kann nur durch die Modifizierung der Ziele, den Wandel der Kultur oder die Veränderung der Regeln für die Interaktionen herbeigeführt werden.

Betrachten wir die Dynamik in komplexen sozialen Systemen etwas genauer. Sie entsteht durch

- Rückkopplungen: Das sind Veränderungen des Verhaltens eines Elements oder des gesamten Systems aufgrund seiner Reaktion auf seine eigene Ausgangsgröße bzw. auf sein Ergebnis (ein Beispiel für Rückkopplung ist ein Unternehmen, dessen Entscheidungen von seinem Gewinn abhängen),
- Änderungen im System: eine Veränderung seiner Elemente, Zugang oder Wegfallen von Elementen, Änderungen der Wechselwirkungen, vor allem der Regeln für Interaktionen.
- Auftauchen oder Wegfallen von „Gravitationszentren", die das System dazu zwingen, sich zu bewegen. Diese können sich innerhalb des Systems oder in seinem Umfeld befinden.
- Änderungen in der Umgebung des Systems,
- Veränderung seiner Grenzen,
- Veränderungen im Zugang zu Ressourcen,
- Modifikation der Ziele, die das System verfolgt,

- Veränderungen in der Kultur,
- grundsätzliche Veränderungen der Freiheitsgrade der Elemente bzw. ihrer Möglichkeiten zu agieren und interagieren (beispielsweise durch neue Technologien),
- Auswirkung der oben erwähnten Evolutionskraft, die alle Systeme einer sehr langsamen Entwicklung unterwirft.

Woran kann man erkennen, dass ein System nicht mehr gut funktioniert? Die wichtigsten Anzeichen dafür sind

- nicht angemessene oder übertriebene Reaktionen des Systems,
- oszillierende Entwicklungen,
- sich widersprechende Entscheidungen, Verhaltensweisen, Ergebnisse,
- inkonsistente Ziele,
- Zerstörung der Werte (materieller, also der eigenen Ressourcen, wie auch der Kultur),
- übermäßiger Widerstand gegen notwendige Veränderungen – das System reagiert nicht angemessen auf Veränderungen in seinem Kontext,
- beharrliche Weiteranwendung von Rezepten innerhalb des Systems, die zwar in der Vergangenheit zum Erfolg führten, aber jetzt nicht mehr funktionieren.

Das systemische Denken fällt uns sehr schwer. Es ist ein Denken in Strukturen, in Modellen und in Beziehungen, in Funktionen, in Wirkungen und in Veränderungen. Es erfordert den gleichzeitigen Blick auf das Ganze und auf das noch größere Ganze. Man nennt diese Art Denken deswegen auch holistisch. Es ist sehr hilfreich, Systeme als Zeichnungen darzustellen; Beziehungen, Wechselwirkungen, Hierarchien und Resultate werden dadurch auf einen Blick ersichtlich, weil sie gleichzeitig und nicht sequenziell betrachtet werden. Zusätzlich zur Identifizierung des Zieles, der Wechselbeziehungen, der Material- und Informationsflüsse schließt das systemische Denken immer die Offenlegung der geteilten Bilder, Überzeugungen und Annahmen (bei nicht denkenden Systemen ihrer Funktion) ein. Wir müssen uns klarmachen, woran wir glauben, sonst werden wir mit Windmühlen kämpfen, wenn wir etwas im System verändern wollen. Das Sichtbare und das Unsichtbare, die Dinge und die Kultur sollten bei sozialen Systemen immer zusammen betrachtet werden.

Wenn wir beim Nachdenken anstelle der linearen die systemische Methode anwenden, kommen wir meistens zu anderen Ergebnissen. Die Welt unterliegt zwar dem Gesetz der Kausalität, das bedeutet aber nicht, dass die Ursache vor unseren Füßen liegen muss: Sie kann von Faktoren abhängen, die verborgen oder zeit- und raumversetzt sind. Meist resultiert sie nicht aus einem konkreten Ereignis, sondern aus den Interaktionen sehr vieler Elemente und (bei sozialen Systemen sehr oft) aus den Regeln, die man für diese Interaktionen aufgestellt hat. Sie kann aus den Regeln eines Systems resultieren, das deutlich größer ist als das, das wir im ersten Moment betrachten. Das ist besonders wichtig, wenn wir den Grund für eine Entwicklung suchen, den Schuldigen für eine prekäre Lage ausmachen möchten. Damit ist es für unser Zusammenleben in der Gesellschaft von zentraler Bedeutung: Beim Nachdenken über unsere Probleme ist die wirkliche Ursache selten die, die wir auf den ersten Blick sehen. Analyse ohne Synthese ist in komplexen Systemen blind. Ich nenne diese ganzheitliche Art der Problemlösung *systemische Suche nach Ursachen*.

Hinter jeder Komplexität liegt Einfachheit. Zunächst entsteht jede Komplexität aus vielen Einfachheiten, die miteinander auf vielfältige Weise interagieren. Aber auch auf der Ebene des gesamten Systems gibt es eine Einfachheit des höheren Grades, die das Verhalten des Systems gut genug erklärt. Sie liefert uns den Hinweis auf den Zweck, den das System verfolgt. Das Resultat des Denkens in Systemmodellen soll immer sein, diese Einfachheit sichtbar zu machen.

Wir müssen dringend das holistische Denken lernen, üben und anwenden, wenn wir die Probleme unserer Welt lösen wollen!

In den Aussagen oben haben wir die grundsätzlichen Aspekte identifiziert, die beim Verändern von sozialen Systemen wichtig sind: die geteilten Ziele, die Kultur und die Regeln, die in ihnen gelten. Bevor wir uns der Methode, nach der komplexe soziale Systeme verändert werden können, widmen, müssen wir noch den Unterschied zwischen stabilen und instabilen Systemen verstehen.

Instabile Systeme

Alle Systeme besitzen Rückkopplungen. Das System (oder seine Teile) benutzt das Ergebnis eines Prozesses (die Information, die Menge oder Beschaffenheit der Ausgangsgröße zum Beispiel), um sich zu verändern (oder auch stabil zu bleiben). Wir sehen diese Rückkopplungen überall: vom Thermostat über ein Unternehmen bis zur Biosphäre. Die meisten dieser Rückkopplungen führen zu stabilen Systemen oder Systemteilen. Ein System ist stabil, wenn seine Ausgangsgröße (sein Resultat) in einem stabilen Verhältnis zu seiner Eingangsgröße bleibt. Es stellt sich eine Art Gleichgewicht ein, wobei dieses Gleichgewicht dynamisch sein kann, schließt also eine Entwicklung nicht aus. In einem instabilen System verändert sich dagegen die Ausgangsgröße unverhältnismäßig: Das System wird unsteuerbar, wuchert. Die Natur (bis auf einige krankhafte Veränderungen, zum Beispiel Krebszellen im Körper) besteht aus stabilen Systemen. Sie führen zu Koexistenz, Koentwicklung, Evolution, kurz gesagt zum Leben. Menschengemachte Systeme funktionieren mit Regeln, die jemand sich ausgedacht hat: Sie können also genauso gut instabil sein, wenn derjenige mit Absicht oder im Unwissen eine oder mehrere sich selbst verstärkende Rückkopplungen eingebaut hat.

Lassen Sie uns die Instabilität anhand eines Beispiels betrachten: des globalen Finanz- und Wirtschaftssystems. Fangen wir mit der Mikroperspektive an: Jemand will investieren, um reich zu werden. Er nimmt bei einer Bank einen Kredit auf, für den die Bank Zinsen verlangt. Dieses Geld gab es davor nicht: Die Bank hat es durch eine Verbuchung in ihrer Software erzeugt. Der Schuldner baut mit dem Geld ein Unternehmen auf, produziert etwas (wobei er Ressourcen der Natur verbraucht) und verlangt dafür mehr Geld, als die Summe seiner Kosten und der Zinsen beträgt. Die Käufer dieser Produkte nehmen das Geld für den Kauf zum Teil auch aus Krediten, für die sie Zinsen zahlen müssen. Dadurch unterliegen sie ebenfalls dem Zwang, immer mehr Geld für ihre Produkte zu verlangen (wenn sie Unternehmen sind) oder immer mehr Geld zu verdienen oder zu leihen, wenn sie Konsumenten sind. Die Banken erhöhen bei diesem Geschehen immer weiter ihre Bilanzen und die Unternehmen ihren Umsatz. Sie erkennen die sich verstärkende Rückkopplung, die nur eine Richtung kennt: Sie produziert immer mehr Schulden und immer mehr Geld, um die Zinsen für diese Schulden zu bezahlen. Die Geldmenge wächst dabei jährlich (im Durchschnitt und grob betrachtet) um denselben Faktor. Man nennt derartigen Wachstum exponentiell.

Woher kommt dieses zusätzliche Geld? Aus der Software der Banken. Es erzeugt in der Wirtschaft zwangsläufig zusätzliche Produktion und bringt zusätzlichen Konsum mit sich. Und was, wenn die Banken das von ihnen erzeugte Geld nicht zurückerhalten? Dann gibt der Staat den Banken das fehlende Geld. Und was, wenn die Unternehmen nicht ausreichend wachsen oder die Konsumenten nicht genug kaufen wollen? Dann erzeugt die Zentralbank zusätzliches Geld und pumpt es in das System hinein. Die Geldmenge in diesem System muss nämlich ständig wachsen, weil sonst das zusätzliche Geld für die Zahlung der Zinsen fehlte. Das weiß die Zentralbank natürlich. Sie erkennen sicher die sich verstärkende Schleife, die nur eine Richtung kennt: Sie produziert immer mehr Schulden bei Unternehmen und bei den Bürgern, wachsende Staatsverschuldung und Wachstum der Wirtschaft.

Erweitern wir unsere Perspektive erneut. Das nationale und globale Wachstum wird von globalen Finanzunternehmen am Leben gehalten. Einige von ihnen haben bereits mehr Vermögen als ganze Volkswirtschaften. Sie bündeln den Reichtum der Reichen und verleihen das Geld zu Bedingungen, die sie diktieren. Ihr Ziel ist dabei, das gesamte ihnen zur Verfügung stehende Geld zu verleihen, weil alle ihre Kunden eine Rendite erwarten. Deswegen verleihen sie, wenn sie nicht genug solide Schuldner finden können, eben an die weniger soliden. Und was, wenn diese mal nicht zurückzahlen? Sie wissen schon: Der Staat springt ein.

Dieses System produziert mehrere exponentielle Entwicklungen. Die Summe aller Schulden muss per Design die Geldmenge übersteigen – die Schulden „produzieren" erst das Geld, das unsere Wirtschaft am Leben hält. Die Schulden müssen auch stets wachsen. Um sie zu bedienen, muss auch die Geldmenge wachsen, was zu der wachsenden Staatsverschuldung führt. Das Geld sammelt sich dabei natürlich nur bei denen an, die es verleihen, also zu viel davon haben. Dadurch werden die Reichen immer reicher. Dieses System ist per Design auf Wirtschaftswachstum angewiesen, das wiederum auf den steigenden Konsum angewiesen ist. Es wird vom Staat beschützt und gefordert, weil er sich aus den Steuern, die bei der Geldvermehrung abfallen, finanziert und weil er froh ist, wenn möglichst viele Menschen dabei ihren Lebensunterhalt verdienen und deswegen nicht auf seine finanzielle Hilfe angewiesen sind. Daher ist das Ziel aller Regierungen, dieses instabile System der Kapitalvermehrung am Leben zu halten. Kann das ewig so weitergehen? Nein.[2]

Fassen wir das Geschehen zusammen: Das globale Wachstum nimmt der Natur ihre Werte weg und gibt ihr im Gegenzug Abfall zurück. Dieses

---

2 Um dieses System im Detail zu beschreiben, bedürfte es eines ganzen Buches. Wenn Sie sich für die Details interessieren, empfehlen wir Ihnen den ZDF-Film „Oeconomia" von Carmen Losmann und ein Buch aus dem Programm des Continentia Verlages, „Der Wert eines Wales" von Adrienne Buller.

Wachstum ist notwendig, um den Reichtum der Investoren zu vermehren. Von den Menschen verlangt es, dass sie immer mehr kaufen, also dass sich ihr Denken und Leben immer stärker um das Geldverdienen und den Konsum dreht. Dafür erschafft das System zahlreiche Zwänge und Anreize. Damit zerstört es nicht nur die Biosphäre, sondern auch die Kultur und die soziale Gemeinschaft. Es wird vom Staat beschützt.

Instabile Systeme führen irgendwann zwangsläufig zu Zerstörung: Sie zerstören sich selbst und beschädigen auch das größere System, das sie beherbergt, und die Schwestersysteme, die sich das größere System mit dem wuchernden Nachbarn teilen.

Systeme und das Gestalten

Soziale Systeme sind grundsätzlich dynamisch: Sie bestehen aus mehreren interagierenden Dynamiken und unterliegen zusätzlich einer langsamen Evolution in ihrer Umgebung. Wenn wir merken, dass ein solches System nicht richtig funktioniert, reagieren wir darauf mit dem Versuch, sein Verhalten zu beeinflussen. Dabei ist es wichtig, die unterschiedlichen Arten von Funktionsstörungen unterschiedlich zu behandeln.

Wenn sich etwas ereignet, was als störend empfunden wird, ist unsere natürliche Reaktion der Versuch, die Störung zu beseitigen. Es gibt tatsächlich Fälle, in denen die Ursache einfach und einmalig ist. Ein Beispiel dafür wäre eine Flüchtlingswelle nach einem Erdbeben. Meistens sind aber Probleme, die auf den ersten Blick Einzelcharakter haben, Symptome von Entwicklungen, die „unterirdisch" stattfinden. Es ist nicht immer einfach, diese Entwicklungen freizulegen, aber wenn man die Störung in ihrer Umgebung und mit dem Verständnis der Dynamiken, die im gesamten System im Gange sind, untersucht, gelingt es oft. (Ein Beispiel wäre eine Flüchtlingswelle, die nach einer Dürre erfolgt, die eigentliche Ursache der Dürre aber in der Erderwärmung zu suchen ist. Und diese ist wiederum das Ergebnis der neoliberalen Grundhaltung der Regierung.) Gelingt das nicht, wird man die Ursachen und Dynamiken erneut untersuchen müssen, wenn das Phänomen wiederholt auftritt.

Dann gibt es Ereignisse, die auf einen Trend oder auf ein sich wiederholendes Muster zurückzuführen sind. (So war es, als Menschen in der zweiten Hälfte des vergangenen Jahrhunderts zu migrieren anfingen und die Ursache in der Globalisierung der Wirtschaft lag.) In diesem Fall macht ein Versuch, die Störung zu beseitigen, keinen Sinn. Man muss die zugrunde liegende Dynamik oder die Verhaltensmuster offenlegen und beeinflussen. Wenn man bei dieser Untersuchung jedoch eine Struktur grundsätzlicher Art entdeckt, wird ein Versuch, diese Dynamik oder dieses Verhaltensmusters direkt zu beeinflussen, nichts bringen. Der Grund dafür ist, dass die Ursache der Störung in den breit angelegten Interaktionen innerhalb des Gesamtsystems liegt. Limitierte Korrekturen einzelner Ausschnitte des Systems werden in einem solchen Fall nicht zum gewünschten Resultat führen.

In sozialen Systemen ist es zusätzlich notwendig, die Kultur zu analysieren. Folgt das Verhalten des Systems dem, was die Menschen glauben, was sie als richtig betrachten, wird ein Veränderungsversuch im System sowieso nicht gelingen. Eine Korrektur kann sich nur einstellen, wenn das Denken der Menschen, die Kultur des Systems, sich verändert hat.

Daraus folgt, dass man nur einfache Systeme verändern kann, indem man etwas in dem System verändert, das Resultat beobachtet und Schlüsse zieht, um weitere Veränderungen oder Modifikationen vorzunehmen. Das ist die Methode, wie wir lernen. Bei komplexen Systemen versagt sie meistens, bei den sozialen Systemen sogar ganz besonders oft. Es ist leider genau die Art und Weise, wie unsere Regierungen handeln.

Die Methode, mit der man komplexe Systeme effektiv und geplant verändern kann, heißt systemisches Design: Systemgestaltung. Sie muss immer dann angewandt werden, wenn das System instabil, nicht nachhaltig, also selbstzerstörerisch wurde. Wenn gesunde, nachhaltige Systeme vorübergehend aus ihrem Gleichgewicht geraten oder wenn ihre Entwicklung nur leicht korrigiert werden soll, können sie durch Korrektur der Interaktionen ihrer Elemente beeinflusst werden. Bei einem grundsätzlich instabilen System geht das nicht. Und das trifft auf unsere gegenwärtige Gesellschaft, Zivilisation und sogar Kultur zu. Die Gesellschaft ist beispielsweise durch die ausufernde Ungleichheit, die Zivilisation durch die Zerstörung der Biosphäre und die Kultur durch die allgegenwärtige Monetarisierung und mediale Manipulation exponentiellen (also selbstzerstörerischen) Entwicklungen ausgesetzt. In einer solchen Situation reicht das Verändern der Regeln für einzelne Interaktionen zwischen den Bestandteilen nicht aus – man muss das ganze System in seiner Gesamtheit verändern. Es ist das primäre Ziel dieses Buches, die grundsätzliche Instabilität unserer Zivilisation aufzuzeigen, die Methode des systemischen Designs vorzustellen und sie beispielhaft anzuwenden, um einen Entwurf einer nachhaltigen Zivilisation zu skizzieren.

Wie funktioniert das systemische Design? Man geht von dem gewünschten Verhalten des ganzen Systems aus und designt das System neu in einer Weise, die dieses gewünschte Verhalten hervorbringt. Neudesign bedeutet damit, dass man sich für eine Zukunft entscheidet und das System so gestaltet, dass es diese Zukunft produziert.

Im ersten Schritt stellt man sich vor, dass das System über Nacht zerstört wurde, sein Kontext aber unverändert blieb. Man beseitigt damit gedanklich alle Restriktionen und Altlasten innerhalb des Systems, alle Vorstellungen und Vorurteile, die in dem System über lange Zeit erwachsen sind und die das Verändern des Systems verhindern, auch wenn sich die meisten Menschen eine Veränderung herbeiwünschen sollten. Man startet also gedanklich auf der grünen Wiese.

Die erste und wichtigste Frage, die man sich danach stellt, ist, was das System produzieren soll, also welches Ziel es verfolgen, welche Ergebnisse es liefern, wie es sich als Ganzes verhalten soll. Dabei muss man ein klares Bild der Rolle haben, die es in seinem übergreifenden System, dessen Teil es ist, spielt und welchen Zwängen es dort unterliegt. Auch später muss man darauf achten, dass das neu entworfene System in seinem größeren Kontext überlebensfähig bleibt. Während man über die neuen Ziele und ein verändertes Verhalten des Systems nachdenkt, stellt man auch eine Liste der Verhaltensweisen, die man verhindern möchte, zusammen.

Hat man die Möglichkeit, die Einzelelemente des Systems zu verändern oder zusätzliche aufzunehmen, um die gewünschten Ergebnisse zu erreichen, soll man dies in Betracht ziehen. Das ist allerdings bei sozialen Systemen selten der Fall, wenigstens nicht sofort. Deswegen konzentriert man sich auf die Interaktionen, Kommunikationen und gegenseitigen Beeinflussungen der Einzelelemente. Sie unterliegen bestimmten Regeln, die grundsätzlich veränderbar sind. Zu den Regeln gehört auch die Bestimmung der Freiheitsgrade für das Handeln der Einzelelemente. Die gewünschten Änderungen der Einzelteile werden sich mit der Zeit durch den Einfluss aus ihrem veränderten Verhalten einstellen. Die Kommunikationen und Beeinflussungen verändern außerdem die Kultur. Sie ist übrigens das zweite wichtige Feld, auf dem man eine Veränderung in einem sozialen System herbeiführen kann. Die Kultur wird letztendlich von den Zielen, die das System verfolgt, geformt. Eine grundsätzliche

Veränderung in einem sozialen System ist also nur durch die Änderung dieser Ziele möglich.

Es gibt zwei Arten von Regeln: die statischen, die das Verhalten festigen, und die dynamischen, die das Verhalten verändern. Die ersten bestimmen, wie das System funktioniert, die zweiten, wie es sich entwickelt. Die zweiten sind tendenziell wichtiger, werden aber oft von den Designern vergessen. Was man ebenfalls nicht außer Acht lassen darf, ist eine bewusste Gestaltung des Feedbacks, also eines Mechanismus, anhand dessen wir wissen können, ob das System wie gewünscht funktioniert und sich verändert. Dieses Feedback benötigt „Rezeptoren", also Messpunkte und Messwerte, sowie einen Mechanismus, um sie auszuwerten.

Wenn man das erste grobe Design des Gesamtsystems durchdacht, ausdiskutiert und beschrieben hat, geht man von dort vor, indem man seine Subsysteme und (ganz besonders wichtig) die Regeln, nach denen sie zusammenarbeiten, designt, und zwar derart, dass sie zum Erreichen der Ziele des Gesamtsystems beitragen. Man geht also in die Tiefe des Systems. Dabei sollten die ersten Entwürfe nicht zu detailliert sein.

Ist das Zieldesign fertig, geht man rückwärts vor. Man kann kein komplexes soziales System von heute auf morgen völlig umkrempeln – man muss stufenweise vorgehen. Deswegen überlegt man, welches Design eine sinnvolle und überlebensfähige Vorstufe des Zieldesigns wäre. Dann entwirft man die Vorstufe der Vorstufe usw., bis man bei dem heutigen, real existierenden System ankommt. Dadurch weiß man, in welchen Schritten man die gewünschte Veränderung des Systems herbeiführen könnte.

Eine der wichtigsten Regeln des systemischen Designs ist, dass es ein iterativer Prozess ist: Der erste ausreichend ausgearbeitete Entwurf wird umgesetzt und seine Funktion in der Praxis beobachtet. In den nächsten Designschritten kann man dann die Architektur verfeinern. In der Zwischenzeit wird sich das System teilweise sowieso anders als geplant verändern und die nachfolgenden Schritte des Designprozesses beeinflussen. Soziale Systeme sind dynamisch. Auch das systemische Design ist eine Dynamik im System, und man soll die Gestaltung als eine geplante Beeinflussung dieser Dynamiken betrachten, eine Art der bewussten Selbstorganisation des Systems.

Eine grundsätzliche Voraussetzung für den Erfolg ist eine schonungslose und alle Aspekte umfassende Betrachtung der Ausgangssituation. Das Ergebnis dieser Betrachtung muss alle (auch die versteckten) Kräfte und alle als selbstverständlich oder notwendig erachteten Annahmen offenlegen, die zu den heutigen Problemen geführt haben. In jedem sozialen System gibt es einige grundlegende Mechanismen, die die unerwünschten Resultate erzeugen – wenn man sie nicht enthüllt und beseitigt, werden sie jede Veränderungsanstrengung untergraben.

Diese Neugestaltung ist keine rein intellektuelle Leistung. Soziale Systeme reproduzieren immer wieder ihr Verhalten, wenn sie ihre Glaubenssätze nicht verändern. Deswegen sind eine öffentliche Diskussion, eine beharrliche Arbeit aller Menschen klaren Verstandes und guten Willens und eine grundsätzliche Änderung der Bildungsinhalte unabdingbar. Wir müssen als Gesellschaft umdenken, neue Bilder in unsere Köpfe aufnehmen und unsere Überzeugungen modifizieren, bevor wir mit der Umsetzung beginnen. Man kann die Zivilisation nicht an der Kultur vorbei verändern. Die Kultur gibt den Anstoß. Aus den modifizierten Vorstellungen resultiert verändertes Verhalten, das wiederum die Veränderung der Vorstellungen verstärkt. Eine Dynamik entsteht. Die Wiederherstellung der Vitalität der westlichen Kultur ist damit eine der wichtigsten Ingredienzen des Erfolges bei der Neugestaltung der westlichen Zivilisation. Allerdings darf man mit dem Design nicht auf die Veränderungen in der Kultur warten. Beides, das Umdenken und das Umgestalten, gehören zu ein und demselben Prozess.

Noch etwas muss den Gestaltern sozialer Systeme klar sein: Das systemische Design muss sich in allen Phasen konsequent des systemischen Denkens bedienen und das eigendynamische Verhalten der Systemteile berücksichtigen. Das schließt lineare Prozesse, hierarchische Verwaltungsstrukturen und jeglichen Zwang aus. Wir reden hier über Menschen, über sehr viele sehr verschiedene Menschen, die verschiedene Vorstellungen von der Zukunft haben und unterschiedliche Ziele verfolgen. Eine Veränderung, besonders eine grundsätzliche, in einem so komplexen sozialen System wie einer Zivilisation ist nur unter zwei Voraussetzungen möglich. Erstens muss man möglichst viele dieser Menschen (mindestens aber viele vom aktiven, engagierten Teil der Gesellschaft und wichtige Meinungsführer) für das Ziel dieser Umgestaltung begeistern. Zweitens muss man möglichst viele in den Designprozess einbinden – Menschen sind eher bereit, Veränderungen mitzutragen, wenn sie bei ihrer Planung mitgemacht haben.

Gesellschaft und ihre Instrumente

Ausgehend vom Denken in Systemmodellen wenden wir uns jetzt den Systemen der Gesellschaft und der Zivilisation zu. Die Gesellschaft sind Menschen, Familien und Gemeinden, die sich eine Kultur teilen, gemeinsam eine Zivilisation aufbauen und auf einem bestimmten Stück der Erdoberfläche leben. Die Kultur und die Zivilisation sind im Westen größere Systeme, die von mehreren Gesellschaften weitgehend geteilt werden. Auch die Wirtschaft ist ein größeres System, das mittlerweile global ist. Wir machen diese Zusammenhänge mit einer simplen Zeichnung deutlich:

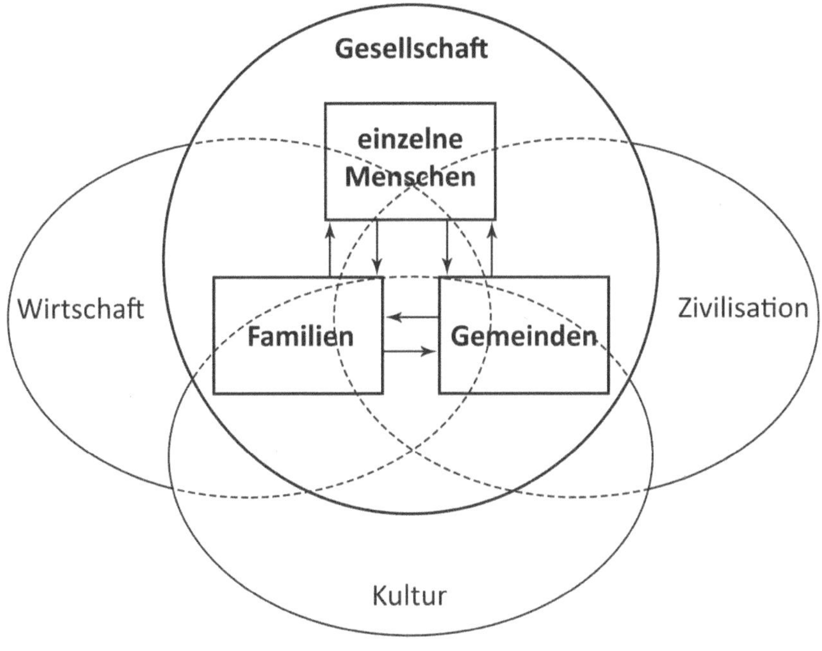

Die Zeichnung verdeutlicht mehrere Sachverhalte auf einen Blick. Man sieht, dass die einzelnen Elemente des Systems Gesellschaft sich gegenseitig beeinflussen, dass die Systeme der Kultur, der Zivilisation und der Wirtschaft zwar eigenständig sind, mit der Gesellschaft und untereinander dennoch Schnittmengen haben. Wir werden grafische Darstellungen von Systemen und Zusammenhängen im Verlauf des Buches öfter benutzen, weil sie uns helfen, die Zusammenhänge innerhalb von Systemen zu erkennen.

Der Zusammenhalt einer Gesellschaft ergibt sich aus dem gemeinsamen Ziel: dem Aufbau und der Aufrechterhaltung des gemeinschaftlichen Lebensraums, also der gemeinsamen Zivilisation. Die Gesellschaft ist das handelnde Subjekt, die Kultur kann man als das Denken und Empfinden dieses Subjekts ansehen und die Zivilisation ist das Ziel und das Feld seiner Bemühung.

Der Staat ist aus dieser Perspektive eines der von der Gesellschaft benutzten Instrumente. Nur in einer Diktatur erhebt sich der Staat über die Gesellschaft – dies ist für uns im Westen nach dem Zweiten Weltkrieg zum Glück nur eine theoretische Bedrohung geblieben. Unsere Wirtschaft hat sich allerdings geschichtlich gesehen als ein von der Gesellschaft weitgehend unabhängiges System entwickelt. Wir versuchen, sie nachträglich mithilfe des Staates in die Dienste der Gesellschaft einzuspannen – mit mäßigem Erfolg. Das wird uns nur gelingen, wenn wir die Wirtschaft in der Zukunft nicht mehr als ein System für sich, sondern als ein Instrument begreifen. Die Gesellschaft soll nicht für die Wirtschaft, sondern die Wirtschaft für die Gesellschaft existieren. Damit würde sich die Wirtschaft in die anderen wichtigen Instrumente, die die Gesellschaft zur Verfügung hat, einreihen.

Jede Gesellschaft ist eingebettet in ein übergreifendes System, beispielsweise in die formelle Gemeinschaft der Europäischen Union, die informelle Gemeinschaft des Westens oder in die alles übergreifende Menschheit. Unsere Welt wächst zusammen und es ist davon auszugehen, dass die internationalen Wechselwirkungen noch stärker und zahlreicher werden. Es kann eine starke Kultur und eine starke Gesellschaft beflügeln, wenn sie aus anderen Kulturen vitale Impulse aufnehmen. Eine schwache Gesellschaft und eine schwächende Kultur kann es zersetzen. Im Westen beobachten wir gerade mehr das Letztere.

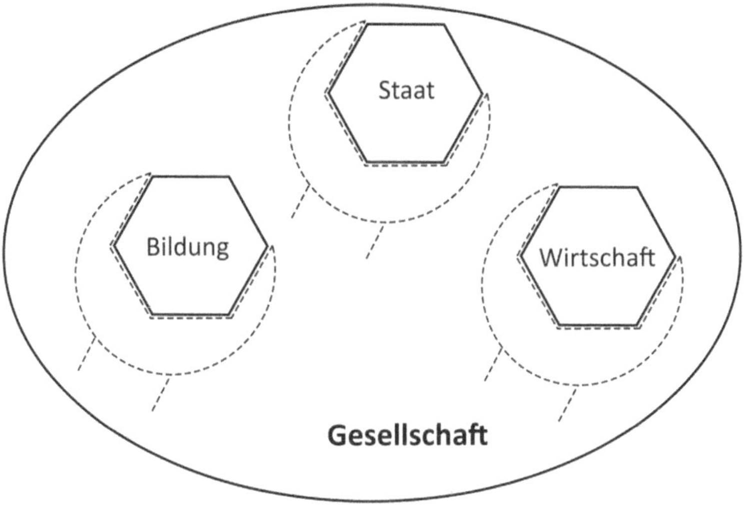

Gesellschaft als System

Verwenden wir nun unser Wissen über die Systeme, um die Gesellschaft als ein System zu betrachten. Dabei klammern wir die Familie aus. Sie ist zwar das primäre Umfeld jedes Menschen, ihre Innenbeziehungen liegen allerdings außerhalb des Fokus eines Designers und ihren Einfluss auf den Einzelnen betrachten wir als gegeben.

Wenn man die Gesellschaft verstehen möchte, muss man die Wechselwirkungen der Akteure analysieren. Außerdem muss man das Zusammenwirken der Gesellschaft, Kultur und Zivilisation und ihre Interaktionen mit den Systemen Wirtschaft und Staat erkennen.

Die einzelnen Elemente der Gesellschaft (Menschen, Gemeinden) beeinflussen sich gegenseitig. Diese Beeinflussung kann auf vier Ebenen stattfinden:

- auf der geistigen (Kommunikationen der Akteure, die durch Ideen, Meinungen, Argumente, Bilder, Hoffnungen, Ansichten usw. die anderen Akteure beeinflussen),
- auf der formellen (durch Berufung auf das Recht, durch die Organe des Staates oder die in der Gesellschaft allgemein anerkannten Regeln),
- auf der materiellen (Anreize, die Akteure anbieten, um die anderen Ak-

teure zu beeinflussen, meistens Geld oder andere materielle Vorteile),

- auf der zwischenmenschlichen (direkter Einfluss durch Handeln, durch persönliche Kommunikation oder Interaktion und durch Erzeugung des Konformitätsdrucks).

Die Wechselwirkungen können auch die Form der Beeinflussung der Akteure durch die öffentliche Meinung, durch Beeinflusser (also Organisationen, Wirtschaftsunternehmen, Personen usw., die das Ziel verfolgen, auf andere Einfluss zu nehmen) und generell durch die Kultur annehmen. Gemeinden, die in keinem direkten Kontakt stehen, beeinflussen sich indirekt durch die gemeinsam genutzten Plattformen der gesellschaftlichen Kommunikation und der öffentlichen Meinung. Der Einfluss einer Gemeinde hängt meistens von ihrer Größe, aber noch mehr von der Intensität ihrer Aktivität innerhalb der Gesellschaft ab.

Außerdem gehören zu den Wechselwirkungen innerhalb der Gesellschaft die Geld- und Ressourcenflüsse, die sie mit der Wirtschaft und mit dem Staat austauscht. Sie versorgt mit einem Teil ihrer Ressourcen auch die Kultur und die Bildung. (Ressourcenflüsse auf den Zeichnungen werden wir mit breiten, weißen Pfeilen abbilden, die auch Bewegung von Werten im Allgemeinen darstellen können.) Das Bildungssystem versorgt die Gesellschaft im Gegenzug mit der wichtigsten Ressource überhaupt, den ausgebildeten Menschen. Die Komplexität einer Gesellschaft resultiert vor allem aus der Menge der Wechselwirkungen und der Vielfalt der Kommunikation, die in ihr stattfinden.

Für die Kommunikation innerhalb der Gesellschaft spielt die Effektivität und Unabhängigkeit der Kommunikationskanäle und ganz besonders der Plattform der öffentlichen Meinung eine entscheidende Rolle. Die Gesellschaft muss stets dafür Sorge tragen, dass der Austausch der Ideen und Meinungen uneingeschränkt und ohne versteckte Beeinflussung durch die Medien und die Akteure möglich ist. Daraus folgt, dass sie Mittel für Medien zur Verfügung stellen muss, die ohne wirtschaftliche Interessen arbeiten. Diese Medien müssen außerdem ohne Abhängigkeit von der Wirtschaft funktionieren, dürfen sich also nicht über Werbung finanzieren. Darüber hinaus muss die Gesellschaft im eigenen Interesse für eine ausreichende Kultur des gesellschaftlichen Gespräches und Umgangs miteinander sorgen. Böser Wille einzelner Akteure macht ein konstruktives Gespräch unmöglich und sollte auf formellem Weg und informell durch Enthüllung und Ächtung aus dem gesellschaftlichen Miteinander ausgeschlossen werden. Wenn wir diese Anforderungen mitder Realität heute vergleichen, merken wir, dass wir einen schleichenden

Qualitätsverlust der öffentlichen Kommunikation zugelassen haben und manchmal zu tolerant sind.

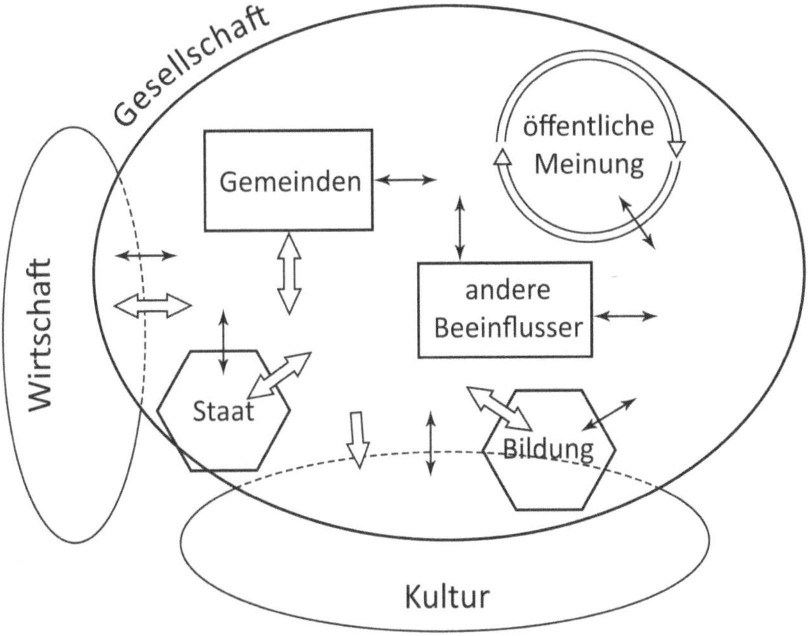

Die Wechselwirkungen innerhalb der Gesellschaft werden durch formelle Regeln geordnet und durch die weniger formellen Regeln des Benehmens beeinflusst. Dazu kommen natürlich die Regeln, die sich die Organisationen oder Vereine selbst geben, entweder in der Form von Satzungen, Statuten oder als Verhaltenscodices. Welche Regeln benutzen wir aktuell?

Die formellen Regeln des Rechts und die Anordnungen des Staates sind selbstverständlich – aus ihnen folgt die Anforderung an alle Akteure, das Recht, den Rechtsstaat zu respektieren. Interessanter sind die Regeln, die aus unserer Kultur resultieren. Da ist zuerst der Schutz der Privatsphäre. Er wird zwar auch formell garantiert, ist aber unabhängig davon tief im westlichen Denken verankert. Dann gibt es die Aufforderung, andere nicht zu verletzen, keine Hetze zu betreiben, keinen Hass zu schüren. Dazu kommt noch ein Mindestmaß an gutem Benehmen, gutem Geschmack und intellektuellem Niveau. Leider gibt es gegenwärtig eine verstärkte Tendenz, Aufmerksamkeit durch negatives Auffallen zu erreichen. Der Grund ist, dass die Aufmerksamkeit die eigentliche Währung der Medien-dominierten Gesellschaft und ganz besonders des Internets geworden ist. Diese Tendenz beschädigt die öffentliche Kommunikation und schadet der Gesellschaft.

Es sind allesamt verneinende Regeln – sie besagen, was man nicht tun soll. Sie gestalten nicht. Aus ihnen folgt auch keine Erwartung, dass man bei der Kommunikation einen für die Gemeinschaft positiven Beitrag leistet – es reicht, wenn man nicht gegen die Verbote verstößt. Dieser Mangel ist ein Resultat unseres Individualismus und unserer Definition der Freiheit. Wir gehen davon aus, dass jeder sagen darf, was er will, sogar dann, wenn das der Gemeinschaft schadet. Diese Auffassung hat einen zusätzlichen, rein praktischen Grund: Wenn man die öffentliche Kommunikation danach beurteilen müsste, ob sie hilft oder schadet, müsste man wissen, was für das Gemeinwohl gut und was schlecht ist. Da man sich dessen nicht sicher ist, lässt man es eben, weil es sonst schnell in einer Zensur, also einem willkürlichen Ausschluss münden würde.

Der Output des Systems (also sein Zweck und Ergebnis) ist die gemeinsame Gestaltung der Lebensumgebung mit den Zielen, das Leben der Menschen einfacher und angenehmer zu machen (also Zivilisation) sowie eigene Stabilität und Fortbestehen. Die Struktur und die Regeln der Gesellschaft wurden nie in ihrer Ganzheit bewusst gestaltet – sie ergaben sich im Laufe der letzten Jahrhunderte aus vielen Einzelentscheidungen.

Bei der Analyse eines komplexen Systems stellt sich meistens die Frage nach seiner Grenze – sie ist oft nicht klar und nicht selbstverständlich. Im Falle der Gesellschaft, Kultur und Zivilisation kann man ihre Grenzen sowieso nicht als strenge Systemgrenzen betrachten. Die Gesellschaft, Kultur und Zivilisation sind Teile ein und desselben Systems. Sie beschreiben lediglich seine verschiedenen Aspekte. Weil sie aber unterschiedliche Funktionen haben und andere Ziele verfolgen, ist es hilfreich, sie getrennt zu betrachten. Das tun wir auch in diesem Buch.

Soziale Systeme können natürlich außer den funktionalen auch räumliche Grenzen besitzen. Geschichtlich gesehen war das die Regel. Gegenwärtig fallen diese Grenzen – eine nach der anderen. Zuerst trugen die expansiven Religionen (Christentum, Islam) zur Vereinheitlichung der Kulturen bei. Die westliche Wirtschaft wurde global und veränderte das Verhalten und die Glaubenssätze der Menschen. Die vereinfachte Mobilität beseitigte weitgehend die geografischen Grenzen. Die neuen

Kommunikationsmittel vereinheitlichen das Denken und den Lebensstil. Sogar die natürlichen Sprachgrenzen werden zunehmend durch den Vormarsch des Englischen aufgeweicht.

Die Grenzen einer Gesellschaft und Zivilisation sind naturgemäß durchlässig und annähernd. Letztendlich unterscheidet das Innere vom Äußeren nur der Fakt, dass wir auf die Regeln außerhalb der Grenzen unseres Systems keinen direkten Einfluss haben. Was wir nicht kontrollieren, nicht gestalten können, gehört, objektiv betrachtet, nicht zu unserem System.

Für die Betrachtung der Dynamik eines sozialen Systems ist es hilfreich, die Gravitationszentren offenzulegen, die sein Verhalten und seine Veränderungen am stärksten beeinflussen. In der westlichen Gesellschaft sind es die Wirtschaft und das Streben praktisch aller Akteure nach Vermehrung ihres materiellen Wohlstands. Tiefer, unterirdisch sozusagen, liegen die vier wichtigsten Archetypen unserer Zivilisation und Kultur: die Bestrebung, die Natur zu beherrschen, das Ideal der Gleichberechtigung und der Freiheit, der Unternehmungsgeist und unsere fortdauernde Anstrengung, Überlegenheit und Perfektion zu erreichen.

Negative Gravitationszentren üben auf das System eine Kraft aus, die man mit magnetischer Abstoßung vergleichen kann: Das System versucht sie entweder abzustoßen oder sich von ihnen wegzubewegen. Die gegenwärtig in den meisten westlichen Gesellschaften am stärksten wirkenden negativen Gravitationszentren sind die als zu groß empfundene Zuwanderung aus anderen Kulturen und der von Islamisten offen oder verdeckt erklärte Krieg gegen den Westen.[3] Leider ruft der Koran dazu auf, diejenigen, die gegen die Mohammedaner kämpfen, zu töten, bis „die Religion (allein) Allahs ist". Es ist aber trotzdem wichtig, sich dessen bewusst zu werden, dass der Islamismus zum entscheidenden Teil das Resultat unserer eigenen (nach dem Krieg ganz besonders der US-amerikanischen) Politik in der Welt ist. Sie hat bei den Moslems das Gefühl hervorgerufen, dass sie angegriffen werden und sich deswegen im Kampf befinden. Entwicklungen, die scheinbar außerhalb der Systemgrenzen stattfinden, aber ihre Ursachen innerhalb haben, machen deutlich, dass

3 Das Buch ist in den Jahren 2016 - 2017 geschrieben worden und Anfang 2019 erschienen. Die wenigen Aussagen, die sich auf das aktuelle politische Geschehen beziehen, würden im Jahr 2023 (dem Erscheinungsjahr der 2. Ausgabe) möglicherweise anders ausfallen. Der Autor hat auf ihre Anpassung verzichtet, weil der tagesaktuelle Bezug für die Aussagen des Buches irrelevant ist.

die tatsächlichen Grenzen des Systems von den gedachten abweichen. Wir haben unsere Wirtschaft und als Folge unsere Politik globalisiert und damit die natürlichen Systemgrenzen abgebaut. Es war kurzsichtig, zu erwarten, dass von „außerhalb" nur Reichtum zu uns kommen wird, aber keine Probleme. Wir werden diese Bedrohungen nur dann wieder schwächen können, wenn wir uns innerhalb der globalen Gemeinschaft tadellos benehmen und gerecht sind. Oder wir gestalten unser System derart, dass seine Grenzen wieder den Bereich zeichnen, den wir wirklich kontrollieren können. Die erste der Möglichkeiten mindert lediglich das Problem. Die zweite entspricht der Methode der Systemgestaltung.

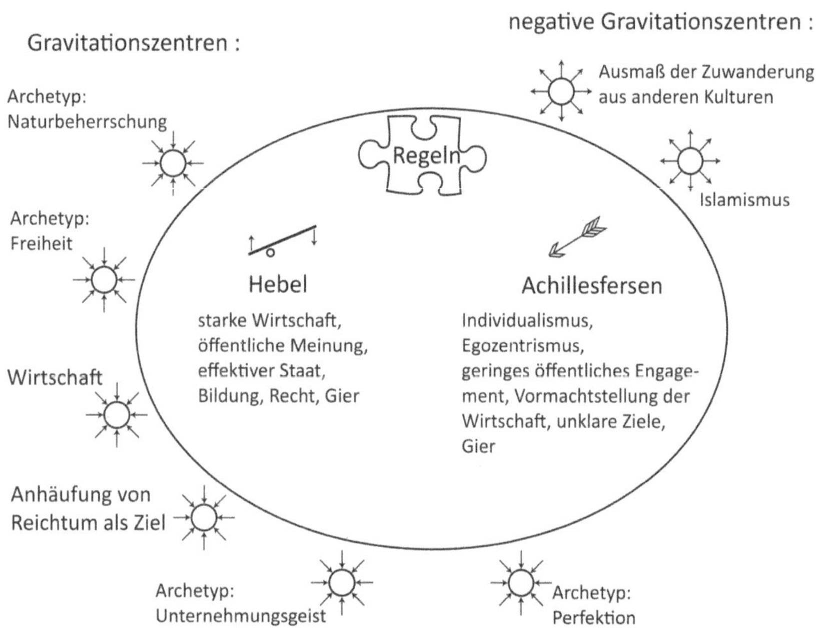

Aus dem Blickwinkel eines Systemdesigners, der vorhat, ein soziales System zu verändern, sind die Stellen im System wichtig, an denen die größte Hebelwirkung zu vermuten ist, sowie seine Schwachstellen, die wir hier Achillesfersen nennen. Unsere wichtigsten Hebel sind unsere Wirtschaft (die für die ökonomische Stärke und die Dynamik unserer Zivilisation gesorgt hat), eine funktionierende öffentliche Meinung (die das Rückgrat unseres politischen Systems ist), stabiler, gut funktionierender Staat und ein vom Staat unabhängiges Rechtssystem (das auf ein detailliert ausgearbeitetes Recht zurückgreift). Eine große Hebelwirkung geht vom Bildungssystem aus, weil die Schulpflicht bewirkt, dass alle heranwachsenden Bürger mit einem Kanon an Werten und Weltanschauung ausgestattet werden könnten. Wir haben bereits darüber gesprochen, wie stark das Streben nach der Vermehrung des materiellen Reichtums das Handeln der Menschen, Unternehmen und der meisten gesellschaftlichen Akteure bestimmt. Damit ist unsere Gier eine starke Kraft, die man theoretisch auch für eine Veränderung des Systems benutzen könnte – deswegen erscheint sie auf der Liste der wichtigsten Hebel.

Was den Westen schwach macht, sind unser Individualismus und Egozentrismus, unzureichendes Engagement der Bürger für das Gemeinwohl und das Primat der Wirtschaft über die Gesellschaft. Was uns als Gesellschaft außerdem entscheidend schwächt, ist, dass wir unser Ziel, also den materiellen Wohlstand, weitgehend erreicht haben und deswegen nicht so richtig wissen, in welche Richtung wir uns weiterentwickeln wollen. Dann gäbe es noch erneut die Gier, die unsere Umwelt zerstört und die das gesamte Ökosystem der Erde bedroht.

Die erste Zeichnung dieses Abschnitts zeigte uns, wer die Akteure sind und wie sie miteinander interagieren. Die zweite half uns die Frage zu beantworten, welchen Kräften die westlichen Gesellschaften ausgesetzt sind. Um die aktuelle Dynamik besser zu verstehen, betrachten wir jetzt genauer, was auf der individuellen Ebene passiert. Die Veränderungen, denen die gegenwärtigen Generationen ausgesetzt sind, sind enorm. Wenn wir uns daran erinnern, wie wir noch vor dreißig Jahren lebten und arbeiteten, wie wir kommunizierten und an der Kultur teilnahmen, was uns in der Gesellschaft beschäftigte und beunruhigte, kommt uns das heute vor wie in jener Zeit die ersten Tonfilme. Unser Leben ist von wachsender Flüchtigkeit gezeichnet. Es ist die logische Folge der Geschwindigkeit, mit der sich die Technologien in unserer Lebensumgebung und die Wirtschaft verändern. Wir haben aufgehört, langfristige Pläne zu machen, und versuchen, auf dem Laufenden zu bleiben, was uns von Jahr zu Jahr mehr Zeit kostet. Wir bestimmen immer weniger, was wir mit unserem Leben tun – wir reagieren. Die Flüchtigkeitsmedaille, die wir uns auf diese Weise verdienen, hat eine Kehrseite: Seichtheit. Auch wenn wir die Medaille nicht umdrehen, die Seichtheit schleicht sich in unser Leben ein. Wir denken immer seltener tief über Bücher nach – wir überfliegen Texte. Wir schreiben keine Briefe – wir chatten. Muss unsere Fähigkeit zu tiefer Reflexion, zu feinfühligen Gedanken auf Dauer nicht darunter leiden? Verändert das nicht unsere Wechselbeziehung mit unserer Kultur? Wird das mit der Zeit nicht unsere Persönlichkeit verändern?

Man kann die Angst und die Verunsicherung, die in den vergangenen Jahren gewachsen sind, mit Händen greifen. Wir nehmen unsere Welt zunehmend als unberechenbar wahr. Skrupellose Regierungschefs, dogmatische gesellschaftliche Diskussionen, Kriege, die Flüchtlingswellen auslösen, Klimawandel machen uns Angst. Angst gebärt Ungeduld und zusammen machen sie unüberlegtes Verhalten wahrscheinlicher. Auf der anderen Seite leben wir im materiellen Wohlstand. Unsere Möglichkeiten, unser Leben nach Belieben zu gestalten, wachsen kontinuierlich. Die Frage nach dem Ziel unseres Lebens, nach dem eigentlichen Zweck unserer lebenslangen Anstrengung drängt sich immer öfter vor. Was früher unhinterfragt als Lebensentwurf akzeptiert wurde, nehmen viele von uns als unzureichend wahr. Das sind Druckkräfte, die unser Wohlbefinden und unseren Frieden verderben.

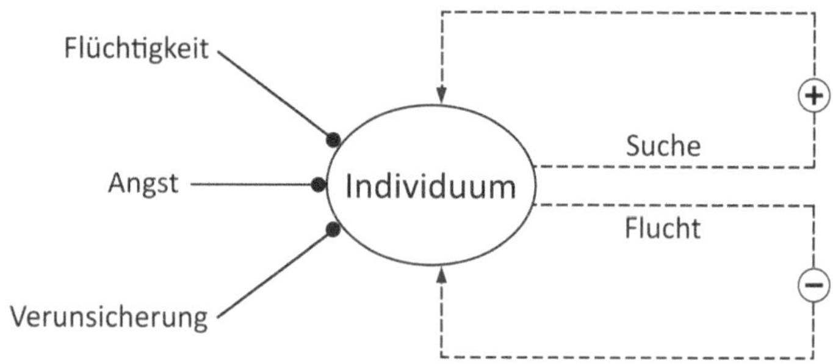

Man kann versuchen, vor der Verunsicherung zu flüchten: in Konsum, in Annehmlichkeiten, in Zerstreuung, in Arbeit. Die Flüchtigkeit und die Seichtheit lassen sich auch als Scheuklappen benutzen. Diese Flucht behindert unser menschliches Wachstum. Der Druck kann uns auf der anderen Seite aus unserem individuellen Sandloch drängen: in die Suche nach dem Sinn, nach Glück und innerem Frieden. Dieser Weg ist sowieso jeder und jedem von uns vorherbestimmt – früher oder später werden wir uns ohnehin auf die Suche machen. Das ist der Weg, auf dem wir selbst als Menschen wachsen und auch anderen helfen können, ihren Weg zu gehen.

Betrachten wir nun die Dynamik, der die Gemeinden, also Organisationen, Interessensgruppen, Parteien usw. ausgesetzt sind. Die meisten von ihnen verhalten sich reaktiv und bewahrend. Sie setzen sich selten mit der Suche und der Flucht ihrer Mitglieder und mit den großen Problemen der Gesellschaft auseinander. Sie reagieren auf die Veränderungen, indem sie versuchen, die Interessen ihrer Mitglieder oder Wähler innerhalb des bestehenden Systems zu verteidigen. Für sie findet der gesellschaftliche Wandel nur auf der Oberfläche statt.

Zum Schluss betrachten wir noch die Kräfte, denen die Gesellschaft als ein Ganzes ausgesetzt ist. Was die meisten Menschen spüren, beeinflusst auch die Gesellschaft. Wenn wir flüchtiger und oberflächlicher beim Konsumieren und Erschaffen von Kultur werden, verändert es sie. Unsere Ängste beeinflussen unser Verhalten. Wenn wir die Vermischung der Kulturen als Bedrohung wahrnehmen, führt das bei vielen von uns zur Ablehnung, bei einigen sogar zum Hass. Bei anderen wiederum löst es verstärktes Engagement für die Integration oder für die Stärkung der eigenen Kultur aus. Die zweite Reaktion kann sogar zu einer Stärkung der Gemeinden und damit der Gesellschaft führen.

Auch die Verschiebung der sozialen Kontakte ins Internet hat zwei Seiten: Sie kann die Anonymität und damit die Zersplitterung der Gesellschaft erhöhen oder das gemeinsame Engagement stützen – mit einer Ausnahme: Bei Kindern hat sie keine gute Seite und verhindert ihre emotionale und soziale Entwicklung. Viele Eltern machen den Fehler, dass sie nicht ausreichend zwischen ihrem eigenen Denken, ihren eigenen Bedürfnissen und dem Denken und den Bedürfnissen ihrer Kinder differenzieren. Vieles davon, was die Erwachsenen vielleicht als unproblematisch empfinden, behindert ihre Kinder. Der Geist und das Herz eines Kindes müssen erst in einem langen Prozess entwickelt werden. Das Gleiche betrifft die Fähigkeit, friedlich und konstruktiv mit anderen zu interagieren. Für diesen Prozess ist die fortdauernde und stimulierende Wechselwirkung mit Erwachsenen und mit Gleichaltrigen unabdingbar – die reale Wechselwirkung, nicht die virtuelle. Außerdem bedarf es der Bildung des Geistes durch Bücher und Gespräche. Das alles muss in der Familie und in der sozialen Umgebung des Kindes stattfinden. Wenn die Kinder viel Zeit mit Medien verbringen, kann diese Entwicklung nicht stattfinden. Die Gesellschaft und die Kultur leben nur, weil die neuen Generationen sie tragen und aufbauen. Mangelnde Erziehung schadet also nicht nur den Einzelnen, sondern auch der Gesellschaft.

Die schrankenlose und kostenlose Kommunikation und der Zugang zu

Informationen im Internet bringen nicht nur Vorteile. Wenn wir unsere eigene Nutzung nicht einer kontinuierlichen Selbstkontrolle unterziehen, erreicht viel Schmutz und Abfall die Ufer unseres Geistes. Das betrifft auch uns Erwachsene und schwächt damit die Kultur. Zu den Vorteilen gehört wiederum, dass uns auch gute und inspirierende Ideen erreichen, die uns sonst verborgen blieben. Wie bei allen Instrumenten kommt es auch beim Internet letztendlich auf die Anwendung an.

Die Globalisierung, besonders der Wirtschaft, und die wachsende Mobilität rund um den Erdball bringen bei vielen die Angst um ihren Arbeitsplatz und damit um die Grundlage ihres materiellen Wohlstands. Auf der anderen Seite machen sie das Umsiedeln in fremde Kulturen realisierbar, sodass einige sie als Zuwachs an persönlicher Freiheit empfinden. Die Globalisierung erhöht die Macht der Großunternehmen gegenüber der Gesellschaft. Auf der anderen Seite hat die digitale Ökonomie die Zugangsbarrieren für kleine Unternehmen in einigen Bereichen drastisch gesenkt und neues Unternehmertum geboren, was die Vitalität unserer Wirtschaft steigert.

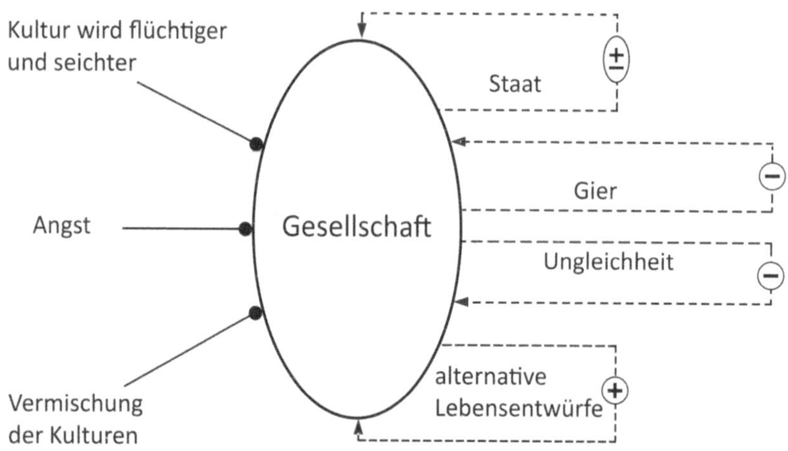

Bei den Faktoren, die die Gesellschaft verändern, spielt der Staat eine zweischneidige Rolle. Er wirkt stabilisierend, was die Gesellschaft gegen kurzfristige negative Entwicklungen weitgehend schützt. Einige der gegenwärtig als kritisch aussehenden Bedrohungen werden sich mit der Zeit wahrscheinlich als nicht entscheidend entpuppen. Dieselbe stabilisierende Funktion verhindert aber auch notwendige grundlegende Veränderungen. Bei der Lösung unserer grundsätzlichen Probleme wird der Staat immer die zweite Geige spielen. Den Ton müssen die Wähler angeben. Der Wille zu einer grundsätzlichen Korrektur, zur Neugestaltung muss von der Gesellschaft ausgehen. Das schließt nicht aus, dass einige Parteien inspirierende Impulse zur Veränderung geben können.

Die wichtigste Kraft, die die westlichen Gesellschaften lenkt und antreibt, ist unser Konsum. Weil sein überwiegender Teil nicht auf die Befriedigung des objektiven Bedarfs zurückzuführen ist, entspricht diese Kraft letztendlich unserer Gier. Sie zerstört die Natur und erzeugt Spannungen in der Gesellschaft und in der Welt.

Eine der sehr beunruhigenden Entwicklungen ist die stets zunehmende ökonomische Ungleichheit in allen westlichen Ländern. Sie zieht eine Ungerechtigkeit beim Zugang zur guten Bildung und damit zur Kultur nach sich. Davon könnte eine gefährliche destabilisierende Wirkung ausgehen.

Man kann in Teilen der Gesellschaft einen Trend wahrnehmen, der aus der Suche zunehmend vieler Menschen nach dem Lebenszweck und Glück resultiert – den Trend nach alternativen Weltanschauungen und Lebensweisen. Es sind Menschen, die sich von dem allgemeinen Zwang zur Häufung materiellen Besitzes und zum Konsum abwenden – hin zu einem ausgeglichenen, fruchtbaren Leben im Jetzt. Besonders Teile der jungen Generation sehen im materiellen Reichtum keinen absoluten Wert mehr, betrachten globale Gleichberechtigung als selbstverständlich und würden mehr soziale Gerechtigkeit begrüßen. Sehr viele sehen die Erhaltung der Natur als das wichtigste Ziel unserer Zivilisation. Dies könnte sich im Westen zu einer erneuernden gesellschaftlichen Kraft entwickeln.

Auch aus der Analyse der Dynamik, der wir als Einzelne und als Gemeinschaft ausgesetzt sind, wird deutlich, dass unsere Zivilisation ein neues Ziel braucht.

Damit haben wir die Gesellschaft natürlich bei Weitem nicht beschrieben. Als Akteur wird sie allerdings bei der Gestaltung der Zivilisation immer wieder in Erscheinung treten, sodass ihre anderen relevanten Facetten noch deutlich werden.

Die Mittel der Gesellschaft

Ein wichtiges Mittel des gesellschaftlichen Lebens, das ständig an Bedeutung gewinnt, ist die öffentliche Meinung. Sie ist das Ergebnis der Kommunikation, die in der Gesellschaft stattfindet. An ihr beteiligen sich verschiedene Gemeinden, Unternehmen, die Vertreter und die Organe des Staates und andere Akteure, die sich gezielt äußern in der Absicht, die öffentliche Meinung zu beeinflussen (beispielsweise Experten oder allgemein bekannte Personen). Die Medien publizieren ebenfalls eigene Inhalte, bieten also ihre Meinungen an. Auch Aussagen ausländischer Akteure können Einfluss auf die öffentliche Meinung ausüben.

Die Summe der öffentlichen Medien stellt eine Kommunikationsplattform da, die ein Bestandteil des Phänomens öffentliche Meinung ist. Diese Plattform unterliegt Regeln, die einerseits durch das Recht und den Staat aufgestellt wurden und andererseits durch die Akteure und die Medien als Kodex betrachtet werden – verstößt einer der Akteure dagegen, kann das wiederum Einfluss auf die öffentliche Meinung haben. Die Meinungsbildung unterliegt einem ähnlichen Mechanismus wie der Markt, auf dem Güter angeboten werden. Die Aufmerksamkeit, die eine angebotene Meinung auf der Plattform bekommt, entspricht der Nachfrage. Wird eine Meinung durch viele Bürger und andere Akteure auf der Plattform geteilt, verstärkt sie sich – die Nachfrage erhöht sich. Erzeugt sie keine Resonanz, verschwindet sie aus dem Markt.

Das Ergebnis dieses Spiels an Angebot und Nachfrage, die öffentliche Meinung also, sind nicht nur Sachdarstellungen oder Ideen, sondern auch Emotionen, mentale Bilder, Überzeugungen und Annahmen über die Wirklichkeit. Sie unterscheiden sich von den Bildern und Annahmen der Kultur nur dadurch, dass sie kurzlebig sind. Wenn sie aber dauerhaft und verbreitet sind, können sie in das Reservoir der Kultur aufgenommen werden. Ihrerseits beeinflusst die Kultur die Rezeption des Meinungsangebots.

Das Marktgeschehen der öffentlichen Meinungsbildung wird im Vergleich zu dem Gütermarkt stärker durch Auktionen bestimmt. Es gibt kleine und große Anbieter, Meinungskonzerne und Meinungspartner. Auch auf diesem Markt wird mit Werbung und Marketing gearbeitet, auch er ist in den internationalen Markt der öffentlichen Meinung eingebunden.

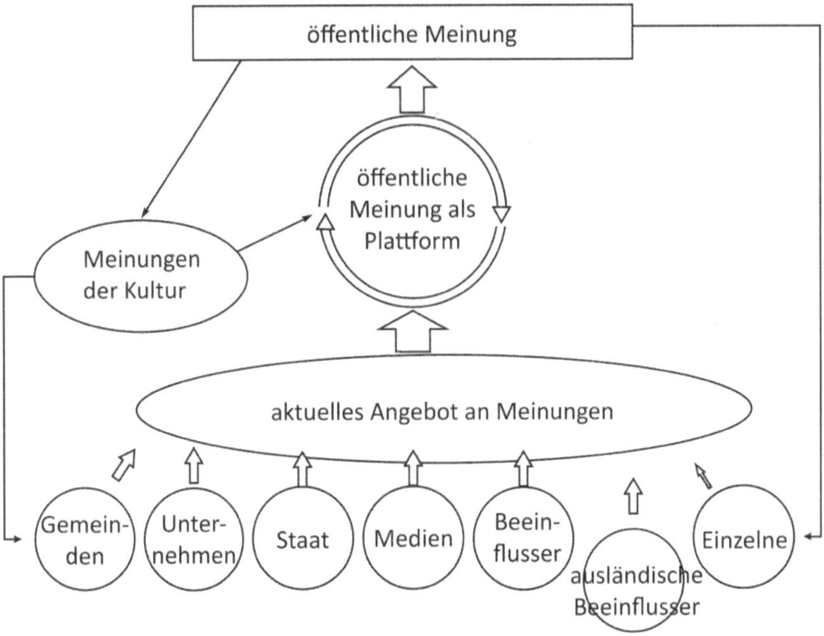

Naturgemäß ist die Meinungsbildung kein lineares Aufaddieren von Einzelmeinungen. Die Meinungen beeinflussen sich gegenseitig und werden vom Prozess der Meinungsbildung ebenfalls beeinflusst. Sie können sich verstärken oder sogar Kettenreaktionen hervorrufen. Das erzeugt eine Dynamik, die bisweilen überraschend sein kann.

Mit der Verbreitung der sozialen Medien wurde der Zugang zu der Plattform teilweise demokratisiert. In der Wirtschaft ist Kapital eine unabdingbare Voraussetzung des Angebotes. Auf dem Meinungsmarkt ist das nicht zwangsläufig so, wobei auch hier Geld vor und hinter den Kulissen eine wichtige Rolle spielt. Mittlerweile kann man diesen Markt passender mit einem Markt für Smartphone-Apps vergleichen, in dem jeder mit wenig Aufwand hohe Verkaufszahlen erreichen kann, und mit YouTube, wo auch eine abstruse Idee oder eine unwahre Darstellung weite Verbreitung erreichen kann. Die Demokratisierung des Meinungsmarktes hat also ihre Kehrseite. Auf jeden Fall erhöht sie die Dynamik und den Einfluss der öffentlichen Meinung auf das gesellschaftliche Geschehen erheblich.

Eine andere Eigenschaft der sozialen Medien ist, dass sie extrem viele

Daten über unsere Kommunikationen sammeln. Das ist ein völlig neuer Faktor nicht nur im Kontext der öffentlichen Meinung, sondern der Gesellschaft allgemein. Dort, wo es eine Möglichkeit des Missbrauchs gibt, werden sich immer Leute finden, die diese Möglichkeit nutzen. Eine Analyse dieser Daten ermöglicht es in Erfahrung zu bringen, was wir denken und wie sich die Meinung verbreitet. Wenn man das weiß, kann man versuchen, das Denken einzelner Menschen und die Verbreitung zu beeinflussen. Das widerspricht dem Konzept der öffentlichen Meinung diametral. Es geht nämlich davon aus, dass Meinungen von allen Anbietern gleicherweise angeboten werden und in einem fairen Wettbewerb stehen. Wenn man gezielt Gruppen von Menschen oder sogar Einzelne mit der Kenntnis ihrer Einstellungen und Vorlieben ansprechen kann oder wenn der Wettbewerb manipuliert wird, stellt das eine große Gefahr für die Gesellschaft dar. Wir haben in der Zeit der Vor-Internet-Ökonomie gelernt, dass sich die Wirtschaft ohne staatliche Regelung gegen die Gesellschaft wenden kann. Bei der Internet-Ökonomie scheinen wir dieselben Lektionen lernen zu müssen. Auch im Internet muss Monopolen vorgebeugt oder müssen die Teilnehmer vor Manipulation geschützt werden. Mit den sozialen Medien gewinnt die Bedeutung der staatlichen Regelung sogar eine neue Qualität, weil es dort nicht nur um die Gesundheit oder um die ökonomischen Interessen der Bürger geht, sondern um ihr Denken und Verhalten. Hier müssen die Regierungen schleunigst aktiv werden. Dafür brauchen sie einen Rückenwind aus der Gesellschaft.

Aus der marktähnlichen Funktionsweise der Plattform der Kommunikation in der Gesellschaft folgt, dass dort verstärkt das angeboten wird, was leicht Nachfrage findet. Das, was von der Norm abweicht, besonders das Negative, zieht am leichtesten unsere Aufmerksamkeit auf sich. Das ist der Grund, warum unsere Medien uns ein verzerrtes Bild der Welt vermitteln. Die Medien schaffen auf diese Weise eine Realität und diese Realität bestimmt wiederum darüber, was wir denken. Die öffentliche Meinung kann dadurch ihre Verbindung zur Wirklichkeit verlieren und sich vom gesunden Menschenverstand wegbewegen. Dieser Mechanismus zerstört darüber hinaus langsam unsere Kultur, umso schneller, je mehr Zeit wir in der Welt der Medien verbringen. Das Einzige, was im Gegensatz dazu die Kultur aufbaut, ist eine reale, ganz konkrete Arbeit der Menschen mit ihrem Geist und mit ihren Händen, ganz besonders, wenn sie gemeinsam, in Gemeinden getan wird.

Für die Plattform der öffentlichen Meinung gelten Regeln, die dem geltenden Recht und den Benimmregeln unterliegen, die allerdings durch die formellen Regeln des Betreibers eines bestimmten Kommunikationskanals ergänzt werden können. Damit kommen wir zum anderen grundsätzlichen Mittel, das der Gesellschaft zur Verfügung steht: zum Rechtssystem. Unser Recht hat einen eindeutigen Fokus auf den Einzelnen, auf sein Verhalten in der Gesellschaft. Es entstand im Spannungsfeld zwischen dem Einzelnen und dem Staat. Es regelt das Verhalten der Menschen derart, dass sie dem Gemeinwohl nicht schaden. Der Staat repräsentiert dabei die Gesellschaft. Die Gemeinden werden, sobald sie den offiziellen Charakter einer Organisation oder eines Vereins angenommen haben, auch für das Rechtssystem sichtbar: Es betrachtet sie als ein Resultat der Ausübung des Anrechts der Bürger, etwas zusammen zu tun. Solange dabei die Rechte und die Pflichten des Einzelnen oder des Staates nicht verletzt werden oder es keinen Kläger gibt, hält sich das Recht aus dem gesellschaftlichen Geschehen weitgehend heraus. Es beschränkt sich auf verschiedene Verbote für die Akteure: für Unternehmen, Organisationen, Vereine, politische Parteien und den Staat.

Das mag zum Schutz des Engagements des Einzelnen in der Gesellschaft heute ausreichend sein. Sollten die Gemeinden eine wichtigere Rolle in der Gesellschaft übernehmen, wären zusätzliche Regeln, nach denen sie zusammenarbeiten oder Konflikte austragen, notwendig. Das würde aber bedeuten, dass sich das Recht mehr, als das heute der Fall ist, mit den Interaktionen der Rechtssubjekte im System der Gesellschaft befassen müsste.

Eine Besonderheit unseres heutigen Rechts ist, dass es den Unternehmen viele der früher den Menschen vorbehaltenen Rechte verliehen hat, ohne ihnen alle ihre Pflichten aufzuerlegen. Das begünstigt das Kapital im Verhältnis zu den Bürgern. Weil der Natur praktisch gar keine Rechte zugesprochen wurden, ist sie dem Treiben der Unternehmen weitgehend ausgeliefert. Das sind Schieflagen, die dringend beseitigt werden müssten.

Das Rechtssystem geht von einer Norm aus und bestraft die Abweichungen. Allerdings haben wir als Gesellschaft aufgehört darüber nachzudenken, was die Norm ist und was sie sein sollte. Sie wird de facto durch „Mikronormen", die die Gerichte und der Staat in unzähligen kleinen Kontexten aufstellen, bestimmt. Es wäre an der Zeit, über das gesamte Recht nachzudenken, dabei vom Allgemeinen zum Besonderen vorzugehen und das Allgemeine seinerseits von den Zielen, die sich die

Gesellschaft für ihre Zukunft stellt, abzuleiten.

Mensch in der Gesellschaft

Der Mensch ist an seinen gesellschaftlichen Kontext durch seine Bedürfnisse und Wünsche, die er dort zu befriedigen und zu erfüllen sucht, eingebunden.

Die erste Gruppe von Bedürfnissen findet ihren Ausdruck auf der materiellen Ebene. Es sind die Grundbedürfnisse des Körpers sowie Wünsche (also das über den objektiven Bedarf Hinausgehende), die sich auf die materielle Umgebung des Menschen beziehen. Dazu gehören Essen, Wohnen, Kleiden, Sicherheit, Anhäufung des Reichtums, Gesundheit, Befriedigung der Sinnesaufforderungen. Es gibt zwei starke Kräfte, die hier auf uns wirken. Unser Körper meldet uns seinen Bedarf in der Form von Hunger, Durst, Schmerz, Kälte usw. Dieses physiologische Geschehen wird vom geistigen überlagert: von unseren Wünschen. Dabei kommt die Gier ins Spiel, die von alledem, was wir als angenehm empfinden, stets mehr verlangt.

Die sozialen Bedürfnisse entspringen zwei Basisempfindungen: der negativen Empfindung der Einsamkeit und der positiven Empfindung aus sozialen Kontakten, wenn wir sie als angenehm erlebt haben. Die stärksten Kräfte hier sind das Verlangen nach Bindung und der Wunsch nach Anerkennung.

Die Bedürfnisse des menschlichen Geistes sind vielfältiger im Vergleich zu den ersten zwei Bereichen. Sie resultieren vor allem aus unserer Suche nach Verständnis und Schönheit. Das Gefühl der eigenen Identität und die Suche nach ihr nehmen hier einen wichtigen Platz ein. Das geistige Pendant zur Sexualität, also das Bedürfnis nach Leidenschaft, nach Gefühlen, steht gleichberechtigt daneben. Dazu kommen noch der Wunsch nach Bildung, nach der Erhöhung des Selbstwertgefühls und nach kultivierter Unterhaltung sowie das Interesse an Religion und an dem Verständnis der Welt und ihres Zwecks. Zu den hier wirkenden Kräften gehört vor allem die Sehnsucht nach Verständnis und Sinn. Sie hat eine Schwester: die Sehnsucht nach Schönheit und Ordnung, die die Energie der Kreativität benutzt.

Der Begriff „menschlicher Geist" umfasst unsere Fähigkeit zu denken, zu abstrahieren, Inhalte zu verstehen und zu formulieren, Gefühle und Emotionen zu empfinden, den Willen zu haben, Informationen zu speichern, und die Fähigkeit zur Imagination. Hinter dem Geistigen gibt es Fähigkeiten, die unsere westliche Wissenschaft ausblendet, die aber jeder von uns in seinem Inneren erspüren oder mindestens erahnen kann – und die jeder fortgeschrittene Yogi ganz einfach als überprüfbare, objektive Erfahrung kennt: die Seele. Unsere Bedürfnisse nach der Liebe, die keine Gegenleistung erwartet, nach Glück, nach Mitgefühl, nach inwendiger Ausgeglichenheit und innerem Frieden haben dort ihre Wurzel. Die dort wirkende Kraft nennen die Yogis Reines Bewusstsein; sie manifestiert sich im menschlichen Leben als reine Liebe und als innere Erfahrung der allumfassenden Harmonie.

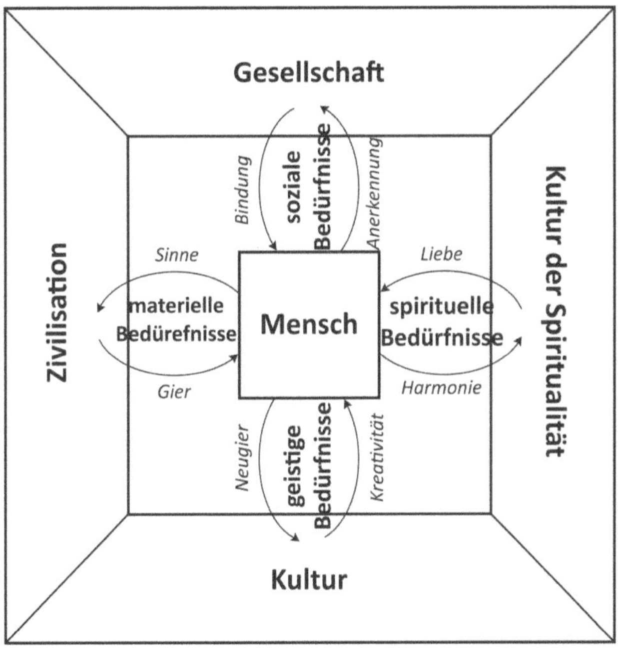

Aus der Abbildung wird deutlich, dass uns im Westen ein wichtiges Element fehlt: die Art der Kultur, deren Gegenstand die praktische Spiritualität ist.

Was ist praktische Spiritualität und was ist die Kultur, die sich mit ihr befasst? Zuerst ist es wichtig zu verstehen, dass die echte Spiritualität etwas sehr Praktisches und Konkretes ist. Sie bedeutet, eine Beziehung mit seinem eigenen Selbst aufzubauen. Um sie aufbauen zu können, muss man seine Aufmerksamkeit nach innen richten. Das ist schwierig, weil unsere Sinne und unser Denkorgan von Natur aus auf die Außenwelt gerichtet sind. Deswegen führt der Weg zu ihr über die Herrschaft über unsere Reaktionen auf die Sinnesreize und die bewusste Kontrolle des Denkorgans. Der Aufwand lohnt sich allerdings, denn wenn die Sinnesorgane und das Denkorgan schweigen, haben wir die Möglichkeit, die Wirklichkeit, wie sie ist, die Wahrheit über uns selbst und über die Welt direkt wahrzunehmen.

Praktische Spiritualität ist also auch eine andere Methode der Erkenntnis über die Realität. In dem Maße, in dem das Instrument dieser Erkenntnis, also das individuelle Bewusstsein, sich durch Übung entwickelt, nehmen wir allmählich mehr wahr, als das mit unseren Sinnesorganen möglich ist, ohne dass darunter die Erkenntnis der groben Materie über die Sinne leidet. Man kann sich das als ein Messinstrument vorstellen, das immer feiner eingestellt wird, sodass es auch immer höhere Schwingungen messen kann, wobei die niedrigeren ohne Einschränkungen weiterhin innerhalb seines Messspektrums bleiben.

Dieses „Feinerwerden" ist ein Prozess. Was da stattfindet, ist eine Evolution, Evolution im Bewusstsein. Es ist die Fortsetzung der biologischen Evolution des Lebens. Im Menschen haben sich die geistigen Fähigkeiten ausreichend entwickelt, um eine sukzessive Manifestation des Bewusstseins zu ermöglichen. Diese „spirituelle Evolution" erfolgt allerdings anders als die biologische. Sie ist das Ergebnis einer bewussten Arbeit des Menschen an seinem Geist, die wir in diesem Buch Entwicklung (oder Wachsen) in Menschlichkeit nennen. Sie schließt rechtschaffenes Handeln, bewusste Vermeidung von Gewalt in Gedanken und Taten, Demut und Sanftmut in der Begegnung mit anderen und mit jeglichem Leben mit ein. Diese Arbeit ist sehr praktisch zu verstehen. Sie bedeutet Wirken in seinem Inneren durch Konzentration des Geistes, durch bewusste Anwendung der Aufmerksamkeit auf eigene Gedanken und Gefühle, durch Übung in der Anwendung der Güte beim Handeln und Wahrheit im Gewissen, durch Kultivierung der Liebe als Mittel der Begegnung der Welt. Sie führt zu innerem Frieden, Ausgeglichenheit, Stärke und zu ungestörtem Glück.

Aus der sich auf diese Weise ausweitenden Erkenntnis der Realität und als Resultat der Vervollkommnung der Praxis der Spiritualität entwickelten sich im Orient über viele Jahrtausende die Wissenschaft des Reinen Bewusstseins und zahlreiche Techniken, die zur praktischen Erfahrung dieser Realität führen. Aus ihnen resultiert die Kultur der Spiritualität, die ein Gegengewicht zur rein materiellen und intellektuellen Kultur ist. Reines Bewusstsein, Gott, Seele sind unsere ungenügenden Bezeichnungen für das, was durch fokussierte Konzentration, also durch Meditation oder selbstvergessenes, tiefes Gebet in unserem Inneren erfahrbar ist. Diese Erfahrung bringt mit sich ein profundes Verständnis von sich selbst und der gesamten Schöpfung.

Die Kräfte der reinen Liebe und der Sehnsucht nach Vollkommenheit und Harmonie bekommen in der westlichen Kultur keine ausreichende Stütze. Wir hängen mit unseren seelischen Bedürfnissen in der Luft. Sicher nicht alle Menschen verspüren sie, genauso wie nicht alle Bücher lesen oder in die Oper gehen. Der Unterschied liegt darin, dass unsere Kultur den Letzteren genügend Bücher und Opernhäuser bietet, aber die Ersteren alleinlässt.

Das nächste Bild zeichnet unsere Einbindung in unser gesellschaftliches Umfeld etwas genauer und zeigt zusätzlich auf, wie wir unsere Ressourcen nutzen. Die dicken Pfeile zeigen Interaktionen, die mit einem Fluss und Austausch an etwas Messbarem verbunden sind (in einem physikalischen oder technischen System wären das Material- oder Ressourcenflüsse). Die dünnen Pfeile symbolisieren sonstige Interaktionen, Wechselwirkungen, Kommunikationen, also den Austausch von etwas Nichtmateriellem oder nicht direkt Messbarem.

Die meisten betrachten Geld als das wichtigste, anstrebenswerteste „Material". Wir versuchen unseren materiellen Reichtum zu vermehren und investieren dafür unsere Zeit, vor allem in Form von Erwerbstätigkeit. Unsere Zeit, nicht unser Geld, ist in Wirklichkeit unsere eigentliche, unsere wertvollste Ressource. Wir können sie nicht horten und nur einmal nutzen. Während wir arbeiten, um Geld zu verdienen, sind wir für unsere Kinder nicht da, können wir nichts aktiv für eine Gemeinde tun, kein Buch lesen oder schreiben oder in und mit der Natur sein. Deswegen ist alles, wofür wir unsere Zeit verwenden, potenziell gleich wertvoll: Der eigentliche Nutzen resultiert erst aus unserer eigenen Vorstellung über die Wertigkeit des Gegenstands unserer Handlung. Diese hängt letztendlich von unserem Ziel ab. Wenn wir also etwas tun, uns beispielsweise für den Umweltschutz einsetzen oder in einer Gemeinde ohne Bezahlung gemeinnützig arbeiten, ist das ebenfalls ein „Materialfluss", erzeugt oft einen materiellen Wert und bringt ein messbares Ergebnis.

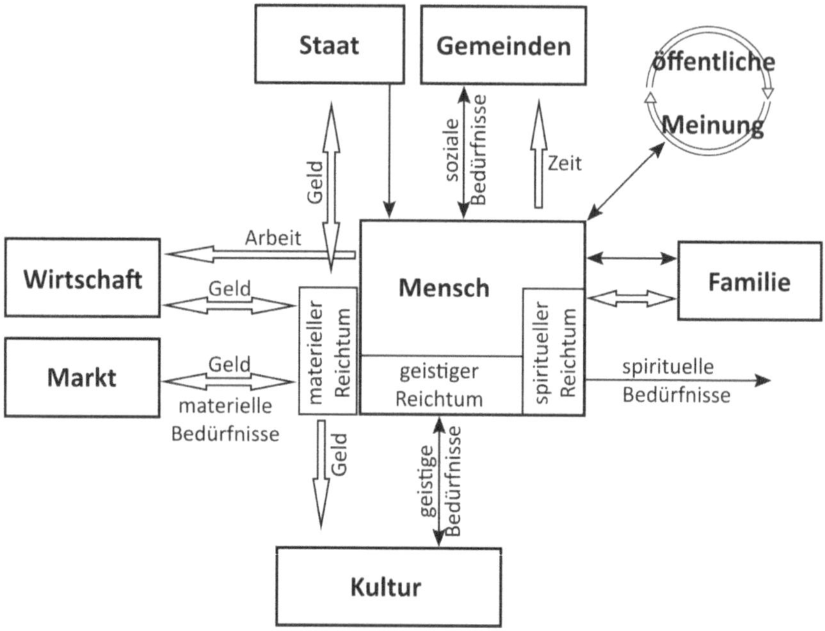

Die Zeichnung macht uns noch etwas anderes deutlich, das wir gerne vergessen: Der materielle Reichtum gehört nicht zum Menschen, höchstens dem Menschen.

Betrachten wir den Menschen in seiner Lebensumgebung aus der Vogelperspektive.

Diese Zeichnung macht uns etwas klar: Auch wenn wir bei der systemischen Betrachtung der Zivilisation den Einzelnen nicht als Akteur deutlich machen, ist er ihr eigentliches Ziel und ihr Bezugspunkt. Wir versuchen unsere gemeinsame Lebensumgebung zu gestalten, weil wir als Menschen ein gutes, glückliches und sinngebendes Leben führen wollen.

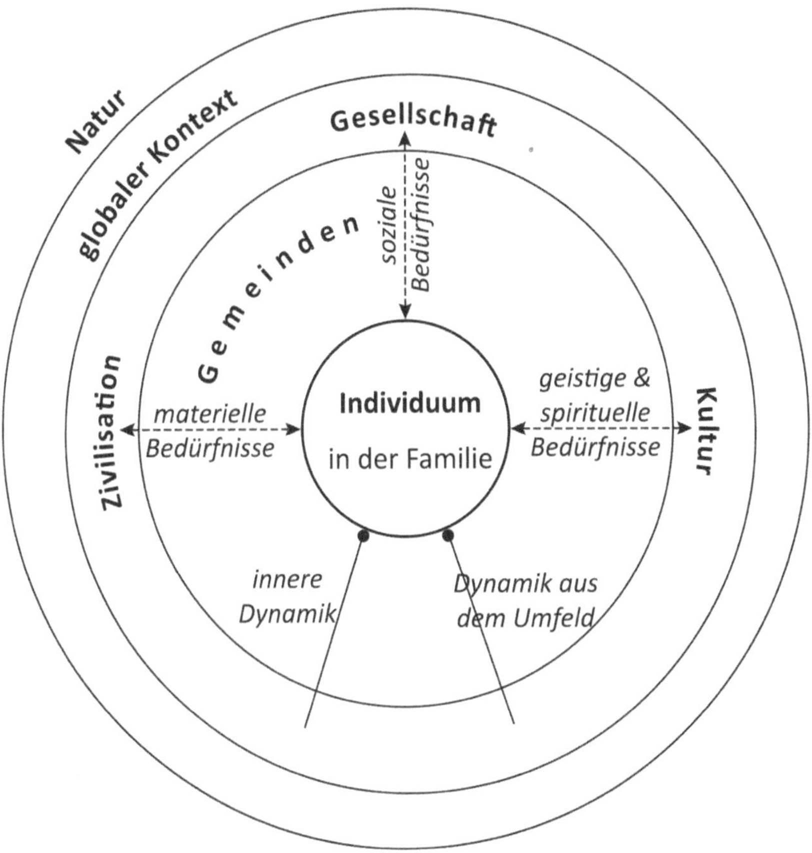

Heutige Gemeinden

Entscheidend für die Einsicht in die Dynamik einer Gesellschaft ist das Verständnis der Rolle, die die Gemeinden spielen, sowie der Interaktionen zwischen ihnen, ihrer gegenseitigen Beeinflussungen und der dabei benutzten Regeln.

Wir bezeichnen alle Zusammenschlüsse von Menschen, die aktiv gemeinsame Ziele verfolgen, die etwas zusammen erreichen wollen, als Gemeinden. Im heutigen deutschen Sprachgebrauch wird das Wort für die Bezeichnung der Verwaltungseinheit des Staates und für die Kirchengemeinde verwendet. Im Englischen kommen noch die Nachbarschaft (auch die größere) und die Gemeinschaft im Allgemeinen hinzu. Community bezeichnet annähernd das, was wir in diesem Text unter Gemeinde verstehen. Eine wichtige Eigenschaft der Gemeinde, die eine Community nicht unbedingt haben muss, ist allerdings die aktive Einstellung – eine Gemeinde möchte etwas erreichen und tut etwas dafür. Sie versteht sich als ein Akteur im gesellschaftlichen Geschehen. Eigentlich bräuchte man dafür ein neues Wort. Ein Vorschlag wäre: das Wir-für (Plural: die Wir-fürs).

Es gibt natürlich auch Zusammenschlüsse von Menschen in der Gesellschaft, die keine aktive Rolle übernehmen wollen, die man (um sie von den Gemeinden zu unterscheiden) passive Communities nennen könnte. Sie interessieren uns im Kontext dieses Buches weniger.

Zwei Arten der Gemeinden spielen im Westen eine vorrangige Rolle: die Parteien und die großen gesellschaftlichen Organisationen. Die Besonderheit der Parteien liegt darin, dass sie Menschen vereinen, die politisch Einfluss nehmen wollen. Weil aus ihren führenden Mitgliedern Regierungen gebildet werden, bestimmen die Parteien über das Administrieren des Staates, die Verwaltung der Gegenwart sozusagen. Veränderungen werden dagegen von einigen Organisationen bewirkt, zum Beispiel von großen Umwelt- und Menschenrechtsorganisationen und Gewerkschaften. Deswegen liegen die wichtigsten Veränderungen unserer Zivilisation im Bereich Soziales, Umweltschutz, Nahrungsmittelproduktion, Konsumentenrechte, Arbeitnehmerrechte. Eine Besonderheit sind die Umweltparteien, weil sie aus einer Bewegung hervorgegangen sind – sie haben den Anspruch, die Gegenwart zu verändern, auf die Zivilisation Einfluss zu nehmen. Die sonstigen etablierten Parteien verändern nur, wenn sie dazu durch die öffentliche Meinung gezwungen werden oder darin einen Popularitätsgewinn sehen.

Die sonstigen Gemeinden beschäftigen sich selten aktiv mit den grundsätzlichen gesellschaftlichen Themen. Sie vertreten vor allem die Interessen ihrer Mitglieder oder versuchen etwas zu bewahren. Der Großteil der Bürger im Westen übernimmt allerdings keine aktive Rolle innerhalb seiner Gesellschaften.

Kultur

Die Kultur ist das Ergebnis einer langen Vergangenheit. Sie lebt zwar in der Gegenwart, speist sich aber zum großen Teil aus dem Schatz, den wir in den 2.500 Jahren unserer Geschichte angesammelt haben. Dieser

Schatz hat zwei Aspekte: die kulturellen Werke und die tagtägliche Kultur, die uns einen Standard an Verhaltensregeln, Umgangsnormen und all dem, was wir unseren Kindern bei der Erziehung vermitteln, gibt. Die Kultur liefert uns auch Symbole, Bilder, Stereotypen, geteilte Vorstellungen, wie unser Leben und unsere Gesellschaft aussehen sollen. Es sind Annahmen über die Wirklichkeit, über Gut und Böse, über Richtig und Falsch.

Die Gegenwart der Kultur besteht vor allem aus dem aktuellen Kulturbetrieb und aus dem Bildungssystem, das die Kultur an die neuen Generationen weitergibt. Sie unterliegt natürlich Einflüssen aus der Gesellschaft, Wirtschaft und anderen Kulturen.

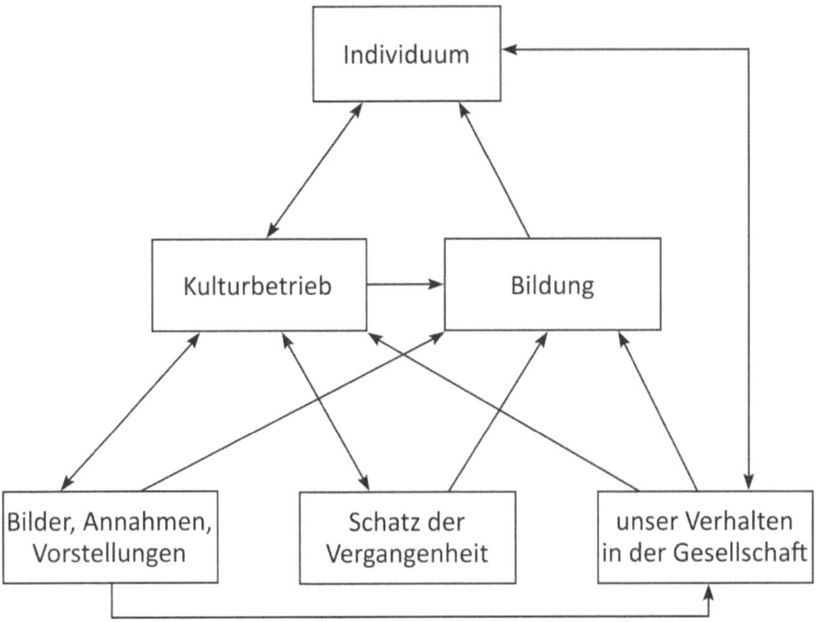

Wenn wir uns das als ein Bild vor Augen führen, wird uns vor allem die Wichtigkeit der Bildung für das Fortbestehen und die Weiterentwicklung der Kultur deutlich.

System der Zivilisation

Wir haben die Zivilisation als alles das definiert, was die materielle Grundlage unseres Lebens, unserer Gesellschaft und Kultur schafft. Dazu gehören die Wirtschaft mit all den Ressourcen, die sie verbraucht, die Infrastruktur, die Landflächen, die wir zur Erzeugung unseres Essens benutzen, unsere Häuser und die Umgebung, in der wir leben, die Mittel der Mobilität und Kommunikation. Zur Zivilisation gehören aber auch die Wissenschaft und das gesamte Wissen, das wir in der Vergangenheit angesammelt haben und das heute so schnell wächst. Aus unseren sonstigen Bedürfnissen resultieren die Gesundheitsversorgung, Angebote zur Unterhaltung und die Möglichkeit, aktiv am kulturellen Leben teilzunehmen. Ein notwendiger Teil der Zivilisation ist das Bildungssystem, das gleichzeitig ein wichtiger Bestandteil der Kultur ist. Es gibt eine große Überschneidung des Systems Zivilisation und des Systems Gesellschaft.

Der Staat sorgt für die Infrastruktur, für Recht und Sicherheit, kontrolliert und besteuert die Wirtschaft im Sinne des Gemeinwohls, stellt das Bildungssystem bereit. Das alles ist eine notwendige Voraussetzung dafür, dass wir unser materielles Umfeld gestalten können. Einige Organisationen haben das Ziel, Elemente der Zivilisation zu stützen oder die Regeln zu beeinflussen, und spielen deswegen im Gesamtbild eine Rolle. Die Religion in ihrer kulturbildenden und gesellschaftlichen Funktion gehört ebenfalls ins Bild.

Wenn wir die Interaktionen und den Fluss von Ressourcen, vor allem von Geld und menschlicher Arbeit, zwischen den wichtigsten Teilen des Systems Zivilisation aufzeichnen, wird uns die zentrale Rolle der Wirtschaft und des Staates deutlich.

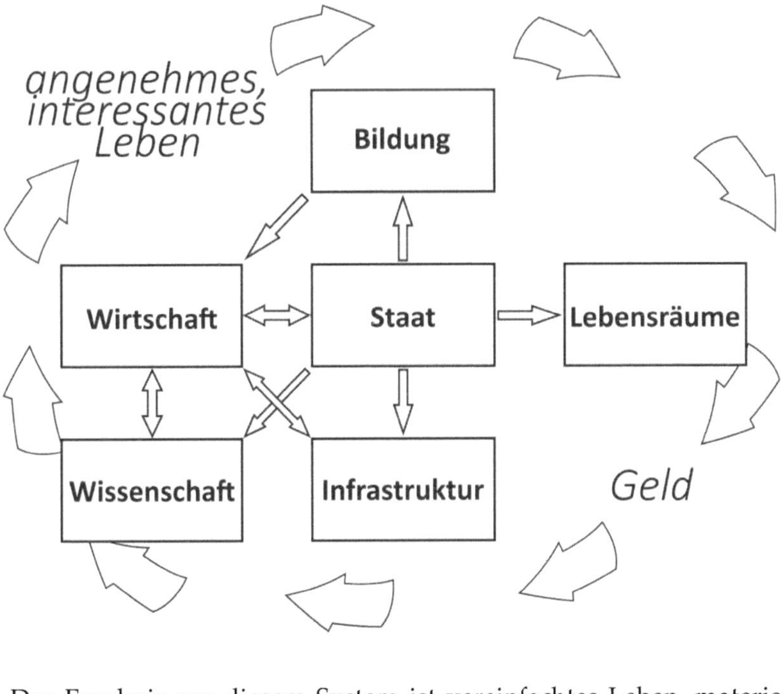

Das Ergebnis aus diesem System ist vereinfachtes Leben, materieller Wohlstand, Vermeidung körperlicher Anstrengung. Das Mittel ist das Geld. Als Maßstab dient seine Vermehrung. Das Vehikel ist die Wirtschaft. Die wichtigste Aufgabe des Staates ist, für das wirtschaftliche Wachstum zu sorgen. Von der Wirtschaft kommt die wichtigste Regel: die Gebote der Effektivität und Effizienz, die Gewinnmaximierung also. Wenn die Zahl am Jahresende in irgendeiner Bilanz gewachsen ist, sind wir zufrieden – das System scheint gut zu funktionieren.

Das Geld ist nicht nur das Blut im Kreislauf unserer Zivilisation. Es ist auch ihr Ziel. Unsere Zivilisation ist ein Goldesel: Sie frisst alles, was sie vors Maul kriegt, und verwandelt es in Geld. Ja, wir leben in einem Märchen. Am Ende des Märchens bekommt man mit den Knüppeln zu tun.

Dimensionen der Zivilisation

Gesellschaft und Zivilisation zusammengenommen spielen sich in sieben Dimensionen ab.

1. Materielle Dimension: Das sind vor allem die Ökonomie und die Technologie; auf der individuellen Ebene die Befriedigung der körperlichen Bedürfnisse und wirtschaftlicher Erfolg.
2. Geistige Dimension: Das ist die Suche nach Verständnis und Wahrheit, repräsentiert durch die Wissenschaft, das Bildungssystem und die Religion. Für jeden Einzelnen von uns bedeutet sie Bildung und eine lebenslange intellektuelle Arbeit.
3. Gesellschaftliche Dimension: Sie umfasst die Politik, die Organisation der Gesellschaft und die Übernahme der Verantwortung durch die Gemeinden. Auf der individuellen Ebene bedeutet sie Engagement der Menschen für das Gemeinwohl.
4. Ethische bzw. ordnende Dimension: Sie kommt zur Geltung in der Ethik, in den Werten und in Regeln, ob als Recht festgeschrieben oder als Verhaltensnormen akzeptiert, und bei dem Einzelnen als Moral und Anstand.
5. Dimension des Herzens: In der Gesellschaft findet sie ihren Ausdruck in der Idee der Gerechtigkeit und in der Praxis des Sozialstaates. Auf der individuellen Ebene wird sie vor allem durch das Familienleben und das Mitgefühl repräsentiert.
6. Schöngeistige Dimension: Sie findet ihren Ausdruck in schönen Künsten, in der Begeisterung für die humanistischen Ideale und Meisterwerke der Kultur, im Bedürfnis nach Schönheit und Ästhetik.
7. Spirituelle Dimension: Sie hat einen Platz innerhalb der Kirchen. Sonst ist sie in der westlichen Kultur kaum vertreten. Es gibt allerdings ein noch zaghaftes und oft orientierungsloses, aber trotzdem wahrnehmbares Interesse an Spiritualität in der Mitte der Gesellschaft. Es äußert sich in wachsender Popularität von Yoga, Medita-

tion oder Buddhismus.

Wenn wir den Platz, den die einzelnen Dimensionen in unserer Zivilisation einnehmen, ihre praktisch beobachtete Wichtigkeit durch die Höhe der Balken ausdrücken, bekommen wir eine Zeichnung, die etwa so aussieht:

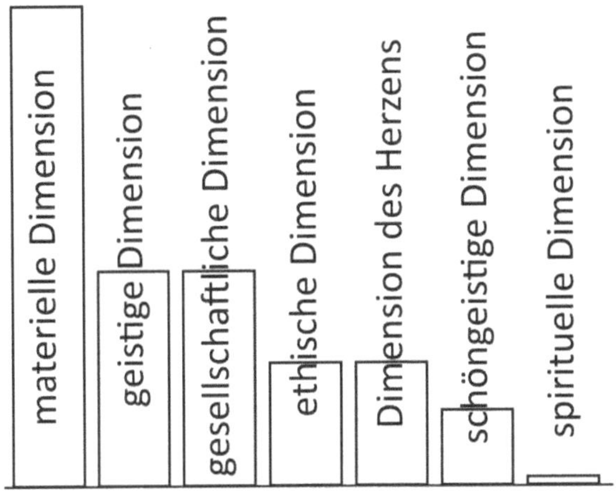

Die Zeichnung macht uns deutlich, wie unausgewogen unsere Zivilisation ist. Sie ließe sich sicher besser gestalten.

Konflikte

Betrachten wir jetzt die wichtigsten Konflikte, die inneren Spannungen, denen der Westen heute ausgesetzt ist, unterteilt in die einzelnen Bereiche.

Spannungsfelder der Zivilisation:

1. zwischen dem Streben nach der Erhöhung des materiellen Wohlstands und der Erhaltung der intakten Natur
2. zwischen dem ökonomischen Ziel der Konsummaximierung (darunter auch dem Anreiz zum schnellen Verbrauch und zum Kauf ständig neuer Varianten der Produkte) und den begrenzten Ressourcen
3. zwischen der Gewinnmaximierung der Unternehmen und der Le-

bensqualität der Angestellten

4. zwischen unserem Streben nach Vereinfachung der Lebensbedingungen und der empfundenen Minderung der Lebensqualität; zwischen der Verunreinigung der Umwelt sowie einer Lebensweise, die durch die Vermeidung von Anstrengung gekennzeichnet ist, und der Gesundheit

Spannungsfelder der Gesellschaft:

5. zwischen den intrinsischen Zielen der Menschen und den äußeren Wegen, sie zu erreichen
6. zwischen dem Wohl der Gesellschaft und der Akkumulierung des materiellen Reichtums durch einige wenige
7. zwischen gemeinschaftlichen Problemen und einer Gesellschaft, die auf Individualismus und Egoismus aufgebaut ist
8. zwischen unseren Ansprüchen an die Gesellschaft und den Staat und der mangelnden Bereitschaft, in der Gesellschaft und Politik Verantwortung zu übernehmen
9. zwischen unserem moralischen Anspruch an die Politik und der Abhängigkeit von Rohstoffen aus nichtdemokratischen Ländern

Spannungsfelder der Kultur (die allesamt in der Gegenwart entstanden sind und sich gerade rasch verbreiten):

10. zwischen der Kultur, die auf hergebrachten Werten, Büchern und vielschichtigen Einsichten beruht, und der neuen Kultur, die auf Gegenwart, Kommunikation, Bildern und einfachen Botschaften aufgebaut ist
11. zwischen der daraus resultierenden zunehmenden Seichtheit der Kultur und der Suche der Menschen nach Erfüllung im Leben
12. zwischen dem Wunsch nach der Erhaltung der westlichen Kultur und dem beschleunigten Zufluss der Menschen aus anderen Kulturen

Das neue Design soll sich mit diesen Spannungsfeldern auseinandersetzen, sie im Optimalfall beseitigen.

Der Westen im Kontext

Die Geschichte hat uns sieben große Kulturkreise hinterlassen – sieben

Kleinode in der Krone der Schöpfung, sieben große Geschenke für die Zukunft der Menschheit. Zuerst sind es die drei verbliebenen uralten Kulturen Asiens: die Kultur, die auf dem indischen Subkontinent entstand, sowie die Kulturen Chinas und Japans. Dann gibt es die zwei neueren: das Christentum und den Islam. Als den sechsten Kulturkreis möchte ich das Judentum und die wenigen noch verbliebenen lokalen Kulturen des Restes der Welt (wie beispielsweise Zoroastrismus) betrachten. Der siebte Kulturkreis umfasst alle indigenen Kulturen Amerikas, Afrikas, Australiens, Ozeaniens und Asiens. Sie haben trotz ihrer Vielfalt und Unterschiede viele Gemeinsamkeiten und sind eine Schatzkammer der Weisheit, die sie durch ihr Leben in und mit der Natur gewonnen haben.

Der Westen gehört natürlich zum christlichen Kulturkreis. Parallel gehören zum Christentum die Zivilisationen Resteuropas (die Länder im Osten und Südosten des Kontinents, die recht unterschiedlich sind), die orthodox geprägten Länder mit Russland als tonangebender Kraft und die Länder Mittel- und Südamerikas.

Wenn man den Kontext der gegenwärtigen westlichen Zivilisation aus einem ökonomischen Blickwinkel betrachtet, ist sie ein Teil des Systems der globalen Wirtschaft. Diese ist eingebettet in das alles übergreifende System der Natur.

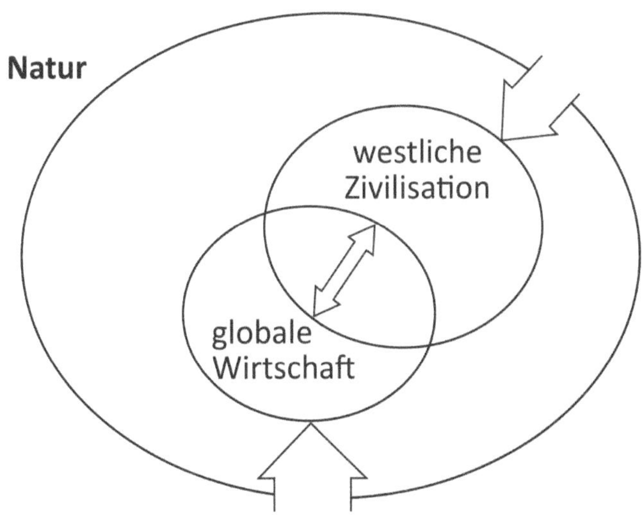

Dieses Bild trifft auf fast alle gegenwärtigen Zivilisationen zu. Das Besondere an der westlichen Zivilisation ist allerdings, dass sie als Erste massiv und unwiderruflich die Ressourcen der Natur verbraucht hat und dass sie ein Wirtschaftssystem geschaffen hat, das sich auf den ganzen Globus ausgeweitet hat. Die Ursachen dieser Entwicklung waren die Fokussierung auf die Naturwissenschaften und eine enorme Konzentration der zivilisatorischen Anstrengung auf die materiellen Werte.

Bei der Bestimmung der Systemgrenzen orientieren wir uns an der Regel, dass nur das, was wir direkt beeinflussen können, zum System gehört. In den letzten Jahrzehnten sind fast alle natürlichen zivilisatorischen Grenzen gefallen. Bei unserem Streben nach mehr materiellem Reichtum haben wir sie selbst abgebaut. Als Ergebnis haben wir immer weniger Einfluss auf das, was vor unserer eigenen Tür passiert.

Was wir tun

Fassen wir zusammen, was bisher gesagt wurde, indem wir drei Fragen beantworten: Was tun wir? Wie tun wir es? Warum tun wir es?

Wir produzieren. Das ist unsere Hauptbeschäftigung. Es muss immer mehr sein. Es soll auch immer besser sein, aber vor allem neu. Das, was wir produzieren, konsumieren wir auch brav. Auch unser Konsum muss immer weiterwachsen. Um Platz für die neuen Sachen zu schaffen, werfen wir auch immer mehr weg, logisch. Außerdem bauen wir: Städte, Autobahnen, Geschäftszentren, und das, obwohl die Bevölkerung kaum zunimmt. Was ist das Ziel? Wollen wir irgendwann alles verbauen? Wir haben Angst vor Kriegen in der Welt, verkaufen aber Waffen an Länder, die Kriege führen wollen. Auch diese Produktion muss ja weiterlaufen. Sie schafft Wohlstand.

Wir sind Experten im Geldausgeben. Damit kennt sich jede und jeder von uns aus. Das Geldausgeben könne jedes Problem lösen – davon sind wir überzeugt. Legt uns ein Arzt mehr Bewegung ans Herz, kaufen wir zuallererst eine teure Sportausstattung. Will unser Kind in der Schule nicht lernen, gehen wir zum Psychologen – wir zahlen für Ritalin und meinen, das Nötige getan zu haben. Letztendlich ist diese Einstellung das Resultat unserer Neigung, die Ursachen unserer Probleme woanders zu suchen und die Verantwortung von uns zu schieben.

Wir beuten die Natur aus. Das ist auch denkbar einfach. Der Boden schreit nicht, wenn man ihn mit Pestiziden vergiftet. Die Bäume, die wir fällen, schreiben keine Petitionen und das Meer schickt uns keine Rechnung dafür, dass wir dort unseren Schmutz entsorgen. Die Natur kostet nichts. Wir machen das Geschäft unseres Lebens: Verblendet durch unsere Gier nehmen wir uns, was wir brauchen – kostenlos. Ist das nicht schlau?! In Wirklichkeit hat alles, was wir konsumieren, einen Preis – auf der Rückseite, mit Geheimtinte geschrieben. Sichtbar wird er mit unseren Tränen gemacht. Es gibt ein simples Naturgesetz: Alles, was wir tun, wird ein Resultat haben, früher oder später. Nicht mal Gott kann es außer Kraft setzen. Er hat uns diesen kleinen Planeten zum Wohnen gegeben – wir haben uns als schlechte Mieter erwiesen.

Wir haben einen gewaltigen Kreislauf aufgebaut, eine Megamaschinerie aus Geldspekulation, Industrie, industriell betriebener Landwirtschaft, Infrastruktur, Mobilität und Kommunikation. Wir dachten, wir tun es, damit sie uns dient. In Wirklichkeit haben wir uns mit der Rolle der winzigen Zahnräder in dieser Maschinerie abgefunden. Warum? Unsere Gier und das Streben nach Annehmlichkeiten haben aus uns Geldverdiener gemacht. Wir haben unser Leben in Business verwandelt.

Das heutige zivilisatorische System ist am Kristallisationskern der Gier gewachsen. Weil nicht nur diejenigen, die das große Geld verdienen, gierig sind, sondern wir alle, war der Kristallisationsprozess so erfolgreich. Wir starren auf unser eigenes Portemonnaie, auf das, was wir uns leisten können, und machen uns blind dafür, dass wir dabei das große Kapital vermehren, die Umwelt zerstören oder irgendwo auf der Welt Kriege verursachen. Unsere Gier macht das kapitalistische System so erfolgreich. Würde es uns etwas von dem wegnehmen, was wir besitzen, gingen wir morgen auf die Straßen. Weil es uns etwas gibt, was wir haben wollen, unterstützen wir es. Solange wir mehr wollen, mehr Geld, mehr Sachen, mehr Macht, wird dieses System seine Dynamik weiterentwickeln – bis sie uns zerstört.

Die Gier hat zwar ihren Ursprung im Animalischen, wurde aber im Menschen so ausgeprägt, weil er nach Glück strebt. Wenn wir etwas bekommen oder ein Ruf unserer Sinne befriedigt haben, fühlen wir uns für den Augenblick glücklich. Das Gefühl vergeht aber irgendwann und wir reagieren darauf unwillkürlich mit dem Wunsch nach mehr. Es ist ein Teufelskreis, weil auch eine Milliarde Euro uns nicht dauerhaft glücklich machen wird. Nach einem Fünf-Gänge-Menü werden wir früher oder später ein Zehn-Gänge-Menü essen wollen. Die wahre Ursache für den Teufelskreis aus Geldverdienen und Konsum ist damit unsere Suche nach Glück. Das Tragische daran ist, dass wir es dort suchen, wo wir es nie finden können.

Was tun wir noch? Wir reden, ununterbrochen. Wir schwimmen im Fluss aus Worten, stromabwärts – das Schwimmen gegen den Strom, um die Quelle all dieses Wassers zu erforschen, würde zu viel Mühe machen. Wir bauen aus unseren Gedanken riesige Kartenhäuser und glauben, dass sie aus Stahl und Beton sind. Jeden, der uns sagt, dass es Kartenhäuser sind, schmeißen wir aus unserem Spielplatz sofort raus.

Wir sind freiwillig blind. Die Wahrheit ist oft unangenehm und nicht attraktiv. Außerdem haben wir immer recht. Schuld sind immer die anderen. Aktuell sind es die Flüchtlinge. Wenn wir die Flüchtlinge für einen Moment wegdenken, verschwinden dann unsere Probleme?

Wie tun wir es? Jeder für sich. Miteinander betreiben wir Handel. Die gesamte Gesellschaft ist auf der Idee der Gegenleistung aufgebaut – von der Familie bis zur größten Gemeinde. Wir tauschen unsere Zeit gegen Geld, Gegenwart gegen Zukunft, Seele gegen ein paar Rauschmittel. Wir zeigen Interesse und erwarten Beachtung. Wir geben Zuneigung und rechnen damit, dass uns Zuneigung entgegengebracht wird. Nur wenn wir Ärger oder Hass austeilen, erwarten wir im Gegenzug keinen Ärger oder Hass. Wir sehen zwar schon ein, dass wir auch manchmal etwas abgeben müssen, aber dann sind bitte zuerst die anderen dran.

Bei dem Tausch versuchen wir natürlich unseren Gewinn zu maximieren. Wir häufen den Profit lebenslang und zum Schluss versuchen wir ihn gegen einen Platz im Himmel umzutauschen.

Warum tun wir all das? Was ist das Ziel? Wie soll unser Himmel auf Erden aussehen? In unserem Himmel muss man nicht arbeiten. Man wird unterhalten, man hat Spaß. Man ist von unzähligen Sachen umgeben, die jeden Wunsch erfüllen. In unserem Himmel haben wir keine Probleme, sind immer gesund und leben ewig. Amen. Ist das die Welt, in der Sie leben wollen? Falls ja, viel Erfolg. Falls nein, lassen Sie uns über Alternativen nachdenken.

Der Himmel ist nicht im Himmel, er ist hier und jetzt. Um ihn zu sehen, müssten wir nur alle unsere Illusionen und überflüssigen Wünsche fallen lassen. Auf etwas zu verzichten ist Menschen schon immer schwer gefallen …

Bei alldem haben wir eine starke Zivilisation aufgebaut und eine beeindruckende Kultur geschaffen. Es ist ein Wunder und ein klarer Existenzbeweis für eine Kraft in uns, die viel größer ist als wir selbst.

Alles auf einen Blick

Bevor wir uns den Subsystemen der Wirtschaft und des Staates widmen, rekapitulieren wir das bereits Gesagte. Das Ziel unserer westlichen Zivilisation ist es, uns ein möglichst angenehmes, problemloses und müheloses Leben zu ermöglichen. Dafür konzentriert sie sich auf die materielle Entwicklung unserer Lebensumgebung, auf die Erzeugung immer zahlreicherer und weiter perfektionierter Sachen und Annehmlichkeiten. Sie macht sich dabei die Natur untertan und nutzt ihre Ressourcen, die sie als frei verfügbar und kostenlos ansieht. Das Resultat ist die Zerstörung der Umwelt.

Die Bilanz dieses Vorgehens ist negativ in beiderlei Hinsicht. Zum einen werden wir nicht glücklicher, was das eigentliche Motiv hinter den Vereinfachungen des Lebens und dem materiellen Reichtum ist. Zum anderen übersteigen die Kosten des Klimawandels, der Umweltvergiftung, der Gesundheitsbelastung den von uns erreichten materiellen Wohlstand.

Nicht nur unser Körper leidet zunehmend unter den Folgen unserer Zivilisation. Auch unsere Kultur wird seichter und flüchtiger. Glücklicherweise ist die Energie, die uns dazu treibt, nach dem Sinn unserer Existenz zu suchen, groß. Daraus ergeben sich in den westlichen Gesellschaften Tendenzen, die nach grundsätzlichen Veränderungen und Alternativen streben. Vielleicht ist das genau das Zeitfenster, das uns gegeben wurde, um unsere Zivilisation neu zu denken und zu gestalten, bevor die Natur sich gewaltsam ihren Raum zurückholt und bevor unser Gehirn und unser Geist so weit geschwächt sind, dass wir diese Leistung gar nicht mehr erbringen können und als Zivilisation aussterben. Nach allen derzeitigen Anzeichen ist dieses Zeitfenster nur eine bis zwei Generationen groß.

WIRTSCHAFT

Das System der Wirtschaft hat sich von alleine entwickelt. Wir gehen davon aus, dass es Gesetzen unterworfen ist, die den Naturgesetzen gleichen: Wir beschreiben sie nur, versuchen sie nicht zu ändern. Es ist auf kontinuierliches Wachstum und maximalen Ertrag ausgerichtet und ein Teufelskreis aus Gier und Produktion von Gütern. Bei begrenzten Ressourcen muss ein ständiges Wachstum zum Kollaps führen – das ist eine simple Erkenntnis der Systemwissenschaft. Je schneller das Wachstum, umso rapider der Zusammenbruch.

Das Verlangen nach mehr, die Gier, ist eines der stärksten menschlichen Gefühle. Die Gier ist eine mächtige Kraft, die unser Verhalten fortdauernd beeinflusst; Gier nach mehr Geld, mehr Besitz, nach mehr Sinnesbefriedigung, mehr Anerkennung, mehr Zuneigung der geliebten Person. Wir haben nie genug von dem, was wir als anstrebenswert oder angenehm empfinden. Gier treibt uns unser ganzes Leben – bis vor die Tore des Todes, wo wir alles das, was wir für so wichtig erachtet haben, ersatzlos abgeben müssen.

Eine der wichtigsten Ursachen für den Siegeszug westlicher Wirtschaft ist, dass wir die Gier und den Eigennutz sanktioniert und zu Tugenden erklärt haben. Das rührt von dem Trugschluss her, dass unser Glück von außen zu uns kommt; auf die Ökonomie bezogen vom Geld und von Gütern und Leistungen. Unser ökonomisches System baut auf dem Eigennutz auf, und die Habgier ist seine Antriebskraft. Das ist der größte Vorwurf, den ich dem Kapitalismus mache: Er hat den Egoismus, das hässlichste Laster der Menschen, zu etwas Gutem erklärt und systematisch verstärkt. Er geht davon aus, dass der Eigennutz den Einzelnen dazu treibt, mehr zu arbeiten und dadurch mehr Werte zu schaffen, und dass die Gesellschaft davon profitiert. Das hat in Menschen enorme ökonomische Energie entwickelt. Eigennutz und Gier sind die Treibstoffe unserer Wirtschaft.

Genauso effektiv, wie diese Vorstellung die Produktion von Gütern angetrieben hat, hat sie die Moral geschwächt. Aus ihr folgt nämlich, dass das Streben nach Eigennutzen und die Gier gut sind – um die anderen, um die Lebensumgebung wird sich eine unsichtbare Hand kümmern: der

Markt, der Staat, auf jeden Fall nicht ich. Um den Konsum anzukurbeln, benutzte die Wirtschaft Werbung, die nichts anderes als eine versteckte Täuschung ist. Auf diese Weise wurde auch die Täuschung sanktioniert. Konkurrenz, Täuschung, Gier, Eigennutz, Selbstsucht, das sind die Werte, die die Wirtschaft in die westliche Moral eingeschleust hat.

Alles hat seinen Preis (um in der Sprache der Wirtschaft zu bleiben). Wir sehen mittlerweile den Preis, den wir mit unserer Umwelt und unserer geistigen und zunehmend auch körperlichen Gesundheit bezahlen. Über die moralischen und gesellschaftlichen Kosten haben wir hingegen immer noch nicht ausreichend nachgedacht.

Ziele der Wirtschaft

Das Ziel der Wirtschaft ist, das eingesetzte Kapital zu vermehren.

Alles andere, wie Versorgung der Menschen mit Gütern und Dienstleistungen oder Erzeugung von materiellem Wohlstand, sind Nebenprodukte. Schaffung von Arbeitsplätzen ist kein Ziel der Wirtschaft, im Gegenteil: Mit jedem Gehalt weniger erhöht sich der Gewinn. Das Gleiche betrifft die Aufrechterhaltung der sozialen Systeme – sie erfordert einen Eingriff von außen, vom Staat.

Heutige Unternehmen

Die Wirtschaft besteht aus Unternehmen, aus Regeln und aus Geld. Die heutigen Unternehmen verhalten sich anders als ihre Vorgänger vor hundert oder vor fünfzig Jahren. Das ist vor allem auf drei Faktoren zurückzuführen. Der erste ist die Folge der Regulierung durch den Staat – eine aufgezwungene Veränderung. Der zweite Faktor ist die Folge des technologischen Fortschritts: Die heutigen Unternehmen brauchen viel mehr höher ausgebildete, hoch engagierte Arbeitskräfte und die gibt es nicht in ausreichender Anzahl. Deswegen werben die Unternehmen um solche Mitarbeiter, bezahlen sie besser und versuchen sie zu halten. Der dritte Faktor sind die veränderten Ansprüche der Konsumenten, die nicht nur hohe Qualität der Produkte erwarten, sondern auch zunehmend auf die Belastung der Umwelt durch die Unternehmen oder auf ihr Verhalten in der Gesellschaft achten.

In ihrem Kern funktionieren die Unternehmen allerdings wie vor hundert Jahren, weil sich die Grundregeln des Wirtschaftens nicht geändert haben. Schauen wir uns ihre Funktionsweise mit einem frischen Blick an.

Im Kern ist jedes privatwirtschaftliche Unternehmen eine Einrichtung, die der Vermehrung des eingesetzten Kapitals der Anteilseigner dient. Grafisch kann man das so darstellen:

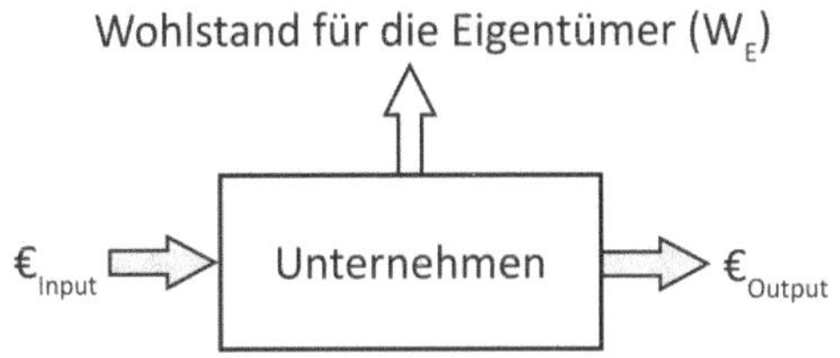

$€_{Output}$ sind sämtliche Einnahmen, $€_{Input}$ sind alle Kosten. Das schlussendliche Ziel des Unternehmens ist es, das meiste Geld für die Eigentümer zu erwirtschaften. Dafür muss man möglichst hohen Gewinn erzielen.

Gewinn (G) = $€_{Output} - €_{Input}$

Der Gewinn gehört den Eigentümern: $W_E = G$.

Auch wenn diese entscheiden, ihn zu reinvestieren, tun sie das mit Blick auf ihren materiellen Wohlstand in der Zukunft. Als Ziel des Unternehmens wird die simultane Erhöhung des Outputs und Senkung des Inputs betrachtet. Dieses Modell eines wirtschaftlichen Unternehmens hat die Mehrheit heutiger Manager im Bauch. Es ist auch der Grund dafür, dass unsere Wirtschaft der Gesellschaft, also uns Menschen, nicht dient.

Ein besseres Modell eines wirtschaftlichen Unternehmens bringt uns Menschen ins Bild.

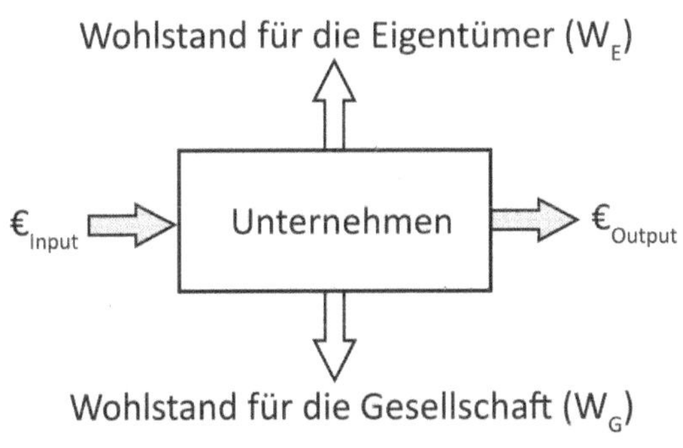

$€_{Output}$ sind immer noch sämtliche Einnahmen, $€_{Input}$ sind jetzt eingekaufte Ressourcen (inklusive Arbeit) und Material.

Ein Unternehmen trägt zum Wohlstand der Gesellschaft bei, indem es Steuern und Abgaben zahlt. Die Gleichung für das Ergebnis der wirtschaftlichen Betätigung sieht jetzt so aus:

Gewinn (G) = $€_{Output} - €_{Input} - W_G$

Die Anteilseigner müssen also einen Teil des erwirtschafteten Wohlstands an die Gesellschaft abgeben. Ob sie das als Werterzeugung oder Wertminderung ansehen, sei ihnen überlassen. Das Ziel der Unternehmen bleibt aber die Maximierung des Wohlstands ihrer Eigentümer.

Dieses Modell bringt das Wohl der Gesellschaft ins Bild, verfälscht aber immer noch das Geschehen. Wir müssen die Unternehmen weitaus differenzierter betrachten.

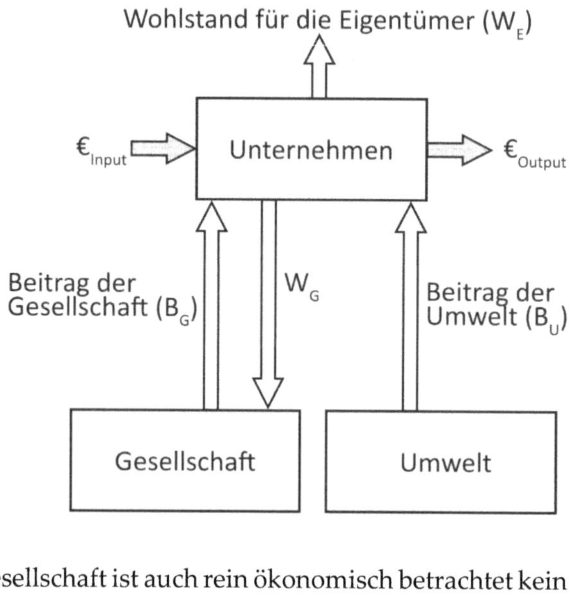

Die Gesellschaft ist auch rein ökonomisch betrachtet kein reiner Kostenfaktor, sie schafft Werte. Sie sorgt für die Bildung und das Wohlergehen der Arbeitskräfte, für die Infrastruktur, für die Sicherheit, für ein friedvolles Miteinander, für die konstruktiven Umgangsformen usw. Das ist ein wichtiger Beitrag, der entscheidend zur Erhöhung des Gewinns beiträgt, und die von den Unternehmen bezahlten Steuern gleichen ihn bei Weitem nicht aus. Die Unternehmen verbrauchen auch die Ressourcen der Natur. Ohne Energie, Wasser, Luft, Boden und Bodenschätze, Tiere und Pflanzen könnten sie gar keinen Ertrag erwirtschaften. Sie denken vielleicht: Die Unternehmen zahlen doch für Energie, Wasser, Bodenschätze usw. Zahlen sie auch den Gegenwert für die Wiederherstellung der verbrauchten fossilen Brennstoffe oder der Umweltzerstörung durch den Abbau von Lithiumerz? Zahlen sie auch für die Folgen der Klimaerwärmung? Für die Entgiftung des Bodens oder des Grundwassers vielleicht?

Von der Gesellschaft und der Natur kommen also Werte, die entscheidend zu der Werterzeugung in den Unternehmen beitragen. Wenn wir jetzt anhand dieses Modells fragen, was der Wohlstand der Eigentümer sein sollte, und uns einig werden, dass die Eigentümer im zukünftigen Modell den Betrag der Gesellschaft und Umwelt nicht einkassieren sollen, kommen wir zu einer ganz anderen Gleichung: $W_E = G - B_U - B_G$.

Es ist nicht einfach, die beiden Beiträge in Geld auszudrücken, das darf aber kein Argument dafür sein, sie aus der Gleichung zu streichen.

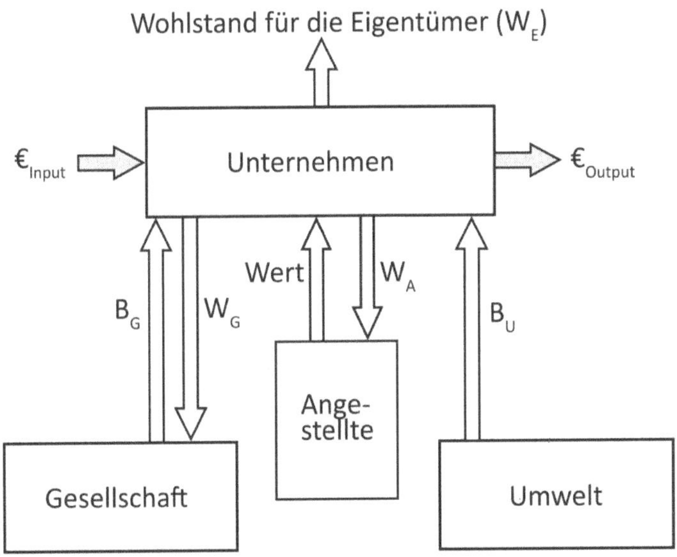

Ein noch besseres Modell berücksichtigt die Angestellten nicht nur als Geldempfänger, sondern als Wertschaffende: Sie bekommen Gehalt, Zuzahlungen, andere Leistungen, aber sie schaffen auch Wert für das Unternehmen.

W_A steht für den Wohlstand für die Angestellten und ist nicht mehr ein Teil des $€_{Input}$. Der Wohlstand für die Eigentümer verändert sich nicht ($W_E = G - B_U - B_G$).

In diesem Bild wird deutlich, dass ein Unternehmen mehr erwirtschaften kann, wenn es seinen Angestellten ermöglicht, mehr Wert zu schaffen. Das ist ein grundsätzlich anderes Denken. Anstatt zu überlegen, wie ich als Manager das Ergebnis mit möglichst wenig Personalkosten erreichen kann (Effizienz), fange ich an zu denken, wie ich die Rahmenbedingungen (interne Organisation, Raum für Initiative, Unterstützung der Kreativität ...) so gestalte, dass ich den meisten Wert mit meinen Angestellten schaffe.

Russell Ackoff hat mal vorgeschlagen, dass Unternehmen, nicht den Return on Investment (also den Gewinn aus dem eingesetzten Kapital), sondern den Return on Labor (Gewinn aus Arbeit) maximieren sollen. Im heutigen westlichen Wirtschaftssystem denken die meisten Unternehmenslenker immer noch, dass Arbeitskräfte Kosten sind, und sie haben gelernt, Kosten zu minimieren. Ihre Einnahmen sind an den Gewinn des Unternehmens gekoppelt, also versuchen sie auf diese Weise den gegenwärtigen Gewinn zu erhöhen. Daran werden sie von den Eigentümern des Unternehmens gemessen. Ihr Dienstherr sind die Eigentümer, nicht die Angestellten, nicht die Gesellschaft.

Die Ökonomen gingen beim Aufbau ihrer Theorien (die die Entwicklung unserer Zivilisation entscheidend beeinflusst haben) von einem stark vereinfachten Modell des Unternehmens aus (wie auf der zweiten der oberen Zeichnungen). Daraus folgend fanden die Gesellschaft und die Natur keinen Platz in ihren Modellen. Außerdem definierten sie die Wertschöpfung unzulässig einseitig. In ihren Theorien entstehen die Werte scheinbar aus dem Nichts und werden durch Weiterbearbeitung in Produktionsprozessen erzeugt. Es gibt aber so etwas wie absolute Wertschöpfung nicht. Wenn jemand für sich Werte erzeugt, zerstört er irgendwo andere Werte. Im Falle unserer Wirtschaft sind das vor allem die Werte der Natur: das Leben, die Landschaften, das Gleichgewicht der Biosphäre. Wirklich entstehen können „Werte" nur im Prozess der Evolution, nicht der Produktion, also in einer organischen Entwicklung eines Systems, die in einem dynamischen Gleichgewicht stattfindet. Es ist wichtig, sich dessen bewusst zu werden. Die Zerstörung der Natur (Verbrauch ihrer Ressourcen, Vergiftung und Verschmutzung, Vernichtung der Lebensgrundlagen der Tiere und Pflanzen) sind keine Kollateralschäden unserer Wirtschaft, die man zu minimieren versuchen kann. Sie sind systemimmanent und folgen zwangsläufig aus dem Systemdesign der kapitalistischen Wirtschaft. Das wirft unvermeidlich die Frage auf, ob eine grundsätzliche Änderung des Wirtschaftssystems mit dem Kapitalismus überhaupt vereinbar ist. Das ist eine wichtige Frage. Wir werden sie im zweiten Teil dieses Buches beantworten.

Bedarf und Wünsche

Wir schlagen vor, die menschlichen Bedürfnisse in den objektiv vorhandenen Bedarf und in die darüber hinausgehenden Wünsche aufzuteilen. Das lässt sich einfach am Beispiel der Kleidung illustrieren. Wir brauchen sie, um uns vor der Kälte oder vor der Sonne zu schützen. Verschiedene Jahreszeiten und die Notwendigkeit, die Kleidungsstücke zu waschen, bedingen einen gewissen Vorrat an Kleidern. Ein voller Schrank, drei Mäntel oder fünf Paar Sommerschuhe gehören aber nicht dazu. Sie sind das Resultat unseres Wunsches nach Selbstdarstellung, die Folge der Eitelkeit, Gedankenlosigkeit oder einfach Gier. Warum sollen wir diese Unterscheidung machen? Weil der Konsum, der aus unseren über den eigentlichen Bedarf hinausgehenden Wünschen resultiert, die wichtigste Ursache der Naturzerstörung ist. Deswegen lohnt es sich, darüber nachzudenken.

Unsere Nachfrage nach Lebensmitteln, nach der Menge und dem Sortiment, ist in den letzten Jahrzehnten drastisch gestiegen. Das ist nur zum Teil mit dem Bedarf nach gesunder Ernährung zu erklären. Die landwirtschaftlichen Produkte sind so billig, dass sie oft gedankenlos gekauft und weggeworfen werden. Ein nicht unwesentlicher Teil unseres Essenskonsums ist nicht auf den Bedarf des Körpers zurückzuführen und dient nicht der Aufrechterhaltung seiner Gesundheit, sondern kann nur durch die Lüste unseres Geschmacksorgans erklärt werden. Auch unsere Lebensräume liefern uns Beispiele von Flächen, die der Natur weggenommen wurden, ohne dass es dafür einen echten Bedarf gibt: Wenn wir beispielsweise ein riesiges Stadion oder eine Mehrzweckhalle bauen, muss uns klar sein, dass wir damit einen Ort der Unterhaltung errichten. Ein Teil unserer Mobilität lässt sich ebenfalls nicht mit dem Bedarf erklären. Dort, wo ich lebe, gibt es Berge mit kurvenreichen, wenig befahrenen Straßen. Im Sommer werden sie gern von Gruppen von Motorradfahrern benutzt. Sie fahren eindeutig zum Vergnügen durch die Gegend.

Die Wirtschaft produziert das, wofür wir zahlen, unabhängig davon, ob wir es wirklich brauchen oder nicht. Das wird sich auch nie ändern. Wenn man die Unterscheidung zwischen Bedarf und Wünschen machen möchte, müsste man es auf der Nachfrageseite tun.

Wir blenden jetzt für einen Augenblick die Tatsache aus, dass das eigentliche Ergebnis der Wirtschaft die Vermehrung des materiellen Wohlstands der Anteilseigner ist, um uns anderen Aspekten des Geschehens zu widmen.

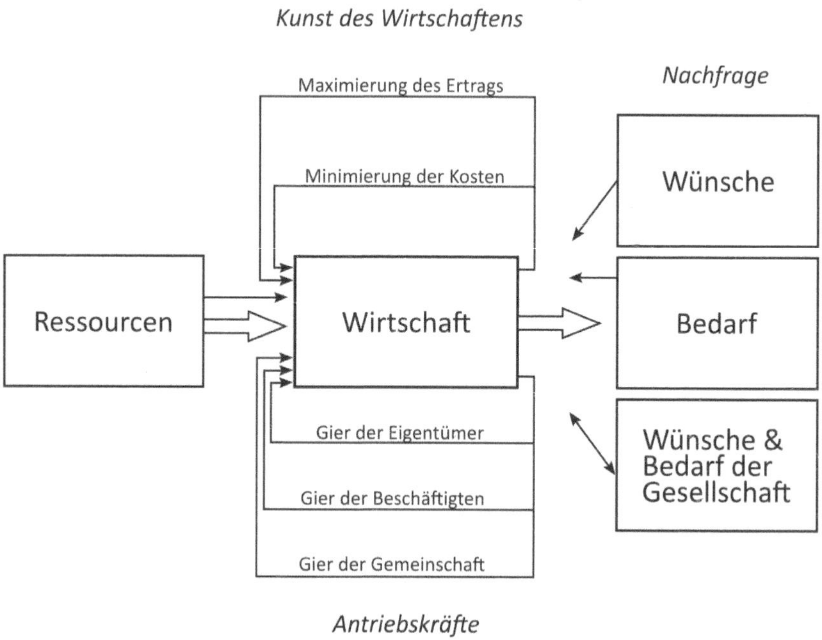

Der Mensch als Initiator des Wirtschaftens, als sein Manager, als Arbeiter und als Abnehmer der Erzeugnisse steht im Zentrum des Geschehens. Er ist der Grund, die Ressource, die Antriebskraft, der Zweck und der Regulierer der Wirtschaft. Deswegen sind sein Denken und seine Ziele so wichtig; entscheidend für das Funktionieren des Systems. Wir bestimmen (ohne uns dessen explizit bewusst zu sein), wie die Wirtschaft funktioniert und wie sie sich entwickelt, indem wir ein bestimmtes Menschenbild im Kopf haben und bestimmte Ziele verfolgen. Wenn wir uns als denkenden Körper begreifen, wollen wir ihn nach Kräften versorgen, verschönern und unterhalten, was ganze Wirtschaftszweige schafft.

Wenn wir denken, dass uns Sachen glücklich machen werden, erzeugen wir mit diesem Glauben ein System, das möglichst viele Sachen produziert.

Die Wirtschaft beeinflusst ihrerseits unser Denken. Es ist eine Rückkopplung, eine sich selbst verstärkende Dynamik. Sie führt zu zunehmender Gier, zur Verflachung des individuellen Welt- und Selbstbildes und der Lebensziele, zur schwächenden Vitalität der Gesellschaft, zur Zerstörung der Natur.

Systemmodell der heutigen Wirtschaft

Betrachten wir nun die Wirtschaft als ein Ganzes. Wir sehen sie meistens eher als einen Prozess als ein System. Ein Prozess beschreibt eine Dynamik anstelle eines agierenden Gleichgewichts. Die Betrachtungsweise ist entscheidend: Bei einem Prozess geht es um den Durchsatz. Das Management eines Prozesses hat die Optimierung und meist auch die Maximierung des Ausstoßes, also die Erhöhung der Dynamik zum Ziel.

Der Prozess der Wirtschaft verwandelt durch Arbeit verschiedenste Ressourcen, um unsere Bedürfnisse (Bedarf plus Wünsche) zu befriedigen. Dies geschieht unter der Aufsicht des Staates und anderer Organe, die wir mit dem Ziel der Kontrolle und Regelung geschaffen haben. Die menschlichen Bedürfnisse sind etwas Subjektives und hängen von unserem Denken, unseren Vorstellungen von Glück und erfülltem Leben, von der Kultur also, ab. Die Kontrollorgane des Staates, der Gemeinschaft der Staaten, der Gesellschaft und der Wirtschaft bringen ein objektives Element, das Element der Vernunft in die Gleichung, die sonst allein von Gier auf beiden Seiten (Produktion und Konsum) bestimmt wäre.

Als eine Gleichung dargestellt kann man den wirtschaftlichen Prozess daher so beschreiben:

(RESSOURCEN + ARBEIT) unter Berücksichtigung staatlicher Kontrolle = BEFRIEDIGUNG MATERIELLER BEDÜRFNISSE + WACHSTUM

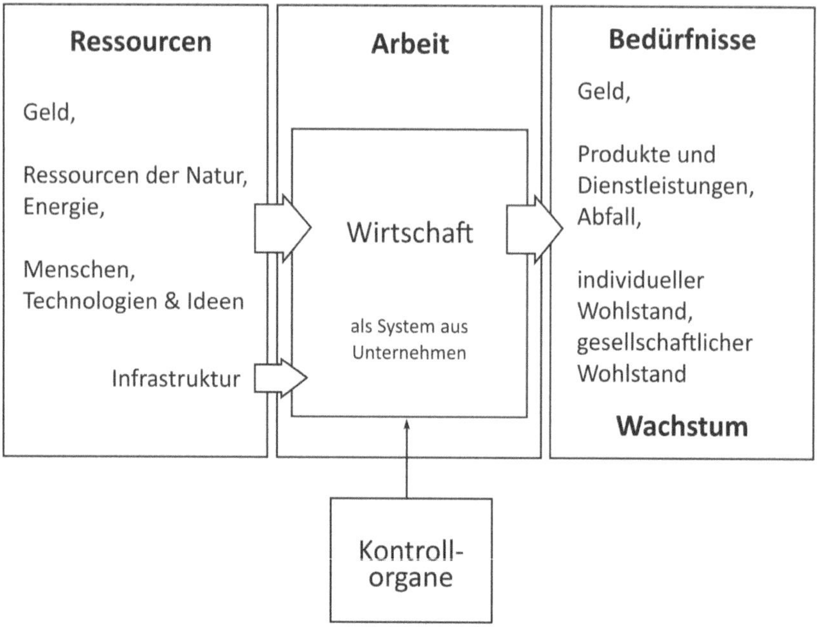

Die im wirtschaftlichen Prozess eingesetzten Ressourcen sind ein Teil unseres Wohlstands. Man kann also auch sagen, dass die Wirtschaft auf der Grundlage des vorhandenen Wohlstands und unter Einsatz von Technologie, Ressourcen der Natur, Infrastruktur und Arbeit kontinuierlich einen neuen Wohlstand erzeugt. Sie erzeugt den individuellen Wohlstand, indem sie Gehälter auszahlt und Gewinne ausschüttet. Sie produziert auch die Produkte, die für dieses Geld konsumiert werden können. Sie trägt außerdem entscheidend zum Wohlstand der Gesellschaft bei, indem sie Steuern und Abgaben leistet und Beschäftigung bereitstellt.

Auf einer anderen Abstraktionsebene kann man den Prozess so beschreiben, dass die Menschen ihren Verstand und ihre Hände dafür benutzen, um aus den Ressourcen der Natur Gegenstände und Dienstleistungen herzustellen, mit dem Ziel, das zu befriedigen, was sie für ihre Bedürfnisse halten. Die Natur muss den dabei entstandenen Abfall aufnehmen. Aus dieser Betrachtung des wirtschaftlichen Prozesses werden zwei wichtige Aspekte ersichtlich:

1. Das Ergebnis ist abhängig von unseren Vorstellungen, unserem

Wissen und unserem Verständnis. Im Umkehrschluss könnten wir durch Veränderung im Denken die Wirtschaft grundsätzlich umwandeln, wenn wir es wollten.

2. Solange der Verbrauch nicht erneuerbarer Ressourcen und die Abfallerzeugung das Ergebnis dieses Prozesses sind, wird die Natur die Leidtragende sein.

Schauen wir auf dieses Geschehen noch aus anderen Blickwinkeln, um die Wirtschaft besser zu verstehen. Dabei nehmen wir erneut das eigentliche Ziel der Wirtschaft, die Vermehrung des eingesetzten Kapitals, ins Blickfeld. Die Wirtschaft verbraucht, um ihr Ziel zu erreichen, nicht nur die natürlichen, sondern auch die kulturellen und zivilisatorischen Ressourcen und erzeugt daraus kontinuierlich eine zivilisatorische Veränderung. Diese Veränderung wird von den wachsenden Ansprüchen an den Konsum angetrieben. Die Wirtschaft ist ein Regelkreis, der seinen Output (die Geldvermehrung der Anteilseigner und den Konsum) ständig erhöht. Das geschieht auf Kosten der Natur und im gewissen Grad auch der Kultur und der Gesellschaft.

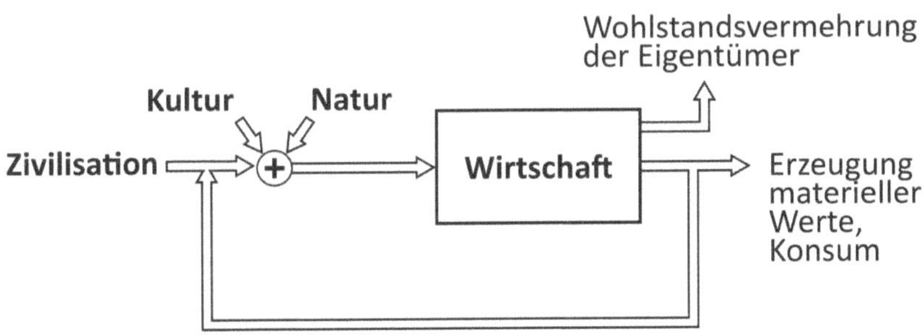

Die kulturelle Leistung der Vergangenheit und die gegenwärtigen kulturellen Ressourcen der Gesellschaft werden zwar im wirtschaftlichen Prozess benötigt, die Kultur liegt allerdings außerhalb des wirtschaftlichen Zweckes.

Betrachten wir auch die Werterzeugung der Wirtschaft:

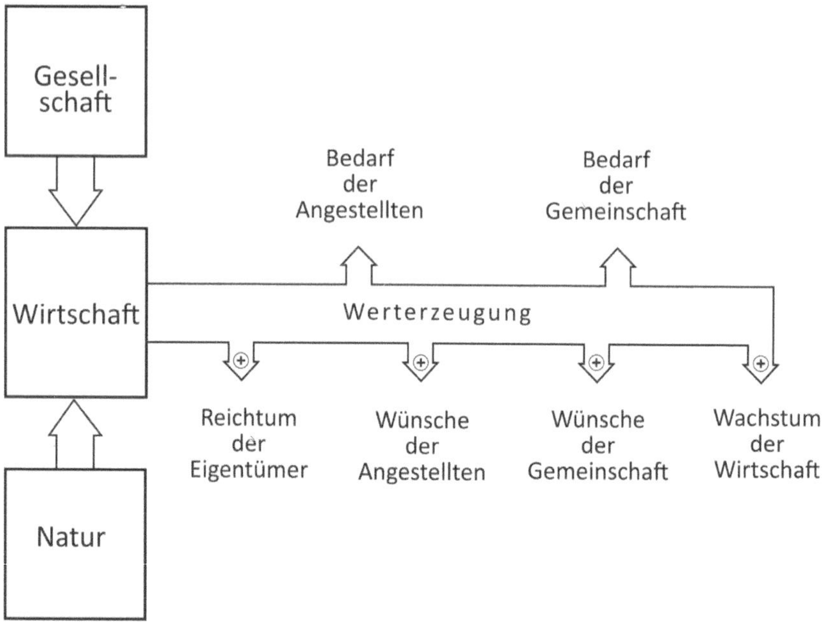

Der im wirtschaftlichen Prozess erzeugte Wert kommt einerseits von der Arbeit und der Kreativität der Menschen und andererseits und zum großen Teil von den (meistens) unwiderruflich verbrauchten Ressourcen der Natur und ihrer darüber hinausgehenden Zerstörung. Der Prozess erzeugt zusätzlich zu dem, was wir wirklich benötigen, eine wachsende Menge an Werten, die aus unseren Wünschen und unserer Gier resultieren. Menschliche Wünsche und Gier sind unersättlich.

Als System betrachtet, ist die Wirtschaft ein Zusammenspiel aller Unternehmen, die Güter und Dienstleistungen erzeugen und miteinander gegen Geld austauschen. Sie benutzen dabei die Ressourcen der Natur und der Gesellschaft sowie die Infrastruktur (alles, was sie für die Produktion und den Austausch brauchen: von den Straßen bis zu den Banken). Fast alles, was sie produzieren, gelangt irgendwann in die Natur – ist also Abfall.

Weil wir die Grundregeln der Ökonomie nicht hinterfragen, beziehen sich die Regeln in der Wirtschaft lediglich auf die Unternehmen und dort auch nur auf das Wie. Das Was und das Ob (die grundsätzlichen Regeln also) gestalten wir nicht. Die Regeln der Wirtschaft flossen unhinterfragt in das Recht ein und werden vom Staat geschützt und kontrolliert.

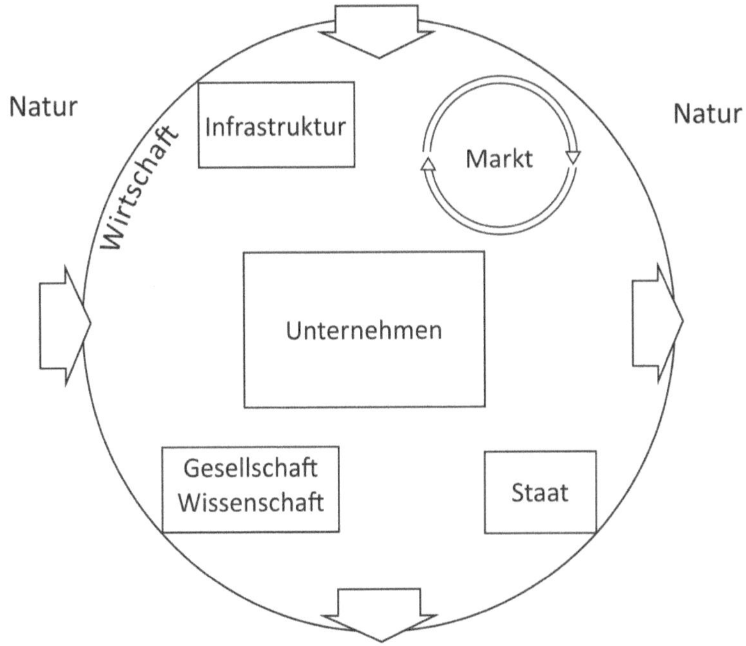

Unsere Zivilisation, Kultur und die gesamte Gesellschaft haben sich um die Wirtschaft herum eingerichtet. Damit nehmen Unternehmen nicht nur in der Wirtschaft, sondern in unserer Zivilisation eine zentrale Position ein. Wir haben unser Leben als Gemeinschaft um das Produzieren materiellen Wohlstands herum aufgebaut. Die Unternehmen sind unsere heiligen Kühe. Wir füttern sie, schauen ehrfürchtig zu ihnen auf, hängen Girlanden um die Hochhäuser ihrer Hauptquartiere. Ihre Bedeutung im Vergleich zu den Institutionen der Gesellschaft wächst ständig. Sie gehen gestärkt aus jeder gesellschaftlichen Krisensituation heraus, was ein Indiz der Mechanismen und der wirklichen Machtverhältnisse der westlichen Zivilisation ist.

Wir nennen die in dem wirtschaftlichen Prozess erzielte zivilisatorische Veränderung Fortschritt, weil unserer Kultur die unterschwellige Annahme zugrunde liegt, dass mehr und komplexere Güter, bequemere Infrastruktur, dass „sich die Natur untertan zu machen" Fortschritt ist. Auch wenn die Natur und die Kultur nicht in der wirtschaftlichen Gleichung vorkommen, wird es uns bewusst oder unbewusst klarer, dass das eigentlich ungerecht und Ausbeutung ist. Das ist der Grund, warum Umweltschutz und soziales Engagement als blumige Aufkleber zunehmend auf die Logos der Firmen aufgebügelt werden.

Diesen so verstandenen Fortschritt betrachten wir als gesellschaftliches Ziel und setzen de facto in unserem Denken die Zivilisation mit der Wirtschaft und der Infrastruktur gleich, obwohl sie nur Elemente der Zivilisation sind. Die kulturellen Leistungen der Wissenschaft oder die Bildung betrachten wir erst dann als wertvoll, wenn sie in Geldsummen ausgedrückt werden, weil sie als Kostenpositionen geführt oder im wirtschaftlichen Prozess genutzt werden. Die Erziehung, das gute Benehmen, ein rücksichtsvoller Umgang miteinander, ausgebildetes strukturiertes Denken (also die Kultur) kommen in der ökonomischen Betrachtung nie vor. Eine folgenschwere Verengung des Blickwinkels.

Die Wirtschaft ist unser Götze. Wir haben sie dazu gemacht durch unser Streben nach mehr materiellem Wohlstand. Wir denken, dass Geld uns hilft, glücklich zu werden. Deswegen haben wir das Verdienen von möglichst viel Geld zu unserem Lebensziel erklärt und die Wirtschaft ist das Mittel dazu. Auch als Staat sehen wir unsere Stärke nicht in der Stärke der Gesellschaft, in der Widerstandsfähigkeit der Kultur, sondern in der Höhe des Bruttoinlandsprodukts. Kein Politiker heute würde es wagen, eine Entscheidung zu treffen, die das Geldverdienen der Unternehmen nachhaltig bremsen würde; auch wenn sie für die Gesellschaft richtig wäre; auch wenn sie unsere Zivilisation retten würde. Eine solche Veränderung können nur wir herbeiführen, wenn wir als Gesellschaft unser Denken verändern.

Die Antriebskraft der Wirtschaft ist also unsere Gier. Gier ist menschlich. Sie wird erst dann zum Problem, wenn sie in die Architektur der Zivilisation und des Miteinanders derart eingebaut wird, dass sie zum Dreh- und Angelpunkt wird. Noch schlimmer, wenn sie in einer Rückkopplung sich selbst stets verstärkt. Geld an sich ist wertneutral. Erst wenn es zum Maßstab jeglicher Werte und Arbeit in der Gesellschaft wird, hat es eine zerstörerische Kraft.

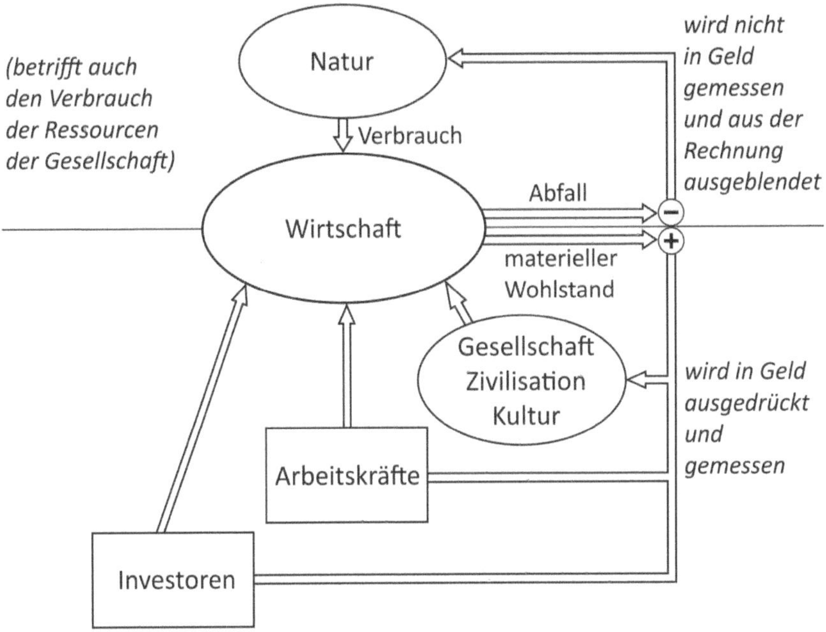

Wir blenden den Großteil der langfristigen Kosten, die wir durch den Verbrauch der Natur und ihre Belastung verursachen, aus der ökonomischen Gleichung aus. Wir schieben ihn einfach in die Zukunft, also auf die jüngste und die noch kommenden Generationen. Ohne diese Kosten ist unsere Wirtschaft ein beeindruckendes Wunder: ein Perpetuum mobile, ein Stein der Weisen, der alles in Gold verwandelt, womit er in Berührung kommt.

Dieses „Wunder" ist kurz gesagt eine Geschwulst. Sie wuchert, indem sie die natürlichen, menschlichen und zwischenmenschlichen Ressourcen verzehrt. Das Ziel ihres Wachstums ist Geldvermehrung. Was sie dabei produziert, ist wachsender materieller Wohlstand.

Weltwirtschaft

Der Westen ist ein Teil eines größeren Systems. Das wird nirgendwo so ersichtlich wie in der Wirtschaft. Hier kann man beispielhaft beobachten, dass die Menschheit mittlerweile eine Gesamtheit bildet. An der Wirtschaft kann man auch abschätzen, wo dieser Austausch enden wird: in einem einzigen System, in dem es nur Unterschiede gibt, wenn sie von der Natur vorgegeben sind (Klima, Boden), von Menschen als kulturelle Unterschiede absichtlich aufrechterhalten werden oder sich aus globaler Ungleichheit des Reichtums ergeben.

Wir haben also ein globales System, das jedes Land oder jeder Wirtschaftsraum für sich genommen zu steuern und zu regulieren versucht. Das kann natürlich nicht funktionieren – es ist ein Designfehler im System. Die Einzigen, die global entscheiden können, sind die internationalen Konzerne, Asset-Management-Unternehmen und Banken. Sie nutzen diesen Fakt und übernehmen zunehmend die Aufgabe der globalen Steuerung der Wirtschaft. Sie sind die eigentlichen Gewinner der Globalisierung.

Auf dem Weltmarkt werden Ressourcen und Produkte verkauft und gekauft, Geld ausgetauscht. Nebenbei findet auch ein Austausch von Wissen und Wohlstand statt.

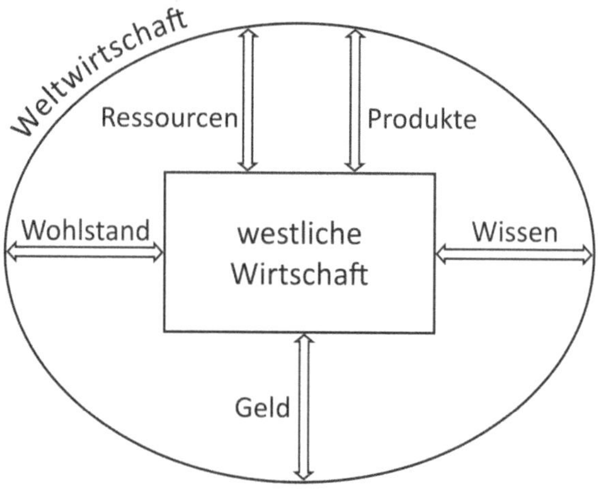

Wir haben auf der gesamtökonomischen Ebene, auf der Ebene des Systems, die Sicht der einzelnen Akteure, der einzelnen Unternehmen übernommen – es ist eine grobe Vereinfachung, verhindert eine effektive Systemsteuerung und blendet die Zerstörung der Natur und die sozialen und politischen Folgen aus. Die Unternehmen suchen auf dem

Weltmarkt einfach geringere Kosten im Einkauf und den daraus entstehenden Gewinn. Für sie ist die Bilanz positiv. Die Natur, die Kultur, die sozialen Probleme und Umwälzungen, die das einfließende Geld in den anderen Gesellschaften auslöst, kommen in der ökonomischen Betrachtung nicht vor. Kosten sie mit der Zeit die Wirtschaft und vor allem die Gesellschaften nichts?

Auch die Bilanz des Wohlstands muss man differenziert betrachten. Wohlstand ist etwas Subjektives, weil er von den Ansprüchen abhängt. Wenn eine Bauernfamilie in Indonesien, die bisher in einer Hütte gelebt hat, sich ein Haus baut (weil der Mann in der nächsten Großstadt einen Job in einer niederländischen Fabrik bekommen hat), dann ist das ein enormer Zuwachs an Wohlstand, obwohl der Bau vielleicht nur dreitausend Euro gekostet hat. Die gleichen drei Tausend würden einen Durchschnittsverdiener in der Nähe von Amsterdam nicht reicher machen. Die nach Indonesien verlagerte Produktionsstätte kann ihm aber des Gefühls des Lebenssinns berauben, wenn er dadurch arbeitslos wird. Außerdem verliert er dadurch wahrscheinlich das Zehn-, vielleicht das Hundertfache an Einkommen und wird vom Staat unterhalten. Wie ist unsere Bilanz?

Noch interessanter ist es, sich die Bilanz des Abfalls anzuschauen. Zuerst gibt es den Aspekt der Umweltverschmutzung bei der Produktion. Wir haben unsere relativ saubere Produktion in Länder verlagert, in denen sie massive Umweltverschmutzung verursacht. Wie ist der Saldo? Wenn wir die fertigen Produkte betrachten, werden sie früher oder später zu Müll (bei uns im Westen eher früher als später). Folgerichtig importieren wir nicht nur Gebrauchsgegenstände, sondern auch Müll. Es sind oft kurzlebige Produkte, aber weil sie billig sind, kosten sie uns weniger als hochwertige, langlebige Produkte, die wir selbst herstellen würden. Wie ist die Bilanz?

Weil unsere Sicht des Gesamtsystems unzureichend war, nahmen wir lange nur das Geld, die Gewinne der Unternehmen in die Bilanz auf. Die fortschreitende wirtschaftliche Angleichung in der Welt hat die soziale und die kulturelle im Schlepptau. Dass eine Fachkraft aus einem entfernten Winkel der Welt von heute auf morgen in München oder in London einen neuen Lebenspunkt findet, ist eine logische Folge dieser Entwicklung. Dass uns die Entwicklung aber trotzdem überrascht, ist ein klares Zeichen dafür, dass wir dringend eine andere Sicht auf das Gesamtsystem brauchen.

Noch etwas soll uns klar geworden sein: Durch unsere Ökonomie und auch durch den materiellen Wohlstand werden wir uns in der Zukunft von anderen Kulturen und Zivilisationen nicht unterscheiden können. Dafür müssen wir etwas anderes suchen.

Teufelskreis des heutigen Menschen

Das Leben der Mehrheit von uns ist das Resultat dessen, wie unsere Wirtschaft funktioniert. Wir leben für das Glück von morgen. Weil man nur heute glücklich sein kann, bleibt unser Glück eine Fata Morgana.

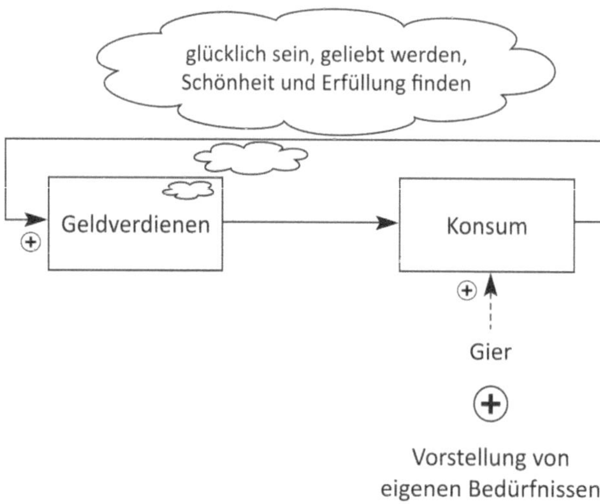

Wir haben etwas sehr Wichtiges verlernt: die Kunst, im Hier und Jetzt zufrieden zu sein mit dem, was uns gegeben wurde. Wir haben dieses Leben, das uns unzählige Augenblicke schenkt, in denen wir Liebe und Schönheit verspüren können. Wir leben in Ländern, die uns Sicherheit, genug zum Essen und einen unbeschränkten Zugang zu unserer eigenen Kultur und zum geistigen Schatz der ganzen Menschheit geben. Wir haben jede Gelegenheit und alle Chancen, als Mensch zu wachsen und das Gute in der Welt ein bisschen zu vermehren. Das alles ist doch die Definition von Glück. Wir haben verlernt, glücklich zu sein. Als Ersatz dafür haben wir uns eingeredet und einreden lassen, dass wir Glück kaufen können. Was für ein Fehler!

STAAT

Wenn wir Staat sagen, meinen wir zuerst die Rechtsprechung, die Gesetzgebung und die Regierung, die im Westen unbedingt und konsequent voneinander unabhängig sein müssen. Das Rechtssystem gehört also zum so verstandenen Staat. Ebenso liegen die Verwaltung, die Durchsetzung der inneren und äußeren Sicherheit, die Gestaltung und das Management der internationalen Interessen des Landes in seiner Verantwortung. Der Staat sammelt, verwaltet und gibt riesige Summen an Geld aus – deswegen ist das Finanzmanagement eine wichtige staatliche Aufgabe.

Außerdem nimmt der Staat viele soziale Aufgaben wahr und greift steuernd in die Wirtschaft ein. Er sorgt für den Ausbau und das Funktionieren der Infrastruktur – übrigens nicht nur der materiellen, sondern auch der kulturellen. Er organisiert den sozialen Ausgleich und einen Teil der Wohlfahrt, kümmert sich um die Bildung und Wissenschaft, fördert die Kultur.

Ungenutztes Instrument

Der Staat ist ein Instrument der Gesellschaft. Mit seiner Hilfe versucht sie sich in gewissem Maße selbst zu verwalten und zu steuern. Das kann allerdings der Staat nicht leisten. Die Gesellschaft ist ein so komplexes System, dass man sie von oben nicht steuern kann. Außerdem ist sie auf vielfältige Weise mit dem System der Wirtschaft verwoben. Ihre Entwicklung ist mit der Kultur verzahnt, die sich auch nicht steuern lässt, und mit der Zivilisation, die zu regulieren wir nicht gelernt haben. Die Gesellschaft kann sich nur selbst steuern und regulieren, indem sie sich bewusst Regeln gibt und indem ihre Gemeinden innerhalb des Rahmenwerks dieser Regeln aktiv werden. Hier liegt der Fehler: Wir haben zu viel Verantwortung dem Staat überlassen, weil wir sie nicht selbst übernehmen wollten. Und jetzt schimpfen wir mit dem Staat, weil sich die Gesellschaft nicht so entwickelt, wie wir es gerne hätten. Es ist an der Zeit, diese Verantwortung zurückzuerobern, indem wir aktiv werden.

Auf die Komplexität und die Mannigfaltigkeit der Aufgaben reagiert der Staat, indem er versucht, punktuell einzugreifen, er betreibt also

Mikrosteuerung. Für jeden, der sich mit komplexen sozialen Systemen beschäftigt hat, muss es klar sein, dass das nicht funktioniert: Durch Verbesserung der einzelnen Elemente wird ein System selten besser, meistens schlechter. Diese Mikrosteuerung ist das eigentliche Problem, dem unsere westliche Zivilisation gegenübersteht.

Die Mikrosteuerung wird zusätzlich dadurch ineffektiver, dass es keine klar formulierten übergreifenden Ziele gibt. Die Regierung setzt sich immer wieder neue Ziele abhängig von der politischen und wirtschaftlichen Situation. Dass das auf Dauer zum Chaos oder im besten Fall zu großen Schwierigkeiten führen muss, liegt auf der Hand. Der Staat ist unser Instrument und wir müssen lernen, es zu benutzen. Es wäre die Aufgabe der Gesellschaft, die Ziele und den Weg zu bestimmen. Wenn sie ihre Ziele bewusst festgelegt hätte und die Marschroute zeichnen würde, könnte sie vom Staat auch fordern, die Reise in ihrem Namen zu organisieren. Wir haben im Gegensatz dazu eine folgenschwere Haltung eingenommen: Wir gehen davon aus, dass der Staat das Spiel spielt und wir uns mit dem Spiel zu arrangieren haben.

Falls jemand auf die Idee kommen sollte, dass längere Steuerhebel und mehr Macht in Händen von wenigen ein Mittel gegen die Mikrosteuerung und Orientierungslosigkeit seien, soll sich mit dem systemischen Denken befassen oder einfach die Geschichte studieren. Starke Hand wäre keine Lösung, weil sie die Gesellschaft nur noch weiter schwächen würde. Außerdem würde sie lediglich eine größere Wirkung der Mikrosteuerung bedeuten, also im Ergebnis zu mehr Chaos führen. Die Lösung dieses Problems muss aus der Gesellschaft kommen. Sie setzt ein gemeinsames Verständnis der Situation, ein geteiltes Bild des Gesamtsystems und weitgehende Einigkeit bei den grundsätzlichen Zielen voraus.

Was ist starke Demokratie?

Bevor man die Demokratie für etwas nutzen kann, muss man sie haben. Auf den Westen bezogen bedeutet das: Man muss sie bewahren. Bevor wir damit erfolgreich sein können, müssen wir uns über etwas klar werden: In ruhigen Zeiten reproduziert sich die Demokratie scheinbar von alleine. Dabei entwickelt sie eine gewisse Trägheit, einen Trott. Dass sie uns trotzdem recht gut dient und oft ganz vernünftige Frauen und Männer ans Steuer befördert, bedeutet nicht, dass diese Fähigkeit in die Demokratie eingebaut ist. Der Grundgedanke der Demokratie ist, dass die Mehrheit richtig entscheiden wird. Die Mehrheit entscheidet selten richtig. Der Grund, warum diese Wahrheit verdeckt bleibt, ist, dass in der Praxis nicht die Mehrheit, sondern die 50 bis 80 Prozent der Bürger, die tatsächlich auch wählen, entscheiden. 60 Prozent von 80 Prozent sind 48 Prozent und man kann darüber streiten, ob die 60 Prozent richtig entschieden haben. Dazu kommt, dass sie eigentlich keine Entscheidungen treffen, sondern eine Partei aus dem vorhandenen Angebot auswählen. Die Programme der Parteien werden von einer sehr kleinen Minderheit der Bürger ausgedacht. Unter dem Strich ist es in der Gesellschaft immer eine aktive Minderheit, die über die Politik und den Staat entscheidet. Auch wenn man das Wahlrecht durch eine Wahlpflicht ersetzen würde, änderte das nichts, weil man niemanden dazu zwingen kann, eine durchdachte Meinung über den richtigen Weg in die Zukunft zu haben.

Über das Ergebnis der Wahlen entscheiden in Wirklichkeit die nicht aktiven, die indifferenten und die ignoranten Bürger, indem sie nicht wählen gehen. Das ist in ruhigen Zeiten der Normalzustand. Sie können aber dazu motiviert werden, doch zu wählen, und dann wird es für die Demokratie gefährlich. Wenn man Demokratie als Willen der Mehrheit definiert, verwechselt man Gleichheit mit Gleichberechtigung. Seit der Liberté, Égalité, Fraternité steckt in uns die Vorstellung, dass alle Menschen gleich sind. Sie sind aber nicht gleich; in Wahrheit sind sie extrem unterschiedlich. Sie haben aber gleiche Rechte und Pflichten und es gibt keine besseren und schlechteren Bürger. Das ist Demokratie. Sie bedeutet Gleichberechtigung, nicht Gleichheit. Wenn man das verwechselt, verklärt man die Realität. Man macht sich zum Teil blind und blinde Gesellschaften werden verletzlich. Wenn die Demokraten die Demokratie aufrechterhalten wollen, müssen sie also stets aktiv bleiben, aktiver als die Indifferenten und Ignoranten.

Von der anderen Seite kommen, besonders in schwierigen Zeiten, wenn der demokratische Trott vielen als nicht mehr angemessen erscheint, die Demagogen. Sie adressieren gezielt die Ignoranten und mobilisieren sie, zur Wahlurne zu gehen. Sie erscheinen auf der politischen Bühne, wenn die Nichtwähler (das wäre die politisch korrekte Bezeichnung für denjenigen von uns, denen das Gemeinwohl egal oder das politische Angebot zu kompliziert ist) Angst bekommen. Diese Angst wird dadurch hervorgerufen, dass man ihnen (wirklich oder nur scheinbar) etwas entweder jetzt oder in der Zukunft wegnehmen möchte. Das Erste ist üblicherweise etwas Materielles, meistens einfach Geld. Das Zweite ist nur eine Vorstellung, eine Drohung, die die Demagogen dadurch konkret machen, dass sie irgendjemanden aussuchen, von dem die Bedrohung ausgehen soll:

die Juden, die Ungläubigen, die Fremden usw.

Die Demagogen aller Zeiten arbeiten nach derselben Methode. Zuerst schüren sie Angst, malen eine Bedrohung aus, die sie dann systematisch aufblasen. Danach präsentieren sie eine simple und angeblich schnell wirkende Lösung. Damit sprechen sie die rationale Ebene der simplen Gemüter an. Oft nehmen sie noch zwei weitere Elemente in ihre Taktik auf: Sie spielen die Saiten der Emotionen und des Egos in uns, sprechen also unseren Stolz, unsere Eifersucht, Eitelkeit, Gier an. Als zweites Element erzeugen sie Hass. Es ist eine Variante der primitivsten aller sozialen Taktiken: das gleichzeitige Vorzeigen der Peitsche und der Karotte. Sie wird von den Demagogen mit vielen Bildern verkleidet und emotional aufgebläht. Sie funktioniert immer. Nachdem die Demagogen an die Macht gelangt sind, schaffen sie im Extremfall die Demokratie ab. Weil sie auf Dauer weder politisch noch ökonomisch erfolgreich sein können, nutzen sie die sich selbst verstärkende negative Schleife in uns, indem sie abwechselnd die Knöpfe der Angst und des Egos betätigen. Damit sichern sie sich genügend Rückhalt in der Gesellschaft. Eine Mehrheit brauchen sie nicht mehr, weil sie die Demokratie außer Kraft gesetzt haben.

Diese Methode ist sehr einfach – man muss nicht besonders schlau sein, um sie zu begreifen und anzuwenden. Viele durchschauen sie trotzdem nicht, weil die Demagogen ihre wirklichen Motive verschleiern und die entscheidenden Tatsachen verdrehen. Um sie durchzuschauen, besonders wenn es noch nicht zu spät ist, also vor der letzten demokratischen Wahl, erfordert Verständnis und Klugheit. Das sind aber die Eigenschaften der Minderheit in der Gesellschaft.

Was ist die Lösung? Langfristig lautet sie gute Bildung für alle und klare, gut durchdachte, also gut designte, Konzepte der Demokraten für die Zukunft. Kurzfristig, wenn die Demokratie in Gefahr ist, lautet sie wiederum Peitsche und Karotte. Die differenzierter denkende Minderheit muss die Bedrohung durch die Demagogen klar und konkret machen und den Nichtwählern etwas Unmittelbares, Greifbares geben, auch wenn es Geld ist. Die Methode mag ähnlich sein, ihre Anwendung muss allerdings im Fall der Demokraten anders bewertet werden, wenn sie zwei Bedingungen erfüllt. Erstens muss das Ziel tatsächlich die Erhaltung der Demokratie sein. Zweitens dürfen die Demokraten nicht aus selbstsüchtigen Motiven handeln, sondern wirklich das Gemeinwohl im Sinne haben, also mit anderen Worten: mit Weisheit und mit dem Willen zu dienen vorgehen.

Weil man Weisheit und Dienen nicht erst während eines Wahlkampfs aufbauen und lernen kann, muss man ihnen schon davor den Platz in den politischen Parteien einräumen. Weisheit und Dienen gehören zu den Voraussetzungen einer überlebensfähigen Demokratie.

Aus der Liberté, Égalité, Fraternité resultierte mit der Zeit auch eine andere Vorstellung, die uns behindern kann: dass die Polarisierung der Bürger etwas Schlechtes sei und vermieden werden müsse. Wenn die Demagogen die Gesellschaft polarisiert haben, müssen die Demokraten den Mut aufbringen, es auch zu tun. Sie müssen wieder kämpfen lernen, sonst werden die Selbsterhaltungskräfte der Demokratie schwach. Wir haben in den Jahrzehnten des materiellen Wohlstands angefangen, die Politik wie ein Spiel zu betrachten, das am Rande der Gesellschaft stattfindet. Sie bestimmt nichtsdestotrotz über die schiere Existenz unserer offenen Kultur und unserer freiheitlichen Rechte. Unsere Demokratie braucht eine starke, engagierte Gesellschaft, die auf einer breiten Basis verschiedener Gemeinden aufbaut. Diese Gemeinden müssen aktiver werden und mehr Verantwortung übernehmen, als das heute der Fall ist. Sie müssen sich in die Politik einmischen.

Für eine gut funktionierende Demokratie ist es außerdem unerlässlich, dass der Prozess, in dem Frauen und Männer an die Macht kommen, durch konsequente Chancengleichheit gekennzeichnet ist. Was sonst geschieht, können wir am Beispiel der USA studieren, wo man viel Geld braucht, wenn man gewählt werden will. Das ist eine Beschneidung der Demokratie und muss zu Auswüchsen führen. Das müssen wir in Europa unbedingt verhindern. Die Demokratie darf nicht von Geld abhängen.

Recht und Normen

Regeln in der Gesellschaft befreien uns vom Terror, der aus der Willkür der Einzelnen resultieren würde. Diese Willkür entsteht, wenn wir unseren Impulsen und Ideen frei folgen dürfen. Ohne Regeln wäre keine Kultur entstanden. Ohne Regeln gäbe es nicht nur keine Gesellschaft, sondern auch keine Zivilisation.

Unsere Regeln sind mit dem Gedanken entstanden, die Gegenwart zu verwalten, nicht die Zukunft zu gestalten. Sie wirken konservierend, nicht gestalterisch. Unser Recht passt damit nicht zu unseren Herausforderungen: existenzbedrohende Zerstörung der Natur, schwächelnde

Kultur, anspruchsvolle, aber inaktive Gesellschaft, verstärkter Zufluss von Menschen aus anderen Kulturen... Es bremst den notwendigen Umbau. Weil wir das Recht in jetziger Form als die einzige Garantie für unsere Demokratie und als Voraussetzung für unseren Wohlstand betrachten, sind wir in einem Teufelskreis gefangen: Wir lehnen ein Umdenken zu Rolle und Aufgaben des Rechts ab und schmälern damit unseren Handlungsspielraum erheblich, was wiederum unsere Probleme vergrößert, was uns wiederum noch stärker davon abschreckt, das Recht zu verändern.

Politik

Es gibt drei Arten, Politik zu betreiben und damit drei Arten, Staaten zu führen.

In der ideologischen Form setzen wir uns etwas in den Kopf und versuchen, es in die Realität umzusetzen. Diese Form kommt sehr oft vor. Die „Ideologie" muss kein geordnetes System an Ideen sein. Manchmal ist es ein einziges Hirngespinst, das dann andere Ideen gebärt und in seinem Schlepptau führt.

Die zynische Politik bedeutet, dass eine Person oder eine Gruppe einfach nur Macht will. Wenn ihr das gelungen ist, dient alles, was sie tut und sagt, nur einem Ziel: an der Macht zu bleiben.

Wenn man die pragmatische Form der Politik betreibt, sieht man die Staatsführung als eine Aufgabe und versucht sie bestmöglich auszuführen. Das klappt natürlich nicht immer, man bemüht sich aber ernsthaft und versucht aus seinen Fehlern zu lernen. Das ist die seltenste Form der Staatsführung. Die Schweiz ist ein Beispiel dafür, dass dies über lange Zeiträume und weitgehend möglich ist. Auch die Deutschen haben sich in der Nachkriegszeit in diese Richtung entwickelt.

Diese drei Formen kommen in der Realität vermengt vor, wobei eine von ihnen immer dominiert. Die pragmatische Art, Macht auszuüben, ist die Voraussetzung für eine vernunftgeleitete, konstruktive Gestaltung des Staates und der Zivilisation.

Warum haben auch die Bürger der Länder, die das Glück besitzen, dass pragmatische Frauen und Männer die Exekutive des Staates leiten, den Eindruck, dass die Regierungen die notwendigen Veränderungen scheuen? Unser politisches System erzwingt es. Wie jedes überdauernde System ist es so gestaltet, dass es stabil bleibt, sich also stets reproduziert. Unsere Politiker gestalten nicht, sie managen. Das war in stabilen Umgebungsverhältnissen und in einem System, das gewünschte Ergebnisse hervorbrachte, auch gut so. In der Zwischenzeit haben sich die Rahmenbedingungen unseres wirtschaftlichen, gesellschaftlichen Handelns, unserer Zivilisation und Kultur verändert: Das System produziert jetzt viele unerwünschte Resultate. Es müsste verändert werden. Frau Angela Merkel ist ein gutes Beispiel einer klugen Politikerin aus der Vergangenheit. Ihre Bedeutung für Deutschland und Europa liegt in dem, was sie nicht getan hat. Ich habe zwar Achtung vor ihr, weil ich davon ausgehe, dass die Männer, die sie ersetzt hätten, mehr Schaden als sie angerichtet hätten. Auf diese Weise können wir allerdings unsere Zivilisation, Demokratie und Kultur im besten Fall etwas verlängern. Retten können wir sie so nicht. Dafür werden wir ganzheitlich denkende Gestalter (Frauen und Männer) benötigen. Nach allem, was wir beobachten können, werden sie nicht aus den heute etablierten Parteien kommen.

Allerdings müssen wir auch hier zuerst vor der eigenen Haustür kehren. Wir als Gesellschaft wollen über grundsätzliche Veränderungen im System nichts hören. Erstens mag der Mensch nicht, wenn man von ihm verlangt, dass er sein Verhalten ändert. Zweitens bedeutet eine Änderung eine „neue“, eine ungewisse Zukunft. Das bringt Unsicherheit und Angst mit sich. Daran, dass die Zukunft per Definition unsicher und neu ist, denken wir nicht. In der Illusion der Fortsetzung der Gegenwart lebt es sich viel gemütlicher. Auf diese Weise erzeugt unsere Erwartungshaltung eine „Wunschkonzertdemokratie“. Ich kenne kein politisches Programm und habe keine einzige politisch relevante Meldung über unsere Zukunft in den Medien wahrgenommen, die sich nicht auf einen spezifischen Wunschzettel reduzieren ließe: mehr von dem, weniger für die, B anstelle A. Die Regierungen kommen und gehen und sie stellen ihre Wunschzettel auf – das zerstörerische System bleibt unterdessen weitgehend unverändert, und unsere Zivilisation rast weiterhin mehr oder weniger fröhlich oder mürrisch ihrem Ende entgegen. Was wir dringend brauchen, ist eine Gestaltungsdemokratie.

Außerdem bedeutet Gestalten, bewusst, geplant, in Schritten ein System neu zu entwerfen, nachdem man den Status quo gedanklich fallen gelassen hat. Dieses Gestalten erfordert eine andere Art von Denken, das Denken in Systemen. Unsere Vertreter sind Kinder des bestehenden Systems. Sie denken, wie die Mehrheit der Bürger denkt, und sie stellen das System, das sie zur politischen Macht gebracht hat, nicht infrage, weil sie möchten, dass es sie in wenigen Jahren wieder in diese Position bringt. Wenn unter diesen Bedingungen eine einzige Frau oder ein einziger Mann an der Spitze des Staates doch auf die Idee kommt, das System anhand ihrer Überzeugung oder seines Bauchgefühls grundsätzlichen Veränderungen zu unterwerfen, führt das meistens zu einer Katastrophe. Grundsätzliche Veränderungen bedürfen einer breiten gesellschaftlichen Basis und sollen in einem demokratischen Prozess entstehen, setzen also mehr politische Aktivität in der Gesellschaft voraus.

Wir sollten uns immer wieder vor Augen führen, dass die moderne westliche Demokratie gar nicht selbstverständlich ist. In ihrer heutigen Form entstand sie erst nach den beiden Weltkriegen. Der Sozialstaat, der soziale und der internationale Frieden sind genauso wenig selbstverständlich. Es gibt und es wird immer Kräfte geben, die jede Gelegenheit nutzen, die wir ihnen geben, um diese Errungenschaften zu zerstören. Diese Errungenschaften müssen nicht nur verteidigt, sondern immer wieder auf neu aufgebaut und stark gemacht werden. Deswegen müssen wir bei allen Wahlen darauf achten, dass unsere Vertreter die Demokratie und den Frieden auch wirklich wollen. Wir lassen uns schnell durch partielle Vorschläge zu scheinbar dringenden aktuellen Problemen mitreißen und prüfen vielleicht gar nicht, ob diejenigen, die diese Vorschläge machen, bei den Grundfragen der Gesellschaft und der Zivilisation das Modell der Demokratie und des Sozialstaates wirklich im Sinne haben.

AKTUELLE DYNAMIK

Die menschlichen Begehrlichkeiten sind unlimitiert. Die uns zur Verfügung stehenden Ressourcen sind limitiert. Unsere Zivilisation ist mit dem Ziel entstanden, Begehrlichkeiten, Wünsche und Sehnsüchte zu befriedigen, und sie ist dabei von unlimitierten Ressourcen ausgegangen. Damit ist sie von Grund auf falsch aufgebaut: Sie verfolgt ein falsches Ziel, sie geht von falschen Annahmen aus, sie bedient sich der falschen Mittel.

Die Industrialisierung basiert auf einem einfachen Prinzip: das Meiste bei möglichst geringen Kosten zu verdienen. Dieses Meiste macht uns aber nicht glücklich, führt uns nicht zu einem erfüllten, sinnvollen Leben. Es droht unseren Geist abzustumpfen, unseren Körper krank zu machen, die Entwicklung unserer Seele zu bremsen und es gefährdet mittlerweile sogar unsere schiere Existenz. Als Kosten betrachten wir nur das, was wir direkt ausgeben müssen, und stellen uns blind gegenüber der enormen Kreditlast, die wir bei der Natur aufnehmen. Es ist eine Milchmädchenrechnung, wobei das Mädchen nicht mal weiß, wie man sich um die Kuh kümmern muss.

Zugegeben, das war am Anfang unseres Weges so nicht ersichtlich und wir waren in einigen Bereichen sehr erfolgreich. Die Bedingungen haben sich allerdings nach der Industrialisierung dramatisch verändert. Trotzdem versuchen wir wie besessen, das, was uns nicht mehr dient, mit immer wachsender Energie zu tun. Zivilisationen gehen selten daran unter, was sie tun, viel öfter daran, was sie unterlassen.

Wir zerstören sie

Peter Drucker sagte etwas sehr Wichtiges. Er sagte: „There is a difference between doing things right and doing the right thing.", also: „Dinge richtig zu tun und die richtigen Dinge zu tun ist nicht dasselbe." Russell Ackoff (einer der Väter des westlichen systemischen Denkens) ergänzte dies: „The righter you do the wrong thing, the wronger you become.", also: „Je besser du das Falsche tust, umso schlechter wirst du." Das größte Problem unserer westlichen Zivilisation ist, dass wir immer perfekter das Falsche tun. Alle unsere Schwierigkeiten sind eine Folge dieses einen

Problems: die Zerstörung der Natur, die empfunden sinkende Lebensqualität, das Gefühl, dass wir als Gesellschaften nicht wirklich weiterwissen, dass wir als Einzelne uns nicht wirklich glücklich fühlen, die wachsende Lücke zwischen Arm und Reich, die in gesellschaftlichen Umwälzungen resultieren kann. Wir konsumieren und zerstören die Ressourcen dieser Welt, Ressourcen, die uns nicht gehören, teilen aber die dadurch entstandenen materiellen Werte kaum mit anderen – wir als Westen, aber auch wir als Investoren oder Vorstandsvorsitzende innerhalb des Westens. Alle diese Entwicklungen sind das Ergebnis unseres andauernden Bemühens, das Falsche immer besser zu tun.

Das andere große Problem ist, dass wir eine Sache sagen, aber eine andere tun. Wir wollen Gerechtigkeit, geben aber immer wenigeren von uns immer mehr oder verschlechtern die Bildung, die allen zugänglich ist. Wir wollen Gesundheit, kaufen aber vergiftetes Essen, weil es billiger ist oder weil es der Konditionierung unserer Zunge entspricht. Wir wollen sicher vor Gewalt sein, geben aber unseren Kindern Spiele und Medien in die Hand, die ihnen die Gewalt als Normalzustand darstellen. Was das bewirkt, sieht man am deutlichsten in den Schulen. Es sind einzelne Eltern, die die Weisheit besitzen, ihre Kinder im Widerspruch zu dem ständigen Fluss der Bilder und Botschaften um sie herum zu erziehen, und einzelne Lehrer, die versuchen, den Schülern die Werte der Kultur und der Religion beizubringen. Es ist ein ungleicher Kampf.

Das Einzige, was uns gelingt, ist der materielle Wohlstand. Wir erhöhen ihn tatsächlich: Wir haben immer größere Häuser, die wir mit zunehmend vielen Sachen füllen. Wir fliegen immer weiter, um im warmen Meer zu baden und exotische Speisen zu essen. Haben wir aber das Gefühl, dass unser Leben dadurch erfüllter ist? Sind wir dadurch glücklicher? Sehen wir der Zukunft zuversichtlicher entgegen? Wir werden immer besser im Erreichen des falschen Ziels.

Wissen wir es nicht? Wissen unsere Vertreter, die unsere Länder steuern sollen, es nicht? Natürlich wissen sie es. Das sind intelligente Frauen und Männer. Aber unser System belohnt sie dafür, die Sachen so zu lassen, wie sie sind. Wer ist dieses System? Wer verhindert die notwendigen Veränderungen? Wir.

Wir haben unsere Kultur der Hoheit der Ökonomie unterordnet. Wir haben sie dem Marketing und den Medien freigegeben. Diese verfolgen ökonomische Ziele. Ihre Botschaften, ihre gesamte Kommunikation zielt darauf hin, den Umsatz ihrer Arbeitgeber zu erhöhen. Das Mittel zu diesem Zweck ist die Beeinflussung möglichst vieler Menschen. Weil der Gegenpol schwächer wird, werden sie damit immer erfolgreicher. Und was war der Gegenpol? Die Kinder wuchsen früher in einem überschaubaren Umfeld der Familie und der Nachbarschaft auf – man hatte also genug Zeit, um sie zu erziehen, um ihnen Werte beizubringen. Außerdem war das Ziel der Bildung früher noch, die Werte der Kultur zu vermitteln. Die Kultur verfolgte, wenn überhaupt, nur sekundär ökonomische Ziele. Die Religion hatte früher einen wichtigen Einfluss auf die Gesellschaft und hatte Werte vermittelt, die in ihrem Kern altruistisch waren. Alles das haben wir dem Mammon geopfert. Wenn die grundlegenden Werte einer Kultur ihre Basis verlieren und nicht mehr von der Mehrheit der Menschen geteilt werden, stirbt sie.

Diese Entwicklung hat den Wendepunkt wahrscheinlich bereits überschritten. Die Systemtheorie nennt ihn singulär, weil dort nach einer oft lang andauernden, quantitativen Veränderung im System plötzlich eine qualitative Veränderung stattfindet, die das System innerhalb kurzer Zeit grundsätzlich verändert.

Jetzt kommt der entscheidende Punkt, den wir unbedingt verstehen müssen, wenn wir unsere Zivilisation retten wollen. Wir verhindern die Veränderung nicht, weil wir nicht handeln oder uns nicht bemühen. Wir versuchen ja das Beste, viele von uns. Es ändert aber nichts. Warum? Weil ein komplexes soziales System immer sein Verhalten reproduziert. Das ist ein Naturgesetz. Die einzige Möglichkeit, ein solches System von Grund auf zu verändern, ist, es zu zerstören und ein neues zu designen. In der Geschichte der Menschheit ist das oft genug passiert. Das Römische Reich ist zerfallen und die Nationalstaaten sind an seiner Stelle entstanden. Die mittelalterliche Gesellschaftsordnung ist zerfallen und der Kapitalismus ist entstanden. Diese Veränderungen wurden von niemandem geplant: Die alten Systeme sind an ihre Grenzen gekommen und starben. Das wird mit unserer Zivilisation auch passieren. Nun haben wir zwei Möglichkeiten: Wir schauen zu oder wir zerstören sie rechtzeitig selbst in unseren Köpfen und gestalten sie neu. Das ist die einzige effektive und konstruktive Methode, komplexe Systeme in geordneter Art und Weise in die gewünschte Richtung grundsätzlich zu verändern.

Wir vergrößern unsere Misere dadurch, dass wir uns an die Bilder in unseren Köpfen klammern, dass wir bei unseren falschen Zielen bleiben. Wir verhindern die notwendigen Veränderungen durch Unterlassung.

Ein fundamentales Problem benötigt aber eine fundamentale Lösung. Diese Neugestaltung wird das Thema des zweiten Teils des Buches.

Man sagt, dass ein Frosch, der in kochendes Wasser fällt, augenblicklich wieder herausspringt. Wenn er allerdings im Wasser sitzt, das langsam zum Kochen gebracht wird, wird er dies nicht merken und zu Tode kochen. Wir verhalten uns wie dieser Frosch.

Die Grundlagen eines menschenwürdigen und erfüllten Lebens zerbröckeln. Die Möglichkeiten des gesunden und unbeschwerten Lebens für unseren Körper schwinden mit der Zerstörung der Natur. Das Fundament des glücklichen, zweckorientierten Lebens für unseren Geist schrumpft mit dem Verfall unserer Kultur. Trotzdem beschäftigen wir uns ausführlich und engagiert mit dem Zuckergehalt des sich erhitzenden Wassers.

Wir nehmen an einem Wettrennen teil und versuchen alles zu tun, um vorne dabei zu sein. Wir machen uns allerdings keine Gedanken, ob die Richtung, in die wir rennen, richtig ist, ob sie uns dient oder schadet. Und wenn das Rennen uns gen Abgrund führt? Dann werden diejenigen, die vorne sind, zuerst stürzen.

Stimmung

Es findet eine negative Veränderung bei den Emotionen der Menschen statt. Die Stimmung ist von Unsicherheit, Angst und dem Gefühl, betrogen worden zu sein, gekennzeichnet. Die meisten von uns sehen die Ursachen dafür bei den Regierungen, in der Gesellschaft oder in der Wirtschaft, bei den anderen also. In Wirklichkeit liegen sie viel tiefer. Die Änderungen in der Welt, in der wir leben, verunsichern uns nur deswegen so stark, weil wir den Sinn unseres Lebens in der Außenwelt suchen. Wenn die sich schnell verändert, zieht das unserem Selbstverständnis den Teppich unter den Füßen weg. Diese Änderung der Stimmung ist zwar schleichend (eine quantitative Veränderung im System), aber sie kann einen Wendepunkt erreichen, bei dem das System (also unsere Gesellschaften) eine negative qualitative Veränderung durchmacht. Das würde auch unsere Zivilisation sprunghaft schwächer machen, vielleicht sogar zerbrechen.

Es gibt noch etwas, worüber wir uns klar werden sollten. Unsere Probleme – vom Klimawandel bis zu den Flüchtlingen – sind nur ein Lackmuspapier dafür, dass unsere Zivilisation, unsere Kultur und unsere Gesellschaften nicht mehr richtig funktionieren. Diese Probleme zeigen uns etwas Wichtiges auf. Deswegen sind sie unsere Chance, wenn wir sie richtig nutzen.

Spirituelle Dimension der zivilisatorischen Krise

Wie man denkt, so wird man. Und wenn man dabei auch handelt, schafft man eine Welt, die diese Gedanken widerspiegelt.

Wie ist es dazu gekommen, dass wir die Augen vor der Zerstörung der Natur geschlossen haben? Eine Gattung nach der anderen wurde ausgerottet, und wir haben in dieser Zeit die Anschaffung eines größeren Autos geplant oder sind nach Thailand geflogen. Wir gingen shoppen, um das zehnte Kleid oder die fünfte Hose zu kaufen, und verschlossen die Augen vor der Ausbeutung der Menschen, die sie genäht haben. Warum? Haben wir die Tötung der Tiere und Pflanzen, die Zerstörung ganzer Biosysteme oder die Ausbeutung von Menschen, die für wenig Geld unter gesundheitsschädlichen Bedingungen arbeiten mussten, als etwas Gutes bewertet? Sicher nicht. Und trotzdem haben wir sie hingenommen, verdrängt. Warum? Weil das neue Auto und das modische Kleid auf unserer Prioritätenliste höher standen. Sie waren wichtiger.

In der vedischen Kultur sprach man über vier legitime Ziele oder Bestrebungen des Menschen: Moral (Dharma), Reichtum (Artha), Erfüllung von Wünschen und Leidenschaften (Kama), spirituelles Bestreben (Moksha). Dharma bedeutete, ein rechtschaffenes Leben zu führen auf der Grundlage der Moral und Werte. Unter Artha verstand man materiellen Wohlstand, den man auf gerechte Art und Weise erwarb. Kama war die Befriedigung der Leidenschaften und Wünsche mit Mäßigung und Disziplin. Und Moksha drückte die praktische Einstellung der Hindus zu Spiritualität aus und bedeutete, Techniken zum Transzendieren der Sinne zu praktizieren, um menschliche Vervollkommnung zu erlangen.

Die Grundlage für ein gutes Leben war Dharma. Auf seiner Basis (Dharma ist vom Genus maskulin) konnte man sich getrost um seine eigenen materiellen Bedürfnisse kümmern, mit seiner Familie ein bequemes Leben führen und den Leidenschaften seiner Sinne und seines Geistes nachgehen. Das ultimative Ziel des Lebens des Menschen (wenn er in seiner menschlichen Reife gewachsen war und über die Befriedigung der

Bedürfnisse seines Körpers und seines Geistes hinausgehen wollte) war allerdings Moksha. Für das spirituelle Bestreben haben die Yogis und Mönche zahlreiche praktische Hinweise und Techniken entwickelt, die das Erreichen menschlicher Vervollkommnung und Befreiung aus dem Kreislauf der Geburten und Tode auf systematische Weise ermöglichte. Diese Techniken wurden von allen, auch von gewöhnlichen Familienmenschen, die ihrem Beruf nachgingen und Kinder großzogen, befolgt. Moksha war als Ziel zwar optional, aber jeder Hindu wusste, dass die Begründung des Dharmas transzendentaler Natur war.

Versuchen wir vor diesem Hintergrund eine Brücke zur westlichen Kultur zu schlagen. Bei Sokrates und bei den christlichen Theologen und Mystikern würde man ebenfalls alle vier Ziele finden in der einen oder anderen Form. Im Hauptstrom aber dreht sich unsere Kultur um den Artha und den Kama, und zwar meistens ohne Rücksicht auf Gerechtigkeit und Mäßigung. Bis vor hundert, vielleicht bis vor fünfzig Jahren waren die Werte noch die Basis unseres Lebens. Wenigstens wünschten wir uns, dass es so ist. Durch die unermüdliche Anstrengung des modernen Kapitalismus der letzten siebzig Jahre sind uns praktisch gesehen nur noch Artha und Kama geblieben. Damit ist der Flug zu einem Hotel aus Beton an einem Platz in Thailand, der vor Kurzem noch Urwald war, wichtiger als die Erhaltung dieses Urwaldes.

Nehmen wir an, wir würden wieder das Gleichgewicht zwischen den Bestrebungen in unserem Leben herstellen wollen. Wie könnte das gelingen? Moralische Appelle, der Ruf nach Werten haben noch nie funktioniert. Der Grund dafür ist, dass Rechtschaffenheit ein Nebenprodukt eines Lebens ist, das sich dem humanitären Reifen des Einzelnen widmet. Nur wenn wir dieses Wachstum des Individuums (das in der Praxis oft das spirituelle Bestreben des Menschen einschließt) als anstrebenswert betrachten würden, könnten wir die moralische Schieflage unserer Zivilisation beenden. Und auf der Basis einer profunden, vitalen Moral hätten die ausgebeuteten Menschen, Tiere und Pflanzen überall in der Welt wieder eine Chance.

Allerdings wissen wir aus der Geschichte, dass die auf den Abrahamitischen Religionen fußende Moral keine zufriedenstellenden Resultate bringt. Wir werden eine andere, tiefere Begründung für rechtschaffenes Leben brauchen. Sie muss auf einer Philosophie basieren, die mit dem wissenschaftlich geprägten Denken des modernen Menschen konform geht.

Des Übels Kern

Wenn wir aber nach der Philosophie und Moral schauen, sind wir noch nicht bis zum Kern des Übels vorgedrungen. Wie wir handeln und entscheiden, ist ein Resultat dessen, wie wir uns als Mensch begreifen und wonach wir im Leben streben. Der wahre Mephisto unserer Kultur ist unser modernes Menschenbild.

Wir verstehen den Menschen als einen Körper, in dem sich in der Kindheit und Adoleszenz geistige Fähigkeiten entwickeln. Dieser denkende und fühlende Körper hat Bedürfnisse und Wünsche, wobei die Bedürfnisse und Wünsche des Geistes manchmal sehr sublimiert und edel sein können. Das primäre Ziel des menschlichen Lebens ist es, diese Bedürfnisse und Wünsche zu befriedigen. Um es tun zu können, wird Geld gebraucht. Damit wird der materielle Wohlstand, wird der Reichtum automatisch zum Lebensziel. Da die Wünsche die Tendenz haben, mit jeder Befriedigung zu wachsen, ist es (für die allermeisten Menschen) des Reichtums nie genug.

Was dem Körper genehm ist, ist die Bequemlichkeit, möglichst wenig Anstrengung, Befriedigung der Sinne. Dem Geist sind vor allem Freude, Unterhaltung, Wissen, Gesellschaft und Bewunderung der anderen recht. Wir bauen unsere moderne Zivilisation mit diesen Vorsätzen auf. Ein materialistisches und atheistisches Weltbild führt eben zwangsläufig zu mehr Besitz und Zerstreuung. Je einfacher es wird, die Wünsche des Körpers und des Geistes zu erfüllen, umso weiter rutscht das menschliche Leben in das Tal der Seichtheit. Wenn wir unseren Verbrauch der Natur, wenn wir das Versickern unserer Kultur aufhalten wollen, werden wir ein anderes Menschenbild brauchen.

Dies könnte theoretisch von der Religion, von den christlichen Kirchen kommen. Praktisch ist dies allerdings nicht zu erwarten. Sie haben ihre Gelegenheit bereits gehabt. Ihre Argumente und Vorschläge haben nicht genug Attraktivität und Kraft, um eine solche grundsätzliche Umstellung im Denken des modernen Menschen zu bewirken. Auch zu den Zeiten, als die Religion über das Selbstverständnis der Menschen und die Kirche über das Funktionieren der Gesellschaft bestimmt hatten, konnten sie keine überzeugende Alternative zum Verständnis des Menschen als einen denkenden und füllenden Körper bieten – es war eben ein Körper mit angeflanschter Seele, einer Seele, die bei gutem Benehmen an einen Ort ginge, an dem erst das Leben einen Sinn ergab. Das führte damals zu einer Spaltung im Selbstverständnis des Menschen, und gespaltene

Konstruktionen fallen irgendwann auseinander.

Das menschliche Leben in unserer Religion bot dabei nur eine einmalige Gelegenheit, in den Himmel zu kommen, und weil die Chancen nicht gleich verteilt waren, war das unfair. Außerdem erschienen den Hinterfragenden die Spielregeln recht willkürlich und die Welt, in der das Spiel stattfand, unlogisch. Das sind Rahmenbedingungen, in denen sich der kritische moderne Verstand nicht zurechtfinden kann.

Der Vorschlag des Autors, über den wir im zweiten Teil des Buches noch genauer sprechen werden, ist deswegen das Welt- und Menschenbild des Vedanta: Dort ist alles, was uns widerfährt, das Resultat unseres eigenen Handelns und Denkens. Was wir im Laufe unseres Lebens in unserem Geist aufbauen (oder verkommen lassen), bringen wir im nächsten Leben mit. Und das Ziel dieser über mehrere Leben aufgespannten Aufgabe jedes Einzelnen ist sein Wachsen als Mensch. Dieses Verständnis der Welt ist fair, logisch und zeigt uns ein Ziel auf, das gänzlich anders als die Anhäufung von Reichtum, Mühelosigkeit und Befriedigung der Sinne ist. Und weil es fair und logisch ist, können wir es zu unserem machen, auch ohne sich auf Vedanta zu berufen, wenn es uns lieber ist.

Dieses Selbstverständnis des Menschen funktioniert aber natürlich nicht, wenn wir uns weiterhin lediglich als einen denkenden und fühlenden Körper begreifen, weil wir dann mit dem Tod dieses Körpers verschwinden. Klar, es wird immer Menschen geben, die trotzdem erfolgreich ihren Willen und ihr Herz dafür einsetzen, rechtschaffend, altruistisch oder demütig zu sein. Für ein breit angelegtes Umdenken wird das aber nicht reichen.

TEIL 2

NEUER WESTEN

AUF DER SUCHE NACH SACHLICHKEIT

Die Zivilisation nach dem westlichen Modell ist gerade dabei, die Natur und sich selbst zu zerstören. Wenn wir nicht grundsätzlich umdenken, werden wir sie verlieren. Das Ausmass dieses Umdenkens wird deutlich grösser sein müssen, als es uns bisher bewusst geworden ist.

Wir haben im ersten Teil dieses Buches unsere Kultur und Zivilisation sehr kritisch betrachtet – das ist notwendig, wenn man eine neue Richtung einschlagen möchte. Wenn wir uns nicht schonungslos darüber deutlich werden, wo wir stehen, was eigentlich unsere Probleme sind, werden uns unsere Schritte nach vorne an der Realität vorbeiführen. Wenn wir unsere Marschroute in Luftschlössern entwerfen, werden wir auch in Luftschlössern ankommen.

Konstruktive Kritik ist Ausdruck der Liebe. Wir sagen einem Freund die Wahrheit, wenn wir es mit ihm wirklich gut meinen, wenn er uns am Herzen liegt. Das ist die wahre Freundschaft, das ist die wahre Liebe. Ich liebe diese Kultur und ich schätze im höchsten Maße diese meine Zivilisation. Mozart, Beethoven, Shakespeare, Michelangelo, Cézanne, Strawinsky, Hesse – ich stehe in Ehrfurcht vor der Schönheit und Tiefe menschlicher Empfindung in ihren Werken und stumme Tränen fließen über meine Wangen. Diese Schönheit ist auch Gott, diese Tiefe ist auch ein Versuch, der Welt die Wahrheit zu entreißen.

Auch die alltägliche Kultur, die unsere Vorfahren in unermüdlicher Anstrengung und aus Herzensgüte beim Umgang miteinander und beim Versuch, die Welt besser zu machen, erarbeitet haben, liegt mir nah. Es sind unergründliche Schichten von Sediment aus Liebe und Arbeit, die uns unsere Vorfahren als Nachlass hinterlassen haben. Er ist wertvoller als die Gesamtsumme des materiellen Reichtums, die alle unsere Bankkonten aufweisen. Wenn wir in Länder reisen, in denen die Menschen diesen Bildungsschliff der Jahrhunderte in der Breite der Gesellschaft so nicht haben, wird uns deutlich, welchen Reichtum dieses Erbe darstellt. Ich liebe dieses Erbe und möchte es erhalten.

Wenn wir auf unseren materiellen Reichtum blicken, schauen wir in die falsche Richtung. Dieser Reichtum kommt und geht. Morgen kann jemand anders reicher werden – ob innerhalb einer anderen Kultur oder als ein im Westen aufgewachsener Barbar. Auf dem anderen Reichtum, dem Reichtum unserer Kultur, werden wir immer wieder Werte aufbauen können. Dafür müssen wir sie allerdings bewahren. Sie ist unser wahres Vermögen.

In diesem Teil des Buches werden wir die Methode der systemischen Gestaltung dazu benutzen, den Westen neu zu denken. Das muss gut durchdacht werden. Wir können uns Fehlversuche nicht mehr leisten. Dafür sind die Probleme zu dringend: die Zerstörung der Biosphäre, die Klimaerwärmung, die Gefährdung der Demokratie… Wir müssen systematisch vorgehen und mit einem neuen belastbaren Fundament anfangen. Dafür wird konsequent objektives und sachliches Denken notwendig. Deswegen möchten wir uns zuallererst für die anstehenden Entscheidungen einige Werkzeuge bereitlegen und Definitionen formulieren.

Der Überall-Test

Wenn es darum geht, zu entscheiden, was gut und was schlecht ist, was richtig und was falsch, gibt es viele Missverständnisse, die auf eine Unsicherheit hindeuten. Auf dem Gebiet der Moral ist dies noch relativ einfach, solange Menschen nicht verlernt haben, auf ihr Gewissen zu hören. Bei sachlichen Entscheidungen ist die Unsicherheit deutlich größer.

Dabei gibt es eine simple Methode, die bei der Beurteilung jedes Vorschlags oder jeder grundsätzlichen Aussage angewandt werden kann: Man vervielfacht gedanklich das betrachtete Verhalten oder die Handlung ins Unendliche. Wie würde es uns allen gehen, wenn alle Menschen sich so verhalten würden? Wie würde die Welt aussehen, wenn alle diese Entscheidung treffen oder nach dieser Maxime handeln würden? Wäre es eine bessere, eine lebenswürdigere Welt oder eine schlechtere, lebensfeindlichere? Wir nennen diese Gedankenübung den „Überall-Test".

Fällt der Überall-Test positiv aus, ist die Aussage, Entscheidung bzw. der Grundsatz gut. Fällt er negativ aus, ist sie schlecht. Bei einem neutralen Ergebnis ist man frei, die Aussage zu akzeptieren bzw. den Grundsatz zu befolgen oder nicht. Wird man dabei zum Handeln aufgefordert, kann man zusätzlich die weiteren Gedankenübungen anwenden, die weiter unten erklärt werden, zum Beispiel den Wem-nutzt-das-Test.

Die meisten Überall-Tests sind überraschend einfach, aber nicht alle. Bei den komplexeren, undurchsichtigeren können Meinungen ausgetauscht werden und nach einer ernst gemeinten Untersuchung kann die Entscheidung mehrheitlich, also in einer demokratischen Art und Weise getroffen werden.

Unter Einbeziehung des Überall-Tests lassen sich alle moralische Kanone der Menschheit begründen. Betrachten wir beispielsweise die christlichen zehn Gebote. (Dabei geht es uns nicht um eine religiöse Diskussion. Wir wollen nur den Überall-Test auf diese zehn Aussagen anwenden, um seine Benutzung in einem vielschichtigen Kontex zu illustrieren.)

Erstes Gebot: Ich bin der Herr, dein Gott. Du sollst keine anderen Götter haben neben mir.

Diese Aussage besteht aus zwei Teilen. Der erste besagt, dass es Gott gibt. Sie ist der eigentliche Bedeutungskern dieses Gebotes. Nehmen wir jetzt an, dass alle Menschen auf der Welt an Gott glauben. Wenn jemand über sich eine Instanz hat, die sein Handeln beobachtet, die ihn dazu anspornt, gut zu anderen zu sein, die ihm ein positives Ideal für sein Leben aufzeigt, bemüht er sich in der Regel, Gutes zu tun oder wenigstens Böses zu vermeiden. Reife Menschen bemühen sich zwar, gut zu sein, auch wenn sie nicht an Gott glauben, unter den Übrigen gibt es aber genug solche, die in ihrem Denken zynisch und in ihrem Tun egoistisch werden, wenn sie für ihr Handeln keinen übergreifenden Rahmen sehen. Eine Welt mit Menschen, die aufrichtig an Gott glauben, wäre also tendenziell eine bessere Welt. Der Überall-Test fällt positiv aus.

Darüber hinaus sagt das Gebot, dass der Mensch nicht an mehrere Götter glauben soll. Das macht seinen Glauben nur eindeutiger, widerspruchsfreier und verstärkt das daraus erwachsende Bemühen, gut zu sein. Ergebnis: positiv.

Weil Menschen in dieses Gebot oft etwas hineininterpretieren, was dort nicht gesagt wird, müssen wir uns über etwas klar werden: Die Aussage richtet sich an jeden Menschen einzeln. Jeder soll nur einen Gott haben. Das Gebot sagt nicht: Die anderen sollen deinen Gott haben. Es besagt auch nicht, dass andere Vorstellungen über Gott bekämpft werden sollen. Würde jeder an nur einen Gott glauben und dabei nicht verlangen, dass andere Gott mit demselben Namen rufen, würde die Welt um ein großes Problem erleichtert. Nur wenn wir den Mammon oder unseren Egoismus an die Stelle Gottes erheben, verstoßen wir gegen das Gebot.

Wenn uns aber eine Aussage, die wir dem Test unterziehen nicht eindeutig erscheint (was bei diesem Gebot im Verlauf der Geschichte durchaus der Fall war) oder es verschiedene Interpretationen gibt, muss sie präzisiert werden, bevor wir den Test anwenden können. Die Anwendung des Tests führt uns nur zum Ziel, wenn die Aussage unmissverständlich ist und alle Beteiligten ihn aufrichtig anwenden.

Um die Anwendung des Überall-Tests eingehender zu beleuchten, können wir auch die diesem Gebot widersprechenden Aussagen unter die Lupe nehmen: „Es gibt keinen Gott" und „Du sollst mehrere Götter haben". Die dem ersten Gebot in seinem Kern entgegenstehende Aussage, dass es keinen Gott gibt, gedanklich auf die gesamte Menschheit angewendet, beseitigt zwar den religiösen Unfrieden, nimmt aber vielen den höheren Zweck ihres Lebens weg. Außerdem könnten diejenigen, die die Motivation, zu den anderen gut zu sein, aus der Existenz einer übergreifenden Instanz beziehen, daraus schließen, dass sie egoistisch sein dürfen. Dadurch gäbe es mehr Eigennutz und weniger Wertschätzung für die Schöpfung. Der Überall-Test fiel bei der Aussage, dass es einen Gott gibt, besser aus.

Mehrere Götter zu haben bedeutet, anstelle Gott einzelne Aspekte des Lebens und der Welt anzubeten. Dabei gibt es zwei Möglichkeiten: Man kann mehrere Namen oder Formen benutzen, aber letztendlich den einen Gott hinter allen Namen und Formen meinen. In diesem Fall hat man de facto nur einen Gott. Oder man sieht das eine allumfassende göttliche Prinzip hinter allem tatsächlich nicht und betet Reichtum, Familienglück oder günstiges Wetter wirklich an. Damit befindet man sich auf dem halben Weg zum Mammon oder Egoismus. Auf die erste Möglichkeit haben wir den Überall-Test bereits angewandt. Wie wäre die Welt, wenn jeder aus Erwartung, Furcht oder einfach in der Naivität seines Gemüts verschiedene Gottheiten anbeten würde? Die Konkurrenz der Religionen wäre zwar entschärft, aber die moralischen Entscheidungen und das Verhalten der Menschen in der Gemeinschaft wären im Vergleich zu der ersten Möglichkeit widersprüchlicher und selbstbezogener. Das Ergebnis ist vergleichbar mit der Welt, in der niemand an Gott glaubt.

Das Gebot zur Übung der Anwendung des Überall-Tests zu nehmen, ist auch aus einem anderen Grund lehrreich. Wenn jemand der festen Überzeugung ist, dass Gott nicht existiert und Ihn für einen Verdummungsversuch und eine Manipulation der Religionen und Kirchen hält, wird seine vorgefertigte Meinung möglicherweise von Anfang an jegliches Nachdenken überlagern. Die Aussage ist falsch, und basta. Dieses Vorgehen ist sehr verbreitet: Auch wenn wir dazu aufgefordert werden, einen Sachverhalt objektiv, also unvoreingenommen, zu durchdenken, legen wir sofort die Schablone unserer Meinungen und Überzeugungen darüber und sind fertig. Nur wenn nicht über Gott, sondern über Demokratie oder Wirtschaft diskutiert wird, fällt diese Einstellung vielleicht nicht sofort auf. Wenn man den Überall-Test (und alle nachfolgenden Werkzeuge) richtig anwenden will, darf man seinen vorgefertigten Meinungen keinen Platz lassen. Weil das nicht einfach ist, erleben wir so viele Diskussionen und Streite, in denen die Teilnehmer aneinander vorbeireden, weil sie einfach nur ihre Überzeugungen verteidigen. Zu Wahrheit kommt man auf diese Weise nie. (Im nächsten Kapitel werden wir näher auf die menschliche Denkweise eingehen, was uns eine große Hilfe bei der Suche nach Sachlichkeit und Objektivität bieten wird.)

In diesem Zusammenhang müssen wir uns außerdem über die Grenzen des Überall-Tests klar werden. Er hilft uns, die Güte einer Aussage oder einer Regel zu beurteilen. Er erlaubt allerdings keine absolute Beurteilung. Man kann ihn beispielsweise nicht dafür benutzen, um die Aussage „Du sollst deinen Nächsten lieben wie dich selbst" höher als das Gebot „Du sollst keine anderen Götter haben neben mir" einzustufen.

Zweites Gebot: Du sollst den Namen des Herrn, deines Gottes, nicht missbrauchen.

Das zweite Gebot besagt, dass der Name Gottes heilig sein soll und nicht für unwürdige oder belanglose Aussagen benutzt werden darf. Vervielfacht man gedanklich dieses Verhalten auf alle Menschen, würden sich alle über einige Themen bedachter und mit mehr Würde äußern. Das Gebot besagt ebenfalls, dass man keinen Namen Gottes nutzen darf, um schlechte Taten zu rechtfertigen oder Falsches zu sagen. Auch hier fällt der Überall-Test zweifelsohne positiv aus.

Drittes Gebot: Du sollst den Feiertag heiligen.

Menschen arbeiten und vergnügen sich. Nach diesem Gebot soll es allerdings Tage geben, die anders, die den Menschen heilig sind. An diesen Tagen sollen sie sich besonders bemühen, im Geiste ihrer Religion zu leben, falls sie gläubig sind. Falls nicht, können sie ihn anderswertig heiligen. Würde an einem Tag der Woche niemand schießen, schlagen, stehlen, schlecht über andere reden und sich vielleicht für einige Zeit zurückziehen, um bei sich selbst oder mit seinen Nächsten zu sein, würde diese unsere Welt um 14 Prozent (1/7) besser. Fazit? Positiv.

Viertes Gebot: Du sollst deinen Vater und deine Mutter ehren.

Die Achtung vor den Älteren ist aus unserer Welt nahezu verschwunden. Das ist schade, weil der Respekt vor den Menschen eine unabdingbare Voraussetzung für ein gutes, rücksichtsvolles Miteinander ist. Die eigenen Eltern nehmen dabei sogar einen besonderen Platz ein, weil sie (fast alle) persönliche Opfer gebracht haben, um uns zu ernähren, zu kleiden und zu erziehen. Weil (fast) alle Eltern haben, würde diese Einstellung in der Summe zu mehr Achtung vor den anderen und damit zu einer friedlicheren Gesellschaft führen. Eine Welt, in der alle ihre Mütter und Väter ehren, wäre eine bessere Welt.

Fünftes Gebot: Du sollst nicht töten.

Ja, lass uns dieses Gebot auf alle anwenden, und zwar heute noch.

Sechstes Gebot: Du sollst nicht ehebrechen.

Die Familie ist ein Grundbaustein der Gesellschaft. Sie vermittelt Werte an die nächste Generation und sorgt für die Stabilität aller sozialen Strukturen und Subsysteme. Ehebrechen bedeutet, diesen Grundbaustein zu schwächen. Es bringt dem Ehepartner und den Kindern Schmerz und Leid. Damit stehen dem Glücksgefühl einer Person das Leiden mindestens einer anderen Person und die Schwächung der Gemeinschaft gegenüber. Würde man dem eigenen Ehepartner mehr Aufmerksamkeit und Gefühl schenken, anstatt sich nach Alternativen zu sehnen, wären die meisten Ehen und Familien glücklicher. Viele Ehebrecher hüllen ihre eigentlichen Probleme lediglich in neue Kleider, was die Haben-Seite der Rechnung weiter verringert und in Folge zu weiteren unglücklichen Familien führt.

Wenden wir jetzt den Überall-Test an: In einer Welt, in der keiner fremdgeht, würde es unter dem Strich weniger Kummer und mehr glückliche Familien geben. Ergebnis: positiv.

Siebtes Gebot: Du sollst nicht stehlen.

Das Eigentum der anderen und der Gemeinschaft zu respektieren ist eine der Säulen des gesellschaftlichen Lebens. Diebstahl verletzt den Bestohlenen und demoralisiert den Dieb. Würde in der ganzen Welt niemand stehlen, herrschte mehr Vertrauen und Frieden, was das Zusammenleben in der Gesellschaft harmonischer werden ließe.

Achtes Gebot: Du sollst nicht falsch Zeugnis reden wider deinen Nächsten.

Verleumdung, Unrecht, Lüge verletzen und bereiten Leid. Auch hier wird niemand sagen, dass dieses Gebot, wenn überall befolgt, nicht zu einer besseren Welt beitragen würde.

Neuntes Gebot: Du sollst nicht begehren deines Nächsten Haus.

Dieses Gebot wiederholt das Verbot zu stehlen, wobei es zusätzlich die Unversehrtheit des Zuhauses jedes Menschen unterstreicht. Das eigene Zuhause ist die Basis des menschlichen Lebens. Dort kann sich der Einzelne um die anderen Familienmitglieder kümmern, sich bilden, Kraft für das Zusammenleben in der Gemeinschaft sammeln. Er kann sich dort in das Gefühl der Sicherheit oder in die Einsamkeit zurückziehen. Hätte jeder in der Welt ein solches Zuhause, wäre die Welt sicherer und glücklicher.

Zehntes Gebot: Du sollst nicht begehren deines Nächsten Weib, Knecht, Magd, Vieh noch alles, was dein Nächster hat.

Auch dieses Gebot verbietet Diebstahl. Es spricht erneut über das Begehren, also über den bloßen Gedanken, jemandem etwas wegnehmen zu wollen. Es warnt damit auch vor den Auswirkungen der Gier. Gier vergiftet das Leben des Begehrenden und seiner Mitmenschen, stiehlt den Frieden in der Familie und in der Gemeinde. Außerdem ermahnt das Gebot uns dazu, uns vor dem Neid in Acht zu nehmen. Wären alle Menschen entweder damit zufrieden, was sie haben, oder würden sich ausschließlich in einer gerechten und friedvollen Weise um mehr bemühen, wäre die Welt besser.

In einigen christlichen Traditionen wird auch das Gebot „Du sollst dir kein Bildnis von Gott machen" genannt. Wenn Menschen sich Gott in einer bestimmten Form mit einem bestimmten Namen vorstellen, führt das oft dazu, dass sie andere Formen und Namen als falsch ansehen und die an diese anderen Bildnisse glaubenden Menschen womöglich verurteilen oder bekämpfen. Wendet man gedanklich den Überall-Test auf dieses Gebot an, bekommt man eine Welt, in der es weniger religionsbedingten Hass gibt.

Man kann sich aber auch ein entgegengesetztes Gebot vorstellen: „Du sollst dir ein Bild von Gott machen." Der Glaube an einen personifizierten Gott kann sicher bei vielen ihre spirituelle Entwicklung fördern. Würden sich alle ein Bildnis Gottes machen und dabei eine persönliche Beziehung zu einem personifizierten Gott entwickeln (was ja die Voraussetzung für den Glauben ist), wäre die Welt tendenziell ebenfalls besser, weil eine Beziehung mit Gott auf Liebe aufbaut und ein solcher Glaube im Normalfall Hass ausschließt. Das Ergebnis des Überall-Tests wäre also auch hier positiv. Erst die Aussage „Du sollst die Bildnisse anderer bekämpfen" würde zu einem negativen Ergebnis führen. Danach ist es also genauso in Ordnung, sich Bildnisse von Gott zu machen, wie sich keine zu machen. Erst das Bekämpfen der Bildnisse, der Hass gegen Andersgläubige oder der Versuch, sie zu zwingen, das eigene Verständnis von Gott zu übernehmen, besteht den Überall-Test nicht und ist deswegen abzulehnen.

Der Überall-Test kann uns also nicht sagen, ob eine Aussage eine absolute Gültigkeit hat. Im Gegenteil, man leitet aus ihm eine Toleranz gegenüber einer anderen Aussage ab, wenn beide zum positiven Ergebnis führen.

Daraus wird außerdem deutlich, dass der Test seinen Gegenstand (die Aussage, Regel oder Entscheidung) weder interpretieren noch über andere stellen darf. Er betrachtet lediglich seine multiplizierte Auswirkung.

Damit haben wir ein Instrument, um Gut von Schlecht zu unterscheiden. Es gibt noch ein weiteres Instrument, das uns dabei Hilfe leisten kann.

Der Wem-nutzt-das-Test

Ein anderes Werkzeug, das wir bei der Beantwortung der Frage „Tun oder nicht tun?" nutzen können, ist der „Wem-nutzt-das-Test". Er kann uns in vielen Fällen als ein den Überall-Test ergänzendes Instrument helfen, die Entscheidung zu treffen, ob wir bei etwas mitmachen oder davon Abstand nehmen sollen.

Bei dem Wem-nutzt-das-Test spielt man die Folgen einer Entscheidung, einer Handlung oder eines Verhaltens gedanklich bis zum Endresultat durch. Dann betrachtet man das letztendliche Resultat und fragt sich, wem es (am meisten) nutzt. Je größer der Kreis derjenigen, die dadurch besser leben können oder zu besseren Menschen werden, umso richtiger die Entscheidung oder das Verhalten.

Wir lassen die einfachen Fälle beiseite – wenn sich bei näherer Betrachtung herausstellt, dass der eigentliche Nutznießer eine Person oder eine Lobby ist. Wir wollen untersuchen, ob der Test uns unter weniger eindeutigen Umständen bei Entscheidungen helfen kann.

Nehmen wir an, dass die Länder der EU überlegen würden, die elektronischen Gewaltspiele zu verbieten. Der Überall-Test fällt eindeutig aus: Eine Welt ohne Gewalt als Spaß aufbereitet wäre besser. Wir fragen jetzt zusätzlich, wem ein solches Verbot nutzen würde, wenn es nicht nur verabschiedet, sondern auch konsequent umgesetzt würde. Zunehmend viele der männlichen Kinder und die Mehrheit der männlichen Jugendlichen benutzen solche Computerspiele mindestens ab und zu. Damit trainieren sie ihren Geist darin, auf andere zu schießen oder andersartig Gewalt anzuwenden. Wären sie daran gehindert, wäre das für ihre geistige Entwicklung und für ein liebevolles Miteinander in der Gesellschaft zweifelsohne von Vorteil. Bei Erwachsenen mag der Schaden etwas geringer sein, weil ihre Gehirne bereits fertig entwickelt sind, er ist aber da. Die Spieler und die Gesellschaft wären also gleichermaßen die Nutznießer eines solchen Verbots.

Ein solches Verbot würde allerdings auch Kriminellen, die diese Spiele illegal herstellen oder verbreiten würden, in die Hände spielen, was man aus dem Experiment der Prohibition in den USA lernen kann. Diese Gefahr sollte genauer untersucht werden. Sie könnte im Extremfall sogar den Vorteil aufheben. Wenn sie aber neutralisiert werden könnte, wäre das Ergebnis des Tests eindeutig: Ohne das Verbot gibt es einen Gewinn für einige wenige Hersteller, mit dem Verbot Nutzen für 450 Millionen Menschen. Wir sehen, dass uns der Wem-nutzt-das-Test zu einer zusätzlichen Erkenntnis führt: Eine eindeutig richtige und gute Maßnahme, wenn unvorsichtig ausgeführt, könnte dem organisierten Verbrechen nutzen.

Lassen wir unserer Fantasie freien Lauf und nehmen wir an, dass die EU ein Exportverbot für Rüstungsgüter einführen möchte. Wem würde das nutzen? Weniger Waffen in Krisenregionen und in Kriegen bedeuten weniger Tote und Verletzte. Der Bevölkerung dort nutzt also jede Maßnahme, die die Menge an Waffen begrenzt. Weil allerdings die EU nicht zu den großen Waffenexporteuren gehört, könnten die Regierungen, die töten wollen, sie woanders bestellen. Man kann sich also auch vorstellen, dass durch ein solches Verbot kein einziges Menschenleben gerettet würde. Europa hätte aber damit in die Welt ein unmissverständliches Signal gesendet, dass das Geschäft mit dem Todeswerkzeug moralisch verächtlich und ökonomisch verzichtbar ist. Alleine das würde vielen Menschen überall in der Welt Hoffnung geben und eine Messlatte für alle Staaten schaffen. Das Beispiel und seine Signalwirkung wären wahrscheinlich der wichtigste Nutzen aus dieser Maßnahme. Das Europa ohne Waffenexport wäre außerdem als Drittpartei bei internationalen Konflikten in einer moralisch gestärkten Position.

Würde die Maßnahme den Waffenproduzenten außerhalb der EU dienen, indem sie mehr Geld verdienen? Ja. Was ist mit den EU-Bürgern? Wäre EU dadurch ärmer? Das größte deutsche Rüstungsunternehmen verdiente außerhalb Europas in 2017 mit den Rüstungsgütern 174 Millionen Euro. Es war seit Langem das beste Jahr für dieses Unternehmen. Der Umsatz aus diesem Verkauf betrug 1,6 Milliarden Euro, 28 Prozent des Konzernumsatzes. Die Ertragsteuer, also das Geld, das der Konzern direkt der Gemeinschaft zuführte, lag insgesamt bei 94 Millionen Euro, den auf die Waffenexporte außerhalb der Europäischen Gemeinschaft entfallenden Teil kann man grob mit 30 Millionen Euro schätzen. Wir nennen diese Zahlen, um die Größenordnungen aufzuzeigen: Die Maßnahme würde kein Loch in die Haushalte der EU-Länder reißen. Einige der 11.000 Angestellten dieses Unternehmens, die mit der Produktion der Rüstungsgüter ihren Lebensunterhalt verdienen, müssten sich vielleicht neue Stellen suchen, würden vielleicht sogar vorübergehend arbeitslos. Aber auch diese Auswirkung kann man als relativ gering betrachten.

Der wichtigste Nutzen wäre die moralische Wirkung. Ein Verbot, verbunden mit einer klaren ethischen Begründung, würde endlich die verwirrende Behauptung, dass Töten zwar schlecht, aber das Besitzen der Werkzeuge zum Töten gut sei, beenden. Damit würde es allen Menschen nutzen. Ziehen wir nun den Schlussstrich: Den Tausenden Verlierern (den Regierungen, die Kriege initiieren, den Aktionären der Rüstungsunternehmen innerhalb der EU und Teilen der Belegschaften der europäischen Waffenhersteller) stehen Millionen Gewinner gegenüber. Das Ergebnis ermutigt uns somit, dem Verbot zuzustimmen.

Führt uns der Überall-Test in diesem Fall zu zusätzlicher Erkenntnis? Wenn die Regierungen weltweit nur selbst hergestellte Waffen zur Verfügung hätten, könnte das die Schurken unter ihnen dazu verleiten, sich übermäßig aufzurüsten und Kriege anzufangen. Führt ein freier Markt für Kriegsgerät nicht zum Gleichgewicht der Kräfte? Jemanden, der überzeugt ist, dass er andere töten darf, um sein Ziel zu erreichen, wird der Fakt, dass seine Opponenten auch Waffen besitzen, nicht von einem Angriff abhalten. Die Geschichte hält uns genügend Beispiele bereit. Sogar das Paradebeispiel des Gleichgewichts des Schreckens, also der Kalte Krieg, lehrt uns, dass nicht die Menge an Waffen, sondern das Ringen um die moralische Vormacht uns damals vor dem Tod bewahrte. Es ist eine oberflächliche Schlussfolgerung, dass man den Frieden durch Aufrüstung erreichen kann. Man soll nicht wehrlos sein, aber die darüber hinausgehende Bewaffnung erhöht die Sicherheit nicht. Ein weltweites Exportverbot als eine neue Spielregel würde außerdem das Spiel selbst verändern und beispielweise einzelne Länder dazu bewegen, mehr als heute zusammenzuarbeiten, um solchen Gefahren zu begegnen. Würde ein generelles Exportverbot zur gefährlichen Schwächung der kleinen Länder führen, wenn sie sich nicht ausreichend selbst aufrüsten können? Wie viele Kriege in der Geschichte waren für die Beteiligten unter dem Strich gut? In wie vielen Fällen war das Töten in gerechter Sache besser als Ausweichen oder Abwarten? Außerdem: Solche wirtschaftlich schwachen Länder importieren Waffen kaum. Indessen tun es die aggressiv gesinnten Regierungen. Ein überall gültiges Verbot, mit Waffen zu handeln, besteht unserer Meinung nach den Test.

Damit haben wir zwei Werkzeuge, die uns bei unseren Entscheidungen unterstützen können. Die Werkzeuge, die wir heute üblicherweise anwenden, sind die Kosten-Nutzen-Analyse, der Vorteil-Nachteil-Vergleich und die Wie-kann-ich-die-Gefahr-abwenden-Erwägung. Diese fragen nicht danach, ob etwas gut oder richtig ist. Stattdessen helfen sie uns zu entscheiden, ob sich etwas für uns lohnt. Sie sind im Rahmenwerk der Wirtschaft entstanden und dienen unserem Eigennutz. Die hier vorgeschlagenen Tests schließen die anderen, die Allgemeinheit mit ein. Die Wahrheit, das Gute einerseits und das Eigeninteresse andererseits sind zwei gänzlich verschiedene Sachen.

Es ist außerdem wichtig, dass wir bei unseren Entscheidungen die systemische Methode benutzen. Auch die Kosten-Nutzen-Analyse ist dienlich, wenn wir die versteckten Kosten und den gesamten Nutzen einbeziehen, also das gesamte System betrachten und die Mechanismen, die sein Verhalten verursachen, wirklich verstanden haben. Die Analyse der Gründe für eine prekäre Situation wird ungleich effektiver, wenn wir derartige *systemische Suche nach Ursachen* benutzen. Sonst stellen wir nicht den wirklich Schuldigen an den Pranger, sondern vielleicht einen, der das Problem zu lösen versucht.

Der Tun-was-man-predigt-Test

Der Name dieses Tests spricht für sich. Man darf grundsätzlich niemandem glauben, der etwas empfiehlt oder von anderen fordert, was er nicht selbst auch tut. Wenn jemand sagt, dass er die Welt besser machen will, fragen Sie seine Nachbarn, ob er ein angenehmer Nachbar ist. Wenn jemand verlangt, dass man den Bedürftigen unter die Arme greifen muss, schauen Sie genau, wie viel er selbst für gemeinnützige Zwecke ausgibt. Wenn jemand uns erklären will, wie wir den Frieden in der Welt schaffen, fragen Sie seine Frau, ob er mit ihr streitet. Bei einem negativen Ergebnis hat man es im besten Fall mit einem geltungsbedürftigen Ego zu tun, das sich zu einem Lehrmeister aufspielt. Meistens will diese Person die anderen einfach hinters Licht führen.

Es ist ein sehr guter, vielsagender Test. Leider ist es oft schwierig, ihn zuverlässig anzuwenden – Menschen spielen den anderen gerne etwas vor. Aber der Versuch lohnt sich auf jeden Fall.

Der Früchte-Test

Eine zuverlässige Methode, Gut von Schlecht zu unterscheiden, ist, sich das konkrete Ergebnis einer Handlung, eines Prozesses, einer Entscheidung anzuschauen: Bewirkt sie etwas Gutes, etwas, was wir gerne auf alle Menschen und die ganze Welt ausweiten würden (Überall-Test), ist sie gut. Die Zuverlässigkeit des Tests hängt allerdings davon ab, dass das Resultat wirklich aus dieser Handlung oder Entscheidung stammt. In komplexen Systemen ist die eigentliche Ursache einer Wirkung nicht einfach zu ermitteln und setzt ein grundsätzliches Verständnis des Systems voraus. Dort aber, wo es um die Tat Einzelner geht, führt uns der Früchte-Test meistens schnell zu einem eindeutigen Ergebnis. Zerstören gewalttätige Demonstranten Schaufenster oder verletzen Passanten, tun diejenigen, die die Demonstration organisiert haben, nichts Gutes. Wenn sie etwas anderes wollten, ist das ein Fehler gewesen, aus dem sie lernen können, wenn sie es möchten. Trotzdem ändert das nichts an der Beurteilung der Veranstaltung. Sie wird auch nicht deswegen gut, weil man darin ein grundsätzliches Menschenrecht verteidigt sehen möchte: das Recht auf Meinungsäußerung. Was Schlechtes bewirkt, kann nicht gut sein. Was wir damit machen, wie wir darauf reagieren, was wir davon lernen, kann Gutes bewirken. Das sind dann aber die Früchte der neuen Handlung. Produziert etwas zwei verschiedene Früchte, eine gute und eine schlechte, kann man für die Entscheidung, welche mehr wiegt, den

Überall- und den Wem-nutzt-das-Test benutzen.

Der Früchte-Test folgt dem weisen Rat Jesu: „An ihren Früchten werdet ihr sie erkennen." Worte und Absichten sind Schall und Rauch. Die Taten und was sie bewirken sind das Einzige, was zählt.

Der Zu-Ende-denken-Test

Es ist nicht einfach, durch die Analyse alleine die wirklich in einem System wirkenden Kräfte und Regeln offenzulegen. Es gibt aber eine einfachere Methode. Man beobachtet das Verhalten des Systems und setzt es gedanklich fort. Hat man es getan, bis es nicht mehr geht, weiß man, welches Ziel das System verfolgt und welches Ergebnis es bringen wird, wenn man es nicht verändert. Den Zu-Ende-denken-Test kann man auch dafür benutzen, um die wirklichen Motive der Menschen zu durchschauen.

Die vorgeschlagenen Werkzeuge für die Analyse komplexer Zusammenhänge, wenn aufrichtig angewandt, würden die gesellschaftliche Diskussion und die Entscheidungen in den Gemeinden sachlicher und nachvollziehbarer machen.

Was ist wahr?

Die Welt ist rational erklärbar, weil sie kausal ist. Dabei ist es nicht notwendig, dass man sie ausschließlich als Materie betrachtet. Die Welt ist auch empirisch erforschbar. Dabei muss man die Empirie nicht auf die fünf Sinnesorgane begrenzen.

Es gibt Wahrheiten, die außerhalb des durch die heutigen Wissenschaften abgesteckten Terrains liegen. Außerhalb des heutigen Terrains liegen sogar diejenigen, die uns am wichtigsten sind: das moralische Leben, das Streben nach Vollkommenheit und Glück, das Mitgefühl und die Freude. Wir müssen sie wieder als einen Teil unserer Erkenntnis und unserer Zivilisation betrachten. Aber vor allem müssen wir aufhören, sie als unwissenschaftlich und damit als unwichtig oder nicht objektiv existent aufzufassen. Damit relativieren wir nur und schieben die wichtigsten Wahrheiten überhaupt weg aus unserer gesellschaftlichen Diskussion.

Wenn wir uns außerhalb des Terrains der heutigen Wissenschaften befinden und uns nach Wahrheit erkundigen, erhalten wir oft sich widersprechende Antworten – es ist nicht immer einfach zu entscheiden, welche wahr ist. Es gibt aber Hilfen, die wir in einer solchen Situation heranziehen können. Wir können uns zum Beispiel fragen, welche der Aussagen von einer absoluten Autorität in Sachen Moral oder Mitgefühl, die wir anerkennen, stammen könnte. In unserer Kultur wird das wahrscheinlich Jesus, ein spiritueller Meister wie Buddha, vielleicht Dalai Lama, vielleicht Sokrates oder ein anderer Philosoph sein. Sollten wir dann immer noch kein eindeutiges Bild haben, können wir uns für die Aussage entscheiden, die einfacher erklärt wird – die Wahrheit ist meistens einfach.

Die Wahrheit ist das, in dessen Beisein eine Illusion als eine Illusion erkannt werden kann. Wenn wir einen neuen Gedanken haben oder eine Erkenntnis erlangen, können wir sie neben unseren Meinungen, Überzeugungen und Glaubenssätzen halten und uns nach Kräften und Gewissen bemühen, den neuen Gedanken auf den Prüfstand zu stellen. Wenn wir dabei mit dem Verstand sehen oder mit dem Gewissen verspüren, dass unsere Überzeugungen falsch sein können, ist die neue Erkenntnis wahr. Unsere Überzeugungen sind felsenfest in unserem Geist verankert. Wenn wir sie infrage stellen, auch nur partiell, ist das ein deutliches Zeichen, dass sie wahrscheinlich eine Illusion und daher falsch sind.

Deswegen ist es auch wichtig, dass wir bei dieser geistigen Überprüfung einer Idee nicht von unseren bisherigen Überzeugungen ausgehen, sondern den Standpunkt des neuen Gedankens annehmen. Das ist entscheidend. Falls die neue Ansicht unsere Überzeugungen ins Wanken bringt, wir aber mit dem Verstand und Gewissen entscheiden, dass sie richtig sein könnte, müssen wir sie als wahr akzeptieren. Die umgekehrte Prüfung, ob eine für uns neue Meinung mit unseren Überzeugungen übereinstimmt, um sie im negativen Fall als unwahr abzulehnen, würde uns nur tiefer in unsere Illusion stürzen. Die Wahrheit ist nackt. Sie braucht nie ausgezogen zu werden. Was wir ablegen müssen, sind die Kleider und Schleifchen unserer Glaubenssätze und Vorurteile, der Bilder, die wir im Kopf haben, sowie die Schubladen der Kategorien und die Farbfilter der Gefühle. Wir müssen uns nackt der Wahrheit nähern – das macht sie so unbeliebt.

Manchmal wird man aber mit neuen Gedanken konfrontiert, zu denen man keine fertigen mentalen Modelle findet oder bei denen man trotz ernsthafter Untersuchung auf dem Prüfstand die Wahrheit von der Illusion nicht zu unterscheiden weiß. Es gibt einen Trick, den man in solchen Fällen anwenden kann. Stellen Sie sich beispielsweise vor, dass Ihr Kind Ihnen zwei für Sie neue, sich widersprechende Gedanken oder Ideen präsentiert und fragt, welche von ihnen die Wahrheit beschreibt. Und Sie wissen wirklich nicht, was Sie antworten sollen. Sie möchten aber vor Ihrem Spross nicht bloß liegen! Dann schauen Sie sich die Verpackung dieser Ideen an: Wie aufwendig werden sie vorgestellt, wie laut (oder auch nicht), wie gut sind ihre Verfechter angezogen, wie viele Leute jubeln ihnen zu … und entscheiden Sie sich für die unscheinbarere, unattraktiver erscheinende von den beiden. Die Chancen stehen gut, dass Ihre Entscheidung richtig sein wird.

Jede Wahrheit ist letztendlich eine Lichtreflexion des Absoluten. Wir können dieser absoluten Wahrheit von Angesicht zu Angesicht stehen, sagte einmal Gandhi, wenn wir unser Ich-Bewusstsein auf null reduzieren. Es ist unser Ego, das uns von der Wahrheit trennt.

ZIVILISATION IM INNEREN

Erinnern Sie sich an das Gleichnis mit dem Brachland? Dieses Gleichnis gilt auch für die Arbeit, die Menschen in ihrem Inneren errichten. Die äußere Welt gestalten wir gemeinsam durch unsere Interaktionen in der Gesellschaft, durch die Erziehung und Bildung unserer Kinder, durch unsere Überzeugungen, die sich in unserem Handeln und im Austausch mit anderen manifestieren, durch unser gesellschaftliches und politisches Engagement. Jeder von uns gestaltet aber auch seine eigene innere Welt. Diese innere Welt teilen wir nicht mit den anderen – jede und jeder von uns trägt ihr und sein eigenes Inneres Universum mit sich.

Diese innere Welt wird von uns im Laufe unseres Lebens ebenfalls zivilisiert. Im Kindesalter werden dort Regeln akzeptiert und Werte etabliert, ein Zuhause für unsere Gefühle mühevoll eingerichtet und ganze Metropolen des Geistes aufgebaut. Oder auch nicht. Diese innere Zivilisation kann später im Laufe des erwachsenen Lebens weiter ausgebaut, gestärkt und verschönert werden oder aber langsam verfallen.

Man kann die äußere, die mit den anderen geteilte Zivilisation weder aufbauen noch aufrechterhalten, ohne die Zivilisationen im Inneren zu entwickeln. Wir dürfen es nie vergessen: Unsere Zivilisation steht auf einem unendlich komplexen, fein granulierten Fundament aus inneren Zivilisationen der Menschen. Was beim Bau der Häuser gilt, gilt auch für die Zivilisation: Die Statik des Gebäudes hängt von der Belastbarkeit des Fundaments ab; bröckelt das Fundament, verfällt das Gebäude.

Wenn wir unsere westliche Zivilisation und Kultur stärken wollen, müssen wir zuerst dieses Fundament stärken. Wenn wir sie umzubauen planen, müssen wir uns zuerst dem Umbau der inneren Zivilisation widmen.

Wenn wir über eine bessere Welt nachdenken, vergessen wir oft diesen Fakt. Das ist auch der Grund, warum alle Versuche, die Welt besser zu machen, gescheitert sind. Sie werden auch in der Zukunft scheitern. Der Grund dafür ist, dass man die Menschen als Gesamtheit nicht verändern kann. Nur jedes Individuum für sich genommen kann sich ändern, und zwar nur selbst gewollt und aus eigener Anstrengung.

Das Ziel soll also nicht sein, die Gesellschaft zu verbessern, sondern dem Einzelnen zu helfen, besser zu werden. Das ist kein Wortspiel, sondern ein grundsätzlich anderes Verständnis der Welt.

Was wir verbessern können, sind der Staat, die Regeln der Wirtschaft, das Recht und alle anderen Regelwerke, nach denen zwischenmenschliche Systeme funktionieren. Das sollten wir auch dringend tun. Aber machen wir nicht den Fehler zu versuchen, die Menschen besser zu machen. Schaffen wir stattdessen Bedingungen, die das Besserwerden derjenigen, die besser werden wollen, begünstigen. Was bedeutet besser zu werden, sich als Mensch weiterzuentwickeln?

Was die Menschen von allen anderen Lebewesen auf diesem Planeten unterscheidet, sind

- ihre Fähigkeit, durchdachte Entscheidungen zu treffen, also der Intellekt;
- die Möglichkeit, über ihr eigenes Handeln moralisch zu urteilen, also das Gewissen;
- der Drang, in der spirituellen Dimension der Humanität zu wachsen, also in der Dimension des Bewusstseins, das über den Körper hinausreicht und das wir Seele nennen.

Es gibt noch eine andere wichtige Fähigkeit, die uns zwar nicht grundsätzlich von den hoch entwickelten Tieren unterscheidet, mit ihrer Tiefe aber und in Verbindung mit den drei erwähnten eine neue Qualität erreicht und deswegen hinzugenommen werden muss, und zwar

- das Vermögen, Mitgefühl zu empfinden, und die Fähigkeit zu lieben, ohne Erwartungen zu hegen.

Alles andere teilen wir uns, mindestens zum Teil, mit den Tieren.

Diese vier Fähigkeiten machen uns erst zu Menschen. Das Ziel des menschlichen Lebens ist, sie weiterzuentwickeln, möglichst zu vervollkommnen, die aus ihnen resultierenden Potenziale zu verwirklichen.

Das letztendliche Ziel unseres gemeinsamen Handelns, also der Gesellschaft und der Zivilisation, muss sich auf den einzelnen Menschen beziehen. Deswegen macht es Sinn, sich zuerst mit unserem Inneren Universum zu beschäftigen. Nur wenn wir ein Bild von uns haben, das der Realität entspricht, können wir die Regeln der Zivilisation so gestalten, dass sie in die richtige Richtung wirken und auch wirksam sind.

Zivilisation ist, was wir denken

Menschen (wie übrigens alle Lebewesen) wollen frei von Leid und glücklich sein. Das ist der Antrieb hinter unserem Handeln. Wie wir leben, um dieses Ziel zu erreichen, hängt davon ab, wo wir nach dem Glück suchen und wie wir es definieren, was wiederum etwas mit unserem Weltbild und unserem Selbstverständnis als Menschen zu tun hat. Wenn wir unser Bild vom glücklichen Leben ermitteln wollen, brauchen wir nur darauf zu schauen, was wir in der materiellen Welt erschaffen. Unsere Zivilisation ist einfach die sichtbare Form dessen, was der moderne Mensch als seine Ziele betrachtet, was er sich wünscht, worüber er glaubt, dass es ihn glücklich machen wird. Sie folgt seinen Träumen.

Das ist eine relativ simple Wahrheit, und trotzdem vergessen wir sie andauernd. Wir bauen unsere menschliche Welt auf – Fabriken, Straßen, Internet… –, als ob sie Ziele für sich genommen wären. Wir hinterfragen, was wir tun, nicht. Wir beschreiben es wissenschaftlich, als ob es so objektiv und zwingend wäre wie die Natur. In Wirklichkeit ist unsere Zivilisation lediglich unsere materialisierten Gedanken und Wünsche. Wir könnten uns auch selbst anders verstehen und uns etwas anderes wünschen.

Weil wir uns als einen Körper betrachten, der von Sachen (manche von ihnen tot, andere lebendig) umgeben ist, setzen wir alles daran, die Materie um uns herum so umzugestalten, dass sie unseren körperlichen Bedürfnissen dient. In einer materialistischen Welt liegt das Glück eben in den Gegenständen und in dem, was sie uns Angenehmes bringen. Es gab allerdings schon und gibt es immer noch auch andere Weltbilder. Wir könnten uns beispielsweise als Geist begreifen, der den Körper für seine Existenz benötigt. Dann wären vielleicht Schönheit und Humanität unser Ziel, und wir würden die Landschaften und die Natur weitgehend so belassen, wie sie sind. Wir würden die meisten unserer Anstrengungen in dieser Welt auf die Kultur richten. Wenn wir uns und alles Leben wiederum als beseelt sähen, wäre unser Ziel, diese Seele in die Glückseligkeit zu führen. Dann wären uns die Autobahnen, volle Schränke und Spielfilme nicht wichtig, nicht anstrebenswert. Wir würden andere Menschen und alles Leben als heilig betrachten, nach Harmonie trachten und uns auf unsere innere Entwicklung konzentrieren: nicht nur im Intellekt, sondern auch im Herzen und im Gewissen.

Wenn wir eine andere Welt wollen, müssen wir etwas anderes denken, etwas anderes träumen. Weil wir hier aber keinen Traum träumen, sondern eine Zivilisation aufbauen wollen, wäre es sinnvoll, unsere Glaubenssätze und Wünsche möglichst objektiv zu untersuchen, unser Denken und Fühlen sachlich zu analysieren. Das ist schwierig, wenn man sich selbst als dieses Denken und Wünschen versteht. Wie soll man dann aus sich herausgehen und den Geist objektiv beobachten? Wie soll man dann seine Glaubenssätze infrage stellen? Das ist nur aus Distanz möglich. Wir müssen also zuallererst unseren Geist zum Objekt unserer Beobachtung machen.

Vier Organe des Geistes

Um zu verstehen, wie es dazu gekommen ist, dass wir eine Zivilisation geschaffen haben, die unsere Lebensgrundlagen zerstört, müssen wir wissen, wie wir denken, wie wir uns ein Bild über die Welt und uns selbst machen.

Von allen Modellen, die den Menschen beschreiben und erklären, wie er denkt, fühlt, handelt und warum, ist das Modell, das sich die Weisen Indiens über Jahrtausende erschlossen haben, am ausgereiftesten. Das Besondere an der indischen humanistischen und spirituellen Tradition ist, dass die Yogis und andere heilige Männer und Frauen dort den menschlichen Geist, seit undenklichen Zeiten ununterbrochen, systematisch, in einer Weise, die wir heute wissenschaftlich nennen, untersucht haben (Beobachtung – Frage – Analyse der Fakten – Hypothese – systematisches Experimentieren – These – Verifizierung – Verallgemeinerung – Überprüfung – Erkenntnis – Nutzung des Wissens, um weitere Erkenntnisse zu erlangen). Ihre Beobachtungsmethode des Geistes ist besonders effektiv: Sie nutzt die Kraft der ungestörten, lang anhaltenden Konzentration, wie sie nach langer Übung in Meditation entwickelt wird. Jeder Westler, wenn er ernsthaft und konsequent diese Methode und die aus ihr entwickelten Techniken in die Praxis umsetzt, wird zu denselben Erkenntnissen gelangen.

Nun nutzen unsere Wissenschaftler dieselbe wissenschaftliche Vorgehensweise. Was ist an der Vorgehensweise der Yogis besonders? Erstens benutzten sie das Instrument der Introspektion, das den direkten Einblick in den menschlichen Geist ermöglicht. Diese Introspektion kann nicht durch Nachdenken alleine betrieben werden. Ihre Grundvoraussetzung ist ein in sich ruhender, friedlicher Geist, den man nur durch Meditation erreichen kann. Zweitens untersuchten sie den Menschen in seiner Gesamtheit, als ein ganzes System und nicht seine einzelnen Teile oder

Aspekte. Das Vorgehen unserer Wissenschaften ist analytisch, von unten nach oben sozusagen. Sie untersuchen die Funktion der Teile und versuchen aus der Summe dieser Funktionen das Verständnis des Ganzen abzuleiten. Dieser Ansatz widerspricht den Erkenntnissen des modernen systemischen Denkens diametral. Die Eigenschaften eines komplexen Systems können nie durch die Betrachtung seiner Einzelteile verstanden werden. Die Yogis wählten den anderen, den nach unserem modernen westlichen Verständnis einzig richtigen Weg. Ihre Vorgehensweise war synthetisch, ganzheitlich, von oben nach unten. Sie beobachteten das Individuum (also vor allem seinen Geist und seine Lebensenergie) sowie seine Interaktionen mit der Umgebung – sie sahen den Menschen in seinem gesamten inneren und äußeren Kontext. Das Detailverständnis der Nervenzellen, Synapsen oder auch ganzer Regionen des Gehirns ist sehr nützlich, wird uns aber nie zu dem Verständnis des menschlichen Geistes führen. Wir werden daraus nie das Wissen schöpfen können darüber, wie der Mensch glücklich und erfüllt wird oder warum er nach Vervollkommnung strebt. (Das Gleiche gilt übrigens auch für das Leben überhaupt: Wir werden nie dieses Phänomen durch die Untersuchung der Zellen oder biochemischer Verbindungen erfassen.) Für die Untersuchung des menschlichen Geistes steht uns nur ein einziger Weg offen: unser eigenes Bewusstsein. Diesen Weg sind die großen Yogis bis zur Perfektion, bis zu Vervollkommnung gegangen. Diesen Weg gehen sie auch heute.

Was sind ihre Erkenntnisse bezogen auf unser Denken? Das, was wir menschlichen Geist nennen, also das, was denkt, fühlt, fragt, entscheidet, urteilt und will, besitzt vier innere Organe, die vier Organe des Geistes.

Das erste Organ des Geistes ist das Gedächtnis (Chitta in Sanskrit). Dort wird alles, was unsere Sinnesorgane empfangen, und überhaupt alles, womit unser Geist in Berührung kommt, gespeichert. Es sind nicht nur Informationen aus der Außenwelt, sondern auch alles, was im Geiste selbst entsteht. Damit werden im Gedächtnis nicht nur Fakten und Erfahrungen, die wir durch die Sinnesorgane empfangen, sondern auch Wünsche, Sehnsüchte, Ideen, Zuneigungen und Abneigungen und Entschlüsse gespeichert, und zwar restlos alle. Auch Glaubenssätze, Vorurteile und mentale Modelle, die durch wiederholte Gedanken und Erfahrungen entstehen, haben ihr Zuhause dort.

Das Gedächtnis ist die Quelle aller Gedanken und Emotionen, also Basis für alles Denken. Weil der menschliche Geist immer wieder geboren wird (Reinkarnation), umfasst unser Gedächtnis nicht nur die Folgen unseres Daseins in diesem konkreten Körper, sondern auch in allen Körpern davor, also auch den tierischen. Diese sehr lang gelagerten Erlebnisse oder Wünsche wandern in ihrer Essenz mit uns von einem Körper zum nächsten. Das ist der Grund, warum bisweilen auch Eindrücke auftauchen, die wir nicht zuordnen können oder die bestimmten Automatismen folgen. Das meiste aber, was auf die Oberfläche unseres Denkens und Fühlens gelangt, sind die Eindrücke aus diesem Leben. Sie geben dem Geist den Anlass, sich mit ihnen zu beschäftigen.

Diese Beschäftigung hat nicht nur eine augenblickliche Dimension. Der Geist unterliegt auf seiner Reise einer Entwicklung. Das Ziel dieses Entwicklungsprozesses ist, das Bewusstsein in jedem Individuum, das sich ja durch seinen Geist von allen anderen Individuen abgrenzt, zur Vollkommenheit zu bringen. Die Beschäftigung des Geistes mit den gespeicherten Ergebnissen des Denkens und Fühlens ist ein wichtiges Mittel dieser Entwicklung.

Das zweite Organ des Geistes ist das Denk- und Empfindungsorgan (Manas in Sanskrit). Hier entstehen (und verfliegen) ununterbrochen Gedanken. Auch Gefühle, Emotionen und Impulse spielen sich in diesem Organ ab. Wenn das Denk- und Empfindungsorgan gerade aufnahmefähig ist, bearbeitet es auch als zweite Instanz nach dem Gedächtnis alles, was das Chitta durch die Sinnesorgane empfangen hat.

Das Denk- und Empfindungsorgan befindet sich in einem ständigen Fluss. (Wenn Sie es überprüfen wollen, versuchen Sie, für einige Sekunden nur, nicht zu denken.) Es ist auch gierig wie ein Kind, das alles haben will, was es sieht. Es ist ruhelos, wirr. Es kann nicht entscheiden, was gut und was nicht gut ist, und zweifelt an allem. Außerdem wägt es ab und vergleicht, beurteilt und verurteilt alles und jeden. Dabei kann es sich an den Zuneigungen und Abneigungen sowie Vorstellungen und Wünschen aus dem Gedächtnis orientieren. Das Ergebnis dieser Aktivität hat nur am Rande etwas mit der objektiven Wirklichkeit der Außenwelt zu tun.

Wenn man den Geist mit einem Ozean vergleicht, ähnelt die Aktivität des Denk- und Empfindungsorgans den Wellen, die auf dessen Oberfläche pausenlos entstehen und vergehen. Diese Wellen sind nicht nur

Gedanken und Gefühle. Es sind Launen, Impulse, Instinkte, Stimmungen, Befürchtungen, Ängste, angebliche Vorahnungen… Das Denk- und Empfindungsorgan besitzt außerdem die Fähigkeit, die aufsteigenden Gedanken, Ängste oder Launen neu zusammenzusetzen – die Wellen überlagern sich, Fantasien, Ideen, Luftschlösser aus Gedanken und Emotionen entstehen. Dieses ganze Geschehen bewusst und kritisch beobachten zu können bringt einen enormen Vorteil und erhöht erheblich das Ergebnis aus unserer geistigen Aktivität.

Über das Bild, das sich dem bewussten Beobachter am Anfang bietet, könnte man herzhaft lachen, wenn es nicht einen selbst betreffen würde. Das Denk- und Empfindungsorgan läuft hierhin und dorthin und wir laufen hinterher. Es ist, als wenn ein kleines Kind einen noch jungen und undressierten Schäferhund ausführt – der Hund rennt hinter allem her, was ihm unter die Augen oder die Nase kommt, und zieht dabei unaufhaltsam den Besitzer hinter sich her. Mit fortschreitender Praxis der Selbstanalyse, während man wächst, lernt man selbst zu entscheiden, wohin man geht, und das Denk- und Empfindungsorgan folgt wie ein gut dressierter Hund.

Das, was wir Herz nennen, unsere Gefühle, spielt sich ebenfalls im Denk- und Empfindungsorgan ab. Das Herz ist ein besonderer Platz, ein Garten, geräumig und verwachsen. Auf dem Kompost unserer Emotionen lässt es bisweilen wunderschöne, duftende Blumen aufblühen. Das Blumenbeet aus all diesen Blumen nennen wir Liebe. Es markiert einen Weg, der uns irgendwann aus dem irdischen Garten in den Garten Eden führen kann. Das Herz täuscht uns aber auch bisweilen Lilienblüten vor, die sich später als aus Kunststoff erweisen. Es kann die Obststräucher der Leidenschaft zum dornigen Dickicht verwildern lassen. Manchmal, wenn nicht rechtzeitig gejätet, erwächst dort aus unscheinbaren Samen ein dunkler Wald. Das Herz braucht einen umsichtigen Gärtner.

Zwischen dem Denk- und Empfindungsorgan und dem Gedächtnis gibt es einen ständigen Austausch. Die Gedanken und Emotionen werden im Gedächtnis deponiert oder von dort abgerufen; die gespeicherten Eindrücke, Wünsche, Vorstellungen rufen Gedanken, Gefühle und Emotionen hervor. Man kann diese ständige Interaktion als Austausch zwischen dem, was uns unbewusst, und dem, was uns bewusst ist, sehen. Wenn wir in dem Bild des Ozeans bleiben, wäre das Gedächtnis seinen tieferen Schichten vergleichbar. Auch in einem Ozean gibt es Tiefen, zu denen wir nicht einfach Zugang haben können und die von dem Geschehen auf der Oberfläche unberührt bleiben.

Wenn das Denk- und Empfindungsorgan immer unentschieden und widersprüchlich bleibt – was in uns sagt „Tu dies oder lass jenes, das ist richtig, das andere ist falsch“? Es ist der Verstand (Sanskrit: Buddhi). Er ist der unterscheidende Intellekt und dem Denk- und Empfindungsorgan übergeordnet. So wie das Letztere von Emotionen und Launen beherrscht ist, ist der Verstand der Ort der Unterscheidung und des Urteils. Aus dem Wirrwarr der Gedanken baut er etwas Zusammenhängendes und von Bestand. Dabei kann er logisch, abstrakt oder konzeptionell vorgehen. Er besitzt auch die Fähigkeit zur bildlichen Übertragung. Es ist eine andere Art Denkens, die im Licht des Intellekts stattfindet, im Gegensatz zum Zwielicht des Denk- und Empfindungsorgans und der Dunkelheit des Unwillkürlichen.

Nun kann man sich fragen, was öfter über unser Verhalten und Handeln bestimmt. Wenn Sie etwas in der Selbstanalyse geübt sind, wird die Antwort sehr klar: Es ist das Denk- und Empfindungsorgan! Alte Wünsche oder Gewohnheiten aus dem Gedächtnis tauchen dort auf, rufen eine unwillkürliche, oft emotionelle Reaktion hervor, und schon greift die Hand zu einer Praline oder der ganze Körper steigt ins Auto und fährt in die Diskothek.

Man kann sich das Geschehen bildlich wie eine Bankfiliale vorstellen. Es gibt eine Theke, an der jeder, der von außen kommt, bedient wird. Auch interne Aufgaben werden dort zur Bearbeitung oder zur Ablage hingereicht. Weiter hinten, an einem Tisch, sitzt ein übergeordneter Angestellter. Er kann manche Vorgänge, die vorne an der Theke erledigt werden, an sich ziehen, falls er sie für wichtig hält. Die Theke ist das Denk- und Empfindungsorgan, die Aufgaben kommen entweder von außen über die Sinnesorgane oder aus dem Gedächtnis. Der übergeordnete Angestellte im Hintergrund ist der Verstand. Das Ganze funktioniert auch in die entgegengesetzte Richtung: Wenn der Chef etwas entscheidet, gibt er es zur Ausführung an die Theke. Wie in jeder ordentlich geführten Bank werden alle diese Vorgänge archiviert und sicher aufbewahrt.

Nun haben wir aber gesagt, dass es vier Organe des Geistes gibt. Was ist das vierte? Denken Sie jetzt an das, was Ihnen sagt, dass Sie es sind, an das, was wir als das Ich betrachten. Es sagt uns: Ich bin eine Frau, ich bin eine Anwältin, ich bin reich, ich bin ein Franzose, ich bin dick, ich bin krank und dergleichen. Dieses Etwas sagt uns auch: Ich habe es getan, das Essen habe ich gekocht, die Position in der Firma habe ich meiner guten Arbeit zu verdanken, ich habe alles vermasselt… Dieses

Ich-Bewusstsein (Ahamkara in Sanskrit) ist das vierte Organ des Geistes. Es wird auch Ego genannt. Es schafft das Bild der Individualität in uns und lässt uns ein Teil der Realität, außen und innen, als unser Eigenes betrachten. Es erzeugt in uns außerdem das Gefühl der Überlegenheit. Dieses „ich" und „mein" ist der Ausgangspunkt und das Ziel aller unserer Handlungen. Das Ich-Bewusstsein ist für uns unsichtbar, weil wir unhinterfragt seinen Standpunkt einnehmen. Das ist verständlich, weil es den Weg markiert, auf dem wir bisher immer gegangen sind. Auf diesem Weg haben wir uns darüber hinaus als menschliche Rasse entwickelt. Die Kraft, die uns geführt hat, war zwar der Verstand, aber die Leitplanken kamen vom Ego. Um das Ich-Bewusstsein zu sehen, müssten wir den Standpunkt verändern.

Es ist von entscheidender Bedeutung, dass man diese Organe als das betrachtet, was sie sind: als Instrumente. Wir sind nicht diese Instrumente – wir benutzen sie. Wie mit allen Instrumenten gilt es, dass man ihre Handhabung lernen und perfektionieren kann.

Nehmen wir zur Veranschaulichung der Funktionsweise aller vier Organe des Geistes ein simples Geschehen aus unserem täglichen Leben. Ich gehe an einer Cafeteria vorbei und sehe in der Vitrine ein Stück Kuchen (ein Sinnesreiz). Einen solchen Kuchen habe ich schon mal gegessen und er war köstlich (das Gedächtnis). Soll ich ihn essen oder nicht? Ich bin doch gar nicht hungrig, aber Wasser läuft mir im Mund zusammen. Ich weiß nicht, was ich tun soll (das Denk- und Empfindungsorgan). Nein, es ist nicht richtig. Ich esse sowieso zu viel Süßes. Das ist ungesund (der Verstand). Ich entscheide mich weiterzugehen und bin ein bisschen stolz auf mich, dass ich der Versuchung widerstanden habe (das Ich-Bewusstsein).

Wenn Sie mit diesem Wissen ernsthaft versuchen, Ihre Gedanken und Gefühle in Echtzeit zu beobachten, werden Sie schnell sehr viel darüber lernen, wie Menschen denken und warum sie so reagieren und so entscheiden, wie sie es tun. Dieses Wissen wird Ihnen in Ihrem täglichen Leben sehr helfen. Die Mechanismen des Geistes sind bei allen Menschen gleich: Unsere Emotionen schalten den Verstand weitgehend aus, unser Ich-Bewusstsein macht unsere Ansichten und Entscheidungen parteiisch, ohne dass wir es merken, unsere Gefühle verfärben und verformen die Realität usw. Dieses Wissen wird Ihnen ermöglichen, in mindestens acht von zehn Fällen voraussehen zu können, was eine konkrete Person in einer bestimmten Situation tun wird. Aber vor allem wird diese Übung

Ihre eigenen Entscheidungen und Reaktionen klären und Ihren Verstand öfter zu Wort kommen lassen.

Was uns unsere westliche Psychologie sagt, erschwert eher das Verständnis des Geistes, als dass es hilft. Im Westen setzt man den menschlichen Geist mit dem Bewusstsein gleich. Das führt zu Verwirrung. Das von den Yogis beschriebene Bewusstsein ist umfassender. Alles, was nicht Materie ist, gehört zum Bewusstsein.[4] Im Menschen umfasst es drei Ebenen. Unter den Organen des Geistes liegt eine Ebene, die mit der Aktivität unseres Gehirns und überhaupt des Körpers verbunden ist, die für den Geist unbewusst bleibt – das Leben in uns (Prana in Sanskrit). Es gehört ebenfalls zum Bewusstsein. Der enorme Speicher des Gedächtnisses entzieht sich zwar unserer bewussten Ergründung (wir sehen die dort gespeicherten Eindrücke erst dann, wenn sie ins Denk- und Empfindungsorgan aufsteigen), er gehört aber trotzdem zu der Ebene des Geistes (Antahkarana in Sanskrit). Was man im Westen als Unterbewusstsein bezeichnet, würde man dem Gedächtnis zuordnen. Es gibt aber auch eine dritte Ebene, zu der keines der Organe des Geistes in seinem gewöhnlichen Zustand Zugang hat. Die Weisen Indiens nennen sie Reines Bewusstsein (Atman in Sanskrit). Wir nennen sie Seele. Diese Ebene ist von dem denkenden, dem „groben", dem „westlichen" Bewusstsein zu unterscheiden. In Wirklichkeit ist unser Geist eine Manifestation dieses Reinen Bewusstseins – seine Organe repräsentieren verschiedene Aspekte der Seele, unseres wahren Selbst. Warum sehen wir das Reine Bewusstsein nicht? Unser Ich-Bewusstsein schirmt es ab, drängt sich dazwischen und gibt vor, unser eigentliches Selbst zu sein.

Versuchen wir die Funktionsweise des menschlichen Geistes mit einer Metapher zu verdeutlichen. Das Denk- und Empfindungsorgan ist unser Tor zur Außenwelt, schirmt uns jedoch gleichzeitig von der Realität, wie sie wirklich ist, ab. Zwischen der Wirklichkeit, der objektiven Wahrheit und unserem Geist spannt es einen feinen, halbdurchsichtigen Schleier auf. Das ist allerdings noch nicht alles. Von innen können unsere Gefühle, Emotionen, Erinnerungen, Wünsche, verstärkt durch das Ich-Bewusstsein, auf diesen Schleier Bilder projizieren. Da diese Bilder unsere Aufmerksamkeit meistens stärker erregen als die wahren Bilder aus der

---

4 Genauer genommen ist auch die Materie Bewusstsein, das der grundlegende „Stoff" des Universums ist. Für weitere Erklärungen des so verstandenen Bewusstseins verweisen wir auf das Kapitel „Philosophische Ergänzung" am Buchende.

Außenwelt, wird dieser Schleier oft zu einer richtigen Abschirmung. Um diesen Schleier zu sehen, müsste man zuerst erfahren, dass es ihn gibt, ihn dann fokussieren (was extrem schwierig ist, wenn man die dafür notwendigen „Sehmuskeln" nicht trainiert hat) und zu guter Letzt, nach einer langen Yoga-Praxis, herunterreißen (was ein Kraftakt ist, weil man dadurch die lieb gewonnenen Bilder der eigenen Gefühle und Wünsche verlieren muss).

Mit diesem Wissen über den Menschen schauen wir jetzt erneut auf die vier Fähigkeiten, die uns als Menschen ausmachen. Der Intellekt ist ein anderer Name für den Verstand. Das Gewissen spielt sich im Verstand ab. Wenn wir unser unwillkürliches Handeln, das dem Denk- und Empfindungsorgan folgt, unterbrechen und verspüren, dass etwas richtig ist, benutzen wir das „Organ" des Gewissens. Es obliegt dem Verstand, bei seiner Entscheidung der Stimme des Gewissens zu folgen. Schon allein die Bezeichnung „verspüren" sagt aus, dass die eigentliche Quelle des Gewissens außerhalb des Verstandes liegt – in diesem Fall in der Seele. Die Seele befindet sich abseits des Geistes. Das Bewusstsein liegt auch jenseits des Körperlichen. Man kann sich die Seele als eine unvorstellbar subtile Energie vorstellen und sie mit Elektrizität vergleichen: Der Körper ist dann eine Glühbirne, die von der Seele zum Leuchten gebracht wird. Die vier Organe des Geistes plus die Lebenskraft sind das Licht.

Auch das Mitgefühl und die reine, erwartungslose Liebe entspringen der Seele. Sie bilden das Flussbett, das das Wasser des menschlichen Geistes zu seinem Bestimmungsort führt. Der Drang, als Mensch zu wachsen, in der Dimension des Bewusstseins zu reifen, kann man mit der Gravitation vergleichen – der Fluss hat keine andere Möglichkeit, als letztendlich gen Ozean zu fließen.

Wir haben also drei Ebenen, auf denen wir die Welt erkennen können: Wir erfassen die Materie mit den Sinnesorganen. Wir erfassen Gedanken, Gefühle, Ideen, Konzepte, Regeln usw. mit den Organen des Geistes. Bei einer sehr weit entwickelten Konzentrationsfähigkeit, wenn das Denken zum Stillstand kommt (wie das bei der ausgebildeten Fähigkeit zur Meditation, bei langer Vertiefung im Gebet oder in einem gewissen Grad auch bei einer intensiven, andauernden Konzentration auf nur einen Gedanken – zum Beispiel wenn wir kreativ sind – der Fall ist), erfassen wir mit unserem Reinen Bewusstsein das Reine Bewusstsein hinter dem Geist und der Materie.

Diese drei Ebenen erleben wir auf natürliche Weise jede Nacht, wenn wir schlafen. Im Schlaf entkoppeln wir uns von den Sinnesorganen und verlassen damit die Domäne des Materiellen. Während wir träumen, sind wir unser Geist. Er erschafft eine Welt, die uns genauso real erscheint wie die mit den Sinnen erfahrbare, und in dieser Welt uns selbst. Und doch entpuppt sich diese Welt nach dem Erwachen als bloße Gedanken. Im Tiefschlaf ohne Träume, wenn unser Geist verstummt, befinden wir uns in der grenzenlosen Domäne des Reinen Bewusstseins. Es ist uns nur nicht bewusst. Das unterscheidet den Tiefschlaf von Meditation.

Es gibt auch drei Ebenen des Glücks: das körperliche, das geistige und das Glück, das wir in der Seele erfahren können. Wenn wir uns ernsthaft und praktisch mit dem Funktionieren unserer eigenen Organe des Geistes beschäftigt haben, wird es uns klar, dass ein andauerndes Glückgefühl ohne ausgeprägte Kontrolle über die Sinnesorgane und vor allem über das Denk- und Empfindungsorgan nicht möglich ist.

Als wir im Abschnitt „Gesellschaft und ihre Instrumente" die Parallele zwischen der Gesellschaft und einem handelnden Subjekt gezogen haben, haben wir die Kultur mit seinen Organen des Geistes verglichen. Auch die Kultur hat ihr Gedächtnis (in dem nichts wirklich verloren geht), ihr Denk- und Empfindungsorgan (die Bühne, die von gegenwärtigen Ideen und Emotionen bespielt wird), ihren Verstand (das Nachdenken der Wissenschaft und anderer geistiger Eliten) und ihr Ich-Bewusstsein (ihre Identität und Selbstbehauptung).

Wer bestellt das Feld?

Die allererste Pflicht jedes Menschen ist, seine Organe des Geistes zu läutern.

Yoga Vasishtha

Unsere innere Welt wird eingerichtet und beeinflusst unser Denken und Handeln lebenslang. Am Anfang unseres Lebens geschieht das durch den Einfluss der Familie, unserer sozialen Umgebung und durch die Schule. Bei einigen gehört noch die Religion dazu. Heute haben die Medien und die Werbung zunehmend Einfluss darauf, was und mit welcher Bewertung andere in unserer inneren Welt ablagern und was wir selbst dort aufbauen. Im Laufe des Erwachsenenlebens kommen noch die

Gemeinden dazu, in denen wir aktiv sind.

Das Feld unseres Geistes wird also bestellt, ob wir es selbst tun oder lassen. Deswegen macht es viel Sinn, diese Aufgabe bewusst zu übernehmen – letztendlich sind wir diejenigen, die später die Ernte einfahren werden. Das Bestellen geschieht zum einen durch eine bewusste Auseinandersetzung mit den Gedanken anderer. Wir reflektieren darüber, was wir lesen und hören, und erlauben einigen dort gefundenen Samen aufzukeimen. Zum anderen können wir Selbsterforschung und Selbstreflexion betreiben. Diese Praxis ist gar nicht so selbstverständlich, wie man allgemein annimmt. Selbstreflexion setzt Distanz zu seinen eigenen Gedanken und Gefühlen voraus und ist erst dann wirklich möglich, wenn man sich nicht mit seinem Denken und Fühlen und mit seinem Ich-Bewusstsein gleichsetzt.

Den Unterschied zwischen jemandem, der Herr im Haus seines Geistes ist, und jemandem, der dort lediglich als Bediensteter wohnt, macht das Ich-Bewusstsein. Jemand, der Herr über sein Ego ist, darf das Haus bewusst gestalten. Er hat auch einen freien Zugang zur Wirklichkeit außerhalb seiner vier Wände und damit zur Realität. Derjenige, der ein Sklave seines Ich-Bewusstseins ist, nimmt die Launen seines Egos für seinen eigenen Willen und bleibt freiwillig gefangen. Er ist eine Marionette in der Hand seines Stolzes, seiner Selbstwichtigkeit, Rechthaberei und Eifersucht, seines Ärgers, seiner Vernarrtheit. Das ist der Unterschied zwischen Freiheit und Unfreiheit. Das ist auch der Unterschied zwischen Objektivität und Subjektivität. Dem Ersten lohnt es sich zuzuhören. Was der Zweite sagt, schreibt oder denkt, sagt lediglich etwas über sein Ego. Der Erste geht einen Weg zu Erfüllung und Glück. Der Zweite kommt mit der Zeit bei Schmerz und Leere an.

So wie Menschen in einer andauernden Anstrengung des Verstandes und des Herzens eine gemeinsame Kultur aufbauen, so baut auch jede und jeder von uns im eigenen Verstand und Herz in lebenslanger Arbeit eine Kultur auf. Diese innere Kultur ist der Zweck und das Ziel menschlichen Lebens.

Das Trauerspiel der Ich-Zivilisation

Wir haben die Systeme unserer Zivilisation mit der Annahme gestaltet, dass die Menschen logisch handeln und mit Vernunft entscheiden. Diese Annahme ist so lange falsch, wie wir es spontan, unreflektiert tun. Und das ist die Regel. Wir können aber beim Aufbau einer neuen Zivilisation selbstkritischer werden. Wenn wir die Fallen unseres Geistes kennen, können wir versuchen, sie zu umgehen.

Die mit Abstand größte Falle ist die Art und Weise, wie das Ich-Bewusstsein unser Denken und Handeln beeinflusst. Diese Falle zu meiden ist unheimlich schwierig, weil sie so gut getarnt ist – als Persönlichkeit. Wenn wir danach gefragt werden: „Wer bist du?", und der Fragende uns klarmacht, dass er nicht unseren Beruf, unsere Nationalität oder Zugehörigkeit zu einer Familie meint, denken wir automatisch an unsere Individualität, unsere Persönlichkeit. Weil wir uns die Frage „Wer bin ich?" nie stellen, identifizieren wir uns mit den Allüren unseres Ich-Bewusstseins: mit dem Geltungsbedürfnis, mit dem Besitzdenken, mit den Begierden und Sehnsüchten. Deswegen sehen wir unsere Voreingenommenheit, Befangenheit, Einseitigkeit nicht. Objektiv zu sein bedeutet, den Standpunkt des Ich-Bewusstseins zu verlassen. Dafür muss man imstande sein, seinen Geist mit all den Regungen und Wünschen von außen zu betrachten. Man kann dann nicht nur das Spiel des Ich-Bewusstseins, sondern auch die Gedanken und Emotionen, die Vorurteile und Gewohnheiten im Denk- und Empfindungsorgan sehen, und man wird sachlich.

In der Wichtigkeitspyramide unserer Kultur stehen die Individualität und Persönlichkeit einsam auf der Spitze. Wir betrachten sie als gut, anstrebenswert – sie können nie zu groß, zu prachtvoll sein. Menschen mit einem großen Ego machen Karriere, auch in der Politik. Das Übergewicht des Ich-Bewusstseins, der Persönlichkeit in der westlichen Kultur ist die eigentliche Ursache der zahlreichen Disharmonien und Ungleichgewichte unserer Zivilisation: zwischen dem vom Menschen beanspruchten Raum und der Natur, zwischen dem Körper und der Seele, zwischen dem Haben und dem Sein. Die Natur, die Seele und das Sein gedeihen in Harmonie. Bequemlichkeit, Sinnesfreuden und Gier kennen aber kein Limit. Wenn etwas kein Gleichgewicht, keine Sättigung kennt, ufert es aus. Das ist unsere Welt.

Wir brauchen dringend mehr Sachlichkeit und Objektivität in der gesellschaftlichen Diskussion über die Zukunft und mehr Vernunft und Logik bei ihrer Gestaltung. Wir brauchen ein politisches System, das Menschen mit übergroßem Ego von der Macht fernhält. Dafür müssen wir uns mehr mit unserem Denken und Fühlen und mit den Spielen unseres Ich-Bewusstseins beschäftigen. Wir müssen lernen, unsere inneren Organe des Geistes fachkundig zu benutzen. Wir müssen unsere Zivilisation auch im Inneren aufbauen.

ZIELE, WERTE, BILDER

Schauen Sie sich um: Diese Welt ist ein wunderschöner Garten. Es gibt Myriaden von Blumen und Blättern, Gräsern und Bäumen, Schmetterlingen und Würmern, Tieren und Menschen. Eine unendliche Zahl von Lichtquellen und Staubpartikeln, die dieses Licht reflektieren, verziert diesen Garten. Worte und Töne rauschen darin und es gibt sogar eine Brise, die zum Abend die Haut des Elefanten streichelt.

Nun kann man die Frage stellen, wessen Garten das ist. Wenn man antwortet, dass er uns gehört, fängt man an, ihn mit Baggern zu planieren und die Pflanzen auszureißen, wenn sie nicht angenehm riechen oder für uns nicht essbar sind. „Macht euch die Erde untertan." Man betrachtet dann den Garten als ein Mittel zu Sinnesfreuden und Vergnügen, eine Gelegenheit, Geld zu machen, einen Platz zum Feiern, einen Spielplatz für unser Ego.

Wenn man aber antwortet, dass dieser unbegreiflich schöne und reiche Garten dem Schöpfer gehört und wir hier nur zu Gast sind, verhält man sich mit Rücksicht und ist dankbar, dass man an dieser Schönheit teilhaben darf und dort einen Platz bekommen hat, um darüber nachzudenken, wie man den Aufenthalt am besten verbringt und was eigentlich sein Zweck ist.

Die westliche industrielle Zivilisation ist das Ergebnis der ersten dieser Antworten. Das war sie sogar noch zu Zeiten, als die Menschen hier an den Schöpfer des Gartens glaubten. Die dem Garten zugefügte Zerstörung ist Beweis genug, dass diese Antwort falsch sein muss. Machen wir uns also die zweite Antwort zu eigen.

Wir sind Gäste auf diesem Planeten und dürfen ihn eine Zeit lang bereisen. Wir kommen zwar ohne Fahrschein, werden aber beim Verlassen einen vorzeigen müssen.

Versuchen wir unsere Werte und Ziele neu zu denken. Versuchen wir, uns unseren Fahrschein zu erarbeiten.

In diesem Teil des Buches werden wir unsere Zivilisation neu designen, also Modelle skizzieren, die sie stark für die Gegenwart und die Zukunft machen. Der Weg zum neuen Westen führt durch Kultur: durch Werte und Überzeugungen, durch Annahmen, Ängste und Wünsche der Menschen, durch Bilder und Metaphern. Sie sind die Voraussetzung für die Umgestaltung der Bildung, der Wirtschaft, der Regeln, nach denen wir in der Gesellschaft Entscheidungen treffen. Ohne diesen kulturellen Unterbau ist jede Gestaltungsanstrengung zum Scheitern verurteilt.

Alle menschlichen Probleme und alle Probleme unserer Zivilisation beruhen auf Ignoranz. Sie ist unser eigentliches Problem. Es ist so einfach zu lösen – man braucht nur das richtige Verständnis. Es ist so schwer zu lösen – man braucht das richtige Verständnis.

Aus diesem Grund versuchen wir jetzt erneut über unser Selbstverständnis nachzudenken. Diesmal werden wir es aber kritisch hinterfragen und Änderungen vorschlagen, die die Neugestaltung des Westens unterstützen würden. Damit versuchen wir, den Raum für die westliche Kultur und Zivilisation neu zu zeichnen.

Anti-Freud

In unserer Kultur steht das Individuum im Mittelpunkt. Deswegen ist es so wichtig, wie der Mensch verstanden wird. Wir verstehen ihn als die Summe aus dem Körper und dem Geist. Leider wissen wir nicht wirklich, wie der menschliche Geist funktioniert – er ist für uns etwas Amorphes, mit Nebel überzogen. Deswegen hatte Sigmund Freud keine Mühe uns einzureden, dass wir unseren Trieben ausgeliefert sind. „Okay", sagten wir uns, „da wir nichts dafür können, dass es in uns Begierden, Machtsucht oder Gier gibt, können wir sie auch einfach ausleben. Also habt Spaß!"

Das war ein schwerer Stoß für unsere Kultur. Er gab ihr eine Richtung, die sie zerstören kann. Die Überzeugung, dass jeder für sich, für sein Leben und seine Taten verantwortlich ist, war ein Grundstein des westlichen Selbstverständnisses. Wir dürfen diese Überzeugung nicht relativieren lassen, auch nicht von Leuten, die sich hinter dem Schild der Wissenschaft verstecken. In Gegenteil, wir müssen sie stärken und ausweiten, nämlich auf die Gesellschaft, auf die Gemeinden, in denen wir wohnen, lernen, arbeiten oder um die Gerechtigkeit kämpfen.

Freud schaffte durch seine Thesen auch die Moral de facto ab und ersetzte sie durch das Unterbewusstsein. Das Es steuere uns, wir könnten also für unser Verhalten nicht zur Verantwortung gezogen werden. Die Moral wurde in das Ich-Ideal verschoben und in der Gesellschaft in die

Normen, die aus der Summe der Über-Ich-Vorstellungen der Einzelnen entstanden wären. Freud entdeckte in uns die Triebe und Gelüste, unser animalisches Erbe, zeigte uns aber keinen Weg aus dem Animalischen hin zur Entwicklung in unserer Menschlichkeit. Das Ergebnis ist, dass wir den Menschen als ein Konglomerat aus Trieben, Gefühlen, Intellekt und einer von außen aufgedrückten Moral begreifen. Das verstärkt unser Gefühl der Heimatlosigkeit.

Der Mensch ist ein Universum an sich und man kann dort alles finden – viel mehr, als die Psychoanalytiker und Psychologen sehen wollen. Es gibt dort tiefe, grobe Regionen und hohe, feine Sphären. Der menschliche Geist ist ein Kontinuum, das im Animalischen anfängt und im Göttlichen endet. Es ist sicherlich hilfreich, diese Regionen in Bereiche zu unterteilen, aber nur, um den Menschen zu helfen, sich selbst zu verstehen und ihm den Weg seiner Entwicklung als Individuum aufzuzeigen. Das eigentliche Wesen der Menschlichkeit besteht darin, dass der Mensch sein animalisches Erbe hinter sich lassen und durch eigene Anstrengung wachsen kann. Das wäre das Wichtigste, was ihm die Psychologie sagen sollte.

Wir müssen dringend wieder zu diesem Menschenbild zurückfinden. Wir werden den Weg dorthin nur erkennen, wenn wir Sigmund Freud begraben.

Weltbild

Die Schöpfung ist aus einem Guss und ist kein Zufall. Die Welt hat einen Sinn; ihr liegt so zu sagen ein Drehbuch zugrunde und wir, jede und jeder von uns, haben eine kleine Rolle zu spielen. Wie wir sie spielen, macht den Unterschied.

Muss ich daran glauben? Nein. Die Frage, die wir uns allerdings dann trotzdem gefallen lassen müssen, ist: Führt dieses Weltbild nicht zu einer besseren Welt? Unser heutiges Weltbild ist die zufällig entstandene Erde, in der durch mehr oder weniger zufällige Verbindungen von Molekülen das Leben entstand, das zufällig zum Menschen führte. Das legt die Schlussfolgerung nahe, dass das, was wir tun, nur so weit einen Sinn hat, wie es uns gerade dient und uns angenehm ist. In der heutigen Welt hat der Mensch keine Verpflichtungen außer denen, die er sich selbst gibt. Einen größeren Rahmen, größer als die Zeitspanne zwischen der Geburt und dem Tod, gebe es dort nicht, bis auf den Rahmen, den sich einige aus Naivität oder Angst ausmalen würden. Wendet man den Überall-Test auf dieses Denken an, bekommt man die Welt, in der wir heute leben. Würden alle dagegen diese Erde als ein Teil der göttlichen Schöpfung sehen und sich selbst als Gottes Kinder, die sich auf dem Weg zur Vervollkommnung befinden, würden sie das Leben als etwas Heiliges betrachten und das, was sie tun oder unterlassen, in einen größeren Rahmen stellen. Alles, was jede und jeder von uns tut und denkt, ist in einer solchen Welt von bleibender Bedeutung. In welcher dieser beiden Welten wollen wir leben?

Und was enthält das Drehbuch? Alles, was es im Universum gibt, die gesamte Entwicklung der Materie und des Lebens, führt irgendwann zu einer perfekten Manifestation des Reinen Bewusstseins. Es ist sozusagen eine unglaublich aufwendige Inszenierung, um den Menschen hervorzubringen, ihm zu ermöglichen, seinen Geist zu entwickeln und zu läutern, bis er in perfekter Glückseligkeit des Reinen Bewusstseins seine Bestimmung erlangt. Mit dem Menschen ist nicht die Gattung, sondern Sie, Ihr Nachbar, Ihre Tochter und Ihr Sohn gemeint. Das gesamte Universum verdichtet sich in Ihnen und in jedem anderen einzelnen Menschen, um in seinem gereinigten Geist das vollendete Licht des Reinen Bewusstseins aufleuchten zu lassen. Eine Supernova der perfekten Befreiung. Die Welt ist also nicht irgendein Drehbuch und wir sind keine Statisten. Jede und jeder von uns spielt dort die Hauptrolle.

Selbstverständnis der Menschen

Das führt zu der Frage, was Mensch ist. Er ist nicht der Körper. Der Körper unterscheidet uns nicht grundsätzlich von anderen Lebewesen. Alle seine Vergnügen und Annehmlichkeiten sind auch den Tieren bekannt. Ist er der Geist? Der Geist ist Emotionen; Tiere haben sie auch. Der Geist ist außerdem das Denken, der Wille und die Liebe. Diese Fähigkeiten unterscheiden sich von denen der Tiere entscheidend. Der Geist lebt allerdings in einer illusorischen Welt der Selbsttäuschung, aus der er zu erwachsen versucht. Wir lassen uns von unseren Sehnsüchten nach Anerkennung oder nach Geliebtwerden, von unseren Begehrlichkeiten und Lüsten, von Ärger oder Stolz, von Neid oder Eifersucht führen. Sind wir die Summe dieser Begehrlichkeiten oder des Stolzes? Sie ziehen doch an uns in verschiedene, oft in entgegengesetzte Richtungen. Warum also entwickeln wir uns überhaupt? Was ist die Sonne, gen die wir wachsen? Es ist die Seele in uns. Sie ist unser eigentliches Selbst.

Der Körper ist also das Vehikel, in dem der Geist am Steuer sitzt, um irgendwann, am Ende einer unendlich langen Irrfahrt am Ziel der Seele anzukommen.

Ist meine Rolle in dieser Welt also klein oder groß? Es trifft beides zu. Ich bin ein Mensch unter Milliarden von Menschen, ein Lebewesen in einem unbegreiflich komplexen Konzert aus Quadrillionen, Dezillionen Lebewesen. Gleichzeitig ist das Ziel dieser Schöpfung in mir selbst und nur ich kann es erreichen.

Was kann ich daraus in Bezug auf meine Mitstreiter, auf das gesamte Orchester ableiten? Jede Lebensform und jeder Mensch haben dort seinen Platz, keiner ist besser als die anderen und keiner ist überflüssig. Die Harmonie, der perfekte Klang des Konzertes kann allerdings nur im Ohr, im Geiste eines einzelnen menschlichen Zuhörers entstehen.

Beziehung zur Umgebung

Den Konzertsaal müssen wir dabei für die Musiker und Zuhörer, die nach uns kommen werden, in einem guten Zustand übergeben, sodass sie auch die Chance bekommen, die Harmonie der Musik zu erleben.

Die Vorstellung, dass wir Körper sind, führt dazu, dass wir Gegenstände, also Materie häufen. Die Vorstellung, dass wir Geist sind, erzeugt einen Marktplatz der Wünsche und des Egos. Erst die Überzeugung, dass wir hinter der Kulisse aus Materie und dem Zuflüstern des Souffleurs unseres Geistes Reines Bewusstsein, die Seele sind, bewirkt eine Umgebung, in der wir liebevoll miteinander umgehen, die wirklich lebenswert ist.

Das Anhäufen von Gegenständen zerstört die Natur, in der wir leben – Natur, auf die wir mit unserer schieren Existenz angewiesen sind. Wir werden wieder lernen müssen, im Einklang mit der Natur zu leben; das bedeutet einfacher und nachhaltiger.

Das Leben des Menschen ist wie ein Brand: Unkontrolliert breitet er sich wie ein Lauffeuer aus und zerstört Feld und Wald. Wenn wohlgeregelt, gibt er Wärme und Licht und ist ein Segen für die Umgebung und für alle anderen Menschen.

Beziehung zu den anderen

Es gibt ein Geheimnis, das nur wenige kennen: Menschen mögen Menschen mit ausgeprägtem Ich-Bewusstsein nicht. Wir denken, dass wir mehr Ansehen gewinnen, wenn wir etwas darstellen, wenn wir eine wichtige Rolle spielen. Die Menschen lassen uns das glauben, wenn sie etwas von uns wollen oder uns einfach ertragen möchten. In Wirklichkeit mögen und schätzen wir die anderen, wenn sie bescheiden und liebevoll sind. Dieses Geheimnis machten sich die Filmemacher zunutze, als es noch Filme über Menschen und nicht über Roboter oder Monster gab. Wenn sie einen Charakter für die Zuschauer sympathisch erscheinen lassen wollten, machten sie ihn selbstlos.

Das zweite große Geheimnis bei unserem Umgang mit anderen ist, dass man umso mehr bekommt, je mehr man gibt. Je weniger man von den anderen erwartet, umso mehr sind diese bereit zu geben. Am reichsten beschenkt wird derjenige, der bedingungslos hilfsbereit ist.

Wettbewerb erzeugt Feindschaft und zerstört. Durch Zusammenarbeit erreicht man in einem sozialen System um Größenordnungen mehr. Der Wettbewerb ist auf Egoismus, Eigennutz und Gier aufgebaut. Das sind alles Bewohner der illusorischen Welt unserer Selbsttäuschung, Eigenschaften, die unser Verständnis trüben. Zusammenarbeit ist in einer gesunden Portion Uneigennützigkeit begründet und setzt ein Einverständnis in Bezug auf das gemeinsame Ziel oder mindestens den Weg, den man gehen will, voraus. Das Erste muss man lernen. Über das Zweite können wir eine Übereinkunft erzielen.

Der heilige Franziskus setzte unserer Beziehung zu anderen Menschen den Rahmen, als er sagte: Denke daran, dass du nichts von dem, was du bekommen hast, mitnehmen kannst, wenn du diese Erde verlässt, sondern nur das, was du gegeben hast. Vyasa fasste alles, was je über Moral gesagt wurde, in einem einzigen Satz zusammen: Die höchste Tugend ist, anderen zu helfen und zu dienen, und andere zu verletzen ist sündhaft. Paramahamsa Prajnanananda fügte dem einen praktischen Rat hinzu: Richtig zu dienen bedeutet, sein Herz durch die Hände ausströmen zu lassen, ohne den Mund aufzumachen.

Was ist uns wirklich wichtig?

Diese Frage haben wir bereits gestellt. Wir stellen sie jetzt erneut, weil wir nach der Antwort tiefer graben möchten.

Es gibt zwei Gravitationszentren im Leben jedes Menschen. Das erste ist die Suche nach Glück, die eigentlich eine Suche nach Liebe ist. Wir wollen Liebe in uns selbst spüren und von ihr umhüllt sein. Das zweite ist die Suche nach Wahrheit, nach Verständnis. Wir wollen die Welt und auch uns selbst verstehen. Diese Suche mündet irgendwann in der Frage: Wer und wozu bin ich? Diese beiden Gravitationszentren im menschlichen Leben sind in Wirklichkeit zwei Facetten derselben Suche: der Suche nach Erfüllung. Sie ist es, was uns wirklich wichtig ist. Ist es nicht so?

Liebe ist die stärkste Kraft im Universum, noch viel stärker als die ganze kosmische Dunkle Energie zusammengenommen. Sie wirkt allerdings in anderen Dimensionen, in den Dimensionen des Bewusstseins. Sie manifestiert sich besonders im Menschen, der ja eine Brücke zwischen der Materie und dem Reinen Bewusstsein darstellt.

Auch diejenigen von uns, die nicht über Erfüllung sprechen wollen, werden zugeben, dass wir Liebe erfahren möchten, am liebsten ununterbrochen. Mit unserem Wachstum als Mensch gewinnen wir auch das Bedürfnis und die Fähigkeit, sie nicht nur zu erwarten, sondern auch zu verschenken. Außerdem sehnen wir uns nach Harmonie und Frieden. Wir suchen nach ihnen zwar zuerst in der Außenwelt, merken aber irgendwann, dass das eigentliche Zuhause der Harmonie in unserem Selbst ist. Sie bringt uns den inneren Frieden, Ausgeglichenheit und Stärke. Das Dritte, was uns wirklich wichtig ist, sind das Verständnis und die Schönheit. Das Verständnis stillt die Neugier unseres Geistes und die Schönheit befriedigt unser Herz.

Keiner dieser Zustände hat seinen Ursprung im Körperlichen. Sie alle haben ihre Wurzeln in der Seele. Wir kümmern uns um unsere materiellen Bedürfnisse und erwarten, dass Liebe, Harmonie und Schönheit zu uns von außen kommen. Wir können sie aber nur in unserem Inneren Universum finden. Sie werden uns von niemandem geschenkt – diese Erwartung muss irgendwann zwangsläufig zur Enttäuschung führen. Diese Geschichte ist so alt wie die Menschheit und wird jeden Tag millionenfach wiederholt. Wenn man Liebe, Harmonie, Verständnis und geistige Schönheit in sich trägt, kann man sie mit anderen teilen. Sie sind das Gegenteil des materiellen Reichtums: Sie vermehren sich, wenn man sie mit anderen teilt. Das Teilen macht unser Leben in der Gemeinschaft schön und lebenswert.

Wir brauchen einen Maßstab für den Erfolg in unserem eigenen Leben und bei unserem Handeln in der Gesellschaft. Wenn Liebe, Harmonie, Verständnis und Schönheit die Sachen sind, die uns allen wirklich wichtig sind, sollten wir sie auch als Maßstab benutzen.

Auf der individuellen Ebene ist alles wertvoll, was uns als Menschen auf dem Weg der Liebe, der Harmonie, des Verständnisses und der Schönheit weiterbringt. In der Gesellschaft ist das wertvoll, was den Einzelnen auf seinem Weg unterstützt – was seinen Geist entwickelt und den Raum für sein Herz verschafft. Das Aktivwerden für das Gemeinwohl, das Dienen und die Bemühung, die natürlichen und die kulturellen Lebensgrundlagen für alle zu erhalten oder zu erlangen, gehören ebenfalls dazu.

Außerdem ist alles wertvoll, was die Natur schützt. Sie ist die Lebensgrundlage für uns und für alle anderen Lebewesen auf unserem Planeten.

Muss ich dieses Menschenbild teilen? Muss ich an die Liebe und Harmonie als die Grundlage der Welt glauben? Glauben Sie nie! Wenden Sie stattdessen Ihren Verstand an. Zu welchem Ergebnis führt Sie der Überall-Test? Wie würde unsere Welt aussehen, wenn Menschen liebevoll zu anderen und zur ganzen Schöpfung wären und deswegen verantwortlich denken und mit Frieden im Sinn handeln würden? Falls das zu einer besseren Gesellschaft führen würde, lassen sie es zu. Und wenn die anderen unsere Welt hin zu mehr Liebe, Harmonie, Verständnis und Schönheit verändern wollen, helfen Sie ihnen. Es ist einfach vernünftig. Es macht Sinn.

Die Welt ist Vielfalt. Wir dürfen nie versuchen, Einheitlichkeit im äußeren Erscheinungsbild, im Verhalten oder in Lebenszielen der Menschen zu erzwingen. Wenn wir uns allerdings bewusst und demokratisch für neue Werte und Grundregeln, die unserer Kultur und Zivilisation eine Zukunft geben sollen, entscheiden, dürfen wir darauf bestehen, dass sie eingehalten werden und mit ihnen alles, was uns wertvoll ist. Die Zivilisation ist wie ein Fluss; ohne Ufer wäre sie kein Fluss, sondern eine formlose Fläche stehenden Wassers. Auf dem Fluss können aber verschiedene Boote reisen, solange sie die Ufer nicht zerstören. Wenn ihnen die Richtung, die der Fluss angenommen hat, nicht passt, müssen sie sich einen anderen Fluss suchen. Wir leben in einer Welt, in der Menschen Flüsse verlassen und andere Flüsse aufsuchen können.

Was können wir von Bharata lernen?

Es würde unserer Kultur guttun, wenn wir unsere westliche Einbildung überwinden würden. Unser Überlegenheitsgefühl ist die typische Haltung eines jungen Emporkömmlings, der von seinem momentanen Erfolg berauscht ist. In dem weltweiten Konzert der Kulturen sind wir höchstens Gymnasiasten. Wenn wir als Kultur so lange überleben wollen wie die Kulturen Indiens oder Chinas, müssen wir ihnen aufmerksamer zuhören und versuchen, von ihnen zu lernen. Es geht nicht darum, dass wir die anderen nachahmen. Es geht darum, dass wir anerkennen, dass es dort für uns viel zu lernen gibt.

Bharata ist der eigentliche Name Indiens und wir nutzen ihn hier, um uns gedanklich von dem, womit wir das heutige Indien assoziieren, zu lösen und uns auf das Wesen, das Beste der dortigen Kultur zu beziehen.

Die Kultur des indischen Subkontinents, und besonders ihr spiritueller Kern, ist auf Demut aufgebaut. Dieses Ideal können wir im Westen nur schwer nachvollziehen. Wir verbinden Demut mit Unterwerfung und sehen darin eine Beschränkung unserer Individualität. Was im Land des Yogas darunter verstanden wird, hat etwas mit der Bereitschaft zu lernen, mit der Offenheit für andere Menschen, mit der Anerkennung der Größe der Schöpfung und mit der Einsicht eigener Unzulänglichkeiten zu tun. Ein Sprichwort in Sanskrit sagt: „Ein mit Früchten beladener Baum verbeugt sich; ein ausgetrockneter Stock verbeugt sich dagegen nie." Die so verstandene Demut ist das Ergebnis der inneren Entwicklung des Einzelnen und die Voraussetzung des Friedens zwischen den Menschen. Demut und die Überwindung des Egos bezeichnen denselben Zustand des Geistes und Herzens. Sie macht stark.

Wir haben in unserem Kulturkreis einige Werte, die uns Zugang zur so verstandenen Demut erlauben: Neugier und die Offenheit für neue Ideen oder Verantwortungsbewusstsein. Wir müssten die Demut nur schätzen lernen und in den Kanon unserer Grundwerte aufnehmen.

Warum sollen wir das tun? Weil wir ohne sie die Natur zerstören und ihre Ressourcen vernichten werden. Weil wir ohne Demut um die Reste dieser Ressourcen kämpfen und töten und getötet werden. Weil wir ohne Demut das Ziel unserer Existenz, das Wachsen in der Menschlichkeit, nicht erreichen können.

Ein anderer westlicher Wert ist eng mit der Demut verwandt: das

Pflichtbewusstsein. Es ist eine Eigenschaft und Fähigkeit des Gewissens – wenn man nur aufrichtig auf es hört, weiß man immer, welches Handeln richtig und welches angemessen ist. Je reiner die Organe des Geistes, umso zuverlässiger die innere Stimme. Was uns Bharata ergänzend sagt, ist, dass wir keinen Frieden haben können, wenn wir unser Pflichtbewusstsein nicht auch nach innen wenden. Wollen Sie Frieden in der Gesellschaft, in der Welt? Dann erreichen Sie Frieden in sich selbst. Es gibt keine andere Methode. Der Frieden in der Welt wird uns nicht geschenkt, noch kann man ihn mit den anderen aushandeln. Er ist das Ergebnis einer harten Arbeit und sie findet im Geist und im Herzen eines jeden von uns statt.

Das Pflichtbewusstsein hat unter den westlichen Werten einen festen Platz. Es ist ein Pfeiler der christlichen Kultur, ganz besonders der evangelischen. Demut ist einfach seine ältere Schwester, die wir in den Schoß der Familie holen müssen.

Die bharatische Philosophie hat eine zweite wichtige Lektion für uns. Unserem christlich geprägten Weltbild liegt, vereinfacht gesprochen, die folgende Grundeinstellung zugrunde: „Wenn ich brav bin, gehe ich in den Himmel; wenn ich mich an die Regeln halte, muss ich an mir nicht viel arbeiten – Gott hat für mich die Arbeit bereits erledigt. Ich muss auch nichts aufgeben – wenn ich sonntags in die Kirche gehe, bin ich à jour." Yoga sagt uns aber: „Höre auf, dich zu belügen – deine Begierden, deine emotionelle Anhaftung führen dich hinters Licht. Du bist abhängig vom Verlangen deiner Sinnesorgane und von den Begehrlichkeiten deiner Organe des Geistes – sie halten dich gefangen. Wenn du frei sein willst, löse dich davon. Das bedeutet viel Arbeit und du musst sie tun. Wenn du alles gegeben hast, wirklich alles, macht Gott den Rest für dich." Kurz gesagt bedeutet diese Grundeinstellung: Arbeite an dir selbst.

Warum sollen wir das tun? Warum sollen wir uns grundsätzlich ändern und unseren Geist auf Kosten unseres Vergnügens und der Befriedigung unserer Zuneigungen entwickeln? Weil uns unsere Sinnesbefriedigung und unsere Gier in eine Welt führen, in der wir nicht leben wollen: die Welt des ausufernden Konsums, der Seichtheit, des Verdrängungswettbewerbs, des Eigennutzes und letztendlich der Gewalt. Weil wir ohne das Wachsen im Geist, im Herz, in der Seele nicht glücklich werden.

Was kann der Westen von Bharata lernen?

Die Designer einer ganzen Zivilisation haben noch eine wichtige Lektion zu lernen. Swami Krishnananda hat die Essenz des Hinduismus so zusammengefasst: „Die Natur hat einen Zweck." Sie ist dafür da, um den Menschen hervorzubringen und ihn in die Richtung der ihm innewohnenden Göttlichkeit zu führen. Ihr Zweck ist also die Entwicklung des Bewusstseins, bis es mit dem Reinen Bewusstsein, dem eigentlichen Substrat des Menschen und alles Existierenden eins wird. Das Ziel des äußeren Universums ist, das innere Universum hervorzubringen und es zu vervollkommnen.

Im Westen sehen wir in der Natur nur Materie. Wir begrenzen sogar das Leben und das Bewusstsein auf die Materie – eine weitreichende geistige Sturheit. Materie an sich kann gar keinen Zweck haben. Wir wollen hier nicht darüber streiten, ob das Leben eine Fähigkeit der Materie oder göttlichen Ursprungs ist. Aber auch die Materialisten unter uns müssen feststellen, dass uns unser materialistisches Dogma in Richtung Selbstzerstörung führt. Es bringt Überheblichkeit, Rücksichtslosigkeit, Gier. Es vernichtet die Biosphäre.

Alles, was dem Zweck der Natur dient, überlebt und alles, was ihm nicht oder nicht mehr dient, stirbt. Auf die Zivilisation bezogen bedeutet das, dass sie auf Dauer nur überlebt, wenn sie mit der Natur kompatibel ist. Auf die Kultur bezogen bedeutet das, dass sie nur eine Zukunft haben kann, wenn sie den Menschen dabei unterstützt, seinen Lebenszweck, das Ziel seiner Existenz zu erreichen.

Ziel des menschlichen Lebens

Perfection is the goal of life.
Paramahamsa Hariharananda

Im ersten Teil des Buches haben wir über die dem Menschen angeborene Sehnsucht nach Glück gesprochen, die im Westen im besonderen Maße nach Befriedigung der Sinne und im Geiste, aber auch nach dem Gefühl der inneren Sicherheit, inneren Geborgenheit sucht. Dieser Sehnsucht liegt etwas zugrunde, worüber wir uns klar werden müssen. Ein Verlangen entsteht, wenn uns etwas, das wir kennen, fehlt – wenn wir eine Lücke verspüren. Das ist hier auch nicht anders: Das Glück und der Frieden sind in uns in ihrer Vollkommenheit vorhanden und nur weil wir diesen Bezugspunkt verspüren oder erahnen (bewusst oder unbewusst), haben wir diesen Drang. Wir wollen einfach die Lücke schließen.

Das Glücksgefühl entsteht, wenn wir uns im inneren Gleichgewicht befinden. Wenn wir unsere Glücksmomente analysieren, erkennen wir, dass wir Harmonie verspüren, sobald wir uns vergessen haben. Die Lücke verschwindet dann für eine kurze Zeit einfach deswegen, weil das Ich als der Bezugspunkt zur Vollkommenheit verschwunden ist. Bei Sinnesbefriedigung vergessen wir uns als Körper, bei Schönheit vergessen wir uns als Geist. Dauerhaft glücklich werden wir erst dann, wenn wir unseren Bezugspunkt zur Vollkommenheit gänzlich aufgeben, uns deshalb nicht mehr mit dem Körper und mit den Organen des Geistes identifizieren. Unser Glück liegt somit genau auf dem Gegenpol zu dem Ort, an dem wir es suchen!

Knapp zusammengefasst kann man die Alternative, vor die jeder Mensch in seinem Leben gestellt wird, so zeichnen:

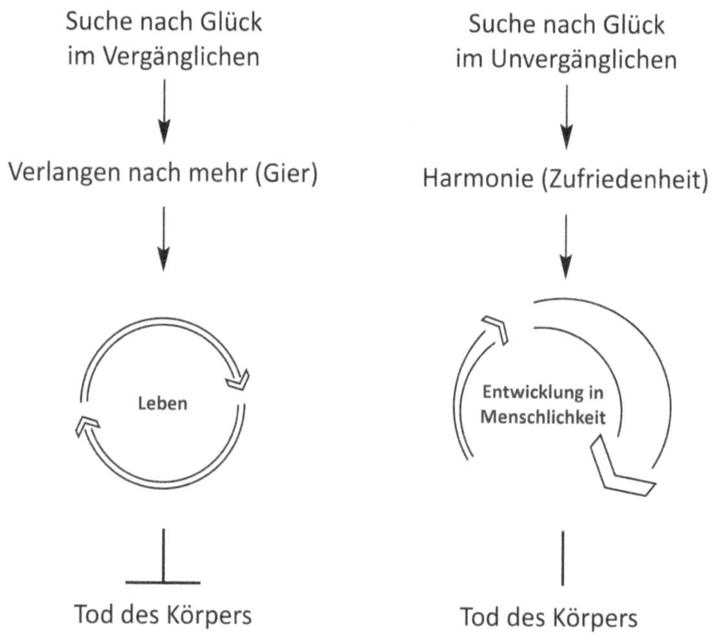

Wie wir das Glück für uns definieren, wo wir danach suchen, ist damit entscheidend. Es lohnt sich also darüber nachzudenken. Wenn man Introspektion ernsthaft betreibt, wenn man sich bewusst mit seinem Denken beschäftigt, findet man auch seine Antworten. Die meisten Suchenden werden wahrscheinlich der Aussage zustimmen, dass das Glücksgefühl das Resultat der gespürten Vollkommenheit, des Gefühls der inneren Fülle ist. Aus diesem Gefühl folgen die innere Ausgeglichenheit und die äußere Harmonie. Aus ihm folgt letztendlich auch der Frieden.

Das Glück und die Entwicklung des Menschen hängen zusammen. Die Reise des menschlichen Lebens findet nicht im Raum statt, sondern im Verständnis und in der Weisheit – im Bewusstsein. Das eigentliche Ziel jedes menschlichen Lebens ist damit das Wachsen im Bewusstsein. Der Weg dorthin führt über das Wachsen im Geiste und im Herzen, im Verständnis und Gewissen, in der Fähigkeit zu lieben.

Dieser Weg führt über die Entwicklung der besonderen menschlichen Fähigkeiten. Sie bedeutet die Entfaltung des Verstandes und die Vergrößerung des Raumes für die Seele. Mit der ersten Aufgabe haben wir im Westen bereits gute Erfahrung gesammelt und fühlen uns dort zu Hause. Bei der zweiten Aufgabe, die man auch als spirituelle Entwicklung bezeichnet, haben wir Defizite, die sich seit der Aufklärung noch vergrößert haben. Man kann deswegen unsere geistigen Anstrengungen der letzten 300 Jahre als unausgewogen sehen. Der heutige Mensch in der westlichen Zivilisation und Kultur steht sozusagen nur auf einem Bein – deswegen musste er in diesem Bein viele Muskeln entwickeln, um nicht zu fallen.

Aber auch im Westen gibt es ausreichend Wissen darüber, was die Entfaltung in der Seele bedeutet. Wir brauchen uns nur den Leuchttürmen der praktischen Spiritualität, wie Jesus oder dem heiligen Franz von Assisi, zuwenden.

Sollten uns aber Fragen offenbleiben, finden wir die fehlenden Antworten sicher in der alten Kultur Indiens, weil es dort besonders viel praktische Erfahrung dazu gibt und weil die dortige Erfahrung (wie bereits erwähnt) in einer systematischen und wissenschaftlichen Art und Weise gesammelt und weitergereicht wurde.

Die Entwicklung des Verstandes ist übrigens die Voraussetzung der spirituellen Entwicklung, weil er für das spirituelle Wachstum einen fruchtbaren Boden bereitstellt. Wenn man den Verstand lichtet, also ihn vom Einfluss des willkürlichen Denk- und Empfindungsorgans und dem Spiel des Ich-Bewusstseins befreit, schafft man Platz für Weisheit und „am Firmament der Weisheit nimmt der Mond der Liebe zu".

Was bedeutet diese Entwicklung des Menschen ganz praktisch? Ein zuverlässiges Zeichen einer Entwicklung in uns ist, wenn wir merken, dass uns anderes wichtig wird als das, was uns früher wichtig erschien. Wenn wir gestern gern mit Freunden herumhingen und heute lieber ein Buch lesen oder wenn wir gestern viel Freude darin fanden, im Wald zu wandern und heute lieber vor dem Fernseher sitzen oder wenn wir gestern viel Aufwand in die Pflege des Rasens vor unserem Haus investierten und heute unsere Zeit lieber für die Arbeit für eine Gemeinde unserer Wahl nutzen, dann ist das eindeutig eine Entwicklung. Wenn wir uns gestern bei kleinster Kritik aus unserem Umfeld in unserem Selbstwertgefühl gekränkt fühlten und heute überlegen, ob wir aus diesem Feedback etwas lernen können, oder wenn uns gestern die Arbeit für benachteiligte Kinder wichtig war und heute vor allem unser Bankkonto zählt, dann machen wir eine Entwicklung durch. Und wann ist die Entwicklung gut? Der Überall-Test gibt uns die Antwort. Wären die Menschen besser, wenn sie ihre gesamte Freizeit vor dem Fernseher oder mit und für die Natur verbrächten? Wäre die Gesellschaft besser, wenn alle etwas für die Benachteiligten täten oder wenn sie sich nur auf die Vermehrung eigenen materiellen Reichtums konzentrierten?

Das Wachstum eines Menschen bedeutet seine Entwicklung gen Verständnis und Weisheit, gen Mitgefühl und Demut, gen innere Ausgeglichenheit und Frieden, vom Egozentrismus zum Für-andere-da-Sein. Das Ziel des Lebens ist nämlich nicht Vergnügen. Nicht einmal Glück. Es geht nicht darum, etwas zu bekommen. Das Menschsein wird einzig durch Geben erfüllt.

Kann man Menschen ihr Lebensziel vorschreiben? Natürlich nicht. Allerdings sind die heutigen Ziele nicht aus dem Himmel gefallen. Sie sind ein Ergebnis der Archetypen der Kultur, der Werte, die den Kindern in ihren Familien weitergegeben werden, und der Bildung. Außerdem hängen sie von dem Angebot ab, von dem, was uns als erstrebenswert dargestellt wird. Es sind alles Faktoren, auf die wir als Gesellschaft Einfluss haben können.

Zwischen der Entwicklung der Individuen und ihrer Kultur gibt es eine Wechselbeziehung. Die Entwicklung der einzelnen Menschen ermöglicht die Entwicklung der Kultur. Eine weiter reifende Kultur fördert das Wachsen der einzelnen Menschen. Das hier formulierte Ziel des Lebens hat also den Nebeneffekt, dass es ermöglicht, unsere westliche Kultur zu stärken.

Bei der Betrachtung der Wirtschaft im ersten Teil des Buches haben wir den Teufelskreis des heutigen Menschen dargestellt, der aus dem Primat der Wirtschaft resultiert. Wir verdienen, um zu konsumieren, und verschieben das Glücklichsein auf morgen. Glücklich kann man aber nur im Hier und Jetzt sein. Wachsen und ein erfülltes Leben führen kann man nur in der Gegenwart, präziser gesagt, in diesem Augenblick. Glück und Lebenssinn entstehen als ein Kontinuum dieser Augenblicke.

Der Weg aus unserem Teufelskreis, der Weg zum Glück, kann nur über eine bewusste Begrenzung unserer materiellen Bedürfnisse führen und bedeutet damit die Bändigung unserer Gier.

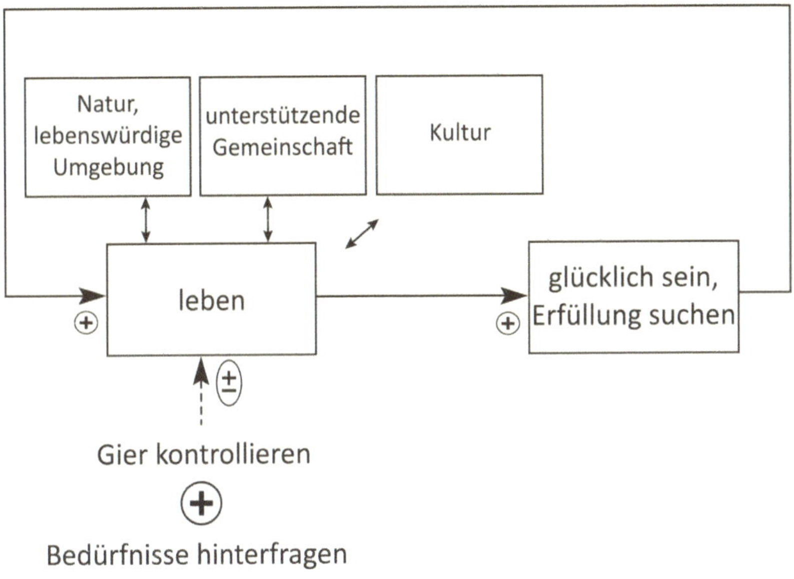

Gier bedeutet, auf das zu schauen, was wir nicht haben, anstatt das zu sehen, was wir haben. In Wirklichkeit haben wir so viel. Nachdem wir das verstanden haben, verliert sie ihre Macht. Erfülltes Leben folgt anderen Regeln als den Regeln der Wirtschaft. Es ist wichtig, sich dessen klar zu werden.

Unser gemeinsames Ziel

Bei der Bestimmung der Ziele für Gemeinschaften, auch so große wie unsere westliche Welt, ist die Kultur primär und die Zivilisation sekundär. Warum? Weil das Ziel des Lebens intrinsisch ist und Glück nur im Inneren des Menschen gespürt werden kann. Die Kultur enthält eine Extraktion aus den Zielen der Individuen, den gemeinsamen Nenner der Suche der Menschen nach Erfüllung und Glück, ihres Bestrebens, sich selbst zu verstehen und ihrer Existenz einen Sinn zu geben – sie kleidet diese Suche in Bilder und Geschichten und macht sie vererbbar.

Die Zivilisation ist nur das Mittel, um das Erreichen der Lebensziele der Menschen zu ermöglichen, und ist deswegen vom Ziel eine Stufe weiter entfernt. In der Vergangenheit war uns dieser Zusammenhang nicht wirklich bewusst. Bei der Neugestaltung müssen wir uns dessen sehr klar werden. Wir müssen unsere Ziele als Gesellschaft bewusst von den Zielen, die wir uns als Individuen stellen wollen, ableiten. Die Ziele der Zivilisation und damit auch der Wirtschaft müssen dann den Zielen der Gesellschaft folgen. Gegenwärtig ist die Rangfolge genau entgegengesetzt: Wir produzieren und bauen, die Gesellschaft unterstützt dieses Produzieren und Bauen und die Individuen sollen ihr Glück in den ihnen zugewiesenen Rollen als Ressource und Konsument finden.

Im ersten Teil des Buches haben wir festgestellt, dass wir unser bisheriges zivilisatorisches Ziel erreicht haben. Es war offensichtlich zu klein gedacht. Es lenkt unsere Zivilisation mittlerweile in eine Sackgasse. Wir brauchen dringend ein neues Ziel, das unserer Arbeit in der materiellen Welt wieder eine Richtung gibt, uns zu neuen Anstrengungen und zur Gestaltung ansporn. Warum es nicht von dem oben definierten Ziel des menschlichen Lebens ableiten? Es wäre dann: Bedingungen schaffen, die die innere Reise aller fördern. Diese Reise führt vom rein Körperlichen über das Emotionelle zum Intellektuellen, bis man Zugang zu seiner eigenen Seele und damit zum überdauernden Glück findet.

Anders formuliert ist das Ziel der Zivilisation, das Wachsen jedes Menschen zu unterstützen. Die Zivilisation soll für optimale Bedingungen für unser Wachstum im Geiste, im Verständnis, in der Moral sorgen, also zusammengefasst in unserer Menschlichkeit. Es kann kein Ziel geben, das erstrebenswerter wäre.

Es ist ein Ziel, für das es sich wieder anzustrengen lohnt. Nur etwas Sinnengenuss, nur mehr materiellen Reichtum, nur noch abwechslungsreichere Zerstreuung sind keine Ziele. Nur zu überleben, nur nicht von Fremden überrannt zu werden ist für ein Ziel zu wenig. Die Zerstörung der Natur anzuhalten und dann umzukehren, eine materiell abgesicherte Lebensumgebung auch für unsere Enkelkinder und ihre Enkelkinder zu erhalten, die eigene Kultur zu stärken bedeutet lediglich, eine Grundlage für das neue Ziel zu schaffen. Wir brauchen ein Ziel, für das es sich lohnt, unsere Zivilisation fortzusetzen, mit dem wir sie erhobenen Hauptes an die nächsten Generationen weitergeben können.

Ein Ideal ist die Verkörperung eines Ziels, ein von der Morgensonne erleuchteter Tempel auf dem Gipfel des Olymps. Jede Kultur und die von ihr gespeiste Zivilisation brauchen ein Ideal, das sie belebt und stärkt. Wir müssen uns klar werden, welches Ideal uns leiten soll. Das hier vorgeschlagene Ideal, der Kern, der lebensspendende Atem des neuen Westens soll die Chancengleichheit für alle Menschen sein, für jede und jeden, als Mensch zu wachsen. Anstelle von Freiheit, Gleichheit und Brüderlichkeit heißt es Gleichberechtigung zu Freiheit und Entfaltung. Anstelle von Gleichheit im Sein Gleichberechtigung im Werden.

Dieses Ziel und sein untermauerndes Ideal unterscheiden sich von den heutigen diametral. Wie kann man eine solche Änderung in der Gesellschaft herbeiführen? Unser Weg soll der Weg der konsequenten Demokratie, der kulturellen Basisarbeit und des Engagements der Weitsichtigen in der Gesellschaft sein. Wir müssen das neue Ziel der westlichen Zivilisation von unten, durch Umdenken und gemeinsame Anstrengung der Menschen, aufbauen.

Versuchen wir, den neuen Weg anschaulich zu machen. Stellen wir uns ein Mädchen in Deutschland, Lara, und einen Jungen in Frankreich vor, Maxime. Sie gehen in vier Jahren in die Schule. Sie haben das Glück, dass sie in zwei Laborschulen, die von weitsichtigen Pädagogen und Eltern gegründet wurden, lernen dürfen, wo sie statt des Umgangs mit digitalen Geräten und der Mediengestaltung das ganzheitliche, systemische Denken lernen dürfen und kreativ gefördert werden. Sie führen Projekte durch, in denen sie einen verantwortungsvollen Lebensstil ausprobieren und in ihrer Umgebung für das Gemeinwohl aktiv werden. Außerdem lernen sie, was Selbstreflexion bedeutet, und meditieren gemeinsam mit ihrer Klasse und den Lehrerinnen jeden Morgen zehn Minuten lang. In den weiterführenden Schulen engagieren sie sich in der gesamteuropäischen Jugendorganisation *Wir für uns von morgen*. Lara organisiert einen lokalen Kreislauf zur Ernährung ohne CO_2-Ausstoß und unterrichtet drei Stunden die Woche das *Denken in Systemen* in der Anfangsstufe an ihrer Schule. Maxime gründet mit seinen Klassenkameraden eine Initiative, um alle Schüler seiner Schule den Tag über ohne Umweltbelastung zu transportieren. Er nennt sie „Sanfte Mobilität". Die lokale Kommune übernimmt die Idee und baut sie zusammen mit seiner Schule zu einem öffentlichen Projekt aus. Die beiden begegnen sich zum ersten Mal bei der Morgenmeditation vor einem *Wir für uns von morgen*-Camp in Mailand. Maxime verliebt sich in die Stadt und entscheidet, dort Praktische Philosophie zu studieren. Lara hilft, einen Kreislauf für die Versorgung mit sauberem Wasser in einem Dorf in Mittelafrika aufzubauen, und nach einem Jahr fängt sie das Studium *Zivilisatorisches Gestalten* in Zürich an. Beide gehören zu den Gründern einer gesamteuropäischen Organisation *Die Zukunft ist WIR*, die sich unter anderem sehr erfolgreich für die Neugestaltung der Schulsysteme in Europa einsetzt. Lara wird zur Bürgermeisterin in Stuttgart und macht die Stadt über zwei Jahrzehnte zu einem Vorreiter in der Neugestaltung der westlichen Zivilisation. Maxime kehrt nach seinem zweiten Studium des Advaita Vedanta nach Frankreich zurück. Er bereist ganz Europa und spricht über ein erfülltes Leben und praktische Spiritualität. Er wird vom französischen Bildungsministerium in den Hauptausschuss, der die Neugestaltung des französischen Bildungssystems überwacht, berufen. Nach sechzehn Jahren Tätigkeit in dem Ausschuss wird ihm der Posten des Bildungsministers angeboten. Er lehnt ab und gründet ein Yoga-Zentrum und eine Gemeinde in den Alpen. Dort finden zu Ostern jährliche Meditationstreffen der *Die Zukunft ist WIR*-Organisation, der größten gesamteuropäischen Bewegung, statt.

Der Olymp mag ein Ideal sein, er kann jedoch auch erklommen werden. Das Erfolgsgeheimnis heißt, mit dem Ziel vor Augen einen Schritt nach dem anderen zu gehen. Auf dem Weg braucht man die drei H des Menschen gleichermaßen: das Haupt, das Herz und die Hände. Der Weg ist ein Geschenk. Er ist eine Bescherung durch unzählige Häupter, Herzen und Hände, weil niemand in dieser Welt alleine geht. Der Westen steht für Gleichberechtigung zu Freiheit und Entfaltung der Menschen. Der Westen steht für den Menschen, den ganzen Menschen.

Werte und Überzeugungen

Die wirklichen Werte sind universal. Die Lehren von Jesus, Krishna oder Buddha überschneiden sich weitgehend und widersprechen sich nie. Aus dieser Quelle kann jede Gesellschaft einige Grundwerte ableiten:

- Zerstöre nicht; wenn möglich, baue auf.
- Verletze niemanden, töte nicht.
- Liebe; hasse nicht.
- Sei wahrhaftig.
- Bemühe dich, Licht von Dunkelheit, Gut von Böse, richtiges Handeln von falschem zu unterscheiden; entscheide dich für das Licht und bleibe dabei.
- Tue Gutes, sei anderen eine Hilfe.
- Nimm Rücksicht, sei sorgfältig.
- Stiehl nicht, sei nicht gierig.
- Suche nicht nach Fehlern bei den anderen; lerne Demut.

Unser westlicher Kanon liefert uns die ergänzenden Werte:

- Freiheit, Selbstbestimmung und Mündigkeit
- Gerechtigkeit, Gleichberechtigung
- Unantastbarkeit der Menschenwürde, Wertschätzung jedes Individuums, Nichtdiskriminierung
- Demokratie, Meinungsfreiheit, kritisches Hinterfragen
- Bürger- und Menschenrechte, Rechtsstaatlichkeit
- Selbstverantwortung
- Toleranz und Respekt
- keine Duldung der Gewalt
- Solidarität
- Trennung von Staat und Kirche, Religionsfreiheit und Schutz für Minderheiten

Unter den Werten gibt es zwei, die eine genauere Betrachtung, eine präzise Definition erfordern: Liebe und Freiheit.

Liebe

Without love, life is barren.
Paramahamsa Prajnanananda.

Kein anderes Wort wird so unterschiedlich gebraucht. Es wird für Egoismus wie für Altruismus, für die Benutzung der anderen bei der Befriedigung des Sexualtriebes wie für selbstlose Zuwendung, für das Begehren der Nachbarstochter wie für das Begehren Gottes benutzt. Was wir hier mit Liebe meinen, ist eine selbstlose Grundeinstellung des Menschen zu den anderen, zur Natur, zu seiner Umgebung, die darum bemüht ist, ihnen Gutes zu tun oder Gutes zuzulassen. Diese Liebe ist also mit keiner Erwartung verknüpft. Damit erzwingt sie auch keine Bindung. Sie ist selbstlos in dem Sinne, dass sie keine Gegenleistung erwartet, dass sie mit Geben und Nehmen, mit Austausch nichts zu tun hat. Solche Liebe ist ein menschlicher Grundwert. Sie äußert sich im Mitgefühl, in Empathie, in Sympathie, in Freundschaft, in Barmherzigkeit, in Wohlwollen und Güte. Dass das Wort oft missbraucht wird, ist für uns kein Grund, nach einem anderen zu suchen. Die menschliche Entwicklung, das Wachsen einer und eines jeden von uns in unserer Menschlichkeit, unser Ringen nach Güte, Schönheit und Reinheit ist letztendlich ein Wachsen in Liebe.

Freiheit

Wir verbinden die Freiheit gewöhnlich mit der Selbstbestimmung eines Einzelnen oder eines Volkes. In dieser Bedeutung ist sie ein Grundwert der westlichen Zivilisation und braucht nicht erklärt zu werden.

Es gibt aber auch eine andere Dimension der Freiheit und wir schlagen vor, sie in unseren Wertekanon aufzunehmen. Wenn wir zwar von der Sklaverei, die uns von anderen aufgezwungen wurde, befreit, jedoch Sklaven unserer Emotionen, Vorurteile, Begierden oder Sinnesreize sind, sind wir nicht frei. Was uns unsere Unabhängigkeit raubt, sind vor allem unsere Wünsche – wenn wir glauben, etwas unbedingt haben zu müssen, machen wir uns von Sachen und Menschen abhängig; wir sind unfrei. Dadurch leben wir in einem Gefängnis, das wir uns selbst gebaut haben – in dem Gefängnis unserer fixen Ideen, willkürlichen Emotionen und Begehrlichkeiten. Eine wirkliche Freiheit erlangen wir nur, wenn wir auch aus diesem Gefängnis ausbrechen.

Die gesellschaftliche Dimension der so verstandenen Freiheit ist, dass wir nicht alles tun können, worauf wir Lust bekommen, und nicht alles von den anderen verlangen dürfen, was wir uns wünschen. Sie ist weniger eine Freiheit im Handeln. Sie ist eher eine Freiheit im Werden.

Bisher, wenn wir Sklaven unserer Gewohnheiten oder Begierden waren, war das unsere private Sache. In der Welt der knappen Ressourcen und wirkmächtigen Technologien, die missbraucht werden können, sollten wir uns das nicht mehr leisten. Die Wünsche, die sich unser Denk- und Empfindungsorgan und unser Ich-Bewusstsein ausmalen, können niemals befriedigt werden, weil sie kein Limit kennen; wohlgemerkt: die Wünsche, nicht das, was wir wirklich brauchen. Weil wir es trotzdem versuchen, zerstören wir die Natur, und dann ist das keine Privatsache mehr. Wenn die Sklaven ihres Egos und ihrer Gier Richtungsentscheidungen treffen oder über Kriege entscheiden, dann ist das ebenfalls keine Privatsache mehr. Bei der Neugestaltung müssen wir von der Freiheit im Werden ausgehen, weil unser unkontrolliertes, also nicht selbst kontrolliertes Handeln die Grundlagen unserer Welt zerstört.

Die Freiheit bedeutet außerdem, dass uns niemand vorschreiben darf, auf welchem Wege wir in Richtung unserer Selbstverwirklichung fortschreiten. Unsere Entwicklung in der Menschlichkeit ist und bleibt unsere Privatsache und die Gesellschaft muss uns dafür genug Freiraum lassen.

Vorbilder – Weisheit ist Einfachheit

Kultur und Zivilisation leben auch von Vorbildern und Lebensgeschichten. Unsere haben uns bisher vorzugsweise große Krieger, machtgierige Anführer, ehrgeizige Wissenschaftler, besonders begabte Künstler hinterlassen. Für die neuen Werte brauchen wir andere Vorbilder.

Unser erstes Vorbild war ein Inbegriff eines geläuterten Verstandes, ein Beispiel für die Kontrolle über die Organe des Geistes. Sie war die Quelle seiner Geistesgegenwart und Präzision im Denken, seiner Gelassenheit und inneren Ruhe. Seine Selbstbeherrschung stand im krassen Gegensatz zum Bestreben seiner Zeitgenossen, die den feinen Sinnesgenuss und Selbstdarstellung lebten. Sein Bemühen galt der Reinheit auf allen drei menschlichen Ebenen: der des Körperlichen, des Geistigen und des Spirituellen. Er praktizierte sie, lehrte sie und erhob sie zum Ideal. Ihr äußerer

Ausdruck war die Schlichtheit seiner Lebensweise und die Aufrichtigkeit im Denken und Handeln. Er begnügte sich mit dem einfachsten Essen und mit der simpelsten Kleidung. Er nahm von niemandem Geld an und machte sich nichts aus materiellem Wohlstand. Er ragte mit seiner Weisheit gerade deswegen heraus, weil sie auf dem Fundament seines Charakters erwachsen war. Diejenigen, die ihn bloß als Meister der Rhetorik und des logischen Denkens beschreiben, missverstehen ihn völlig. Seine Sache war nicht, philosophische Theorien aufzustellen oder dialektische Methoden zu entwerfen – er sprach über die Wahrheit aus der Reinheit seines Geistes und Herzens. Zu dieser Wahrheit hatte er (wie er es selbst wiederholt sagte) den direkten Zugang – er lebte nämlich in der Gegenwart des Göttlichen (des Daimonions).

Sokrates steht für die Wahrheit, für das Dienen, für die Tugend. Sein Anliegen war die geistige und moralische Entwicklung der Menschen. In seinem Vorgehen war er ausgesprochen praktisch. Der Mensch war für ihn der eigentliche Beweis der Existenz Gottes, wenn er sich aufrichtig bemühe, das „Schöne und Gute“ (wie er es nannte) zu verwirklichen und der Stimme des Gewissens zu folgen. Wenn der Mensch allerdings hinter Geld und Ansehen her sei und die Vernunft, die Wahrheit, die Läuterung der Seele vernachlässige, sich also nicht um seine Vervollkommnung bemühe, vergeude er sein Leben. Ohne Selbstdisziplin, ohne eine lebenslange Arbeit am eigenen Charakter bleibe diese Vollkommenheit unerreichbar.

Sokrates steht nicht nur für den Dienst an seinen Nächsten, seinen Schülern und Freunden, sondern an der ganzen Gesellschaft. Er stellte die Regeln des Rechts und des zwischenmenschlichen Umgangs über den Individualismus. Er lehrte immer und immer wieder, dass man bei seinen Entscheidungen nicht an den eigenen Vorteil, sondern an das Wohl der Gemeinschaft denken solle. Ego, Stolz und Hochmut machten den Menschen nicht nur für das Gemeinwohl, sondern auch für sein eigenes Wohl blind. Wer sich selbst nicht kenne, sei ein Tor. Mangel an Selbstbeherrschung mache uns zu Sklaven unserer sinnlichen Lüste und unseres Egos. Ohne Selbstdisziplin unterschieden wir uns nicht von den Tieren und könnten Gut und Böse nicht auseinanderhalten.

Sokrates plädierte für ein einfaches Leben und damit gegen die Gier, für das Wachsen in Menschlichkeit und damit gegen die Willkür der Einbildung, der Eitelkeit und der Emotionen. Wir haben ihn dafür zum Tode verurteilt. Das ist der Sündenfall, der am Anfang unserer westlichen Zivilisation steht. Danach konnten wir uns ungestört den Annehmlichkeiten widmen und dem Egoismus verschreiben, auf Kosten der menschlichen Vervollkommnung. Aus diesem Sündenfall haben wir uns nie erhoben. Als 400 Jahre später Christus kam, fuhren wir damit fort, indem wir im Laufe der Jahrhunderte aus seiner Lehre eine Karikatur machten: Christus sagte, wir sollen unseren gesamten Besitz den Bedürftigen geben und uns unserer inneren Vervollkommnung widmen – wir haben Geld verdient und die Verantwortung für die Reinheit unserer Seelen ihm überlassen. Ohne den Sündenfall an Sokrates für uns neu zu klären, werden wir unsere Zivilisation nicht retten.

Was würde Sokrates heute sagen, wenn er in London, Wien oder Hamburg lebte? Was würde er tun?

Er würde feststellen, dass unsere Zivilisation auf dem Kopf steht, dass unser Leben auf Gier und Egoismus aufgebaut ist. Er wäre sicher der Meinung, dass wir die menschlichen Grundwerte aus Bequemlichkeit geschwächt haben und dass wir unsere Kultur vernachlässigen. Er würde für die Verantwortung der Einzelnen für das Gemeinwohl und für schlichteres Leben plädieren. Gewiss würde er sich für eine grundsätzliche Veränderung in der Bildung und in der Erziehung einsetzen. Er war überzeugt, dass, wenn der Mensch das „Schöne und Gute" kennt, er von selbst danach zu streben anfängt. Also wäre er dafür, die moralischen Werte, die Läuterung des Geistes und des Herzens und das gute Leben, individuell wie in der Gesellschaft, zum ersten Ziel des Bildungssystems zu machen. Er würde uns auffordern, an unserem Charakter zu arbeiten und unseren Kindern dabei zu helfen.

Was würde er konkret tun? Er würde die Wahrheit jeder und jedem, gefragt oder ungefragt, sagen. Er würde besonders die Regierenden, die Verantwortlichen, die Intelligenz, die Eliten, die Entscheider aufsuchen und ohne Unterlass versuchen, sie zum Umdenken zu bewegen. Da er bei seinem Handeln ausgesprochen praktisch war, hätte er bestimmt die Möglichkeiten der modernen Medien und des demokratischen Staates voll ausgenutzt. Außerdem würde er nicht nur die Wahrheit beim Namen nennen, er würde sie uns auch vorleben. Vermutlich würde all sein Wirken in einer gesellschaftlichen Bewegung münden.

Vorbilder – Fackel der Liebe

Der Kreislauf des Leidens wird so lange andauern, bis wir lernen, das Göttliche in jedem zu sehen.

Paramahamsa Prajnanananda.

Wenn man etwas von Bestand bauen möchte, muss man mit einem belastbaren Fundament anfangen. Für Franz von Assisi war dieses Fundament Selbstdisziplin und innere Stärke. Stark wird der Mensch, wenn er der Herr über seinen Geist wird. Dafür ist die Kontrolle über das Diktat der Sinne und über die Gewohnheiten des Egos notwendig. Dort startet der junge Mann, der davor gelernt hat, das reichlich vorhandene Geld seines Vaters für Vergnügen zu nutzen. Er hatte aber auch von Ruhm und Macht geträumt und dafür Wagnisse unternommen. Intensiver Wunsch und Wille sind die Quelle, aus der sich jeder Wasserfall des erfüllten Lebens speist. Aus der Begierde wird in Franz Liebe – bedingungslose Liebe zum Schöpfer und zu Seiner Schöpfung. Und der Wille wächst in ihm zu Demut. Aus beiden erwachsen der vorbehaltlose Dienst am Nächsten und die Fügung unter die (wenn auch unvollkommene, aber aus der Lehre seines geliebten Meisters erwachsene) Kirche. Franz steht für die Erweiterung des Herzens bis auf das Unendliche und für die Öffnung des Geistes bis auf die allumfassende Glückseligkeit. Er steht für den Weg des Menschen zur Perfektion.

Die Stärke dieses Mannes war in seiner absoluten inneren Freiheit begründet. So frei kann man nur sein, wenn man jegliche Abhängigkeit abwirft. Das führt zwangsläufig zur Einfachheit der Lebensweise und zu kompromissloser Tugend. Die Unabhängigkeit bedeutet, dass man keine Gegenleistung erwartet, nicht mal ein Lob. Nur ein vollkommen freier Mensch kann wirklich lieben. Liebe gibt und erwartet nichts, sonst wäre sie ein Geschäft. Der innere Reichtum besteht nicht aus dem, was wir sammeln, sondern aus dem, was wir verschenken.

Unsere moderne Gesellschaft leidet, weil wir das Vertrauen in die größere Ordnung der Welt verloren haben. Damit sind nicht die Kirchenbesuche gemeint (obwohl nichts dagegen spricht, an Gottesdiensten teilzunehmen), genauso wenig wie der Glaube an die Buchstaben der Heiligen Schrift (auch wenn der Glaube eine wichtige Stütze bieten kann). Diese größere Ordnung ist im Selbst und in Gott begründet; genauer gesagt in dem Göttlichen im Menschen und in dem Göttlichen in der Schöpfung. Wir haben kritisches Denken entwickelt und das ist gut. Leider wenden wir es nicht auf uns selbst an. Wir nehmen die Täuschung unseres Denk- und Empfindungsorgans und die Einbildung unseres Ich-Bewusstseins als Bezugspunkt der Wahrheit. Vom Standpunkt der Täuschung und Einbildung kann man die größere Ordnung nicht sehen. Man kann also auch kein Vertrauen haben. Ohne das Vertrauen in etwas Größeres, als man selbst ist, gibt es allerdings keinen Anlass, die Anstrengungen zu unternehmen, die für das Wachsen in Menschlichkeit notwendig sind. Auch das bildet einen Teufelskreis, aus dem man nur entweder durch die Läuterung der Organe des Geistes oder durch Glauben ausbrechen kann. Franz von Assisi vereint beides.

Wie würde sich Franz heute verhalten? Was würde er unternehmen?

Eins ist sicher: Er würde die Verantwortung für sein eigenes Leben und für das Heil der Schöpfung Gottes fest in die Hand nehmen. Innerlich erstarkt würde er sich auf den Weg durch Europa machen, um die Wahrheit zu predigen. Stellen Sie sich einen jungen Italiener vor, der, in ein simples Hemd und Hose gekleidet, ohne jegliches Gepäck und ohne Geld, von Tür zu Tür, von Marktplatz zu Marktplatz geht und von der Liebe zu Menschen und Gott redet. Auch dieser zeitgenössische Franz würde sicher von vielen verspottet und kritisiert. Auch er würde das mit vollkommener Gelassenheit und Mitgefühl über sich ergehen lassen. Sein Verhalten würde zweifelsohne die wacheren Geister zum Nachdenken bewegen und anziehen. Er würde Jünger und Jüngerinnen bekommen, die ihm folgten und hälfen. Eine unaufhaltsame Bewegung entstünde. Wer weiß, so wie der Franz des 13. Jahrhunderts die Geschichte des Christentums und der westlichen Zivilisation verändert hat, hätte der Franz des 21. Jahrhunderts vielleicht der westlichen Kultur und Zivilisation eine neue Richtung gegeben.

Vorbilder – Gestalten mit Demut

Gandhis Persönlichkeit und Leben haben für uns im Westen wahrscheinlich eine größere Bedeutung als für die Inder. Auf dem Subkontinent waren seine Überzeugungen und sein Weg nichts Einmaliges. Parallel zu der ritualisierten Religionspraxis und einem auf falscher Auslegung der religiösen Schriften basierenden sozialen Gefüge gab es dort immer einen ununterbrochenen Strom der Kultur, der auf den alten Schriften (vor allem dem Vedanta, dem Brahma-Sutra und der Bhagavad Gita) und auf praktischer Spiritualität fußt. Das war die kulturelle Wurzel Gandhis.

Sein Wirken leistet einen unschätzbaren Beitrag für die westliche Zivilisation: Es zeigt uns auf, dass die Wahrheit und die Werte des Vedanta für den gesellschaftlichen und politischen Umbau benutzt werden können.

Das Erste, was uns in den Sinn kommt, wenn wir an den Mahatma (eine große Seele) denken, ist die Wahrhaftigkeit. Seine Wahrheit ist weder ein Begriff der Logik noch ein Ergebnis ethischer Erwägungen. Sie ist nicht abstrakt, sondern ganz konkret – eine objektiv existierende Instanz. Sie ist außerdem eine Energie, die die Entwicklung des Menschen und die Evolution der Schöpfung antreibt. Zweierlei resultiert daraus: Erstens besitzt jeder Mensch diese Wahrheit – mehr oder weniger in seinem Inneren vergraben. Zweitens begeht er, wenn er gegen sie handelt, ein Verbrechen gegen seine eigene Entwicklung als Mensch und ein Vergehen gegen die Schöpfung. Aus der Objektivität der Wahrheit geht hervor, dass sie sich am Ende immer durchsetzt, auch wenn es manchmal dauert.

Ahimsa ist ein Begriff aus dem Sanskrit und bezeichnet das konsequente Vermeiden jeglicher Gewalt und jeglichen Schadens im Tun und im Denken; nicht nur gegenüber Menschen, sondern aller Lebewesen. Für Gandhi definiert Wahrheit und Ahimsa in der Summe Gott. Für Gewaltlosigkeit reicht es nicht aus, sich anhand einer rein intellektuellen Überlegung dafür zu entscheiden. Sie muss in der reinen, uneigennützigen Liebe zu allen und zu der Schöpfung begründet sein. Diese Liebe besitzt eine enorme gestalterische Macht. Sie verändert den Liebenden und die Welt um ihn herum gleichermaßen. Sie steht hinter allem, was Gandhi in der Gesellschaft erreichte. Sie ist auch die Quelle seiner Sanftmut.

Was ihn in einer besonderen Weise von anderen Personen der Öffentlichkeit unterscheidet, ist seine Uneigennützigkeit. Man ist von den anderen nur dann abhängig und deswegen unfrei, wenn man etwas von ihnen erwartet. Das Erwartete muss nicht immer etwas Materielles sein. Sehr oft sind es Lob, Bewunderung, Zuneigung, das Gefühl der Überlegenheit, also das, was unser Ich-Bewusstsein, unser Ego aufbläht. Die Kontrolle, ja, die vollständige Auflösung dieses Egos war ein erklärtes Lebensziel von Gandhi. Darin ist auch seine einfache Lebensweise begründet. Darin und in der reinen Liebe liegt die Ursache seines Bestrebens, anderen zu dienen.

Das Leben in Wahrheit bedarf zweier Dimensionen: der zwischenmenschlichen und der inneren. Die Ahimsa, die Uneigennützigkeit und die Bereitschaft, anderen zu dienen, bilden die gesellschaftliche Dimension. Die sich selbst verordnete Charakterbildung, Selbstdisziplin, die Läuterung des eigenen Geistes und die Reinigung des eigenen Herzens ergänzen die Wahrheitssuche um die individuelle Dimension. Sie sind zwei Seiten derselben Medaille. Die Wahrhaftigkeit bedeutet damit auch, auf seiner inneren Reise das Richtige zu tun, ohne darüber zu spekulieren, ob sich dies auszahlen wird. Die Wahrheit ist ein Wert an sich. Sie verteidigt sich selbst und wenn sie aufrichtig und konsequent verfolgt wird, führt sie unfehlbar zum Erfolg.

Das Leben in Wahrheit bedeutet unweigerlich, dass man bei dem, was man als falsch betrachtet, nicht mitmacht. Gandhi verstand seine gesellschaftliche und politische Arbeit sehr praktisch. Es ist praktisch und zielführend, bei dem, was man abschaffen möchte, nicht mitzumachen und die anderen zum Nichtmitmachen zu bewegen. Das ist der einzig logische Weg, Veränderungen herbeizuführen. Was wir heute zu dieser wirkungsvollen Methode nur noch hinzufügen sollten, resultiert aus unserer Erkenntnis, dass das Appellieren an die Güte der Menschen die notwendige, aber nicht die hinreichende Bedingung für Veränderungen in sozialen Systemen ist. Man muss zusätzlich Regeln etablieren, also Anreize und Zwänge schaffen, die das gewünschte Verhalten dauerhaft reproduzieren und in der Kultur verfestigen.

Ein wichtiger menschlicher Wert war seine Demut – ein Wert, der bei einem Politiker besonders hervorstich. Sie war nicht nur das natürliche Ergebnis seiner Wahrhaftigkeit und Liebe zu Gottes Schöpfung. Gleichermaßen half sie ihm bei seinem lebenslangen Streben nach Vollkommenheit. Gandhis Lebensweg ist ein leuchtendes Beispiel der Entwicklung in Menschlichkeit. Er ist dort gestartet, wo wir alle sind: in der Abhängigkeit von der Befriedigung der Sinne und in der Erfüllung der Zurufe des Egos. Angekommen ist er bei einer vollendeten Nächstenliebe, Sanftmut und Demut.

Was würde Gandhi tun, wenn er zum Ende des 20. Jahrhunderts im Westen zur Welt käme?

Er würde darüber nachdenken, was uns unfrei und schwach macht, und sich dann dafür einsetzen, dass möglichst viele aufhören, dabei mitzumachen. Da wir zwar freiwillig, aber trotzdem Sklaven der industriellen Produktion und der Medien sind, würde er wahrscheinlich eine Bewegung für genügsames, menschlich erfülltes Leben in Gang setzen. Weil wir unsere innere Stärke wegen des Materialismus und Egozentrismus eingebüßt und die Stärke als Gemeinschaft wegen Egoismus verloren haben, ginge er von Stadt zu Stadt, um uns aufzuklären. Vermutlich würde er außerdem mit einer Gruppe seiner Anhänger ein großes Anwesen erwerben, um dort die einfache und auf gegenseitiger Verantwortung fußende Lebensart vorzuführen. Das alles natürlich ohne jegliche Gewalt und im Rahmen des geltenden Rechts. Bewirkten allerdings einzelne Rechtsvorschriften oder Anordnungen des Staates Unrecht oder Ausbeutung, würde er sie kompromisslos boykottieren. Er würde Fakten ohne Rücksicht auf das Establishment, auf die verbreitete Meinung und auf persönliche Konsequenzen schaffen und versuchen, möglichst viele mitzureißen. Mit seiner Weitsicht und Demut, mit seinem Pragmatismus und seiner spirituellen Größe hätte er alle Chancen, unsere Gesellschaften wachzurütteln.

Es fällt auf, dass alle drei Persönlichkeiten viel gemeinsam hatten: Sie sahen einen Wert darin, einfach zu leben, verstanden das Ziel ihres Lebens als moralische und spirituelle Entwicklung und ihre Aufgabe darin, anderen zu dienen. Es lohnt sich darüber nachzudenken, warum besonders weise, gute und wirkungsmächtige Menschen schlicht, demütig und selbstlos sind.

Redesigning Understanding

Vor uns steht eine Aufgabe und sie ist größer als die Himalayas. Es ist die eigentliche Aufgabe hinter allen Initiativen, die zur Rettung der Umwelt, zur Umgestaltung der Ökonomie, zur Demokratisierung der Gesellschaft von unzähligen wunderbaren Menschen in dieser Welt unternommen werden. Wir müssen lernen, anderes zu denken.

Wir haben im Kapitel „Zivilisation im Inneren" das beste Modell der Funktionsweise des menschlichen Geistes, das wir zur Verfügung haben, beschrieben. Nehmen wir es als Ausgangspunkt für unsere Betrachtung. Kurz zusammengefasst, besitzt der menschliche Geist vier Organe: das Gedächtnis, das Denk- und Empfindungsorgan, das Ich-Bewusstsein und den Verstand. Das Gedächtnis speichert alle Eindrücke, Gedanken, Zu- und Abneigungen, Wünsche und Ängste und das erworbene Wissen. Aus diesem Material bildet der Geist mentale Modelle und Bilder über die Wirklichkeit, die er ebenfalls im Gedächtnis ablegt und als Standard beim Denken und Entscheiden benutzt. Das Denk- und Empfindungsorgan ist die Bühne, auf der sich Gedanken und Emotionen einerseits

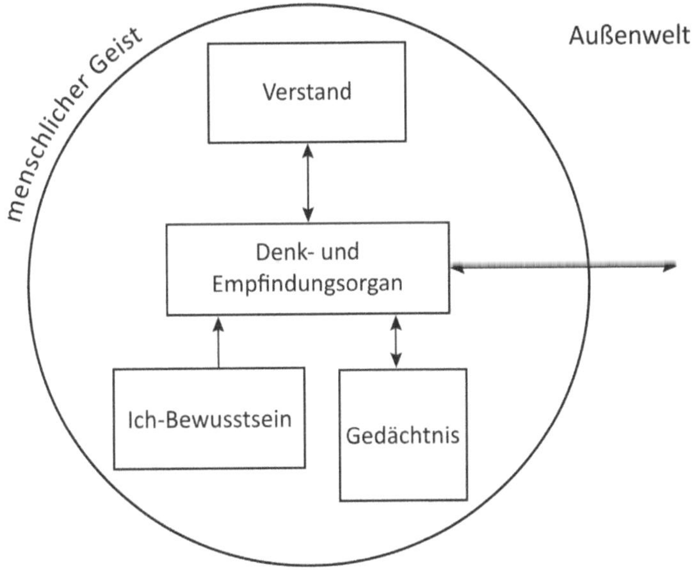

und Eindrücke aus der Außenwelt andererseits abspielen. Das Ich-Bewusstsein ist die Basis der Identität jedes Menschen als getrenntes Wesen, als eine Summe aus dem Körper und dem Geist. Der Verstand entscheidet, was wir tun und lassen (wenn wir es bewusst entscheiden), und kann unsere Bilder und Annahmen über die Wirklichkeit in einem bewussten Prozess korrigieren.

Der Geist funktioniert zwar auf der materiellen Basis des Gehirns, seine Arbeit geht aber über die elektrischen und chemischen Prozesse des Gehirns hinaus und findet im Bezugsrahmen des Reinen Bewusstseins, der Seele statt – er kann deswegen nur in diesem Rahmen verstanden werden.

Der menschliche Geist entwickelt sich im Laufe eines Lebens (wenn er nicht durch unmoralisches Leben oder exzessive Unterordnung unter die Sinnesorgane verkommt und wenn seine materielle Basis, also das Gehirn, nicht beispielsweise durch Einnahme von Drogen beschädigt wird).

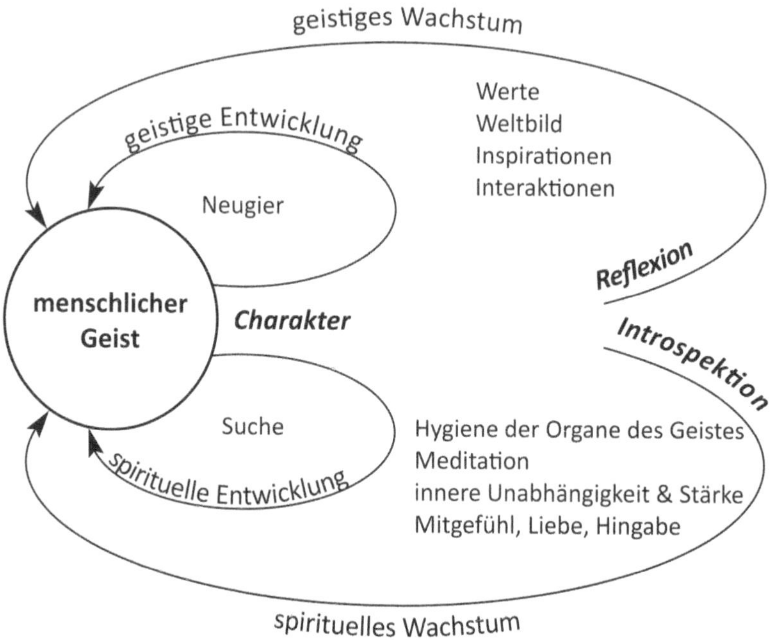

Wie man dem Bild entnehmen kann, kann diese Entwicklung auf vielfache Weise beeinflusst werden: beispielsweise durch die geistige und spirituelle Bildung, durch die Übernahme und Stärkung von Werten oder durch das (selbst-)kritische Nachdenken des Menschen über sein Bild der Wirklichkeit und seine Rolle in der Gesellschaft. Er kann neue Ideen als eigene integrieren und durch die Interaktion mit anderen, durch gemeinsames Handeln, seine eigenen Ziele, Annahmen und Wünsche verändern. Dabei erweitert er den Raum seines Geistes. Durch die Arbeit in seinem Inneren vergrößert er allmählich seine Unabhängigkeit von den Zurufen der anderen, von den Verlockungen aus der Außenwelt, von den lenkenden Zügelzügen durch die Sinnesorgane und durch das Ich-Bewusstsein. Das bereitet den Boden für das Wachsen in Liebe. Wo Veränderung möglich ist, kann man gestalten. Diese Gestaltung ist ein Arbeitsfeld jeder und jedes Einzelnen.

Ein Ergebnis dieser geistigen Arbeit ist das Verständnis. Es entsteht aus dem Wissen, wenn man sich die Frage nach dem Warum stellt und sie in einer gedanklichen Anstrengung, in geistiger Arbeit beantwortet. Nachdem die Antwort den Realitätstest bestanden hat, kann man sie Verständnis nennen. Zwischen dem Wissen und dem Verständnis stehen also die Reflexion und die Synthese. Weil es um das Verständnis von komplexen Systemen geht, muss man wissen, wie Systeme funktionieren und wie sie sich verändern. Das Denken in Systemmodellen ist ein grundsätzlich anderes Denken als das analytische Denken, das wir bisher gelernt haben. Man kann es aber lernen – es ist die Voraussetzung dafür, dass man bei der Reflexion über die Gesellschaft, Zivilisation und Kultur zum Verständnis kommt.

Wenn man sein Verständnis in der Praxis benutzt, wenn man auch so lebt, wie man es als richtig erkannt hat, wird mit der Zeit aus dem Verständnis Weisheit. Die Weisheit über die Gemeinschaft und über den eigenen Platz in ihr setzt damit die Bereitschaft voraus, zusammen mit anderen zu handeln, also in verschiedenen Gemeinden mitzuwirken. Im Kontext der notwendigen Veränderungen in unserer Zivilisation ist die Weisheit außerdem das Resultat der Beschäftigung mit unseren Zielen und unserem Platz innerhalb der Natur.

Die Reflexion und die Selbstreflexion (Introspektion) haben Feinde, die man in die Schranken weisen muss, wenn man Verständnis erreichen und anwenden möchte. Der eine ist ein übergroßes Ich-Bewusstsein, das sich beispielsweise mit Eitelkeit, Stolz, Einbildung oder Eifersucht zwischen

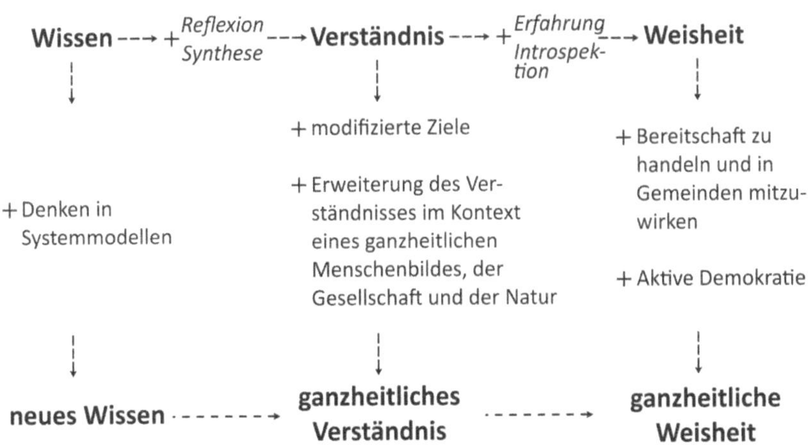

unseren Verstand und die Wahrheit schiebt und immer alles besser weiß. Der andere ist das bisherige Verständnis, das uns mit alten Glaubenssätzen und Denkmustern vor Hürden stellt. Ein wirksames Mittel gegen diese Feinde ist das Üben von kritischer Beobachtung des eigenen Denkens, das durch spirituelle Praxis kraftvoll unterstützt werden kann. Richtige Hygiene des Geistes ist die Voraussetzung für richtiges Verständnis.

Was bedeutet die Hygiene des Geistes? Es ist möglich, alle aufkommenden Gedanken bewusst zu beobachten. Es erfordert allerdings einiger Übung. Der große Vorteil dieser Methode ist, dass man viele dieser Gedanken verwerfen kann, weil sie falsch oder unnötig sind. Wir werden, was wir denken. Man kann auch die aufsteigenden Emotionen bewusst beobachten und einige von ihnen abweisen. Dadurch ist man ihnen nicht mehr ausgeliefert. Es ist außerdem ein extrem befreiendes Gefühl, wenn man durch kritische Beobachtung des eigenen Geistes herausgefunden hat, dass man nicht das Ich des Ich-Bewusstseins ist. Danach kann man die Aufforderungen seines Ich-Bewusstseins zum Handeln und seine Verzerrungen der objektiven Wahrheit zurückweisen, wenn man dies möchte. Das verändert unsere Interaktionen mit anderen Menschen entscheidend, weil wir nicht mehr aus der Position des verletzten Selbstwertgefühls oder maskierten Geltungsbedürfnisses handeln und kommunizieren. Wir erlangen inneren Frieden und verbreiten Frieden. Ebenfalls kann man, wenn man es möchte, viele der Impulse, die uns über unsere Sinnesorgane erreichen, einer Kategorisierung unterziehen: Will ich reagieren oder nicht? Ist das etwas Gutes oder würde es meinen Geist verunreinigen? Das ermöglicht uns, bewusst, mit unserem Verstand auf die Botschaften aus der Außenwelt zu reagieren oder es zu lassen. Das Wort Hygiene passt zu diesem Vorgehen sehr gut, weil sonst sehr viel Schmutz und Ideen, die uns nicht guttun, in unserem Denk- und Empfindungsorgan und von dort im Gedächtnis landen.

Wenn man so vorgeht, übernimmt man bewusst und kontinuierlich Verantwortung dafür, was man denkt und wie man handelt. Niemand von außen kann sehen, was in unserem Geist passiert, deswegen ist das eine Verantwortung, die wir vor unserem Selbst übernehmen. Die sonstige Verantwortung, die wir scheinbar in der Außenwelt übernehmen, hat in Wirklichkeit auch in unserem Geist ein Zuhause: die Verantwortung für die Umwelt, für andere Menschen, für unsere Kultur und Zivilisation. Es sind zwei Aspekte derselben inneren Einstellung.

Die übrigen Facetten der Hygiene des Geistes sind die aufrichtige Bemühung, in Einklang mit moralischen Prinzipien zu handeln und wahrhaftig zu sein einerseits, sowie ernsthaft praktizierte Meditation andererseits.

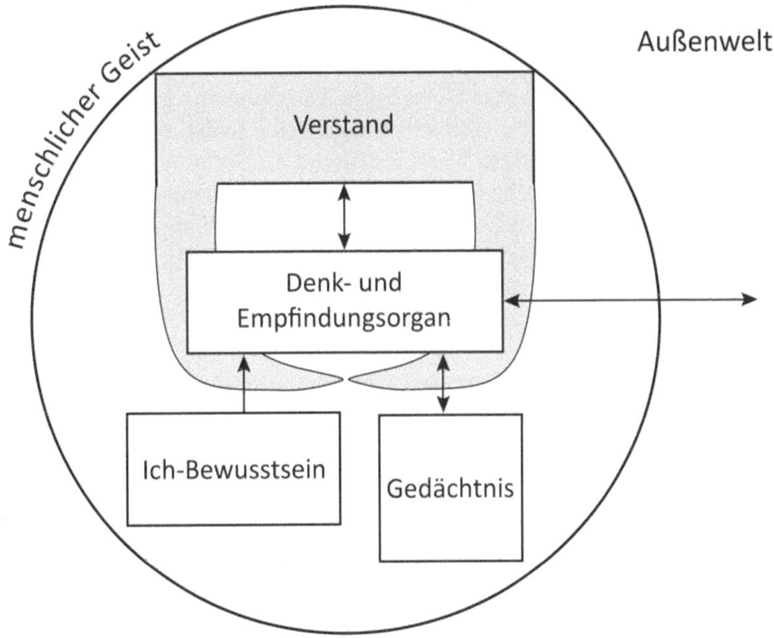

Die Überschrift dieses kleinen Abschnittes meint also ein modifiziertes Verständnis über das Verständnis, sein bewussteres Entstehen und sein aktives Anwenden in der Gesellschaft. Die Neugestaltung des Verständnisses umfasst damit

- Denken in Systemmodellen und in Synthesen,
- Hygiene des Geistes,
- Übernahme der Verantwortung für die innere und die äußere Welt,
- Aktive Demokratie als Einstellung zum Leben in der Gesellschaft (über die wir weiter unten nachdenken werden).

Charles Eisenstein legt uns die Empathie als einen Wert für die Zukunft nahe. Empathie ist nur ein anderer Name für Liebe. Ich scheue mich nicht, für die Gesellschaft, für die Zivilisation die selbstlose, in der Welt Gutes bewirkende Liebe als einen Wert zu postulieren. Ohne Liebe ist kein Verständnis möglich, weil sie aus derselben Quelle gespeist wird, aus der auch die Wahrheit kommt. Wenn wir auf der Suche nach

Verständnis aus der Falle unseres Ich-Bewusstseins und des Geplappers unseres Denk- und Empfindungsorgans entkommen, landen wir automatisch dort. Verständnis ist auch nicht ohne Demut möglich, weil stolzer, eitler, aufgeblasener Geist blind ist. Genauso wenig ist es ohne inneren Frieden möglich, weil ein aufgeregter Geist vernebelt ist und das Verständnis verhindert. Verständnis ist auch ohne Bereitschaft zur Selbstlosigkeit unmöglich, weil wir sonst Eigennutzen als die Wahrheit ansehen. Zwei andere Vorbedingungen sind Furchtlosigkeit (weil Furcht die Fähigkeit, die Realität zu sehen, trübt) und eine breite Perspektive (weil es keine verengte Wahrheit gibt).

Das Verständnis ist ohne Anwendung im täglichen Leben nutzlos. Erst wenn man das auch praktiziert, was man verstanden hat, wird man weise und für die anderen nützlich.

Wir sind Reisende

Menschliches Leben ist eine Reise. Die Entwicklung einer Zivilisation ist eine Reise. Wenn wir uns nicht einfach nur treiben lassen und unsere Zeit vergeuden wollen, brauchen wir ein Ziel und ein Vehikel.

Unser individuelles Ziel ist unser Wachsen. Es bringt uns Glück, Freiheit und Frieden. Als Gesellschaft brauchen wir dafür das Leben in der Harmonie mit der Natur (die uns als unser Zuhause geschenkt wurde) und untereinander. In diesem Zuhause können wir wachsen, reifen, nach überdauernder Wahrheit und nach dauerhaftem Glück streben.

Unser Vehikel sind unsere Werte: Gleichberechtigung, Mündigkeit, Solidarität, gegenseitiger Respekt, Demut, Arbeit an sich selbst. Um an das Ziel zu kommen, reicht es nicht, ein Vehikel zu haben – man muss es auch benutzen.

Das Leben jedes Menschen ist eine Chance, dem Ziel näher zu kommen. Wenn wir sie nicht ergreifen, dann ist das mehr als nur verlorene Zeit – es ist ein Verbrechen an uns selbst.

Das Schlüsselwort des neuen Westens heißt Verantwortung: Verantwortung für die Umwelt, Verantwortung für die anderen, für unsere Kultur. Man kann keine Verantwortung übernehmen, ohne für sich selbst, für seinen inneren Frieden und für seine inneren Werte Verantwortung zu tragen. Selbstverantwortung ist der Schlüssel zum Tor der Verantwortung. Durch verantwortungsvolles Denken und Handeln können wir das Feld unseres Selbst und das gemeinsame Feld des Miteinanders gleichermaßen neu bestellen. Die Ernte wird ergiebig werden.

Das neue Bild der Zukunft

Im Westen des 21. Jahrhunderts soll der Einzelne den höchsten Wert bekommen. Er wird allerdings nicht mehr bloß als ein denkender Körper, sondern als eine harmonische Einheit aus Körper, Geist und Seele definiert. Er wird auch nicht mehr nur für sich selbst leben und egoistische Ziele verfolgen, sondern sich als ein Teil der Natur und der Gesellschaft begreifen und deswegen versuchen, in Harmonie mit seiner Umwelt und seinen Mitmenschen zu leben.

Der Westen des 21. Jahrhunderts wird zum Vorbild für die menschliche Familie nicht mehr durch die Ausbeutung und Zerstörung der Natur und den rücksichtslosen Verbrauch ihrer Ressourcen, sondern durch eine konsequente und wirksame Anstrengung, sie zu erhalten. Er wird auch zum Prototyp für die Harmonie zwischen der Entwicklung des Geistes, dem Wachsen in der Seele und der körperlichen Gesundheit.

Der neue Westen steht für den Menschen, den ganzen Menschen. Er wird stark durch reife, mündige Bürger, die die Gemeinschaft aktiv und nach Kräften unterstützen und auf die Vitalität ihrer Kultur und Zivilisation stolz sein können.

NEUES FUNDAMENT

Ohne Frage, wir müssen viel an den von uns benutzten Technologien und Prozessen ändern. Aber nur Genügsamkeit wird genug Platz für die Natur lassen. Und das geht mit dem heutigen Weltbild und mit dem derzeitigen Selbstverständnis der Menschen nicht.

Unser Wachsen

Wir sind unvollkommen. Deswegen gibt es Moral, deswegen gibt es Regeln für das Zusammenleben in der Gesellschaft. Diese müssen eingehalten werden oder die Menschen werden ihren niedrigeren Impulsen überlassen und die Gesellschaft wird gesprengt. Nun ist die Moral gottgegeben und das Recht ist in Jahrtausenden durch langes Lernen aus Fehlern erarbeitet worden. Hinter beiden stehen Ideale. Hinter der Moral steht das Ideal der Uneigennützigkeit, hinter dem Recht das Ideal „Was du nicht willst, dass man dir tu, das füg auch keinem andern zu", also Gerechtigkeit. Sie sind die Quellen, aus denen sich die Flüsse des richtigen Handelns und des richtigen Verhaltens in der Gesellschaft speisen.

Wenn wir aber von unserem derzeitigen Anspruch, zu regeln, was da ist, den Schritt hin zum Neugestalten machen wollen, werden wir zusätzliche Regeln brauchen. Diese Regeln sollen eine von uns geplante Dynamik in unseren Gesellschaften zuerst auslösen und anschließend über lange Zeit lenken. Sie werden später in die praktizierte Moral und das Recht eingehen, zuerst muss aber ihre Sinnhaftigkeit von den Weitsichtigen und anschließend von ausreichend vielen Menschen verstanden und akzeptiert werden. Für den dritten Fluss, den Fluss der Veränderung, der weisen Gestaltung, brauchen wir ebenfalls eine Quelle, ein Ideal. Dieses Ideal ist das Wachsen, das Wachsen als Menschen.

Was ist Menschlichkeit? Es ist das, was uns vom Rest der Schöpfung unterscheidet. Es gibt Lebenskraft, es gibt etwas Intelligenz in der Welt der Pflanzen und mehr davon im Reich der Tiere. Im Tierreich gibt es außerdem Emotionen, etwas Denken und ein klein wenig der individuellen Entwicklung. Die Schöpfung enthält zwar qualitative Sprünge, ist aber trotzdem ein Kontinuum. Was uns als Menschen vom Rest der Schöpfung unterscheidet, haben wir bereits aufgeführt: Intellekt, Moral und die Fähigkeit zu lieben. Oder präziser: das Bewusstsein des Selbst, der Grad des Verständnisses von der Welt und von sich selbst, Gewissen sowie die Reife der Liebe, zu der wir fähig sind. Das Ideal hinter der Neugestaltung unserer Zivilisation ist also unser Wachsen in Bewusstsein, Verständnis, Moral und Liebe.

Was bedeutet dieses Wachsen konkret? Das kann für jeden Menschen etwas anderes darstellen. Es kann Bildung sein oder selbstloser Dienst an den Mitmenschen. Es kann Ausdruck der Schönheit sein, die man in der Kunst findet, oder wachsame Analyse eigenen Verhaltens mit dem Ziel, ein besserer Mensch zu werden. Wenn wir uns ernsthaft die Frage stellen, wie wir uns als Menschen in diesem Leben entwickeln wollen, wird jede und jeder von uns gewiss die richtige Antwort finden. Diese Antwort muss nur eine einzige Bedingung erfüllen: Sie muss erfolgreich den Überall-Test bestehen.

Selbstloses Handeln

In Namen von Jesus wurden unzählige Menschen getötet. Im Namen von Buddha nicht. Warum? Die Lehre von beiden war an die Situation, ihre Zuhörer und ihre Kultur angepasst und deswegen bei flüchtigem Blick unterschiedlich. In ihrem Kern war sie aber bei Jesus nicht anders als bei Buddha. Beide lehrten ihre Mitmenschen voller Liebe, aber auch in deutlichen Worten die Umkehr vom Leben, das sich nach außen richtet. Beide sprachen von Gewaltlosigkeit und Mitgefühl. Beide traten gegen eine ritualisierte Religion und gegen Ungerechtigkeit in der Gesellschaft ein und wurden deswegen vom Establishment verfolgt. Warum haben wir im Westen mit Jesus' Namen auf den Lippen getötet, die Menschen auf dem indischen Subkontinent und den angrenzenden Ländern aber nicht? Wo liegt der Unterschied?

Er liegt in der Kultur. Unsere Kultur hat einen eingebauten Fehler: den Hochmut. Seine Wurzel liegt bereits im antiken Griechenland. Wie in Kapitel „Bestandsaufnahme" beschrieben, waren die Griechen (und die Römer nicht weniger) sehr von der Überlegenheit ihrer Kultur überzeugt. Beide Kulturen waren in ihrer Grundeinstellung sehr anthropozentrisch und de facto materialistisch. In diesem Rahmen konnte Demut nicht aufkeimen. Die nationalen Kulturen in Europa übernahmen diese

Einstellung. Die antiken Kulturen Asiens sind aber der Bewies, dass diese Grundhaltung bei Hochkulturen nicht zwingend ist. Von Hochmut ist der Weg zur Bekehrung Andersgläubiger nicht mehr weit.

Der Hochmut gebar den Egozentrismus. Unser Wertekanon geht mindestens seit der Renaissance vom Individuum aus. Unser Weltbild bezieht die Natur und die Gesellschaft auf den Einzelnen und stellt nicht den Einzelnen in die Natur und in die Gesellschaft hinein. Wir bewerten unser Denken und Handeln in Bezug auf unsere persönlichen Werte und Interessen und sehen in der Natur keinen uns überragenden Sinn oder in der Gesellschaft keine übergeordnete Ordnung.

Das Individuum steht auch im Zentrum unseres Rechts. Wie weit das geht, zeigen beispielsweise unser Urheberrecht oder manche Auslegungen des Patentrechts. Wir schützen Rechte des Individuums an Gedanken, die es ausformuliert hat, oder Fakten, die es beschrieben hat, sehen also Ideen und Wissen als sein Eigentum. Gibt es überhaupt Ideen, die aus dem Nichts entstehen und ohne Bezug auf Ideen anderer möglich wären? Gibt es Wissen über die Natur, das einem Einzelnen gehören kann? Wir stellen die Bewegungsfreiheit eines notorischen Vergewaltigers über das Recht der Gesellschaft, frei von seiner Bedrohung zu sein.

Dass wir nicht die Werte oder die Schönheit, sondern den individuellen Ausdruck des Künstlers als Gegenstand der Kunst betrachten, ist ebenfalls aus dem Erbgut des Egozentrismus erwachsen.

Auf dem Boden des Egozentrismus gedeiht Egoismus. Aus dem Egoismus folgt beispielsweise, dass im Zentrum unseres Wirtschaftssystems die Gier steht – wir sanktionieren sie nicht nur, wir preisen sie als wertvoll an. Wir sehen es als berechtigt an, die Welt unseren Wünschen und Ideen anzupassen. Wir trauen uns zu, die Schöpfung zum Besseren zu manipulieren. Wir nehmen gedanklich den Platz über der Gesellschaft und über der Natur ein. Es gibt ein Gebot des Shinto, einer in Japan ansässigen Religion, das besagt: Vergiss nicht die Begrenzungen deiner eigenen Person. Die Wahrheit und Klugheit in diesem Gebot werden wir lernen müssen.

Unbewusst wissen wir bereits, dass wir mit dem Egoismus nicht weiterkommen. Die wachsende Anzahl von Menschen, die sich für die Leidenden und Verfolgten oder für die Umwelt einsetzen, zeigt das. Ihr

Handeln ist selbstlos. Der Sozialstaat, der Kommunitarismus, die immer lauter postulierte soziale und gesellschaftliche Verantwortung der Unternehmen sind die Zeichen dieser Wirkung. Gerechtigkeit und Solidarität sind lange keine bloßen Postulate mehr, sondern wichtige gesellschaftliche Strömungen.

Selbstlosigkeit ist das Gegenteil des Egoismus. Selbstlosigkeit macht den Handelnden und die Gesellschaft gleichermaßen stark. Sie schafft die richtigen Werte. Sie birgt genug Kraft, um unsere Zivilisation nicht nur zu retten, sondern sie mit neuer Stärke für alle absehbare Zukunft auszustatten.

Mit dem Unterbau des Egoismus, dem Egozentrismus, wird es schwieriger. Er ist in die Wurzeln unserer Kultur eingebaut. Ein Weg, die ihn nährenden Säfte zu drosseln, führt über das Verständnis der Rolle des Egos (des Ich-Bewusstseins) als geistiges Instrument des Menschen. Nüchtern betrachtet ist unser Ego unsere eigene Verblendung. Weil wir uns in dieser Verblendung mit unseren Ideen und unseren Wünschen gleichsetzen, betrachten wir ihre Geltung und Durchsetzung als gerechtfertigt an – wir bestehen geradezu darauf. Das Ego macht uns vor, über allen anderen Menschen zu stehen. Das verstärkt unsere Rücksichtslosigkeit gegenüber unserer Umgebung und der Natur. Je größer das Ich-Bewusstsein, umso größer unsere Ignoranz. Was dieses Ego schwächen würde, wäre die Anerkennung der Demut als einen wichtigen Wert: in der Kultur, in der Bildung, in der Gesellschaft. Ein anderer Weg führt über die Beendigung des Primats des Individuums, seiner Interessen und Rechte über die Interessen und Rechte der Gemeinschaft und der Natur. Letztendlich können wir dem überwuchernden Egozentrismus in unserer Kultur nur begegnen, wenn wir den Egoismus aus dem Grunddesign unserer Zivilisation entfernen. Das alleine schmälert zwar kein einziges menschliches Ego, schwächt aber seinen Einfluss auf die Gemeinschaft. Und das wird allmählich auch die Strömung unserer Kultur umlenken. Um diese Veränderung geht es uns.

Individuum versus Gemeinschaft

Das Postulat, die Rechte des Einzelnen dem Recht der Gesellschaft unterzuordnen, wird sicher viele Leser aufwecken. Heißt das, dass ich mich der Meinung anderer unterordnen muss? Werden mir meine Rechte weggenommen?

Alles fängt bei unserem Denken an, bei dem, was wir als richtig und wichtig erachten. Die Moral ist das, was wir aus dem Flüstern der inneren Stimme ausgewählt und innerhalb der Gesellschaft sanktioniert haben, weil es uns wichtig war. Das, was die aktive, gestaltende Minderheit in der Gesellschaft als richtiges Handeln betrachtet, findet mit der Zeit ihren Weg in das geltende Recht. Unsere moralischen Vorstellungen und das geltende Recht zusammengenommen bestimmen über unser Verhalten. Es ist also ein Prozess, eine Entwicklung. Niemand wird uns unsere Rechte über Nacht wegnehmen – wir können uns aber entscheiden, unsere Vorstellungen und unser Handeln in der Gesellschaft zu modifizieren, weil wir es für zielführend halten. Und ja, irgendwann entscheiden wir uns vielleicht als Gesellschaft dafür, die Rechte des Individuums und das Gemeinwohl ins Gleichgewicht zu bringen, und wenn sie in Einzelfällen nicht vereinbar sein sollten, dem Gemeinwohl konsequent Vorrang zu geben. Das andere Gleichgewicht, das wir dringend brauchen, ist die richtige Balance zwischen den Rechten des Einzelnen und der Natur.

Wenden wir den Überall-Test an. Wäre die Welt besser, wenn sie nach unserer eigenen Vorstellung funktionierte? Die spontane Antwort wäre wahrscheinlich: ja. Sie kommt von unserem Ego. Fragen wir anders: Wäre die Welt besser, wenn sie nach den Vorstellungen Ihrer Nachbarin funktionierte? Oder denen Ihres Chefs? Der Egozentrismus ist ein Resultat unserer Täuschung, ein Trick unserer Organe des Geistes. Es ist einfach vernünftig, das, was besser für die Gemeinschaft ist, als übergeordnet anzusehen.

Das Recht und die Regeln, auf die sich die Gemeinschaften berufen, dürfen allerdings nur unser Handeln in der Gesellschaft betreffen. Sie dürfen uns nie vorschreiben, wie wir sein sollen!

Riss zwischen Kultur und Zivilisation

Auch unsere Zivilisation hat einen eingebauten Fehler: Das, was unsere Kultur, Moral und Religion als ein Ideal erachten und uns als Vorbild präsentieren, widerspricht dem, was wir innerhalb der Zivilisation, insbesondere der Wirtschaft, tun. Die wichtigsten Werte der Kultur sind Humanität, Solidarität, Nichtdiskriminierung, Nächstenliebe. Die Richtwerte unserer Zivilisation sind Eigennutzen und Wettbewerb. Wir haben das, was wir für unsere Entwicklung als Mensch, als Gemeinde und als Gesellschaft für richtig halten, von dem, wie wir die materielle Welt, unsere Umgebung gestalten, entkoppelt. Durch diesen Widerspruch produzieren wir Unglück anstatt Glück. Er zwingt uns, zwischen dem Mammon und dem Geist, zwischen Macht und Güte, zwischen Körper und Seele zu wählen.

So wie die Spaltung eines einzelnen Menschen ihn zerreißen und deswegen unglücklich machen muss, muss die Spaltung der menschlichen Gemeinschaft in Zivilisation einerseits und Kultur, Moral und Religion andererseits sie schwach machen. Wir brauchen eine Zivilisation, die die Werte der Kultur einhält. Die Kultur und die Zivilisation müssen sich gegenseitig stärken; sie müssen aus einem Guss sein.

Die Ecksteine

Ein Fundament braucht stabile Ecksteine. Welche wollen wir für unsere zukünftige Zivilisation nehmen?

Wenn wir den Kern der Lehre Christi ernst nehmen, haben wir Gewaltlosigkeit und Mitgefühl als den ersten Eckstein. Eine Portion des in der Praxis angewandten selbstlosen Handelns liefert den zweiten. Der Vorrang der Interessen der Natur und der Gesellschaft über die Willkürlichkeit im Handeln Einzelner ist unser dritter Eckstein. Der vierte ist die Verantwortung, die wir für unsere Umwelt und für die Gemeinschaft übernehmen. Zusammengenommen bilden sie ein kraftvolles Fundament.

Zwei Leitwerte werden uns bei der Errichtung des neuen Gebäudes besonders lenken: die Gleichberechtigung aller in der Gesellschaft und die Verpflichtung, in Systemmodellen zu denken und zu handeln. Die Hauptsäulen, die die Statik des Baus stützen sollen, sind die Bildung und die Aktive Demokratie.

Was ist gute Bildung?

Erziehung und Bildung geschehen ununterbrochen in der Gesellschaft. Wir gestalten unsere Kinder und Mitmenschen kontinuierlich, wenn wir mit ihnen interagieren. Es ist wichtig, dass wir uns das bewusst machen. Bildung und Erziehung sind also Aufgaben von uns allen und nicht nur der Bildungsinstitutionen.

Das wichtigste Ziel der Bildung im engeren Sinne sollte sein, dem heranwachsenden Menschen zu helfen, sein Lebensziel möglichst hoch zu hängen. Um es unmissverständlich zu sagen: Das Ziel der Bildung ist nicht, die besten Arbeitnehmer zu produzieren.

Ein anderes Ziel ist, die Werte und Grundregeln der Gesellschaft, der Kultur und Zivilisation so zu erklären, dass der heranwachsende Mensch sie nicht nur versteht, sondern sie gleich und auf seinem späteren Lebensweg auch verwenden kann. Er muss den Bezug zwischen den Idealen der Kultur und seinen eigenen Zielen herstellen. Dies kann man nur durch Beispiel und direktes Erleben erreichen. Daraus folgt, dass die Lehrer und Erzieher die Besten unter uns sein müssen: gut im Verständnis, aber auch in der Moral – und für beides ein Vorbild.

Betrachten wir die Kette Informationen – Wissen – Verständnis – Weisheit. Die Information beantwortet uns die Frage nach dem Was, das Wissen die Frage nach dem Wie. Das Verständnis ist von grundsätzlich anderer Qualität: Es beantwortet uns die Frage nach dem Warum. Weisheit ist das, was durch direkte Erfahrung des Einzelnen aus seinem übergreifenden Verständnis der Realität erwächst. Die Schule heute konzentriert sich auf Informationen und im besten Fall auf Wissen. Diese wachsen in unserer technisierten Informationsgesellschaft exponentiell.

Die Schule reagiert darauf, indem sie versucht, in der gegebenen Zeit möglichst viele Fakten in das Gedächtnis der Schüler zu stopfen. Das Resultat ist, dass immer weniger Platz für das Verständnis bleibt, für die Reflexion über die Welt und über den Sinn des Lebens, für das Verständnis der Natur und der Gesellschaft, für die humanistischen Werte, für die Ethik... Damit zerstören wir unsere Kultur und Zivilisation, weil sich die Kultur aus Verständnis und Weisheit speist und die Zivilisation ohne Verständnis unkontrollierbar wird. Wir müssen unser Bildungssystem schon vom Kindergarten an auf das Erwerben des Verständnisses ausrichten.

Warum arbeitet unser Schulsystem anders? Weil wir die Kinder und Jugendlichen mit einem anderen Ziel bilden. Trotz aller anderslautenden Beteuerungen steht hinter unserem Bildungssystem der Gedanke, dass wir die jungen Menschen für die Wirtschaft vorbereiten, also für die weitere Vermehrung des Wohlstands fit machen. Wir glauben, dass wir damit den jungen Menschen helfen, weil sie mit dem erworbenen Wissen mehr verdienen werden, also für ihren persönlichen Wohlstand sorgen können. Damit gießen wir einen neuen Brennstoff in den Brand, der unsere Kultur und Zivilisation vernichtet, der die Natur und die Gesellschaft zerstört.

Unsere Bildung verkümmert. Die Mehrheit der Verwaltungsbeamten und der Lehrer betrachtet die Bedienung von Computern als eine wichtigere Qualifikation als die Fähigkeit, schriftlich komplexe Gedankengänge ausdrücken zu können. Als man die Vermittlung des praktischen Wissens, die Vorbereitung auf den Beruf in das Bildungssystem aufnahm, gab es aber noch Bildungsbürgertum und die meisten Familien sahen Werteerziehung als ihre Aufgabe. Die Situation heute ist eine andere. Außerdem stellt sich die Schule der Aufgabe der Erziehung in der Praxis nicht. Damit überlassen wir als Gesellschaft die Werteerziehung vieler Kinder und Jugendlichen den Medien und der Wirtschaft, deren Interessen auf dem Geld basieren und die sich der Mittel der Manipulation bedienen.

In unserem Bildungssystem brauchen wir außerdem dringend die „Erziehung des Herzens". Eine der erschreckendsten Erkenntnisse aus der Analyse des öffentlichen Schulsystems ist, dass wir dort das Mitgefühl, die Aufrichtigkeit, den Mut, die Geduld und Nachsicht oder einfach Freundlichkeit weitgehend fallen gelassen haben.

Der Bedarf an guter Bildung wird durch die verstärkte Einwanderung noch akuter. Weil die Schule kaum Werte vermittelt, erwachsen sie aus dem familiären Umfeld und aus der mitgebrachten Kultur. Sie müssen damit nicht schlecht sein, es sind aber nicht unsere Werte und nicht unsere Kultur.

Eine Wende schaffen wir nur, wenn wir das Konzept der Bildung grundsätzlich ändern. Bildung muss die Entwicklung des jungen Menschen im Auge haben. Sie muss ihm helfen, sich selbst und das Ziel seines Lebens zu verstehen. Die Institutionen der Bildung müssen ihn außerdem mit Wissen und Methoden ausstatten, die ihm helfen können, dieses Lebensziel zu erreichen.

Auch bei der Wissensvermittlung müssen wir umdenken. Wenn Schüler die richtigen Informationen und das sie begleitende Wissen haben, können sie sich gedanklich damit beschäftigen. Um mit der Zeit Verständnis zu erlangen, müssen sie das ernsthaft und stetig tun und an dem Thema interessiert sein. Die Schule muss dafür den Raum schaffen. Das Verständnis verknüpft mit dem Willen führt zum richtigen Handeln.

Aus der Anwendung des Verständnisses in der Praxis und den daraus folgenden Erfahrungen entsteht allmählich die Weisheit. Es wäre weit zielführender, wenn ein junger Mensch diese Kette hin zur Weisheit in nur einem einzigen Bereich des Wissens durchlaufen würde, als wenn er das gesamte Wissen der Menschheit auswendig lernte, aber nichts davon in sein Leben integrierte.

Bildung ist die Voraussetzung für Demokratie

Wenn man früher etwas wissen wollte, ging man zu jemandem, der es wusste, und lernte von ihm. Später gab es zusätzlich Bücher, die man studieren konnte und die im Idealfall von Menschen geschrieben waren, die es wussten. Heute wissen alle alles, mühelos und im Handumdrehen. Wir holen den Computer aus, googeln ein bisschen und nach wenigen Minuten wissen wir Bescheid. Weil wir den Unterschied zwischen Wissen und Verständnis nicht gelernt, nicht geübt haben, glauben wir am Ziel zu sein. So kann man aber kein Verständnis erlangen. So wird man nie weise. Man wird im Internet grundsätzlich keine Weisheit finden: Erstens entsteht sie aus eigener Erfahrung, ist also untrennbar an einen konkreten Menschen gebunden. Zweitens bewerben die Weisen ihre Weisheit nicht, weil sie nie um Anerkennung oder um irgendeinen Vorteil betteln. Außerdem sind sie bescheiden. Man muss nach ihnen suchen – das gehört zum ernsthaften Lernen dazu.

Ohne Verständnis kann man nicht differenziert denken. Menschen, die nicht differenziert denken können, lassen sich einfacher belügen und durch vereinfachte Argumentationen verführen. Menschen, die nicht reflektieren können, nicht selbstkritisch sind, die deswegen den Impulsen aus der Außenwelt schutzlos ausgeliefert sind, werden zum Gemeinwohl nichts beitragen. Menschen, die nicht tolerant, verständnisvoll, friedlich, gutmütig, ausgeglichen sind, werden eher Demagogen ins Netz gehen. Ignoranz ist die Quelle alles Bösen und aller gesellschaftlichen Probleme. Man kann sie nicht mit Fakten und Wissen abbauen. Dafür ist Verständnis nötig. Wenn wir so weitermachen, wird unser Bildungssystem bald die Demokratie abschaffen.

Menschen leben grundsätzlich in der Welt ihres Geistes, in dem Raum ihres Denk- und Empfindungsorgans, hinter der Mauer ihres Egos. Mit den modernen Medien haben wir unsere Entfernung von der Wirklichkeit zusätzlich erhöht: Zunehmend viele von uns verbringen zunehmend viel Zeit in der Unwirklichkeit, die den Vorstellungen, den Fantasien oder der Einbildung anderer entspringt. Die römischen Machthaber nutzten die Taktik „Brot und Spiele", um die Demokratie abzuschaffen. Heute stehen denjenigen, die es ihnen nachmachen wollen, Frutti di mare und Augmented Reality zur Verfügung. Die einzige Chance der Demokratie sind Menschen, die gelernt haben, präzise und kritisch zu denken und die Ergebnisse dieses Denkens bei ihrem Handeln in der Gesellschaft konstruktiv anzuwenden. Unser Bildungssystem muss präzises und selbstkritisches Denken lehren und seine Anwendung in der Wirklichkeit des sozialen Miteinanders trainieren.

Der Demokratie liegt kein Naturgesetz zugrunde. Sie widerspricht dem, wie unsere Organe des Geistes funktionieren: emotional anstatt rational, subjektiv statt objektiv, egoistisch statt an das Gemeinwohl gerichtet. Sie ist deswegen an sich nicht stabil und wird es nie sein. Sie muss mit ständiger Anstrengung am Leben gehalten werden. Wir können das jeden Tag beobachten. Am Beispiel der USA sehen wir, dass es nach 240 Jahren demokratischen Staates, also nach zehn Generationen, die nie etwas anderes als Demokratie gekannt haben, auch möglich ist, dass wir uns – vor die Wahl gestellt zwischen Erfahrung, Intelligenz und moralischer Integrität einerseits und Ignoranz, Zynismus, Arroganz und blindem Ego andererseits – mehrheitlich für das Zweite entscheiden. Der einzige Weg, eine funktionierende Demokratie zu haben, ist, das Verständnis und die Moral möglichst vieler Wähler zu fördern. Wir haben beides in unserem Schulsystem praktisch aufgegeben. Wenn wir das nicht schleunigst ändern, wird unsere Demokratie sterben.

Wenn wir das Verständnis des Selbst und die Arbeit am eigenen Geist nicht zu den erklärten Bildungszielen machen, wird unsere Kultur nicht überleben. Der gekonnte Umgang mit den Organen des Geistes kann nur durch Praxis, durch anhaltende Anstrengung erlernt werden. Der beste Zeitpunkt, um dafür den Grundstein zu legen, sind die Kindheit und das Jugendalter. Damit ist der richtige Ort dieser Praxis das Bildungssystem.

Lassen Sie mich das in dieser Deutlichkeit sagen: Die geistige und spirituelle Entwicklung mag von vielen als eine Privatsache gesehen werden, sie ist nichtsdestotrotz die Voraussetzung unserer Demokratie und Voraussetzung unserer Zivilisation, wenn wir ihr eine Chance geben wollen.

Bildung des Geistes

Das eigentliche Ziel der Bildung, das Wichtigste, was die Erwachsenen den heranwachsenden Menschen vermitteln und was sie in ihnen festigen können, ist das Verständnis der jungen Menschen dafür, welchen Zweck ihr Leben hat.

Auf dem Boden unseres Individualismus ist die heute herrschende Vorstellung entstanden, dass die Eltern alleine bestimmen, wie ihre Kinder gebildet und erzogen werden. Praktisch bedeutet das, dass wir als Eltern den Kindern im besten Fall die Werte und Vorbilder mitgeben, die unser eigenes Denken determinieren: gegenwärtig in der Regel, dass sie viel Geld verdienen sollen, um viel konsumieren zu können. Die Medien und die Werbung (die seit einigen Jahren zum wichtigsten Faktor beim Formen der Kinder geworden sind) ergänzen die Erziehung um Sinnesbefriedigung, Konsumismus, Seichtheit und Gewalt. Die Gesellschaft muss das Recht bekommen, der heranwachsenden Generation Verhaltensweisen, Werte und Lebensentwürfe aufzuzeigen. Die jungen Menschen werden später selbst entscheiden können, welchen Lebensentwurf sie zu ihrem eigenen erklären, aber sie müssen eine gute Basis für diese Entscheidung erhalten, und zwar alle jungen Menschen unabhängig davon, was ihre eigenen Eltern denken. Eine bewusste und faire Vorbereitung auf diese Entscheidung sollte als ein wichtiges Bildungsziel verstanden werden.

Bildung besteht aus drei Bereichen: dem Praktischen, dem Geistigen und dem Humanen (wir nennen dies in diesem Buch: dem Spirituellen). Mit der praktischen Bildung haben wir am meisten Erfahrung, deswegen beschäftigen wir uns hier nicht mit ihr. Wir erwähnen lediglich die dringende Notwendigkeit, die Lehrpläne von der Grundschule bis zur Universität um die Themen der systemischen Ökologie und des systemischen Denkens überhaupt zu ergänzen. Ferner muss dort Kultur (darunter auch Philosophie und Ethik) deutlich mehr Platz erhalten. Es entsteht gerade eine die ganze Welt umspannende Kultur – das ist eine Chance, die wir nutzen sollten. Das Wissen über die verschiedenen nichtwestlichen Kulturen der Welt muss zum wichtigen Inhalt der Bildung werden. Sie bieten alternative Weltsichten, anderes Verständnis der Lebensziele und andere Modelle der Gemeinschaft. Wenn die jungen Menschen diese Alternativen nicht kennen, wird die Entwicklung der globalen Kultur weiterhin von den kommerziellen Interessen der Medien und der sie finanzierenden Wirtschaft bestimmt. Die Zivilisation wächst auf dem Boden der Kultur. Die auf die Vorbereitung der Arbeitskräfte gerichteten Fächer müssen deswegen einen Teil ihrer Zeit an das Systemdenken und die Kultur abgeben.

Die beiden anderen Bereiche der Bildung bedürfen einer Erklärung.

Was ist Bildung des Geistes? Sie hat den Anspruch, bei den heranwachsenden Menschen die Fähigkeit zum präzisen, objektiven und konstruktiven Denken zu entwickeln. Ihre zwei wichtigen Aspekte sind die Bildung der Vernunft und das Verständnis der Funktionsweise der Organe des Geistes – diese Organe sind ein wunderbares Instrument, aber ein sehr schlechter Herr und Meister. Das Ziel ist also, zu lehren, dieses Instrument richtig zu benutzen.

Die Vernunft bildet man nicht durch Wissen, sondern durch die Übung in Verständnis. Die praktische Übung im Verständnis ist deswegen der wichtigste Bestandteil der Bildung des Geistes. Dazu gehören das differenzierte Denken und das Werkzeug der Logik. Betrachtung der Welt als ein komplexes Ganzes, das aus Systemen besteht, entwickelt beides in besonderem Maße. Das Wissen über komplexe Systeme und seine praktische Nutzung müssen daher auch deswegen ausreichend Platz im Schulprogramm finden. Die Anwendung des so erlangten Verständnisses in der Praxis, also bei der Lösung von Aufgaben und Problemen und beim Fällen von Entscheidungen, entwickelt die Vernunft nachhaltig.

Auch die Jugendlichen und sogar die Kinder kann man über die Funktionsweise des Denk- und Empfindungsorgans und des Ich-Bewusstseins aufklären und sie an die Gewohnheit, ihre Emotionen und Gedanken bewusst zu beobachten, heranführen. Die Lösung von Aufgaben und soziale Interaktionen in der Gruppe bieten genug Gelegenheiten, die Selbstreflexion auf natürliche, konstruktive Weise zu üben. Die Versuche, objektiv und methodisch sauber zu denken, bieten dafür den besten Anlass. Sie werden zu einer Herausforderung, können also von den Kindern und Jugendlichen als etwas Positives empfunden werden. Methodisch sauberes Denken kann man beim Studium der Philosophie und Moral genauso gut wie bei der Lösung von naturwissenschaftlichen Aufgaben lernen. Von entscheidender Bedeutung ist, dass es interessant ist und dass es in der Praxis angewandt, also geübt, wird. Wir brauchen in der Gesellschaft ein Ethos der Sachlichkeit und Pragmatismus bei der Anwendung unseres Geistes zur Lösung von unseren individuellen und von unseren gemeinsamen Aufgaben und Problemen. Die Schule ist der beste Ort, um dieses Ethos aufwachsen zu lassen.

Unsere Kultur ist unser eigentliches Kapital und langfristig betrachtet unsere eigentliche Stärke. Morgen kann ein anderes Land reicher oder technologisch dynamischer werden. Eine Zivilisation hat dauerhaft Bestand, wenn ihre Kultur stark ist, nicht weil sie viel Besitz ansammelt oder große Armeen unterhält. Diese Kultur erneuert sich oder stirbt im Kindes- und Teenageralter. Sie erneuert sich, wenn die Kinder Literatur lesen und schreiben, wenn sie Wissenschaft betreiben, wenn sie sich mit schönen Künsten beschäftigen, wenn sie eine Beziehung zu klassischer Musik aufbauen, wenn sie bei gemeinsamem Handeln gegenseitigen Respekt, Mitgefühl und Moral üben. In was investieren wir in den Schulen stattdessen? In die Digitalisierung. Alle Kinder, die in die Grundschule kommen, können einwandfrei mit einem Smartphone umgehen. Sie wissen aber weder, wie sie mit anderen etwas friedlich zusammen tun können, noch woher ihr Essen kommt. Wir nehmen uns aber trotzdem vor, sie noch mehr den neuen Medien auszusetzen. So wie man am Beginn der Industrialisierung zwölfjährigen Kindern, denen man die Bildung verweigert hatte, das Bedienen von Maschinen beibrachte, will man ihnen heute die Bedienung von Computern beibringen, damit sie möglichst früh und möglichst effizient zu Informationsarbeitern unserer Informationswirtschaft werden. Als Gesellschaft instrumentalisieren wir unsere eigenen Kinder. Hier ist ein Umdenken bitter nötig.

Die Bildung des Geistes ordnet unsere Inneneinrichtung und macht sie gut nutzbar. Sie bildet in uns die Fähigkeit, die Realität von der Illusion, das Richtige vom Falschen zu unterscheiden. Für die Ruhe, den Frieden und die Stärke des Geistes brauchen wir die spirituelle Bildung.

Spirituelle Bildung

Der Mensch ist ein Produkt seiner eigenen Gedanken. Das ist das Geheimnis jedes menschlichen Lebens.

Paramahamsa Hariharananda

Spirituell ist jemand, der seine Aufmerksamkeit und sein ernsthaftes Bemühen nach innen richtet, um sein wahres Ich zu erkunden.

Die Säkularisierung unserer Kultur und unseres gesellschaftlichen Lebens war einmal eine gesunde Reaktion auf den Missbrauch der Religion durch die Kirche. Mit der Religion haben wir allerdings auch die

Spiritualität von uns geschoben, weil die Kultur der Spiritualität innerhalb der Kirche nicht stark genug war, um auf die Laien auszustrahlen. Dadurch entstand eine enorme Ungleichheit: Nur der materielle Aspekt unseres Wesens (der Körper und das Denken) wurde hochgehalten und bestimmte damit die Entwicklung unserer Zivilisation. Das führte zur Verstärkung der Eigensucht und zum Schauspiel der Macht und Habsucht. Fleiß wird zwar für gut befunden, aber nicht die Selbstdisziplin; körperliche Gesundheit, aber nicht die geistige Hygiene. Als Resultat entwickelte sich in unseren Gesellschaften Gewalt anstelle inneren Friedens, Egoismus anstelle Menschenliebe. Spiritualität ist nicht zuletzt die im Inneren angewandte Ethik und sie bildet damit die Basis für die äußere Moral.

Auf diese Weise ist im Westen die Spiritualität verkommen. Die gegenwärtige Reaktion darauf ist das wachsende Interesse an östlichen Religionen, an Yoga, Meditation und Achtsamkeit. Auch das Interesse der Christen an der praktischen Spiritualität nimmt allmählich zu. Wir brauchen sie. Warum ist das so?

Bevor wir diese Frage beantworten können, müssen wir es erneut betonen: Spiritualität ist etwas Praktisches und hat mit Esoterik und Aberglaube nichts zu tun. Im Gegenteil: Das Vertreiben der Dunkelheit des Aberglaubens und der Einbildung ist ihre Vorbedingung. Deswegen ist die Bildung des Geistes eine Voraussetzung für die Bildung der Seele. Praktische Spiritualität sind also keine Rituale oder Übungen und keine Texte – sie ist innere Erfahrung. Weil wir im Westen so wenig über praktische Spiritualität wissen, müssen wir uns sorgfältig vor Hochstaplern schützen und unsere spirituelle Bildung vor ideologischem Missbrauch sichern. Weil aber die praktische Spiritualität auch eine Einstellung zu den anderen und zu der Welt einschließt, die durch Demut, Sanftmut, Tugend und Verantwortungsbewusstsein gekennzeichnet ist, lassen sich Hochstapler bei sachlicher Betrachtung unschwer demaskieren. Auch gut meinende Helfer, die sich als Lehrmeister ausgeben, aber die Wahrheit nicht aus der direkten Erfahrung kennen, müssen sorgfältig gemieden werden. Menschen mit Halbwissen sind gefährlicher als die ganz ignoranten, wenn sie sich als Kenner ausgeben.

Was ist also spirituelle Bildung? Sie ist die Arbeit der jungen Menschen an ihrer Humanität, die von Erwachsenen behutsam begleitet wird. Sie fängt mit der Frage an: „Wer bin ich?“ Sie integriert den Geist, das Herz und das Gewissen. Sie bildet den Charakter und veredelt den Willen. Sie enthält Selbstdisziplin, Leben im Einklang mit moralischen Werten und Aufrichtigkeit. Ihr Ziel ist eine reife Persönlichkeit, die sich durch Ausgeglichenheit und inneren Frieden auszeichnet. Sie führt zur Selbstverantwortung und dadurch zur Verantwortung.

Was bedeutet spirituelle Bildung konkret? Das Allererste ist, zu lernen, überhaupt anwesend zu sein. Unsere Aufmerksamkeit, Gedanken, Wünsche folgen blind den Sinnesreizen oder den Erinnerungen an diese Sinnesreize. Damit verbleiben wir mit unserem Geist in der Außenwelt und sind nicht in uns selbst anwesend. Sie bedeutet also, die Perspektive zu ändern: Ich, das Subjekt meines Lebens, bin innen, nicht außen. Und weil ich das Subjekt bin, kann ich überhaupt die Außenwelt beobachten und beurteilen. Wenn ich Interesse an meinem Ich habe, muss ich meine Aufmerksamkeit nach innen richten.

Diese Erkenntnis bildet die Basis für das Lernen der Konzentration. Es gibt zwei Arten von Konzentration: die Konzentration auf die Arbeit (die körperliche, aber vor allem die geistige) und die Konzentration auf sein Inneres. Die Erste ist für die heutigen Kinder und Jugendlichen nicht mehr selbstverständlich und muss deswegen auf dem Plan der Bildung des Geistes ihren Platz finden. Die Übung der Zweiten ist die wichtigste Aufgabe der spirituellen Bildung. Konzentration ist der Schlüssel zur erfolgreichen intellektuellen Arbeit, zum ausgebildeten Charakter, zur produktiven Interaktion mit anderen, zum inneren Wachstum. Sie unterstützt auch die praktische und die geistige Bildung. Sie eröffnet das Tor zum Wachsen in Menschlichkeit.

Mit der Fähigkeit zu Konzentration kann man meditieren. Man kann bereits die Grundschulkinder an die Meditation heranführen. Das erreicht man dadurch, dass man ihnen bewusst macht, dass sie ein Inneres haben und dass sie ihre Aufmerksamkeit dorthin lenken können. Wenn die Kinder jeden Morgen einige Minuten lang versuchen, in Stille und Ruhe sich auf ein Bild, einen Ton oder einen Gedanken zu konzentrieren, bringt ihnen das mit der Zeit einen enormen Vorteil beim Lernen und bei ihren sozialen Kontakten. In den weiterführenden Schulen werden sie länger meditieren können und den Nutzen daraus weiter erhöhen.

So wie man den Körper durch Bewegung, durch Übung entwickelt und gesund hält, muss man auch den Geist und den Willen gezielt üben. Wir haben wenig Kontrolle darüber, was uns begegnet, aber wir können uneingeschränkt darüber bestimmen, wie wir darauf reagieren. Dafür ist die Übung der Selbstreflexion notwendig, die das dritte Element der spirituellen Bildung ist. Ihre Voraussetzung ist die Beobachtung eigener

Emotionen und Gedanken. Sie befähigt den jungen Menschen dazu, einige von den aufsteigenden Gedanken und Emotionen fallen zu lassen, zu unerwünschten Lüsten oder Ideen Nein zu sagen. Sie führt deswegen zu geistiger Disziplin. Dafür braucht man Ruhephasen ohne Arbeit und ohne viele Reize der Sinnesorgane (damit auch ohne Medien), die in den Schulalltag eingebaut werden müssen. Die Selbstreflexion übt man außerdem, wenn man Achtsamkeit praktiziert, wenn man in Stille in der Natur ist oder konzentriert, ohne überflüssige Sinnesreize an etwas arbeitet. Ein zweiwöchiges Retreat in jedem Halbjahr (von der Schule organisiert und bezahlt), ohne Telefone, Computer und Musik, in einer natürlichen Umgebung muss zum festen Bestandteil der Schul- und Hochschulbildung werden. Selbstreflexion ist im Kindes- und Jugendalter sehr schwierig. Umso wichtiger ist es, dass die Kinder und Jugendlichen damit in Berührung kommen und Methoden und Techniken lernen, die ihnen Zugang zur geistigen Hygiene öffnen. Auch an dieser Stelle ergänzen sich die geistige und die spirituelle Bildung und unterstützen sich gegenseitig.

Ein weiteres Feld der spirituellen Bildung ist die Selbstdisziplin, die auf der Selbstreflexion aufbaut. Ihr Ziel ist die Kontrolle über die Organe des Geistes. Dort werden unser konzentriertes, sachliches Denken und der Wille von aufsteigenden Gedanken und Emotionen nahezu ununterbrochen weggedrängt. Dort hält das Ich-Bewusstsein seine prahlerischen Vorstellungen ab. Wenn wir nicht das Sagen über unsere geistigen Organe haben, wenn wir nicht Frau oder Herr über unsere Gedanken, Emotionen und Reaktionen sind, bringt das Chaos und Desaster in unser Leben. Diese Kontrolle ermöglicht uns, dem Verstand Vorrang vor den Instinkten und unreflektierten Reaktionen zu geben. Unser Unterscheidungsvermögen weiß, was richtig und was gut für uns ist – wenn es bewusst angewandt wird. Diese Fähigkeit kann man trainieren. Das bildet den Charakter und ermöglicht dem Einzelnen ein konstruktives Leben in der Gemeinschaft. Man muss die heranwachsenden Menschen darauf hinweisen, welche Vorteile es hat, wenn sie Nein zu unwillkürlichen Impulsen, Gelüsten oder ungewünschtem Gruppenzwang sagen können. Es erhöht ihre Freiheit. Wenn man nicht gelernt hat, Nein zu manchen seiner Wünsche und Begierden zu sagen, kann man als Mensch nicht wachsen – man überlässt seinen Geist dem Animalischen. Solcher Geist wird auch in der äußeren Welt nichts von bleibendem Wert schaffen. Dabei geht es nicht darum, Impulse und Emotionen zu unterdrücken, sondern frei darüber entscheiden zu können, ob man ihnen folgt oder nicht.

Ein weiteres Ziel der spirituellen Bildung ist das Wachsen im Herzen. Mit dem Herz verstehen wir den Zugang zu den tieferen Schichten unserer Menschlichkeit, der durch egoistisches Denken und willkürliche Emotionen versperrt werden kann. Durch Selbstreflexion lernt man, seine Gefühle bewusst zu beobachten, sich über ihre Güte bewusst zu werden. Durch Selbstdisziplin lernt man, nur den guten zu folgen, und sorgt dadurch für einen geordneten, geläuterten Geist. Beides öffnet das Tor zum menschlichen Herzen, wo die Milde und Güte wohnt.

Mitgefühl und Milde für die Mitmenschen und für das Leben insgesamt kann gelernt und praktiziert, also gebildet werden. Zur Bildung des Herzens ist deswegen die Interaktion mit anderen notwendig. Das Arbeiten an realen und praktischen Aufgaben in der Gruppe bietet dafür die beste Gelegenheit. Sie merken es: Es geht nicht darum, eine Unterrichtseinheit mit dem Namen „spirituelle Bildung" in den Wochenplan aufzunehmen. Es geht um eine zusätzliche Dimension aller Beschäftigungen in der Schule, eine zusätzlich einbezogene Aufmerksamkeit auf den Geist und das Herz.

Das altindische vedische Konzept der Bildung enthielt drei Schritte. Zuerst hört der Schüler zu, wenn der Lehrer einen bestimmten Wissensgegenstand oder eine Wahrheit erklärt. Dann beschäftigt er sich gewissenhaft und andauernd mit dem Gelernten, bis alle seine Zweifel weichen. Zum Schluss meditiert er darüber und versucht es in sein Leben einzubauen. Während all dieser Schritte begleitet ihn der Lehrer aufmerksam. Erst mit der Wahrheit, die der Schüler nach dem dritten Schritt für sich selbst herausgefunden hat, ist der Prozess zu Ende. Damit sind praktisches, geistiges und spirituelles Lernen drei Schritte, die aufeinander aufbauen können.

Die praktische Spiritualität schließt das Verständnis der Natur und des Lebens als etwas Heiliges ein, ist also ein Gegenentwurf zum unreflektierten Egozentrismus. So verstandene Spiritualität nimmt das Ich aus dem Zentrum des Universums und stellt den Schöpfer auf den frei gewordenen Platz. Das ist eine kopernikanische Revolution. Daraus, dass sich das Ich jetzt um seinen Schöpfer dreht und nicht umgekehrt, folgt, dass Gott keine Idee, keine Vorstellung, keine Religion, kein Text, keine Form und kein Name mehr sein kann, weil wir dann anstelle der sphärischen Harmonie nur Streit hätten, welche Vorstellung die richtige sei. Diese Spiritualität ist eine grundsätzlich andere Einstellung zur Welt, die Anerkennung dessen, dass es etwas Wichtigeres, Heiligeres als uns selbst gibt, dass wir die Welt nicht besitzen, dass wir in ihr nur Mieter sind und als Mieter bestimmte Pflichten haben und uns an bestimmte Regeln halten müssen. Der Weg zu dieser Spiritualität führt immer durch das Innere des Menschen und bedeutet Arbeit, lebenslange Arbeit. Diese Arbeit wird enorm erleichtert, wenn sie schon im Kindesalter eingeleitet wurde. Unsere Bildung muss diesen Weg aufzeigen, muss Hilfe bieten. Sie muss lehren, welche Instrumente, welche Vehikel es auf diesem Weg geben kann. Weil Lernen immer die Praxis impliziert, muss diese Spiritualität auch geübt, praktiziert werden.

Dafür ist es nicht notwendig, dass man an Gott glaubt. Buddha sprach nie über Gott. Bei der praktischen Spiritualität geht es sowieso nicht um den Glauben, sondern um Erfahrung. Es reicht, wenn man es gedanklich zulässt, dass es etwas gibt, was uns übersteigt, was reiner als unser Geist und kraftvoller als unsere eigene Lebenskraft ist, was wir zwar nicht mit unseren technischen Instrumenten messen können, was aber nichtsdestotrotz existieren kann. Weil wir für alles einen Namen brauchen, sagen wir zu diesem Etwas das Göttliche oder das Heilige oder Gott oder Schöpfer. Wir sollen uns aber nicht an den Namen klammern, sondern versuchen, die Realität dahinter zu erforschen. Und auch wenn wir nicht an den Schöpfer glauben möchten oder uns nicht nach innen wenden wollen, können wir uns trotzdem entscheiden, diese Einstellung zuzulassen, weil es in der Welt Gutes bewirkt. Ebenso können wir anerkennen, dass eine so verstandene spirituelle Erziehung als Ergänzung zu unserer heutigen Bildung notwendig ist.

Wir bringen unseren Kindern bei, wie sie ihre Körper sauber halten, geben ihnen aber keinerlei Hilfe, wenn es darum geht, ihre Gedanken und Gefühle sauber zu halten. Im Gegenteil, wir überlassen sie der ununterbrochenen Überflutung durch – noch vor fünfzig Jahren unvorstellbaren – Mengen an Bildern, Aufforderungen zum Handeln, Stimuli, die zu Emotionen führen. Sie werden regelrecht mit Müll überschüttet, ohne dass sie überhaupt eine Chance haben, mit diesem Müll fertigzuwerden – sie haben keine Instrumente, keine Methoden, nicht mal ein Beispiel, nicht mal einen Hinweis, dass das, was mit ihnen geschieht, gefährlich ist. Warum? Weil wir als Eltern, als Lehrer diese Methoden und Instrumente auch nicht kennen und, falls doch, nicht als Bestandteil der Erziehung und Bildung betrachten. Sehen wir den Tatsachen ins Auge: Wir Menschen haben uns daran gemacht, die Natur zu verbessern, wir maßen uns an, zu bestimmen, wie die Welt aussehen soll, haben aber keine Macht über unsere eigenen Gedanken und Emotionen! Dass das ins Chaos führen muss, liegt auf der Hand.

Man muss junge Menschen darauf hinweisen, dass ihr Geist ein Instrument ist und dass man es richtig benutzen lernen muss. Nicht nur der Körper soll trainiert und gesund gehalten werden, sondern auch die inneren Organe des Geistes und das Menschsein selbst, die Humanität. Das ist im Kindesalter zehnmal einfacher als im Erwachsenenalter. Und ein sachlicher, positiv eingestellter und ruhiger Geist ist im Leben viel wichtiger als ein paar Fakten der praktischen Bildung mehr, die man bald zum großen Teil sowieso vergisst.

Das Resultat der spirituellen Praxis ist ein Wachsen im Herzen und im Bewusstsein, im Mitgefühl und in der Gewaltlosigkeit, in der Klarheit im Denken und in Ausgeglichenheit, Toleranz und Stärke. Um dieses Wachsen geht es. Dieses Wachsen kann man nicht unterrichten, nicht mal lernen. Die Menschen wachsen von alleine, wenn die Bedingungen dafür günstig sind. Es ist ein Gesetz der Schöpfung. Man kann aber den heranwachsenden Menschen das Ziel aufzeigen, die Methoden erklären und anhand konkreter Praxis verständlich machen und üben helfen. Man kann sie auf dem schwierigen Weg der Selbstdisziplin und ernsthafter Anstrengung in ihrem Inneren unterstützen. Man kann sie bei ihrem Wachsen liebevoll begleiten. Das sind die Aufgaben der spirituellen Bildung.

Die praktische, geistige und die spirituelle Bildung gehören also zusammen und verstärken sich gegenseitig. Die praktische Bildung versorgt die jungen Menschen mit Wissen und hilft ihnen, die Welt und sich selbst zu verstehen. Die geistige Bildung unterstützt das Verständnis des Denkens und Fühlens, und die spirituelle Bildung hilft, die Kontrolle über dieses Denken und Fühlen zu erlangen.

Gesellschaft ist das Ergebnis der Selbstverantwortung und Selbstdisziplin. Die Kultur erwächst in Anstrengung, in der Überwindung des Animalischen, in der Klarheit des Geistes und Schönheit des Herzens. Menschen, die ihr Denken, ihre Emotionen, ihr Verhalten und Handeln aktiv beobachten und bewusst beeinflussen, Menschen, die lernen, ihre Organe des Geistes gekonnt zu benutzen und die Stimuli der Sinnesorgane bewusst zu betrachten, sehen nicht nur die Welt so, wie sie wirklich ist, sondern werden in ihrer Persönlichkeit und in allen Bereichen des Lebens gefestigt. Menschen, die lernen, ihr Inneres Universum zu erforschen, dort nach der Klarheit und Schönheit zu suchen, über die Werte und Wahrheiten zu kontemplieren und zu meditieren, finden inneres Gleichgewicht. Sie werden willensstark, standhaft und haben Charakter. Starke Menschen stärken die Gesellschaft und die Kultur. Menschen, die sich ihren eigenen Impulsen und den Impulsen aus ihrer Umgebung unreflektiert aussetzen, schwächen sie. Eine substanzielle Veränderung in der Gesellschaft kann nur mit Selbstverantwortung, Selbstdisziplin, Kontrolle über das Denken und bewusster Arbeit am eigenen Charakter gelingen und diese können durchaus innerhalb des Bildungssystems gelehrt werden. Unabhängig davon: Das Leben jedes einzelnen Menschen kann nur durch die harmonische Entwicklung des Geistes, des Herzens und der Seele erfüllt und glücklich sein. Wir brauchen beides gleichermaßen: die Bildung des Geistes und die spirituelle Bildung. Die geistige Bildung lässt in dem Menschen Edelkristalle heranwachsen, die spirituelle ist das Schleifen und Polieren dieser Kristalle zu Schmucksteinen, zu Rubinen und Brillanten.

Religion

Bemühe dich aufrichtig. Auf jedem Schritt deines Lebens, in jedem Atemzug und bei jedem Unterfangen, bewahre innere Güte.

Paramahamsa Hariharananda

Wir haben bei unserem Nachdenken über das Ziel der Zivilisation viel über die praktische Spiritualität gesprochen. Es könnte vielleicht bei einigen Lesern die Frage entstanden sein: Sollen wir wieder religiös werden? Um diese Frage zu beantworten, müssen wir zuerst definieren, was Religion ist. Sie ist der Teil des gesellschaftlichen und geistigen Lebens der Menschen, der sich Gott zuwendet. Nun bringt es wenig, bei der Beantwortung der Frage von dieser theoretischen Aussage auszugehen, wenn es eine etablierte, wohlbekannte Praxis gibt.

Die Praxis der Religion besteht vor allem aus dem Glauben an eine Verkündung, die in einem Buch festgehalten wird, und aus gewissen Ritualen, die die Kirche etabliert hat. Die Kirche ist das Organ, das die Religion verwaltet. Um die Verkündung herum bildeten sich mit der Zeit auch eine Philosophie, die das intellektuelle Fundament der Religion ist, und ein moralischer Verhaltenskodex, der das gesellschaftliche Leben mitregelt. Außerdem entstand um die Person des Verkünders mit der Zeit eine Mythologie, die die Rituale der Kirche belebt. Die Religion entfernte sich von der Spiritualität, als sie versuchte, die Erfahrung des Göttlichen, die in einem verfeinerten, gereinigten Bewusstsein zugänglich ist, auf die gröbere, mit den Sinnesorganen erfahrbare Realität und Erfahrung zu übertragen. Was daraus entstand, wird vom modernen Menschen zu Recht als unecht empfunden. Und wenn die Kirchen darauf bestehen, die Realität, die erst auf dem Weg der praktischen Spiritualität zugänglich wird, in die Welt der Sinneserfahrungen zu drängen, und verlangen, an sie zu *glauben*, verlieren sie Glaubwürdigkeit.

Die Alternative wäre, die Religion als einen Satz von Verweisen zu sehen: als Wegweiser, die dem suchenden menschlichen Herz die Richtung zeigen, als Unterstützer, der ihm hilft, für seine Reise gut ausgestattet zu sein und ihm Abkürzungen auf dem Weg zu zeigen. Gehen muss aber jeder Mensch selbst. Das ist das Vorgehen der praktischen Spiritualität. Wir haben sie als die Suche nach dem eigentlichen Selbst definiert. Sie baut auf Erfahrung auf. Damit ist sie etwas gänzlich anderes als die Religion, die den Glauben voraussetzt. Der Glaube und die Erfahrung schließen sich aus. Zu glauben bedeutet, dass man etwas als wahr annimmt, obwohl man die Wahrheit nicht erfahren hatte. Erfahrung ist direktes Wissen. Die Religion und die praktische Spiritualität können aber trotzdem nebeneinander existieren: Der Glaube an Gott kann die spirituelle Entwicklung des Menschen anleiten und unterstützen – wenn er vom Herzen kommt. Ein vertieftes, selbstloses Gebet kann ein Instrument dieser Entwicklung sein. Auch ein spiritueller Mensch kann sich entscheiden, am religiösen Leben teilzunehmen. Religion und praktische Spiritualität sind also Halbschwestern.

Der Glaube birgt allerdings eine Gefahr. Weil er vom direkten Wissen abgekoppelt ist, kann er fehlgeleitet werden und zu Fanatismus führen. Fanatismus widerspricht zwar den Verkündungen, aber wenn man seinen Verstand ausschaltet, kann man problemlos an das Gegenteil der Lehre des Verkünders, vorbei an dem eigentlichen Geist hinter seinen Worten, glauben. Weil die meisten religiösen Menschen keine eigenen Beweise für den Inhalt ihres Glaubens suchen, verlassen sie sich auf die Aussagen der Spezialisten. Wenn diese Aussagen nicht hinterfragt werden, kann das die geistige und spirituelle Entwicklung behindern.

Sollen wir also wieder religiös werden? Christentum ist ein Teil unserer Kultur und es schwächt sie, wenn die Zahl der Christen im hohen Tempo schrumpft, besonders, wenn dadurch der Zugang zur Spiritualität gänzlich verloren geht. Der Glaube und die Zugehörigkeit zu einer Kirche sind trotzdem eine persönliche Entscheidung. Für den Umbau unserer Zivilisation ist zwar die praktische Spiritualität, nicht aber die Religion notwendig.

Verantwortung

Der moderne Staat perfektioniert stets die in der Gesellschaft geltenden Regeln. Unsere Zivilisation macht das notwendig, weil sie immer komplexer und verflochtener wird. Das erzeugt allerdings einen Widerspruch: Diese Regeln helfen und beschützen uns, doch dafür müssen wir immer mehr von unserer Handlungsfreiheit abgeben. Und weil wir Handlungsfreiheit mit Freiheit gleichsetzen, entsteht das Gefühl, dass der Staat unser Gegner ist. Dieser Zwiespalt tut unseren Gesellschaften nicht gut. Er verdirbt unser Verantwortungsbewusstsein.

Wenn von demokratischer Gesellschaft die Rede ist, denken wir Gleichberechtigung. Doch Gleichberechtigung ist lediglich die Voraussetzung für Demokratie. Demokratie bedeutet, dass sich die Gesellschaft mehrheitlich für etwas entscheidet und dass sich anschließend alle an die Entscheidung halten. Beide Schritte funktionieren nur dann gut, wenn sich die Menschen für das Gemeinwohl verantwortlich fühlen. Je mannigfaltiger unsere Gesellschaft, je komplexer unsere Zivilisation, je wirkungsmächtiger die von uns genutzten Technologien, umso notwendiger die Abstimmung und das gemeinsame Handeln.

In jeder Gesellschaft gibt es Menschen, die nicht mal für ihre eigenen Taten Verantwortung übernehmen. Dann gibt es solche, die dies zwar tun, aber den Radius ihres Verantwortungsgefühls eng zeichnen, und solche, die diesen Radius auf andere Menschen, sogar auf andere Lebewesen, auf die ganze Welt ausweiten. Sie nehmen Rücksicht und versuchen etwas Positives beizutragen. Das Reifen des Menschen, also sein Wachsen in Menschlichkeit, ist durch eine Entwicklung vom krassen Egozentrismus zur Symbiose mit seiner sozialen und sogar seiner natürlichen und menschengemachten Umgebung gekennzeichnet. Reife Menschen haben kein Problem, sich Regeln zu unterwerfen und auf andere Rücksicht zu nehmen, weil sie wissen, dass die Freiheit in ihrem Inneren wohnt und dort erkämpft wird.

Unsere Demokratie geht stillschweigend von den Bürgern aus, die zwar für sich selbst Verantwortung übernehmen, aber nicht für die anderen. Sie glaubt, dass eine gute Gesellschaft automatisch, wie von unsichtbarer Hand, dadurch entstehe, dass sich jeder um sich selbst und seine Familie kümmert. Der Staat sorge für den Rest. Diese Einstellung produziert das Verhalten, das sie voraussetzt. Den Westen können allerdings nur diejenigen stärken, die sich für die Kultur, Zivilisation und Gesellschaft verantwortlich fühlen und die die anderen als ihre Nächsten betrachten. Sie mögen heute noch in der Minderheit sein. Ihre Zahl wird aber wachsen, wenn wir bei der Umgestaltung bewusst Raum für Verantwortung schaffen.

Aktive Demokratie

Unsere Kultur hat das Ideal geschaffen, dass der Einzelne ganz oben in der Pyramide der Bedeutung steht und im Idealfall von nichts und niemandem in seiner Handlungsfreiheit beschränkt werden darf. Dieser Individualismus und der daraus resultierende Egoismus haben unserer Gesellschaft geschadet. Die Aktive Demokratie bietet dazu eine Alternative.

Unsere Demokratie ist in ihrem Ansatz zentralistisch. Das Volk hat von den Königen den Staat übernommen, aber die Strukturen der Macht nicht grundsätzlich verändert. Das Neue ist (vereinfacht gesagt), dass die Machthaber alle vier Jahre vom Volk gewählt werden. Die Idee, wie man den Staat administriert und gestaltet, ist aber zentralistisch und „von oben nach unten" geblieben. Wir delegieren unser Recht, über unser Zusammenleben zu bestimmen und unsere Zukunft zu gestalten, auf Einzelne. Es ist eine eher passive Methode, über die Geschicke unserer Länder mitzubestimmen. Wir überlassen die Demokratie unseren Vertretern, die zu professionellen Machtausübenden werden, und kümmern uns um unsere privaten Sachen. Das hat eine Dynamik geschaffen, die dazu führt, dass der Staat immer mehr Macht an sich holt und die Bürger immer weniger direkten Einfluss auf seine Entscheidungen haben. Es bleibt ihnen nur der Umweg des Protestes. Diese Dynamik schwächt die Demokratie und würde, wird sie fortgesetzt, in ihrer Abschaffung münden.

Mit der Aktiven Demokratie meinen wir ein neues Verständnis der Demokratie als Grundlage der modernen Gesellschaft. Die Gesellschaft ist geschichtlich gesehen von alleine entstanden, ohne dass wir uns systematisch Gedanken darüber gemacht haben, wie sie funktionieren und welches Ziel sie verfolgen soll. Auch in dieser Beziehung waren wir reaktiv. Die Herausforderungen, die vor uns stehen, sind mittlerweile so grundsätzlich geworden, dass sie nach einer neuen, einer aktiven Herangehensweise verlangen. Wir werden unsere Einstellung zum Gemeinwohl verändern und die Regeln unseres Handelns in der Gesellschaft neu gestalten müssen.

Aktive Demokratie bedeutet, gemeinsam nach demokratischen Spielregeln zu handeln, um gemeinsame, demokratisch festgelegte Ziele zu erreichen. Dazu muss man die Demokratie von ihrem Sockel herunterholen und als eine Grundregel unseres Handelns in der Gemeinschaft benutzen. Der Ausgangspunkt der Aktiven Demokratie ist das Verständnis der Verantwortung. Heute fühlen wir uns für uns selbst und unsere Familie verantwortlich. Ein System aus sehr, sehr vielen Einheiten, die eigenen Willen besitzen, kann sich nur positiv entwickeln, wenn diese Einheiten zusammenarbeiten, wenn die Vektoren ihrer Ziele mehrheitlich und in der Summe in eine Richtung zeigen. Das kann man mit Millionen Individuen und Familien, wenn sie gänzlich unabgestimmt handeln, nicht erreichen. In der Vergangenheit sorgte die Kultur für diese Ausrichtung. Heute hat sie die dafür notwendige Energie nicht mehr. Die Situation würde sich ändern, wenn wir anfangen würden, unsere gemeinsamen Ziele in der direkten Umgebung abzustimmen. Das ist die Idee hinter den Gemeinden. Bezogen auf den Platz, auf dem wir leben, ist die Gemeinde die Straße, der Ort oder der Stadtteil. Auf unsere Arbeit bezogen ist die Gemeinde das Unternehmen, in dem wir beschäftigt sind, sein Standort oder ein Verbund der Unternehmen, wie beispielsweise Lieferkette. Auf die Bildung unserer Kinder bezogen ist die Gemeinde die Klasse, die Schule oder ein Verbund der Schulen, die sich ein gemeinsames Ziel gesetzt haben. Die erste Voraussetzung für unseren konstruktiven Beitrag in diesen Gemeinden ist, dass wir den Raum unserer Verantwortung erweitern.

Die zweite Voraussetzung ist, dass wir die demokratischen Regeln für unser Handeln in den Gemeinden akzeptieren, konsequent leben und notfalls verteidigen. Konkret bedeutet es, dass alle Entscheidungen mehrheitlich und nach Anhörung aller, die ihre Meinung vortragen möchten, getroffen werden. Alle Vertreter der Gemeinde müssen demokratisch gewählt werden und es muss immer die Möglichkeit bestehen, sie demokratisch abzuwählen. Jeder muss das Recht haben, seine abweichende Meinung zu vertreten und vor einem speziell dafür vorgesehenen Gremium vorzutragen. Dieses Gremium muss von der Exekutive der Gemeinde unabhängig sein und konkrete Schritte einleiten können. Auch andere Gemeinden, die von der Entscheidung betroffen sein können, müssen das Recht haben, angehört zu werden. Der Prozess, eine gemeinsame Entscheidung zu fällen, ist also deutlich umfassender, als mal zusammenzukommen und abzustimmen. Die Aktive Demokratie bedeutet, den demokratischen Prozess aktiv und ohne Ausnahmen zu leben. Grundsätzliche Entscheidungen und die Regeln, die sich die Gemeinde selbst gibt, müssen mit einer Zweidrittelmehrheit getroffen werden. Sollte sich eine Gemeinde trotzdem von dem demokratischen Prinzip entfernen oder gegen das Gemeinwohl arbeiten, muss jedes Mitglied und jede andere demokratisch funktionierende Gemeinde dagegen vorgehen dürfen. Der Staat muss dafür Mittel bereitstellen und Wege schaffen.

Wenn meine Gemeinde oder eine Gemeinde, deren Entscheidungen mich zwar betreffen, ich aber nicht willens war, mich an ihnen zu beteiligen, etwas beschließt, muss ich im Umkehrschluss bereit sein, diesen Beschluss zu akzeptieren. Die übergreifenden Gemeinden und der Staat stehen dann auf der Seite der gemeinsamen Entscheidung. Wenn ich heute nicht zur Regierungswahl gehe, überlasse ich die Wahl der Regierung den anderen. Ich habe mich für die Politik des Staates nicht verantwortlich gefühlt, werde mich aber den Entscheidungen der neuen Regierung unterordnen müssen. In der Aktiven Demokratie wird dieses Prinzip auch auf die Gemeinden ausgeweitet. Wenn sich in Zukunft die Nachbarn zusammentun und entscheiden, am Straßenrand Bäume zu pflanzen, werde ich eben im Schatten eines Baumes wohnen müssen. Diese Art gemeinsamen Handelns kann sehr effektiv sein. Sie aktiviert außerdem neue Energie in der Gesellschaft. Sie macht das, was uns heute unerreichbar und unrealistisch erscheint, machbar.

Aktive Demokratie erwächst aus der Gleichberechtigung, die kompromisslos und total sein muss. Das bedeutet, dass die Gesellschaft bemüht sein muss, allen dieselben Rechte nicht nur formell zuzugestehen, sondern sie auch dazu zu befähigen, diese Rechte praktisch auszuüben. Das ist ein wichtiger Unterschied zwischen einer passiven und der Aktiven Demokratie. Wenn jemand zwar formell das Recht besitzt, an einer Entscheidung über ein Verbot der Nutzung der Pestizide in der Landwirtschaft mitzuwirken, aber die Verflechtungen nicht kennt oder nicht verstehen kann, ist das keine Aktive Demokratie. Die Gesellschaft hat also zuallererst die generelle Pflicht, allen eine möglichst gute Bildung zu ermöglichen. Das ist die Basis. Dann muss sie ihre Diskussionen klar, eindeutig und auf den Punkt gebracht führen. Sie darf damit nicht nach den Mechanismen der heutigen Medien ablaufen, wo mit allen Mitteln um Aufmerksamkeit gekämpft und manipuliert wird. Das setzt Disziplin im Denken und Kommunizieren voraus. Unehrlichkeit oder das Argumentieren mit Halbwahrheiten müssen im demokratischen Prozess demaskiert, verpönt und notfalls vom Staat verhindert werden. In der Aktiven Demokratie muss die für die Entscheidung zuständige Gemeinde (in der größten Ausdehnung repräsentiert durch den Staat) effektive Vorkehrungen dafür treffen, dass sich jeder Interessierte ein fundiertes und objektives Bild der Situation und der Folgen seiner demokratischen Entscheidung verschaffen kann. Dabei muss sie proaktiv und konsequent handeln. Diese Proaktivität gehört zum Entscheidungsprozess dazu. Erst dann ist das Vorgehen demokratisch. Natürlich setzt die Aktive Demokratie auch die Bereitschaft der Menschen voraus, diese Angebote wahrzunehmen. Bei den essenziellen Entscheidungen könnte man deswegen das Bemühen des Einzelnen, sich ernsthaft über die Situation und die Folgen zu informieren, sogar zur Voraussetzung für seine Stimmabgabe machen.

In der Aktiven Demokratie haben wir dieselben Rechte, aber nicht dieselben Pflichten. Warum das? Weil die Pflichten mit den Möglichkeiten des Einzelnen, sie zu erfüllen, wachsen sollen. Von jemandem, der eine bessere Bildung oder einfach einen helleren Kopf hat, darf die Gemeinschaft einen höheren Beitrag erwarten. Die Bildung ist ein Geschenk der anderen, der Gesellschaft, und ein heller Kopf ein Geschenk Gottes – wir zahlen mit unserem höheren Beitrag einfach einen Teil dessen, was uns gegeben wurde, zurück. Das Gleiche gilt für einen starken und gesunden Körper. Jeder kann das geben, womit er am meisten beschenkt wurde. Auch der materielle Reichtum ist zum großen Teil ein Geschenk der anderen, der Gesellschaft, und es ist nur gerecht, dass die Reichen mehr für die gemeinsamen Ausgaben sorgen als die Armen. Jeder nach seinen Möglichkeiten. Aber auch die Armen oder die Schwachen sollen zum Gemeinwohl beitragen. Jedem von uns sind mindestens zwei kostbare Schätze mitgegeben worden: die Zeit und die persönliche Begabung. Wenn wir anfangen, sie nur ein bisschen bewusster und nicht ausschließlich für unsere individuellen Zwecke einzusetzen, wird das eine große Änderung in der Gesellschaft und in der Welt bewirken. Wir haben also nicht dieselben, wohl aber die gleichen Pflichten.

In der Aktiven Demokratie kommen die verantwortungsvolle Einstellung der Bürger, die konsequent gelebten demokratischen Regeln und die Organisationsform für das neue Engagement (die Gemeinden) zusammen. Sie wird eine Infrastruktur brauchen, und die muss von der Gemeinschaft zur Verfügung gestellt werden. Die Gesellschaft muss auch die Kosten dieser Infrastruktur tragen. Die Gemeinden müssen sich untereinander austauschen können, brauchen also einen Zugang zu Kommunikationsnetzen und zur Plattform der öffentlichen Meinung. Sie werden die Systeme des Rechts und der Weiterbildung benötigen und die öffentliche Infrastruktur nutzen. Es kann also durchaus vorkommen, dass wir als Einzelne für etwas zahlen müssen, was den Gemeinden kostenlos zur Verfügung steht. Auch das ist im Kontext der Aktiven Demokratie gerecht.

Dass dies nicht allen auf Anhieb einleuchtet, ist ein Resultat unseres gegenwärtigen Wertekanons. Betrachten wir ihn etwas genauer. Die zwei wichtigsten Sachen mit dem absoluten Wert in allen westlichen Gesellschaften sind die Unantastbarkeit des menschlichen Lebens und das private Eigentum, das Recht, den persönlichen materiellen Reichtum zu häufen. Der eine Wert beschützt unser Leben, der andere spiegelt unsere Vorstellung vom Ziel dieses Lebens wider. Der erste Wert ist selbstverständlich, wir werden ihn allerdings auf die Erhaltung der Natur ausweiten müssen. Denken wir aber über den zweiten Wert nach. Geld, Eigentum als Lebensziel ist eine unzulässige Verflachung und soll in der Wertepyramide der Gesellschaft wirklich nicht ganz oben stehen. Das materielle Wohl der Gemeinschaft, falls im Konflikt mit dem Reichtum des Einzelnen, muss höher bewertet sein, weil es vielen nutzt und das Fortbestehen der Kultur und der Zivilisation unterstützt. Auf der geistigen und spirituellen Ebene haben wir die Entwicklung des Individuums in seiner Menschlichkeit, die Anhäufung seines geistigen und spirituellen Reichtums, als einen absoluten Wert vorgeschlagen. Dieser Reichtum würde den materiellen Reichtum auf dem Sockel der Wichtigkeit beerben.

die absoluten Werte heute:		**die absoluten Werte von morgen:**
menschliches Leben	----➔	menschliches Leben
	----➔	alles Leben auf dem Planeten
Häufen des materiellen Reichtums	----➔	Wohl der Gemeinschaft
	----➔	Entwicklung in Menschlichkeit

Wir schaffen damit das Privateigentum in keiner Weise ab, wir entziehen ihm nur im Kontext der Gesellschaft den höchsten Wert. Um mit dieser Änderung umgehen zu können, werden wir in vielen Bereichen umdenken müssen. Aus diesem Umdenken werden sicherlich einige neue Regeln erwachsen. Man kann sich beispielsweise gut vorstellen, dass das Eigentum und die Einnahmen der Gemeinden vom Staat steuerlich anders behandelt werden als das Eigentum Einzelner. Wir bieten heute Vergünstigungen, wenn Menschen in erneuerbare Energien investieren. Warum sollen wir beispielsweise das Car Sharing gegenüber dem privaten Fahrzeugbesitz nicht finanziell fördern?

Die seit Jahrzehnten schleichend stattfindende Stärkung des Staates auf Kosten der lokalen Verantwortung ist verheerend, gefährlich. Die Bürger sind nicht gewöhnt, Verantwortung zu übernehmen, und deswegen würde die Gesellschaft in Chaos versinken, wenn die Durchsetzung der Ordnung und Verantwortung durch den Staat wegfiele oder abschwächte. Aktive Demokratie macht die Gesellschaft stark und die Demokratie robust. Wenn Kompromiss, Zusammenarbeit, Rücksicht in der direkten Umgebung geübt werden, wird man sie nicht mit Staatsgewalt durchsetzen müssen. Der Staat kann sich dann auf die koordinierende Rolle zurücknehmen.

Aktive Demokratie darf natürlich keinen Zwang zum Handeln und zur Verantwortung produzieren. Eher ein kluges System der Anreize, Befähigungen und Regeln, die für alle gleich sind.

Diese Art der gelebten Demokratie ist eine wichtige Voraussetzung für die Neugestaltung unserer Länder und letztendlich auch unserer Zivilisation. Weil sie in dem politischen System fest verankert sein muss, wird sie auch ein formelles Organ brauchen, das wir das Parlament der Gemeinden nennen möchten und das wir in dem Kapitel „Neuer Staat“ beschreiben werden.

Genügsamkeit

Die Lösung, die die menschliche Zivilisation retten wird, wird eine ganz einfache sein. Wir haben lange genug Komplexität in unsere Welt hineingestopft. Sie verschlimmert nur unsere Lage; sie bringt uns immer weiter weg von unserem eigentlichen Ziel, glücklich zu sein. Diese einfache, aber wirksame Lösung heißt Genügsamkeit. Sie nimmt ein großes

Stück der Komplexität aus unserer Zivilisation heraus und beendet die meisten ihrer Probleme. Sie ist unsere einzige Rettung.

Was Menschen zu benötigen glauben, ist nur zu einem kleinen Teil auf den objektiv vorhandenen Bedarf ihres Körpers und Geistes zurückzuführen. Der Rest entstammt ihren Wünschen, die kein natürliches Limit haben. Wenn wir sie nicht bewusst und kritisch hinterfragen, wachsen sie mit jeder Befriedigung weiter. Genügsamkeit ist das Resultat dieses Hinterfragens. Sie kann aus einer rein vernunftgeleiteten Erwägung entstehen oder das Ergebnis der inneren Zufriedenheit des Menschen sein. Im ersten Fall führt sie auf natürliche Weise zu einem Gefühl des inneren Friedens. Im zweiten ist sie die Folge der im Inneren bereits empfundenen Eintracht. Wir brauchen diese Genügsamkeit dringend. Warum?

Sie bewirkt automatisch einen geringeren Verbrauch der Ressourcen der Natur und reduziert den Abfall. Sie entkoppelt unser Denken und unsere Lebensziele vom Konsum. Sie schenkt uns Zeit und schafft mehr Raum für unser menschliches Wachstum. Sie schwächt die Konkurrenz, die Gier und den Egoismus in der Gesellschaft und stärkt die Gemeinschaft durch mehr Solidarität, Hilfsbereitschaft und Offenheit. Das einfache Leben bedeutet außerdem weniger Bequemlichkeit und mehr Bewegung, einfacheres und deswegen natürlicheres Essen, eine gesündere Lebensweise. Objektiv betrachtet und vom Standpunkt der Gesellschaft hat sie ausschließlich positive Folgen. Sie wäre deswegen auch dann anstrebenswert, wenn wir keine ökologische Krise und keinen Ressourcenmangel hätten. Die einzigen Verlierer dieses gesellschaftlichen Konzepts sind Menschen, die heute aus unserem ausufernden Konsum Kapital schlagen.

Dass Genügsamkeit nicht ernsthaft als eine der Lösungen für die zivilisatorische Krise diskutiert wird, liegt daran, dass wir als Gesellschaft, als Experten, Entscheider und Medien alles scheuen, was mit Verzicht verbunden ist. Dafür gibt es zwei Gründe. Erstens bedeutet Verzicht ein sinkendes Bruttoinlandsprodukt. Im heutigen Wirtschaftssystem ist das ein Schreckgespenst. Zweitens wollen wir als Bürger, als Konsumenten nichts davon hören. Deswegen wagt niemand, es vorzuschlagen. Anstelle Genügsamkeit wird technologischer Fortschritt als Lösung präsentiert. „Wir werden unsere Produktion so umstellen, dass sie die Umwelt nicht zerstört", heißt es. Die Produkte können derart beschaffen werden, dass sie entweder repariert oder in den Wirtschaftskreislauf zurückgeführt werden. Alternativ werden sie restlos biologisch abbaubar, und die beim

Abbauprozess freigesetzten Substanzen werden die Natur nicht belasten.

All das ist unbedingt notwendig und gut. Dieser Lösungsvorschlag verschweigt nur die Tatsache, dass die Mehrheit der Sachen und Technologien, die wir benutzen, nach dem heutigen Stand der Wissenschaft und Technik gar nicht auf diese Weise hergestellt werden kann. Auch wenn diese Technologien in der Zukunft entwickelt werden sollten, wird es noch Jahrzehnte dauern, bis sie die Produktion der Mehrheit der Güter ausmachen. Dann aber ist es für die Rettung der Vielfalt der Biosphäre bereits zu spät. Außerdem werden auch danach immer noch genug Materialien bleiben, die der Natur schaden – bei einer wachsenden Produktion viel zu viele. Und was am wichtigsten ist: Wachsende Produktion, auch wenn sie umweltfreundlich stattfindet, bedeutet, dass unsere Zivilisation für sich immer mehr Raum beansprucht. Dieser Raum fehlt für die Erhaltung der intakten Natur. Wir brauchen neue Technologien und Produktionsprozesse, aber wir müssen darüber hinaus entscheidend weniger konsumieren. Und das bedeutet Genügsamkeit.[5]

Wie können wir der Genügsamkeit in unserer Kultur Geburtshilfe leisten? Indem wir über unsere Lebensziele ernsthaft nachdenken und unsere Bedürfnisse hinterfragen. Der Früchte-Test oder der Zu-Ende-denken-Test können dabei sehr hilfreich sein. Wenn wir uns bei unserem Nachdenken von der Maschinerie des heutigen Marktes losbinden und die Genügsamkeit zum gesellschaftlichen Thema machen, wird das mit der Zeit Einfluss auf unsere Lebensweise haben. Genügsamkeit bedeutet, Verantwortung für das Leben auf unserem Planeten zu übernehmen. Sie führt zu einer solidarischen und deswegen lebenswürdigen Gesellschaft. Das Bewusstsein für beides wächst gegenwärtig in den meisten westlichen Ländern überraschend schnell. Der Zeitpunkt ist deswegen günstig, um neue gesellschaftliche Bewegungen und neuartige Parteien zu gründen, die Genügsamkeit zu einem ihrer Ziele erklären.

Diese gesellschaftliche Dynamik kann nur bei uns im Westen entstehen, weil wir bereits die Freuden (und den Kummer) des Lebens im Überfluss

5 Vollständigkeitshalber und auf den gesamten Globus blickend sei erwähnt, dass bei wachsender Weltbevölkerung die Genügsamkeit allein nicht reichen würde, bei Weitem nicht, um die Natur auf dem Planeten zu retten. Auch nicht, wenn sich die Zahl der Menschen bei acht oder sieben Milliarden stabilisieren sollte. Wir brauchen beides: weniger Geburten und einen niedrigeren Verbrauch der Ressourcen der Natur. Bei Gesamtfruchtbarkeitsraten von ungefähr 1,5 in Europa (also durchschnittlich 1,5 Kinder pro Frau) sind allerdings zu viele neugeborene Kinder kein Problem der westlichen Länder. Deswegen machen wir es hier nicht zum Thema.

kennen. Zu versuchen, den Armen die Perspektive auf mehr Sicherheit und etwas Komfort oder die Träume vom bequemen Leben auszureden, hat keinen Sinn. Sie werden ihre eigenen Erfahrungen machen müssen. Es ist gut und wichtig, dass sie währenddessen in der umgestalteten westlichen Zivilisation eine Alternative zum wuchernden Kapitalismus sehen.

Genügsamkeit ist natürlich. Die gesamte Natur, bis auf die Menschen, ist genügsam. Wir haben die natürliche Ordnung der Welt durch unsere Gier zerstört. Die einzige Alternative ist, zur natürlichen Ordnung des Lebens zurückzukehren – durch Genügsamkeit.

NEUES DESIGN

WIR LEBEN INMITTEN VON KOMPLEXEN SYSTEMEN, UND UNSER HANDELN BEEINFLUSST SIE. DESWEGEN MÜSSEN WIR LERNEN, IN SYSTEMEN ZU DENKEN. IM MOMENT HANDELN WIR IM SYSTEM DER NATUR WIE BLINDE ELEFANTEN IM PORZELLANLADEN.

Nun sind wir an dem Punkt angekommen, wo wir mit dem eigentlichen Designprozess anfangen können. Er wird grundsätzliche Veränderungen mit sich bringen. Das führt uns zu der Frage, ob Menschen ihr Leben überhaupt völlig, von Grund auf verändern können. Können wir unser Denken, Verhalten, unsere Lebensziele, Überzeugungen grundsätzlich neu definieren? Ja, das können wir.

Ich möchte diese grundsätzliche Aussage nicht ohne Beweis stehen lassen. Theoretische Antworten gibt es genug. Ich weiß das, weil ich es selbst getan habe. Ich möchte Ihnen kurz darüber erzählen. Ich hoffe, dass es Ihnen hilft, an die Möglichkeit, unser Leben und als Resultat auch unser Zusammenleben und unsere Kultur umzugestalten, zu glauben.

Stellen Sie sich einen Mann mittleren Alters vor, berufstätig, erfolgreich, gut situiert, ehrgeizig – einen Mann mitten im Leben. Seine Lebensziele sind Karriere (Anerkennung), Wohlstand (Annehmlichkeiten des Lebens) und Glück (eine ideale Beziehung mit einer schönen, aufgeweckten und starken Frau). Er ist neugierig auf und offen für die ihm noch unbekannten Facetten der Welt und sucht nach Erfüllung im Leben. Plötzlich kommt er vollauf an sein Ziel. Er trifft eine Frau, die alles verkörpert, wonach er gesucht hat. Sie ist einfach faszinierend. Er verbringt mit ihr Nächte unter freiem Himmel, fliegt zu Orten, zu denen er selbst nie gegangen wäre, und fängt an, die Geheimnisse der Welt zu verstehen. Sein zukünftiges Leben liegt ausgebreitet vor ihm und es ist erfüllt und schön; bis sie ihn für einen anderen Mann verlässt, der reicher ist als er selbst. Was dann passiert, ist eine Reise besonderer Art. Es ist ein Neuaufbau bar jeder Illusion. Das ist der Vorteil, wenn man ganz tief gestürzt ist – das Einzige, was einem dann verblieben ist, ist der harte Boden, auf dem man liegt. Der Mann definiert den Sinn des Lebens neu, in einer beständigen, ernsthaften Anstrengung erforscht er seinen eigenen Geist, sein Inneres Universum und die Welt um ihn herum. Dabei findet er Glück, das ihm sein früheres Glücksgefühl wie ein schwaches Licht einer Taschenlampe in der Mittagssonne erscheinen lässt. Auf der rein praktischen Ebene ändert er diametral sein Denken, sein Verständnis der Welt, die Prioritäten in seinem Leben, seine Arbeit, seinen Tagesrhythmus, sein Essen, seine Wünsche und Bedürfnisse, sein Verhalten gegenüber anderen und zum großen Teil seinen Charakter.

Ja, Menschen können sich verändern. Nicht immer bedarf es dazu dramatischer Ereignisse. In meinem Fall war es so, weil die Illusion, in der ich lebte, groß war. Jeder bekommt auf seinem Weg die Gelegenheiten, die er braucht, um die Wahrheit zu erkennen. Auch Gesellschaften bekommen ihre Chancen, ihre Prioritäten, ihr Denken, ihr Handeln zu verändern. Dem Westen stehen genügend Erschütterungen und Rückschläge bevor. Unsere Aufgabe ist es, sie zu nutzen.

Individueller Weg

Die Entwicklung in Menschlichkeit ist ein Weg jedes Einzelnen. Nur die Menschen als Individuen wachsen und entwickeln sich hin zur Vollkommenheit. Die Gesellschaften tun es nicht. Wenn wir ganz genau schauen, sehen wir zwar, dass die Gesellschaften einer Evolutionskraft ausgesetzt sind. Die durch diese Kraft hervorgebrachte Entwicklung ist allerdings langsam und wird erst in sehr langen Zeiträumen sichtbar.

Die Erklärung für diese Entkopplung der menschlichen Entwicklung und der Entwicklung der Gesellschaft ist die Reinkarnation. Vergleichen wir unsere Welt mit einer Schauspielschule. Einige der Studenten sind junge Aspiranten, die gerade angefangen haben. Sie lernen den Beruf, kommen vorwärts von einem Jahrgang zum nächsten, um irgendwann als vollendete Schauspieler die Schule für immer zu verlassen. Während sie lernen, nehmen sie miteinander an verschiedenen dramatischen Vorstellungen teil – diese bieten ihnen die Möglichkeit, in ihrem Beruf zu wachsen. Dabei bieten gerade die schwierigen Rollen am meisten Gelegenheit zu lernen. Während die Studenten ihre Fähigkeiten von Jahrgang zu Jahrgang entwickeln, kommen neue junge Aspiranten in die Schauspielschule. Die Schule ändert sich dabei nicht.

Wenn man diesen grundsätzlichen Zusammenhang zwischen der Gesellschaft und dem Menschen nicht kennt, erliegt man vielleicht der Versuchung, die Gesellschaft besser machen zu wollen. Alle derartigen Experimente scheiterten, viele führten in eine Katastrophe. Haben wir nicht oben darüber gesprochen, dass sich die Gesellschaft ändern muss, um unsere Zivilisation zu retten? Wir meinten uns selbst. Wir meinten viele von uns. Was man allerdings tatsächlich tun kann, ist, die Zivilisation (und dadurch indirekt die Gesellschaft) so zu gestalten, dass sie den Einzelnen auf seinem individuellen Weg unterstützt. Das Ziel einer gut designten Zivilisation ist, den Menschen bei ihrer Entwicklung zu helfen. Das Ziel der einzelnen menschlichen Existenz wird damit indirekt zum Ziel der Zivilisation.

Der rote Faden dieses Wachsens eines Menschen ist sein Bestreben nach Vollkommenheit. Diese Vollkommenheit hat viele Facetten: intellektuelle, ästhetische, liebevolle, mitfühlende, spirituelle. Das Wachsen ist zweigeteilt: das innere und das soziale, die Güte und die Milde, die Arbeit am eigenen Charakter und die Verbesserung der Interaktion mit anderen, die Werte und die Moral. Beides, die Werte und die Moral, kann man dem Menschen auf seinen Weg mitgeben. Das geschieht durch die Erziehung in der Familie und durch die Bildung.

Nicht alle Menschen werden sich um Güte und Milde bemühen. Nicht alle werden an ihrem Charakter arbeiten wollen. Nichtsdestotrotz müssen wir unser Design so entwickeln, dass die Menschen, die es versuchen, von dem neuen System unterstützt werden. Wenn die Bedingungen günstig geworden sind, wird die Zahl dieser Menschen auf jeden Fall wachsen.

Miteinander

Es ist zwar ein individueller Weg, den jede und jeder von uns geht, wir gehen ihn aber miteinander: in der Familie, in der Gemeinschaft, in der Gesellschaft, als Mensch auf diesem Planeten. Dieses Miteinander ist eine Aufgabe und ein Geschenk gleichermaßen.

Wir haben Pflichten allen Menschen gegenüber, denen wir begegnen, auch wenn es nur die winzigste aller Verpflichtungen ist, höflich zu sein. Wir haben auch Pflichten der Gesellschaft gegenüber, von der wir so viel bekommen: Erziehung, Bildung, Sicherheit, Kultur… Denken wir nur daran, wie viel Arbeit und Bemühung von wie vielen Menschen in dem Essen, das vor uns auf dem Tisch steht, steckt. Wir sollen den anderen dankbar sein und uns bemühen, auch ihnen etwas zu geben. Das ist unsere Pflicht in der Gesellschaft.

Allerdings ist alles, was wir geben, gleichzeitig ein Geschenk für uns selbst. Wenn wir etwas selbstlos tun, wenn wir anderen dienen, hilft uns das, unser eigenes Ziel zu erreichen: Wir wachsen dabei im Herzen, wir wachsen als Mensch. In der wunderschönen Formulierung, die Franz von Assisi zugeschrieben wird, heißt es: „Denn wenn wir geben, dann bekommen wir. Wenn wir verzeihen, dann wird uns verziehen. Wenn wir diese Welt am Ende loslassen, wird uns ewiges Leben geschenkt."

Wir haben geschrieben, dass unsere Pflichten mit unseren Möglichkeiten, sie zu erfüllen, wachsen. Am wertvollsten sind die Pflichten, die wir uns freiwillig auferlegen. Sie wachsen, wenn wir wachsen. Wer mehr versteht, hat auch die Verantwortung, mehr Rücksicht auf seine Mitmenschen zu nehmen und mehr für sie zu tun. Die Gesellschaft und die Kultur leben davon.

Gemeinden

Alles, was Menschen erschaffen, ist ein Ergebnis ihres Willens, ihres selbstständigen Denkens. Unsere Kultur zerstört sich selbst nicht zuletzt, weil sie systematisch den schöpferischen, konstruktiv handelnden Willen der Menschen hindert. Das liegt an der Kommerzialisierung des Lebens. Seit einigen Jahren gibt es zusätzlich eine zwar nicht neue, aber in ihrer Aufdringlichkeit doch neuartige Entwicklung: die Wirkung der omnipräsenten Medien und der Werbung, die uns auf mehreren Kanälen und ununterbrochen erreicht. Dadurch werden die Kinder und die jungen Menschen von frühesten Jahren ihres Lebens dazu erzogen, den Vorstellungen und dem Willen anderer zu folgen. Kleinkinder kopieren nicht mehr die Verhaltensweisen der Erwachsenen in ihren Familien, sondern der Medien, und diese wollen um jeden Preis auffallen. Die für die Jugendlichen typische kritische Haltung beschränkt sich zunehmend auf die Auswahl zwischen mehreren Angeboten, die alle kommerzieller Natur sind. Das formt ihre Gedanken, Vorlieben und Wünsche. Das Resultat ist ein „Folgewille". Der kommerzielle Wille einiger weniger bestimmt zunehmend darüber, was Menschen, was die Gesellschaften wollen. Der wirkliche Wille braucht Freiheit, und er ist notwendig, um einen reifen Menschen zu formen. Deswegen müssen wir als Gesellschaft anfangen, gegenzusteuern. Konstruktive Arbeit und Aktivität verschiedenartiger Menschen, die gemeinschaftlich etwas erreichen wollen, würde diese Aufgabe erleichtern.

Es ist eine entscheidende Schwäche unserer heutigen Zivilisation, dass sich unsere Aktivität auf die beiden Pole der Gesellschaft konzentriert hat: einerseits auf den Einzelnen, also uns selbst oder den kleinen Kreis unserer nahen Familienangehörigen, und andererseits auf den Gegenpol Staat, an den wir alles, was sonst in unserem Umfeld getan werden muss, delegiert haben. Das ist eine schwache, nicht belastbare, weil überdehnte Konstruktion. Sie ist außerdem gefährlich, denn wenn die Gesellschaft die Verantwortung für das Gemeinwohl an wenige Menschen abgibt, wird die Auswirkung der Fehler, die diese wenigen machen, groß.

Diese Polarität verstärkt sich sogar spürbar von einem Jahrzehnt zum nächsten. Einerseits sind wir in unserer Freizeit immer mehr mit uns selbst beschäftigt, mit unserer Unterhaltung, mit Kommunizieren über Belanglosigkeiten, andererseits übernehmen wir immer weniger Verantwortung für das, was um uns herum, in unserer Nachbarschaft, auf der Straße oder in der Straßenbahn geschieht.

Für die Neugestaltung des Westens werden wir eine starke, eine aktive Gesellschaft brauchen. Eine starke Gesellschaft ist ein System, das aus vielen aktiven Menschengruppen, also aus Gemeinden, besteht. Sie sind das Rückgrat der Gesellschaft. Arbeit, die hier unternommen wird, hat die meiste Wirkung. Gemeinden werden in der Zukunft deswegen mehr Verantwortung übernehmen, und dafür werden wir uns bei ihrer Arbeit einbringen müssen. Es gibt keinen anderen Weg, wenn wir unsere Zivilisation heilen wollen.

Betrachten wir dieses Konzept etwas genauer. Entscheidungen werden am besten dort gefällt, wo sie wirken. Über die Angelegenheiten einer Stadt sollen ihre Einwohner bestimmen, Grundsatzentscheidungen in einer Firma sollen ihre Mitarbeiter treffen usw. Natürlich sollen dabei die Entscheidungen der größeren Einheit, zu der die Stadt oder die Firma gehören, gelten. Wenn sich die Beteiligten selbst in einer Gemeinde organisiert haben, selbst Verantwortung übernehmen wollen, kann die Entscheidung einfach von dieser Gemeinde getroffen werden. Falls nicht, bleibt der „von unten“ demokratische formelle Weg (wie im Kapitel „Neuer Staat“ beschrieben).

Diese Gemeinden müssen sich frei organisieren können und unabhängig vom Staat bleiben. Sie müssen dabei zwingend zwei Voraussetzungen erfüllen. Die erste ist selbstverständlich: Sie müssen das geltende Recht achten und demokratisch aufgebaut sein. Der demokratische Aufbau ist eine recht gute Garantie dafür, dass die Werte unserer Gesellschaft, unserer Kultur und Zivilisation akzeptiert werden. Die zweite Voraussetzung ist innerhalb unseres Rechts nicht selbstverständlich: Eine Gemeinde muss einen positiven Betrag für das Gemeinwohl leisten oder wenigstens dem Gemeinwohl nicht schaden. Unser Rechtssystem geht vom Primat des Individuums aus. Wenn sich Menschen zusammentun und dabei etwas Schlechtes im Schilde führen, dürfen sie das heute, wenn sie nicht gegen das geltende Recht verstoßen. Das wird als Teil ihres individuellen Rechts betrachtet. Wenn sie es irgendwann doch tun, muss der Staat ihnen diesen Verstoß nachweisen. Das ist für diejenigen, die unsere Werte und unsere Demokratie sprengen wollen, zu viel persönliche Freiheit. Die Grundsätzlichkeit unserer heutigen Rechtsauffassung im Spannungsfeld zwischen dem Individuum und der Gemeinschaft ist nicht pragmatisch.

Wenn wir unsere Gesellschaften neu gestalten, müssen wir die Perspektive der Gemeinschaft annehmen und das unterstützen, was ihr dient, und dürfen nur das zulassen, was ihr nicht schadet. Wie entscheiden wir, ob eine Gemeinde einen positiven oder mindestens einen neutralen Betrag für das Gemeinwohl leistet? Mit dem Überall-Test. Spielen wir das gedanklich anhand eines Beispiels durch. Wenn heute eine Gruppe von Menschen entscheidet, Hass oder Unfrieden zu verbreiten, dürfen sie das, solange sie nicht gegen das Grundgesetz oder sonstige grundsätzliche Rechte verstoßen. Das Recht der freien Meinungsäußerung schützt sie. Der Überall-Test liefert ein anderes Ergebnis: Würden viele solche Gemeinden entstehen, wäre unsere Welt schlechter, sogar das friedliche Zusammenleben in der Gesellschaft wäre gefährdet. In diesem Fall müsste der Staat eine solche Gemeinde verbieten.

Wer soll das entscheiden? Wer soll den Überall-Test anwenden? Die beteiligte Gemeinde der nächsthöheren Stufe, der zuständige Verwaltungsbeamte, der Richter… Die meisten werden mit der zusätzlichen Entscheidungsmacht und Verantwortung gewissenhaft umzugehen wissen. Entscheiden sie falsch, sollen die Betroffenen immer die Möglichkeit haben, ihre Argumente vor einem Dritten vorzutragen und zu versuchen, eine Änderung herbeizuführen (Kontrolle von unten). Der zweite Kontrollmechanismus kommt vom Staat (von oben also), der die Entscheidungen seiner Angestellten stärker überwachen muss. Zusätzlich wird es die Objektivität der Entscheidungen verbessern, wenn sie schriftlich begründet, dokumentiert und die Begründungen offengelegt werden müssen.

Es ist uns bewusst, dass diese Regel nicht nur unser Vereinsrecht verändern würde. Sie zeigt auf, dass das geltende Recht neu betrachtet und behutsam an die Anforderungen der neu designten Zivilisation angepasst werden muss.

Destruktive und schädliche Gemeinden sind allerdings eine absolute Ausnahme. Das Gesamtergebnis des verstärkten Engagements der Bürger kann für die Gesellschaft nur gut sein. In der Nachbarschaft kann es zu mehr Sauberkeit, zusätzlichem Platz für Kinder oder Stärkung der lokalen Kultur führen, in den Schulen zur besseren Einbindung der Schüler in die lokalen Gemeinden oder zu ergänzenden Lern- und Freizeitangeboten, in den Unternehmen zu mehr sozialem Engagement oder mehr Umweltschutz... Die Liste kann beliebig lang sein.

Gemeinden können formell (registriert) oder informell (nicht registriert) sein. Die informellen sind beispielsweise die Nachbarschaft, der Elternbeirat einer Schule, die Mitarbeiter eines Unternehmens oder die Mitglieder einer Kirchengemeinde. Die formellen Gemeinden werden vom Staat zugelassen und kontrolliert. Sie können eine von vier verschieden Formen annehmen:

1. gemeinnützige Gemeinden
2. Interessenvertretungen
3. politische Parteien
4. wirtschaftliche Interessenvertretungen

Alle Formen der Selbstorganisation der Bürger, die gemeinschaftlich aktiv werden, gehören zu den gemeinnützigen Gemeinden. Sie haben immer einen lokalen (oder anderweitig klar umrissenen) Bezug in dem Sinne, dass sie sich um ein Teil der Biosphäre, eine Gegend, um die Kultur, um eine gesellschaftliche Struktur oder Ähnliches kümmern. In der Summe bilden sie die tragende Säule der Aktiven Demokratie. Sie sind an allen Entscheidungen beteiligt, die den lokalen Bezug aufweisen. Zu den drei übrigen Formen ist zu sagen, dass es sinnvoll ist, die Gruppen von Menschen, die sich um ein Thema gruppieren oder mit einem anderen Bezug als dem lokalen zusammenkommen (Interessenvertretungen), von denen zu unterscheiden, die wirtschaftliche Interessen vertreten.

Die Gemeinden spielen auch eine andere wichtige Rolle, die leicht übersehen werden kann: Sie formen unsere Kultur. Dadurch, dass verschiedene Menschen zusammenkommen, etwas gemeinsam tun und dabei miteinander in einer konstruktiven Art und Weise interagieren, weitet sich unsere Kultur aus auf Menschen, die sie in ihren Familien nicht in ihrer ganzen Reife erlebt haben oder die aus anderen Kulturen eingewandert sind. Die Kultur lebt und entwickelt sich nicht nur in den Köpfen Einzelner, sondern auch in dem Raum dazwischen, wenn sie kommunizieren und etwas gemeinsam tun. Selbst die höchste Kultur würde, wenn sie in einer Gemeinschaft nicht gelebt wird, zusammen mit den Menschen, die sie in sich tragen, sterben.

Eine Gemeinde und ihre Arbeit sind außerdem real. Damit bilden sie einen Gegenpol zu dem, was uns andere im Internet zu verkaufen versuchen. Es gibt eine Tendenz, zwischenmenschliche Interaktionen, Ideen, Erlebnisse, Begeisterung und die Zeit in sogenannte virtuelle Räume zu verschieben. Was dort an Inhalten angeboten wird, ist kommerzieller Natur. Auch wenn es nicht immer ums Geld geht, die Anbieter der Plattform und der einzelnen Inhalte wollen etwas von uns. Es sind fast immer Versuche, uns zu manipulieren, auch wenn sie manchmal sehr subtil sein können. Und auch wenn sie einfach nur jemandes Ego nähren, sind sie Manipulationen. Weil wir das Gegenüber in dem virtuellen Raum in seiner realen, unmittelbaren Wahrheit nicht erleben und weil der objektivierende Kontext einer Gruppe fehlt, sind wir für das Manipulieren empfänglich. Wir sitzen vor dem Bildschirm und richten unsere Aufmerksamkeit auf den gesendeten Inhalt – damit öffnen wir das Tor zu unserem Geist. Das Gegenüber kann damit den direkten Weg zu unseren Gefühlen, Emotionen, Vorurteilen, unreflektierten Denkmustern nehmen. Wenn wir mit Inhalten in einem realen Kontext unter Menschen konfrontiert werden (besonders wenn wir nicht nur passive Empfänger sind, sondern handeln und interagieren), erfassen wir sie im Kontext und sind ihnen deswegen weniger ausgeliefert. Es gibt natürlich so etwas wie Gruppendynamik (deswegen ist es entscheidend, mit wem wir interagieren und kommunizieren, mit wem wir etwas gemeinsam tun), aber in einer Gruppe stellen wir normalerweise einen Türhüter an das Tor zu unserem Geist und an den Reaktionen der anderen nehmen wir auch wahr, was die Türhüter anderer denken. In der unwirklichen Wirklichkeit der Medien fehlt uns dieser Kontext. Manchmal erreichen uns zwar auch selbstlose und positive Impulse, ihre Wirkung bleibt aber oft oberflächlich und flüchtig, weil sie im Vorbeigehen aufgenommen werden und nicht durch die reale Persönlichkeit des Senders untermauert sind. Das zunehmende Abdriften der Menschen in die Unwirklichkeit der Medien ist für unser Zusammenleben verheerend. Auch deswegen sind die Gemeinden für die Gesellschaft und für die Erhaltung der Demokratie unerlässlich.

Ein anderer Aspekt der Gemeinden ist, dass wir in der Interaktion (besonders wenn wir nicht nur reden, sondern gemeinsam mit anderen arbeiten) nicht mehr tête-à-tête mit unserem Ich-Bewusstsein sind. Unser Ego lebt in seinem eigenen Raum, gefüllt mit Stolz, Zuneigungen und Abneigungen, Einbildung, Eitelkeit, Gier, Neid, Begehrlichkeiten, mit dem also, was wir wohlwollend Individualität nennen. Das Für-andere-da-Sein entwickelt uns deswegen nicht nur zu besseren Menschen, sondern hilft uns auch bei unserer Introspektion. Wir sind von Natur aus Sozialwesen nicht nur wegen der anderen, sondern auch wegen uns selbst.

Derzeitig noch am Rande der Gesellschaft bilden sich die ersten Gemeinden aus Menschen, die sich außerhalb des heute vorherrschenden Lebensmodells begreifen. Sie leben in der Symbiose mit der Natur und ihrer sozialen Umgebung ein simples, erfülltes und glückliches Leben. Sie verfolgen bereits das Ziel des individuellen Wachstums und unterstützen sich gegenseitig dabei. Sie probieren die neuen Werte und Regeln im Kleinen aus. Diese noch zarte Tendenz ist vielversprechend und wichtig. Was wir allerdings darüber hinaus dringend brauchen, ist ein Umdenken und eine aktive Einstellung zur Gemeinschaft in der Mitte unserer Gesellschaften. Die Aufgabe der Neugestaltung der Zivilisation erfordert Gemeinden, die das neue zivilisatorische Modell nicht nur für sich alleine umsetzen, sondern mitten im gesellschaftlichen Geschehen verbreiten.

Ein effektiver Weg dorthin wäre, wenn sich große Umwelt- und Menschenrechtsorganisationen und andere Non-Profit-Organisationen gezielter mit den Themen der Neugestaltung der Zivilisation und mit dem systemischen Gestalten beschäftigen würden. Ihre primären Ziele werden sich sowieso nicht erreichen lassen, ohne den Kontext zu verändern. Auch wenn sie sich danach entscheiden, trotzdem bei ihrer jeweiligen fokussierten Thematik zu bleiben, könnten sie auf diese Weise neuen, ganzheitlichen Organisationen Geburtshilfe leisten.

Zwei Arten von Zusammenschlüssen von Menschen, die gemeinsam etwas tun oder bewirken wollen, lohnt es sich gesondert zu betrachten. Politische Parteien haben eine Sonderstellung in unserem politischen System, weil sie an Wahlen teilnehmen dürfen und dadurch Einfluss auf den Staat haben können. Das bedeutet, dass eine Gruppe von Menschen die Form einer politischen Partei wählen muss, wenn sie direkt eine Veränderung bewirken möchte.

Das Unternehmen bildet den Rahmen für die zweite Form. Seine Mitarbeiter bilden automatisch eine Gemeinde, weil sie gemeinsam an etwas arbeiten, ein Ergebnis erzielen und auf andere Akteure in der Gesellschaft einwirken. Sie sind allerdings in ihren Entscheidungen nur bedingt frei. Ihr Recht, trotzdem Einfluss auf das Handeln des Unternehmens zu nehmen, wird (besonders in Europa) durch Gesetze gestärkt. Es gibt allerdings auch darüber hinaus Möglichkeiten, durch Entschlossenheit und Argumentation gesellschaftlich gewünschtes Verhalten seines Unternehmens zu bewirken. Man darf davon ausgehen, dass die Unternehmensleitungen sich einem breit artikulierten Wunsch der Belegschaften nach mehr Engagement für die Umwelt, soziale Umgebung oder Kultur, nach verstärkter Beauftragung lokaler Dienstleister oder genossenschaftlich geführter Lieferanten nicht werden verschließen können. Diese Möglichkeiten nutzen wir als Arbeitnehmer noch zu wenig.

Unabhängig davon, zu welchem zivilisatorischen Entwurf wir kommen werden, ein grundsätzlicher Umbau kann nur gelingen, wenn breite Teile der Gesellschaft aktiv mitmachen. Deswegen muss den Gemeinden eine wichtige Rolle zufallen.

Wir haben uns im Westen die persönliche Freiheit erkämpft und erarbeitet. Sie wird uns weiterhin wichtig bleiben. Der hier befürwortete Kommunitarismus darf natürlich den Einzelnen seiner Freiheit nicht berauben. Allerdings muss zwischen der Freiheit der Überzeugungen, der individuellen Entfaltung und den persönlichen Zielen einerseits und der Freiheit im Handeln in der Gemeinschaft andererseits unterschieden werden. Erstere darf durch nichts und von niemandem beschränkt werden. Die Zweite gilt jedoch nur so weit, bis sie anfängt, wichtige Werte innerhalb der Gesellschaft zu vernichten oder die Freiheit anderer, so zu sein, wie sie es für richtig halten, zu beschränken. Wir müssen lernen, diese Unterscheidung zu machen.

Starke Kultur

Der erste Schritt der Neugestaltung muss die Wiederherstellung der Vitalität unserer Kultur sein. Wann ist eine Kultur stark? Ein gutes Zeichen der Vitalität ist, wenn die Menschen wissen, wofür ihre Kultur steht, was sie ausmacht. Außerdem entwickelt sich eine lebendige Kultur weiter, reagiert auf die sich verändernde Gegenwart. Dafür beteiligen sich die Menschen aktiv an ihrer Erschaffung. Ihre Erhaltung liegt ihnen am Herzen und sie geben sie bewusst, explizit und mit Begeisterung an ihre Kinder weiter. Offenheit ist ebenfalls ein Zeichen der Stärke. Eine starke und vitale Kultur erscheint auch Fremden attraktiv und anziehend. Abgesehen von der Offenheit schwächelt die westliche Kultur heute in allen diesen Punkten spürbar.

Wir haben uns zu sehr auf den materiellen Bereich unseres Lebens konzentriert und dieser Trend verstärkt sich kontinuierlich. Die Energie und Zeit, die wir zusätzlich in die Wirtschaft oder in unsere Unterhaltung stecken, fehlen bei der aktiven Gestaltung unseres geistigen Umfelds. Das Resultat sind ein wachsendes Desinteresse an der Kultur in der Bevölkerung und die Verflachung des geistigen Anspruchs bei ihrem Konsum.

Bildung spielt in diesem Kontext eine wichtige Rolle. An der Schwächung der Kultur hat unser Bildungssystem einen beachtlichen Anteil. Hochkultur, ja sogar die tagtägliche Kultur im Umgang miteinander und mit unserem Umfeld nimmt immer weniger Platz in unseren Lehrplänen. Ohne eine grundsätzliche Änderung der Inhalte der Bildung werden wir keine starke Kultur haben.

Ein anderer Grund für das Schwächeln der Kultur ist, dass sie einfach an ihrer Attraktivität eingebüßt hat. Menschen suchen zunehmend Antworten auf ihre geistigen, ästhetischen, religiösen und seelischen Fragen in anderen Kulturkreisen. Diese Entwicklung ließe sich zu einer Stärke ummünzen, wenn dabei die vitalen Impulse aus anderen Regionen der Welt aktiv in die westliche Kultur eingearbeitet worden wären. Leider geschieht das recht zufällig, eher durch Diffusion als durch eine bewusste Auseinandersetzung.

Unsere Kultur bietet in ihrer bisherigen Form einfach keine zufriedenstellenden Antworten auf die großen Probleme und Fragen unserer Zeit: der auf den Konsum fokussierte Lebensstil, die Globalisierung oder die Sinnsuche der Menschen. Das stellt eine Herausforderung (aber auch eine Chance) für unsere intellektuellen Eliten dar, auf die grundsätzlichen Fragen auch grundsätzliche Antworten zu suchen. Eine öffentliche Diskussion und ein systematisches Nachdenken über die Zukunft unserer Zivilisation würden unserer Kultur neue Lebensenergie verleihen.

Nichts davon (außer Bildung) benötigt einen Haushaltsplan. Es braucht nur unsere Häupter, Herzen und Hände. Es gibt eine simple Regel, die im privaten wie im gesellschaftlichen Leben gleichermaßen gilt: Ohne beständige Anstrengung und Opfer kann man nichts Wertvolles erreichen. Wenn die westliche Kultur uns am Herzen liegt, müssen wir bereit sein, an ihr zu arbeiten, ihrer Weiterentwicklung unsere Zeit und Gedanken, unsere Kreativität und Begeisterung zu schenken.

Der Ausgangspunkt

Wir fangen mit einer Zeichnung an, um uns die wichtigsten Elemente der angestrebten Zivilisation vor Augen zu führen.

Wir haben in der Vergangenheit Bildung als eine von vielen gesellschaftlichen Aufgaben gesehen, parallel zum Recht am Wohnraum, zur Wiederherstellung der Gesundheit, zur Durchsetzung der inneren Sicherheit, zum Umweltschutz usw. Im Kontext des Gestaltungsprozesses nimmt die Bildung allerdings aus den bereits dargestellten Gründen eine besondere Stellung ein. Wir machen sie deswegen gleichberechtigt neben der Familie zum Pfeiler der Gesellschaft.

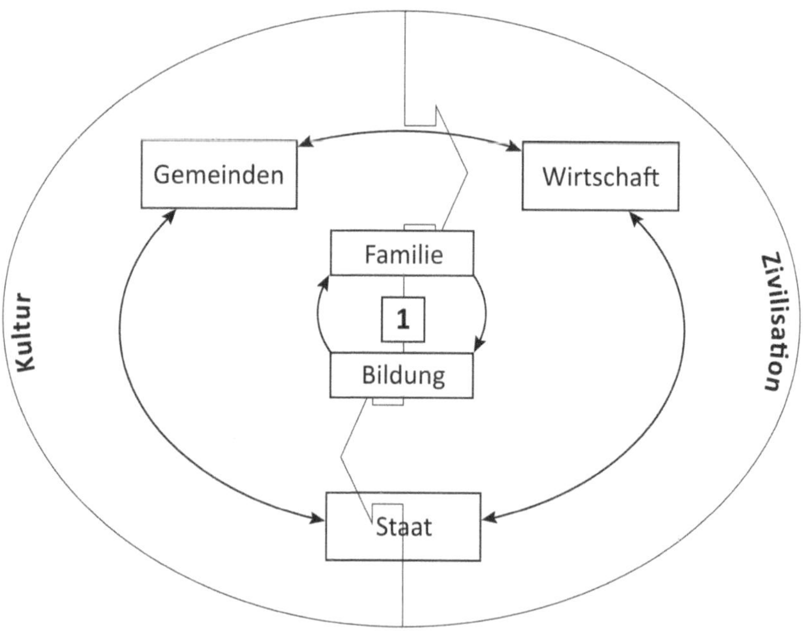

Die Schule und die begleitenden Institutionen sollen für die Menschen eine Basis, eine Grundlage für ihre lebenslange Entwicklung schaffen. Dafür kann das Bildungssystem neben dem praktischen Wissen das als Standard gesehene Niveau an geistigem und spirituellem Wissen, Verständnis und Erfahrung an alle Bürger – unabhängig von der Weltanschauung der Familie – weiterreichen. Die Schule soll außerdem bei der Erziehung mit der Familie zusammenarbeiten und die Eltern bei Bedarf bei der Erfüllung ihrer Aufgabe unterstützen. Hier muss die Rolle der Schule wachsen, weil sonst keine wirkliche Gleichberechtigung in der Gesellschaft zu erreichen ist. Dafür muss sie in ihrer gesellschaftlichen Stellung, aber auch im rechtlichen Sinne mit der Familie gleichgestellt werden. Diese Aufgabe und die Gleichstellung sind ein Paradigmenwechsel und für die Lehrer sicher nicht selbstverständlich. Die Schule ist jedoch für die heranwachsenden Menschen die zweitwichtigste natürliche Umgebung, und die zusätzliche erzieherische Aufgabe kann nur dort wahrgenommen werden. Dafür muss die Schule deutlich gestärkt werden: mit zusätzlichen Lehrern und Pädagogen, mit zusätzlichen Räumen, mit einer besseren Anbindung an die anderen Aktivitäten in der Gesellschaft.

Beide, die Familie und die Schule, sind in das gesellschaftliche System, bestehend vor allem aus den Gemeinden, dem Staat und der Wirtschaft, eingebettet.

Eine andere Art Bilanz

Wenn man ein Geschäftsjahr schließt und ein neues plant, erstellt man in der Wirtschaft eine Bilanz. Sie besteht aus der Zusammenfassung der Vermögenswerte, also aus dem, was man für die neue Periode zur Verfügung hat, und aus den Verbindlichkeiten, also aus dem, was man zwar benutzt, was einem aber nicht gehört und deswegen zurückgegeben werden muss.

Wir nutzen die Logik der Unternehmensbilanz, um uns die Werte und die Schulden, die unsere Zivilisation angesammelt hat, vor Augen zu führen. Dabei betrachten wir nur die Werte und die Schulden der Gesellschaft, klammern also das Privatvermögen aus.

VERMÖGENSWERTE (Aktivseite)	**VERBINDLICHKEITEN (Passivseite)**
Kultur	Schulden gegenüber der Natur
Natur *(mit ausreichend Wasser und vielen Bodenschätzen)*	Staatsverschuldung
Wissen	Verbindlichkeiten des Staates, Verbindlichkeiten anderer gesellschaftlicher Organisationen
Technologie	Verbindlichkeiten aus Solidarität innerhalb der westlichen Gemeinschaft *(für den Westen zusammengenommen gleich null)*
Infrastruktur	Verbindlichkeiten aus globaler Solidarität
Demokratie	Ergebnis nach der Vergangenheit
Rechtssystem	
Öffentlichkeit	
Wirtschaft	
Staat	
System der internationalen Beziehungen *(Friedenserhaltung)*	
soziale Dienstleistungen *(Gesundheit, Wohlfahrt, …)*	
kulturelle Dienstleistungen *(Bildung, Kunst, Kirchen, …)*	
ökologische Dienstleistungen	
Finanzdienstleistungen	
Engagement der Bürger für die Gesellschaft	
Staatsvermögen, Vermögen anderer gesellschaftlicher Organisationen	
Schulden anderer Staaten bei uns	

Das Erste, was uns auffällt, ist, dass wir eine Menge Werte angesammelt haben. Wir sind eine reiche Zivilisation. Allerdings birgt die erste Position auf der Passivseite ein großes Problem in sich: Wir haben bisher die Natur nicht nur aus der ökonomischen, sondern auch aus der zivilisatorischen Bilanz ausgeklammert. Dies ist eine unzulässige Vereinfachung. Wir haben de facto einen großen Teil unseres Reichtums von ihr geborgt und geliehener Reichtum ist kein Vermögenswert, sondern eine Verbindlichkeit!

Die Natur ist mit dem System Zivilisation verflochten, auch mit dem System Wirtschaft. Sie ist sogar ihre Vorbedingung. Das neue Design muss sie deswegen explizit einbeziehen. Das ist die Voraussetzung dafür, dass die neue Architektur stabil ist und dass unsere materiell reiche Zivilisation dauerhaft als solche überleben kann.

Die Einbeziehung der Natur in die Gleichung verändert den „Gewinn", also das Ergebnis aus unserer bisherigen gemeinsamen Arbeit, entscheidend. Wir dürfen zwar nicht vorschnell mit der Aussage aufwarten, dass unsere Schulden unsere Werte übersteigen (immerhin finden wir auf der Aktivseite unserer Bilanz vieles, was uns zum klugen und effektiven Handeln befähigt), sollte jemand dies aber behaupten, hätten wir große Schwierigkeiten, das Gegenteil zu beweisen. Wir haben uns von der Natur extrem viele Werte geborgt. Aber vielleicht stecken in unserem Wissen, unserer Kultur und Technologie Potenziale, die diese Verschuldung in der Zukunft ausgleichen können? Unabhängig davon bleibt die Grundregel jeder Unternehmung, auch einer so großen wie der Zivilisation, stets gültig: die Verbindlichkeiten zu reduzieren und die Vermögenswerte zu vermehren, um ein positives Ergebnis zu erzielen.

Die Frage nach dem Ergebnis aus der Bilanz ist auch deswegen wichtig, weil er uns allen gehört, wenn es ein positiver Wert ist, und es unsere Schulden sind, wenn der Wert negativ ist. Wenn wir den Gewinn oder Verlust durch die Anzahl der Bürger in allen westlichen Ländern teilen, weiß jeder von uns, was er zu tragen hat.

Privatvermögen

Betrachten wir jetzt unser Privatvermögen etwas genauer. Die materiellen Vermögenswerte der Einzelnen von uns setzen sich aus mehreren Anteilen zusammen:

- falls wir Unternehmer sind: aus den Auszahlungen sowie dem Eigenkapital unseres eigenen Unternehmens,
- aus den Werten, die wir durch erwerbstätige Arbeit angesammelt haben,

- aus dem Erbe, also dem Vermögen unserer Vorfahren,
- aus den Werten, die wir für uns selbst geschaffen haben (ohne dass wir sie in den ökonomischen Kreislauf gestellt haben),
- aus dem Gewinn, den wir durch die Anlage unseres Vermögens in Unternehmen anderer erzielt haben,
- aus dem Gewinn aus finanziellen Spekulationen,
- aus dem, was uns der Staat und die Gemeinschaft gezahlt oder anders überlassen haben (von der Sozialhilfe bis zur Bankenrettung nach dem Platzen einer Spekulationsblase).

Das Privatvermögen entsteht vor allem in dem wirtschaftlichen Kreislauf. Betrachten wir also, wie die Vermögenswerte in Unternehmen erzeugt werden. Sie bestehen aus

- der Wertschöpfung, die durch die Arbeit, die Kreativität und das Verständnis der Angestellten ermöglicht wird,
- der Wertschöpfung durch die Arbeit, die Kreativität und das Verständnis des Unternehmers (wenn er an der Wertschöpfung des Unternehmens beteiligt ist),
- aus dem geliehenen Gegenwert der verbrauchten Natur,
- aus dem geliehenen, nicht durch die bezahlten Steuern und Abgaben gedeckten Gegenwert der benutzten zivilisatorischen Infrastruktur,
- aus dem geliehenen, nicht durch die bezahlten Steuern, Abgaben und Spenden gedeckten Gegenwert der benutzten kulturellen Infrastruktur.

Die drei letzten Punkte werden in der geltenden ökonomischen Betrachtung ausgeblendet. Sie zeigen aber deutlich, dass der unternehmerische Gewinn de facto durch Verbindlichkeiten der Natur und der Gesellschaft gegenüber belastet ist. Wir werden sie versteckte Verbindlichkeiten nennen. Sie belasten unser gesamtes Vermögen: das der Unternehmen, das der Unternehmer, das der Arbeitnehmer (weil ihr Gehalt aus der Wertschöpfung der Unternehmen bezahlt wurde, sind die versteckten Verbindlichkeiten in den Gehältern enthalten) und sogar das der Empfänger von staatlicher Unterstützung (weil die versteckten Verbindlichkeiten bei den durch die Unternehmen gezahlten Steuern nicht berücksichtigt wurden). Wenn die Gesellschaft ihre Schulden bei der Natur, der Kultur und der Zivilisation begleicht, müssen diese Verbindlichkeiten in die Gleichung einbezogen werden.

Das geerbte Privatvermögen besteht aus

- der Bezahlung für die Arbeit der Vorfahren unserer Familie,
- ihrem Erbe,
- den Werten, die sie für sich selbst geschaffen haben,
- den Auszahlungen und dem Eigenkapital ihrer Unternehmen,
- dem Gewinn aus Anlagen und Spekulationen,
- und ist ebenfalls mit den versteckten Verbindlichkeiten belastet:

  mit dem Gegenwert der beim Entstehen dieses Vermögens verbrauchten Natur,

  (teilweise) mit dem Gegenwert der benutzten gesellschaftlichen, zivilisatorischen und kulturellen Infrastruktur.

Finanzielle Spekulationen schaffen keinen Wert. Irgendjemand zahlt für die Spekulationsgewinne, auch wenn oft zeitversetzt. Auf den Punkt ausgedrückt sind sie staatlich sanktioniertes Stehlen.

Das Anlegen des Privatvermögens in Unternehmen anderer ist dagegen wertschöpfend in dem Sinne, dass es für die Bewegung des Geldes von jemandem, der es nicht braucht, zu jemandem, der es benötigt, sorgt. Für die Verzinsung der Anlage gilt ebenfalls, dass sie versteckte Verbindlichkeiten aus der wirtschaftlichen Tätigkeit des Unternehmens, in das investiert wurde, enthält.

Wir sehen also, dass wir alle Schulden gegenüber der Natur und Gesellschaft haben und dass sie irgendwie proportional zu unserem materiellen Vermögen stehen.

Erträge versus Aufwendungen

Wenn wir die letzten, sagen wir, zwanzig bis dreißig Jahre betrachten: Was haben wir als Zivilisation zusätzlich bekommen, welche Werte haben wir geschaffen? Und andererseits: Was haben wir verloren, welchen Preis haben wir für unsere „Erträge“ bezahlt?

WAS BEKOMMEN WIR? (Erträge)	**WAS VERLIEREN WIR? (Aufwendungen)**
mehr Sachen	Ressourcen der Erde, intakte, gesunde Natur, Stabilität des Klimas
weniger körperliche Arbeit	einen Teil unserer Identität und Kultur

WAS BEKOMMEN WIR? (Erträge)	WAS VERLIEREN WIR? (Aufwendungen)
zusätzliche Mobilität	einen Teil des Gefühls, ein glückliches und erfülltes Leben zu führen
vereinfachte Kommunikation	einen Teil der Stabilität und des Gleichgewichts in der Gesellschaft
verbesserten Zugang zu Informationen	die Ruhe und Fantasie unserer Kinder und ihr sanftes Hineinwachsen in die Kultur
neue Technologien	
mehr Verantwortungsbewusstsein für die Umwelt	
mehr Kontakt mit anderen Kulturen *(dadurch auch einen neuen Zugang zur praktischen Spiritualität)*	

Machen wir ein gutes Geschäft?

Die Letzte der „Aufwendungen" in unserer „Gewinn- und Verlustrechnung" benötigt eine Erklärung. Wir haben gedankenlos die Geräte, die für die Erwachsenen gedacht waren, in die Hände von Kindern gegeben. Mit den Geräten kamen auch Medien, die vor allem mit Bildern arbeiten. Die Inhalte, die unsere Kinder konsumieren, werden aus kommerziellem Grund erstellt. Anstatt mit erzählten oder vorgelesenen Märchen werden die noch formbaren Gehirne der Kinder mit fertigen, von einem Erwachsenen ausgedachten bewegten Bildern mit schneller Handlung konfrontiert; mit Bildern, die eine versteckte, jemandem nutzende Botschaft übertragen. Diese Bilder täuschen die Wirklichkeit vor und können von kleinen Kindern von der Realität kaum unterschieden werden. Wie diese Medien das Denken, Verhalten und das Verständnis des Lebenszieles verändern, werden wir in der ganzen Deutlichkeit erst erfahren. Etwas kann man allerdings jetzt schon mit Sicherheit sagen: Wenn das Ziel des menschlichen Lebens nur durch die Erlangung der inneren Ausgeglichenheit und das Üben der Konzentration erreicht werden kann, haben wir einer ganzen Generation ihren Weg dahin erheblich erschwert.

Diese Entwicklung wird noch dadurch verstärkt, dass die Kinder in den Schulen immer seltener anspruchsvolle Texte lesen und schreiben.

Darunter leidet die Fähigkeit, tiefgründige und differenzierte Gedanken und Gefühle zu entwickeln. Das Einzigartige an der Literatur ist, dass sie die Innenansicht des Menschen zeigt. Die innere Welt dieser heranwachsenden Menschen wird um einiges ärmer. Außerdem ist Sprache der Rohstoff, aus dem die Kultur gemacht wird. Die Kultur ist nichts, was man lagern und nach Bedarf holen kann. Sie ist etwas Lebendes und muss von Generation zu Generation neu erschaffen werden – mit Sprache.

Was ist Wohlstand?

Gott, ich brauche nur eine Art von Reichtum – den Schatz der Liebe und der Erkenntnis. Dieser Reichtum wächst durch das Geben.

Paramahamsa Prajnanananda

Wir brauchen immer mehr Sachen, von Jahr zu Jahr, von Generation zu Generation. Werden unsere Bedürfnisse wirklich größer? Oder ist das nur Gier und Bequemlichkeit, raffiniert gehegt von der Wirtschaft?

In diesem Buch teilen wir die Nachfrage nach Sachen und Leistungen in zwei Bereiche. Zuerst gibt es das, was unser Körper und unser Geist benötigen, um zu leben, gesund zu bleiben und sich zu entwickeln. Diese Art Nachfrage nennen wir Bedarf. Den Rest – die vierte Hose, das zweite Auto, den Partyservice – brauchen wir nicht wirklich, wir definieren sie nur in unseren Gedanken als ein Bedürfnis. Diese imaginären Bedürfnisse nennen wir hier Wünsche. Wir müssen lernen, diesen Unterschied zu sehen. Die Bedürfnisse, die wir auf dem Markt artikulieren, sind also die Summe aus dem objektiven Bedarf und aus unseren darüber hinausgehenden Wünschen.

Wir verbinden den Begriff Wohlstand ausschließlich mit Geld. Als Wohlergehen drückt er aber weit mehr aus. Wann ergeht es uns wohl? Materieller Reichtum ist mit Sicherheit keine Garantie für glückliches Leben. Wir arbeiten immer mehr und glauben, immer mehr erreicht zu haben. Haben wir aber das Gefühl, dass wir glücklicher, gesunder, freier sind? Sehen wir mehr Sinn in all dem? Erreichen wir ein besseres Verständnis dessen, warum wir leben?

Die Definition des Wohlstands (nicht bloß die Worte, sondern unsere Überzeugung davon, was gutes Leben bedeutet) ist wichtig, weil wir als

Gesellschaft nach Wohlstand streben. Auch das Ziel unserer Zivilisation ist die Vermehrung des Wohlstands. Beides könnten wir belassen, wenn wir nur die unzulässige Reduzierung des Wohlstands auf Geldvermögen und die Menge der angehäuften Sachen beenden würden.

Was ist gutes Leben? Gutes Leben ist erfülltes Leben. Erfüllt ist es, wenn wir das Gefühl der inneren Zufriedenheit und inneren Fülle, also inneren Reichtums haben. Es ist ein geistiger und spiritueller Reichtum. Der Reichtum an Liebe, die unser Herz beherbergt, gehört ebenfalls dazu. Auch die Möglichkeit, einen sinnvollen, unserer Kreativität entspringenden Beitrag zum Wohlergehen der Welt leisten zu können, gehört dazu. Dieser Reichtum, unser wahrer Wohlstand, ist ein Resultat dessen, was wir das Wachsen in Menschlichkeit nennen. Dieses Wachsen ist ein Gegenentwurf zu unserem heutigen Konzept der Persönlichkeit und ihrer Entwicklung – er umfasst den ganzen Menschen. Aus dem inneren Wohlstand folgt das Gefühl des Glücks. Glück empfinden wir außerdem, wenn wir uns geliebt fühlen. Wirklich geliebt von anderen werden wir nur wegen unserer inneren Schönheit, nicht wegen unseres Äußeren, nicht wegen unseres materiellen Vermögens und nicht wegen der angesammelten Macht.

Das ist unser Wohlergehen, das ist unser wirklicher Wohlstand. Er wird im Inneren des Menschen vermehrt. Wie kann seine Vermehrung als Ziel für die Zivilisation dienen?

Das wird deutlich, wenn wir den so verstandenen Wohlstand konkretisieren. Er bedeutet

- materiell abgesichertes Leben,
- Möglichkeit, ein erfülltes Leben zu führen,
- saubere Umwelt und intakte Natur,
- im jungen Alter uneingeschränkter Zugang zur besten verfügbaren Bildung,
- Unterstützung im Falle einer Krankheit oder Arbeitsunfähigkeit und im Alter.

Mit materiell abgesichertem Leben meinen wir ausreichend gesundes Essen, eine trockene und warme Wohnung inklusive dazugehörige Infrastruktur, darunter auch Zugang zu sauberem Wasser, ausreichend zum Klima passende Kleidung, genügend Mittel für die wirklich notwendige und angemessene Versorgung bei Krankheit, uneingeschränkte Möglichkeit zur Teilnahme an der Kultur, angemessene Mobilität und Kommunikation, uneingeschränkte Möglichkeit zur Teilnahme an den Aktivitäten der Gemeinden, zu denen man gehört. Eine Anhäufung von Sachen oder Besitz, die darüber hinausgehen, bezeichnen wir nicht mehr als Wohlstand, sondern als Überfluss. Erzeugung von Überfluss soll kein Ziel unserer gemeinsamen zivilisatorischen Anstrengung mehr sein.

Erfülltes Leben ist und bleibt eine Privatsache jedes Einzelnen. Die Gemeinschaft und der Staat können uns allerdings am Lebensanfang helfen, uns darauf vorzubereiten. Und auch später sollen sie uns dabei nicht hindern, nach Möglichkeit unterstützen.

Saubere Umwelt in der direkten Umgebung unseres Wohn- und Arbeitsortes und ausreichend intakte Natur sind für unser Wohlergehen unerlässlich und damit ein Ziel für unsere neue Zivilisation. Sie werden unserer Anstrengung und Arbeit bedürfen und Geld kosten. Die dafür nötigen Mittel könnten durch den freiwilligen Verzicht auf den Überfluss oder durch seine Besteuerung frei werden.

Der Zugang zur (neu gestalteten) Bildung darf für niemanden beschränkt oder erschwert werden. Er ist ein Grundstein eines erfüllten Lebens und der wahre Ausdruck der Chancengleichheit in der Gesellschaft.

Die Unterstützung im Falle von Krankheit oder Arbeitsunfähigkeit und im Alter soll auch den bedürftigen oder auf die Hilfe anderer angewiesenen Menschen das Leben in dem so definierten Wohlstand garantieren und ist ein Zeichen der Solidarität und des Mitgefühls innerhalb der Gesellschaft.

Zum Aufbau des Wohlstands werden nicht nur finanzielle Mittel benötigt. Wir als Gesellschaft und damit jede und jeder von uns haben die moralische Pflicht, das Wohlergehen anderer in den Gemeinden, zu denen wir gehören (Familie, Nachbarschaft, Ort, Schule, Arbeitsstätte usw.), entsprechend unserer Möglichkeiten zu stützen. Wenn wir das nicht als unsere Aufgabe betrachten, sondern es beispielsweise auf den Staat schieben, werden wir unseren Wohlstand nicht dauerhaft aufrechterhalten können, weil diese Methode deutlich ineffizienter ist. Durch die Zersplitterung der Gesellschaft, durch Egoismus und Desinteresse verlieren wir heute sehr viel an materiellen Werten und noch mehr an Gelegenheiten, neue Werte zu schaffen. Bei wachsenden Kosten unserer Zivilisation dürfen wir uns das nicht mehr leisten, wenn wir in der Zukunft gut leben wollen. Außerdem gehören zum guten Leben auch eine produktive Interaktion mit anderen und eine aktive Teilnahme an der Kultur, die nur in konstruktiven und aktiven Gemeinden möglich sind. Unseren Wohlstand können wir viel besser gemeinsam schaffen. Egoismus zerstört ihn.

Auch für eine saubere Umwelt und die Erhaltung und Wiederherstellung der Natur wird das Mitmachen aller notwendig. Wir werden die Bilanz aus der Benutzung der Ressourcen der Natur ausgleichen müssen und das wird eine Veränderung im Lebensstil notwendig machen. Auch hier würde unser Egoismus oder unsere Sorglosigkeit auf lange Sicht den Wohlstand zerstören. Die Erhaltung und Wiederherstellung einer intakten Natur haben allerdings einen globalen Aspekt. Die Natur auf der Erde ist ein einzelnes System und kann überall in der Welt zerstört und erhalten werden.

Die Ziele

Die Möglichkeit, ein erfülltes Leben zu führen, gehört zum Wohlstand. Zum erfüllten Leben gehört Wachstum in drei Bereichen: im Geiste, im Herzen und in der Seele.

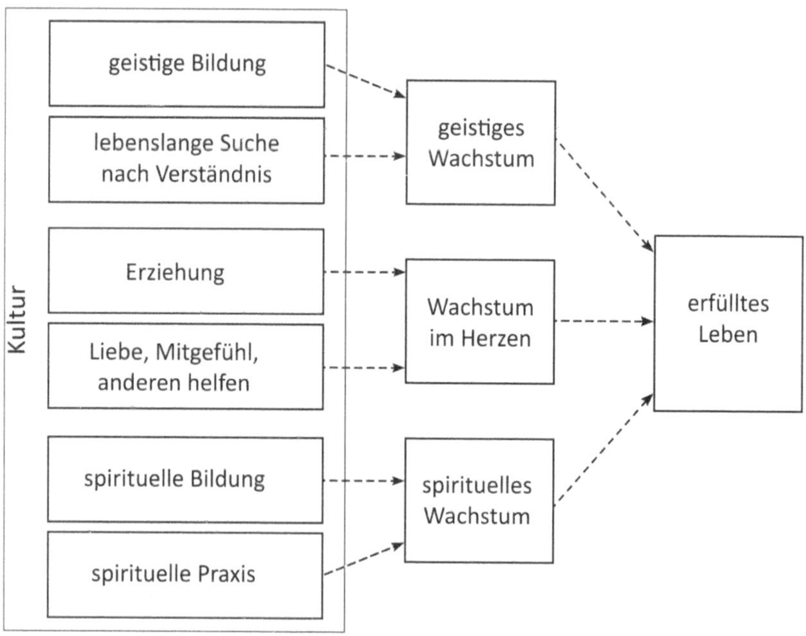

Die Weichen für ein erfülltes Leben werden am Lebensanfang durch die Erziehung und Bildung gestellt. Später liegt die Verantwortung dafür beim Einzelnen. Sie findet ihren Ausdruck in seinem Bemühen, die Welt und sich selbst zu verstehen, in der Kultivierung der positiven inneren Einstellung zur Welt und zu seinen Mitmenschen (Liebe, die keine Gegenleistung erwartet, Mitgefühl, Beitrag zum Wohlergehen anderer) und in der spirituellen Entwicklung durch Introspektion, Selbstdisziplin, Meditation.

Ein anstrebenswertes Leben hat natürlich auch eine materielle Komponente. Wir benötigen gesundes Essen, eine ausreichend große Wohnung, Kleidung usw. Ferner brauchen wir die Sicherheit und ein geregeltes Leben in der Gesellschaft.

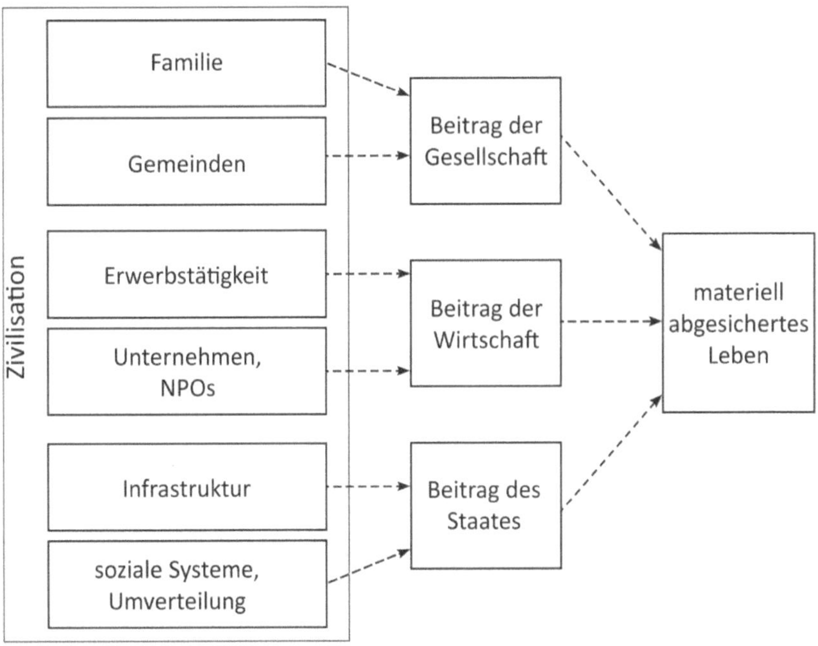

Glückliches Leben hat also zwei Facetten, die materielle und die innere.

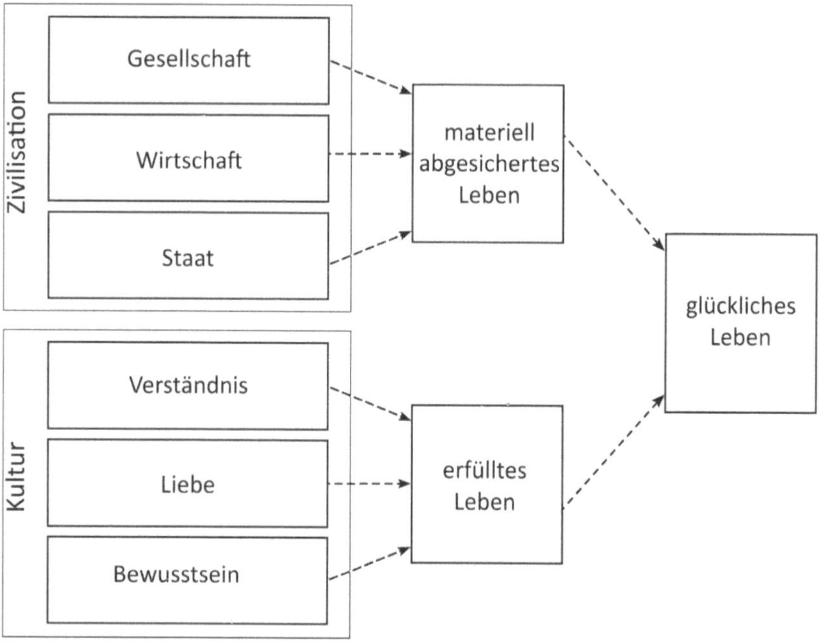

Durch die Finanzierung und materielle Unterstützung der Kultur leistet die Zivilisation einen zusätzlichen Beitrag zum glücklichen Leben.

Die primären Aufgaben der Zivilisation sind damit

- Schaffung ausreichender materieller Lebensbedingungen für alle Bürger,
- Finanzierung der Gesellschaft und des Staates,
- Bereitstellung der Infrastruktur für die Kultur, Finanzierung der Bildung,
- Aufrechterhaltung und, wo notwendig, Wiederherstellung der intakten Natur, Umweltschutz,
- Finanzierung der Absicherung (falls notwendig, Verteidigung) eigener Existenz gegen Bedrohungen von außen.

Diese Aufgaben sind nicht neu. Das Neuartige liegt darin, dass einige Aufgaben, die wir bisher als die wichtigsten betrachteten, wegfallen sollen. Nicht als Aufgaben der Zivilisation gelten:

- sich die Erde untertan zu machen,
- Anhäufung materiellen Reichtums,
- die Menschen von der Notwendigkeit zu arbeiten zu befreien und ihnen einen mühelosen Lebensstil zu verschaffen.

Zusammengefasst und knapp formuliert sollen die Ziele der neuen westlichen Zivilisation sein: die Bereitstellung des zum Wohlergehen der Menschen umdefinierten Wohlstands der Gesellschaft, die Finanzierung des Staates und die Unterstützung der Menschen in ihrem persönlichen Wachstum hin zum erfüllten Leben.

Alternative zu Gier

Unsere heutige westliche industrielle Zivilisation ist aus dem Streben der einzelnen Menschen nach materiellem Reichtum entstanden. Wenn dieses Streben über die Befriedigung der eigentlichen Bedürfnisse hinausgeht, ist es Ausdruck der Gier, des Verlangens nach mehr. Um ihr Ziel zu erreichen, fingen die Menschen an, sich wirtschaftlich zu betätigen. Der Gesellschaft und dem Staat wurde die Rolle zugeteilt, die Wirtschaft zu unterstützen und das materielle Reichtum zu schützen.

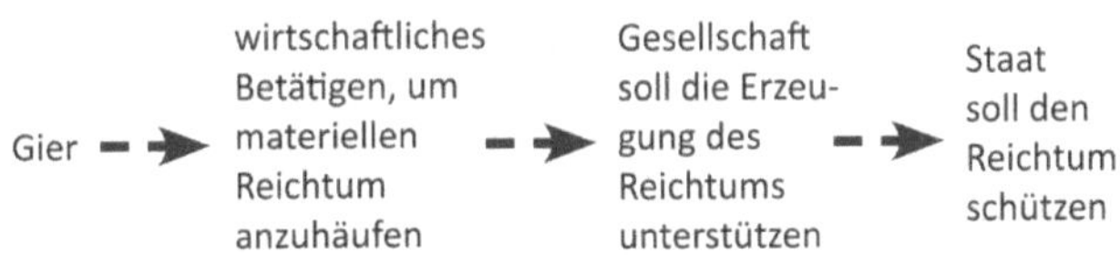

Der Ausgangspunkt unserer Zivilisation war damit das Bestreben der Menschen, persönlichen materiellen Reichtum zu vermehren. Es war zwar nie das Ziel von allen, aber diejenigen, die es verfolgten, taten es mit viel Energie und setzten sich durch. Die Strukturen der Zivilisation kristallisierten sich um diesen Kern herum.

Unsere Ausgangssituation heute ist eine andere. Wir haben die Demokratie, wir haben eine Gesellschaft und einen Staat, denen Solidarität und Gerechtigkeit wichtig sind. Wir können die Zivilisation mit neuen Regeln ausstatten und ein anderes Ziel verfolgen, wenn wir es wollen. Natürlich werden viele Menschen ihr persönliches Ziel nicht ändern und weiterhin versuchen, möglichst viel materiellen Reichtum anzuhäufen. Der Unterschied liegt darin, dass wir die Unterstützung dieser Menschen nicht mehr als unser gemeinsames Ziel betrachten sollten.

Man hat uns eingeredet, dass die Welt auf Gier und Wettbewerb basiert: nicht nur die menschliche Gesellschaft, sondern auch die Natur. Es ist, als ob wir die Welt durch eine rote Brille anschauen würden: Die ganze Welt sieht dann rot aus. In jedem von uns gibt es Gier, deswegen erscheint uns diese Sicht auf die Welt nicht nur plausibel, sondern auch realistisch; die rote Brille lag uns sozusagen zur Hand. Wir betrachten die Welt durch rote Gläser und nennen es schonungslosen Realismus. Wenn wir die Gläser absetzen, über die Welt ernsthaft nachdenken und uns ernsthaft mit unserem Inneren Universum beschäftigen, erkennen wir, dass die Schöpfung auf Liebe basiert.[6] Der Rohstoff der Schöpfung ist Liebe. Es gibt natürlich gleichermaßen das Gute und das Böse im Menschen. Es gibt die Sanftheit und das Töten in der Natur. Aus der Perspektive der Schöpfung ist das die Oberfläche und Mittel zum Zweck. Diese Oberfläche ist den Regeln der Nahrungskette und bei Menschen der Willkür der Sinnesorgane und der Organe des Geistes der Individuen ausgesetzt, die dazu noch den freien Willen besitzen. Unter dieser Oberfläche gibt es aber nur Liebe. Aus Liebe wurde die Welt geschaffen und mit dem Antrieb der Liebe entwickelt sie sich zur Liebe hin. Wieso sehen wir das nicht?

Dafür müssen wir die Brille der Gier und des Wettbewerbs ablegen. Wir finden dann Mitgefühl, Schönheit und Milde in uns selbst und überall. Wie wir die Welt sehen, hängt von unserer Einstellung ab. Wie wir den anderen begegnen, so begegnen sie auch uns. Wie wir in den Wald hineinrufen, so schallt es heraus. Das ist eins der grundsätzlichen Naturgesetze. Natürlich kommt es vor, dass uns jemand mit Hass auf unsere Liebe antwortet oder uns trotz unserer Höflichkeit anbrüllt. Das sind die Ausnahmen, die, wenn wir mit unserer sanftmütigen Einstellung konsequent bleiben, mit der Zeit abnehmen. Jesus hat uns für diesen Fall einen weisen Rat gegeben: Will dich jemand auf deine rechte Backe schlagen, biete ihm auch die linke dar. Es war kein Aufruf zur Unterwerfung oder

6 Diese Aussage stimmt mit dem Weltbild vieler nichtwestlicher Kulturen überein. Ich habe sie von den Lehren großer Yogis übernommen, die ihren Ursprung im Vedanta haben. Aber Sie finden ähnliche Überzeugungen zum Beispiel bei den indigenen Völkern. So spricht Anishinaabe (eine Nation im Nordamerika) von sieben grundsätzlichen Werten: Liebe, Respekt, Mut, Wahrheit, Aufrichtigkeit, Demut und Weisheit, wobei die Liebe vom Adler symbolisiert wird, weil er genug Stärke besitzt, um alle übrigen Werte zu tragen.

Ausbeutung. Es ist eine wirksame Methode, wie wir diese Welt für uns besser machen können.

Diese Veränderung der Perspektive ist entscheidend. Sie bewirkt, dass sich die Welt, in der wir leben, von einem Kriegsschauplatz in ein Feld verwandelt, das wir kultivieren sollen, und zwar gemeinsam. Heute betrachten wir Mitgefühl und Milde als einen schönen, aber aussichtslosen Versuch, den Krieg menschenwürdiger zu machen. Wir können uns aber entscheiden, in der Welt Mitgefühl und Milde am Werke zu sehen, die von der Gier und dem Wettbewerb gestört werden, und versuchen, ihre störende Wirkung abzuschwächen. Gelingen wird uns das allerdings nur, wenn wir Gier und Wettbewerb aus dem Design unserer Zivilisation entfernen. Sie haben dort nichts zu suchen! Das ist unser eigentliches zivilisatorisches Problem, das noch größer als die Zerstörung der Natur ist.

Beim Neudesign unserer Zivilisation müssen wir von der Wirklichkeit, wie sie ist, ausgehen und nicht von den Bildern, die wir in unseren Köpfen gezüchtet haben. Natürlich werden viele diese Einstellung als Idealismus abtun. Das sei ihnen gegönnt. Viele andere werden aber sagen: Ich weiß nicht, ob die Welt einen Zweck hat oder aus welchem Grundstoff sie besteht, aber es ist vernünftig, unsere Gesellschaft mit Zusammenarbeit und Milde im Sinn zu entwerfen, weil man, was man denkt, auch erschafft. Wenn man an Wettbewerb glaubt, wird man auch Wettbewerb erzeugen. Wenn man aber die Regeln für die Gesellschaft mit der Liebe im Sinn entwirft, wird man Liebe ernten. Mitgefühl führt auf natürliche Weise zum Gemeinwohl und mündet in einer lebenswerteren Gesellschaft.

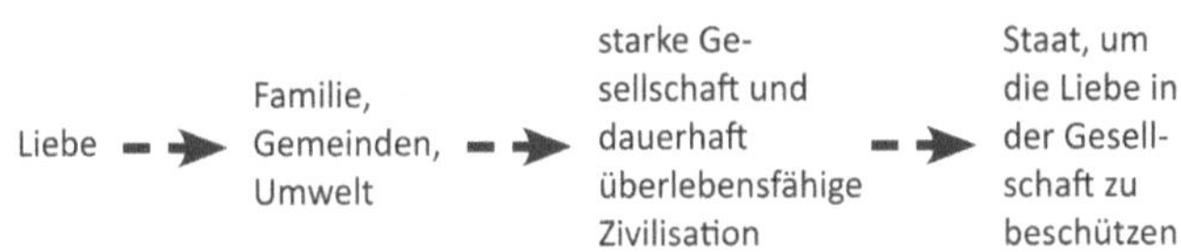

Nun ist es entscheidend, dass man diese Liebe präzise definiert. Wir haben es bereits getan: Sie ist eine selbstlose Grundeinstellung des Menschen zu anderen, zur Natur, zu seiner Umgebung, der darum bemüht ist, ihnen Gutes zu tun oder, falls zweckdienlicher, Gutes zu lassen.

Diese Grundeinstellung muss man sich nicht aneignen. Man braucht sich nur für die Energie, die man zusammen mit dem Leben erhalten hat, zu öffnen. Liebe ist nämlich auch die Energie, die die Welt bewegt und die Entwicklung jedes Menschen antreibt. Sie ist also immer da und immer im Überfluss. Wie jede Energie, kann auch die Liebe für etwas Gutes oder für etwas Schlechtes genutzt werden. Sie kann aufbauen oder zerstören. Das hängt von dem Handelnden ab. Der Handelnde muss es nicht mal böse meinen, um sie falsch zu benutzen. Sein Fehler kann auf seiner Ignoranz oder Verblendung beruhen. Die Welt ist voll von Taten, die zwar gut gemeint waren, aber nichts Gutes bewirkten. Außerdem kann der Handelnde diese Energie absichtlich ihrer Selbstlosigkeit berauben und egoistisch vorgehen. Wie können wir die selbstlose Liebe von der eigennützigen unterscheiden? Wie können wir die aufbauende Liebe erkennen? An ihren Früchten, mit dem Früchte-Test. Bewirkt sie etwas Gutes, etwas, das wir gedanklich gerne auf alle und alles ausweiten würden (der Überall-Test), überwiegt bei dem Handelnden die selbstlose und konstruktive Liebe. Deswegen müssen wir unsere Definition ergänzen: Unser Ausgangspunkt ist Liebe, die Gutes bewirkt.

In diesem Zusammenhang wird die Bedeutung des Feedbacks über die Früchte unserer Handlung (sobald sie andere betrifft oder für das Gemeinwohl von Bedeutung ist) deutlich. Das ist eine wunde Stelle unserer Kultur. Eine innere Stimme flüstert uns umgehend: Niemand wird dir sagen, was du zu tun oder zu lassen hast. Wir haben diesen Aspekt unserer Kultur Egozentrismus genannt und postuliert, das Primat des Individuums, seiner Interessen und Rechte über die Interessen und Rechte der Gemeinschaft zu beenden.

Möchte der Handelnde der Beurteilung seiner für die Gemeinschaft relevanten Handlung entgehen, hat er genügend Gelegenheit, den Überall- und den Früchte-Test selbst anzuwenden. Wenn er in der Introspektion geübt ist und genug Demut hat, wird er in den meisten Fällen sein fehlerhaftes Handeln selbst verändern können. Tut er es nicht und ist seine Handlung keine Bagatelle, sind seine Umgebung und die Gesellschaft dazu berechtigt, die Veränderung von ihm zu verlangen.

Das Recht der Gemeinschaft gilt natürlich umso mehr, wenn der Handelnde keine guten Motive hat. Es geht dabei nicht um die Bestrafung des Menschen, weil es keine grundsätzlich schlechten Menschen gibt. Es gibt nur solche, die aus Ignoranz, Selbstsucht oder Unreife schlecht handeln – sie brauchen unser Feedback. Solche, die danach immer noch nicht ernsthaft versuchen, etwas zu ändern, muss die Gesellschaft wirksam an ihrem Handeln hindern.

Sollte die Beurteilung des Staates der Beurteilung der Gemeinde, innerhalb der gehandelt wird, widersprechen, gilt das Urteil des Staates. Sollte die Beurteilung der Gemeinde der Meinung des Handelnden entgegenstehen, gilt die Beurteilung der Gemeinde. Ist der Handelnde mit der Beurteilung der betroffenen Gemeinde nicht einverstanden, kann er sich immer an den Staat und dessen unabhängige Judikative wenden.

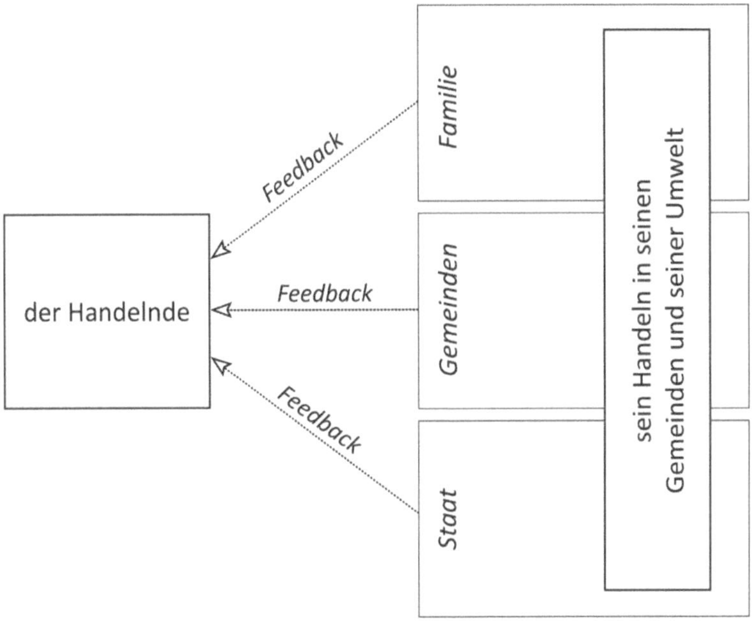

Stimmt der Handelnde der Beurteilung der Exekutive des Staates nicht zu, bleibt ihm der Weg über die Öffentlichkeit oder über die Judikative und Legislative, also über die Gerichte oder über sein eigenes politisches Engagement.

Der neue Individualismus

Unser heutiger Individualismus ist unausgewogen, einseitig. Er betont das menschliche Ego. Er trägt zum Zerbröckeln unserer Kultur bei und schwächt unsere Gesellschaft. Wir werden die Erfüllung und den Sinn unserer Existenz (persönlich und als Gemeinschaft) erst dann finden, wenn wir als Gesellschaft beim Nachdenken über das Individuum den ganzen Menschen betrachten.

Der Intellekt ist heute in seiner gesellschaftlichen Bedeutung den materiellen Bedürfnissen und wirtschaftlichen Interessen untergeordnet. Das geistige Wachstum des Menschen ist für die Gesellschaft praktisch gesehen ohne Belang. Seine Seele wurde aus dem Betrachtungsfeld völlig verbannt. Beides sind aber gerade Voraussetzungen eines erfüllten menschlichen Lebens. Welches Menschenbild steht heute hinter unserer zivilisatorischen Anstrengung? Nicht das, was wir auf dem Aushängeschild der Hochkultur tragen oder in den Präambeln unserer Grundgesetze anpreisen, sondern das hinter den täglichen gesellschaftlichen und staatlichen Entscheidungen? Es ist ein Körper mit einem Bündel aus Wünschen. Wenn wir es nüchtern betrachten, ist dieses Menschenbild eine Schande.

Gier und Egoismus sind keine positiven Kräfte, wie das in unserer Ökonomie gelehrt wird. Sie vernichten Werte, auch die materiellen, und zwar mehr, als sie Werte schaffen. Die Ökonomie blendet einfach diese vernichteten Werte aus ihren Gleichungen aus: Werte, die nicht gemeinschaftlich in konstruktiver Zusammenarbeit geschaffen werden, und Werte, die durch den Konkurrenzkampf der einzelnen Menschen und Unternehmen vernichtet werden. Gier und Egoismus reduzieren die Energie der Menschlichkeit, des Mitgefühls, der Güte in uns, die sonst gesellschaftliche, kulturelle, zivilisatorische und, ja, auch wirtschaftliche Werte schaffen könnte. Diese verlorene Energie wird von den Ökonomen und von den Politikern ignoriert.

Auch die Verflachung der Menschen, die sich mit der Zeit durch ihre Konditionierung durch das vorherrschende Menschenbild einstellt, ist ein vernichteter Wert. Wenn wir unseren lieb gewonnenen Individualismus beibehalten möchten, bitte sehr. Aber dann bitte das ganze Individuum. Der Mensch ist Seele, Geist und erst dann Körper.

Neues Design der Zivilisation

Man kann weder Gesellschaft noch Kultur designen in dem Sinne, dass man sie gedanklich leerräumt und völlig neu gestaltet. Man kann sie zwar verändern, indem man auf die Denkmodelle, Vorstellungen und Ziele der Menschen konsequent und über längere Zeit Einfluss nimmt, aber man kann sie weder planen noch steuern. Mit der Zivilisation und Wirtschaft ist das allerdings anders: Sie handeln auf der materiellen Ebene. Die einzelnen Elemente dieser Systeme organisieren sich basierend auf Regeln. Sie beeinflussen sich gegenseitig durch Aktionen, Reaktionen, Tauschgeschäfte, Informations- und Ressourcenflüsse, die ebenfalls auf Regeln basieren. Diese Regeln können gestaltet werden. Beides also, die Systemelemente und ihre Interaktionen, können gezielt designt werden. Umso mehr gilt das für andere Instrumente der Gesellschaft wie den Staat oder das Bildungssystem – sie besitzen Strukturen, die ihnen von der Gesellschaft vorgegeben werden.

Wir erinnern uns an die drei Kategorien von Wohlstand:

- innerer Wohlstand,
- materielles Wohlergehen,
- materieller Reichtum.

Der innere Wohlstand steht für erfülltes Leben der Menschen und die Unterstützung ihrer menschlichen Entwicklung. Das materielle Wohlergehen meint das Minimum an Versorgung jedes Menschen mit Sachen und Dienstleistungen, die zum gesunden Leben und für die Teilnahme an der Kultur und für das Engagement in der Gesellschaft notwendig sind. Es stellt sich ein, wenn der Bedarf der Menschen befriedigt wurde. Der materielle Reichtum ist jeglicher Konsum oder Besitz, der über das materielle Wohlergehen hinausgeht. Diese Unterscheidung wird die Leitplanken für unsere Neugestaltung der Zivilisation bilden.

Da wir bereits wissen, welche Zivilisation wir anstreben möchten und warum und wie man bei der Neugestaltung eines komplexen Systems vorgeht, können wir uns gemeinsam an die Arbeit machen. Wir werden wie folgt vorgehen:

1. Gedanklich eine grüne Wiese schaffen.
2. Die versteckten Annahmen, die das heutige Verhalten reproduzieren, offenlegen.
3. Den Output, also das gewünschte Verhalten des neuen Designs bestimmen.
4. Liste der Verhaltensweisen, die wir verhindern möchten, zusammenstellen.
5. Zwänge und Interaktionen aus dem übergreifenden System berücksichtigen.

6. Die eigentliche Blaupause des Systems erstellen.[7]
7. Wichtige Teilsysteme nach derselben Methode designen.
8. Zum Schluss fragen: Zeigt das Design mit seinen Teilen das erwünschte Verhalten?

Damit wird das „ideale“ gewünschte System designt. Von ihm würde man gedanklich in realistischen, überlebensfähigen Schritten zurückgehen, bis man bei dem heute real existierenden System ankommt. Damit hätte man nicht nur die Zielarchitektur des Systems, sondern wüsste auch, wie man vorgehen soll. (Die detaillierte Ausarbeitung eines Umsetzungsplanes liegt allerdings jenseits des Rahmens, den wir uns für dieses Buch gegeben haben. Sie wird ein Prozess sein, der nur als Ergebnis der intensiven Zusammenarbeit sehr vieler Intelligenzen gelingen kann. In einem wirklichen Designprozess würde man außerdem entscheidend detaillierter vorgehen und alle Zwischenschritte transparent machen. In diesem Buch geht es uns vorrangig darum, das Vorgehen aufzuzeigen und den Lesern Mut zum Handeln zu machen. Um das zu erreichen, werden wir allerdings eine mögliche neue Architektur recht genau skizzieren und die Schritte, die zu ihr führen könnten, beispielhaft aufzeigen.)

Der erste Schritt ist die gedankliche Leerräumung unserer Zivilisation. Wir müssen für unser neues Design eine grüne Wiese schaffen. Das ist gar nicht so einfach, wie man annimmt. Wir denken immer im Rahmen unserer festgesetzten Gedankenmuster, die unterirdisch liegen. Ihre Offenlegung bringt viel Arbeit im Dreck des Bodens mit sich, die wir nach Möglichkeit vermeiden. Sie erfordert Selbstanalyse und viel Selbstdisziplin und ist ein Teil des spirituellen Prozesses. Das Verständnis und die Erfahrung der eigenen Organe des Geistes und ihrer Funktionsweise werden uns bei dem Designprozess sehr behilflich sein.

Die Metapher der grünen Wiese trifft es gut, weil sie uns daran erinnert, dass wir keine Konstruktion aus Stahl und Beton, sondern einen Nutzgarten errichten. Wir bauen kein totes Gerüst, sondern schaffen Rahmenbedingungen, in denen etwas wachsen soll. Das Leben, die Kraft für die Entwicklung des Gartens ist in der Wiese bereits vorhanden, und wir dürfen nicht versuchen, in die Grundmechanismen dieser Kraft einzugreifen – das würde schiefgehen.

---

7 Die Erstellung der Blaupause besteht selbst aus zehn Schritten, die im Abschnitt „Blaupause“ weiter unten genannt werden. (Am Ende des Buches finden Sie eine Auflistung aller Abschnitte.)

Weil die Neugestaltung der Zivilisation in der Realität eine gemeinsame Anstrengung sein wird, werden wir viel Feedback bei der Freilegung unserer festgesetzten Gedankenmuster und später zu allen unseren Ideen und Entwürfen erhalten. Dieses Feedback wird uns sehr helfen.

Luftbildarchäologie

Wir haben die Annahmen und Glaubenssätze der westlichen Kultur im ersten Teil des Buches diskutiert. Für den Bedarf des Designprozesses fassen wir sie jetzt kurz zusammen:

- Die Welt besteht nur aus Materie.
- Für alles gibt es einen monetären Gegenwert.
- Materieller Reichtum macht glücklich.

- Der Mensch ist wichtiger als die Natur.
- Die Aufgabe der Menschen ist, die Welt zu gestalten.

- Wahr ist nur das, was durch die Wissenschaft bestätigt ist.
- Unsere Welt unterliegt ständigem Fortschritt.

- Die Handlungsfreiheit des Menschen darf nicht limitiert werden.
- Das Privateigentum ist unantastbar.
- Konstantes Wirtschaftswachstum und der Ausbau der Infrastruktur sind unbedingt notwendig.
- Die westliche Kultur ist den anderen Kulturen überlegen.

- Für jedes Problem gibt es eine Lösung.

Die ersten drei Glaubenssätze führen dazu, dass unser Lebensziel immer weiter auf den materiellen Reichtum und möglichst viel Vergnügen und Genuss schrumpft. Sie sind außerdem dafür verantwortlich, dass die wichtigsten Probleme unserer Zivilisation sich ständig reproduzieren und verstärken. Es sind

1. die Zerstörung der Natur und der überbordende Verbrauch der natürlichen Ressourcen der Erde,

2. die kontinuierlich wachsenden Kosten der Zivilisation,
3. das Beharren der Menschen, der Gesellschaft und der Regierungen auf dem Status quo, vor allem auf den Rahmenbedingungen des Wirtschaftssystems und dem Wirtschaftswachstum,
4. die fortschreitende Seichtheit der Kultur und die wachsende Verunsicherung der Menschen.

Die zweite Gruppe unserer Glaubenssätze verstärkt die Zerstörung der Umwelt. Die dritte nährt unseren Materialismus und trägt damit zusätzlich zur Zerstörung der Natur bei. Außerdem treibt sie die Kosten unserer Zivilisation in die Höhe. Die vierte Gruppe unserer Glaubenssätze verhindert das notwendige Umdenken in der Gesellschaft und verfestigt den Status quo. Der letzte Glaubenssatz auf unserer Liste ist eine der wichtigsten, Saft liefernden Wurzeln unserer Zivilisation. Er steht hinter dem westlichen Unternehmertum und der Wissenschaft, hinter der für uns typischen anpackenden Art. Er ist auch der Einzige, der der Umgestaltung unserer Zivilisation nicht im Wege steht – im Gegenteil, er ist unsere Hoffnung.

Diese Annahmen müssen wir revidieren. Dafür sind eine fokussierte Anstrengung und die gesellschaftliche Arbeit aller, die sich der Notwendigkeit der Umgestaltung unserer Zivilisation bewusst sind, notwendig. Wir nennen sie „die Weitsichtigen". Dafür muss auch eine offene, ehrliche, auf Fakten basierende öffentliche Diskussion geführt werden. Beide Aufgaben werden einen langen Atem erfordern. Sie sind aber zwingend. Man kann nicht die aus den Annahmen und Glaubenssätzen resultierenden Probleme lösen, ohne die Glaubenssätze zu verändern. Leute, die davon träumen, dass man die Zerstörung der Natur durch neue Technologien alleine und ohne Änderung unseres Lebensstils stoppen kann, machen sich etwas vor.

Ja, es ist eine riesige Aufgabe. Wir fangen aber nicht bei null an. Das Umdenken in weiten Teilen unserer Gesellschaften hat bereits begonnen. Jetzt gilt es nur, es systematisch zu betreiben und zu beschleunigen.

Output

Der erste Schritt des eigentlichen Designprozesses ist die Bestimmung des gewünschten Outputs, also des Ergebnisses, das die zukünftige westliche Zivilisation produzieren soll – seines Verhaltens. Es soll den Zielen, die wir für das System bestimmt haben, entsprechen. In diesem Fall führen uns die Ziele der neuen Zivilisation zu drei gewünschten Hauptergebnissen:

- das Wohlergehen der Menschen und ihr persönliches Wachstum,
- Bereitstellung der materiellen Basis für die Gesellschaft und Kultur,
- harmonische Koexistenz mit der Natur.

Parallel ist es hilfreich, sich die Verhaltensweisen vor Augen zu führen, die man durch das neue Design explizit verhindern möchte. Es sind vor allem die Zerstörung der Natur, eine Herabsetzung und Instrumentalisierung der Menschen, eine Ökonomie, die auf Gier, Wettbewerb und Verschwendung baut, eine Verflachung der Kultur. Wir werden das fertige Design darauf prüfen, ob wirklich keine der Verhaltensweisen unterstützt wird.

Zwänge aus dem Umfeld

Der Westen ist auf vielfache Weise in das übergreifende globale System eingebunden. Unser Teil des Ökosystems gehört zum planetaren Ökosystem, dessen Kreisläufe auf die administrativen Grenzen keine Rücksicht nehmen. In gewissem Grad kann man den Boden, die Flüsse, die Luft in einer Agglomeration lokal sauber halten. Das versuchen wir bereits seit Jahrzehnten, einiges sogar mit Erfolg. Trotzdem werden uns die Folgen der Klimaerwärmung erreichen und die mit Plastik und mit chemischen Substanzen verseuchten Ozeane werden den Schmutz auch an unsere Ufer bringen. Auch wenn wir im Westen eine Wirtschaft erreicht haben, die keine fossilen Energiequellen verbraucht, geschlossene Ressourcenkreisläufe betreibt und keinen Abfall in die Natur ablagert, stoppt das den Verbrauch der Natur in anderen Regionen der Erde nicht. Unser Beitrag wird nichtsdestotrotz die Zerstörung des globalen Ökosystems spürbar reduzieren und den anderen Regionen die Alternative zum heutigen Wirtschaften aufzeigen. Mehr können wir nicht tun. Das ist aber schon sehr viel!

Wie im ersten Teil des Buches aufgezeichnet, ist unsere Wirtschaft vor allem durch den Austausch von fertigen Produkten und Dienstleistungen, Ressourcen und Geld mit der globalen Wirtschaft verbunden. Wenn unser Ziel ist, einen geschlossenen, in Harmonie mit der Natur existierenden wirtschaftlichen Kreislauf zu schaffen, wäre eine Unterbrechung des globalen Austausches der Ressourcen und Fertigprodukte die erste logische Schlussfolgerung: Wir haben auf den Konsum, auf die Nutzung der Ressourcen und auf den Umgang mit dem Abfall dort direkt keinen Einfluss. Wenn man einen Ökonomen oder einen Wirtschaftsboss fragt, ob eine solche Isolation möglich ist, wird er mit Sicherheit mit Nein antworten. Er geht aber von der heutigen Wirtschaft aus und im heutigen Wirtschaftssystem ist das tatsächlich nicht möglich. Wir arbeiten aber gedanklich auf der grünen Wiese und wollen ein gänzlich neues System entwerfen. Dieses neue Wirtschaftssystem könnte theoretisch so gestaltet werden, dass der Austausch praktisch auf null reduziert werden könnte, wenn das der Zielerreichung dient. Unser Ziel ist die harmonische Koexistenz der Zivilisation mit der Natur. Eine drastische Begrenzung der Abhängigkeit von nicht erneuerbaren Rohstoffen (auch von denen, die wir importieren müssen, weil wir sie nicht haben) wird sicher einer der Wege sein, die zu diesem Ziel führen.

Welchen Zwängen aus unserem Umfeld sind wir objektiv, unabhängig vom heutigen Wirtschaftssystem ausgesetzt? Es sind vor allem:

- Rohstoffe, die es im Westen nicht in ausreichender Menge gibt.

Wie wir sehen, ist die Liste entscheidend kürzer, als uns die Spezialisten der Wirtschaft glauben lassen. Billige Arbeitskräfte und globale Absatzmärkte gehören beispielsweise nicht dazu. Sie sind nur für die heutige Wirtschaft wichtig, die andere Ziele verfolgt, und zwar die Kapitalvermehrung und Gewinnmaximierung. Daraus ergeben sich unsere heutigen Zwänge: zum Wachstum, zur Absatzmaximierung, zur Kostenreduktion usw. Wir haben im Westen das Wissen und beherrschen die Technologien, wir haben gut ausgebildete Arbeitskräfte und gute Infrastruktur, wir haben das Geld. Das Einzige, was uns wirklich von der globalen Wirtschaft abhängig macht, ist unsere Gier.

Die Idee hinter dem Redesign ist, dass wir das System so entwerfen, dass es das von uns erwünschte Verhalten zeigt. Dafür müssen wir die Systemgrenzen für die neue Architektur derart zeichnen, dass wir auf das Verhalten der Akteure innerhalb des Systems einen direkten Einfluss haben. Anderenfalls wäre unser Design nichts als Wunschdenken. Länder, die nicht mitmachen wollen, können nicht zum System gehören. Wir begrenzen uns zuerst auch bewusst auf die westlichen Gesellschaften – auch, weil eine Zivilisation eine gemeinsame kulturelle Basis benötigt. Wenn sich später andere Regionen der Welt einem solchen Wirtschaftssystem anschließen, umso besser. Wir dürfen dies nur nicht voraussetzen, weil wir uns in unserem Vorhaben von Umständen und Faktoren abhängig machen würden, auf die wir keinen Einfluss haben. Das darf ein Systemdesigner nie tun. Unser Design muss lediglich innerhalb der globalen Wirtschaft überlebensfähig sein. Wir werden danach fragen, wenn unser Entwurf fertig ist.

Auch wenn wir die Systemgrenzen deutlicher und enger als heute zeichnen, bleiben wir weiterhin an die anderen Regionen der Welt angebunden. Die Infrastrukturen etwa für internationale Mobilität und Kommunikation oder für Logistik sind gute Beispiele dafür. Ihre Wichtigkeit ist allerdings nur im Kontext des heutigen Wirtschaftssystems so hoch und würde mit der sinkenden Menge an transportierten Rohstoffen und Erzeugnissen deutlich zurückgehen. Da die anderen mindestens so viel Interesse daran haben, zu uns zu kommen und mit uns zu kommunizieren, also die globale Infrastruktur aufrechtzuerhalten, sind hierzu keine Probleme zu erwarten.

Der Westen ist außerdem in die internationale Konstellation der Macht und militärischer und politischer Bedrohung eingebunden. Es würde uns nichts bringen, wenn wir eine Zivilisation aufbauen, die dann von anderen Ländern oder Länderkoalitionen erobert und zerstört wird. Solange die anderen ihre Armeen und Waffensysteme vorhalten, die uns bedrohen können, müssen wir ebenfalls effektive Streitkräfte besitzen. Interessant ist die Frage, ob wir wirklich auch prophylaktisch in anderen Regionen militärisch aktiv werden und einem sich manchmal aggressiv verhaltenden militärischen Bündnis angehören müssen, ob uns das unterm Strich mehr oder weniger Sicherheit bringt. Zu dem neuen Westen gehören die Werte. Wenn wir sie nicht konsequent leben, wird uns weder der Umbau gelingen noch werden wir für andere ein attraktives zivilisatorisches Modell bieten. Deswegen postulieren wir eine uneingeschränkte Neutralität des neuen Westens.

In der Summe und auf der grünen Wiese, die wir uns für unser Nachdenken geschaffen haben, ist die Liste der globalen Zwänge überraschend kurz. Bei vollständig geschlossenen Ressourcenkreisläufen schrumpft sie sogar gen null.

Blaupause

Die Hauptbestandteile der Zivilisation sind von so grundsätzlicher Natur, dass sie sicher dieselben bleiben werden. Deswegen können wir für ihre Darstellung weiterhin die gleiche Übersichtsgrafik benutzen. Nur das Verhalten des Systems, also der Output, muss sich ändern.

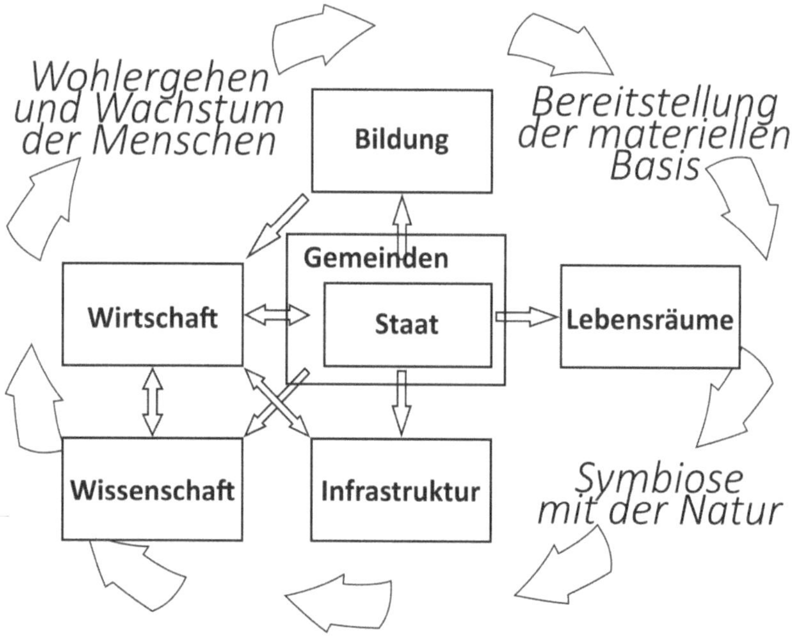

Die Gestaltung der Wissenschaft möchten wir den Wissenschaftlern überlassen. Über die Lebensräume werden letztendlich wir alle entscheiden, indem wir irgendwohin einziehen. Eine der wichtigsten zivilisatorischen Aufgaben wird sein, Lebensräume anzubieten, in denen wir unser Leben in der Harmonie mit der Natur gestalten, sicher auch welche, in denen die Natur eine größere Rolle spielen wird, als das in den heutigen Städten üblich ist. Wir werden darüber noch weiter unten kurz nachdenken. Worauf wir unser Augenmerk richten wollen, sind die Systeme der Wirtschaft (mit der angeschlossenen Infrastruktur), des Staates und der Bildung.

Die Plattform, auf der das System der Zivilisation funktioniert, und die Kraft, die es verändern soll, liegen unter der bisher gezeichneten Struktur und heißen Gesellschaft. Wir müssen uns dieses Zusammenhangs sehr bewusst werden. Wir Bürger sind die Gesellschaft und die Wirtschaft, der Staat oder die Wissenschaft sind für uns da und nicht umgekehrt. Wir lassen uns heute von allen diesen Kräften und Interessengruppen instrumentalisieren. Dafür tragen wir allerdings selbst die Schuld, weil wir in der Gesellschaft nicht aktiv sind. Wir gestalten nicht, also tun es die anderen. Der Grundriss des neuen Systems wird eine neue, eine überlebensfähige Zivilisation nur hervorbringen, wenn der Boden, auf dem sie wächst, die Gesellschaft also, sich grundsätzlich ändert. Von uns Bürgern muss die Energie der Umwandlung kommen. Die wichtigste Organisationsform, in der wir das bewältigen werden, sind die Gemeinden: all die Organisationen, Vereine, politischen Parteien, Gewerkschaften oder auch die informellen Zusammenschlüsse von Menschen, die etwas bewirken wollen. Um das zu verdeutlichen, haben wir sie in der Blaupause der Zivilisation sichtbar gemacht.

Das wichtigste Instrument der Gesellschaft ist und bleibt der Staat. Er spielt in der Systemarchitektur eine zentrale Rolle. Er kann alle übrigen Elemente und ihre Regelwerke direkt beeinflussen, die meisten sogar entscheidend. Wenn wir als Gesellschaft mehr Einfluss auf die Entscheidungen des Staates nehmen, besonders die grundsätzlichen, gestaltenden, kann dieselbe Systemarchitektur ein gänzlich anderes Verhalten des Systems produzieren.

Der Staat wird auch die Aufgabe übernehmen, die neue Architektur im Detail zu erstellen, den Gestaltungsprozess zu überwachen und im Anschluss den neuen Entwurf zu schützen und dauerhaft wirksam zu halten. Über die Notwendigkeit, den Umfang und die Architektur der Veränderung bestimmt zwar die Gesellschaft, der Veränderungsprozess muss aber gemanagt werden. Dafür braucht man ein „Team", das die Aufgabe vorantreibt, und eine Struktur. Beides kann nur vom Staat gestellt werden.

Nachdem wir die Hauptelemente des Systems beschrieben haben, betrachten wir ihre Beziehungen. Das Verhalten innerhalb eines sozialen Systems ist das Ergebnis der Interaktionen seiner Akteure. Durch diese Interaktionen versuchen sie, ihre Ziele zu erreichen. Wenn beispielsweise eine Gemeinde die Lebensqualität in einer bestimmten Lokalität verbessern möchte, wird sie ihre Entscheidungen von diesem Ziel abhängig machen. Bei ihren Interaktionen optimieren die einzelnen Systemelemente ihre Tauschtransaktionen in Hinblick auf die im System geltenden Maßstäbe (heute vor allem Geld; in unserem neuen System vor allem die dreifache Harmonie, über die wir noch schreiben werden). Die einzelnen Akteure nehmen zusätzlich eigene Maßstäbe hinzu. Wenn beispielsweise Unternehmen mit wissenschaftlichen Institutionen Tauschbeziehungen unterhalten, versuchen sie ihren Gewinn zu erhöhen. Für ein wissenschaftliches Institut kann es wiederum wichtiger sein, seine theoretischen Erkenntnisse einer praktischen Überprüfung zu unterziehen. Das dritte Element, das die Interaktionen steuert, sind die formellen und informellen Regeln, die innerhalb des Systems gelten. Wenn zum Beispiel bei Lieferungen über 500 Kilometern der Zugtransport vorgeschrieben wäre, müsste der Spediteur das bei den Dienstleistungsverträgen mit seinem Kunden berücksichtigen.

Die Gestalter der Zivilisation haben freie Hand bei der Bestimmung der Regeln. Sie können auch die bei den Transaktionen benutzten Maßstäbe indirekt beeinflussen. Wenn beispielsweise zwei Parteien eine Vereinbarung treffen, die der Gesellschaft schadet, sehen dies zuerst zwar nur die beiden Beteiligten. Wenn dieser Fakt allerdings öffentlich oder dem Staat bekannt wird, wird er versuchen, auf die Tauschbeziehung Einfluss zu nehmen. Ihre Ziele bestimmen die einzelnen Akteure zwar eigenständig, sie tun es aber im Kontext der Systemarchitektur und der Regeln. Die Designer haben also die Möglichkeit, direkt und indirekt die Ziele, die Maßstäbe und die Regeln und damit das Verhalten der einzelnen Akteure innerhalb des Systems so zu beeinflussen, dass das gesamte System das gewünschte Verhalten aufweist.

Oben haben wir bereits die acht Schritte der systemischen Gestaltung aufgelistet. Bei der Erstellung der eigentlichen Blaupause eines Systems oder Teilsystems im sechsten Schritt geht man wie folgt vor:

1. Die Elemente des Systems bestimmen.
2. Welche Teile des Systems kann und muss man verändern? Welche kann und will man zufügen?
3. Generelle Regeln für das System entwickeln.
4. Alle wichtigen Interaktionen und Materialflüsse gestalten (gibt es Schleifen, Verstärker?).
5. Das Regelwerk für Interaktionen und Materialflüsse designen.
6. Gibt es Katalysatoren oder Gravitationszentren? Wo ist die größte Hebelwirkung? Wo könnte das System verletzlich werden? Wie beeinflusst das die Blaupause?
7. Verhindert das Design die unerwünschten Verhaltensweisen?
8. Ist das Design in seinem Kontext überlebensfähig?
9. Ist das Design mit der heutigen Kultur, also den Annahmen, Bil-

dern, Archetypen, vereinbar? (Wenn das nicht der Fall ist, ist das bei dem „idealen" Zieldesign kein grundsätzliches Problem, weil sich die Kultur bis dahin entwickeln wird. Nur der erste Schritt auf dem Weg zum Zieldesign darf noch keine Änderung der wichtigsten Annahmen der existierenden Kultur voraussetzen.)

10. Überprüfen, ob die Architektur dazu führt, dass das System gut genug die gesetzten Ziele erreicht.

Wir widmen uns zuerst den Teilsystemen der Wirtschaft und der Infrastruktur. Sie werden das Verhalten des Systems entscheidend bestimmen.

Zwei Kreisläufe der Wirtschaft

Die Hauptelemente der Wirtschaft sind natürlich die Unternehmen. Die anderen Teile und Akteure, die mit dem wirtschaftlichen System zusammenwirken, sind der Markt, die Infrastruktur (Logistik, Energie, Kommunikation, Bankwesen und vieles mehr), der Staat (als Ganzes und in seiner lokalen Repräsentation als die Kommunen, in denen die Unternehmen angesiedelt sind) und die Wissenschaft (die in der heutigen Welt der fortgeschrittenen Technologien und gewaltigen zivilisatorischen Probleme eine wichtige Rolle spielt). Dadurch, dass wir Gleichgewicht mit der Natur und ihren Ressourcen anstreben, macht es Sinn, Unternehmen, die sich mit der Bearbeitung des Abfalls und der Wiedergewinnung der Rohstoffe beschäftigen, besonders zu betrachten. Sie werden möglicherweise in der Übergangsphase zum Zieldesign durch die Gesellschaft subventioniert und anders gehandhabt.

Es gibt einen Grund, warum wir die Infrastrukturleistungen, die mehrheitlich auch von Unternehmen erzeugt werden, als ein eigenes Subsystem betrachten möchten. In dem neuen Design ergibt es womöglich wenig Sinn, den Bau der Straßen, die Erzeugung und Lieferung der Energie oder die Bereitstellung des Internets mit dem Ziel, reich zu werden, zu betreiben. Die Gesellschaft braucht sie genauso wie Bildung oder Lebensräume für die Menschen. Die Annahme, dass sie von der Wirtschaft in der heutigen Form geliefert werden müssen, würde unseren Designprozess unzulässig begrenzen.

Eine gesonderte Rolle im heutigen Wirtschaftssystem spielen Unternehmen, die mit Geld spekulieren. Da wir nicht voraussetzen wollen, dass sie in einem auf Gleichgewichten basierenden System ebenfalls notwendig sind, betrachten wir sie hier nicht als ein separates Subsystem.

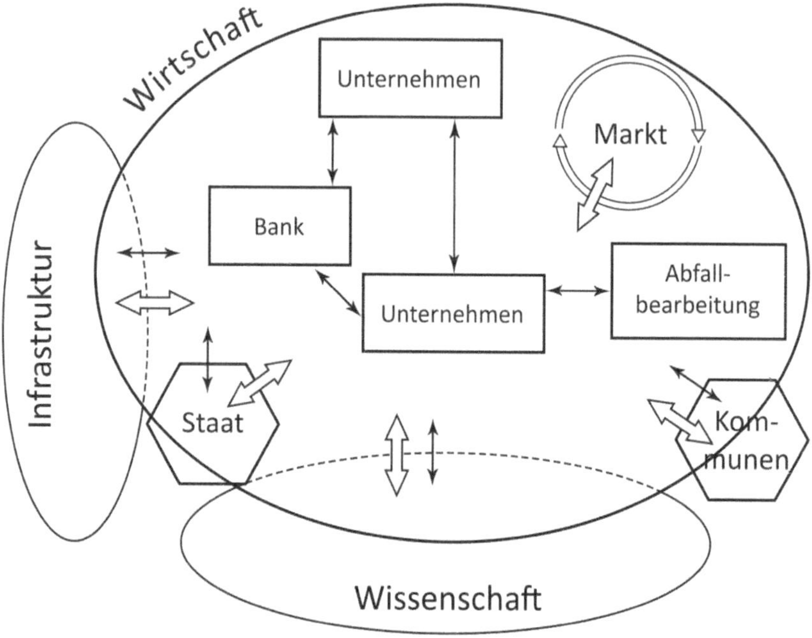

Wir haben den Unterschied zwischen materiellem Wohlergehen und materiellem Reichtum deutlich gemacht. Wenn man das materielle Wohlergehen zum Ziel der Wirtschaft ernennt, kann man nicht gleichzeitig nach dem materiellen Reichtum streben – das zweite Ziel macht das erste zunichte. Aus dem neuen Ziel muss zwangsläufig ein gänzlich anderes wirtschaftliches System entstehen. Unseres soll der Anhäufung von Reichtum einen Schluss setzen.

Die Bürger und die wirtschaftlichen Organisationen, die dieses Geld angehäuft haben, werden entschlossen gegen diese Veränderung auftreten. Sie werden ihr Geld und ihre Macht dafür benutzen, mit allen Mitteln und auf allen formellen (Staat, wirtschaftlicher Druck) und informellen (Medien) Wegen die Annahme des neuen Ziels zu verhindern versuchen. Das würde jede reale Chance auf diesen Umbau untergraben. Deswegen schlagen wir vor, die Änderung als freiwillig, als eine Option, als eine Möglichkeit für diejenigen Bürger, die anders leben wollen, einzuführen. Menschen neigen dazu, ihre eigene Denkweise anderen zu unterstellen, deswegen werden die Reichen die Anzahl der Menschen, die sich für den freiwilligen Verzicht entscheiden, unterschätzen. Das eröffnet uns die Chance, mit dem Umbau anzufangen.

Wenn wir folgerichtig das bisherige Ziel, reich werden zu wollen, nicht verbieten wollen, kommen wir fast zwangsläufig zu der Entscheidung, dass das System der Wirtschaft einen neuen Bereich benötigt, einen neuen Kreislauf, der nicht mehr auf die Vermehrung des eingesetzten Kapitals abzielt, sondern die Grundbedürfnisse der Menschen, also ihren eigentlichen, objektiv begründeten Bedarf, befriedigt. Dieser Bedarf könnte einmalig von der Gesellschaft festgelegt werden und wäre für alle Menschen gleich. Wir möchten den neuen Bereich den Inneren Wirtschaftskreislauf nennen und uns vorrangig seiner Gestaltung widmen. Weil die beiden Wirtschaftsbereiche verschiedene Funktionen und Bedeutungen in der Gesellschaft bekommen, muss es möglich werden, sie auch getrennt zu behandeln.

Die Wirtschaft, wie wir sie heute kennen, arbeitet in diesem Modell weiter nach ihren heutigen Regeln. Wir nennen sie den Äußeren Wirtschaftskreislauf. Er erzeugt den materiellen Reichtum für die Eigentümer der Unternehmen und produziert auch Güter und Dienstleistungen, die über den objektiven, von der Gesellschaft definierten Grundbedarf hinausgehenden Wünsche der Menschen erfüllen.

Aus den unterschiedlichen Rollen folgen unterschiedliche Regeln, die für den Inneren und für den Äußeren Wirtschaftskreislauf gelten, weil der Äußere Wirtschaftskreislauf Ziele verfolgt, die nicht mehr die von den Weitsichtigen und Besorgten in der Gesellschaft neu festgelegten Ziele sind. Der Staat kann allerdings trotzdem von beiden Kreisläufen anfordern, auch die versteckten Kosten und Verbindlichkeiten gegenüber der Natur und der Gesellschaft zu begleichen. Wir werden die beiden Wirtschaftskreisläufe (und ganz besonders die Regeln in dem neuen Subsystem) in den nachfolgenden Abschnitten und später auch im Kapitel „Neue Wirtschaft" genauer betrachten.

Zusammengefasst ist die Idee hinter der neuen Architektur, dass man jede überflüssige Produktion und jeden vermeidbaren Verbrauch der Ressourcen der Natur zuerst in einem (relativ kleinen) Subsystem der Wirtschaft abschafft. Im ersten Schritt muss die Gesellschaft deswegen lediglich die Einführung dieses Inneren Wirtschaftskreislaufs als eine Enklave der Genügsamkeit erzwingen. In dieser Enklave zu leben ist eine freiwillige Entscheidung. Das macht ihre Einführung für das große Kapital tolerabel, weil nicht existenzbedrohlich. Mit dem fortschreitenden Umdenken der Menschen wächst diese Enklave allerdings allmählich auf natürliche Weise und verändert irgendwann grundsätzlich die gesamte Wirtschaft.

Innerer Wirtschaftskreislauf

Weil wir zuerst davon ausgehen, dass der Äußere Wirtschaftskreislauf weiter so funktioniert wie heute, nur stärker und konsequenter durch die Gesellschaft zur Verantwortung gezogen wird, wenden wir uns der Gestaltung des Inneren Wirtschaftskreislaufs zu.

Am Anfang steht eine Entscheidung der Gesellschaft darüber, was für das materielle Wohlergehen der Menschen unbedingt notwendig ist. Dieser einmalig definierte Bedarf (und nicht die darüber hinausgehenden Wünsche) wird damit zur regulierenden Größe des neuen Systems.

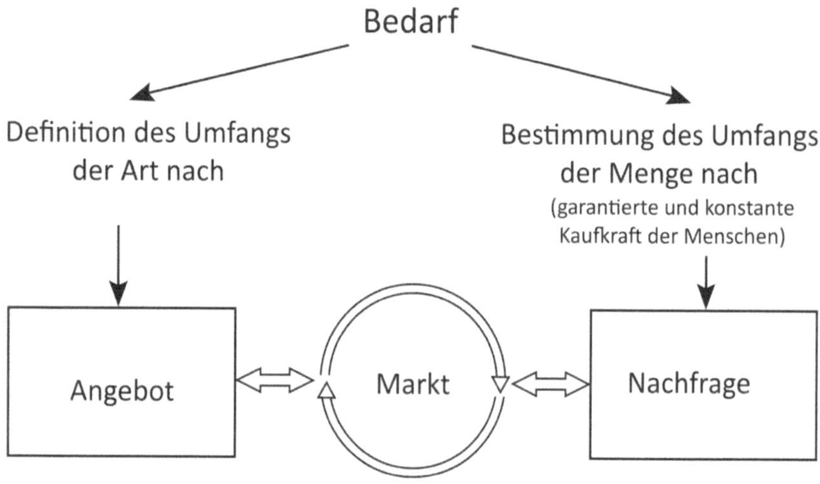

Der Mechanismus des Marktes an sich entspricht weitgehend dem heutigen. Die Unternehmen bieten ihre Leistungen frei an, die Käufer entscheiden ebenso frei, was sie kaufen. Die Hersteller dürfen allerdings nur die Artikel und Dienstleistungen des Bedarfs anbieten. Alle Menschen haben einen festen monatlichen Betrag zur Verfügung.

Die Unternehmen müssen wir uns nicht neu ausdenken. Sie brauchen nur neue Ziele und neue Regeln. Die wichtigste haben wir bereits erwähnt: Sie produzieren nur Leistungen, die den von der Gesellschaft definierten Bedarf der Menschen decken. Außerdem soll der erwirtschaftete Gewinn nicht der Vermehrung des materiellen Reichtums der Eigentümer und der Angestellten dienen. Um die Ziele des Designs zu erfüllen, muss die Herstellung außerdem in der Harmonie mit der Natur erfolgen und nach Möglichkeit das Wachsen der Menschen in ihrer Menschlichkeit unterstützen. Was bedeutet das konkret? Was soll die Gegenleistung für die Arbeit der Angestellten und für die Zurverfügungstellung der Mittel durch die Eigentümer sein? Erstens bekommen sie das Geld, das sie zur Deckung ihres eigenen Bedarfs, heute und im Rentenalter, benötigen. Mehr nicht, weil nur der Bedarf gedeckt werden soll. Wenn das Unternehmen mehr erwirtschaftet, trägt es die Kosten der Angebote, die die Eigentümer und die Angestellten in Anspruch nehmen wollen, um ihr persönliches Wachstum zu unterstützen. Es kann zusätzliche Freizeit sein. Es können zusätzliche Bildungsangebote für sie oder ihre Familienmitglieder oder Angebote der spirituellen Praxis sein. Auch die materielle Unterstützung ihrer Arbeit in den Gemeinden oder ihres Engagements für das Gemeinwohl sowie Rückstellungen für die Kosten, die in Verbindung mit der persönlichen Entwicklung und dem Engagement in der Gesellschaft im Rentenalter entstehen werden, können dazu gehören. Für aufrichtige Menschen bietet das genug Motivation, sich für den Erfolg ihres Unternehmens einzusetzen.

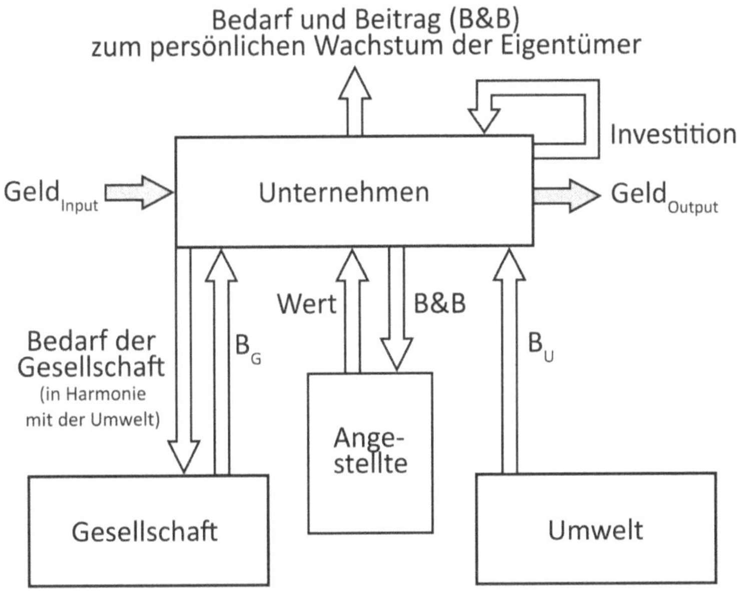

Das ist das modifizierte Schema des Unternehmens im Inneren Wirtschaftskreislauf:

B_G steht, wie im ersten Teil des Buches im Kapitel „Wirtschaft" eingeführt, für den Beitrag der Gesellschaft, B_U für den Beitrag der Umwelt.

Der Ertrag, $Geld_{output}$ = $Geld_{input}$ + B&B der Eigentümer, Angestellten und der Bedarf der Gesellschaft (und des Staates) + Investition. Er wird durch den Beitrag der Gesellschaft, der Umwelt und der Angestellten erhöht und kommt dem Unternehmen, seinen Angestellten und Eigentümern zugute.

Die Teilung der Wirtschaft impliziert eine Teilung ihrer Angestellten. Einerseits sind es diejenigen, die damit zufrieden sind, dass ihre Bedürfnisse befriedigt werden, und die sich mehr ihrem Leben in der Familie, in der Gesellschaft und ihrer eigenen Entwicklung widmen. Andererseits sind es diejenigen, die sich weiterhin von dem Wunsch nach materiellem Reichtum leiten lassen. Wir wagen die Vermutung, dass sich mit der Zeit immer mehr Menschen für das erste Modell entscheiden werden. Warum? Heute haben wir keine Alternative. Wenn wir mit dem Inneren Wirtschaftskreislauf eine bekommen und sehen, dass sie dauerhaft ein alternatives Lebensmodell und gewisse Vorteile bietet, wird in immer mehr von uns die Entscheidung reifen, aus dem Teufelskreis aus Arbeit und Konsum auszusteigen.

Wer wird sich dafür entscheiden, sein Geld in den Inneren Wirtschaftskreislauf zu investieren? Es wird sicher einige kluge Menschen geben, die die Ziele der Neugestaltung unserer Zivilisation unterstützen wollen. Auch heute gibt es reiche Menschen, die einen Teil ihres Vermögens für wohltätige Zwecke ausgeben. Man kann sich auch vorstellen, dass einige der Gemeinden ihr Vermögen in dieses Modell investieren: Umweltorganisationen, Kirchen oder auch ganz neue, die sich speziell mit diesem Ziel gründen werden. Das Gros der Mittel wird allerdings anfangs sicher vom Staat zur Verfügung gestellt werden müssen. Das Geld, das der Staat ausgibt und umverteilt, gehört der Gesellschaft. Wenn sich ein beachtlicher Teil der Gesellschaft dafür entscheidet, diese Neugestaltung zu unterstützen, muss der Staat dem Rechnung tragen. Man kann sich auch sehr gut vorstellen, dass einige Belegschaften die Initiative ergreifen und ihre Unternehmen als Eigentümer übernehmen oder dass Teile der Belegschaft einen Ableger gründen. Der Staat sollte dies finanziell unterstützen.

Zum Inneren Wirtschaftskreislauf gehört der Innere Markt. Er muss vom Äußeren Markt getrennt bleiben, weil er von einer anderen Käufergruppe genutzt wird und weil dort nur der Bedarf und nicht die darüber hinausgehenden Wünsche befriedigt werden. Spätestens jetzt müssen wir entscheiden, wie die zwei Kreisläufe getrennt werden sollen. Die Trennung muss auf der Nachfrage-, auf der Angebots- und auf der Marktseite vollzogen werden. Dies ist am besten durch unterschiedliche Währungen zu erreichen. Um die Beschreibung einfacher zu machen, brauchen wir für die neue Währung einen Namen. Wir nennen sie Care (also Fürsorge, Achtsamkeit, Sorgfalt). Als Zeichen:

Der Staat muss kontinuierlich dafür Sorge tragen, dass die Menge an Care, die jeder bekommt, dem durchschnittlichen Marktpreis aller Artikel und Dienstleistungen in dem festgelegten Warenkorb des Grundbedarfs auf dem Inneren Markt folgt.

Die Gleichheit der Kaufkraft aller bewirkt ganz automatisch, dass Luxusgüter verschwinden. Sie begrenzt de facto auch die Preisunterschiede, weil sich für zu teure Produkte keine Kunden finden lassen. Schlechte Produkte werden nicht gekauft, auch wenn sie billig angeboten werden, weil sich die Käufer ja qualitativ gute Produkte aus dem Korb des Bedarfs leisten können. Da eine übermäßige Steigerung der Gewinne der Anbieter keinen Sinn macht, wird eine Entwicklung hin zu sehr großen Unternehmen oder gar zu Monopolisten unattraktiv. Sollte ein Anbieter trotzdem eine monopolähnliche Position erreichen und sie für eine Verschlechterung der Qualität ausnutzen, werden sich schnell Konkurrenten finden, weil ja die Nachfrage garantiert ist. Im Falle einer hohen Markteintrittsbarriere, zum Beispiel wegen einer teuren Technologie, könnten der Staat oder große Gemeinden helfen. Bei zu hohen Preisen eines Monopolisten würden sich zu wenig Käufer finden, weil ihre Kaufkraft begrenzt ist, was auch automatisch Platz für neue Anbieter machen würde. Produzenten von schlechten oder zu teuren Produkten würden insolvent, wenn die Eigentümer nicht reagieren. Der Innere Wirtschaftskreislauf wird sich besser selbst regulieren als die heutige Wirtschaft.

Das System wird einige grundsätzliche Randbedingungen benötigen, um richtig zu funktionieren. Jeder Bürger, der sich entscheidet, im inneren Kreislauf zu leben, sollte das Recht und die Pflicht haben, zu arbeiten. Eine Ausnahme sind die Menschen, die ausreichend viel in der inneren Domäne investiert haben: Sie bekommen ihren Bedarf von den ihnen gehörenden Unternehmen ausgezahlt. Menschen, die nicht arbeiten können, weil sie beispielweise krank sind oder Kinder erziehen, werden denselben Betrag bekommen, allerdings von der Gemeinschaft, repräsentiert durch den Staat. Es bedarf klarer Regeln, wer nicht arbeiten muss und wie das festgestellt wird. Die Pflicht zu arbeiten ist wichtig, weil das ganze System auf Verantwortung aufbaut und seine Regeln zu Verantwortung motivieren sollen. Gibt es nicht genug Arbeitsplätze in den Unternehmen oder will kein Unternehmen die Person beschäftigen, müssen der Staat oder in Absprache mit ihm Gemeinden sinnvolle, für die Gesellschaft nützliche Arbeit anbieten. Weigert sich jemand zu arbeiten, bekommt er kein Geld. Das viel diskutierte Grundeinkommen ohne Arbeit ist sogar innerhalb des heutigen Systems falsch. Die Idee geht davon aus, dass durch die weiter wachsende Effizienz der Wirtschaft einige so viel Geld erzeugen, dass sie es mit denjenigen, die keine Arbeit mehr haben, teilen können. Das Modell des Grundeinkommens geht also unterm Strich davon aus, dass das derzeitige Wirtschaftssystem sich weiter in die Richtung entwickelt, die uns gerade zu zerstören droht. Das bedingungslose Grundeinkommen würde die heutige Gesellschaft weiter in die Superreichen, Wohlhabenden und Armen spalten, die Gegensätze weiter verstärken. Im neuen System brauchen wir wiederum mehr Beteiligung in der Gesellschaft – und das Geld ohne Gegenleistung würde etliche Menschen demoralisieren und von der Verantwortung für das gemeinsame Leben entbinden.

Eine andere Regel wäre, dass es die Unterstützung der Gesellschaft für einzelne Menschen ausschließlich im inneren Kreislauf gibt. Im Äußeren Wirtschaftskreislauf können Menschen zwar Versicherungsprodukte erwerben, die ihnen Geld im Falle der Arbeitslosigkeit oder Krankheit garantieren, wenn sie aber die Hilfe des Staates beanspruchen wollen, müssen sie den Kreislauf wechseln. Die Entscheidung, in einem Wirtschaftskreislauf zu leben, kann zwar geändert werden, allerdings nicht zu oft, um Missbrauch zu unterbinden. Familien und Menschen, die in einem Haushalt zusammenleben, müssten es gemeinsam tun. Fairness, moralische Eindeutigkeit, Transparenz und Konsequenz sind Voraussetzungen, dass dieses System funktioniert. Um sie zu garantieren, wird es parallel zum Staat mit seiner regelgebenden und kontrollierenden Rolle auch einer höheren direkten Einbindung der Gemeinschaft bedürfen, also ihrer Gemeinden.

Der Zwang, den Umstieg mit der ganzen Familie (oder, genauer gesagt, mit dem gemeinsamen Haushalt) vorzunehmen, kann bei einigen

Konflikte erzeugen. Sie können schwierig und belastend sein. Sie sind ein Teil des Prozesses des Umdenkens innerhalb der Gesellschaft, der zwar nicht einfach, aber notwendig ist.

Kann das System bei bösem Willen Einzelner missbraucht werden? Ja, wie jedes soziale System. Auch wird es immer Menschen geben, die faul sind oder denen alles egal ist. Wenigstens wird das neue System im Vergleich mit dem heutigen gute Beispiele aufzeigen und sinnvolle Tätigkeiten für jeden anbieten. Die klaren und moralisch sauberen Regeln werden zusätzlich einen ökonomischen und einen positiven sozialen Druck erzeugen – mehr, als das heute der Fall ist.

Die neue Währung soll lediglich eine regulierende Rolle spielen. Das bedeutet, dass keine Zinsen verlangt oder gezahlt werden. Angebote zu Finanzspekulationen werden gesetzlich unterbunden. Die Rolle der Banken bleibt auf die Dienstleistung begrenzt, für die sie von ihren Kunden Gebühren verlangen, um ihre Kosten zu decken.

In diesem Zusammenhang sollte man auch bedenken, dass die neue Rolle des Geldes und die Regeln des inneren Kreislaufs die vielen Nachteile des heutigen, auf Gier basierenden Systems de facto lösen oder mindern: von dem mit Geld zusammenhängenden Verbrechen bis zu überlasteten Autobahnen.

Trennung der Nachfrage

Die Trennung der Nachfrage erreicht man durch die Einführung der zusätzlichen Währung. Sie kann nur im Inneren Wirtschaftskreislauf erworben werden. Wenn sie nicht in andere Währungen umtauschbar bleibt, wird man sie nur auf dem Inneren Markt ausgeben können.

Die wichtigste (und schwierigste) Aufgabe wird sein, den Bedarf zu definieren. Was gehört zum Grundbedarf des Menschen im Westen? Was ist für gesundes Leben unbedingt erforderlich? Welche Güter und Dienstleistungen sind für das individuelle Wachstum unabdingbar? Der wichtigste Unterschied zwischen dem Inneren und dem Äußeren Wirtschaftskreislauf liegt in der Gier: In Ersterem dürfen wir ihr keinen Platz einräumen. Die Architektur des Inneren Wirtschaftskreislaufs und die Regeln, die über seine Funktion bestimmen, dürfen alleine mit Vernunft festgelegt werden. Unsere Vernunft ist das reinste der vier Organe des Geistes. Ein in der Introspektion und Meditation geübter Mensch kennt sehr genau den Mechanismus, mit dem das stolze und gierige Ich-Bewusstsein und das launische, unberechenbare Denk- und Empfindungsorgan kontinuierlich versuchen, seinen Verstand in Geiselnahme zu nehmen. Das ist der Grund, warum Menschen so viele von Stolz oder Selbstsucht und von Emotionen geleitete Entscheidungen treffen, die für die meisten Unbeteiligten als nicht sachlich oder nicht objektiv klar erkennbar sind. Deswegen können wir die Grenze zwischen Bedarf und den darüber hinaus gehenden Wünschen immer dort ziehen, wo wir mit unserer Vernunft unserer Gier auf die Schliche kommen. Sauberes stilles Wasser oder frische Milch gehören zweifelsohne zum Grundbedarf des Menschen. Coca-Cola® sicherlich nicht. Bei Cola ist die Gier unseres Geschmackssinns am Werke. Jeder braucht zwei Paar Hosen für den Winter und vielleicht drei für den Sommer, einige Hemden usw. Ein voller Kleiderschrank ist das Ergebnis der Gier oder Eitelkeit. Jeder soll Zugang zu guten Büchern haben, sie müssen aber nicht in Leder gebunden sein.

Die Bestimmung des Grundbedarfs muss in einem demokratischen Prozess diskutiert und zum Schluss vom Staat beschlossen werden. Dieser Grundbedarf kann am besten im Grundgesetz zugesagt werden, um den Bürgern die Sicherheit zu geben, dass sie sich dauerhaft auf dieses Modell verlassen können und nicht befürchten müssen, dass es je nach Haushaltslage geändert werden kann.

Trennung des Angebots

Auf dem Inneren Markt werden nur Güter und Dienstleistungen angeboten, die zum Grundbedarf gehören. Sollen beispielsweise Autos nicht dazugehören, dürfen sie hier auch nicht angeboten werden. Bei Gütern, die von beiden Wirtschaftskreisläufen hergestellt werden, geschieht die Trennung durch die Zugehörigkeit des Anbieters zum Inneren Wirtschaftskreislauf. Jedes Unternehmen muss sich entscheiden, zu welchem Kreislauf es gehören möchte, weil diese nach unterschiedlichen Regeln funktionieren. Da Care nicht in Euro, Schweizer Franken oder Pfund umgetauscht werden kann, würde es für einen Anbieter aus dem Äußeren Wirtschaftskreislauf sowieso keinen Sinn machen, seine Produkte auf dem Inneren Markt anzubieten.

Infolge der Trennung der Währung, des Angebots und der Nachfrage wird der Innere Wirtschaftskreislauf einen getrennten Markt mit eigenem Handel besitzen.

Materialflüsse der Wirtschaft

Die Materialflüsse sind Rohstoffe, Teile und Dienstleistungen, die in den Lieferketten zwischen Unternehmen verkauft und gekauft werden, sowie das Geld, das dabei bezahlt wird. Generell kann man alle Ressourcen, die zwischen den Einzelelementen des Systems ausgetauscht werden, als Materialflüsse betrachten. Im Kontext der Zivilisation sind die verbrauchten Ressourcen der Natur, auch diejenigen, für die man heute nichts zahlen muss (wie der zerstörte Boden oder die Luft), ebenfalls Ressourcen der Wirtschaft. Unter den natürlichen Ressourcen gibt es auch welche, an die wir selten denken, wie der Raum, den eine Fabrik oder eine Autobahn (auf der die Güter innerhalb der Lieferkette bewegt werden) in Anspruch nehmen. Wenn sie für die Produktion oder den Verbrauch notwendig sind, „fließen" diese natürlichen Ressourcen ebenfalls und müssen bei der Gestaltung des Systems und bei der Berechnung der Kosten berücksichtigt werden. Auch menschliche Arbeit, Kreativität und Wissen sind Ressourcen.

Innerhalb des Inneren Wirtschaftskreislaufs können die Materialflüsse frei gestaltet werden, nicht aber, wenn sie die Grenzen des Systems überqueren. Bei den Geldflüssen wird das sehr konsequent gehandhabt. Die Währung erfüllt in jedem Wirtschaftssystem eine wichtige Steuerungsfunktion; in unserem Design sogar eine ganz besondere. Aus den Randbedingungen des Inneren Marktes leiten sich einige Restriktionen der Währung ab. Sie ist auch für die Unternehmen nicht frei umtauschbar. Alle Geldflüsse nach außen und von außen müssen über die Schnittstelle der Banken des Inneren Wirtschaftskreislaufs fließen. Aber auch das Fließen der Ressource Arbeit wird begrenzt. Wenn ein Arbeitnehmer die Vorteile des Inneren Wirtschaftskreislaufs nutzen möchte, muss er sich auch dafür entscheiden, innerhalb seiner Regeln zu leben. Er wird dann zwar immer noch in seiner Freizeit nach den Regeln des Äußeren Wirtschaftskreislaufs dazuverdienen dürfen, aber jemand von außerhalb kann keine Care verdienen. Mit dem Care sind Privilegien verbunden, die man sich nicht herauspicken kann, ohne wichtige Regeln des Systems zu verletzen. Der Innere Kreislauf wird nur funktionieren, wenn alle grundlegenden Regeln des neuen Designs beachtet werden. In der Vergangenheit haben wir das als „Regeln" betrachtet, was sich von selbst ergeben hatte. Das war das Gegenteil des Gestaltens.

Am Anfang wird nicht alles, was zur Produktion der Leistungen für den Inneren Markt benötigt wird, im Inneren Wirtschaftskreislauf auch verfügbar sein. Diese Ressourcen müssen im Äußeren Wirtschaftskreislauf beschafft werden. Das neue Design mit seiner Schnittstelle zum Äußeren Wirtschaftskreislauf sieht wie folgt aus:

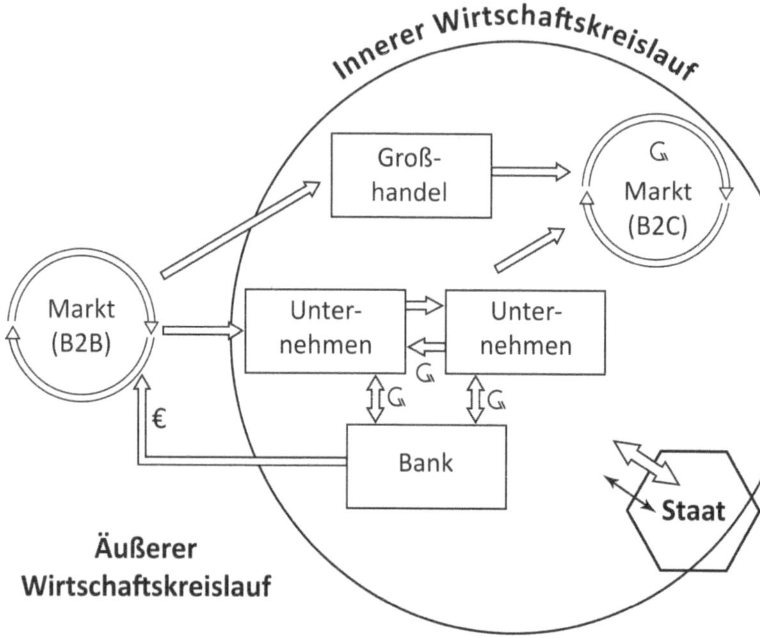

Die Abkürzungen B2B und B2C stehen für Business-to-Business und Business-to-Consumer, also für den Markt, an dem Unternehmen auf ihre Lieferanten treffen einerseits, und den Markt, auf dem die Konsumenten Konsumgüter und Dienstleistungen kaufen, andererseits. Solange noch nicht alle Güter für den B2C-Markt im Inneren Wirtschaftskreislauf produziert werden, importieren die Großhändler die fehlenden Konsumgüter aus dem Äußeren Markt, wobei die Zahlungen über die Banken des inneren Kreises abgewickelt werden.

Die Architektur enthält eine Schleife, die wir uns genauer anschauen möchten.

Das Besondere an ihr ist, dass die Güter und das Geld zwischen den Kreisläufen jeweils nur in eine Richtung fließen. Diese Schleife bewirkt einen sanften Umbau der Wirtschaft, weil die Produktion im äußeren Kreislauf nur allmählich schrumpft und die Produktion im inneren Kreis-

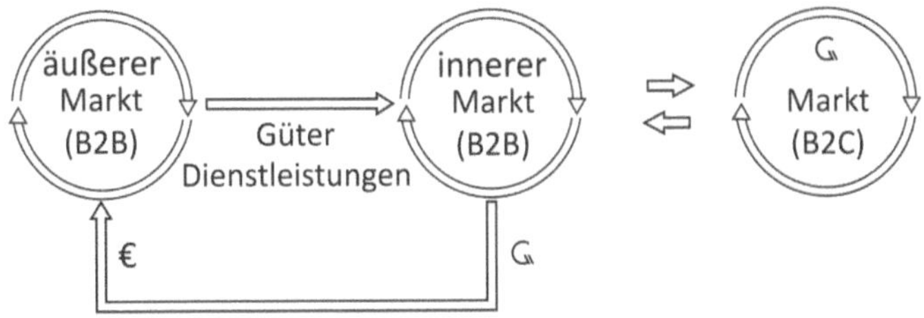

lauf Zeit zum Anwachsen bekommt. Die Anbieter des äußeren Kreislaufs decken beim Verkauf ihrer Produkte auf dem Inneren Markt nicht nur ihre Kosten, sondern erreichen auch Gewinne. Sollte durch die zu hohen Einkaufspreise auf dem Euro-Markt im Inneren ein Defizit entstehen, wird er von der Steuer, die der Staat im Äußeren Wirtschaftskreislauf erhebt, indirekt ausgeglichen. Im Inneren Wirtschaftskreislauf werden natürlich auch Steuern erhoben. Ihr Anteil an den Einnahmen des Staates wird am Anfang aber noch klein sein. Das Gros der Finanzmittel kommt anfangs aus dem äußeren Kreislauf. Sie fließen in den Aufbau der Infrastruktur, in die sozialen Leistungen, in die Entwicklung der Inneren Wirtschaft, in den Umbau der Zivilisation.

Die Unternehmen des Inneren Wirtschaftskreislaufs können ihre Produkte zwar auch nach außen verkaufen, aber nur solange, wie der Innere Markt (seine Funktion und Regeln) nicht darunter leidet. Die Begründung für diese Bedingung ist, dass die Innere Domäne ein anderes Ziel verfolgt: Bedarfsdeckung anstelle Absatzsteigerung und Gewinnmaximierung. In konkrete Regel umgesetzt bedeutet das, dass nur überflüssige Produktion außerhalb des Inneren Marktes angeboten werden darf. Das kann sich auf natürliche Art und Weise selbst regeln, wenn die Hersteller im Export niedrigere Preise als im inneren Bereich verlangen müssen.[8] Da es mit den Banken eine definierte Schnittstelle in Geschäftsbeziehungen nach außen gibt, kann die Einhaltung dieser Regel an dieser Stelle kontrolliert werden.

Regeln

Das Individuum, sein gesundes, glückliches und erfülltes Leben steht

8 Während der Innere Wirtschaftskreislauf wächst, werden durch diese Regel und durch die wachsenden Produktionskosten im Äußeren Wirtschaftskreislauf diese Importe aus dem Inneren Markt zunehmend attraktiver. Es ist eine interessante Dynamik, über die es sich nachzudenken lohnt.

im Fokus des neuen Designs. Damit unterstützt die Wirtschaft bereits in ihrem Grunddesign das neue zivilisatorische Ziel. Der Einzelne ist durch seine Arbeit, sein Engagement und seine Verantwortung in die Gesellschaft eingebunden. Sie unterstützt es aber auch, indem sie (im Inneren Wirtschaftskreislauf) die Befriedigung seines Grundbedarfs garantiert und damit ein gesundes Leben ermöglicht und seine Bemühung, sich geistig und spirituell zu entwickeln, fördert. Als Kultur hilft sie auch dem Einzelnen bei seinem humanen Wachsen mit Bildung, Vorbildern, Impulsen.

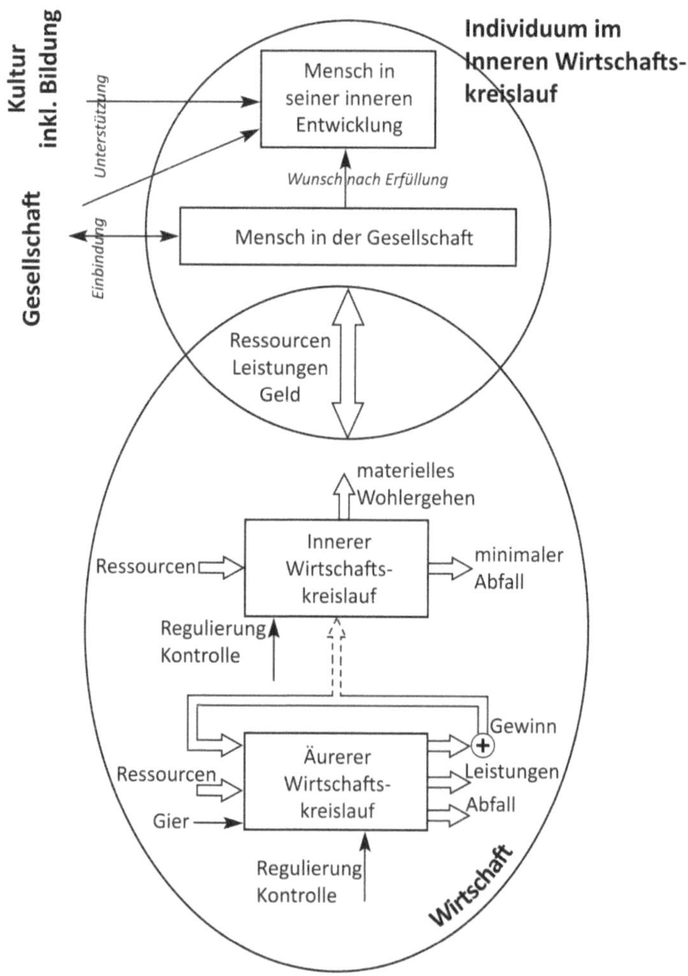

Die Skizze zeigt auf, dass der Äußere Wirtschaftskreislauf zum Aufbau des Inneren finanziell beträgt.

Die Menschen, die im äußeren Kreislauf leben, können sich natürlich auch mit ihrem inneren Wachstum beschäftigen und in der Gesellschaft aktiv werden. Der Staat und die kulturellen Anbieter des inneren Kreislaufs würden gut daran tun, ihnen dabei zu helfen, auch ohne dafür Geld zu verlangen. Für die Umgestaltung der Zivilisation brauchen wir in der Gesellschaft außer der ökonomischen auch eine kulturelle Dynamik. Alles, was sie fördert, soll uns recht sein.

Als wir im ersten Teil des Buches über die Zusammenhänge zwischen der Wirtschaft, der Natur und der Gesellschaft nachgedacht haben, haben wir eine Skizze entworfen, die die Materialflüsse zwischen den drei Systemen verdeutlicht. Wie verändern sich die Flüsse von Geld und Ressourcen in der zweiteiligen Architektur? Welchen Regeln unterliegen sie? Die wichtigste Regel ist, dass die Wirtschaft auch die versteckten Kosten aus der Benutzung der Natur trägt. Die neue Wirtschaft (übrigens auch der Äußere Wirtschaftskreislauf) soll das Ziel des Umgestaltungsprozesses verfolgen, die Natur nicht mehr auszubeuten und zu belasten.

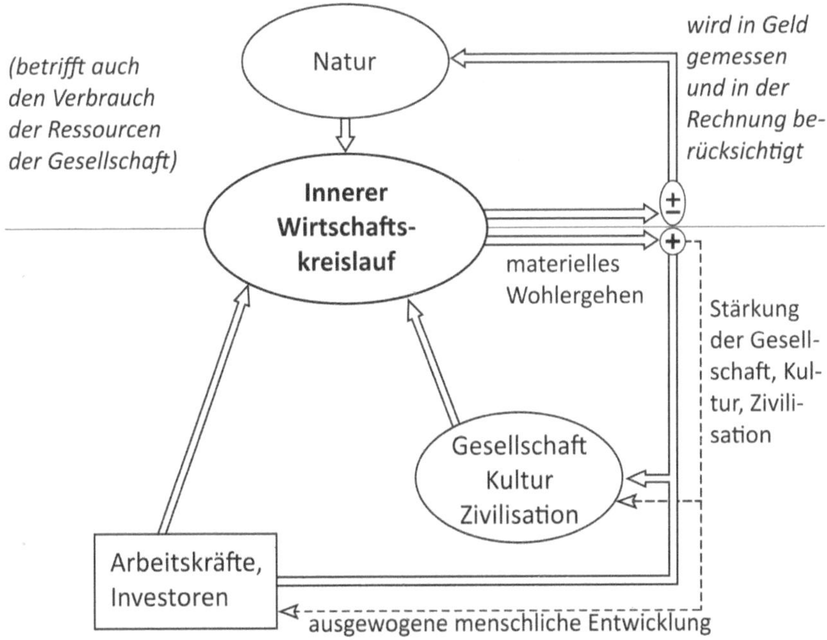

Der Innere Wirtschaftskreislauf definiert den materiellen Wohlstand anders als der Äußere – die Menschen dort geben sich mit weniger Sachen und weniger Besitz zufrieden. Im Gegenzug unterstützt er ein ausgewogenes, glückliches Leben. In seiner gesellschaftlichen Dimension stärkt er die Kultur und Zivilisation gleichermaßen, weil er die vielen Ungleichgewichte reduziert und die Lebensqualität erhöht.

Der Äußere Wirtschaftskreislauf verfolgt weiterhin das Ziel der Gewinnmaximierung. Seine Unternehmen übernehmen allerdings schrittweise alle Kosten, die bei Benutzung der Ressourcen der Natur und der Gesellschaft entstehen.

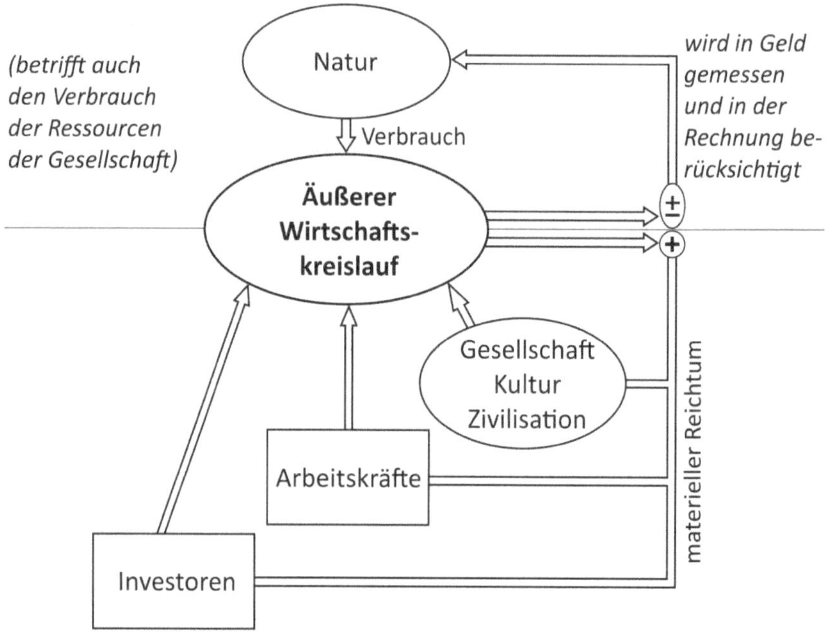

Die generellen Regeln für die Wirtschaft haben wir bereits erwähnt. Es sind

- Berücksichtigung der versteckten Kosten (vor allem der Natur gegenüber) bei der Benutzung der Ressourcen durch die Wirtschaft,
- Zweiteilung der Wirtschaft in getrennte Kreisläufe, die unterschiedliche Aufgaben erfüllen,
- in dem neu gestalteten Wirtschaftskreislauf Begrenzung der Nachfrage

der Menge nach sowie Begrenzung des Angebots der Art nach auf den definierten Bedarf; keine Vermehrung des materiellen Reichtums der Eigentümer; garantierte und stabile Kaufkraft der Menschen.

Im Ergebnis erfüllt vereinfacht gesagt der Innere Wirtschaftskreislauf die Rolle des Triebwerks der Umgestaltung, wobei der Äußere Wirtschaftskreislauf den notwendigen Treibstoff liefert. Zusammen verleihen sie dem Umbau der Wirtschaft eine gesunde, robuste Dynamik.

Ein gesundes, robustes System erkennt man daran, dass es

1. konsequent die eigenen Ziele verfolgt,
2. effektiv eigene Interessen bei Interaktion mit anderen Systemen durchsetzt,
3. ein starkes Immunsystem hat,
4. gute Anpassungsfähigkeit auf die sich verändernden Bedingungen aufweist.

Der Innere Wirtschaftskreislauf soll derart gemanagt werden, dass er diese Dynamik aufrechterhält.

Die generellen Regeln, nach denen die Unternehmen funktionieren, müssen wir nicht neu erfinden. Es reicht, wenn wir die Abweichungen zum heutigen System ausarbeiten.

Die speziellen Regeln an den Grenzen des inneren Subsystems haben wir bereits beschrieben: Die Geldflüsse müssen über die Banken des inneren Kreislaufs erfolgen. Die beiden Märkte bleiben getrennt. Wir erinnern uns, dass Wachstum und Gewinn um jeden Preis nicht mehr zu den Zielen gehören. Die vorrangigen Aufgaben des Unternehmens sind die eigene ökonomische Gesundheit und die Unterstützung der Zivilisation bei der Erreichung ihrer Ziele. Das schafft Platz für Regeln, die nicht mehr der Gier, sondern dem Verstand folgen. Deswegen können die Produkte so gestaltet werden, dass sie die Wiedergewinnung der benutzten Rohstoffe und Teile einfacher machen. Die Unternehmen können beispielsweise bei ihren Geschäften untereinander und durch Zusammenarbeit Lösungen vorziehen, die die Belastung für die Natur und den Ressourcenverbrauch minimieren und Abfall vermeiden. Dafür müssen sie nicht mal die betriebswirtschaftliche Kalkulation außer Acht lassen. Durch die Vollkostenregel, die die Kosten der verbrauchten Naturressourcen und die Wiederaufnahme des Abfalls in den natürlichen Kreislauf berücksichtigt, werden ökonomische Entscheidungen zu ökologischen Entscheidungen. Damit wird Verschwendung vermieden, ohne dass man sie explizit verbieten muss.

Die Auslagerung der Arbeitsplätze außerhalb des eigenen Wirtschaftssystems zwecks Kostenminimierung wird durch die Grundregeln des Inneren Wirtschaftskreislaufs automatisch beendet – die Arbeitsplätze müssen sich innerhalb des Inneren Wirtschaftsraums befinden. Dieser Raum kann natürlich auch international sein. Gute Qualität und ein langer Lebenszyklus des Produkts werden durch die Nachfrage geregelt: Durch die begrenzte Kaufkraft aller Käufer werden kurzlebige Produkte unattraktiv. (Bei der Bestimmung des Bedarfs wird man von hoch qualitativen, langlebigen Produkten ausgehen.) Außerdem werden kurzlebige Produkte durch die Berücksichtigung der Vollkosten aus dem Verbrauch der Natur und ihrer Ressourcen tendenziell sowieso teurer. Die Werbung soll durch Information über die Eigenschaften des Gutes ersetzt werden und kann einfach verboten werden. Das Ziel der Werbung ist die Beeinflussung des Käufers und die Erzeugung von überflüssiger Nachfrage. Sie ist außerdem mit dem ethischen Verhalten im inneren Kreislauf nicht vereinbar. Unethisches Verhalten bei Interaktionen der Akteure wird teilweise von den normalen Mechanismen von Angebot und Nachfrage unterbunden, soll allerdings auch generell vom Staat bestraft werden. Ebenso die Nichteinhaltung von Regeln. Das stärkt das System.

Jedes Unternehmen und generell jeder Akteur des Inneren Wirtschaftskreislaufs soll die Möglichkeit haben, sich an eine unabhängige Stelle zu wenden, wenn es unterschiedliche Auslegungen der Regeln gibt oder wenn er sieht, dass die Regeln nicht gut genug funktionieren. Diese Stelle muss speziell für diesen Zweck vom Staat gegründet werden. Sie bildet eine wichtige Rückkopplung, die die ständige Verbesserung und Anpassung des Systems begünstigt. Außerdem werden das Immunsystem und die Anpassungsfähigkeit der neuen Wirtschaft durch die aktive Rolle der Gemeinden gestärkt.

Regeln in einem System können nur dann effektiv wirken, wenn sie auf natürliche Weise aus der Architektur des Systems folgen. Das bedeutet im Umkehrschluss, dass es nicht sinnvoll ist, ein schlecht designtes System nur durch Veränderung einiger Regeln reparieren zu wollen. Daran müssen wir uns stets erinnern, weil das genau die Methode ist, mit der wir so vertraut sind und die so erfolglos war.

Zum Schluss müssen wir noch einem möglichen Missverständnis vorbeugen und klarstellen, was wir mit Regeln meinen. Regeln bedeuten nicht Fernsteuerung. Wir gestalten einen Garten und keine Maschine. Wenn jemand versucht, das Verhalten von Menschen oder von sozialen Systemen im Detail zu bestimmen, zeigt das nur, dass er in der Falle des linearen Denkens steckt. Er wird das Gegenteil dessen erreichen, was er vorhat. Regeln eines Systemdesigners sind Leitplanken, die die Richtung vorgeben. Zwischen den beiden Leitplanken gibt es genug Platz, um verschiedenste Fahrweisen zu ermöglichen. Nur Geisterfahrer und solche, die die Leitplanken in böser Absicht zerstören, dürfen nicht zugelassen werden.

Steuern

Gewinne der Unternehmen in beiden Wirtschaftskreisen werden von der Regelkonformität abhängig gemacht. Das erreicht man am einfachsten durch ein Steuersystem, das die neuen Ziele der Zivilisation unterstützt.

Der Kreislauf der Wirtschaft fängt mit dem Verbrauch der Ressourcen der Natur, Gesellschaft, Zivilisation und Kultur für die Produktion von Gütern an. Durch die Produktion und durch den Verbrauch entsteht Abfall, der in die Natur zurückgeführt wird.

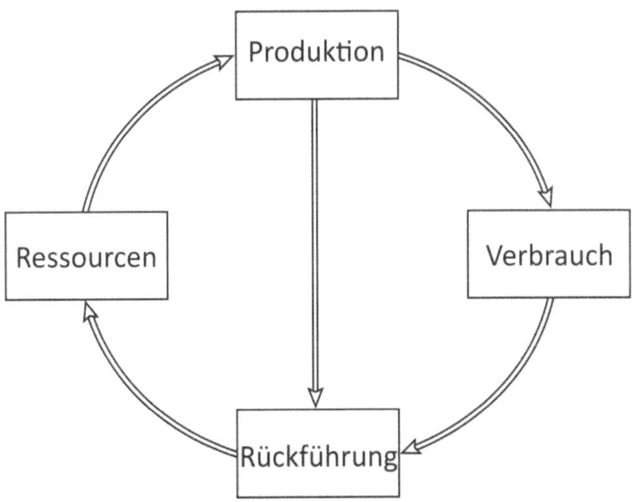

Heute besteuern wir hauptsächlich den Verbrauch und die Arbeit. Daraus wird deutlich, dass unsere Steuern vor allem das Ziel haben, Geld von den Bürgern für die Aufgaben des Staates abzuführen. Die Steuer ist ein zu wichtiges Steuerungsinstrument, um es nur zur Umbuchung der Gelder zu nutzen. Das letztendliche Ziel der Umgestaltung ist, die Wirtschaft in die Kreisläufe und Gleichgewichte der Natur zu integrieren. Deswegen brauchen wir Steuern, die allmählich den Verbrauch der natürlichen Ressourcen begrenzen und die Belastung der Natur beenden.

Aus der ersten dieser Aufgaben erwächst die Primärsteuer. Sie hat die Aufgabe, die vollen Kosten der Ressourcen der Natur (später vielleicht auch der Zivilisation und der Kultur) auszudrücken. Sie wird bei jeglicher Zurverfügungstellung von Rohstoffen, Energie, landwirtschaftlichen Erzeugnissen und überhaupt allen natürlichen Ressourcen und Stoffen in den Wirtschaftskreislauf fällig. Sie muss sehr intelligent gestaltet und fein strukturiert sein. Es muss einen Unterschied machen, ob der Hersteller Strom aus erneuerbaren Energien oder aus Kohle produziert, ob das Kupfer aus der Erde oder über Recycling gewonnen wird. Wenn bei der Gewinnung eines Rohstoffs die Natur nachhaltig beeinträchtigt wird oder er knapp ist, soll das in der Primärsteuer Ausdruck finden. Solche Granularität lässt sich nicht von vornherein erreichen. Eine praktische Lösung wäre, dass eine speziell dafür berufene Institution sie anhand klarer Regeln, Tabellen und Vorrechnungen individuell festlegt. Die Transparenz ist für die Steuerungsfunktion der Primärsteuer wichtig, weil den Unternehmen bereits im Vorfeld ihrer Produkt- und Produktionsentscheidungen klar sein muss, mit welchen Kosten sie zu rechnen haben. Bei der verarbeitenden Industrie werden die Entscheidungen einfacher, weil die unfertigen Erzeugnisse, die sie von ihren Lieferanten kaufen, die Primärsteuer bereits enthalten.

Aus der Aufgabe, die Belastung der Natur mit Abfall zu beenden, erwächst die Steuer auf Rückführung. Der Name sagt bereits, dass es nicht um Abfallbeseitigung geht, sondern darum, alle Abfälle aus der Produktion und Distribution und die verbrauchten Güter und Verpackungen möglichst vollständig entweder in den wirtschaftlichen Kreislauf oder in die Kreisläufe der Natur zurückzuführen.

Auch bei der Rückführung muss die Steuer intelligent und granular sein. Am einfachsten könnte man die Aufgabe lösen, indem man dezentrale, staatlich zugelassene und vom Staat überwachte Rückführer nutzt. Das wären die Unternehmen, die die Rückführung übernehmen. Der Hersteller legt sein Produkt einem Rückführer vor (ergänzt um die notwendige Dokumentation zu Aufbau und Zusammensetzung) und dieser beziffert die Kosten der Rückführung in Abhängigkeit von der Menge. Diese Unternehmen sollen keinen Gewinn anstreben. Sie können deswegen entweder in staatlichem Besitz sein oder dem Inneren Wirtschaftskreislauf zugehören. Eine deutlich intelligentere Sammlung der verbrauchten Güter, als es heute die Praxis ist, rundet das Konzept ab.

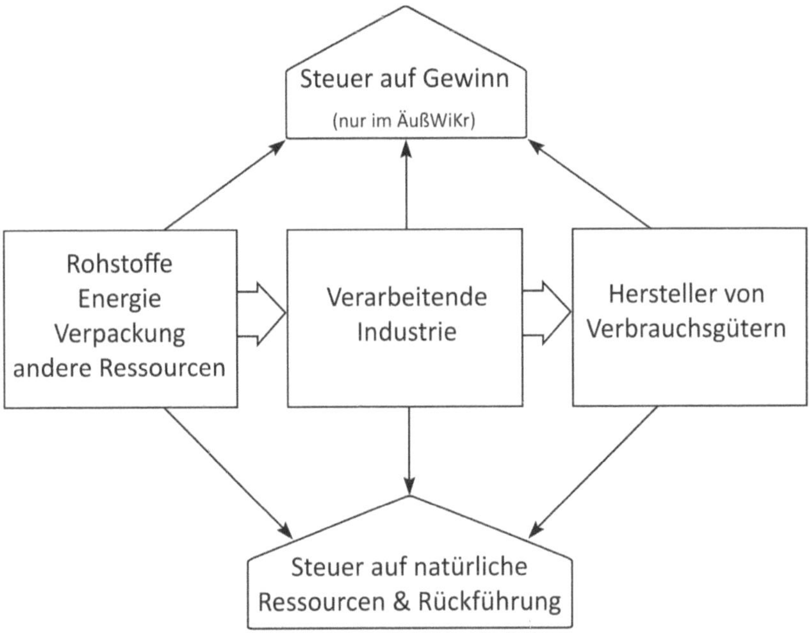

Die Primärsteuer und die Steuer auf Rückführung werden in beiden Wirtschaftssubsystemen gleichermaßen erhoben. Die Steuer auf Gewinn gilt nur im Äußeren Wirtschaftskreislauf, weil es nur dort Gewinne im eigentlichen Sinne gibt. Dabei ist es wichtiger, die Gewinne von Individuen als die von Unternehmen zu besteuern. Unternehmen haben keine Wahl, als den nicht ausgeschütteten Gewinn zu reinvestieren. Die Individuen (und die sie vertretenden Fonds) ihrerseits nutzen ihn, um mit dem Geld weiter zu spekulieren, um es für Luxus auszugeben oder um es zu horten. Der gesellschaftliche Nutzen daraus ist gering (bei einer ganzheitlichen Nutzen-Schaden-Betrachtung in der Gesellschaft sogar eindeutig negativ). Die Steuer auf Verbrauch (die Mehrwertsteuer) und auf die Arbeit (die Lohnsteuer) machen im Inneren Wirtschaftskreislauf ebenfalls keinen Sinn und werden deswegen alleine im Äußeren Wirtschaftskreislauf erhoben.

Die Primärsteuer motiviert Unternehmen dazu, erneuerbare Ressourcen zu verwenden, die Steuer auf Rückführung zwingt sie, sich Gedanken über den gesamten Lebenszyklus der Güter zu machen. Der langfristige Effekt dieser Regeln wird sein, dass die Wirtschaft die Natur immer weniger belastet. Wenn man die Steuern schrittweise in Richtung der vollständigen Deckung der Vollkosten erhöht, gibt man der Wirtschaft Zeit, um ihre Produkte, Produktionsprozesse und Strukturen zu verändern. Dadurch wird der positive Effekt aus den Steuern schrittweise verstärkt.

Infrastruktur

Infrastruktur ist alles, was die Mobilität und Logistik, Kommunikation und Datenübertragung, Beförderung von Energie und Stoffen (wie Wasser oder Erdgas), Einsammeln von Abfall und Bewegung von Geld ermöglicht. Sie befähigt die Werteerzeugung durch die Wirtschaft und kann am besten einheitlich und zentral zur Verfügung gestellt und gemanagt werden. Damit ist der Staat ein natürlicher Inhaber und Verwalter von Infrastruktur. Interessanterweise wurde in den vergangenen Jahrzehnten die Privatisierung der Infrastruktur favorisiert, und zwar mit dem Argument der Effizienz. Das Gegenteil ist wahr: Eine gut gemanagte zentralisierte Infrastruktur ist günstiger, wenn man alle Kosten berücksichtigt, und effektiver dazu. Diese Privatisierung hatte zwei Ursachen: die neoliberale Ideologie und die Bestrebung der Regierungen, ihre Budgets besser aussehen zu lassen. Vom Standpunkt des Systemdesigns aus war sie unvernünftig.

Auch wenn der Staat in den meisten Fällen formell der Eigentümer dieser Infrastruktur sein wird, muss er seine Entscheidungen nicht über die Köpfe der Bürger, die sich in Gemeinden engagieren, treffen. Formell kann es um Verstaatlichung gehen, aber das, was wir eigentlich erreichen wollen, ist eine Vergesellschaftlichung. Deswegen sollen die Gemeinden bei dem Management dieser Infrastruktur, wo immer es sinnvoll ist, miteinbezogen werden.

Mit der Durchführung der konkreten Arbeiten und beim Management der Netze kann der Staat Unternehmen beauftragen. Es gibt also eine natürliche Grenze zwischen der Wirtschaft und der Infrastruktur und sie soll innerhalb des neuen Systems konsequent gelebt werden. Im Umkehrschluss bedeutet dies, dass die Infrastruktur der Wirtschaft grundsätzlich nicht kostenfrei zur Verfügung gestellt wird.

Die Gesellschaft (durch das Instrument des Staates) bestimmt, was zu der so verstandenen Infrastruktur gehört. Ihre Herstellung und die Aufrechterhaltung verbrauchen Ressourcen der Natur und der Gesellschaft. Unser Mittel, um das Gleichgewicht zwischen der Wirtschaft und der Natur herbeizuführen, ist die Vollkostenregel. Deswegen muss sie auch hier angewandt werden und diese Kosten müssen sich im Preis für die Nutzung niederschlagen. Eine zusätzliche Regel ist, dass die Infrastruktur nicht mit dem Ziel betrieben wird, Gewinne zu erwirtschaften. Daraus wird deutlich, dass alle ihre für die Gesellschaft wichtigen Bereiche zum Inneren Wirtschaftskreislauf gehören sollten.

Die Infrastruktur gehört also der Gesellschaft und wird einheitlich aufgebaut. Sie kann sich allerdings in Ausnahmefällen auf nur einen Wirtschaftskreislauf begrenzen. Aus der Architektur des Systems folgt beispielsweise, dass Lebensräume, die vom Staat für die Menschen im Inneren Wirtschaftskreislauf zur Verfügung gestellt werden, nicht von den Teilnehmern am Äußeren Markt benutzt werden können und ihre Nutzung entsprechend nicht mit der Währung des Äußeren Marktes bezahlt werden kann. Das Design lässt außerdem nicht zu, dass man für die Dienstleistungen, die nur im äußeren Bereich angeboten werden, mit Care zahlt. Die Straßen oder Stromnetze beispielsweise werden natürlich gemeinsam genutzt werden.

Das Beispiel der Mobilität im inneren Kreislauf zeigt, dass im Bereich Infrastruktur Ausnahmen von den grundsätzlichen Regeln sinnvoll sein könnten. Man kann sich vorstellen, dass man im inneren Kreislauf ein Mobilitätsnetz aufbaut, das freie Kapazitäten hat und deswegen die Zahlung für ihre Benutzung in Euro zulässt. Es liegt im allgemeinen Interesse, dass öffentliche Verkehrsmittel von möglichst vielen Menschen benutzt werden. Außerdem sind solche Berührungspunkte zwischen den beiden Kreisläufen für das Zusammenleben und das Umdenken in der Gesellschaft förderlich.

In diesem Zusammenhang möchten wir ein Missverständnis klären. Wir betrachten heute das Internet als einen Teil der Wirtschaft und nicht als Infrastruktur. Das ist ein folgenreicher Fehler. Internet ist eine Infrastruktur, die der Daten- und Inhalteübertragung dient. Es ist prinzipiell nicht anders als Straßen oder das Stromnetz. Es dient allen und soll deswegen zentral verwaltet werden und uns allen, also der Gesellschaft gehören. Nur wenn wir es verstaatlichen, können wir sicherstellen, dass dort notwendige Regeln eingeführt und befolgt werden und dass die Anbieter und Dienste, die uns dienen, und diejenigen, die uns schaden, unterschiedlich behandelt werden können.

Das Internet erfüllt drei Funktionen: Kommunikation, Zugang zu Inhalten und Unterhaltung. Wenn man von der Nutzung in den Lieferketten der Wirtschaft und in den Unternehmen selbst absieht, wird es zum überwiegenden Teil zur Werbung, Zerstreuung und für den Spaß der Menschen benutzt. Geplauder, Unterhaltung oder Spiele, an denen via Internet potenziell die gesamte Bevölkerung teilnehmen kann, gewinnen an Attraktivität. Weil wir nicht gelernt haben, mit unseren Organen des Geistes umzugehen, haben dabei unser Ego, Neid, Eitelkeit und Leidenschaften freies Geleit und im Ergebnis verschwenden wir sehr viel Zeit und geistige Energie mit diesen Spielen und in diesem Geplauder. Auf der individuellen Ebene muss uns das nicht interessieren – jeder darf selbst entscheiden, was er aus seinem Leben macht. Als Gemeinschaft darf uns das nicht egal sein, wenn es die Kräfte und Mechanismen zersetzt, die die Gesellschaft zusammenhalten, und weil es Unmengen an natürlichen Ressourcen (Strom, Metalle, Erdöl, …) verbraucht. Eine Verstaatlichung dieser Infrastruktur wird uns ermöglichen, diese Zersetzung und Kosten zu berücksichtigen.

Wie ist das durchführbar?

Die meisten, die von diesem Design hören, sagen wahrscheinlich, dass es nicht funktionieren kann. Diese Meinung stützt sich auf Erfahrung: Geld und Gier waren schon immer Antriebskräfte für menschliche Arbeit und den wirtschaftlichen Kreislauf. Unsere Erfahrung sagt uns das, weil wir keine andere machen konnten. Denken Sie aber darüber nach. Erstens gab es schon Gesellschaften, es wurden Güter produziert und Dienstleistungen angeboten, bevor die Geldwirtschaft das Monopol gewann. Zweitens gab es auch unter diesem Monopol immer Leute, die sich selbstlos engagierten und ohne Bezahlung etwas, oft sogar sehr viel, für die anderen taten. In der Gegenwart sieht man es auch. Drittens (und das ist am wichtigsten) folgt das Verhalten der Menschen den Regeln des derzeitigen Systemdesigns. Sie haben einfach keine Wahl – sie werden dazu gezwungen, alle Werte in Geld zu messen und dieses Geld zu vermehren, zum Beispiel um die wachsenden Lebenshaltungskosten zu decken und sich fürs Alter abzusichern. Deswegen ist die Erfahrung aus dem heutigen System für das grundsätzlich anders geartete System des

Inneren Wirtschaftskreislaufs irrelevant.

Es ist nicht unser Ziel, das Design im Detail auszuarbeiten. Das würde die Aufmerksamkeit des Lesers auf Einzelfragen lenken, über die man streiten kann. Aus diesem Grund werden wir auch nicht die Schritte auf der Zeitachse genau beschreiben, die allmählich zum Zieldesign führen. Es geht uns lediglich darum, den Umriss der neuen Zivilisation zu zeichnen und die Methode zu beschreiben, die zum Ziel führt. Die Details müssen sowieso von uns allen, von der Gesellschaft ausdiskutiert und beschlossen werden.

Was wir aber wohl tun müssen, ist, den Beweis zu führen, dass diese Blaupause überhaupt funktionieren kann. Dafür soll es allerdings ausreichen, ein mögliches Szenario zu beschreiben, eine Abfolge von Schritten, in denen die Trennung der Wirtschaft erreicht werden könnte.

Ein solches Szenario könnte so aussehen:

1. Vorbereitende Änderungen der Gesetze und der administrativen Vorschriften werden durchgeführt. Sie führen neue Regeln ein, nach denen die Unternehmen die vollen Kosten der Produktion von Gütern und Dienstleistungen tragen, also auch den Beitrag der Natur und der Gesellschaft. Die Belastung wird in Schritten geplant, wobei der erste dieser Schritte bereits einen spürbaren Steuerungseffekt haben sollte.
2. Die Gesellschaft (formell gesehen der Staat) definiert, welche Güter und Dienstleistungen in welcher Qualität zum Bedarf gehören; der Art nach und der Menge nach. Aus beiden leitet man die Summe an heutigem Geld her, die jeder Bürger, der sich für den Inneren Wirtschaftskreislauf entscheidet, benötigen wird. Dieses Geld steht ihm dauerhaft zu.
3. Der Staat (oder ein Staatenverbund) gründet Banken für den Inneren Wirtschaftskreislauf und führt den Care ein. Um es einfacher zu machen, entspricht ein Care einer Einheit der heutigen Währung, zum Beispiel einem Euro. Die neue Währung ist und bleibt dauerhaft nicht umtauschbar. Sie wird außerdem reglementiert: Finanzspekulationen sind verboten, genauso wie die Verzinsung.
4. Der Staat bereitet einen Prozess zur Überführung eines Teils der Infrastruktur in den Inneren Wirtschaftskreis vor, und zwar dieses Teils, über den die Gesellschaft befunden hat, dass er unbedingt notwendig ist, um ein gutes Funktionieren des neuen Systems zu

garantieren.

5. Zu einem Stichtag werden alle direkten Sozialleistungen des Staates in den Inneren Wirtschaftskreislauf überführt. Die Leistungsempfänger erhalten ab dann nur noch Care oder, wo sinnvoll, Sachleistungen. Der Anteil der Sachleistungen kann am Anfang größer sein, weil es noch kaum Anbieter auf dem Inneren Markt gibt. Alle fehlenden Güter und Leistungen werden vom Staat auf dem Äußeren Markt eingekauft. Mit der Zeit wird der Anteil an Sachleistungen sinken, bis er ganz verschwindet.

   Dieses System garantiert automatisch eine Existenzsicherung für alle Bürger. Aus dem neuen Design ergeben sich aber im Vergleich zu heute entscheidende Unterschiede. Mit dem Care lassen sich nur Produkte erwerben, die als Grundbedarf definiert wurden. Außerdem besteht eine Verpflichtung zu arbeiten: Die Leistungen werden nur an Personen gezahlt, die bereit sind, im Gegenzug etwas für die Gesellschaft zu tun. Hier muss der Staat konsequent bleiben. Zum Beispiel dürfen Menschen, die dauerhaft niemand beschäftigen will, weil sie sich weigern, einen positiven Beitrag zu leisten, nicht unterstützt werden. Sind sie willig, bieten ihnen der Staat oder in Absprache mit ihm die Gemeinden Arbeit an. Weitere Leistungsempfänger sind die Menschen, über die die Gesellschaft entschieden hat, dass sie nicht arbeiten müssen.

6. Immer mehr Anbieter entscheiden sich für den Umstieg; neue Unternehmen werden gegründet. Durch die Umstellung der Sozialleistungen des Staates auf den Care gibt es auch garantierte Nachfrage, die außerdem parallel zur wachsenden Anzahl der Angestellten im Inneren Wirtschaftskreislauf weiter ansteigt.

   Am Anfang gibt es auf dem B2B-Markt nicht genug Lieferanten. Die Hersteller müssen viele Rohstoffe, Halbfabrikate und Hilfsstoffe auf dem Äußeren Markt kaufen. Die Zahlungen dafür werden von den Banken des Inneren Wirtschaftskreislaufs in Euro umgetauscht. Das bedeutet, dass keiner der Akteure des Inneren Wirtschaftskreislaufs (außer den Banken) auf den Märkten in Berührung mit den anderen Währungen kommt.

   Sollte es im Äußeren Wirtschaftskreislauf Wertschwankungen geben, kann sie der Staat an dieser Stelle ausgleichen. Dadurch schwappt eine eventuelle Inflation aus dem äußeren Kreislauf nicht über. Wenn es mit der Zeit genug Lieferanten innerhalb des Inneren Wirtschaftskreislaufs gibt, werden die Gebühren für den Umtausch beim Begleichen der Rechnungen teurer gemacht, um die Hersteller dazu zu motivieren, auf dem Inneren Markt einzukaufen.

7. Die Angestellten des Staates, die sich dazu entscheiden, umzusteigen, kommen in den Genuss der Angebote, die ihr persönliches Wachstum unterstützen.

   Für die Dienstleister außerhalb des öffentlichen Sektors besteht die Wahlfreiheit, analog zu den Unternehmen des produzierenden Gewerbes. Solange es nicht genug Dienstleister innerhalb des inneren Kreislaufs gibt, können die Menschen ihre Verbindlichkeiten zu den mit der Definition des Bedarfs festgelegten Preisen in Care begleichen – die Banken kümmern sich um den Umtausch.

Wird sich nicht mit der Zeit eine Tendenz entwickeln, dass der Grundbedarf sich erweitert und sich dadurch der Innere an den äußeren Kreislauf angleicht? Ja, wenn man es zulässt. Deswegen wären wir gut beraten, den unter Ausschluss von jeglichen Begehrlichkeiten am Anfang definierten Bedarf gesetzlich so festzuschreiben, dass er nur in Ausnahmefällen erweitert werden darf. Sollten wir uns später mehr Wohlstand leisten können, kann das Angebot in seiner Qualität verbessert werden. Man kann sich beispielsweise gut vorstellen, dass Mobilität, aber nicht Autos zum Grundbedarf gehören werden. Die Mobilität wird vielleicht auch (in vernünftigen Grenzen) kostenlos angeboten. Die Verbesserung kann also so aussehen, dass der Umfang der Dienstleistung und ihr Komfort ausgebaut werden. Wir sollten aber nicht dazu übergehen, jedem ein Auto vor die Haustür zu stellen. Die Idee ist, Dienstleistungen anzubieten statt Güter bei einzelnen Menschen anzuhäufen. Auf diese Weise können wir mit weniger Ressourcen mehr Nutzen erhalten.

Wenn man das System gut designt und auch den Übergangsprozess geschickt gestaltet, werden sich immer mehr Menschen dafür entscheiden, in den Inneren Wirtschaftskreislauf zu wechseln. Dadurch wird der Äußere schrumpfen und die dort angebotenen Produkte werden allmählich teurer, weil sich die (zunehmend vollen) Produktionskosten auf weniger Konsumenten verteilen werden. Je stärker der Innere Wirtschaftskreislauf wird, um so bessere Dienstleistungen werden dort frei oder vergünstigt angeboten. Das wird seine Attraktivität weiter erhöhen. Das Resultat wird ein sanfter Umstieg sein.

Die meisten von uns sind gut für den Übergangsprozess gewappnet. Ich werde in meinem Leben z. B. kaum noch Kleider brauchen. Schon vor vielen Jahren habe ich die Neuanschaffung auf ein absolutes Minimum begrenzt – mein Schrank ist trotzdem immer noch voll. Der Zwang, jedes Jahr neue Hemden oder Röcke zu kaufen, ist nicht objektiv begründet, sondern wurde uns von der Industrie in die Köpfe gepflanzt. Sie nutzte dabei den Boden der Eitelkeit und kontaminierte nebenbei unsere Lebensziele mit Materialismus.

Das neue Design wird neue Energien in der Gesellschaft wecken. Es gibt viele Menschen, die das heutige System als Sklaverei empfinden: Es zwingt uns, immer mehr zu arbeiten für immer weniger Lebensqualität. Viele steigen so gut sie können aus, suchen nach Arbeitsstellen mit weniger Leistungsdruck oder arbeiten scheinbar weiter, ohne ihr volles Engagement und ihre Kreativität einzusetzen und ohne die Verantwortung zu übernehmen. Das neue System wird viel von dieser schlummernden Energie freisetzen.

Wird das System mehr Bürokratie produzieren? Nicht zwangsläufig; nicht, wenn es so gestaltet wird, dass es sich weitgehend selbst reguliert. Wir werden wohl einen effektiveren, klügeren Staat brauchen. Er wird allerdings zunehmend durch die Gesellschaft, durch die Gemeinden, unterstützt, die sich ja freiwillig zusammenfinden und in der Regel dynamisch sind. Die meiste Energie der Gesellschaft wird derzeit in das Verdienen von Geld, in die Steigerung des Konsums gesteckt. Wenn nur ein Teil davon sich an das Gemeinwohl, an die Bildung, an das Management der gemeinsamen Aufgaben richtet, werden wir eine deutlich bessere Gesellschaft und einen entscheidend besseren Staat bekommen.

All diese Aufgaben sind schwierig, aber durchführbar. Dieses Konzept hat allerdings tatsächlich eine Schwachstelle: Es setzt rationales Handeln der Mehrheit voraus, und zwar über eine längere Zeit. In der Menschheitsgeschichte hat die Mehrheit noch nie rational gehandelt. Ohne dass viele Menschen das Gemeinwohl vor Eigeninteresse stellen oder ihre langfristigen den kurzfristigen Vorteilen vorziehen, wird der hier beschriebene Wandel nicht gelingen. Dafür gibt es zwar schon Beispiele aus der Gegenwart und aus der Geschichte, sie kommen aber allesamt aus kleineren sozialen Systemen als Deutschland oder das westliche Europa. Mit dem gezielten Aufbau der Gemeinden hoffen wir, solches Handeln zu stärken. Das ändert aber nichts daran, dass dieses Vorgehen eine tiefgreifende Änderung im Denken der Menschen über ihre Ziele und Prioritäten voraussetzt. In diesem Sinne ist es tatsächlich eine Utopie. Eine Utopie kann allerdings eine große gestalterische Kraft entwickeln, weil sie den Menschen ein Ideal aufzeigt. Wenn wir unsere gegenwärtigen Utopien von unendlichem Wachstum, von problemlosem Leben, von der Beherrschung der Natur durch diese Utopie ersetzen, gibt es vielleicht doch eine Chance, dass unsere Urenkel eine lebens- und menschenfreundliche Welt erben werden.

Die Katalysatoren

Der Umgestaltungsprozess bekommt zwei wichtige Verstärker. Der erste ist das unvermeidbare Umdenken in der Gesellschaft, das durch die sich häufenden Probleme, zum Beispiel mit der Gesundheit, beim Zusammenhalt der Gesellschaft, bei Auswirkungen des Klimawandels oder bei steigenden Lebenshaltungskosten angetrieben wird. Es kann noch dauern, bis die (aktive) Mehrheit den Zusammenhang zwischen unserem heutigen Zivilisationsmodell und der verstärkten Zuwanderung aus armen und unsicheren Gebieten der Welt, zwischen der Freiheit auf den Finanzmärkten und dem Klimawandel oder zwischen dem politischen System und dem islamischen Terrorismus versteht, aber das Verständnis wächst. Der zweite Verstärker ist die neue Energie in dem Teil der Gesellschaft, der sich freiwillig für den Inneren Wirtschaftskreislauf entscheidet. Sie wird heute kaum benutzt. In dem neuen Rahmen wird sie ausschlaggebend.

Wenn wir uns das gestaltete System vor unser geistiges Auge führen, erkennen wir seine Gravitationszentren, Hebel und Schwachstellen.

Das neue Design wird an einem Punkt verletzlich: an der Gier. Sie kann durch Erziehung in Werten, durch praktische Spiritualität, durchs Walten des Verstands bei gesellschaftlichen Entscheidungen in Schach gehalten werden. Weil sie aber im Regelfall zur menschlichen Natur gehört, wird sie auf der Lauer liegen. Sie ist in der ungezügelten Form mit unserer neu gestalteten Zivilisation, mit einer nachhaltigen Wirtschaft und mit dem Leben im Gleichgewicht mit der Natur unvereinbar. Wir als Gesellschaft müssen sie stets im Auge behalten. Sie wird garantiert in vernünftige Argumente verkleidet aufwarten und versuchen, die Kontrolle zu übernehmen. Bei den in der Selbstbeobachtung Ungeübten unter uns wird sie damit oft Erfolg haben. Sollte sie irgendwann ihre Herrschaft über die

Gestaltung unserer Zivilisation wiedererlangen, wehe uns allen.

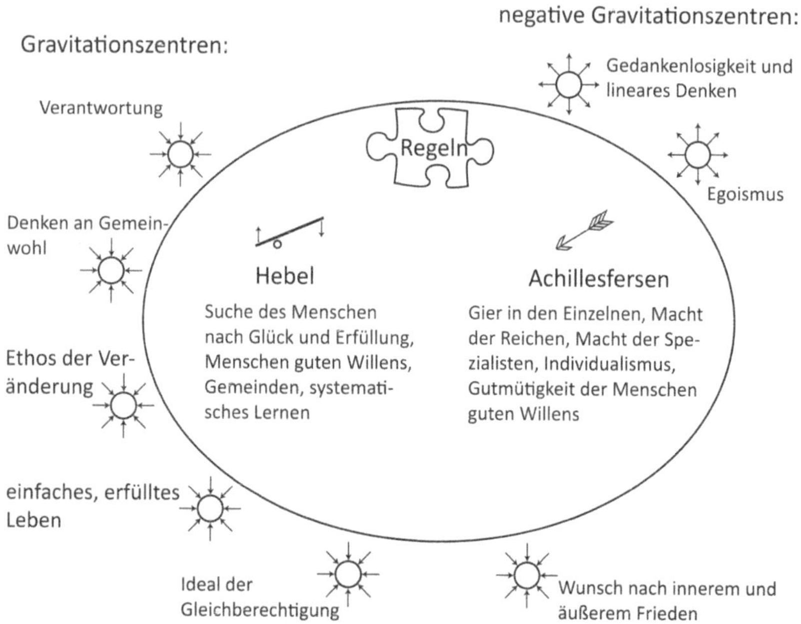

Als wir über die Achillesfersen der westlichen Zivilisation sprachen, stand der Individualismus an erster Stelle. Auch wenn es uns als Gesellschaft gelingt, ihn in neue Bahnen zu lenken, wird der neue Westen in diesem Punkt verletzlich bleiben. Der beste Trick, Menschen zu bevormunden, ist ihrem Individualismus zuzurufen: „Lass dich nicht bevormunden!" Die beste Methode, uns vor derartigen Manipulationsversuchen zu schützen, ist die Anwendung unserer Tests: des Überall-Tests, des Wem-nutzt-das-Tests, des Zu-Ende-denken-Tests usw. Sie schaffen automatisch in unserem Geiste und in allen demokratischen Entscheidungsprozessen den Raum für die Vernunft.

Der Motor der Umgestaltung ist die Gesellschaft, die ihre Aufgaben deutlich aktiver und bewusster als in der Vergangenheit wahrnimmt. Sie tut es, indem sie den Grundgedanken der Demokratie aufgreift, sich neue Ziele stellt und sich den resultierenden Aufgaben in verschiedenen Gemeinden praktisch stellt.

Ein wichtiger Hebel für die Umgestaltung wird die Bildung und Erziehung sein. Nach Jahrzehnten, Jahrhunderten der Konditionierung durch die Wirtschaft ist das Ausbrechen aus dem Teufelskreis des Konsums für uns Erwachsenen ein Kraftakt. Für die Kinder wird es deutlich einfacher, wenn sie in einer anderen Welt aufwachsen. Über die neue Bildung sprachen wir bereits viel. Hier sei noch die Bedeutung der Erziehung unterstrichen. In unseren Gesellschaften gibt es seit einigen Jahrzehnten eine verheerende Entwicklung: Zunehmend viele Eltern erziehen ihre Kinder durch Unterlassung. Die Erziehung zu Werten, zum friedlichen Leben in der Gemeinschaft, zu Selbstdisziplin gehört bei unserer Gattung zum Gebären der Kinder untrennbar dazu. Man könnte sagen, dass eine Mutter und ein Vater ihren Nachwuchs erst dann wirklich gezeugt haben, wenn er derart leben kann, dass er in seiner Umgebung und an sich selbst keinen Schaden anrichtet. Es gibt ein altes Sprichwort in Sanskrit: Wiege dein Kind in Liebe die ersten sechs Jahre, discipliniere es, bis es sechzehn wird, und werde anschließend sein Freund. Es gibt mehr Weisheit in diesem simplen Satz als in Tonnen von pädagogischen Büchern und staatlichen Bildungsprogrammen. Weil es immer Menschen geben wird, die dieser Aufgabe nicht gewachsen sind, muss der Staat, die Schulen also, sie zum Teil übernehmen. Die heute de facto praktizierte Ablehnung, Erziehung auch als Aufgabe des Bildungssystems durchzuführen, hat schon jetzt verheerende Folgen.

Die Liste der Gravitationszentren liest sich wie eine Wunschliste. Aus heutiger Perspektive ist sie es auch. Die Übernahme der Verantwortung für das Gemeinwohl, das Umdenken bei den Lebenszielen oder das Ethos der freiwilligen Selbstbeschränkung beim Verbrauch der Ressourcen der Natur werden erst in einem schwierigen Reifeprozess in der Mitte der Gesellschaft entstehen müssen. Die Zeiten des sorglosen Mitschwimmens in den Kanälen, die andere ausgegraben und niemand geplant hat, nähern sich jedoch unweigerlich ihrem Ende. Das wissen die meisten von uns bereits. Wenn ausreichend viele den Schritt vom Reden zum Handeln machen, wird auf das diffuse Gefühl ein handfester gesellschaftlicher Wandel folgen. Bevor allerdings die Meinungen und Werte in die Kultur übergehen, werden sie uns viel Mut und Konsequenz abverlangen, also geistige Energie. Aus dieser Energie werden mit der Zeit die neuen Gravitationszentren entstehen.

Die Wirkung

Gehen wir nun zum nächsten Punkt des Vorgehens bei der Erstellung der Blaupause der Wirtschaft über (aufgeführt auf S. 284-5). Verhindert die Architektur des Inneren Wirtschaftskreislaufs die Zerstörung der Natur, die Herabsetzung und Instrumentalisierung der Menschen, die auf Gier, Wettbewerb und Verschwendung bauende Ökonomie und die Verflachung der Kultur?

Zunächst reduziert der innere Teil der Wirtschaft die Belastung der Umwelt und den Verbrauch der Rohstoffe schon deswegen erheblich, weil er die Produktion pro Kopf senkt. Schrittweise werden die neuen Steuern greifen, die die Kosten des Verbrauchs aller natürlichen Ressourcen bei der Besteuerung der Unternehmen berücksichtigen. Das wird Unternehmen in beiden Wirtschaftskreisläufen dazu zwingen, Ideen und Technologien zu entwickeln, die den Verbrauch und die Umweltverschmutzung beschränken.

Eine zusätzliche Dynamik kommt daher, dass sich viele der Zögernden mit der Zeit dem inneren Kreislauf anschließen werden, wenn sie sehen, dass es sich dort gut leben lässt, und die Vorzüge für sich und die Gesellschaft erkennen. Seine sukzessive Ausweitung folgt aus dem Design.

Ähnlich verhält es sich mit der Herabsetzung und Instrumentalisierung der Menschen. Man darf hoffen, dass das Umdenken auch innerhalb des Äußeren Wirtschaftskreislaufs einsetzt – schon alleine deswegen, weil die Menschen den Gegenentwurf täglich und hautnah erleben werden.

Gier, Wettbewerb und Verschwendung werden aus dem Design des Inneren Wirtschaftskreislaufs ausgeschlossen, indem man den Bedarf mit reiner Vernunft bestimmt und für die Zukunft festschreibt. Zusätzlich ist zu erwarten, dass sich auch außerhalb der Ökonomie der Geist in der Gesellschaft vom Wettbewerb hin zur Zusammenarbeit verschiebt.

Die Wende bei der heute bereits offenkundigen Verflachung der Kultur speist sich aus zwei Quellen. Erstens haben sich die Menschen deswegen entschieden, in den inneren Bereich zu wechseln, weil sie ihrem Leben mehr Inhalt und Sinn geben wollten. Zweitens wird die Änderung in der Bildung mit der Zeit der Kultur zur neuen Stärke verhelfen.

Globale Robustheit

Ist das Design in seinem Kontext überlebensfähig? Die westliche Wirtschaft ist in das globale Wirtschaftssystem vor allem über den Austausch von Rohstoffen und überhaupt Ressourcen, Produktionsmitteln und Produkten sowie Geld in der Form von Konsum und Investitionen eingebunden. Beim internationalen Handel ergibt sich aus dem Umbau keine grundsätzliche Veränderung: Solange wir für die Rohstoffe zahlen können, werden wir sie auf dem Weltmarkt bekommen. Solange unsere Produkte und Dienstleistungen attraktiv sind, werden sie gekauft. Die Attraktivität eines Angebots ist in zwei Eigenschaften begründet: erstens in seinem Nutzen und seiner Qualität und zweitens im Preis. Das neue System kann die erste Eigenschaft positiv beeinflussen, indem es die Lebensspanne eines Produktes verlängert und den Umweltaspekt bei der Entsorgung nach seinem Gebrauch stärker berücksichtigt. Die Tatsache, dass man den Abfall dem Rohstoffkreislauf einfacher wieder zufügen kann, wird überall in der Welt an Bedeutung gewinnen. Innovation, neue Technologien werden eine natürliche Folge der neuen Rahmenbedingungen. Das wird allerdings den Einfluss des erhöhten Preises nicht ausgleichen. Die Produkte des Äußeren Wirtschaftskreislaufs werden teurer, weil wir bei der Benutzung der Ressourcen schrittweise die vollen Kosten einbeziehen werden. Das wird zur deutlichen Verringerung des Exports führen, und zwar so lange, bis die anderen ebenfalls anfangen, die Kosten der Umwelt zu berechnen. Das müssen wir bei der Umgestaltung einplanen.

Unsere Wirtschaft wird sich mehr, als das heute der Fall ist, nach innen wenden müssen. Sie wird auch wahrscheinlich schrumpfen, weil sie sich mehr an der Binnennachfrage orientieren wird. Allerdings wird die Veränderung allmählich vonstattengehen. Erstens werden unsere hochgenauen Maschinen, unsere Spitzentechnologie sowie einige Traditionsmarken immer noch nachgefragt sein. Mit dem Wachstum des Inneren Wirtschaftskreislaufs werden zusätzlich die Exporte von dort wahrscheinlicher. Einige Menschen außerhalb unseres Wirtschaftssystems werden vielleicht unser Vorgehen dadurch unterstützen wollen, dass sie unsere Produkte kaufen. Zweitens wird es wieder attraktiv werden, Kleidung oder Computer lokal zu produzieren, wenn wir die Einfuhr von Produkten mit den vollen Kosten belegen analog zu unseren eigenen Waren. Wir haben genug Binnenanfrage, sie wird nur heute vor allem mit billig irgendwo in der Welt hergestellten Artikeln befriedigt. Eine zunehmende Begrenzung auf den Binnenmarkt und teilweise das Schrumpfen der Hersteller auf ein vernünftiges Maß bedeutet zwar eine große Veränderung für die Wirtschaft, ist aber sicher kein Untergang.

Der Staat wird die Produktion für den Binnenmarkt mit Zöllen unterstützen. Sie sollen den zusätzlichen Kosten entsprechen, die die heimischen Produzenten im Sinne der Vollkosten tragen. Unsere Zölle werden damit eine andere Begründung haben als die heute angewandten. Sie werden sich nicht gegen andere Länder wenden. Sie werden sich aus der Umgestaltung der Wirtschaft ergeben, die die Natur schützt und deswegen letztendlich für alle Menschen in der Welt von Vorteil ist. Das wird Strafzölle der anderen Länder gegen uns unwahrscheinlicher machen. Derartige Gegenmaßnahmen werden außerdem überflüssig, weil unsere Produkte automatisch teurer werden.

Die Verteuerung der Produktion, die parallel dazu eingeführten Zölle, die Orientierung nach innen, das Schrumpfen der Konzerne sind mit den weltweit herrschenden Regeln des Handels vereinbar. Sie bedrohen die Fähigkeit des neu designten Systems, in seiner Umgebung überlebensfähig zu sein, nicht. Unsere Wirtschaft bleibt funktionsfähig.

Die Übergangsphase wird einfacher, wenn mehrere westliche Länder diesen Weg gemeinsam und abgestimmt einschlagen. Für ein einziges Land wäre es schwieriger, weil seine Fähigkeit, seine Wirtschaft notfalls weitgehend getrennt vom Weltmarkt zu betreiben, geringer wäre. Wenn es allerdings die Umstellung schrittweise vornimmt, werden die ersten Auswirkungen noch gering sein und dies wird seinen Nachbarn Zeit geben, eine Entscheidung heranreifen zu lassen. Notfalls ist es besser, das Notwendige alleine zu tun, auch wenn das schwierig ist, als mit allen anderen in der Titanic des heutigen Zivilisationsmodells unterzugehen.

Sind globale politische Auswirkungen der Umgestaltung zu erwarten? In anderen Regionen der Welt werden Arbeitsplätze wegfallen. Vielen Regierungen werden unsere deutlich geringeren Importe nicht passen, weil das ihre Einnahmen schmälert. Außerdem wird unser Beispiel mit der Zeit in den anderen Gesellschaften Kräfte wecken, die ebenfalls mehr Umweltschutz und Gerechtigkeit bei der Verteilung des Reichtums fordern. Das kann in nichtdemokratischen Ländern zu inneren Spannungen führen, die bisweilen auch heftig sein können. Es kann also Machthaber geben, denen unser Beispiel ein Dorn im Auge sein wird, den zu beseitigen sie versuchen werden. Allerdings lässt sich schlecht, andere Länder zur Erhöhung der Importe oder des Konsums zwingen. Trotzdem müssen wir tatkräftige Streitkräfte vorhalten, um solche Versuche unattraktiv zu machen.

Unsere Politik wird im Vergleich zu heute mehr nach innen gerichtet. Die Schweiz ist ein Beispiel dafür, dass man sich aus den internationalen politischen Machtspielen grundsätzlich heraushalten kann. Für ein Land wie Deutschland oder einen Verbund aus mehreren europäischen Ländern wäre das um einiges schwieriger. Mit weißer Weste und mit unbestreitbar noblen, der ganzen Welt dienenden Zielen, ergänzt um eine vernünftige Portion militärischer Stärke, wäre das allerdings zweifellos auch für diese Länder möglich.

Lokale Kompatibilität

Das Nächste, was wir überprüfen sollten, ist die Frage, ob der erste Schritt auf dem Weg zum Zieldesign mit der heutigen Kultur, also unseren Glaubenssätzen, Bildern, Archetypen, vereinbar ist. Wir haben ihn zwar nicht ausgearbeitet, gehen aber davon aus, dass er noch keine gravierenden Änderungen im Leben der Menschen, die sich der Veränderung nicht angeschlossen haben, bringen wird. Sie werden allerdings mit den neuen Ideen und Argumenten konfrontiert und können sich bei Wahlen für die politischen Gegner der Umgestaltung aussprechen. Die Befürworter ihrerseits sind zwar in derselben Kultur aufgewachsen und waren mit denselben Bildern und Überzeugungen konfrontiert, haben jedoch bereits bewiesen, dass sie die Änderungen unterstützen. Welche der heutigen Glaubenssätze sind mit der grundsätzlichen Weichenstellung und dem ersten Schritt nicht vereinbar?

Die Umgestaltung unserer Zivilisation ist wirklich unvereinbar nur mit den Glaubenssätzen, die die Zerstörung der Natur und die menschliche Gier nähren. Solange man Werte nur in Geld misst und die Vermehrung des materiellen Reichtums als das wichtigste Ziel betrachtet, wird man die Notwendigkeit des Umdenkens nicht erkennen und die Umgestaltung ablehnen. Gier macht blind. Unser heutiges Verständnis von Fortschritt und die Fixierung auf Wachstum lassen ebenfalls keine andere Dimension als die des Geldes und der Ausbeutung der Natur zu. Menschen, die die Veränderung einleiten werden, haben sich offensichtlich bereits von diesen Glaubenssätzen gelöst. Die anderen werden wahrscheinlich erst aus den wachsenden zivilisatorischen Problemen, gesellschaftlichen Erschütterungen und Umweltkatastrophen lernen müssen.

Schwierig zu vereinen mit dem Vorhaben sind unsere Annahmen darüber, was Freiheit des Menschen bedeutet und wie man mit Privateigentum umgehen soll. Jemand, der dem Individuum gestattet, sich über die Regeln der Gesellschaft und der Natur zu erheben, wird dagegen sein. Das Privateigentum tasten wir hier gar nicht an. Wir postulieren lediglich, dass man den Gegenwert der darin enthaltenen Zerstörung der Natur von der Summe abzieht. Das ist nicht nur gerecht, das ist auch notwendig. Wir haben unserer Umwelt einen erheblichen Schaden zugefügt und sind dabei, die Grundlagen unserer schieren Existenz zu vernichten. Mit kosmetischen Maßnahmen, mit ein bisschen Geld wird das nicht gelingen. Wir brauchen dafür sehr viel Geld – und das kurzfristig. Es ist nur gerecht, wenn wir es zum Teil von denjenigen unter uns zurückholen, die von dieser Zerstörung profitiert haben. Werden die Reichen es auch so sehen? Die meisten wahrscheinlich nicht. Damit müssen wir leben. Darauf müssen wir uns vorbereiten. Für die Mehrheit der Menschen werden diese Argumente allerdings überzeugend genug.

Es ist nicht notwendig, dass Menschen ihre Weltanschauung ändern. Man kann ein strikter Materialist sein und trotzdem einsehen, dass Mitgefühl, Zusammenarbeit und die Hygiene des Geistes für die Gesellschaft, ja sogar für unser Überleben notwendig sind. Mir persönlich ist ein ehrlicher Materialist bei dem Vorhaben viel lieber als ein verlogener oder verwirrter „Spiritueller".

Der neue Westen wird also einige seiner Glaubenssätze hinter sich lassen müssen. Weil die Überzeugungen erst die Basis für unser Handeln bilden, müssen wir die Umgestaltung hier anfangen. Es ist nicht notwendig, dass die Mehrheit der Bürger für die Veränderungen ist – es reicht, wenn die Mehrheit des aktiven Teils der Gesellschaft ihre Notwendigkeit akzeptiert.

Kommen wir so ans Ziel?

Das ist die letzte Frage, die wir im Zusammenhang mit dem zweiteiligen Wirtschaftssystem stellen müssen. Erfüllt es den Zweck gut genug? Gibt es eine bessere Lösung?

Es ist schwierig zu sagen, wie schnell der Innere Wirtschaftskreislauf wachsen wird, wenn der Umstieg (bis auf den Bereich der staatlichen Sozialsysteme) freiwillig erfolgt. Das Tempo kann allerdings deutlich erhöht werden, wenn der Staat den Wandel mit Hilfen, Anreizen und vor allem durch intelligentes Design der Regeln unterstützt. Das Wichtigste ist allerdings, dass die Gesellschaft, wir alle uns ebenfalls dafür einsetzen. Nur wenn wir Gemeinden gründen, die im inneren Bereich Initiative ergreifen, wird der Umbau gelingen. Gelingt der Umstieg in einem ausreichenden Tempo, erreichen wir auch mit der Zeit die Ziele.

Würde ein geringerer Einschnitt in die Wirtschaft ausreichen? Wir plädieren für ein Nein als Antwort auf diese Frage. Theoretisch wäre eine langsame Anpassung des gegenwärtigen Systems aus Ökonomie und Geld denkbar – ohne zweite Währung, ohne Begrenzung der Produktion und des Konsums, ohne Vollkosten als Ziel. Dass sie zum Erfolg führen würde, ist allerdings extrem unwahrscheinlich. Sie widerspricht dem, was uns die Systemtheorie über grundsätzliche Veränderungen sagt und was wir anhand der Beobachtung unseres politischen und wirtschaftlichen Systems sehr gut wissen. Eine halbherzige Lösung würde weder den Zweck erfüllen noch die Menschen mobilisieren. Sie würde mit der Zeit verwässert und sich in Nichts auflösen.

Die Kunst liegt darin, den Blick vom Schachbrett zu nehmen und zu sehen, wer am Schachbrett sitzt. Wenn wir uns die Frage gestellt haben, wem die heutige Wirtschaft am meisten nutzt, wenn wir die Wem-nutzt-das- und Zu-Ende-denken-Tests angewandt haben, wissen wir, wer der eigentliche Nutznießer aus dem gegenwärtigen System ist. Es ist das große Kapital. Wenn wir das System nicht von Grund auf ändern und die Eigentümer des Finanzsystems und der Großunternehmen nicht entmachten, werden sie keine grundsätzliche Veränderung zulassen. Sie sitzen am Steuer der Titanic und sie werden es nicht freiwillig aus der Hand geben. Alle weitreichenden Korrekturversuche im Rahmen des heutigen zivilisatorischen Modells wären deswegen sowieso zum Scheitern verurteilt.

Eine Alternative zur Zweiteilung der Wirtschaft wäre theoretisch ein erzwungener Umstieg für alle. Diese Lösung ist utopisch. Sie hätte keine Mehrheit und würde die Widerstände des Kapitals und der Mehrzahl der Arbeitnehmer zum Äußersten treiben.

Und was ist mit der Option, von der im Moment noch alle ausgehen? Könnte man nicht den Kapitalismus so lassen, wie er ist, und nur das Kapital umleiten, sodass die zu hohe CO_2-Emission beendet und die Wirtschaft weitgehend auf geschlossene Materialkreisläufe umgestellt wird?

Die Illusion des grünen Kapitalismus

In der Vitrine unseres heutigen Wirtschaftssystems werden Bilder des wachsenden Wohlstands für alle ausgestellt. Hinter der Fassade dient dieses System allerdings der Anhäufung von Reichtum und Macht bei denjenigen, die bereits Reichtum und Macht haben. Deswegen fürchten sie nur eins mehr, als dass hinter die Fassade des Systems geschaut wird, und zwar, dass die Menschen das System ändern wollen. Als klar wurde, dass die Regierungen etwas gegen die Erderwärmung tun müssen, haben sie deswegen die Idee des grünen Kapitalismus geboren. Sie verhindert, dass die Staatsregierungen sich grundsätzliche Gedanken machen müssen, und beruhigt die Bürger. Es ist eine Strategie, um das heutige Wirtschaftssystem zu erhalten. Die Nutznießer des Systems positionieren sich gegenüber den Regierungen als Retter in der Not und sichern sich damit ihre Privilegien, vor allem die Freiheit, ihr Kapital ungehindert zu vermehren.

Was bedeutet grüner Kapitalismus? Die Verschiebung des Spekulationskapitals in Technologien, die den CO_2-Ausstoß reduzieren und (mit deutlich geringerer Priorität) den sonstigen Fußabdruck der Wirtschaft auf die Natur verringern. Ist er ein Zeichen eines Gesinnungswandels der Investoren? Ganz und gar nicht. Sie sehen einfach, dass die neuen Technologien bessere Renditen versprechen, die dazu noch mit geringem Risiko verbunden sind, weil die Regierungen diese Investitionen als unabdingbar ansehen, sie deswegen begünstigen und falls nötig auch retten werden.

Möglichst hohe Kapitalverzinsung und möglichst geringes Risiko ist das, was die Investoren suchen. Falls Ihnen jetzt ein Bild eines Philanthropen in den Sinn kommt, der einen Teil seines milliardenschweren Vermögens für gute Zwecke ausgibt – die Realität ist anders. Das Geld wird von Asset-Management-Firmen investiert; die Einzelinvestitionen sind Ausnahmen. Und diese Firmen schauen ausschließlich auf die Rendite und auf das Risiko. „Grüne" Investitionen sind bereits heute ein gutes Geschäft und werden bald ein noch besseres. „Und wenn schon! Wenn es hilft?", denken Sie vielleicht.

Um darauf zu antworten, müssen wir unsere Probleme deutlich differenzierter betrachten, als unsere Regierungen es heute tun. Das mit Abstand größte Problem unserer Zivilisation ist die Zerstörung der Biosphäre, die Auslöschung der letzten Enklaven der intakten Natur und die weitere Beschneidung der Quasi-Natur, wie wir sie zum Beispiel in Europa haben. Die Klimaerwärmung bringt Kosten, politische Spannungen, Leid für die Bevölkerungen mit sich. Sie ist auch ein großer Stress für die Natur, die völlig anders aussähe, wenn die Atmosphäre sich um weitere ein bis zwei Grad Celsius erhöhte. Aber es wäre nicht das Ende der Welt. Wenn aber das ganze System des Lebens auf dem Planeten kollabiert, ist das der Weltuntergang. Dieses Szenario lässt sich nur nicht so gut rechnen, deswegen gibt es dazu kaum wissenschaftliche Publikationen. Derartige (scheinbar) plötzliche Zusammenbrüche sind aber in Systemen, die solchen weitreichenden, sich beschleunigenden Veränderungen ausgesetzt sind, unvermeidbar. Nur den Zeitpunkt kann man nicht genau vorhersehen.

Die Zerstörung der Natur geschieht nicht wegen der Klimaerwärmung, sondern weil immer mehr Menschen immer mehr Platz beanspruchen und immer mehr konsumieren: vor allem industriell hergestellte Produkte und natürlich das Essen, ganz besonders das Fleisch. Für die Lebensräume der Menschen, für die Produktion des Fleisches, für den Abbau der Ressourcen, die bei der Produktion der Güter gebraucht werden, nehmen wir dem sonstigen Leben auf der Erde immer mehr Platz weg. In dreißig, vierzig Jahren wird es keine intakte Natur mehr geben, nur noch Nutzflächen: eine Art Megastadt mit angegrenzten Feldern, Industriegebieten und Parks von 120 Millionen Quadratkilometern Fläche. Und warum wird das gravierendste Problem nicht in den Medien diskutiert? Ganz einfach: Diese Wahrheit will niemand hören. Was wäre die Schlussfolgerung? Den Menschen zu sagen, dass sie auf Fleisch verzichten müssen, weniger konsumieren oder die Reduzierung der Weltbevölkerung vorschlagen? Deswegen machen alle einen weiten Bogen um dieses Thema.

Das zweitwichtigste Problem ist die Akkumulierung des Reichtums. Es muss zum Machtmissbrauch, Unfrieden, zu Kriegen und zur Abschaffung der Demokratie führen. Das Recht auf die Verzinsung von Kapital steht im Kern des Kapitalismus. Ohne diese Verzinsung gäbe es den Kapitalismus nicht. Die Gewinne der einen sind die Schulden der anderen. Die einen werden durch die Konzentration des Kapitals immer weniger und immer reicher. Die anderen, das sind wir alle, wenn nicht als Einzelne, dann als Gesellschaft. Das Übel fing an, als Menschen begannen, es für gerechtfertigt anzusehen, mehr für verliehene Werte zurückzuverlangen, als sie verliehen hatten. Was ist Verleihen? Ich gebe etwas, was ich nicht benötige, jemandem, der es braucht. Die natürliche Erwartung wäre, entweder den verliehenen Wert zurückzuerhalten, wenn der andere ihn nicht mehr braucht, oder, falls er das nicht kann und ich den Wert nicht brauche, ihn zu verschenken. Das ist die Einstellung, die uns die Evolution in die Wiege gelegt hatte – so verhalten sich die Tiere und Pflanzen. So denken auch die Naturvölker. Die Verzinsung ist nicht natürlich. Sie entspringt der Gier und geschieht aus einer Machtposition. Wir haben uns nur an dieses Denken so gewöhnt, dass wir mittlerweile das Natürliche als unnatürlich betrachten. Solange wir dieses Denken nicht verbannen, solange wir diese Praxis nicht verbieten, werden wir kein gesundes Wirtschaftssystem, keine nachhaltige Zivilisation und keine glückliche Gesellschaft haben. Alle anderen Reformvorschläge sind Illusionen, wie Erfolg versprechend sie auch gemalt werden.

Dieses System der Akkumulierung des Reichtums kann nicht repariert werden, auch nicht, wenn man es grün anstreicht. Auch wenn es von Erdöl auf Sonnenpanels-Herstellung umgestellt wird, wird es weiterhin die beiden Hauptprobleme produzieren: die Zerstörung der Natur und die Anhäufung von Reichtum. Die einzige Möglichkeit ist ein neues System, das nicht auf Konsum und Gier, auf Geld, Verschuldung und Wachstum aufgebaut ist. Und jetzt kommt die Schönheit des Systemdesigns ins Spiel: Man kann sogar ein extrem komplexes System, ein Monster, das alle fürchten, mit einer einzigen Regel verändern, wenn es die zentrale Regel des Systems ist. Wir sprechen über das Verbot der Verzinsung. Das Spekulationskapital wird dann natürlich fliehen. Bon voyage. Wir brauchen es nur zum Wachstum, nicht, um gut und sicher zu leben. Um in die Position zu kommen, solche grundsätzlichen Regeln zu verändern, muss die Gesellschaft natürlich zuerst die ökonomischen Entscheidungen von Kapital und von den Märkten an sich verlagern. Sie müssen demokratisiert werden. Und dafür brauchen wir die Aktive Demokratie.

Eine Gesellschaft

Die Gesellschaft hat gewisse Aufgaben, von denen sie viele zur Ausführung an den Staat delegiert. Die an den Staat delegierten Aufgaben enthalten die Durchsetzung des Rechts und innere Sicherheit, das Management des Landes und der Gesellschaft, die Verteidigung, das Repräsentieren der Interessen der Gesellschaft in der internationalen Arena. Zu dieser Liste haben wir eine wichtige Aufgabe hinzugefügt: die Gestaltung der Zivilisation. All diese Aufgaben werden zentral und einheitlich wahrgenommen.

Es gibt Aufgaben, die den Charakter von Dienstleistungen haben und die die Gesellschaft unbedingt benötigt. Damit liegen sie ebenfalls im Fokus des Staates. Zu ihnen gehören Bildung, Förderung der Kultur, Gesundheitsversorgung, Unterstützung von hilfebedürftigen Menschen und (als Kommunen) Gestaltung der Lebensräume. Aus der Teilung der Wirtschaft in den inneren und den äußeren Bereich wird sich wahrscheinlich eine Teilung einiger dieser Dienstleistungen (beispielsweise im Bereich der Kommunen) ergeben. Allerdings sollten Aufgaben, die für die Zukunft unserer Zivilisation essenziell sind, einheitlich vom Staat gesteuert werden. Es ist unsere gemeinsame Zivilisation und Kultur und wir sind eine Gesellschaft.

Die vorgeschlagene Architektur hat nicht das Ziel, die Gesellschaft zu spalten. Das Land soll nicht in zwei Teile zerfallen. Im Gegenteil: Die Kreisläufe müssen in einer Symbiose existieren. Der äußere Bereich trägt mit seinem Geld, der innere mit seinem Engagement und praktischen Beispielen zum notwendigen Umbau der gemeinsamen Zivilisation bei. Dieser Umbau ist das Ziel. Was verhindert den Zerfall? Der gemeinsame Staat, das gemeinsame politische System und Recht, eine Kultur, das allgemeine Bildungssystem, eine gemeinschaftliche Infrastruktur.

Für den Zusammenhalt der Gesellschaft ist es wichtig, dass die Zweiteilung der Wirtschaft sich nicht in den Gemeinden fortsetzt. Es darf keine Restriktionen bei dem Zugang zu ihnen und keine Vorteile für Einzelgruppen innerhalb einer Gemeinde geben.

Das neue Engagement in der Gesellschaft steht nicht für das *Gegen*, sondern für das *Für*. Es geht um die Umgestaltung unserer Zivilisation und das Umdenken in der Gesellschaft. Alles, was dem Ziel dient, konstruktiv und moralisch in Ordnung ist, gehört dazu. Nur das, was zerstört und Zwietracht sät, wird ausgeschlossen.

Regeln für die Gesellschaft

Wir können zwar die Gesellschaft nicht gleichermaßen neu designen, wie wir das mit der Zivilisation tun, aber wir können Regeln etablieren, die die notwendige Veränderung unterstützen. Nicht alle wird man formalisieren können. Es ist nichtsdestotrotz sehr hilfreich, über das Regelwerk eine gesellschaftliche Diskussion zu führen und die Regeln explizit zu machen.

Die allerwichtigste haben wir bereits beschrieben: Sollte bei Entscheidungen das Wohl vieler dem Wohl eines Einzelnen gegenüberstehen, ist das Wohl vieler vorzuziehen. Gegen diese Grundregel werden sich kaum Argumente finden lassen, wenn Wohl nicht falsch verstanden wird. Richtig ist, was mit dem Verstand alleine als richtig erkannt wird. Wenn wir aufrichtig den Überall-Test, den Zu-Ende-denken-Test und die übrigen Tests anwenden und die Entscheidung in einem aktivdemokratischen Prozess reflektieren, werden wir immer die Wahrheit von Täuschung trennen können und richtig entscheiden. Aus dieser Regel lassen sich alle anderen ableiten. Mit reiner Vernunft betrachtet, ist beispielsweise Befriedigung von Wünschen unter Zerstörung der Natur nicht richtig. Auch die konstruktive Zusammenarbeit ist dem Wettbewerb vorzuziehen.

Wir brauchen außerdem einen neuen Maßstab für den Wert, für die Güte dessen, was wir in der Gesellschaft tun. Geld ist geeignet für die Bestimmung des Wertes in der Wirtschaft. In anderen Bereichen des Lebens hat es nichts zu suchen: Als Maßstab schadet es mehr, als es hilft.

Gut ist das, was der harmonischen Koexistenz mit der Natur, dem harmonischen Miteinander in der Gesellschaft und der Harmonie im Inneren des Menschen dient. Wenn wir diese dreifache Harmonie als unseren Maßstab benutzen, können wir allem einen Wert zuweisen, abhängig davon, ob es der Harmonie in der Natur, in der Gesellschaft und im Inneren des Menschen dient (der Wert ist dann jeweils eine 1), neutral ist (0) oder schadet (–1). Aus der arithmetischen Summe der einzelnen Zuweisungen erhalten wir eine Zahl auf der Skala von –3 bis +3. Dieser Wert kann uns helfen, die Güte unserer Entscheidungen und Handlungen miteinander zu vergleichen.

Nehmen wir ein Beispiel. Das heutige Wirtschaftssystem zerstört und verbraucht unwiderruflich die Natur. Für die Gesellschaft erzeugt es zwar Güter, aber auch wachsende Gegensätze und Atomisierung: eher eine Null. Das Individuum kommt dort in zwei Varianten vor: als Konsument und als Arbeitskraft, wird also instrumentalisiert. Sein Inneres taucht in der ökonomischen Gleichung nicht auf. Der Harmonie-Wert unserer heutigen Wirtschaft beträgt also –2, im besten Fall –1. Wir sollen nach Möglichkeit alles meiden, was den Harmonie-Wert kleiner +2 hat.

Die Gesellschaft wird durch das, was wir in und für sie tun, getragen. Ohne mit der vitalen Energie aus den Herzen und Köpfen vieler gespeist zu werden, kann sie nicht funktionieren. Selbstsüchtige und seichte Menschen schwächen sie. Zerstört unser gemeinsames Handeln die Natur, entzieht ihr das die Existenzgrundlage. Die Harmonie zwischen all diesen Elementen verstärkt die Vitalität einer Gesellschaft und sichert ihr Überleben. Sie ist der richtige Maßstab.

Bildung

Wir haben bereits recht viel über die Bildung in der neu gestalteten Zivilisation gesprochen: über ihr Ziel, ihre Rolle und ihre Inhalte. Jetzt zeichnen wir noch grob eine Architektur, die der Aufgabe gerecht wird.

Das Bildungssystem ist keine Dienstleistung für die Eltern. Es ist ein fundamentales Instrument der Gesellschaft, die ihre Zukunft gestaltet. Es ist auch keine Dienstleistung für die Wirtschaft. Es ist ein Teil der Kultur und ein wichtiges Instrument bei der Umgestaltung unserer Zivilisation. Deswegen ist die Gestaltung des Bildungssystems eine Aufgabe der Gesellschaft. Für konkrete Entscheidungen sind am besten Menschen prädestiniert, die weise genug sind, die das richtige Bild der Zukunft haben und die frei von partikulären Interessen sind. Daraus erwächst die Idee einer Kammer der Weisen. Ihre Mitglieder sind sehr erfahrene Frauen und Männer: wissenschaftliche Generalisten, moralische und spirituelle Autoritäten, aktive Umgestalter der Zivilisation.

Wir haben bereits bei der Beschreibung der Aktiven Demokratie erwähnt, dass die Gesellschaft ein eigenes Organ innerhalb des Staatssystems bekommen soll: das Parlament der Gemeinden (das im Kapitel „Neuer Staat" beschrieben wird). Es ist ein natürlicher Akteur bei der Gestaltung der Bildung. Auch die Kammer der Weisen wird initial vom Parlament der Gemeinden gewählt. Später können ihre neuen Mitglieder zur Hälfte durch die Kammer selbst und zur anderen Hälfte durch das Parlament der Gemeinden einzeln nominiert werden. Das sichert die Hochrangigkeit des Gremiums bei ausreichend direktem Einfluss des aktiven Teils der Gesellschaft. Alle wichtigen Entscheidungen über die Bildung sollen von einem Organ gefällt werden, das wir das Komitee für die Bildung nennen möchten. Bei diesen Entscheidungen soll die Kammer der Weisen eine wesentliche Rolle spielen, beispielsweise mit 40 Prozent der Stimmen. Dem Parlament der Gemeinden und der staatlichen Administration würden die restlichen Stimmen jeweils zur Hälfte zufallen.

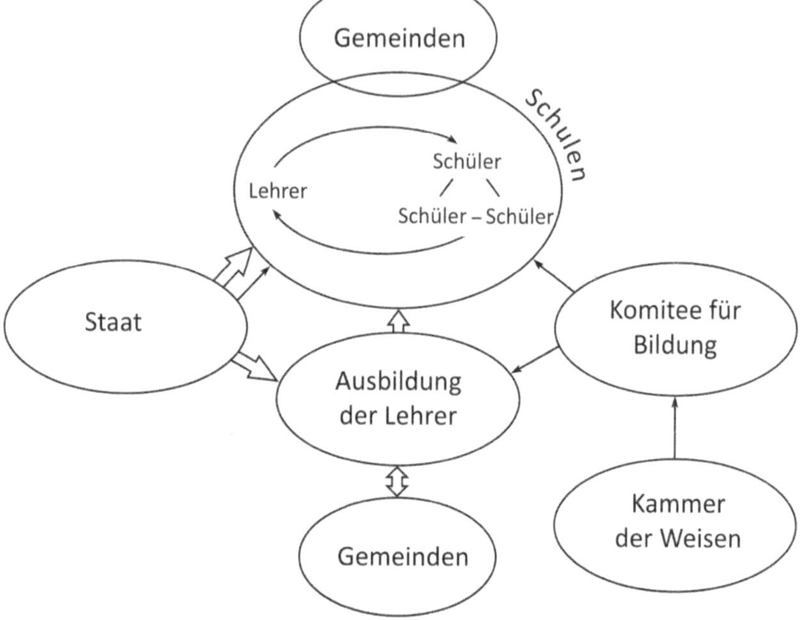

Diese Architektur schafft Bedingungen für einen grundsätzlichen Umbau des Bildungssystems, der Schulen und der Ausbildung der Lehrer. Die Gesellschaft (repräsentiert durch ihre fähigsten Vertreter) bestimmt die Ziele und die Entwicklung. Das Komitee für Bildung ist die entscheidende Kraft, die dem System eine gestalterische Dynamik verleiht. Die lokalen Gemeinden unterstützen die Schulen, die kompetentesten landesweiten Gemeinden die Ausbildungsstätten der Lehrer. Der Staat finanziert und managt das System.

Bildung steht und fällt mit der Qualität der Lehrer. Wir werden die Qualität der Bildung nicht verbessern, wenn wir den Stellenwert der Lehrer in der Gesellschaft nicht deutlich erhöhen. Wir brauchen ein neues Ethos des Berufes und eine klar artikulierte Wertschätzung. Beides hat sich in den letzten fünfzig Jahren schleichend verschlechtert. Eine andere negative Entwicklung war die allmähliche Schwächung der Position der Lehrer gegenüber den Eltern ihrer Schüler bei Meinungsverschiedenheiten und Streit. Für die Bildungsaufgabe werden wir die besten Leute brauchen. Daraus folgen deutlich verbesserte Arbeitsbedingungen. Verbeamtung (eine Kuriosität des deutschen Schulsystems) zieht oft die falschen Leute in den Beruf. Die deutschen Schulen sind heute zuallererst Behörden und erst nachgelagert pädagogische Einrichtungen. Dieses Konstrukt sollte dringend überdacht werden.

Lebensräume

Weil im Inneren Wirtschaftskreislauf die Bereitstellung des Wohnraums zu den Aufgaben der Gesellschaft und des Staates zählt, werden die Gemeinden und der Staat darüber nachdenken müssen, wie wir in der Zukunft leben wollen. Eine lebensfreundliche Umgebung schließt für die meisten von uns die Natur mit ein und Lärm und verschmutzte Luft aus. Sie enthält einiges an Privatsphäre bei gleichzeitiger Nachbarschaft. Dazu kommt eine gute Anbindung an die Infrastruktur inklusive Mobilität. Zwischen Verschwendung und Enge gibt es ein gesundes Mittelmaß an Platz, den jeder Mensch und jede Familie benötigt. Dieses richtige Maß werden wir sicherlich finden. Es gibt außerdem eine optimale Mischung aus der Benutzung eigener Muskeln beim Gehen oder Fahrradfahren und der Notwendigkeit und Bequemlichkeit der Verkehrsmittel, die es unter den neuen Voraussetzungen ebenfalls zu ermitteln gilt.

Diese Lebensräume werden so eingerichtet, dass die Menschen mit der Umwelt koexistieren können, ohne sie zu beeinträchtigen. Auf dem Lande und für neue Siedlungen lässt sich das einfacher realisieren. Aber auch in die Städte kann man nach und nach Oasen der Natur integrieren. Wie wir in der Zukunft wohnen, zur Arbeit fahren, was wir essen, wird mitentscheiden darüber, ob wir wirklich im Gleichgewicht mit der Natur leben können.

Der wirtschaftliche Überschuss der Inneren Wirtschaft, der über die Befriedigung des Bedarfs hinausgeht, kann mit der Zeit dazu eingesetzt werden, unsere Lebensräume zu verbessern und sie unseren Wünschen anzupassen. Mit einem lebenswürdigen Wohnen, gesundem Essen und genug Zeit und Raum für ein individuell gestaltetes, erfülltes Leben haben wir dann die wichtigsten Voraussetzungen für eine glückliche Gesellschaft geschaffen.

Systematisches Lernen

Ein soziales System, das nicht effektiv lernt, muss mit der Zeit schwächeln. Es kann nicht gut genug auf die Veränderungen in seinem Umfeld reagieren. Es versucht sich zu bewegen, aber seine Glaubenssätze, seine Kultur wirken wie ein Anker. Ein Boot, das einen Anker mit sich schleppt, muss zurückbleiben. Wie aber kann man sich von diesem Anker trennen? Wie verändert man das Selbstverständnis in einem so komplexen System? Wie passt man ein Zivilisationsmodell an und das kontinuierlich? Durch systematisch betriebenes Lernen.

Das Lernen ist ein Prozess und muss als Resultat eine Veränderung im Verhalten bewirken – sonst wäre es bloß ein Sammeln und Ablegen von Informationen. Dies kann nur durch Interaktion mit dem Umfeld erfolgen, also durch Erfahrung. Wie kann ein komplexes soziales System dazulernen, obwohl zuerst nur die einzelnen Personen etwas erfahren, verstehen und lernen? Wie kann das Gelernte konsistent bleiben und damit eine gute Basis für das Handeln bieten?

Beim menschlichen Lernen sorgt das Gedächtnis für die Konsistenz. Es speichert das Gelernte, stellt es bereit, wenn es gebraucht wird, und ermöglicht damit das Weiterlernen. Soziale Systeme haben ein solches funktionelles Gedächtnis nicht. Über die Zeit speichern sie zwar ihre grundsätzlichen Erfahrungen in Werten und Überzeugungen, aber sie besitzen kein Gedächtnis, das die Erfahrungen, die die Menschen oder Institutionen machen, behält. Sie bleiben in den Köpfen der Beteiligten. Hat jemand anders später eine für die Gesellschaft wichtige Entscheidung zu treffen, wird er diese Erfahrung nicht automatisch benutzen, sondern sie wahrscheinlich neu machen müssen.

Der Mensch lernt, indem er entscheidet, etwas zu tun, die Resultate betrachtet und daraus Schlüsse zieht. Um das Lernen einer ganzen Zivilisation zu ermöglichen, muss man eine Möglichkeit dafür schaffen, auf ihrer Ebene Erfahrungen zu machen, daraus zu lernen und das Gelernte in einem „Makro-Gedächtnis" zu behalten. Außerdem muss man das Lernen als einen Prozess gestalten. Deswegen bedarf das Lernen in einer Zivilisation eines Lernsystems, das dediziert designt werden muss. Das Ergebnis dieses Designs ist in der folgenden Zeichnung dargestellt.

Der Entscheidungsprozess ist ein klar definiertes Verfahren, das innerhalb des Designvorhabens entwickelt und angenommen wird. Es enthält eine allgemeingültige Methode der Entscheidungsfindung und befolgt einheitliche Regeln. Diese Regeln bestimmen auch, wer eine bestimmte Entscheidung treffen soll oder wer in ein Entscheidungsgremium einbezogen werden muss. Dieses Gremium analysiert den Bereich, in dem der Entscheidungsgegenstand angesiedelt ist, und seinen Kontext: den internen (also innerhalb der Systemgrenzen des betroffenen Systems), und den externen. Bei dieser Betrachtung kann es auf die dedizierten unterstützenden und beratenden Ressourcen zugreifen, die speziell zu diesem

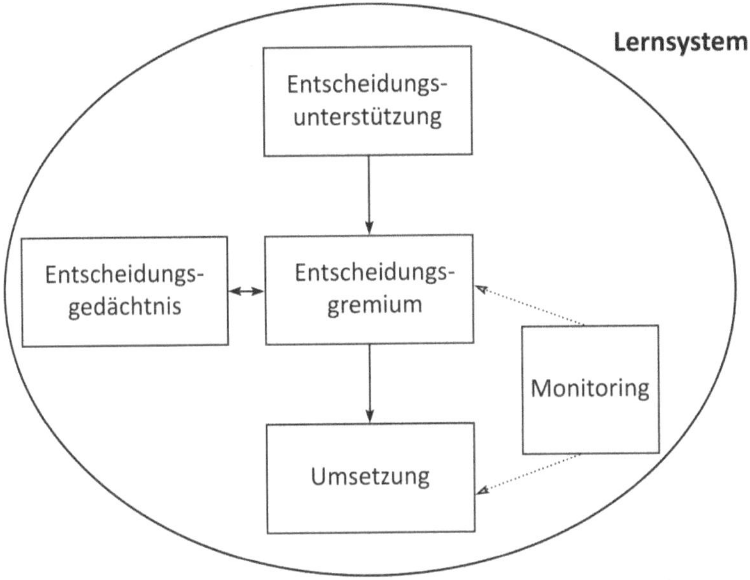

Zweck bereitgehalten werden. Die Betrachtung wird unter Zuhilfenahme einer geeigneten Struktur und Infrastruktur durchgeführt, um eine effektive Entscheidungsunterstützung zu ermöglichen.

Ein Entscheidungssystem wird erst durch die Integration der Gedächtnisfunktion zum Lernsystem. Alle Entscheidungen, ihre Ziele und die ihnen zugrunde liegenden Informationen, Annahmen und Analysen müssen im Entscheidungsgedächtnis gespeichert werden. Auch alle relevanten Informationen über den Prozess der Entscheidungsfindung gehören dorthin, sodass die Entscheidung jederzeit und ohne Schwierigkeiten nachvollzogen werden kann. Dieses Entscheidungsgedächtnis muss zentral und für alle zugänglich sein. Jede Entscheidung, etwas zu tun (es gibt natürlich auch Entscheidungen, nichts zu tun, die genauso dokumentiert und gespeichert werden müssen), löst ihre Umsetzung aus. Deswegen muss jemand, der außerhalb des Implementierungsteams bleibt, die Monitoringfunktion wahrnehmen. Dieses Kontrollgremium darf weder dem Entscheidungsgremium angehören noch die Entscheidungsunterstützung geleistet haben, um eine maximale Unvoreingenommenheit zu garantieren. Stellt man eine Abweichung der Resultate von den Zielen fest oder beobachtet man eine wesentliche Veränderung im Kontext der Entscheidung, muss die neu entstandene Situation analysiert werden.

Mit der Analyse können dieselben Spezialisten (und Generalisten) beauftragt werden, die vorher die Entscheidungsfindung unterstützt haben. Die Ergebnisse werden an das Entscheidungsgremium geleitet, das seine Entscheidung korrigieren und eventuell die Notwendigkeit für neue Entscheidungen feststellen kann. All das wird entsprechend im Entscheidungsgedächtnis aufbewahrt.

Um erfolgreich zu werden, muss diese Struktur als ein System designt werden – ein Teilsystem des Staates. Die innerhalb dieses Systems ablaufenden Prozesse und die Regeln, nach denen es funktioniert, müssen klar, transparent und allgemeingültig sein. Das Ziel ist, dass jedes Entscheidungsgremium für seine Entscheidungen die gesamte bis dato im System gesammelte Erfahrung zur Verfügung hat. All diese Daten sollen auch für alle Bürger zugänglich sein. Auf diese Weise wird die gesamte Gesellschaft imstande sein, aus jeder Erfahrung zu lernen und jede neue Entscheidung auf Basis des bereits Gelernten zu treffen. Damit erreicht man außerdem eine maximale Transparenz und Beteiligung aller.

Ein so lernender Staat, eine so lernende Zivilisation wird nicht nur schlauer, sondern auch wendiger, stets besser an den sich verändernden Kontext angepasst und dadurch robuster. Die klaren Regeln der Entscheidungsfindung, die dadurch nachvollziehbar und transparent für alle bleibt, verändern auch grundlegend die Kultur und Gesellschaft. Nichts ist giftiger für das Engagement der Menschen als unverständliche Entscheidungen, die über ihre Köpfe hinweg getroffen werden. Nichts fördert das Übernehmen der Verantwortung für die gemeinsame Sache mehr als die Nachvollziehbarkeit der Entscheidungen und die Klarheit der Regeln, nach denen sie gefällt wurden, verbunden mit der Konsequenz in ihrer Anwendung.

Lokal oder global?

Ist eine getrennte westliche Zivilisation überhaupt möglich oder anstrebenswert? Wird unsere Welt nicht sowieso global?

Die kulturellen Unterschiede sitzen tiefer als das, was wir auf den ersten Blick sehen, wenn wir aus Edinburgh nach Tokio, Schanghai oder Moskau reisen. Menschen brauchen eine Heimat, einen Platz, wo sie sich zu Hause fühlen, eine Sprache, in der sie sich bis in die verzweigtesten Winkel ihrer Gedanken ausdrücken können, ein paar Eigentümlichkeiten, die sie für sich behalten möchten. Das ist ihre Kultur. Sie sind zwar offen für andere Kulturen, aber wenn sie ihre Hausschuhe anziehen und es sich gemütlich machen wollen, sind sie lieber mit Menschen zusammen, die ihr Verhalten verstehen. Sie wollen sich auch ohne Worte verständigen können, nicht zu oft mit Sonderbarkeiten konfrontiert werden und ihre Werte nicht erklären oder verteidigen müssen. Das ist ihre Kultur.

Eine Zivilisation kann dennoch mehrere Kulturen umfassen. Sie wird sich von den anderen so lange unterscheiden, wie sie andere Ziele verfolgt, ein anderes Verhältnis zur Natur hat oder auf einem anderen gesellschaftlichen Modell aufbaut. Die beteiligten Kulturen benötigen also eine gewisse gemeinsame Basis. Heute unterscheiden wir uns als der Westen durch unsere materialistischen Ziele (wobei uns leider viele nachahmen), durch die vermeintliche Überlegenheit über die Natur und durch eine nach Gleichberechtigung und Fairness strebende Gesellschaft, die allerdings weitgehend passiv ist. Wenn es uns gelingt, alle drei Merkmale zu modifizieren und ein Leben in der Harmonie mit der Natur zu führen, werden wir nicht nur unsere eigene Zivilisation retten, sondern auch Beispiel sein für die anderen. Sie können sich uns anschließen, wenn sie es wollen.

Also doch eine globale Zivilisation? Ein Systemdesigner muss die Grenzen des Systems so ziehen, dass er auf seine Regeln einen direkten Einfluss hat. Wenn wir keinen direkten Einfluss darauf haben können, welche Steuern in China erhoben werden oder wie sich die Gesellschaft in Russland organisiert, haben wir keine andere Möglichkeit, als unsere Zivilisation lokal umzubauen.

Weil die westliche Zivilisation ein internationales System ist, denken wir unsere einzelnen westlichen Gesellschaften, die sich weitgehend auf die Ländergrenzen beziehen, allerdings zu klein. Das ist einer der Gründe, warum unsere Zivilisation in der Vergangenheit so schlecht steuerbar war. Die einzige logische Entwicklung für die Zukunft des Westens ist, dass wir uns zunehmend als eine gemeinsame Gesellschaft begreifen und auch so handeln. Die Definition des Westens wird dadurch auch ganz konkret und die heutige diffuse Bedeutung ersetzen: Zum Westen werden dann Länder gehören, die gemeinsam leben wollen, die gemeinsame Ziele verfolgen, die eine Zivilisation aufbauen und denselben Regeln folgen. Vielleicht wird dadurch der Name „Westen" irgendwann nicht mehr passen, und wir werden einen neuen suchen müssen. Das Entscheidende ist, dass die Regeln eingehalten werden. Wenn sich andere Länder und Kulturkreise entscheiden, denselben Regeln zu folgen, können sie ein Teil des neuen zivilisatorischen Systems werden. Länder, die wichtige

Regeln der neuen Zivilisation brechen, dürfen nicht innerhalb des Systems verbleiben, egal welchem Kulturkreis sie angehören.

Es gibt noch einen anderen Aspekt der Frage, ob eine getrennte westliche Zivilisation anstrebenswert ist. Es gibt keinen Zweifel daran, dass die Erde zerstört wird, wenn die anderen so wirtschaften, wie wir es ihnen vorgemacht haben. Es gibt einfach zu viele Menschen auf unserem kleinen Planeten, und wenn sie alle so viel Fleisch essen und Güter verbrauchen, wie wir es bis heute noch tun, hat es einfach keine Zukunft. Was wir sicher nicht tun können, ist, auf die anderen mit dem Finger zu zeigen. Wir haben uns anmaßend zur Speerspitze der menschlichen Zivilisation erklärt und das Monster der globalen Wirtschaft aufgebaut. Die anderen machen uns jetzt nach. Wir müssen uns zuerst selbst ändern, bevor wir eine Änderung von den anderen verlangen. Deswegen sind wir einfach in der moralischen Pflicht, als die Ersten ein alternatives wirtschaftliches und zivilisatorisches Modell zu entwickeln und umzusetzen.

Blick auf das Ganze

Der letzte Schritt im Designablauf ist, das neu gestaltete System der Zivilisation in seiner Ganzheit zu betrachten. Zeigt es wirklich das erwünschte Verhalten?

Zur Erinnerung, was wir erreichen wollten, war:

- Gleichgewicht zwischen der Zivilisation und der Natur und Kultur.
- Unterstützung der Menschen beim Wachsen im Geist, im Herzen und letztendlich im Bewusstsein, geleitet von der Chancengleichheit für alle: Gleichberechtigung zu Freiheit und Entfaltung.
- materielle Grundlage für ein gesundes, glückliches, erfülltes Leben.
- Finanzierung der notwendigen Ausgaben der Gemeinschaft, also auch des Staates.

Und welche Zivilisation haben wir entworfen?

In der Vergangenheit lebten wir so, als ob sich die Natur unseren Wünschen anpassen müsste. Diese Erwartung war natürlich eine Illusion, Ergebnis unserer Verblendung. Der hier skizzierte Entwurf korrigiert diese Illusion, und zwar so konsequent, dass er mit der Zeit tatsächlich zu einem Gleichgewicht zwischen der Zivilisation und der Natur führen kann. Dazu tragen vor allem zwei Maßnahmen bei. Die erste ist die Besteuerung aller Kosten aus der Benutzung der Natur durch die Wirtschaft. Zusätzlich fordern wir den Teil der privaten Vermögen, der den versteckten Verbindlichkeiten aus dem unwiderruflichen Verbrauch der natürlichen Ressourcen und aus der Umweltzerstörung in der Vergangenheit entspricht. Anders gesagt wollen wir aufhören, schwerwiegende Fehler zu begehen, und die bereits begangenen so gut es geht korrigieren. Die zweite Maßnahme ist die Selbstbeschränkung beim Konsum auf das, was wir wirklich brauchen.

Mit der vereinfachten und geläuterten Lebensart bekommen wir den Raum und die Möglichkeit, uns mehr dem friedvollen, konstruktiven und freundlichen Miteinander und unserem Wachsen in Menschlichkeit zu widmen. Gleichzeitig führt das ganz automatisch zu einer Neubelebung der Kultur.

Das neue System bringt alle Dimensionen der Zivilisation und Gesellschaft ins Gleichgewicht – keine wird zugunsten der anderen benachteiligt.

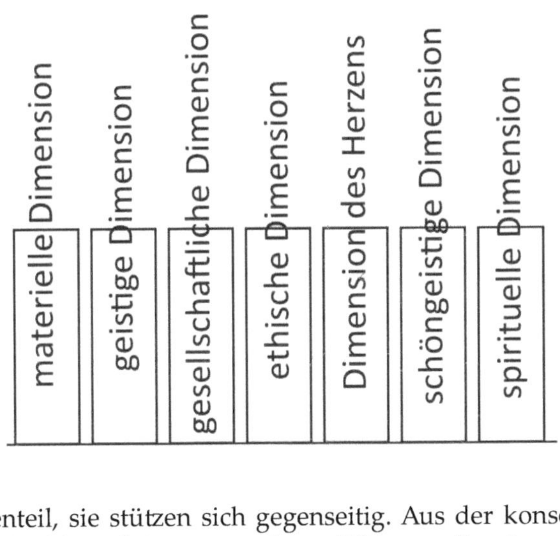

Im Gegenteil, sie stützen sich gegenseitig. Aus der konsequent praktizierten Gleichberechtigung resultiert Bildung, die eine ganzheitliche Entwicklung der Menschen fördert. Eine mündige, aktive Gesellschaft unterstützt die Einhaltung von Werten und Regeln. Sie wacht darüber, dass einzelne Interessengruppen einen konstruktiven Beitrag leisten. Der Staat dient konsequent dem Gemeinwohl. Die Wirtschaft finanziert alle

Dimensionen gleichermaßen und dient dadurch der Gesellschaft und dem ganzen Menschen. Ein ausgewogenes Leben des Einzelnen und der Gemeinschaft ist die Basis für eine dauerhaft starke und widerstandsfähige Zivilisation.

Es ist deutlich einfacher, uns nach innen zu wenden, unser Inneres Universum zu ergründen, wenn wir nicht von dem Zwang getrieben werden, immer mehr arbeiten und verdienen zu müssen. Dies ist nur dadurch zu erreichen, dass wir uns mit weniger Gegenständen und weniger (angeblichen) Annehmlichkeiten zufriedengeben. Das ist das Ideal des genügsamen Lebens. Erst mit der Heilung der Wirtschaft kann der Mensch seinen gebührenden Platz im Schöpfungsprozess einnehmen und wieder zum Teil der natürlichen Ordnung werden.

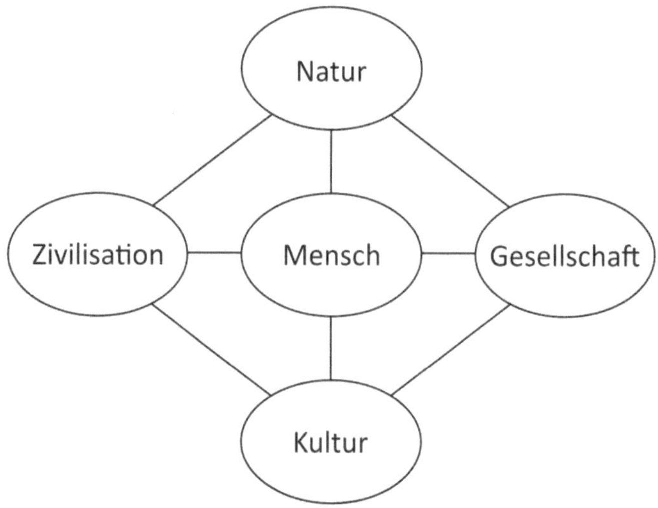

Alle Elemente der Welt, in der wir leben, müssen im Gleichgewicht zueinander stehen. Wenn sich eines der Elemente auf Kosten eines anderen entwickelt, gleicht das einer Wucherung. Wenn sie sich in Harmonie zueinander entwickeln, können sie gesund wachsen. Dies ist dann eine harmonische Entwicklung aus dem betroffenen System heraus. Sie ist natürlich und ein Ausdruck seiner Stärke.

Die Welt ist nämlich eine des Gleichgewichts und der Koevolution. Sie basiert auf Koexistenz. Sie benötigt ausgewogene Koentwicklung und ein

Ebenmaß aller natürlichen, gesellschaftlichen und menschlichen Dimensionen. Wenn wir eine dauerhaft lebenswerte Zukunft aufbauen wollen, können wir das nur mit Vernunft und Liebe. Eine Zukunft kann es nur in Harmonie geben, wie schon seit Millionen von Jahren. Wenn wir als Gattung bei dieser Zukunft dabei sein wollen, müssen wir lernen, in den Kategorien der Natur und des Gleichgewichts zu denken.

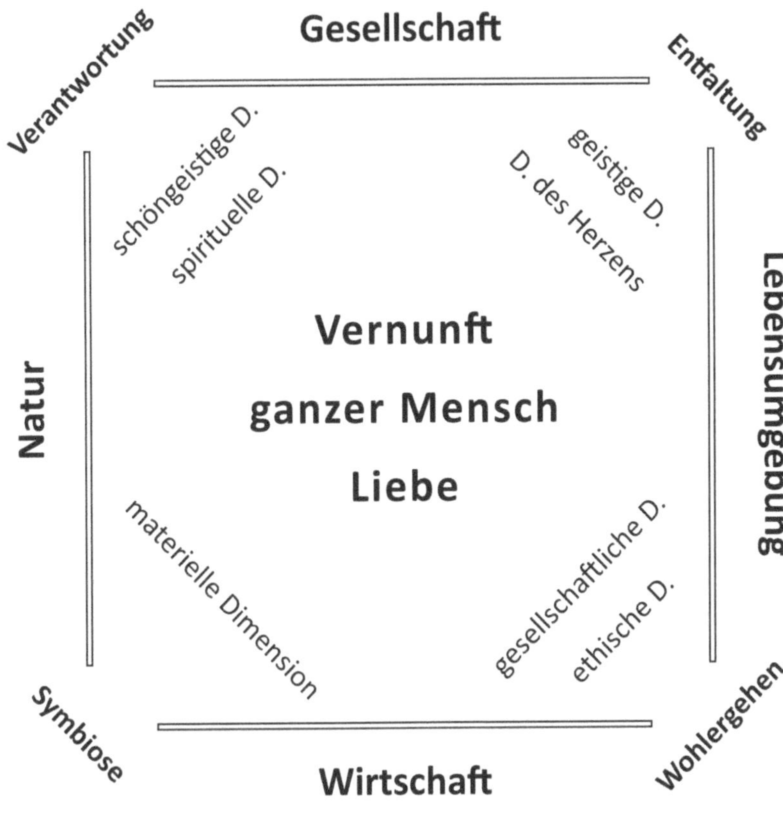

Die zivilisatorische Dynamik darf die Welt zwar nicht aus dem Gleichgewicht bringen, die Gesellschaft muss sich nichtsdestotrotz immer wieder aufs Neue regenerieren und weiterentwickeln. Dafür benötigt sie Mittel und Ressourcen. Wird unsere neue Zivilisation uns genügend materielle Mittel für ein gesundes, glückliches, erfülltes Leben liefern? Können wir die Kosten der Infrastruktur und der Verteidigung tragen?

Die Selbstbeschränkung der Bürger wird sich zum Teil positiv auf die Staatsausgaben auswirken – wobei dies zunächst die gestiegenen Ausgaben für den Ausbau der Infrastruktur nicht ausgleichen kann. Von entscheidender Bedeutung wird das Engagement der Menschen, die Arbeit der Gemeinden sein. Dadurch werden Werte entstehen, die gegenwärtig nicht gehoben werden. Wenn wir heute etwas brauchen, schauen wir immer in Richtung Staat, der keine andere Möglichkeit hat, als zu versuchen, dafür Geld zu finden – Geld, das er über Steuern und Abgaben bei uns einnehmen muss. In dem Maße, in dem wir einige Aufgaben als unsere eigenen betrachten und sie deswegen selbst erfüllen, wird der Mittelbedarf des Staates sinken.

Bürger (die meisten) werden sich um das Gemeinwohl, um ihre Lebensumgebung kümmern, wenn die Rahmenbedingungen dafür geschaffen worden sind. Der Mensch ist eine Wundertüte: Das, was man aus ihm herausholen will, kriegt man auch. Wenn man hineingreift, um nach dem Schlechten zu suchen, bekommt man es. Wenn man nach dem Guten greift, wird man das Gute erhalten. Es gibt für das Gute in uns keine natürliche Grenze. Alle unsere Begrenzungen existieren nur in unseren Köpfen – wir haben sie selbst erschaffen und können sie auch selbst beseitigen. Das vorgestellte Systemdesign unterstützt das Übernehmen der Verantwortung in der Gesellschaft und sorgt gleichzeitig dafür, dass sie wirksam werden kann. Mit Regeln, die das Verantwortungsbewusstsein und die praktische Gerechtigkeit begünstigen, erhält man mit der Zeit Selbstverantwortung der Menschen und eine funktionierende Demokratie. Das erzeugt eine positive Dynamik, eine Rückkopplung.

Die neue gesellschaftliche Dynamik wird zusätzlich begünstigt, wenn die Menschen sehen, dass von den großen Vermögen die versteckten Verbindlichkeiten der Natur gegenüber abgezogen werden. Es ist Geld, das zum großen Teil aus der Zerstörung der Umwelt resultiert und jetzt für das Wiederherstellen der sauberen, intakten Umwelt genutzt wird. Diese Maßnahme wird die gegenwärtige Resignation beenden und zusätzliche Energie für den zivilisatorischen Umbau und für Naturschutz freisetzen.

Mit den beiden Wirtschaftskreisen und mit dem sanften Übergang bekommen wir außerdem ausreichend Zeit, um die Strukturen und Ausgaben an die sich schrittweise verändernde Architektur der Zivilisation anzupassen. Dabei zwingen wir niemandem ein bestimmtes Lebensmodell auf. Genauso wenig muss jemand seine Weltanschauung ändern. Das Einzige, was wir postulieren, ist, über unsere Zivilisation nüchtern, alleine mit dem Verstand nachzudenken und anschließend die innere

Schwelle vom Denken zum Handeln zu überwinden. Wenn jemandem einige der Aussagen oder Schlussfolgerungen nicht passen, muss er sie nicht zu seinen machen. Es reicht, dass er sie als eine in sich logische und für die Gesellschaft, Kultur und Zivilisation gute Möglichkeit *zulässt.*

Fassen wir zum Schluss alle Elemente des neuen Designs in einer einzigen Zeichnung zusammen.

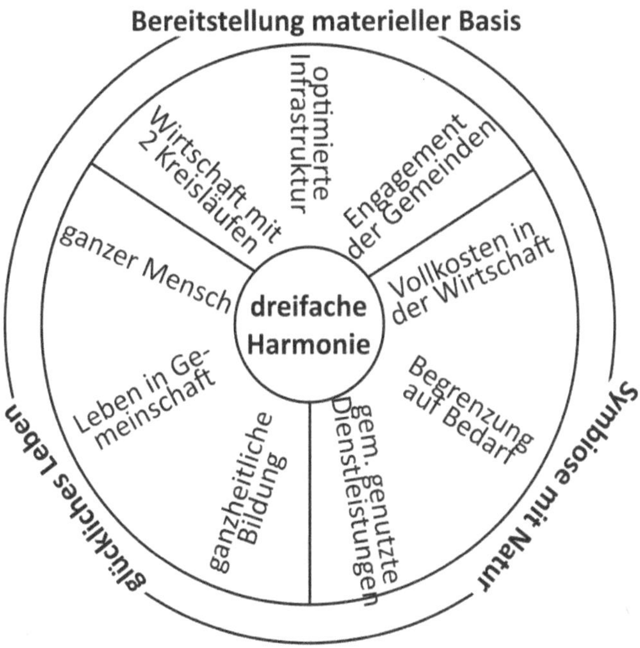

Durch die Einführung eines neuen Wirtschaftskreislaufs meistern wir den Spagat zwischen der Notwendigkeit eines grundsätzlichen Umbaus der Zivilisation und der Zurverfügungstellung der Mittel für diesen Umbau, wobei wir uns dem Ziel schrittweise nähern. Die Infrastruktur wird zentralisiert, vereinheitlicht und aufeinander abgestimmt. Sie wird mit dem Zweck der Bedarfsdeckung der Menschen, der Unternehmen, der Gesellschaft sowie der Koexistenz mit der Natur betrieben – die Gewinnmaximierung ist nicht mehr ihr Ziel. Durch ihr Engagement übernehmen die Bürger mehr Verantwortung für ihre Lebensumgebung und schaffen dadurch auch materielle Werte.

Die Primärsteuer und die Steuer auf Rückführung verändern die Nutzung der Natur durch die Wirtschaft entscheidend. Der Gebrauch von nicht erneuerbaren Ressourcen wird nach und nach auf ein absolutes Minimum reduziert. Ebenso die Belastung des Bodens, des Wassers und der Luft. Die deutliche Senkung der Produktion von Gütern im Inneren Wirtschaftskreislauf wirkt in dieselbe Richtung. Dort werden Ressourcen auch viel effektiver benutzt, weil mehr Leistungen in Form von allgemein zugänglichen Dienstleistungen zur Verfügung gestellt werden.

Das gesamte System hat das Ziel, ein erfülltes Leben der Menschen zu unterstützen. Der innere Kreislauf und die gestärkten Gemeinden schaffen Bedingungen für ein Leben in Harmonie in der Gesellschaft und mit der Natur sowie für das Denken in den Kategorien des Gemeinwohls. Das umgebaute Bildungssystem gibt allen Bürgern gleichberechtigt die praktische, geistige und spirituelle Grundlage für ein glückliches, sinnerfülltes Leben.

Der Maßstab für unser Handeln verschiebt sich vom Geld hin zu der dreifachen Harmonie des Lebens im Gleichgewicht mit der Natur, des Miteinanders in der Gesellschaft und des Menschen als Einheit aus Körper, Geist und Seele. Diese Harmonie ist der eigentliche Zweck unserer neu gestalteten Zivilisation.

Für den Umbau werden grundlegende Änderungen der Wirtschaft und des politischen Systems erforderlich. Sie sind notwendig, um ein stabiles System zu schaffen, das sich aus eigener Kraft weiterentwickelt. Die Kraft der Veränderung kommt dabei aus der Mitte der Gesellschaft, aus dem Engagement der Menschen guten Willens in den Gemeinden.

NEUE WIRTSCHAFT

Die Fehlentwicklungen der Zivilisation können wir nur korrigieren, wenn wir die Wirtschaft anders gestalten – sie bildet den Kern unserer Zivilisation.

Wir haben zugelassen, dass sich die Wirtschaft zum Ziel und Zweck unseres Lebens entwickelt hat. Die Gesellschaften überall in der Welt stehen mittlerweile im Dienst eines globalen Systems aus Wirtschaft und Geldspekulation. Das Geld bestimmt, was wir tun und warum.

Diese Entwicklung hat sich nach dem Zweiten Weltkrieg entscheidend beschleunigt. Nach den Zerstörungen des Krieges lag es nahe, die Wirtschaft und ihr Wachstum zur wichtigsten Priorität der Gesellschaft und des Staates zu erklären. Diese Entwicklung wurde zusätzlich dadurch verstärkt, dass Europa (unkritisch) ökonomische Ideen und Vorgaben aus den USA übernahm. Die Gesellschaft und der Staat fingen an, sich um das möglichst ungehinderte Wachstum der Produktion und des Kapitals herum zu organisieren. Zum Maßstab unseres zivilisatorischen Systems wurden Effizienz und Effektivität und zur herrschenden Ideologie die ungehinderte Vermehrung des Kapitals. Dies hat sich während der siebzig Jahre so im Denken der Menschen gefestigt, dass alle Alternativen undenkbar geworden sind.

Materieller Wohlstand ist für alle praktischen Belange unser einziges Ziel – als Zivilisation und als Bürger. Alles dreht sich um das Geld und die Güter herum, in anderen Worten: um Reichtum und Bequemlichkeit. Das Wachstum der Wirtschaft ist das Mittel zum Erreichen dieses Ziels und das Kapital das Mittel zum Wachstum. Mit diesen drei Sätzen ist unser zivilisatorisches Modell bereits ausreichend genau beschrieben. Sie machen die wichtigsten politischen Entwicklungen der letzten siebzig Jahre logisch und nachvollziehbar.

Mittlerweile hat aber diese Zivilisation die Welt völlig verändert. Wir merken, dass wir nicht mehr so weitermachen können. Wir müssen uns schnellstmöglich auf die simple Wahrheit besinnen, dass dieses Ziel nicht zwingend ist. Es folgt keinem Naturgesetz. Es liegt nicht in der menschlichen Natur, wenigstens nicht in dem, was uns objektiv gesehen ausmacht. Es spiegelt lediglich das gegenwärtige Denken und Wünschen der Menschen wider, die durch das zivilisatorische System und die Kultur der vergangenen 200 Jahre geformt wurden.

Gleichgewicht

Denken wir unser kapitalistisches System einmal zu Ende. Das Dogma der Effizienz führt irgendwann zur vollen Automatisierung. Die Technologie wird es auch irgendwann möglich machen. Das Kapital kann sich dann weitgehend ohne menschliche Arbeit, aber unter weiterem Verbrauch der natürlichen Ressourcen vermehren. Die Zweiteilung der Gesellschaft in diejenigen, die Kapital besitzen, und den Rest wird dadurch endgültig festgeschrieben und die Schere zwischen den beiden sich kontinuierlich weiteröffnen. Diejenigen Reichen, die ihre Fabriken nicht auf eine einsame Insel mit niedrigen Steuern verlegen können, werden zwar hinnehmen, dass aus ihrem Reichtum der Lebensunterhalt der restlichen Bürger finanziert wird, weil das für die Stabilität der Gesellschaft (mit der die Wirtschaft dann immer noch koexistieren muss) notwendig ist. Ließe sich die gesamte Wirtschaft auf eine einsame Insel verlagern, wäre das im Rahmen der Regeln des heutigen Systems die einzig vernünftige ökonomische Entscheidung. Der Zu-Ende-denken-Test zeigt uns klar das Ziel des heutigen Systems auf. Er macht deutlich, dass unsere kapitalistische Wirtschaft auf einem grundsätzlichen Fehler beruht.

Das führt uns zu der Frage, die wir im ersten Teil des Buches gestellt haben: ob die Systemarchitektur der neuen Wirtschaft mit dem Kapitalismus vereinbar ist. Die kurze Antwort lautet: Nein. Ich gehe noch einen Schritt weiter und sage: Jedes Wirtschaftssystem, das die Grundsätze des Kapitalismus beibehält, muss die Erde und die Gesellschaft zerstören. Der Kapitalismus basiert darauf, dass Kapital im Wirtschaftskreislauf eingesetzt wird, um es zu vermehren. Der Kommunismus missverstand das Wesen des Kapitalismus als Privateigentum und versuchte das Eigentum abzuschaffen. Das war sein Fehler. Das Privateigentum gab es schon immer, auch bevor wir uns den Kapitalismus ausdachten. Der Sozialismus versucht, den Gewinn aus Kapital so weit wie möglich in der Gesellschaft zu verteilen. Sein Fehler liegt darin, dass er das Ziel der Kapitalvermehrung nicht abschafft. Dadurch bleiben unsere Grundprobleme (vor allem die Zerstörung der Natur und die Akkumulation des Reichtums) unverändert. Das, was wir vorschlagen, ist gar kein Ismus. Wir passen lediglich unser Leben an die zwingenden Erfordernisse der es beherbergenden Natur an. Außerdem verändern wir die Rolle, die Geld in der Ökonomie spielt. Geld wird wie eine Ressource behandelt, analog zu Arbeitskraft der Angestellten beispielsweise. Es ist ein Produktionsfaktor und ermöglicht den wirtschaftlichen Prozess, analog zu Logistik. Seine gegenwärtige besondere Bedeutung ist einzig und alleine in unserer Gier begründet und ist damit subjektiv, eingebildet. Wenn die Unternehmen das Kapital zur Verfügung bekämen, ohne dafür Zinsen oder Dividenden zahlen zu müssen, würde das die Produktion von Gütern nicht beeinflussen. Das Geld erleichtert nur die Tauschgeschäfte – das ist seine einzige objektiv vorhandene Bedeutung. Das ist auch die Rolle, die es im Inneren Wirtschaftskreislauf spielt.

In dem äußeren Kreislauf lassen wir das Geld dort, wo es heute ist. Von dem akkumulierten Vermögen ziehen wir nur die Verbindlichkeiten ab, die wir in der Vergangenheit einzuziehen versäumt haben. Von dem in der Gegenwart verdienten Geld ziehen wir die vollen Kosten ab: die Kosten aus dem Verbrauch der Natur und aller gesellschaftlichen Ressourcen. Wir behalten dieses eingezogene Geld nicht, sondern geben es den Gläubigern zurück: der Natur, der Kultur, der Gesellschaft. Außerdem beseitigen wir in der Architektur der inneren Domäne die subjektive, eingebildete menschliche Gier aus dem objektiven Geschehen der Wirtschaft. Das ist alles.

Das Ziel ist, die Ausbeutung der Natur, Kultur und Gesellschaft von wem auch immer zu beenden. Materielle Werte können auch im Gleichgewicht mit der Natur, Kultur und mit einem glücklichen, erfüllten Leben der Menschen entstehen. Gleichgewicht ist das, was den Kapitalismus beerben soll.

Die richtige Perspektive

Die Wirtschaft darf weder ein unabhängiges System für sich noch ein Selbstzweck sein. Sie soll als ein Instrument gesehen werden, das uns hilft, das Ziel unserer Zivilisation zu erreichen. In der Hierarchie der Systeme kommt sie erst an der vierten Stelle. Die Gesellschaft, in der wir leben, ist ein Subsystem der Natur. Sie bedient sich des Systems der Zivilisation und der Kultur, um uns zu einem erfüllten Leben und zur Erreichung unseres Lebenszwecks zu verhelfen. Die Wirtschaft soll zu einem Subsystem und Instrument der Zivilisation werden.

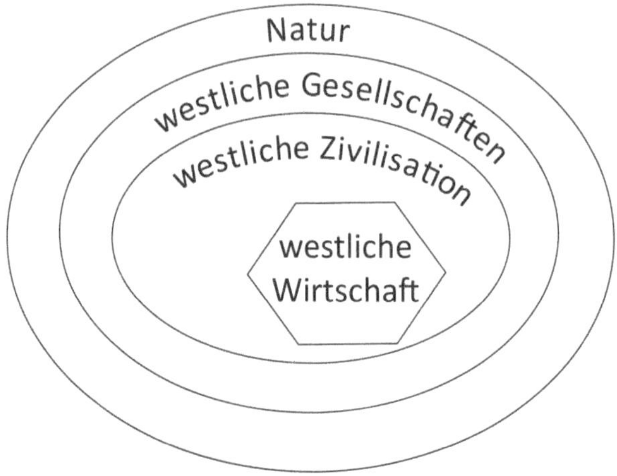

Sie funktioniert erst dann richtig, wenn sie zum Wohl der Gesellschaft beiträgt. Man muss das Wirtschaftssystem so designen, dass es dieses Ziel möglichst gut erfüllt. Die Gesellschaft funktioniert erst dann gut, wenn sie in der Symbiose mit der Natur lebt, sie auf keinen Fall zerstört. In unseren Köpfen sitzt hartnäckig das Bild, dass die Natur und der Mensch mit seinem Handeln und seinen Zielen Gegensätze sind. „Macht euch die Erde untertan." Wir denken, dass wir nur auf Kosten der Natur etwas für uns erreichen können. Im besten Fall versuchen wir, der Natur nicht zu schaden. Dieses Bild ist falsch. Wir sind nicht von der Natur verschieden. Wir sind ein Teil der Natur. Wenn es uns gut geht, ist das ein Teil des Wohlergehens der Natur. Allerdings müssen wir die Regeln des systemischen Denkens beachten: Ein Teilsystem darf nur so lange seine eigenen Ziele verfolgen, wie es damit den anderen Teilsystemen und dem übergreifenden System nicht schadet. Das ist keine Sophistik. Das ist eine andere Perspektive und sie ist wichtig, weil Bilder in unseren Köpfen unsere Entscheidungen und unser Handeln beeinflussen. Wir müssen die Wirtschaft zurück auf ihren eigentlichen Platz verweisen. Dafür müssen wir unsere Ziele überdenken und unser Verständnis ändern.

Wenn wir dieses Bild mit der heutigen Realität vergleichen, wird uns der grundsätzliche Fehler unserer Zivilisation deutlich. Im derzeitigen System ist alles der Wirtschaft untergeordnet. Die ganze Gesellschaft hat sich um die Bedürfnisse der kapitalistischen Wirtschaft herum organisiert. Als Gemeinschaft leben und arbeiten wir, um das Kapital einiger weniger zu vermehren. Auch in den kühnsten Zukunftsvisionen wird bisher lediglich versucht, die Nebenwirkungen dieses Systems (die Klimaerwärmung, die Naturzerstörung, die Ungleichheit bei der Verteilung des Reichtums) zu eliminieren. Niemand stellt das System als solches infrage. Schlimmer noch: Die Regierungen sehen die weitere Kapitalvermehrung als notwendige Voraussetzung für die Rettung des Klimas und der Ökosysteme. Die Zeichnung führt uns die simple Wahrheit vor Augen: Die Wirtschaft soll für die Menschen da sein, nicht die Menschen für die Wirtschaft.

Auf Vernunft gebaut

In unserem heutigen Verständnis des ökonomischen Systems nehmen wir fälschlicherweise an, dass die Produktion von Gütern der Motor der Wirtschaft ist. Wir produzieren Leistungen (Güter und Dienstleistungen). Dabei vermehren wir Werte und bezahlen die an der Produktion beteiligten Menschen. Das produzierte Angebot ist notwendig, weil es dafür Nachfrage gibt, die befriedigt werden will. Das erwirtschaftete Geld fließt dann zurück in die Produktion von Leistungen, wo es weiter vermehrt wird, und überschüssiges Geld wird investiert und erweitert die Produktion. Weil die wachsende Nachfrage befriedigt werden muss, sind Investitionen und Produktionsausbau wichtig und deswegen dürfen auch weder das Angebot noch der Geldzuwachs begrenzt werden. Das werde den ökonomischen Kreislauf zerstören. Diese Beschreibung ist etwas vereinfacht, nichtsdestotrotz gibt sie unser heutiges Denken richtig wieder. Sie verklärt die Realität.

In Wirklichkeit ist die Vermehrung des Geldes der Motor des ökonomischen Systems. Der Weg der Geldvermehrung ist die Spekulation. Sie kann die Form der Investition in die Produktion oder des Glückspiels haben. Sie schafft für uns keinen zusätzlichen Wert, verschiebt lediglich Werte und Geld innerhalb der Gesellschaft und häuft es bei denjenigen, die spekulieren, an. Sie ist der Grund, warum die Schere zwischen Reich und Arm sich stetig weiter öffnet und warum sich unglaubliche Vermögen in Händen Einzelner ansammeln. Die meisten Ökonomen werden wahrscheinlich über die letzten Sätze stolpern. Die Investition in die Produktionsmittel wird nämlich als der eigentliche wert- und geldvermehrende Faktor in der Wirtschaft betrachtet. Schauen wir uns deswegen den wirtschaftlichen Prozess erneut an.

Die wirtschaftliche Produktion erzeugt im Normalfall einen Mehrwert. Ein Teil dieses Wertes wird von den Unternehmen investiert, ein Teil in die Inflation umgewandelt, ein Teil erhöht den materiellen Wohlstand der Menschen, die in der Wirtschaft arbeiten. Diese spielen gleichzeitig die Rolle der Konsumenten – in diesem Zusammenhang wird ihr Geld Kaufkraft genannt. Diese Kaufkraft wächst zwar recht langsam, aber sie nimmt zu, wenigstens in vielen westlichen Ländern. Die Vermehrung des materiellen Wohlstands der Angestellten und der Kaufkraft sind also eines der Ergebnisse der Wirtschaft. Nebenbei wird das zur Verfügung gestellte Kapital verzinst. Das geschieht, weil die Produktion Geld benötigt und das Spekulationskapital als der einzige Weg gesehen wird, es zu bekommen. Die Verzinsung wird deswegen als zusätzliche Kosten betrachtet und hingenommen. So weit deckt sich dieses Bild mit dem vorherigen, auch wenn wir das ökonomische Spiel jetzt aus einer anderen Perspektive betrachten.

In Wirklichkeit ist nicht das Kapital, sondern zwei andere Faktoren für die Vermehrung des Geldes ausschlaggebend. Der erste ist die Arbeit und die Kreativität der Angestellten. Wenn man die Investition als den wertschaffenden Faktor voranstellt, ist es so, als wenn derjenige, der einem Sprinter die Laufschuhe als Gegenleistung für die Werbung zur Verfügung stellt, dessen Olympiasieg für sich reklamieren würde. Der zweite geldvermehrende Faktor ist die Ausbeutung der natürlichen Ressourcen, die Zerstörung unseres lebenden Planeten. Die Wirtschaft nimmt der Natur einen Teil ihres Wertes weg und verwandelt ihn in Geld.

Wäre der Gewinn aus Produktion ohne das Spekulationskapital möglich? Aber ja. Die Mittel könnten von jemandem kommen, der dafür keine Verzinsung verlangt, zum Beispiel einer staatlichen Bank. Das Geld ist einfach ein Produktionsfaktor, von Natur aus nicht anders als Metalle, Energie oder Wissen. Wirkt das auf Verzinsung gerichtete Kapital nicht als Steuerungsmechanismus, der die Verschwendung minimiert und die Mittel in die am meisten Gewinn bringende Produktion leitet? Ja, und das ist unser Problem!

Was ist Verschwendung? Im Rahmen unseres gegenwärtigen Models alles, was Geld verbraucht oder nicht vermehrt. Es gibt allerdings andere Werte, die von unserem Geld nicht gesehen werden, wie Aufrechterhaltung der intakten Natur, wie Kultur, wie das persönliche Glück und Wachsen der Menschen. Sie zu vernichten ist keine Verschwendung?

In wenigen Sätzen zusammengefasst: Der Spekulationsgewinn ist das eigentliche Ergebnis der Wirtschaft. Die Spekulation ist die eigentliche

Kraft hinter dem wirtschaftlichen Prozess. Sie nutzt als Mittel zum Zweck das Bestreben der Angestellten, ihren persönlichen materiellen Wohlstand vermehren zu wollen. Sie liegt im Kern unserer Wirtschaft. Sie ist der Jockey, der das Pferd reitet und der den Preis einkassiert.

Die Annahme, dass Kapital ein obligatorischer Teil des Systems und seine Vermehrung der notwendige Antrieb ist und beide unabdingbar sind, fußt auf einem Denkfehler. Die unabdingbaren Komponenten der Wirtschaft sind: Bedarf, Arbeit und natürliche Ressourcen. Wenn man eins davon wegdenkt, gibt es keine Wirtschaft mehr. Dazu kommt noch Wissen, also auch Technologie, das die Produktion und die Distribution effektiv macht. Kapital ist nur innerhalb der Regeln unseres Wirtschaftssystems unbedingt notwendig. Aus Geld wird kein einziges Produkt hergestellt. Die Angestellten der Wirtschaftsunternehmen können mit dem Geld keines ihrer Bedürfnisse befriedigen: Es lässt sich weder essen noch als Kleidung verwenden; auch als Baumaterial für unsere Häuser ist Geld denkbar ungeeignet. Geld ist zwar im wirtschaftlichen System nützlich, weil es den Austausch von Produkten und Dienstleistungen erleichtert, aber seine Vermehrung ist nicht zwingend. Wenn es so ist, kann man sehr wohl ein anderes System gestalten, mit anderen Regeln, die nicht von dem Ziel der Kapitalvermehrung abgeleitet sind. Wenn wir uns von den eingeprägten Denkmustern befreien und uns auf die objektiv notwendigen Teile des wirtschaftlichen Systems konzentrieren, können wir ein anderes System gestalten, das unseren materiellen Bedarf genauso gut befriedigt.

Die Geldvermehrung der Eigentümer als das eigentliche wirtschaftliche Ziel baut auf der menschlichen Gier auf. Wir halten diesen Kreislauf durch unseren Wunsch, immer mehr konsumieren zu wollen, selbst am Leben. Er ist per Design instabil: Ein Teil des vermehrten Geldes erhöht die Produktion, die wegen der vermehrten Kaufkraft auch verstärkt nachgefragt wird. Der Rest erhöht von Jahr zu Jahr, von Generation zu Generation die ökonomische Ungleichheit in der Gesellschaft. Das Geld, das nach seiner Vermehrung verlangt, erzwingt durch den Effektivitäts- und Effizienzdruck bei den Angestellten nebenbei auch immer mehr Leistung.

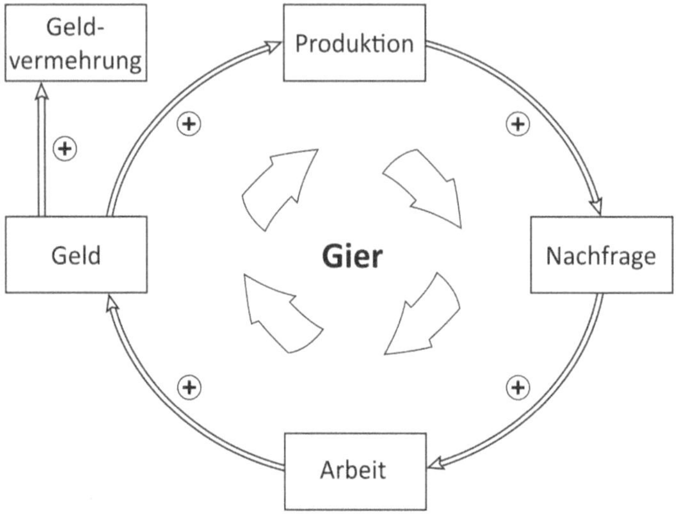

Im heutigen ökonomischen Modell geht man davon aus, dass die Werterzeugung nur wegen des Geldes geschieht. Diese Annahme erzeugt ihren eigenen Beweis, wie eine selbsterfüllende Prophezeiung. Sie setzt Gier voraus und bekommt sie deswegen im Ergebnis. Unter anderen Rahmenbedingungen und ohne die Konditionierung auf das Geld würden Menschen gute Arbeit leisten und ihre Kreativität einbringen, auch wenn sie dafür nicht mit Extrageld belohnt würden.

Der Innere Wirtschaftskreislauf verändert gänzlich die Rahmenbedingungen. Das Angebot ist auf den definierten Bedarf begrenzt. Für die Produktion gleicht das zuerst einer Begrenzung der Art nach. Die Nachfrage wird durch die Festsetzung der Einnahmen der Menschen begrenzt. Dadurch wird die Produktion der Wirtschaft als Ganzes auch weitgehend (bis auf den eventuellen Zuwachs der Bevölkerung und die theoretisch möglichen Exporte) der Menge nach begrenzt. Der Zwang zum Wachstum ist aus dem Design beseitigt worden. Aus dem Bedarf resultiert die Produktion, die durch Arbeit und Kreativität Werte schafft. (In der Übergangsphase tragen außerdem die Steuereinnahmen im Äußeren Wirtschaftskreislauf zur aufbauenden Finanzierung bei.) Der Bedarf ist damit die führende ökonomische Größe. Der wirtschaftliche Kreislauf ist stabil. Der Gewinn fließt in die Vermehrung des Wohlergehens der Menschen und der Gesellschaft.

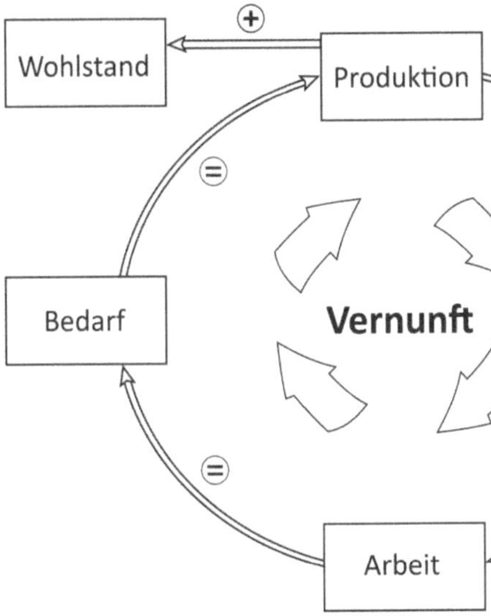

Die Begrenzung der Produktion nimmt einfach die Begrenzung der Ressourcen der Natur vorweg. Wenn es kein Erdöl mehr gäbe, würde das zwangsläufig zur Begrenzung der Nachfrage im Sinne von Wegfall zahlreicher Produkte führen. Die begrenzte Menge am Kupfererz begrenzt die Produktion des Kupferdrahts aus diesem Erz. In der neuen Systemarchitektur treffen wir die Entscheidung über diese Begrenzung vorsorglich, unter Einsatz der menschlichen Vernunft, und überlassen sie nicht unserer Gier. Die Vernunft ersetzt damit als die Grundregel des ökonomischen Systems den blinden, stumpfen und dummen Mechanismus des heutigen Marktes. Das freie Marktspiel findet erst in dem Rahmen statt, der einerseits durch die grundsätzlichen Entscheidungen der Gesellschaft über den Bedarf und andererseits durch das übergreifende System der Natur vorgegeben wird. Wir hören auf, Marionetten in einem Stück zu sein, dessen Handlung niemand von uns bestimmt, und werden zu einem mündigen Theaterensemble, das sein Stück selbst schreibt. Das Pferd verzichtet auf den aufgeputzten Stall und auf Kraftfutter und entscheidet sich, den Jockey abzuwerfen und auf den Wiesen zu grasen.

Wo kommt das Kapital, besonders das Gründungskapital, in diesem System her? Es gibt zwei Möglichkeiten. Die Unternehmer bringen das Kapital selbst auf oder borgen es von anderen, beispielsweise von einer Gemeinde. Das ist ähnlich, wie es in den vorkapitalistischen Gesellschaften war: Wenn jemand etwas in der Gemeinschaft tun wollte, ging er mit seiner Idee zum Herrscher, zu einer Gemeinde oder sprach mit seiner direkten sozialen Umgebung und warb um Unterstützung. Alternativ stellen die Unternehmer ihr Geschäftsmodell einer Bank vor und versuchen, von ihr einen Kredit zu bekommen. Wenn die Bank an die Geschäftsidee nicht glaubt, verleiht sie nicht. Das ist gegenwärtig auch nicht anders. Der Unterschied liegt nur darin, dass sie heute bei ihrer Entscheidung auf die Maximierung ihres eigenen Gewinns spekuliert. Morgen werden der Bedarf auf dem Markt und die Qualifikation des Gründungsteams ausschlaggebend sein.

Weil die Bank für ihre Kredite keine Zinsen verlangt, entsteht ihr potenziell im Durchschnitt alle Schuldner immer ein Verlust. Diesen muss sie aus ihren Einnahmen ausgleichen. Und im Notfall muss der Staat helfen. Das ist de facto auch heute nicht anders, weil der Staat bei einer Finanzkrise den Banken Geld gibt. In der Zukunft wird dieser Verlust planbar und unter dem Strich wahrscheinlich geringer. Wenn man nun nicht das Geld, sondern die dreifache Harmonie als Maßstab nimmt, wird der positive Beitrag dieser Lösung sichtbar: Sie erzeugt, im Gegensatz zum heutigen Finanzsystem, Werte für den Menschen, für die Gesellschaft und für die Umwelt.

Bringen wir das oben Gesagte auf den Punkt. Das heutige wirtschaftliche System der Geldspekulation zerstört unseren Planeten. Es wird von der Gier derjenigen, die spekulieren, angetrieben. Was diesen Prozess allerdings erst ermöglicht, ist die Gier der Konsumenten, unser aller Gier. Wenn wir heute über die Rettung der Natur nachdenken, machen wir leider Halt vor dem ersten Schritt dieser kausalen Kette. Das ist unser Problem. Wir tun es, weil wir uns nicht ändern wollen. Wir wollen von dem bisschen, das uns gehört, nichts abgeben. Darauf ist das ganze System aufgebaut. Aus unserer kleinlichen Gier resultieren die Macht des Geldes in der Welt und die Zerbröckelung unserer Kultur. Und vor allem die Zerstörung des Lebens auf der Erde. Es gibt nur eine zuverlässige Methode, diese Zerstörung zu beenden: die Nachfrage auf das Niveau zu begrenzen, auf dem diese Zerstörung aufhört.

Wir werden das System, das uns zerstört, nicht verändern, wenn wir uns selbst nicht ändern. Der Schlüssel zum Überleben des Menschen liegt in der Bändigung seiner Gier, also letztendlich in der bewussten Kontrolle über sein Denken und Empfinden, in der Herrschaft über seine Organe des Geistes. Die praktische Spiritualität ist unsere einzige Chance. Was dann waltet, ist die Vernunft.

Einige Details

Wir haben oben (im Abschnitt „Kreisläufe der Wirtschaft") das Grunddesign der Wirtschaft bereits entwickelt. Jetzt möchten wir es weiter durchdenken. Die Details zur Gestaltung der neuen Wirtschaft wollen gut abgewogen werden.

Die Angebote, die im Inneren Wirtschaftskreislauf bezahlt werden, sollen auch dort entstanden sein – der im inneren Bereich erzeugte Wohlstand soll nicht nach außen fließen. Es ist eine der Regeln, die das Wachstum des inneren Kreislaufs fördern. Sie sorgen von Anfang an für eine Eigendynamik und die natürliche Ausbreitung des neuen Modells.

Das bedeutet, dass sich nicht nur der Hersteller der Produkte, die unmittelbar der Deckung des Bedarfs dienen, sondern die gesamte Lieferkette (also alle Lieferanten und alle Lieferanten der Lieferanten) in demselben Kreislauf befinden muss. Das ist, nach allen Zwischenschritten, im Zieldesign zwar möglich, aber noch nicht in der Übergangsphase, weil man nicht von heute auf morgen alles innerhalb des Inneren Wirtschaftskreislaufs bekommen wird, was man als Hersteller von Produkten für die Endkunden benötigt. Vielleicht werden sich sogar über lange Zeit für einige Rohstoffe oder spezialisierte Teile und Maschinen keine Lieferanten finden, die ihr Angebot auf den Inneren Wirtschaftskreislauf begrenzen wollen. Am Anfang kann die zu geringe Anfrage ein Grund für eine solche Entscheidung sein. Aber auch dauerhaft kann ein Lieferant auf die Vermehrung seines eingesetzten Kapitals nicht verzichten wollen. Dies ist in unserer oben entwickelten Architektur allerdings kein Problem: Er kann in die Lieferketten des Inneren Wirtschaftskreises einbezogen und über die Schnittstelle der Banken bezahlt werden.

Unternehmen, die in den Inneren Wirtschaftskreislauf wechseln, machen es mit ihrem gesamten Vermögen (das zu diesem Zeitpunkt in Care umgetauscht wird). Dieser Schritt ist endgültig. Wenn die Eigentümer es sich nach einiger Zeit anders überlegen sollten, müssen sie das Unternehmen veräußern. Bezahlt werden kann es nur in Care. Damit verbleibt ein Unternehmen dauerhaft im inneren Kreislauf.

Das Ergebnis des Inneren Wirtschaftskreislaufs soll nicht mehr die private materielle Bereicherung sein. Die Unternehmen der inneren Domäne werden zwar ähnlich wie in der heutigen Wirtschaft von privaten Initiativen oder von Gemeinden ins Leben gerufen und geleitet. Ihr Ziel ist allerdings, das Wohlergehen der Eigentümer, der Angestellten und das Gemeinwohl zu vermehren. Der Staat sorgt für die Unterstützung der Gründer und für die Regeln, die das gute Funktionieren des Inneren Wirtschaftskreislaufs sicherstellen. Wenn die Bedingungen richtig gestaltet sind, wird dieser Bereich der Wirtschaft nach der anfänglichen Unterstützung von allein wachsen.

Der Gewinn der Unternehmen kann in die Verbesserung und Ausweitung der Produktion investiert werden. Mit einem weiteren Teil daraus kann mehr Freizeit für die Angestellten bezahlt werden. Außerdem werden damit Angebote finanziert, die das humane Wachsen der Eigentümer und der Angestellten fördern. Und auch ihr Engagement in den Gemeinden in der Gegenwart und im Rentenalter kann damit unterstützt werden. In solchen Fällen werden die Beträge von den Arbeitgebern – nach Abstimmung – an die Anbieter und Gemeinden direkt überwiesen. Dieses Beispiel zeigt deutlich, dass es über den definierten Bedarf der Menschen hinaus und an ihrem Gehalt vorbei in der Gesellschaft einen regen Austausch von Mitteln geben kann. Die Gewinne können darüber hinaus direkt der Gesellschaft zugutekommen, indem sie für gemeinnützige Projekte oder für Wohltätigkeit eingesetzt werden. Das führt dazu, dass die Gesellschaft wohlhabender wird, ohne dass die einzelnen Bürger reicher werden. Dies äußert sich unter anderem im materiellen Wohlstand der Gemeinden, in verbesserten Lebensräumen und im wachsenden inneren Wohlstand der Menschen. Zusätzlich gibt der Staat einen Teil der einbehaltenen Steuern für verbesserte Infrastruktur und für allgemein zugängliche Dienstleistungen aus.

Darf der individuelle materielle Wohlstand gar nicht vermehrt werden? Die meisten Menschen fühlen sich besser, wenn sie die Möglichkeit haben, ihre persönliche materielle Basis zu erweitern. Der Innere Wirtschaftskreislauf soll sich für sie nicht wie Freiheitsberaubung anfühlen. Nicht immer ist die Gier der Motor ihrer Wünsche – manchmal ist es einfach Freude. Der vierte Bereich, für den der nicht investierte Gewinn eines Unternehmens ausgegeben werden darf, soll damit das zusätzliche Gehalt (bei den Eigentümern Dividende) in Care sein. Damit können die Menschen zusätzliche Güter oder Dienstleistungen im Inneren Wirtschaftsraum erwerben, wie beispielsweise mehr Wohnfläche oder zusätzliche Reisen.

Widerspricht diese Möglichkeit nicht dem Ziel, die Belastung der Natur zu beenden? Nein, solange die zusätzlichen Güter im Gleichgewicht mit der Natur produziert werden. Bringen diese Zahlungen den wirtschaftlichen Kreislauf nicht aus seiner Stabilität? Wenn einzelne Menschen durch zusätzliche Arbeit ihren materiellen Wohlstand vermehren möchten, kann man das tatsächlich als einen sich verstärkenden Kreislauf sehen. Lässt das nicht das alte Denken durch die Hintertür hinein? Um diese Frage zu beantworten, schauen wir uns an, wofür die Unternehmen ihre Gewinne nutzen werden und was mit dem erzeugten Wohlstand passiert.

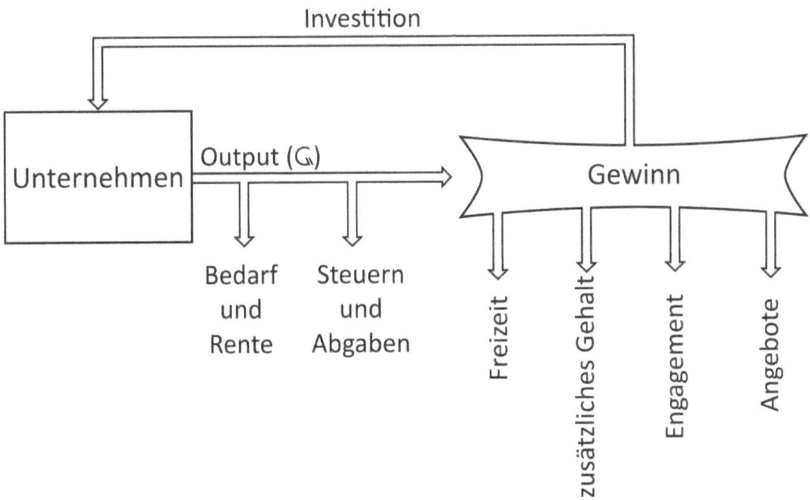

Mit Output meinen wir hier den erzielten Umsatz abzüglich der Sachkosten. Von diesem Geld werden die Gehälter der Angestellten gezahlt und der Bedarf der Eigentümer gedeckt. Auch der Bedarf der beiden Gruppen im Alter wird daraus beglichen.[9] Durch die Abgaben finanziert

9 Es wäre ineffizient, wenn die Unternehmen sich direkt um die Auszahlung der Renten kümmern würden. Sie könnten aber das dafür vorgesehene Geld in

das Unternehmen den Wohlstand der Gesellschaft mit. Aus dem verbleibenden Geld kann es in die Erhaltung und Ausweitung seiner Produktionsfähigkeiten investieren. Den nicht investierten Gewinn kann es für zusätzliche Freizeit der Angestellten, für Bildungsangebote sowie für die finanzielle Unterstützung ihres Engagements in der Gesellschaft verwenden. Aus diesem Betrag könnte auch ein zusätzliches Gehalt ausgezahlt werden.

Bezogen auf die gesamte Wirtschaft sieht der Fluss des Wohlstands wie folgt aus:

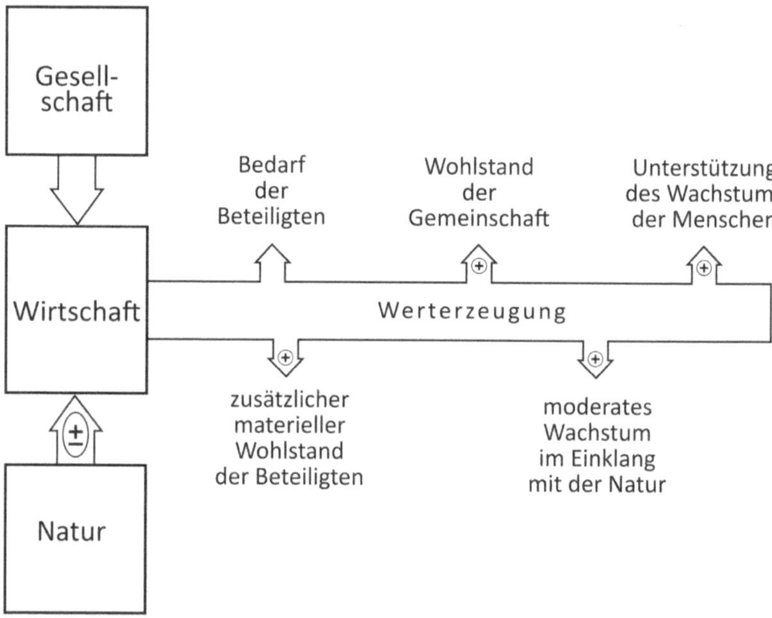

Eine analoge Zeichnung haben wir schon für die gegenwärtige Wirtschaft erstellt. Die Unterschiede sind gravierend und entscheidend. Vor allem findet die Werterzeugung nicht mehr auf Kosten der Natur statt. Der Reichtum der Unternehmenseigner in der heutigen Wirtschaft speist sich zu einem großen Teil aus dieser Quelle. Diese Komponente fehlt hier.

Um eine gesunde Balance zwischen dem Wunsch einiger nach mehr Einkünften und der Begrenzung der Absatzzunahme in der Wirtschaft zu

einen Rentenfonds einzahlen.

erreichen, können die Designer zusätzliche Regeln einführen. Sie können beispielsweise die Summe der zusätzlichen Zahlungen an die Angestellten und Eigentümer aus dem nicht investierten Gewinn des Unternehmens auf ein Viertel begrenzen – drei Viertel muss jeder für die Freizeit, die zusätzlichen Bildungsangebote oder Angebote der spirituellen Praxis oder die materielle Unterstützung der Arbeit in den Gemeinden verwenden. Das würde die Wahrscheinlichkeit, dass die Produktion der Wirtschaft dermaßen wächst, dass dies erneut zur Bedrohung der Umwelt und des Lebens auf unserem Planeten führt, entscheidend senken. Mit der Zeit wird übrigens die Möglichkeit, zusätzliches Geld zu verdienen, an ihrer Attraktivität verlieren. Erstens wird das Umdenken in der Gesellschaft Fortschritte machen. Die neuen Generationen, die mit anderen Vorstellungen über den Zweck ihres Lebens aufgewachsen sind, werden allmählich den Ton angeben. Zweitens wird sich die Lebensqualität im inneren Kreislauf sukzessive verbessern. Bis es so weit ist, kann diese Ausnahme von der Regel die Akzeptanz für die Innere Wirtschaft erhöhen. Die Gefahr eines ausufernden Wachstums erscheint uns unter diesen Bedingungen nicht gegeben.

Das Wichtigste überhaupt bei der Neugestaltung wird sein, die Menschen zur Aktivität für das Gemeinwohl zu animieren. Wie soll die Gesellschaft mündiger und verantwortungsvoller werden, wenn nicht durch die Gemeinden? Also muss die Aufgabe der Gestalter und des Staates sein, jegliche positive, gemeinnützige lokale Initiative nach Kräften zu unterstützen. Wenn sich eine lokale Gemeinde dazu entschließt, Angebote für Kinder oder Gartenpflege bei alten Menschen bereitzustellen oder einen Park in der Nachbarschaft zu errichten (um einige Beispiele zu nennen), sollte der Staat dies unterstützen.

Bei der gemeinschaftlich organisierten Mobilität wird es beispielsweise Sinn machen, kleinere Besorgungen und Erledigungen zu bündeln. Daraus könnte die Dienstleistung erwachsen, dass der Dienstleister in die Stadt oder zum Einkaufszentrum fährt und die angesammelten Aufgaben erledigt. Im Inneren Wirtschaftskreislauf soll es per Design keine Arbeitslosigkeit geben – solche Dienstleistungen können viele neue nützliche Arbeitsplätze schaffen.

Die Gemeinden sollen auch Sachen besitzen dürfen, die den Einzelnen verwehrt bleiben, beispielsweise ein eigenes Fahrzeug. Sie dürfen auch Menschen einstellen. Dafür müssen sie als Rechtssubjekt ausreichend ausgestattet werden. Sie sollen in der Tätigkeit für ihre Mitglieder und die Gesellschaft ungestört bleiben, solange der Beitrag positiv ist und sie dabei kein Geld verdienen. Um Geld verdienen zu dürfen, müssten sie die Rechtsform eines Unternehmens wählen. Die Unternehmen haben im Gegensatz zu den Gemeinden Eigentümer und können freier über die Verwendung ihrer Einnahmen bestimmen. Die Gemeinden sind an gewisse Beschränkungen bei der Auszahlung zusätzlicher Leistungen an ihre Angestellten gebunden, können zum Beispiel im Care-Bereich keine zusätzlichen Gehälter zahlen.

Gemeinden können Menschen aus beiden Kreisläufen vereinen. Sie dürfen (wie Privatpersonen) Vermögen parallel in Euro und in Care besitzen und Angestellte aus beiden Bereichen beschäftigen. Weil die Währungen nicht gegeneinander tauschbar sind, gibt es keine Gefahr des Missbrauchs oder der Verschleierung. Besitzt eine Gemeinde beispielsweise ein Gebäude, darf sie es nicht für Care veräußern. Sie kann es aber verschenken, auch an sich selbst. Dieser Besitz bleibt dauerhaft im Inneren Wirtschaftskreislauf. Das beschleunigt auf natürliche Weise das Wachstum des neuen Bereiches.

Was tut man, wenn man etwas kaufen möchte, was nicht durch den Grundbedarf abgedeckt ist und deswegen im Inneren Wirtschaftskreislauf nicht angeboten wird, beispielsweise eine Weltreise oder ein Sportfahrzeug? Man muss in seiner Freizeit im Äußeren Wirtschaftskreislauf tätig werden und die dort gültige Währung verdienen. Mit der Zeit und mit dem wachsenden Angebot an allgemein zugänglichen Dienstleistungen im Care-Bereich werden die verspürte Notwendigkeit und die Versuchung, doch weitere Sachen zu besitzen, automatisch sinken.

Geld, das Menschen in Form von Privatvermögen besitzen, wird bei ihrem Übergang in den inneren Kreislauf nicht in Care umgetauscht. Sie können es natürlich weiterhin nach Belieben nutzen. Es wird allerdings (anders als Care) im Sinne der Vollkosten der Vergangenheit besteuert. Die einzige Möglichkeit, es in Care umzutauschen, ist, es im Inneren Wirtschaftskreislauf zu investieren. (Man kann es außerdem für gemeinnützige Zwecke spenden.)

Das Gleiche kann mit Einnahmen im inneren Kreislauf geschehen. Besitzt man ein Haus (das man für Euro vermietet) oder Aktien oder bezieht man eine zusätzliche Rente, werden die daraus resultierenden Einnahmen nach den Regeln des Äußeren Wirtschaftskreislaufs besteuert. Vermietet man eine zusätzliche Wohnung im Inneren Kreis, erhält man (über die Bank) den Gegenwert in Euro ausgezahlt. Wohnt man im Eigentum, wird der Betrag, den jeder in Care für die Miete erhält (abzüglich Instandhaltungskosten), natürlich von dem auszuzahlenden Bedarf abgezogen. Weil ein Hausbau sicher nicht zum festgelegten Bedarf gehören wird, werden nur Menschen, die mit einem Eigentum in den inneren Kreislauf wechseln oder danach Eigentum erben, ein Haus besitzen. Weil man aber einen gesetzlich garantierten Anspruch auf genug Wohnraum hat, macht das kaum Unterschied.

Wenn man als Besitzer im äußeren Kreislauf Immobilien im inneren Kreislauf vermietet, bekommt man den Gegenwert in Euro oder nutzt die Möglichkeit, das Geld dort zu investieren oder auf anderen Wegen der Gemeinschaft zur Verfügung zu stellen. Für alle, die im äußeren Kreis leben, soll es möglich sein, einen Teil ihres Geldes im inneren Kreislauf zu investieren. Dieser Gewinn wird nicht im äußeren Kreislauf besteuert, weil er nach den Regeln der Inneren Wirtschaft eingesetzt wird. Die Investoren bekommen dafür keine Dividenden. Sie können aber am Gewinn des Unternehmens nach den im inneren Kreis geltenden Regeln partizipieren. Das wird den Reichen eine Möglichkeit verschaffen, sich wohltätig für die Gesellschaft zu engagieren. Für manche kann das außerdem eine Gelegenheit bieten, sich dem praktischen Leben im Inneren Wirtschaftskreislauf zu nähern und irgendwann vielleicht doch zu wechseln.

Da auch das Euro-Vermögen der Gemeinden mit den versteckten Verbindlichkeiten der Natur gegenüber belastet ist, wird es im Sinne der Vollkosten der Vergangenheit besteuert, es sei denn, sie investieren oder nutzen es in der inneren Domäne. Sie erhalten als Eigentümer der Unternehmen dort zwar keine Dividenden, können sich aber dadurch direkt an dem Umbau der Wirtschaft beteiligen. Dass sie dabei der zusätzlichen Besteuerung entgehen, kann die Investitionstätigkeit in der neuen Wirtschaft ankurbeln.

Weil Information die Werbung ersetzt und weil ein Händler nicht durch die Renditeerwartung der Anteilseigner zur Maximierung des Durchsatzes gedrängt wird, werden auf dem Inneren Markt die Nähe und eine gute Beratung, ergänzt um die Freundlichkeit, zum wichtigsten Unterscheidungsmerkmal im Handel. Die Zwischenstufe des Großhandels (wenigstens für die Artikel des täglichen Bedarfs) wird für die Einzelhändler vorgeschrieben, um die heutige Bevorzugung der Handelsketten zu beenden und den Preiskampf abzumildern.

Die Produzenten orientieren sich in ihrer Preispolitik am gesetzlich definierten Korb des Grundbedarfs, sonst würden sie ihre Produktion nicht los. Liegen Preise für bestimmte Artikel bei den meisten Herstellern über dem bisherigen Durchschnitt, muss der Staat den Grund untersuchen und, wenn nötig und sinnvoll, den Wert des Korbs anpassen. Die Festlegung der Einzelhandelspreise für alle belieferten Einzelhandelsgeschäfte obliegt den Großhändlern, die auch auf diese Weise untereinander konkurrieren können. Der Preis eines Konsumgutes setzt sich einerseits aus den Herstellungskosten und dem Gewinn des Produzenten und andererseits aus den Margen des Groß- und Einzelhandels zusammen. Der Mechanismus des Marktes wird für die Handelsmarge eine bestimmte Spanne erzeugen. Die begrenzte Kaufkraft der Konsumenten lenkt automatisch die Aufmerksamkeit der Hersteller (und Großhändler) auf ihre Kosten. Das erzeugt den Druck zur Optimierung ihrer eigenen Produktion und der ihrer Lieferanten sowie zur Innovation.

Das Beliefern der Einzelhandelsgeschäfte gehört zur Leistung der Großhändler dazu. Damit lohnt es sich ab einer bestimmten Entfernung für sie nicht mehr, die Geschäfte anzufahren, was die Monopolbildung im Großhandel erschwert. Bieten sie die Waren zu teuer an, erzeugen sie damit ihren eigenen Wettbewerb. Die neu definierte Mobilität wird das Ausliefern der Waren zum wichtigen Bestandteil des Einzelhandels machen. Die Einzelhandelsgeschäfte funktionieren als Dienstleister. Kleinere lokale Händler werden auf diese Weise wieder attraktiv. Bei festgelegten Einkaufspreisen im Einzelhandel wird ein Einzelhandelsgeschäft unter einer bestimmten Absatzmenge nicht mehr konkurrenzfähig, was einer unvernünftigen Zersplitterung des Einzelhandels vorbeugt. Sollte der Einzelhändler die hohen Mieten in zentralen Lagen der Städte nicht mit seinem Gewinn zahlen können, muss der Staat genügend Grund und Immobilien erwerben und zu bezahlbaren Care-Preisen zur Verfügung stellen. Gemeinden können dabei mit dem Staat zusammenarbeiten und ihn in dieser Rolle ergänzen. Dasselbe gilt für die Räume, die die Dienstleister im Inneren Wirtschaftskreislauf benötigen. So wie heute die steigenden Gewinne die steigenden Mietkosten in einer fortwährenden Spirale decken, sorgt in der auf Gleichgewicht basierenden Wirtschaft der Nutznießer (also die Gesellschaft) dafür, dass die materiellen, geistigen und spirituellen Bedürfnisse der Menschen vor Ort und leicht zugänglich befriedigt werden können.

Dabei können der Staat und die Gemeinden darauf achten, dass die Trennung der Kreisläufe sich im Stadtbild nicht in einer Trennung der Bereiche, in denen Menschen leben und arbeiten, äußert. Trotz unterschiedlicher Lebensauffassungen sind wir eine Gesellschaft, ein Staat, eine Kultur. Als Menschen und als Bürger gehören wir zusammen. Wir folgen lediglich zwei verschiedenen wirtschaftlichen Modellen. Unsere Unterschiede basieren dabei auf klaren und eindeutigen Regeln, die aus diesen Modellen resultieren und denen wir bewusst folgen. Dabei bleibt uns die Möglichkeit offen, irgendwann in dem neuen Modell zusammenzukommen.

Einige notwendige Dienstleistungen rund um den Haushalt und das Wohnen werden sicherlich zum Bedarf gehören. Sie werden im Rahmen der Pauschale an alle ausgezahlt. Das fördert die Nachbarschaftshilfe und gegenseitige Unterstützung in den Gemeinden, weil man dadurch Care für andere Ausgaben sparen kann, mit dem angenehmen Nebeneffekt, dass lokale Gemeinschaften zusammenwachsen werden. Das stärkt die Gesellschaft.

Selbstständige müssen nur ihre Kosten decken und ihr eigenes Gehalt verdienen. Wenn sie Gewinn machen, dürfen sie ihn (wie alle Unternehmen) nur entweder für Investitionen oder zur Zahlung der Bildungsangebote und für ihr Engagement in ihren Gemeinden nutzen. Dienstleistungen, die nur geringe Kosten verursachen (zum Beispiel Beratung oder Erziehung) werden dadurch sehr günstig. Wenn aber jemand auf die Idee kommen sollte, seine Dienstleistung zu einem überhöhten Preis anzubieten und sich dafür für die übrige Zeit freizunehmen, wird er keine Kunden finden, weil alle nur ein begrenztes Budget haben. Der Selbstregelungsmechanismus des Inneren Marktes wirkt zuverlässig.

Mit dem Umdenken der Verbraucher werden sich auch die Produkte verändern. Heute hat ein Produzent nicht unbedingt Interesse daran, langlebige Geräte oder sparsam verwendbare Verbrauchsgüter herzustellen. In der Zukunft wird das ein wichtiges Kaufkriterium sein. Bücher sind ein interessantes Beispiel dafür, dass die Qualität der im Inneren Wirtschaftskreislauf angebotenen Güter auch ohne formelle Kontrolle durch die Gesellschaft tendenziell gut sein wird. Erstens fallen die Autoren, die mit einem Buch reich werden wollen, automatisch weg, und mit ihnen viel, was gefällig ist, und das meiste, was mit dem Ziel geschrieben wird, Aufsehen zu erregen. Zweitens werden sie eher bemüht sein, die Wahrheit zu schreiben (wenn es Sachbücher sind). Wahrheit ist grundsätzlich vom Eigeninteresse des Autors entkoppelt – sie widerspricht ihm sogar. Sie wird eher in einem selbstlos geschriebenen Buch zu finden sein. Es bleibt zwar immer noch die Möglichkeit, dass jemand etwas nicht schreibt, weil es wahr und nützlich ist, sondern weil er nach Ruhm gierig ist. Das ist aber tendenziell unwahrscheinlicher, wenn er daraus keinen materiellen Vorteil für sich ziehen kann. Das gesamte Angebot auf dem Inneren Markt wird dazu tendieren, solide zu sein. Bücher sind übrigens ein gutes Beispiel dafür, dass man vieles im Detail noch durchdenken muss – es ist nicht wünschenswert, dass die auf dem Inneren Markt angebotenen Bücher nicht für Euro erworben werden können.

Führt dieses System nicht zum aufgeblasenen Staatsapparat? Nein – wenn wir die praktische Durchführung der generellen Regeln teilweise den Gemeinden überlassen. Ein schöner Nebeneffekt dieses Vorgehens ist, dass wir damit das Engagement der Menschen in ihrem Lebensraum und in der Gesellschaft stärken.

Ein anderer nützlicher Nebeneffekt ist, dass dieses Vorgehen die Menschen dazu verleitet, in ihrem Alltag bewusste ökonomische Entscheidungen zu treffen, und ihnen hilft, sich auch bei ihren sonstigen Entscheidungen öfter von ihrer Vernunft und seltener von den Launen ihres Ich-Bewusstseins und Impulsen ihres Denk- und Empfindungsorgans leiten zu lassen.

Betrachten wir noch die Option, dass der Äußere Wirtschaftskreislauf in der fernen Zukunft gänzlich abgeschafft wäre. Mit ihm würden einige Leistungen verschwinden, die weder als Bedarf definiert noch von der Gesellschaft oder von den Gemeinden benötigt und deswegen im inneren Kreislauf nicht produziert bzw. angefragt wurden. Die meisten von ihnen waren offensichtlich überflüssig. Wenn aber einige Güter aus dem äußeren Kreislauf im Inneren weiterhin gebraucht würden, könnte ihre Produktion hier rechtzeitig und gezielt aufgebaut werden. Am Ende bekommen wir eine Wirtschaft, die alles, was gebraucht wird, weiterhin produziert und trotzdem völlig anders funktioniert und die Natur nicht mehr belastet.

Probe aufs Exempel

Betrachten wir noch einige Beispiele aus den Bereichen des Lebens, über die wir noch nichts gesagt haben. Nehmen wir das Essen. Wenn wir entscheiden, dass die im Inneren Wirtschaftskreislauf angebotenen Nahrungsmittel ökologisch angebaut werden müssen, haben wir das Angebot der Art nach begrenzt. In gewissen Grenzen wird die Nachfrage der

Menge nach durch die jedem Bürger zur Verfügung stehende Geldmenge ebenfalls beeinflusst. Das ist heute nicht anders. Auch heute überlegen die meisten von uns, was und in welcher Menge sie kaufen, weil ihre Mittel begrenzt sind. Im Inneren Wirtschaftskreislauf müssten eben alle diese Erwägungen anstellen. Durch die Anrechnung aller Kosten, also vor allem der Kosten für die Natur, werden allerdings die Preisunterschiede zwischen den lokal angebauten und den über die Ozeane eingeflogenen Lebensmitteln größer. Es kann dann schon sein, dass man sich für eine Mango entscheidet und dafür vielleicht auf drei Kilo heimische Kirschen verzichtet.

Nehmen wir das Beispiel der Kleidung. In dem von der Gesellschaft erarbeiteten und gesetzlich bindenden Warenkorb des Bedarfs werden sich einige Kleidungsstücke befinden. Man kann sich theoretisch ein System mit Gutscheinen vorstellen, die gegen Kleidung eingelöst werden. Ungenutzte Gutscheine würden in Care umgetauscht werden. Für bestimmte Artikel könnte das Tauschen Alt gegen Neu tatsächlich in Betracht gezogen werden. Deutlich einfacher und angenehmer ist allerdings die Möglichkeit, den Gegenwert des Warenkorbs gänzlich in Care auszuzahlen. Jeder kann dann seine gesamten Ausgaben selbst planen. Das Angebot an Kleidung wäre auf dem Inneren Markt unbegrenzt. Nur die Nachfrage wäre de facto der Menge nach begrenzt.

Nehmen wir die Freizeitgestaltung. Alles, was lokal stattfindet, was die Natur nicht zerstört und für die Gemeinschaft keine zu hohen Kosten erzeugt, wird sicher allen zur Verfügung gestellt werden. Wenn jemand beispielsweise Tennis spielen möchte, soll er Zugang zum Tennisplatz haben. Würde allerdings eine lokale Gemeinde einen Tennisplatz auf Kosten der Gemeinschaft bauen wollen, obwohl ein anderer Platz zugänglich und nicht ausgelastet ist, soll sie dafür keine Mittel erhalten. Nach derselben Regel des gesunden Menschenverstandes würde derjenige, der Tennis alle zwei Tage spielt, einen eigenen Tennisschläger haben wollen. Wer ihn aber nur zweimal im Jahr braucht, wird sich vielleicht dazu entschließen, einen Schläger zu benutzen, der vom Betreiber zur Verfügung gestellt wird. Das kann man bei der Bestimmung des Bedarfs auf natürliche Weise mit Pauschalen regeln – in diesem Fall wäre das eine Pauschale für die Freizeitgestaltung.

Anders wäre es, wenn die Freizeitgestaltung lange Reisen mit sich bringen würde (was mit heutigen Verkehrsmitteln die Umwelt belastet) oder wenn sie für die Gemeinschaft zu teuer wäre. Diese Kosten würde man wahrscheinlich nicht zum Bedarf zählen. In diesem Fall müsste der

Einzelne für die Kosten selbst aufkommen oder auf das Vorhaben verzichten.

Nehmen wir die Gesundheitsvorsorge. Sie wird zweifelsohne dem Bedarf zugeordnet. Das größte Problem des gegenwärtigen Gesundheitssystems liegt darin, dass es wie ein ökonomischer Kreislauf, wie ein Markt gestaltet ist. Die Anbieter auf diesem Markt versuchen ihre Gewinne zu erhöhen. Der Staat seinerseits versucht mit bürokratischen Mitteln, die Kosten direkt und über die Krankenversicherungen zu begrenzen. Weil diese Mittel systemfremd sind, funktionieren sie nicht gut. Das System der Krankenversicherungen ist aus dem Solidaritätsgedanken entstanden. Dieser Gedanke ist richtig. Wir müssen nur das Design so verändern, dass die Ärzte nicht dafür belohnt werden, dass die Menschen krank sind oder sich als krank betrachten.

Im Inneren Wirtschaftskreislauf wird das Problem auf der Angebotsseite automatisch gelöst: Die Ärzte persönlich bekommen kein zusätzliches Geld, wenn die Patienten unnötigerweise zu ihnen kommen. Damit wird auch die Nachfrageseite positiv beeinflusst: Die Ärzte werden einem Patienten, der sich unnötig untersuchen lassen oder Medikamente nehmen möchte, die Wahrheit eher sagen als heutzutage. In dem neuen Design funktioniert also das System der Kranken- und Pflegeversicherung gut. Die Versicherungen können darüber hinaus ihre bisherigen Mechanismen zur Kostenbegrenzung weiterhin anwenden, soweit sie in den neuen Rahmenbedingungen sinnvoll sind. Zusätzlich könnte man eine Form der Selbstbeteiligung der Patienten einführen, wie sie heute von den privaten Versicherern benutzt wird: Einen Teil seiner Kosten (bis zu einem zumutbaren Schwellenwert) trägt der Versicherte selbst. Wenn er dabei auf seine Gesundheit achtet, wird ihm tendenziell mehr Geld übrigbleiben, weil er seine Pauschale für die Gesundheitskosten nicht ausgeben muss.

Die Solidarität des Systems liegt darin, dass die Gesunden für die Kranken mitbezahlen. Das Gebot der Fairness verlangt, dass die Kranken versuchen, unnötige und vermeidbare Kosten abzuwenden. Nach derselben Logik wird man die Lebens- und Genussmittel, die bekanntermaßen der Gesundheit schaden, mit den vollen Kosten belegen, also auch mit den Kosten, die sie im Gesundheitssystem erzeugen. Das Rauchen oder das Essen von viel tierischen Fetten werden damit um einiges reizloser.

Damit müsste das Gesundheitssystem in einer Wirtschaft, die einheitlich auf dem inneren Prinzip aufgebaut ist, nicht neu erfunden werden. Solange es aber im inneren Bereich nicht genug Ärzte und sonstige Anbieter gibt, müssen die Krankenversicherungen aus dem Inneren Wirtschaftskreislauf die Anbieter im Äußeren Wirtschaftskreislauf bezahlen. Da diese ja versuchen, ihre Gewinne zu maximieren, fallen zusätzliche Kosten an. Und diese Zusatzkosten kann der Staat als Steuer anfordern: am besten an der Stelle, an der die Kosten in die Höhe getrieben werden. Sollten die Anbieter darauf mit steigenden Preisen reagieren, werden sie auf dem Äußeren Markt keine Kunden finden.

Wir sehen anhand der Beispiele, dass das Geld auch in dem neuen System seine regulierende Funktion uneingeschränkt ausübt. Nur seine spekulative Funktion wird ihm im Inneren Wirtschaftskreislauf entzogen und im Äußeren stärker besteuert.

Der wichtigste Unterschied zum heutigen ökonomischen System ist, dass das Angebot der Art nach und die Nachfrage der Menge nach auf einen vernünftigen Grad begrenzt werden. Die Wirtschaft wird als ein Instrument der Bedarfserfüllung eingesetzt und existiert nicht mehr als Selbstzweck. Sie unterliegt objektiven Begrenzungen, die aus dem übergreifenden System der Natur resultieren. Das neue Systemdesign trägt einfach diesen Begrenzungen Rechnung.

Wir möchten es bei diesen wenigen Details belassen. Es ist nicht unser Ziel, alles ausführlich auszuarbeiten. Es geht uns lediglich darum, anhand einiger Beispiele aufzuzeigen, dass der Innere Wirtschaftskreislauf funktionieren kann.

Grundregeln

Die Grundregeln für die hier skizzierte Zweiteilung der Wirtschaft zusammengefasst sind:

- Der Innere Wirtschaftskreislauf produziert nur Leistungen, die von der Gesellschaft als Bedarf definiert wurden.
- Der Innere Markt bleibt vom Äußeren getrennt. Waren und Dienstleistungen, die im inneren Kreis angeboten werden, sollen auch dort produziert worden sein.
- Care kann nicht in andere Währungen umgetauscht werden. Wenn ein Umtausch notwendig wird, kann er nur durch eine zugelassene Bank des inneren Kreislaufs vorgenommen werden. Es gibt keine Verzin-

sung des Care. Die Rolle der Banken in der Inneren Wirtschaft ist auf die Dienstleistung begrenzt. Finanzspekulation ist verboten.

- Ein Unternehmen kann nur in einem Wirtschaftskreislauf tätig sein. Der Übergang in die innere Domäne ist für Unternehmen unumkehrbar.
- Jeder Bürger, der im inneren Kreislauf lebt, hat das Recht und die Pflicht zu arbeiten. Für Familien ist es möglich, den Kreislauf zu wechseln.
- Jeder Bürger im inneren Kreislauf erhält für seine Arbeit oder Investition denselben Betrag in Care, der dem definierten Bedarf entspricht. Diejenigen, die nicht arbeiten können, erhalten diesen Betrag als Hilfe vom Staat. Die staatliche Hilfe gibt es nur im inneren Kreislauf.
- Die nicht investierten Gewinne der Unternehmen werden an die Angestellten und Eigentümer in Form von Freizeit, Unterstützung ihres geistigen und spirituellen Wachstums, ihres Engagements in der Gesellschaft und (maximal zu einem Viertel) als zusätzliches Gehalt ausgezahlt.
- Menschen, die in der inneren Domäne leben, dürfen in ihrer Freizeit in der äußeren zusätzlich verdienen, aber jemand von außerhalb kann keine Care dazuverdienen.
- Der Verbrauch aller Ressourcen der Natur und der Gesellschaft wird allen Unternehmen zu Vollkosten berechnet (in Form von Primärsteuer). Sie tragen auch die vollen Kosten für die Rückführung des Abfalls in den natürlichen oder ökonomischen Kreislauf (in Form von Steuern auf Rückführung). Diese Besteuerung wird in Schritten eingeführt. Die Steuern auf Verbrauch, Gewinn und Arbeit gelten nur im Äußeren Wirtschaftskreislauf.
- Der gesetzlich festgeschriebene Bedarf wird mit der Zeit nicht ausgeweitet. Der Wohlstand im inneren Kreislauf wächst vor allem durch die Zunahme der frei zugänglichen Dienstleistungen.

Diese Regeln sollten nicht einzeln, sondern nur als ein Set betrachtet werden – einzeln ergeben sie keinen Sinn. Zusammen ergeben sie ein System, das simpel, zusammenhängend und verständlich ist. Es ist nur anders als das heutige und deswegen ungewohnt. Mit gewohnten Denkmustern können wir allerdings keine neuen Wege betreten.

Wenn Gleichgewicht zwischen der Wirtschaft und der Natur einmal erreicht ist, werden die Steuereinnahmen des Staates sinken. Das ist allerdings kein Problem, weil sie dann nur für allgemeingültige gesellschaftliche Aufgaben benötigt werden, die im Gegensatz zum gegenwärtigen System nicht ständig wachsen werden. Der innere Kreislauf braucht außerdem weniger Umverteilung als unsere heutige Wirtschaft. Auf dem Weg dahin müssen wir allerdings gewaltige Schulden, vor allem gegenüber der Natur, abbauen. Das ist nur in Schritten machbar. Was man bereits im ersten Schritt tun sollte, ist die gegenwärtige zusätzliche Belastung der Natur und den Verbrauch der nicht erneuerbaren Ressourcen möglichst hoch zu besteuern. Diese Steuern (im dedizierten Abschnitt oben beschrieben) würden für alle Unternehmen gelten, unabhängig davon, in welchem Wirtschaftskreislauf sie tätig sind. Das würde natürlich eine Verteuerung vieler Artikel und Dienstleistungen nach sich ziehen, was wiederum grundlegende Veränderungen im Verbraucherverhalten im Euro-Bereich bedeutet. Dieses Verhalten ist mitentscheidend dafür, ob und wie stark die Industrie der Umwelt schadet.

Die übrige Besteuerung dient der Finanzierung des Staates und der allgemeinen gesellschaftlichen Aufgaben. Bei der Besteuerung des Privatvermögens plädieren wir dafür, dass die Kosten des zivilisatorischen Umbaus und der Beseitigung der bereits erfolgten Zerstörung der Natur aus dem vor dem Umbau angehäuften Vermögen und von den Menschen im äußeren Kreislauf getragen werden. Die innere Domäne trägt zum Umbau bei, indem sie ihn praktisch vollzieht, die äußere, indem sie dafür zahlt. Das erscheint uns mehr als fair.

Der Staat muss von der gesamten Wirtschaft volle Transparenz verlangen, vor allem was die Geldströme und die Wechselwirkungen mit der Natur betrifft. Auch alle materiellen Vorteile für die Eigentümer der Unternehmen müssen offengelegt werden, um zu verhindern, dass sie sich der Versteuerung ihres privaten materiellen Reichtums entziehen. (Das ist allerdings auch heute bereits der Fall.)

Die staatliche Kontrolle soll gewährleisten, dass keine Ziele verfolgt oder Mittel angewendet werden, die der Gesellschaft eindeutig schaden. Sie bezweckt also nicht, das Wirtschaften an sich zu lenken, sondern die Auswirkung auf die Natur und Gesellschaft zu überwachen. Sollte sich zusätzlicher, unvorhergesehener Bedarf an Finanzmitteln ergeben, werden sie vorzugsweise von der äußeren Domäne angefordert, die nicht die Ziele der neuen Zivilisation verfolgt.

Es muss natürlich verhindert werden, dass ein im Westen erzeugter materieller Reichtum ohne zusätzliche „Außensteuer" aus dem Westen gebracht wird. Die Begründung für diese Steuer ist die Nutzung der lokalen Ressourcen der Natur, Zivilisation und Kultur seit dem Beginn der industriellen Revolution. Diese Nutzung muss beziffert werden und bei Verlagerung des Kapitals und Vermögens ins Ausland in Abzug gebracht werden.

Das Geldverdienen für die Menschen des Äußeren Wirtschaftskreislaufs wird rein ökonomisch gesehen um einiges unattraktiver als in einer anderen Region der Welt, die die Vollkostenrechnung nicht eingeführt hat. Werden dann alle aus Deutschland oder Frankreich wegziehen? Sicherlich nicht. Zur Lebensqualität gehört viel mehr als das Bankkonto. Die Menschen wollen in ihrer Kultur und Sprache, in der gewohnten Umgebung leben (besonders wenn sie mehr intakte Natur und saubere Umwelt als heute bietet). Aber auch wenn viele wegziehen sollten – eine Portion Gelassenheit, die aus der Langfristigkeit der Ziele resultiert, müssen wir mitbringen. Es ist nur eine Frage der Zeit, bis die anderen Länder umdenken. Gleichzeitig werden sich diejenigen, die im neuen Westen wohnen bleiben, zunehmend an die Idee und Praxis des einfachen, aber erfüllten Lebens gewöhnen.

Ökologischer Mehrwert

Auch wenn wir in diesem Buch auf die Beschreibung der ersten Zwischenschritte zu der Zielarchitektur mit zwei Wirtschaftskreisen verzichtet haben, möchten wir doch eine beispielhafte Idee beschreiben, einfach, um zu illustrieren, dass Änderungen der Regeln in der Wirtschaft jede Zeit möglich und durchsetzbar wären.

Der Preis eines Produktes setzt sich aus zwei Teilen zusammen: aus den Kosten des Anbieters und aus seinem Gewinn. Jeder Anbieter versucht seine Kosten zu senken und seinen Gewinn zu steigern. In dieser Gleichung gibt es heute einfach keinen Platz für die Natur. Wären die Käufer allerdings bereit, die ökologische Leistung des Anbieters zu bezahlen, sähe die Gleichung anders aus. Wenn der Preis jedes Produktes zusätzlich einen Ökologischen Mehrwert enthielte, den die Käufer mitgekauft hätten, wären Projekte zum Schutz des Grundwassers oder zur Rekultivierung der zerstörten Flächen ein Teil des Geschäfts.

Diese zusätzliche Komponente des Preises eines Artikels wäre der Betrag, den der Hersteller für einen gesellschaftlich gewünschten ökologischen Zweck ausgegeben hätte. Er würde sich aus dem Ökologischen

Mehrwert, den er bei seinen Lieferanten mitbezahlt hätte, und aus dem Ökologischen Mehrwert, den er darüber hinaus für sich festgelegt hätte, zusammensetzen.

Die Hersteller wären frei in ihrer Entscheidung, wie hoch der ökologische Aufpreis auf ihre Leistungen ist. Sie wären nur gesetzlich dazu verpflichtet, dies auf der Verpackung deutlich kenntlich zu machen und auch die Höhe und den Verwendungszweck in ausreichend großer Schrift zu nennen. Damit würde der Käufer ein zusätzliches Merkmal des Produktes haben, das er bei seiner Kaufentscheidung berücksichtigen könnte.

Das würde aber bedeuten, dass die Konsumenten (weil sie am Ende diejenigen sind, die alles bezahlen) sich aus freien Stücken dazu entscheiden würden, für die Produkte und Dienstleistungen mehr zu zahlen. Ist das denn möglich?

Aber klar. Es passiert jeden Tag. Sie sehen zwei Gurken: Die eine ist aus biologisch-dynamischem Anbau und die andere aus einer (wie Sie vermuten müssen) durch Chemikalien am Leben gehaltenen Plantage. Sie entscheiden sich für die Erste, obwohl sie das Dreifache kostet. Damit bezahlen Sie de facto auch ein Stück Umweltschutz und Landschaftspflege. Immer mehr Konsumenten entscheiden sich gegen einen Billigartikel, weil sie annehmen, dass er unter Ausbeutung von Menschen und Umwelt hergestellt wurde.

Würde sich ein Käufer für ein Produkt mit einem sehr kleinen Ökologischen Mehrwert entscheiden, wäre das eine moralisch relevante Entscheidung und moralischen Entscheidungen kann man nicht so leicht ausweichen. Er müsste sich entscheiden, entweder etwas für die Rettung der Regenwälder zu tun oder seinem Sohn ein zusätzliches Computerspiel zu kaufen. Oder er würde einfach die Augen verschließen – auch eine moralische Entscheidung.

Einmal in Gang gesetzt, würde die Sache ihre eigene Dynamik entwickeln. Ein Wettbewerber des Jeansproduzenten, der zwei Prozent seiner Kosten in ein Projekt zur Unterstützung der biologisch-dynamischen Landwirtschaft investiert, kommt vielleicht auf die Idee, 2,5 Prozent für die Wiederbewaldung der Meeresküste auf Mallorca zu verwenden. Ein anderer Hersteller wird sich vielleicht zu fünf Prozent hinreißen lassen, die er dem BUND zur Verfügung stellt. Und wir als Konsumenten hätten dann die Wahl.

Die Unternehmen würden mit diesem Geld konkrete Maßnahmen zum Umweltschutz oder zur Rückgewinnung von Raum für die Natur finanzieren. Dieser Ökologische Mehrwert würde zum Bestandteil des Nettopreises (anders als bei der Mehrwertsteuer). Die Unternehmen würden ihn direkt an das begünstigte gemeinnützige Projekt, die entsprechende Organisation oder generell Gemeinde abführen. Auch bei einer Lieferung ins Ausland wäre der Ökologische Mehrwert damit im Preis enthalten. Da der Produktpreis verschiedene Beträge für verschiedene Begünstigte umfassen würde, müsste nach der gesetzlichen Verpflichtung zur Nennung des Ökologischen Mehrwertes die Gesamtsumme in Prozent des Preises angegeben werden. Außerdem wäre mindestens das Projekt zu nennen, das mit dem höchsten absoluten Betrag gefördert wird. Wollte der Hersteller mehrere Projekte aufführen, müssten sie in der Reihenfolge ihres Anteils aufgelistet werden. Große Hersteller von Endprodukten hätten sich wahrscheinlich mit ihren Lieferketten auf ein Projekt oder eine Organisation geeinigt, um die Werbewirkung zu erhöhen.

Ein transparenter Ökologischer Mehrwert würde also Kaufentscheidungen ermöglichen, die nicht nur auf dem Preis und der Qualität basieren. Unternehmen würden ihn bei ihren Lieferanten bewusst einkaufen, um ihn dann bei den Konsumenten am Ende der Wertschöpfungskette möglichst mit Gewinn bewusst zu verkaufen. Er würde so unsere Gesellschaft allmählich verändern und in der Ökonomie Platz für die Natur schaffen.

Dieses Beispiel soll zwei Sachen verdeutlichen: Erstens könnte man die ersten Änderungen auch innerhalb des existierenden Systems umsetzen, ohne darauf zu warten, dass die Gesellschaft für ein komplett neues Modell reif genug geworden ist. Wenn man die Bestimmung der Höhe des Ökologischen Mehrwertes den Unternehmen überließe (mit einem prozentuellen Mindestwert, um der Sache die notwendige Ernsthaftigkeit zu verleihen), würde das der Wirtschaft kein Problem bereiten und ihre internationale Wettbewerbsfähigkeit nicht grundsätzlich verändern.

Zweitens könnte der Staat zeigen, dass er willig ist, sich an dem notwendigen Veränderungsprozess aktiv zu beteiligen. Für die Einführung eines Ökologischen Mehrwertes bräuchte man nur das Verständnis und den Willen der Regierung. Sie müsste die Regeln einführen. Alles andere wäre durch die Dynamik des Marktes gesteuert.

Dynamik per Design

Die Wirtschaft spielt im heutigen System eine Schlüsselrolle. Deswegen wird es die Aufgabe der Umgestalter der Zivilisation sein, in der Wirtschaft eine positive, sich selbst verstärkende Dynamik zu erzeugen, die unsere Zivilisation mit der Zeit von Grund auf verändert. Welche Dynamik haben wir erzeugt?

Durch die Berücksichtigung voller Kosten der Natur wird die lokale Landwirtschaft gestärkt. Lebensmittel, die man heute billig unter Zerstörung des Bodens, Verschmutzung des Grundwassers und Massentötung des Lebens produziert, werden plötzlich teurer als die nach ökologischen Richtlinien erzeugten. Auch die lokale und umweltschonende Produktion von anderen Gütern wird attraktiver. Die technologische Innovation wird darauf gelenkt, ressourcensparend zu produzieren. Vieles von dem, was wir heute mit mäßigem Ergebnis und viel Aufwand auf bürokratischem Wege zu steuern versuchen, wird sich von alleine einstellen.

Das Konsum- und Umweltverhalten der Menschen wird durch die Begrenzung ihrer Einnahmen grundlegend verändert. Die Verschwendung und die Wegwerfmentalität werden keinen Platz mehr haben. Es wird allen viel bewusster, dass alles, was wir tun, miteinander verwoben ist, und dass Kosten, die wir an dem einen Ende unnötig erzeugen, am anderen Ende zu uns zurückkehren. Das Verantwortungsbewusstsein für die Natur und für das Gemeinwohl werden unweigerlich wachsen.

Das gegenwärtige System ruft in uns eine gewisse Portion Sorglosigkeit hervor: Wenn ich heute unnötig Geld ausgebe, habe ich entweder genug überflüssige Mittel oder ich weiß, dass ich in der Zukunft mehr verdienen werde. Wenn ich heute ein Telefon wegwerfe, weil ein neues etwas schneller auf meine Fingerbewegungen reagiert oder mehrere Apps speichern kann, ist das kein Problem, weil ich ja genug Geld im Portemonnaie habe. Das neue Design wird diesem Verhalten weitgehend ein Ende setzen. Nun assoziieren wir heute noch diese Nonchalance mit persönlicher Freiheit und es wird viel Vernunft und einiges an Problembewältigung bedürfen, bis wir unser Denken verändern. Ich weiß allerdings aus eigener Erfahrung, dass das alles nur Gewohnheiten sind und von neuen Gewohnheiten ersetzt werden können – nach und nach verbindet man gerade mit der zusätzlichen Zeit und Aufmerksamkeit (die man durch den Verzicht auf unnötige neue Sachen und durch den Wegfall der zu ihrem Erwerb notwendigen zusätzlichen Arbeit gewinnt) das Gefühl der Freiheit.

Heute wird kaum etwas repariert, es wird ausgetauscht, sprich weggeworfen, denn die Produktion eines neuen Artikels ist billiger als die Zeit, die man in die Reparatur investieren müsste. Diese Rechnung wird anders aussehen, wenn man im Preis des Artikels die vollen Kosten berücksichtigt und nur begrenzte Mittel zur Verfügung hat. Das wird einen Markt für die Reparaturdienstleistungen schaffen und die Umweltbilanz unserer Zivilisation verbessern.

Die dem Einzelnen zur Verfügung stehenden Mittel werden zwar begrenzt sein, aber die Gemeinden werden auch ihren eigenen Besitz haben. Bei erwiesener Gemeinnützigkeit werden sie dabei vom Staat unterstützt. Wenn sich jemand also für seine Umgebung oder für die Gesellschaft einbringt, erhöht er nebenbei seine Möglichkeiten, Zugang zu zusätzlichen Diensten zu erhalten. Das bietet einen zusätzlichen Anreiz und erzeugt einen Regelkreis, der mehr Verantwortung in die Gesellschaft bringt.

Wird der gemilderte Leistungsdruck bei einigen ihre Faulheit verstärken? Möglicherweise. Ob sie heute mit ihrem Naturell wirklich verbleibende Werte schaffen, ist allerdings fraglich.

Wenn das Geldverdienen nicht mehr den Kern unseres Lebens bildet, wird unsere Energie tendenziell auf die Verbesserung unserer Lebensumgebung und damit auf das Engagement für die Gemeinschaft gelenkt. Viele werden sich außerdem mehr mit ihrem persönlichen Wachstum beschäftigen, was auch einen positiven Effekt auf die Gesellschaft hat: durch wachsenden Frieden, Anstand und Hilfsbereitschaft. Menschen, die gerne anders leben würden, fühlen sich heute alleine gelassen. Unser System hält für sie keinen aktiven Platz bereit. Der Innere Wirtschaftskreislauf wird die alternative Lebensweise fördern. Seine Regeln erleichtern nicht nur das Leben im Gleichgewicht mit der Natur, sondern unterstützen auch andere Verhaltensweisen, die das neue Gesellschaftsmodell benötigt und die wir heute als alternativ bezeichnen. Das neue Systemdesign wird die schlummernde Energie dieser Menschen freisetzen.

Wenn wir mehr Verantwortung der Bürger brauchen, soll sich die Übernahme von Verantwortung lohnen. Wenn wir lokale Produktion, lokalen Handel und lokale Dienstleistungen stärken wollen, müssen wir diesen Bereich bevorzugen. Sogar bei Aufrichtigkeit oder Fleiß, also bei den moralischen Werten, können gute Regeln des Zusammenlebens und -arbeitens eine positive Dynamik erzeugen. Gute Regeln verändern ein System.

NEUER STAAT

> DER UMBAU DER ZIVILISATION KANN NUR VON UNTEN ERFOLGEN. EINE AKTIVE GESELLSCHAFT IST DIE VORAUSSETZUNG FÜR DEN ERFOLG. SIE MUSS VON NUN AN MIT VOLLER KRAFT VON WEITSICHTIGEN MENSCHEN AUFGEBAUT WERDEN.

Demokratie von unten

Der Staat ist ein Instrument der Gesellschaft. Um mit der Umgestaltung anzufangen, müssten seine Regeln initial gar nicht modifiziert werden. Er folgt der Gesellschaft: Wenn sie sich verändert, wird sich automatisch auch der Staat verändern. Das Einzige, was wir schon im Vorfeld verlangen können, ist, die Rechte der Natur in die Grundgesetze der westlichen Länder aufzunehmen. Das können wir durch normales bürgerschaftliches Engagement kurzfristig erreichen. Das wird uns eine Handhabe geben, um mit der Diskussion über grundsätzliche Veränderung in der Wirtschaft und Infrastruktur zu beginnen. Den Rest müssen wir uns durch eine andauernde gesellschaftliche Bewegung erarbeiten.

Es gibt einen sehr schönen und schlüssigen Entwurf eines demokratischen Staatssystems, der von zwei prominenten US-amerikanischen Systemdenkern stammt: Russell Ackoff und Sheldon Rovin. Sie haben es in ihrem bei Stanford Business Books im Jahr 2003 erschienenen Buch „Redesigning Society" beschrieben. Dieser Entwurf wurde konsequent von unten nach oben entwickelt mit dem Ziel, die Schwächen unseres gegenwärtigen politischen Systems zu beseitigen. Wir möchten hier seine wichtigsten Eckpunkte kurz beschreiben.

Die Grundeinheit dieses Systems besteht aus ca. 100 Bürgern, die entweder an einem Ort wohnen oder arbeiten. Sie kommen zusammen und treffen alle sie betreffenden Entscheidungen, und zwar im Konsens. Sie wählen aus ihren Reihen eine Person, die diese Grundeinheit leitet. Die Leiter von etwa zehn geografisch zusammenhängenden Grundeinheiten bilden die nächsthöhere Regierungseinheit. Dieser Prozess geht so weiter, bis die Einheit der höchsten (im Regelfall der nationalen) Ebene gebildet ist. In Deutschland wäre dieser Prozess nach sieben Schritten zu Ende, weil die siebte Ebene bereits 100 Millionen Wahlberechtigte repräsentieren kann.

Auch die übrigen Amtsträger, die auf den einzelnen Regierungsebenen benötigt werden, werden von den Mitgliedern der jeweiligen Einheit gewählt – es dürfen Experten, die nicht der Einheit angehören, sein. Von den Leitern der Einheiten aller Ebenen wird erwartet, dass sie auch an den Sitzungen der Einheiten der nächsthöheren und der nächstniedrigeren Ebene teilnehmen. Daher nehmen sie direkt an der Arbeit der Einheiten auf drei verschiedenen Ebenen teil. Dabei interagieren sie direkt mit den Leitern von fünf verschiedenen Regierungsebenen: zwei über ihrer eigenen Ebene, zwei darunter und die auf ihrer eigenen Ebene. Diese Interaktionen erleichtern die Koordinierung und Entscheidungsfindung im gesamten System.

Diejenigen, die in einem Gebiet arbeiten, in dem es keine Wohnungen gibt (zum Beispiel in einem Gebäudekomplex mit Geschäften oder Büros), sollten der Grundeinheit angehören, die dieses Gebiet regiert. Personen könnten sich deswegen an der Arbeit mehrerer Grundeinheiten beteiligen, in der sie einen Wohn- oder Arbeitsort haben. Sie dürfen allerdings bei einer bestimmten Wahl nicht mehr als einmal ihre Stimme abgeben. Am Ende eines jeden Stimmzettels erscheint ein Eintrag: „jemand anders“. Wer für „jemand anders“ stimmt, protestiert damit gegen die angebotenen Kandidaten. Erhielte „jemand anders“ die Mehrheit der Stimmen, müssten neue Kandidaten ausgewählt und die Wahl wiederholt werden.

Politische Parteien sind zulässig, ja sogar erwünscht. Ihre Wahlprogramme müssen aber mehr als eine Ansammlung von Plattitüden sein. Sie müssen eine Erklärung und Begründung der Ziele sowie die Höhe und Art der erforderlichen Mittel und deren Quellen enthalten. Auch die parteilosen Kandidaten sind verpflichtet, solche detaillierten Programme zu veröffentlichen. Ein gewählter Amtsträger, der seine Wahlversprechen nicht einhält oder keine nennenswerten Anstrengungen unternimmt, um sie zu erfüllen, kann von den Wählern abberufen werden. Ein überparteilicher Wahlkampfausschuss stellt sicher, dass der Wahlkampf konstruktiv geführt wird und nicht darauf abzielt, die Gegner zu verunglimpfen. Er würde bei einem negativen Wahlkampf eine Verwarnung aussprechen und im Wiederholungsfall den Kandidaten aus dem Verfahren ausschließen.

Jede Einheit schuldet ihren direkt darunterliegenden Einheiten Rechenschaft. Die Einheiten sind in ihren Entscheidungen völlig frei, solange diese keine Auswirkungen auf andere Einheiten haben. Sind andere Einheiten betroffen, müssen sie der Entscheidung zustimmen. Verweigern sie ihre Zustimmung, kann sich die entscheidende Einheit an die nächsthöhere Einheit wenden. Die übergeordneten Einheiten dürfen nur dann tätig werden, wenn sie von den ihnen angehörenden Einheiten dazu ermächtigt wurden. Alle Macht und Ressourcen fließen in diesem System von unten nach oben.

Ackoff und Rovin illustrieren diesen Fluss der Macht und Ressourcen mit Beispielen. So könnten Einheiten der niedrigeren Ebene beschließen, ihre eigenen Schulen zu betreiben, aber die Verantwortung für Polizei an Einheiten der höheren Ebene delegieren. Wann immer eine Zuständigkeit nach oben delegiert wird, müssen die delegierenden Einheiten entweder die für die Durchführung der delegierten Zuständigkeit erforderlichen Ressourcen bereitstellen oder die dienende Einheit ermächtigen, dafür Gebühren zu erheben. Öffentliche Dienstleistungen würden sich deswegen tendenziell auf der Ebene ansiedeln, auf der sie zu den geringsten Kosten erbracht werden können. (Dieses System geht davon aus, dass die Einheiten über ihre eigenen Steuern beschließen und sie einziehen.) Die Haushalte aller Einheiten müssen von den ihnen angehörenden Einheiten genehmigt werden.

Die Einheiten auf allen Ebenen erstellen Pläne, Richtlinien, Gesetze und Vorschriften. Für ihre Umsetzung sind ihre direkt gewählten „Regierungen" oder Leitungen verantwortlich. Diese werden von ihren Einheiten kontrolliert. Jede Einheit ist dafür verantwortlich, dass die Pläne, Richtlinien, Gesetze und Vorschriften der ihr angehörenden Einheiten koordiniert werden, um etwaige Konflikte zwischen ihnen zu lösen. Darüber hinaus ist es keiner Einheit gestattet, einen Plan oder eine Richtlinie zu erstellen, die mit einem Plan, einer Richtlinie, einem Gesetz oder einer Verordnung der niedrigeren Ebene kollidieren, es sei denn mit ihrer Zustimmung. Es ist jedoch unwahrscheinlich, dass es zu Konflikten oder Unstimmigkeiten zwischen den Ebenen kommt, da jede Einheit (natürlich mit Ausnahme der niedrigsten und der höchsten) Mitglieder von sowohl übergeordneten als auch untergeordneten Einheiten enthält; diese Mitglieder werden potenzielle Konfliktquellen oder Unstimmigkeiten rechtzeitig aufdecken. Dadurch ist es unwahrscheinlich, dass Maßnahmen ergriffen werden, die unvorhergesehene negative Auswirkungen auf andere Einheiten haben.

Nun sieht der Entwurf vor, dass alle Entscheidungen in Konsens getroffen werden. Ist das möglich? Die Autoren (Russell Ackoff war ein im höchsten Maße erfahrener Berater in Entscheidungs- und Umstrukturierungsprozessen) berufen sich auf ihre Erfahrung und sagen: „Ja, wir haben noch nie einen Fall erlebt, in dem ein Konsens nicht zustande kam.“ Die Kunst besteht darin, sich auf ein Vorgehen, auf die Kriterien und auf den Prozess der Entscheidungsfindung einstimmig zu einigen, anstatt über Meinungen und fertige Lösungsvorschläge zu diskutieren. Wird am Ende dieses Prozesses doch kein Konsens erzielt, können sich die Beteiligten einstimmig auf einen Praxistest einigen, der zum Beispiel auf der Analyse der empirischen Daten zu der Sachfrage beruht. Wenn der Test gemeinschaftlich entwickelt wurde, wird auch sein Ergebnis von allen akzeptiert. Es ist zielführend, solche Entscheidungsfindungsprozesse von einem ausgebildeten und erfahrenen Dritten begleiten zu lassen, der es versteht, die scheinbaren Meinungsunterschiede zu Definitions- oder Sachfragen umzuformulieren. Bei gut definierten Problemen und bei Erwägungen zu Sachfragen finden die Beteiligten immer zusammen. Die Gruppe kann außerdem zum Anfang einen Konsens darüber erzielen, wie sie mit einer Situation umgehen wird, in der kein Konsens erzielt werden kann. Sie kann zum Beispiel einstimmig beschließen, dass in einem solchen Fall der Leiter die Entscheidung treffen wird.

Aus dem Design dieses Systems resultiert, dass es keine nationalen und lokalen Wahlen mehr gibt. Die Exekutiven des Staates werden auf allen Ebenen in dem oben beschriebenen stufenweisen, basisdemokratischen Prozess gewählt.

Demokratie von unten, aber föderal

Wir wollen den oben beschriebenen Systementwurf der mehrfach eingebetteten Ebenen auf die Bedürfnisse unseres Designs der neuen Zivilisation adaptieren. Die Struktur der lokalen Gemeinschaften, die sich selbst verwalten und ihre Vertreter in die jeweils höhere Ebene schicken, ist gut. Es kann keine Demokratie geben, die direkter ist. Sie führt zu einer Gesellschaft, die verantwortlich und aktiv zusammenarbeitet. Bei diesem System müssten wir uns weder Sorgen darüber machen, dass Populisten die Macht auf nationaler Ebene übernehmen, noch unpopuläre Entscheidungen scheuen.

In dem von Russell Ackoff und Sheldon Rovin vorgeschlagenen politischen System gibt es kein Parlament. Jede Einheit (von denen es in Deutschland annähernd 700.000 geben wird) ist ihre eigene Legislative und wählt ihre eigene Exekutive. Das kann zwar theoretisch durchaus funktionieren, ist aber sehr anders als das, woran wir gewöhnt sind. Außerdem könnte man in diesem System kaum eine föderale Struktur mit unterschiedlich großen Ländern abbilden. Auch die politische Bühne der Parlamente mit ihren Debatten und ihrer Entscheidungsfindung fehlte weitgehend. Das sorgte zwar für eine strikte Sachlichkeit in der Staatsführung, wäre aber suboptimal, wenn grundsätzliche politische Änderungen des Gesamtsystems diskutiert und erarbeitet werden müssen. Deswegen möchten wir vorschlagen, dass die Struktur auf der vorletzten Ebene in jeder föderalen Einheit (die Bundesländer in Deutschland) aufhört. Diese vorletzte Ebene wählt aus seinen Mitgliedern in einer direkten Wahl das Landesparlament (Landtag in Deutschland). Das nationale Parlament wird anschließend von allen Landesparlamentariern aus ihren Mitgliedern in einer direkten Wahl gewählt, und zwar im Verhältnis zu den Bevölkerungszahlen.

Der entscheidende Unterschied zu den heutigen Parlamenten ist, dass ihre Mitglieder basisdemokratisch in einem mehrstufigen Verfahren gewählt werden und nicht aufgrund der Nominierung durch politische Parteien. Die Parteien spielen in dem neuen System eine andere Rolle. Anstelle Macht auszuüben oder anzustreben, bieten sie eine Bühne und eine Organisationsstruktur für Menschen, die wegen ihrer politischen Überzeugungen zusammenkommen. Damit werden sie tendenziell ein klares Profil haben und dadurch in der Lage sein, einen wichtigeren Beitrag bei der Suche nach den besten Lösungen – nicht nur für die Gegenwart, sondern auch für die Zukunft der Gesellschaft und des Staates – zu leisten.

Aus der Tatsache, dass wir nicht den Konsum und die Einkommen besteuern wollen, resultiert, dass die Steuern nicht vor Ort auf der untersten Ebene eingezogen werden, um das Geld anschließend nach Bedarf an die höheren Ebenen zu zahlen. Ein beträchtlicher Teil des vom Staat gesammelten Geldes muss also von oben nach unten verteilt werden. Anschließend können die lokalen Einheiten aber (wie im Model von Ackoff und Rovin) frei über die Verwendung entscheiden und bewusst einige ihrer Aufgaben auf die höhere Ebene delegieren oder sich zu ihrer Erfüllung mit anderen zusammentun. Weil ihre Budgets begrenzt sind (anders als der Haushalt des Staates im heutigen System, der fehlendes

Geld einfach erzeugen kann), werden sie mit ihren Finanzmitteln achtsam wirtschaften. Das wird automatisch Effizienz und gesunde Konkurrenz der Dienstleistungsanbieter hervorbringen und der Entstehung von Monopolen oder ineffektiven staatlichen Unternehmen vorbeugen. Den anderen Teil der Steuereinnahmen soll der Staat für die Erfüllung von Pflichten verwenden, die ihm mehrheitlich von der Gesellschaft (konkret vom Parlament) übertragen wurden, wie den Betrieb von nationaler Infrastruktur, Verteidigung oder Bildung.

Meine Neigung zur pragmatischen Herangehensweise veranlasst mich außerdem dazu, Regeln und Mechanismen vorzuschlagen, die Ausnahmen in der totalen Freiheit der Grundeinheiten zulassen. Ich denke zum Beispiel an die Möglichkeit, dass die Gegner der Demokratie sich gezielt in einer Region niederlassen, um den Staat zu umgehen. Die Hürden für solche Ausnahmen müssen aber hoch sein und ihre Anwendung streng kontrolliert werden.

Noch wichtiger ist es, dass wir die Möglichkeit ausschließen, dass das Geld Einfluss auf die Entscheidungen auf allen Ebenen des politischen Systems nehmen kann. Das kann man dadurch erreichen, dass jegliche Spenden verboten werden. In einer Wirtschaft mit zwei Kreisläufen ist dies von essenzieller Bedeutung, weil das Kapital und die superreichen Bürger auf diese Weise den Umbau der Zivilisation torpedieren könnten. Die Reichen können sich frei in dem parallel existierenden System der Gemeinden organisieren und versuchen, auf diesem Wege Einfluss auszuüben. In den Strukturen des demokratischen Staates hat das große Geld aber nichts zu suchen.

Die sich freiwillig außerhalb der staatlichen Verwaltung organisierenden Gemeinden sind übrigens eine hervorragende Ergänzung der Demokratie von unten.

Da es sich um eine grundsätzliche Umgestaltung der Demokratie und des Staates handelt, wird sie erst dann gelingen können, wenn die gesellschaftlichen Kräfte des Wandels tonangebend in der Gesellschaft geworden sind und die Zweidrittelmehrheit in der Legislative erreicht haben. Vielleicht wird der Umbau des Staates sogar schwieriger durchzusetzen sein als der Umbau der Wirtschaft. Auch Reformparteien, wenn sie innerhalb eines bestehenden politischen Systems an die Macht gekommen sind, verspüren plötzlich eine Zuneigung zu diesem System. Wenn sie die Demokratie von unten einführen, müssen sie freiwillig ihre Macht abgeben. Das fällt schwer. Gelingen wird das nur, wenn diese Reformparteien wirklich nur die Speerspitze einer breiten und dynamischen gesellschaftlichen Bewegung sind. Dann wird das die Entscheidung der Menschen, nicht der Partei sein. Auch hier zeigt es sich, dass der Umbau auf eine aktive Gesellschaft, auf eine breite gesellschaftliche Bewegung für den Wandel angewiesen ist. Für die grundsätzlichen Schritte, wie die Einführung des Inneren Wirtschaftskreislaufs oder der Demokratie von unten, werden alle diese Kräfte sich zusammentun und gemeinsam handeln müssen.

Parlament der Gemeinden

Wir haben bereits wiederholt ein neues Organ im politischen System des Staates auf nationaler Ebene postuliert: das Parlament der Gemeinden. Damit ist eine Vertretung der Gemeinden gemeint. Große Gemeinden (kleinere könnten für diesen Zweck Bündnisse schließen) werden eines seiner Mitglieder für das Parlament der Gemeinden nominieren dürfen. Daraus entsteht ein neues demokratisches Organ, das den aktiven Teil der Gesellschaft direkt repräsentiert. Das Parlament der Gemeinden bekommt ähnliche Bedeutung wie das nationale, im Prozess der Demokratie von unten gewählte Parlament, erfüllt allerdings eine andere Aufgabe. Das nationale Parlament nimmt weiterhin die legislative Aufgabe wahr. Das Parlament der Gemeinden trifft seinerseits Richtungsentscheidungen zu grundsätzlichen gesellschaftlichen, kulturellen und zivilisatorischen Themen, die das legislative Parlament in geltendes Recht umsetzen muss. Das erste Gremium trifft die Grundsatzentscheidungen zur Umgestaltung des Systems und bestimmt damit, was getan wird. Das zweite übersetzt es in Gesetze und bestimmt damit, wie es getan wird. Die Regierung wird weiterhin vom nationalen Parlament gewählt. Die oben beschriebene Demokratie von unten bietet genug Garantie dafür, dass sie kompetente Fachleute und gute Manager enthält und nicht wie heute Berufspolitiker, die die Interessen ihrer Parteien und Lobbys repräsentieren.

Das Parlament der Gemeinden ergänzt das heutige politische System aus Legislative (gesetzgebende Gewalt), Exekutive (ausführende Gewalt) und Judikative (rechtsprechende Gewalt) um ein wichtiges Element: die langfristige Gestaltung der Zivilisation (Formikative; die gestalterische Gewalt).

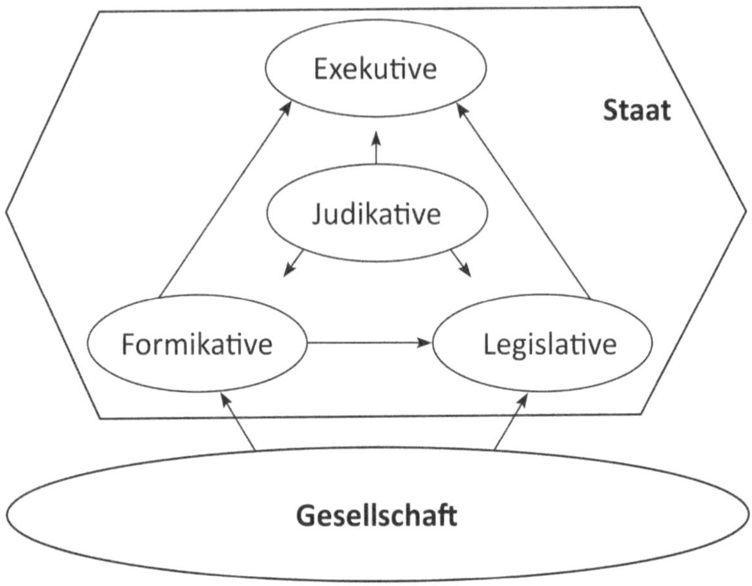

Die Gemeinden sind eine Vertretung der Gesellschaft. In ihnen haben sich Menschen zusammengeschlossen, die etwas für die Gemeinschaft tun möchten. Sie tun es in Zusammenarbeit, in demokratischer Abstimmung mit anderen. Die Gemeinden repräsentieren zwar eigene Interessen, aber diese orientieren sich mehr am Gemeinwohl. Sie wollen etwas erreichen, verändern. Wenn sie groß sind oder sich für den Zweck der Nominierung ihrer Vertreter zusammentun, repräsentieren sie die Interessen großer Teile der Aktiven, Engagierten in der Gesellschaft. Damit sind sie als ein Gremium dafür prädestiniert, die Entscheidungsfindung darüber herbeizuführen, was grundsätzlich getan werden muss, um unsere Gesellschaft, Kultur und Zivilisation robust und zukunftssicher zu machen.

Dadurch unterscheidet sich das Parlament der Gemeinden vom gesetzgebenden Parlament, das (indirekt) durch alle Bürger gewählt wird, auch diejenigen, die dem Gemeinwohl und der Zukunft der Gesellschaft indifferent gegenüberstehen. Das große Problem unseres gegenwärtigen politischen Systems ist, dass das Parlament und damit die Regierung aus einer momentanen Stimmung unter den Menschen, die vorwiegend von ihren partikulären und kurzfristigen Interessen ausgehen, gewählt wird. Dadurch ist die Regierung heute dazu gezwungen, große Veränderungen und unpopuläre Entscheidungen zu meiden. Sie tut nicht das, was für unsere Zukunft richtig und notwendig wäre, sondern das, was möglichst viele Wähler für den Moment zufriedenstellt. Sie gestaltet nicht. Mit diesem System fahren wir unsere Zivilisation gerade gegen die Wand.

Das mehrstufige Wahlverfahren der Demokratie von unten würde diese Schwäche zwar mindern, sie aber nicht gänzlich beseitigen. Das basisdemokratische System fördert zwar entscheidend das Engagement der Bürger, weil wichtige, sie selbst betreffende Entscheidungen lokal getroffen werden, ändert aber nichts daran, dass viele von ihnen vorrangig (und zu Recht) an ihre eigenen lokalen Interessen denken werden. Für eine grundsätzliche Umgestaltung auf der nationalen und internationalen Ebene sind das keine ausreichenden Voraussetzungen. Die abgestuften Einheiten der Demokratie von unten sind für die Verwaltung und Entwicklung des Staates prädestiniert, aber für die Arbeit an der Umgestaltung unserer Zivilisation brauchen wir zusätzlich das Parlament der Gemeinden.

Wir haben die formellen Gemeinden in vier Kategorien aufgeteilt: Gemeinnützige, Interessenvertretungen, politische Parteien und wirtschaftliche Interessenvertretungen. Nur die drei ersten sollen ihre Vertreter in das Parlament schicken dürfen. Damit verhindern wir, dass das Geld ein Übergewicht bei den Richtungsentscheidungen der Gesellschaft gewinnen kann. Vertreter der Wirtschaft und des Kapitals haben jede Möglichkeit, ihre Interessen als einzelne Mitglieder in den Gemeinden der übrigen drei Kategorien zu repräsentieren.

Bei der herausragenden Bedeutung des Parlaments der Gemeinden ist es notwendig, die Mitgliedschaft in der Vertretung zu formalisieren und Regeln zu unterwerfen. Ein Mitglied in dem System kann zwar jede registrierte Gemeinde werden, für die Entsendung eines Parlamentariers ist allerdings eine bestimmte Mindestanzahl an Mitgliedern notwendig. Die kleineren Gemeinden können trotzdem aktiv an den Entscheidungen des Parlaments teilnehmen, wenn sie gemeinsam einen Parlamentarier entsenden. Gemeinden und Bündnisse können zwar mehrere Parlamentarier entsenden, wenn die Anzahl ihrer Mitglieder das Mehrfache der Mindestanzahl beträgt, jedoch nicht proportional viele: Je größer die Gemeinde, umso weniger wirkt sich das auf die Anzahl ihrer Vertreter aus. Damit verhindert man, dass eine oder einige wenige sehr große Gemeinden die Richtungsentscheidungen, die die gesamte Gesellschaft betreffen, beherrschen können. Keine darf (beispielsweise) mehr als fünf

Prozent der Parlamentarier entsenden. Das Parlament kann seine Funktion in der Gesellschaft nur dann wirklich erfüllen, wenn auch neue oder unpopuläre Auffassungen und Ziele ihre Chance bekommen. Ohne diese Begrenzung könnte sich das System der Gemeinden mit der Zeit zu einer Art Parteiensystem entwickeln. Das würde seiner Grundidee zuwiderlaufen.

Mit der steigenden Anzahl an Gemeinden und Gemeindebündnissen, die die Mindestanzahl an Mitgliedern zum Entsenden von Parlamentariern erreichen, wird diese Mindestanzahl erhöht werden müssen, weil die Größe des Parlaments in etwa konstant bleiben soll. Das wird die Bündnisbildung kleinerer Gemeinden fördern mit dem Effekt, dass bereits im Vorfeld der parlamentarischen Entscheidungen in der Gesellschaft ausreichend Diskussion und Konsensbildung stattfindet. Die Qualität des demokratischen Prozesses wird dadurch erhöht und rein vernunftgeleitete Entscheidungen des Parlaments werden damit noch wahrscheinlicher.

Weil die politischen Parteien ebenfalls Mitglieder des Parlaments der Gemeinden stellen können, sind sie an den Richtungsentscheidungen beteiligt. Durch die Arbeit im Parlament erfahren sie auch hautnah, welche Themen der Gesellschaft, genauer gesagt ihrem aktiven Teil, wichtig sind. Damit wird die Arbeit ihrer Mitglieder, wenn diese in leitende Positionen auf verschiedenen Ebenen der Demokratie von unten gewählt werden, wertvoller.

Es wird von entscheidender Bedeutung sein, dass die Beziehungen zwischen den Gemeinden konstruktiv sind. Andernfalls würden sie in der Summe kaum zum Wohl der Gesellschaft beitragen. Gibt es einen Meinungs- oder Interessenkonflikt und erfordert die Situation eine Einigung, braucht man einen unbeteiligten Dritten. Zu diesem Zweck kann das Parlament der Gemeinden eine Schlichtungsstelle etablieren. Zu Schlichtern können ausschließlich die Mitglieder der Kammer der Weisen berufen werden. Ansonsten hat die Kammer (anders als bei der Bildung) in dem gesamten politischen System lediglich eine beratende Funktion.

Jedes Mitglied des Parlaments der Gemeinden (auch wenn es sich an der Wahl der Parlamentarier nicht beteiligt) kann natürlich an den außerparlamentarischen Aktivitäten des Parlaments teilnehmen und dabei seine Position vertreten. Mit seiner Mitgliedschaft unterwirft es sich allerdings den Regeln des Parlaments, beispielsweise den Entscheidungen der Schlichtungsstelle.

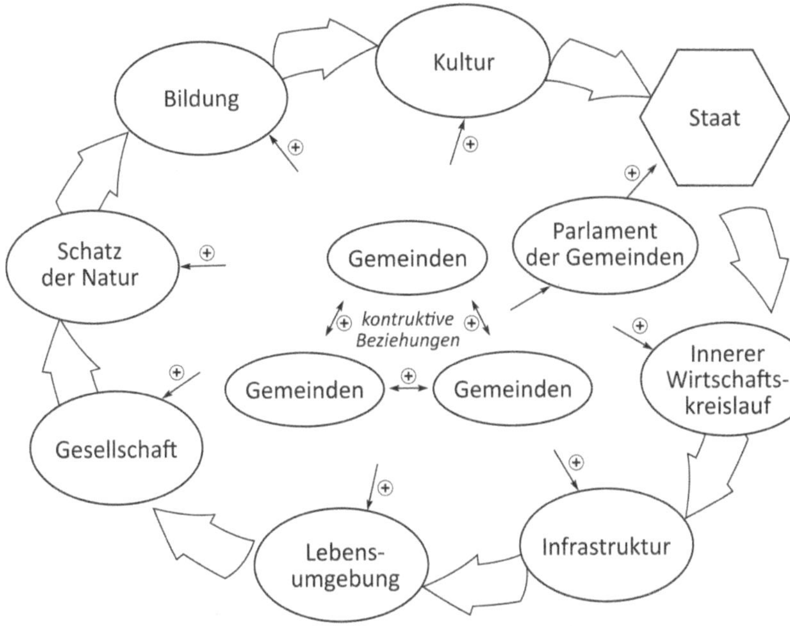

Damit spielen die Gemeinden in der neuen zivilisatorischen Architektur eine entscheidende Rolle. Sie arbeiten für das Gemeinwohl und sind der Kraftstoff des Umbaus. Sie erwachsen aus dem zunehmenden Verantwortungsbewusstsein der Bürger. Einen grundsätzlichen Umbau können nur Menschen einleiten, die sich dafür entscheiden, ihren Teil der Verantwortung zu übernehmen. Aus der Arbeit dieser Pioniere werden zunehmend verantwortungsvolle Gemeinden erwachsen. Konstruktive Beziehungen in der Gesellschaft basieren auf geteiltem Verantwortungsgefühl. Wenn die Arbeit der Wegbereiter dazu geführt hat, dass die Strukturen der Gesellschaft und des Staates verändert werden, wird das Verantwortungsbewusstsein in die Architektur des neuen Westens eingebaut. Der Wirkungsgrad der Verantwortung wird dadurch deutlich höher. Die Ausnahme wird zur Norm.

Wir holen noch den Äußeren Wirtschaftskreislauf ins Bild:

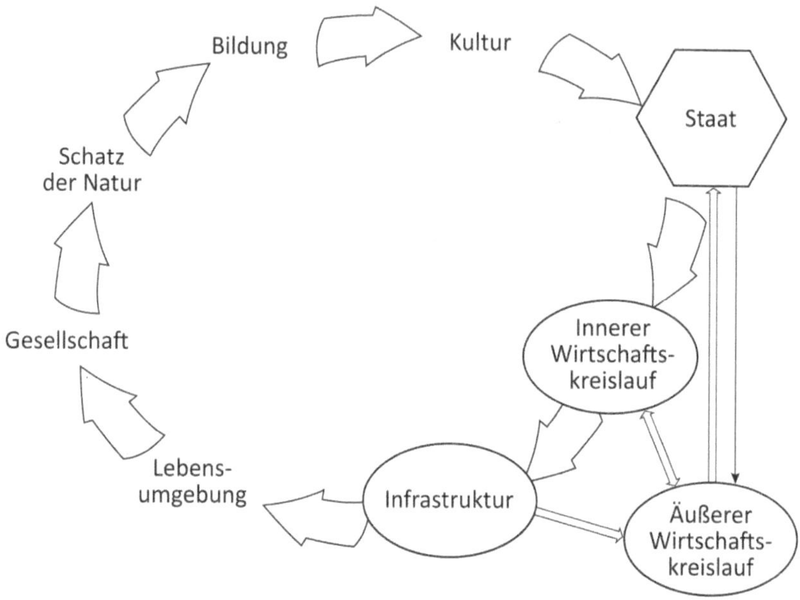

Wir haben eine gemeinsame Gesellschaft, einen gemeinsamen Staat und gehören zu einem gemeinsamen zivilisatorischen System. Der Äußere Wirtschaftskreislauf ist sein Subsystem, das zwar an die neue Architektur angebunden, jedoch nicht gänzlich in sie integriert ist. Bei gut designten Regeln kann das eine stabile Konstruktion sein, die dauerhaft Bestand hat. Trotzdem darf man darauf spekulieren, dass die Bedeutung des Äußeren Wirtschaftskreislaufs mit der Zeit abnehmen wird. Das würde das Gleichgewicht des neuen Systems (in seinem Inneren und mit der Natur) zusätzlich stärken.

Das Recht

Wir müssen unser Recht grundsätzlich überdenken. Wir haben das den Spezialisten überlassen und diese haben getan, was alle Spezialisten tun: Sie haben sich hinter einem Bollwerk verschanzt, wo sie ungestört über das Recht walten können. Wir verstehen oft nicht das, was dort gesagt und getan wird.

Das Rechtssystem ist kein Selbstzweck. Es ist ein Instrument, das die

Gesellschaft geschaffen hat – das wichtigste Instrument, das eine demokratische Gesellschaft besitzt. Das Recht ist für die Gesellschaft da und muss ihr dienen. Jeder Mensch weiß (wenn er es aufrichtig wissen will), was richtig und was nicht richtig, was wahr und was eine Lüge, was recht und was unrecht ist. Unser Rechtssystem zuckt dazu mit den Achseln, sagt: „Das kann nur ein Spezialist entscheiden", und bindet uns von unserer Verantwortung los. Für den Einzelnen hat das zur Folge, dass er die Stimme seines Gewissens vom gesellschaftlichen Geschehen entkoppelt und die Verantwortung für richtig und falsch abgibt.

Die Gesellschaft muss die Verantwortung für das Recht wieder zu sich holen. Wir müssen uns klar werden und ausarbeiten, in welcher Welt wir leben wollen, und das Recht darauf neu ausrichten. Wir werden weiterhin Richter und Anwälte brauchen, genauso wie wir Bauern und Ingenieure brauchen, aber wir dürfen die Verantwortung dafür, was recht und was unrecht ist, nicht an sie abtreten.

Wir benötigen als Gesellschaft ein Mindestmaß an Selbstverantwortung bei allen Menschen, die im Westen leben. Heute gehen wir davon aus, dass man dem Einzelnen nicht vorschreiben darf, wie er sich in seiner Interaktion mit anderen und mit seinem Umfeld verhält. Dieses Prinzip resultiert aus unserem Verständnis von Freiheit. Daraus folgt unter anderem die Meinung, dass die Gesellschaft den Menschen zu einem Verhalten, das anderen nicht schadet oder allen dient, nicht erziehen darf. Dahinter steht die Vorstellung von einem Bürger, der verantwortungsvoll handelt. Tatsächlich müssen Menschen, die Selbstverantwortung übernehmen, weder belehrt noch kontrolliert werden. Wenn man allerdings dieses Verständnis von Freiheit prinzipiell auf alle anwendet, schließt man die Augen vor der Realität. Dazu kommt, dass die Kinder immer weniger erzogen werden, was einen direkten Einfluss auf unseren Umgang miteinander, mit der Gesellschaft und mit der Umwelt hat. Außerdem kommen zu uns immer mehr Menschen aus anderen Kulturen, Menschen mit anderen Benimmregeln und anderer Vorstellung von der Gemeinschaft. In der Summe ist das praktische Resultat unserer heutigen Auffassung, dass unsere Kultur, ja sogar unsere Gesellschaft einer Erosion ausgesetzt ist. Prinzipien sind gut, wenn sie Gutes bewirken. Andernfalls sind sie bloß Blindheit, wenn nicht Dickköpfigkeit.

Ganz konkret kann das bedeuten, dass Menschen, die anderen oder der Natur mit Absicht Schmerz oder Zerstörung zufügen (oder dies bewusst in Kauf nehmen), den Schaden vollständig wiedergutmachen müssen.

Wir geben unser gemeinsames Geld dafür aus, um solchen Menschen ihre Taten zu beweisen. Gelingt das, geben wir wieder unser gemeinsames Geld dafür aus, sie zu bestrafen. Weil die wenigsten Bestraften durch dieses Vorgehen etwas lernen, ändern sie ihr Verhalten entsprechend selten. Würden sie dazu gezwungen, den Schaden mit eigenen Händen und Zeit soweit wie möglich wiedergutzumachen, würden wir ihnen die Gelegenheit geben, etwas daraus zu lernen. Das ist die Art und Weise, wie das indigene Recht überall in der Welt Verstöße und Verbrechen behandelt. Es baut auf Wiedergutmachung auf. In intakten indigenen Gemeinschaften gibt es deswegen Verbrechen viel seltener als bei uns. Dieses Rechtsverständnis geht vom Menschen aus, unseres nimmt die Perspektive des Staates an. Das erste funktioniert besser.

Das ist eine andere Art, über die Gesellschaft zu denken. Sie ist keine Milchkuh. Was wir von ihr an materiellen, kulturellen und zwischenmenschlichen Werten bekommen, fällt nicht aus dem Himmel. Sie werden mit den Händen, Herzen und Gedanken vieler geschaffen. Wenn jemand das ausnutzt, aber ganz besonders dann, wenn jemand diese Werte bewusst zerstört, müssen wir das ändern: aktiv und möglichst nachhaltig. Die Gesellschaft schafft Werte, weil Menschen in einer konstruktiven Art und Weise zusammenarbeiten. Alles Destruktive, ob auf die Menschen oder ihre Lebensumgebung bezogen, soll verhindert werden: aktiv und möglichst nachhaltig.

Die Regel der Wiedergutmachung kann man recht einfach auf alle Sachbeschädigungen und jeden Schaden für die Umwelt anwenden. In den Fällen, in denen Menschen Schaden zugefügt wurde, ist Wiedergutmachung schwieriger. Wenn man aber das neue Denken übernimmt, findet man fast immer eine Maßnahme, die dem Geschädigten oder der Gesellschaft nutzt und außerdem einen erzieherischen Effekt hat. Das schließt natürlich nicht aus, dass sich die Gesellschaft in Ausnahmefällen vor Tätern, die eine bleibende Gefahr darstellen, schützt, indem sie sie isoliert.

In diesem Zusammenhang sollten wir auch darüber nachdenken, wem die Natur gehört. Sie gehört weder einzelnen Menschen noch Staaten; auch der Boden oder die Flüsse und Meere nicht. Formell, rechtlich mag das heute anders sein. Es gibt aber ein höheres Recht als einen Grundbucheintrag. Die Eigentümer haben beispielsweise das formelle Recht an den Erzeugnissen des Bodens. Sie dürfen dort ein Haus bauen und das Grundstück umzäunen. Mit diesem Recht haben sie allerdings auch eine

Pflicht erworben: die Pflicht, die Natur dort nach Möglichkeit intakt zu halten. Weil man ihnen das beim formellen Erwerb des Bodens nicht gesagt hat, holen wir es jetzt nach. Falls sie es nicht tun, müssen sie die Kosten, die die Gesellschaft an anderen Plätzen für die Wiederherstellung der Natur aufbringt, mittragen. Formell gesehen hat die Staatengemeinschaft nicht das Recht, von Indonesien oder Brasilien zu verlangen, die Zerstörung des Regenwaldes aufzuhalten. Sie hat aber wohl das moralische Recht. Das Gleiche betrifft China oder die USA, wenn es um die Kohlenstoffdioxidemission geht. Wir werden unsere Einsichten ändern müssen.

Wir im Westen müssen übrigens einen gewaltigen Umdenkprozess vollbringen: Wir haben keinen größeren Anspruch auf die Ressourcen der Erde als andere, nur weil wir mehr Geld zahlen können. Die Natur kann nicht in Geld gemessen werden.

Heute geht unser Rechtssystem vom Einzelnen aus und die Gesellschaft ist das, was in den Zwischenräumen noch ein Platz findet. Das hier postulierte Denken geht im Gegensatz dazu vom Gemeinwohl (und dem Wohl des Lebens generell) aus und überlässt den Einzelnen alles, was übrig bleibt. Dieses Postulat wird sicher die Gemüter erhitzen. Unser Individualismus ist einfach sehr stark in unserem Denken verwurzelt. Die Gegner werden wahrscheinlich Beispiele aus der Geschichte aufführen, die aufzeigen, dass es für alle schlecht endete, als man das, was man für den Willen der Gemeinschaft hielt, über den Willen des Einzelnen stellte. Es lohnt sich, alle diese Beispiele genauer zu betrachten. Sie zeigen, dass es sich um fixe Ideen und Egos Einzelner oder kleiner Gruppen handelte. Das Wichtigste, was dieses Buch postuliert, ist, fixe Ideen, Egos und Egoismus Einzelner aus dem Design der Gesellschaft und der Zivilisation auszuschließen. Unter dieser Prämisse fallen alle Argumente des auf Individualismus basierenden Rechts in sich zusammen. Genauso, wie wir das Läutern des Geistes einzelner Menschen befürworten und unterstützen wollen, wollen wir auch das System der Gesellschaft und seine Instrumente läutern.

Geläuterte Gesellschaft

Gesellschaft ist nicht bloß eine Ansammlung von Menschen. Sie basiert auf Interaktionen und der daraus entstehenden Dynamik. Daraus folgt zwar einerseits, dass man sie nicht so wie ein Individuum zu einer Änderung des Verhaltens überreden kann. Andererseits kann eine aktive Minderheit, wenn sie eine konstruktive Dynamik erzeugt, die Gesellschaft verändern.

Dafür muss sie der Gesellschaft die Funktionsweise des heutigen Systems ohne jegliche Verkleidung vor Augen führen. Unter den Röcken ist die Wahrheit nicht nur nackt, sondern auch simpel, entscheidend simpler, als uns das die Experten aus Ökonomie und Politik glauben lassen: Das Ziel der Wirtschaft und des Finanzsystems in ihrer gegenwärtigen Form ist, das investierte Kapital zu vermehren. Sie benutzen dafür das ökonomische System. Dieses System erhalten wir alle am Leben, indem wir versuchen, ein Stückchen vom Kuchen für uns abzuschneiden. Wir wollen immer mehr, als wir haben, und lassen uns deswegen auf ein Spiel ein, das uns verspricht, etwas besser zu verdienen, etwas bequemer zu leben, etwas wichtiger dazustehen. Das Kapital bestimmt die Spielregeln und wir spielen mit. Es verfügt über genug Finanzmittel, um das Denken und Handeln der Politiker, internationaler Organisationen und wichtiger Meinungsbilder zu beeinflussen. Die Ergebnisse dieses Spiels sind die wachsende Macht des Geldes und die Zerstörung unserer Lebensgrundlagen. Das war's.

Dieses System kann sich aus eigener Kraft nicht so verändern, dass es andere Ergebnisse bringt. Von der Politik und vom Establishment wird kein Anstoß zu einer Veränderung kommen, die das Geldverdienen der Superreichen grundsätzlich behindert. Damit wird unsere Zivilisation weiter die Natur aus ihren Lebensräumen verdrängen. Das ist die kausale Kette, die die gegenwärtige Dynamik unserer Zivilisation beschreibt. Wir können sie nur von unten brechen, indem wir nicht mitmachen. Dafür müssten wir bereit sein, unsere Lebensweise deutlich zu vereinfachen, unsere Gier zu bändigen und die Verantwortung für die Veränderung zu übernehmen. Wenn sachlich erklärt, findet diese Wahrheit unschwer ihren Weg zu den Menschen.

Dieses Verständnis ist die Basis, auf der wir eine neue Wirtschaft aufbauen können. Es ist eine Wirtschaft, die das Ziel verfolgt, unseren Bedarf zu befriedigen, und die uns ein glückliches und erfülltes Leben ermöglicht. Einfache Lebensweise führt gleichzeitig zu der Symbiose mit der Natur. Nur auf der Basis eines einfachen und rücksichtsvollen Lebens kann unsere Zivilisation eine Zukunft bekommen. Unsere Erde ist schon jetzt zu klein für das Monster, das wir geschaffen haben. Noch halten wir einen Joker in der Hand: unsere Demokratie. Solange wir ihn noch haben, müssen wir das Spiel ändern. Werden viele von uns die Initiative ergreifen? Am Anfang nicht. Am Anfang braucht man allerdings keine Mehrheit. Eine Veränderung in der Gesellschaft geht immer von einer aktiven Minderheit aus.

Letztendlich also steht und fällt alles mit der Bemühung einzelner Bürger, sich selbst, ihr Verhalten und Denken und ihr Engagement in der Gemeinschaft zu verändern. Damit ist die Läuterung der Gesellschaft ein Ergebnis der geistigen Läuterung möglichst vieler Menschen. Sie funktioniert aber erst dann, wenn sie in ihrer Lebensumgebung und in der Gesellschaft aktiv werden; nur dann, wenn wir unsere Häupter, Herzen und Hände nicht nur für uns selbst arbeiten lassen, sondern die Verantwortung für das Gemeinwohl übernehmen.

Wenn sich die Gesellschaft klar darüber wird, was gemacht werden soll, was gut ist, wenn sie sich dafür entscheidet, die Zivilisation um die Vernunft, Milde und das Füreinander-da-Sein herum aufzubauen, wird die vorrangige Aufgabe des Staates, das Gute zu beschützen und zu stärken.

Geläuterter Staat

Es ist uns sicher klar geworden, dass unsere Anforderungen an die Dienste des Staates wachsen werden. Die verstaatlichte Infrastruktur will effektiv geplant und gemanagt werden. In die Umgestaltung der Lebensräume muss viel Intelligenz und Kreativität gesteckt werden. Die Regierung, wenn sie gestalterisch tätig sein soll, erfordert eine ganz neue Art der Regierenden. Das schwierige Terrain des spirituellen Wachstums bedarf Weisheit. Die Besten von uns müssen nicht nur in der Bildung, sondern auch für den Staat arbeiten. Was sie im Gegenzug bekommen, ist die einmalige Chance, die westliche Zivilisation mit eigener Vernunft und mit eigenen Händen neu zu gestalten.

Die praktische Umsetzung und die konsequente Anwendung des weiter oben beschriebenen Lernsystems werden die Qualität der Administration zusätzlich erhöhen. Das Lernsystem sichert die steigende Güte der Entscheidungen des Staates, die auch unabhängig von der Weisheit seiner Angestellten wachsen kann.

Der Staat mit seiner Administration ist besonders dafür geeignet, die dezentralen Bemühungen und Unternehmungen der Bürger zu koordinieren. Wenn sich beispielsweise Gemeinden für die Stärkung und Veredlung der westlichen Kultur einsetzen werden, soll die zentrale Administration dies unterstützen und koordinieren. Wenn sie sich für die Integration unserer Gäste aus anderen Kulturkreisen engagieren und dabei feststellen, dass diese gegen die Grundregeln unserer Gesellschaft oder Kultur verstoßen, soll der Staat aktiv werden. Heute hält er sich aus der kulturellen Aufgabe, besonders wenn sie das Verhalten in der Gemeinschaft betrifft, weitgehend heraus. Er folgt dabei den Vorgaben, die unser heutiges Recht vorschreibt: dem Vorrang der Rechte des Individuums vor den Rechten der Gemeinschaft.

Dies muss sich in der Zukunft ändern. In dem neuen Design soll die Weiterentwicklung der gemeinsamen Aktivität der Menschen in der Gesellschaft und der Kultur zur Staatsaufgabe erhoben werden. Das konkrete Engagement, die Ideen und die Arbeit, kommt zwar aus den Gemeinden, es erfordert allerdings zentrale Koordination und Unterstützung. Damit spielt der Staat mit allen seinen Organen und administrativen Einheiten auch bei dem Umbau und der Läuterung der Gesellschaft eine wichtige Rolle.

Wir sind nicht nur das Volk, wir sind auch der Staat. Wenn wir den Staat auf die oben beschriebene Demokratie von unten umgebaut haben, wird sich die Veränderung in der Administration auf allen Ebenen des Staates weitgehend von alleine ergeben. Auch deswegen ist die Umgestaltung unseres politischen Systems so dringend notwendig.

Im ersten Teil des Buches haben wir auf die Notwendigkeit hingewiesen, national und international gemeinsames Verständnis der Ausgangssituation und der Ziele zu erreichen. Ist diese Forderung nicht utopisch? Nur, wenn wir nicht damit anfangen. Derzeitig spricht keine politische Partei, keine große Organisation und keine Regierung mit den Bürgern ganzheitlich über die Ziele der Zivilisation oder über die Notwendigkeit, die Wirtschaft und die Natur in ein gemeinsames stabiles System zusammenzufassen. Irgendjemand muss damit anfangen.

Dabei ist es egal, wer und in welchem Land den ersten Schritt macht und ob es die etablierten Organisationen und Parteien tun oder wir dafür neue ins Leben rufen. Die Menschen sind klug genug, um durch ihre Wahlentscheidungen und ihr Verhalten in der Gesellschaft zu handeln, wenn man ihnen die Situation und die Lösung sachlich erklärt.

Dafür müssen aber die Intellektuellen, die gebildete Mittelschicht, ihre Einstellung zur Politik ändern. Bisher haben wir ein politisches System, in dem einige wenige sich statt für eine Karriere in der Wirtschaft oder Wissenschaft dazu entscheiden, „in die Politik zu gehen". Sie wählen eine der etablierten Parteien und versuchen, eine der prominenten Positionen in der lokalen oder zentralen Administration zu bekommen. Der Rest ist froh, dass es jemand tut, und kann sich ungestört seinen privaten Angelegenheiten widmen. Das funktionierte zufriedenstellend, solange die Aufgaben des Staates verhältnismäßig einfach und die Probleme überschaubar waren. Die heutige Situation ist diametral anders.

Die einzige Chance für die Demokratie (und für die Zivilisation) ist, wenn sich die gebildete Mittelschicht in ihrer ganzen Breite mehr politisch engagiert und Parteien verändert oder gründet. Wenn sie weiterhin die Geschicke des Landes den wenigen überlässt, die die politische Karriere als ihr Berufsziel wählen, werden wir die Demokratie verlieren. Wir wissen, dass große Probleme Politiker gebären, die einfache, populistische Lösungen vorschlagen. In der heutigen Medienwirklichkeit haben sie alle Mittel, um die Aufmerksamkeit und Zustimmung derjenigen zu bekommen, die nicht gelernt haben, differenziert zu denken. Die etablierten Parteien werden deswegen ihr Terrain verlieren oder sich weiter von den hohen Ansprüchen an die Demokratie und politische Kultur entfernen. Nur wenn die gebildete Mittelschicht politisch aktiv wird, werden Alternativen zu den Populisten entstehen, die überzeugend und den Aufgaben angemessen sind.

Außerdem brauchen wir Gestalter und Systemdenker als Staatslenker. Dafür müssen sie in die Politik gehen, und wir müssen sie bei den Wahlen gezielt unterstützen. Wenn Systemdenker politische Parteien gründen, werden auch ihre gewählten Vertreter gestalterisch denken.

Werden alle Länder diesen politischen Weg einschlagen und bei dem Umgestaltungsprozess mitmachen? Zuerst sicherlich nicht. Aber auch wenn sich in Europa nur einige wenige Länder finden, die den neuen Westen zunächst alleine aufbauen, ist das ebenfalls ein sinnvoller Zwischenschritt. Der Erfolg wird ihnen recht geben.

Zum Schluss eine Klarstellung

Zum Schluss der Beschreibung des neuen Designs unserer Zivilisation wollen wir einige entscheidenden Prämissen kurz zusammenfassen, um falsche Interpretationen zu erschweren, um die Postulate unmissverständlich zu machen.

Dieses Buch steht NICHT für:

- Begrenzung der individuellen Freiheit des Menschen,
- Zwang zu einem bestimmten Verhalten oder Denken,
- Abschaffung des Privateigentums,
- Esoterik, übersinnlichen Hokuspokus, religiösen Fanatismus.

Dieses Buch steht für:

- Selbstverantwortung der Menschen,
- Demokratie,
- Rechtsstaat,
- Übernahme der Verantwortung für das Gemeinwohl durch die Bürger,
- Gleichheit der Chancen für alle und Verpflichtung der Gesellschaft zur Hilfe für die Hilfsbedürftigen.

Auch wenn das nie unsere Intention war, könnte bei einigen trotzdem der Eindruck entstanden sein, dass der hier vorgeschlagene Umbau Menschen zu einem bestimmten Lebensmodell zwingen soll. So etwas passiert, wenn sich die Vorschläge von dem, was man gewohnt ist, grundsätzlich unterscheiden. Das mag unser Geist nicht, fühlt sich verstört. Seine automatische Reaktion ist Ablehnung, die sich gern der Mittel der Pauschalisierung bedient, um die unbequemen Postulate abzutun. Bei dem postulierten Umbau versuchen wir nicht, Menschen zu ändern. Unsere Intention ist, Bedingungen zu schaffen, in denen Menschen einfacher ihre Gewohnheiten und Vorlieben ändern *können*, weil ihre Lebensumgebung und die Kultur ihnen Alternativen bieten. Es ist die heutige konsumistische Gesellschaft, die die Menschen zu instrumentalisieren versucht. Unser Ziel sind selbstständig denkende, mündige, reife Bürger.

Wir hegen auch nicht die unrealistische Erwartung, dass alle ihr Wachstum als Individuum und als Mitglied der Gesellschaft zu ihrem Lebensziel erklären. Für das Gelingen der Redesigns unserer Zivilisation reicht es, wenn ausreichend viele Menschen in dem neuen System für sich Vorteile sehen. In Rahmen der Regeln des Inneren Wirtschaftskreises wird sich gut leben lassen. Jeder dort bekommt einen gesicherten Lebensunterhalt, genug Freizeit, frei zugängliche Infrastruktur... Die Möglichkeiten, ein gesundes, friedliches Leben in einer freundlichen Umgebung zu führen, werden im Vergleich zu heute wachsen.

Wenn sich die Wellen der Aufregung über die Vorschläge gelegt haben, werden diese Vorteile für (fast) alle sichtbar und erfahrbar. Und wenn man den neuen Rahmen einmal akzeptiert hat, wird man sein Leben, wie auch immer man es gestalten möchte, gut leben können. Wir wünschen allen, dass sie im Rahmen der neuen westlichen Zivilisation ihren eigenen Weg zum glücklichen, erfüllten Leben finden. Seien Sie einzigartig. Suchen Sie nach *Ihrer* Wahrheit.

TEIL 3

WAS MÜSSEN WIR TUN?

WIE FANGEN WIR AN?

Es gibt eine schöne Geschichte über einen bekannten Yogi, der sein Leben am Ufer des Ganges verbrachte. Einmal während der Regenzeit kamen die Vertreter der indischen Regierung und suchten das Gespräch mit ihm. Im Laufe der Unterhaltung beklagten sie sich über die überall in der Verwaltung herrschende Korruption und baten den heiligen Mann um einen Rat. Der Yogi antwortete mit einer Parabel.

„Sie sehen, wie trüb das Wasser des Ganges ist", sagte er. „Stellen Sie sich vor, dass Sie eine Packung von Wasseraufbereitungstabletten haben. Sie könnten dann einen Behälter nehmen, ihn mit dem Flusswasser füllen, es reinigen und den Menschen, die dort jetzt das schmutzige Wasser trinken, geben. Die Tabletten in den Ganges zu werfen und zu erwarten, dass das Wasser sauber wird, würde keinen Sinn machen – der Ganges ist ein großer Fluss." Die Regierungsbeamten nickten nachdenklich. Der heilige Mann fügte noch hinzu: „Sich zu beklagen, dass es viel Korruption gibt, bringt nichts", und versank wieder in Meditation.

Wir reden heute bereits genug darüber, dass der Klimawandel angehalten werden muss, dass die Abholzung der Regenwälder eine Katastrophe für die ganze Menschheit ist, dass wir nicht länger die Ressourcen der Erde gedankenlos verschwenden dürfen. Wenn wir nicht handeln, unser eigenes Verhalten nicht ändern und warten, dass die anderen es tun, wird sich nie etwas bessern.

Geht es nicht einfacher?

Grundsätzliche Veränderungen sind ein Kraftakt. Bevor wir damit anfangen, wollen wir deswegen erneut fragen, ob es wirklich keinen einfacheren Weg gibt. Um diese Frage zu beantworten, wenden wir den Zu-Ende-denken-Test an.

Es gibt zwei grundlegende Mechanismen, die über die Entwicklung unserer Zivilisation bestimmen. Der erste ist die Geldvermehrung. Er ist die Grundlage unserer Wirtschaft. Er baut darauf auf, dass wir immer mehr wollen. Dafür stellen wir der Wirtschaft unsere Zeit und Fleiß zur Verfügung. Im Gegenzug können wir uns ständig neue Sachen leisten. Nebenbei vermehren wir den Reichtum der Anteilseigner und blähen die

Wirtschaft weiter auf. Es ist eine sich selbst verstärkende Dynamik, die zu Ende gedacht zum endgültigen Verbrauch aller Ressourcen und des Raums der Natur führt. Die Energie des Lebens ist wahrscheinlich stärker als die destruktive Energie der Menschen, so dass unser lebendiger Planet nicht gänzlich stirbt, dass nutzt uns aber nichts, wenn wir als Gattung aussterben. Am Ende steht also der Untergang.

Der zweite Mechanismus betrifft unsere innere Welt. Wir übergeben das innere Territorium den anderen, der Wirtschaft, den Medien, eine Parzelle nach der anderen – die meisten von uns. Im Gegenzug bekommen wir Zerstreuung, Ablenkung, Spaß. Sie kosten uns nichts, vor allem keine Mühe. Diese anderen brauchen unsere Aufmerksamkeit, um entweder Geld zu verdienen oder Macht zu erlangen. Was wir nebenbei ernten, sind Seichtheit und Konformität. Wenn man diese Dynamik zu Ende denkt, erhält man eine Gesellschaft, die von einigen beherrscht und gesteuert wird. Als George Orwell vor 70 Jahren eine derartige Kontrolle ersonnen hat, ist er noch vom Zwang ausgegangen. Die Wirklichkeit ist deutlich simpler: Man muss den Menschen nur etwas schenken, was man ihnen davor als anstrebenswert angepriesen hat, dann geben sie im Gegenzug die Selbstbestimmung über ihre geistige Welt freiwillig ab. Dies mündet immerhin nicht in einem Untergang, lediglich in Delirium.

Der Zu-Ende-denken-Test zeigt uns in beiden Fällen, wie grundsätzlich die Bedrohungen sind. Mit Korrekturen innerhalb der Regeln des heutigen Systems kommen wir nicht weit. Wir brauchen ein gänzlich anderes System.

Die einzige grundsätzliche Alternative zu der Geldvermehrung heißt Genügsamkeit. Die beste grundsätzliche Alternative zu der Kontrolle über unser Denken heißt geistige und spirituelle Entwicklung in mühevoller Arbeit an sich selbst. Kurz gesagt sind Verzicht und Anstrengung unsere einzige Chance. Sind wir dazu bereit?

Es gibt viel mehr Menschen, die sich für die Welt verantwortlich fühlen, die für andere Gutes wollen, die nach moralischen Prinzipien zu leben versuchen, als das heute sichtbar wird. Sie sind die Mehrheit! Die Rettung unserer Zivilisation und Kultur fängt an mit einem Entschluss dieser Menschen, zu handeln.

Der Grund, warum sie heute wenig sichtbar werden, liegt in der heutigen Zivilisationsarchitektur. Sie verstärkt Gier und Wettbewerb. Sie belohnt die Geldvermehrung und schiebt die Güte an den Rand. Egal für welches konkrete Design wir uns letztendlich entscheiden werden, es muss diese Menschen stärken und die gierigen, rücksichtslosen und egoistischen schwächen. Es gibt keine Alternative, wenn wir als Zivilisation überleben wollen.

Haben wir die Mittel?

Bei der zivilisatorischen Bilanz im Kapitel „Neues Design" haben wir bereits unsere vielen Aktiva aufgezählt. Wir haben ein gutes Klima und fruchtbare Böden, die uns immer genug zu essen geben werden. Wir haben unglaubliches Wissen und mächtige Technologien entwickelt. Wir besitzen die stärkste Wirtschaft und die am besten ausgebaute Infrastruktur. Wir haben einen Staat, der noch nicht korrupt ist, und das am besten funktionierende Rechtssystem weltweit. An materiellem Reichtum, als Privatpersonen und als Gesellschaft, besitzen wir deutlich mehr als alle anderen Regionen der Welt. Wir sind eine wohlhabende Zivilisation, wohlhabender und ausgereifter als alle anderen, und eine reife, vielfältige Kultur. Wenn wir den Umbau nicht schaffen, wer dann?

Das Wichtigste sind die Menschen. Es gibt so viele kluge, verantwortungsvolle Menschen in allen westlichen Ländern. Sie verstehen die Notwendigkeit eines radikalen Wechsels beim Umgang mit der Natur und sehen ein, dass wir unser Zusammenleben in der Gesellschaft überdenken müssen. Sie sind bereit, ihren Lebensstil anzupassen, wenn sie überzeugt werden, dass dies im Rahmen eines sinnvollen zivilisatorischen Planes erfolgt, den sie mittragen. Vor allem haben sie genug Wissen, um die komplexen Zusammenhänge der verschachtelten Systeme der Natur, Wirtschaft, Gesellschaft und Kultur zu begreifen.

Unsere Technologien ermöglichen es, den Bedarf aller Menschen im Westen unschwer zu befriedigen, ob es sich um Essen, Wohnen, Bewegen oder Kommunizieren handelt. Sie befähigen uns auch, fast alle zerstörerischen Belastungen der Umwelt innerhalb überschaubarer Zeit zu beenden.

Wir haben auch genug Geld und andere materielle Werte. Alleine der deutsche Haushaltsüberschuss aus einem Jahr (50 Milliarden Euro in 2016), wenn für den Bau neuer Schulen ausgegeben, würde ermöglichen, die durchschnittliche Klassengröße im ganzen Land um 20 Prozent zu reduzieren. Hätten wir alle unsere Bankkonten, Börsen, Derivate, Reserven, Goldvorräte (also Geld, das wir offensichtlich nicht brauchen, weil wir es nicht ausgeben) in diesem Augenblick eingefroren, würde das die unvorstellbare Summe von 300 Billionen Euro ergeben; etwa zehnmal so viel, wie alle Unternehmen, Regierungen und Menschen in der EU und in den USA jährlich einnehmen. Wir hören ständig, dass uns die Mittel für die wichtigen Aufgaben fehlen. Es mangelt uns nicht an Geld, sondern an Verständnis, Kühnheit im Denken und an Willen, unsere Probleme von Grund auf zu lösen.

Aufklärung

Alles fängt mit unserem Denken an. Die Misere, in der wir stecken, haben wir uns selbst erdacht. Wie das? Wenn wir denken, dass wir immer mehr Gegenstände brauchen, bedingen wir die ausufernde Produktion von Gegenständen. Wenn wir glauben, dass die Befriedigung der Impulse unserer Sinne uns glücklich macht, erzeugen wir eine Lebensumgebung, die uns ständig auf die Sinnesbefriedigung lenkt. Wenn wir von unserem Leben erwarten, dass es uns unterhält und uns von schwierigen existenziellen Fragen fernhält, erschaffen wir eine Welt, in der wir nie alleine, in Stille sind und in der wir ununterbrochen kommunizieren.

Das bedeutet, dass wir unsere Zivilisation nur neu gestalten und damit retten können, wenn wir unser Denken verändern. Wenn wir unsere Vorstellungen über das Glücklichsein und über den Zweck unserer Anstrengung in dieser Welt revidieren, wird sich unsere Welt anpassen. Es gibt keinen anderen Weg.

Nun gibt es zwei Einflussfaktoren, die unsere Überzeugungen und Gewohnheiten bestimmen. Der erste ist das, was wir in unserem Geist erzeugen. Der zweite ist das, was uns unser Umfeld nahelegt. Unser Denken können wir ändern, auch wenn es Arbeit bedeutet: durch das aktive Beobachten der Prozesse, die in unseren Organen des Geistes ablaufen, durch die Analyse des eigenen Handelns, durch mentale Hygiene. Die Einflüsse aus unserem Umfeld gehen immer über die Tore der Sinne und die Fenster, die wir ihnen in unserem Geist öffnen, hinein. Letztendlich also können wir über beides bestimmen.

Das bedeutet aber auch, dass wir die Verantwortung für die Neugestaltung unserer Welt nicht auf andere, auf den Staat, auf die Umweltorganisationen oder auf die Unternehmen, in denen wir arbeiten, schieben können. Wir, jede und jeder von uns, entscheiden, ob unsere Zivilisation und Kultur überleben und ob unser kleiner Planet zerstört wird oder wieder aufblüht. Das ist keine Metapher, keine rhetorische Redewendung – das ist eine nackte Tatsache.

Gewiss schaffen letztendlich der Staat, die Organisationen, die Unternehmen die Regeln und Fakten, die eine konstruktive Dynamik erzeugen und unser Umfeld positiv beeinflussen. Aber das sind auch wir. Die Wahrheit ist, dass die einzige Rettung für unsere Zivilisation, für die westliche Kultur, für unsere Lebensart ist, wenn möglichst viele von uns mehr Verantwortung für ihr Denken übernehmen und dann auch konsequent aus diesem Denken heraus handeln.

Wir brauchen eine neue Aufklärung. So wie die Aufklärung des 18. Jahrhunderts unser Denken von den Fesseln der Kirche und des spekulativen Denkens befreite, wird die Aufklärung des 21. Jahrhunderts uns von den Fesseln des Spekulationskapitals und des materialistischen Nutzdenkens befreien. Die zynischen Demagogen, die ein Land nach dem anderen erobern, können nur deswegen so erfolgreich sein, weil sich unsere Kultur auf dem Rückzug befindet. Wir haben unsere humanistischen Ideale durch Geld ersetzt und geben unsere innere Welt immer weiter für die Wirtschaft und die Unterhaltungsindustrie frei und vergeuden unsere Zeit und Energie mit Belanglosigkeiten. Den Rest unseres Lebens verbringen wir damit, mehr Geld zu verdienen, das wir für Sachen ausgeben, die wir nicht wirklich brauchen, und damit, dass diese Sachen so funktionieren, wie wir es möchten.

Das Umdenken, das wir vollbringen müssen, ist deswegen enorm. Wir müssen uns Wahrheiten stellen, denen wir seit Langem aus dem Weg gehen. Die wichtigste von ihnen ist, dass wir der intakten Natur ihren Platz zurückgeben müssen. Die dringendste Priorität der Menschheit heute ist nämlich die Rettung der intakten Natur, nicht das Anhalten der Erderwärmung (wie dringend und alternativlos es auch ist). Der Grund dafür ist einfach: Das Leben auf dem Planeten würde sich irgendwann an höhere Temperaturen und Meeresspiegel anpassen, und die Menschen sowieso. Wenn aber die Biosphäre, das Leben selbst zerstört ist, gibt es kein Zurück mehr, wenigstens nicht in einem Zeitraum, den wir überblicken können. Warum also sind unsere gegenwärtigen Prioritäten entgegengesetzt? Warum tun wir als Menschheit nichts, um das Artensterben aufzuhalten?

Die Antwort ist simpel: Um die übermäßige CO_2-Emission zu stoppen, müssen wir nur die Technologien ändern. Wir müssen auf nichts verzichten – wenigstens lässt man uns das glauben. Aber um der Natur ihren Raum zurückzugeben, müssten wir auf einen Teil unseres Konsums verzichten, die Wirtschaft müsste schrumpfen, wir müssten unsere Ernährung ändern, wir müssten mit weniger Raum und Bequemlichkeiten auskommen… Und das wollen wir nicht. Und deswegen sprechen auch die Regierungen nicht darüber. Es ist viel einfacher, für alle viel einfacher, sich der Dekarbonisierung des Verkehrs oder des Wohnens zu widmen – es erfordert weniger Umdenken. Ohne eine durchgreifende Aufklärung wird sich die Menschheit dieser Wahrheit bis zum Schluss nicht stellen wollen. Ohne ein großes Umdenken gibt es für unsere Zivilisation keine Zukunft.

Wir müssen einsehen, dass die Natur niemandem gehört, auch der menschlichen Gattung nicht. Jedes Leben hat ein grundsätzliches Existenzrecht. Die Eingriffe des Menschen in seine Umwelt müssen auf das absolut Notwendige begrenzt werden. Sie sind nur dann gerechtfertigt, wenn sie seinen notwendigen Bedarf befriedigen, und auch dann müssen sie behutsam vorgenommen werden. Aus dieser Einstellung werden die Genügsamkeit als Grundeinstellung der Menschen und die Harmonie mit der Natur resultieren.

Der Mensch ist wiederum eine harmonische Einheit aus Körper, Geist und Seele. Seine Bemühungen während seines Lebens, die sich heute auf den materiellen Bereich konzentrieren, müssen in alle drei Bereiche gleichermaßen gelenkt werden – sie müssen ausgewogen sein. Aus seiner neuen Einstellung zu seinem Selbst und der Welt werden Selbstverantwortung und Verantwortung resultieren.

In der Summe schafft dieses Denken eine stabile Grundlage für eine nachhaltige Zivilisation, die das Wachsen der Menschen und glückliches Leben unterstützt. Um es zu erreichen, brauchen wir eine groß angelegte Aufklärung.

Es geht nur von unten

Wie sich das gegenwärtige westliche zivilisatorische System entwickelt, sieht man am deutlichsten in den Vereinigten Staaten: die Kältestarre der Demokratie, die Unterordnung der Gesellschaft unter die

Interessen des Spekulationskapitals und der Großkonzerne, die zunehmende Einfältigkeit und Radikalisierung des Denkens der Mehrheit der Menschen usw. Wenden Sie den Zu-Ende-denken-Test an – das Ergebnis ist erschreckend. Es gibt keine Lösung für diese Probleme innerhalb des existierenden Systems! Unverändert wird es unausweichlich im Kollaps enden. Die einzige Lösung ist, ein anderes System zu entwickeln. Das neue System muss die zerstörerischen Mechanismen außer Kraft setzen und in der Gesellschaft eine Basis schaffen, die aufbauende Mechanismen möglich macht. Solche Änderung kann nur außerhalb der heutigen gesellschaftlichen und zivilisatorischen Strukturen initiiert werden. Die Gesellschaft muss sich neu organisieren und die demokratischen Regeln dafür benutzen, das Steuerrad zu übernehmen. Es gibt einfach keinen anderen Weg. Es ist nur eine Frage der Zeit, bis die heute wirkenden Kräfte die Demokratie zerstören. Wir müssen uns beeilen!

Wir wissen bereits, dass man die Zivilisation vor allem durch Einwirkung auf die Interaktionen, Kommunikationen und gegenseitigen Beeinflussungen innerhalb der Gesellschaft verändern kann. Diese basieren auf der einen Seite auf Verständnis, auf der anderen auf Regeln, nach denen interagiert wird. Wie kann man beides verändern?

Für das Verständnis waren seit der Aufklärung die intellektuellen Eliten Europas zuständig. Heute sind sie deutlich breiter und könnten ungleich einfacher zusammenkommen und den Menschen ihre Meinung präsentieren. Sie könnten sich im Angesicht der gegenwärtigen Bedrohungen für das Leben, für die Kultur und Zivilisation verbinden, grundsätzliche Gemeinsamkeiten finden und anschließend auf die öffentliche Meinung Einfluss nehmen. Nur die intellektuellen Eliten werden der Bevölkerung glaubhaft machen können, dass die Veränderung der Zivilisation nicht von außen (durch etwas Unvorhergesehenes, ein Wunder der Technik beispielsweise) und nicht von oben (also von den Regierungen) kommen kann. Dafür ist konkretes Handeln der Bürger notwendig. Erst aus dieser Feststellung kann anderes Verhalten in der Gesellschaft geboren werden: nicht mehr passiv, sondern aktiv. Nur die aktive Haltung kann die notwendige gesellschaftliche Dynamik erzeugen.

Anstatt den heute geltenden Regeln zu folgen, müssen Menschen neue anfordern. Die Regel, die wir am meisten benötigen, ist, dass das Gemeinwohl vor den Einzelinteressen, das Leben vor dem Geld, objektiv vor subjektiv, vernünftig vor emotionell steht. Dafür müssen wir ein Ethos der Objektivität und Sachlichkeit begründen. Die andere Grundregel ist, dass bei allen komplexen Entscheidungen das Denken in Systemmodellen angewendet wird. Kurzfristig wird das intensiver Aufklärung und Diskussion bedürfen. Mittelfristig werden uns dabei die veränderten Bildungsinhalte helfen.

In diesem Zusammenhang müssen wir uns vor Augen führen: Die Demokratie ist als ein politisches System der Armen und Benachteiligten entstanden und repräsentiert potenziell immer noch die Interessen der Bürger mit einem durchschnittlichen Einkommen. Menschen sind so lange Demokraten, wie sie arm sind. Wenn sie reich oder mächtig werden, verwandeln sie sich in Aristokraten. Erwarten Sie nicht, dass die Aristokraten eine Wende in Richtung mehr Gerechtigkeit oder angemessene Beteiligung des Kapitals an den Umgestaltungskosten der Zivilisation einleiten. Das müssen wir schon selbst in die Hände nehmen und unsere Sache gegen den Widerstand der Reichen und Mächtigen durchsetzen. Mit dem demokratischen System haben wir dafür das notwendige Mittel.

Damit liegt die ganze Verantwortung dafür, eine Wende herbeizuführen, bei uns Bürgern, also bei Ihnen und bei mir und bei unseren Freunden, Nachbarn, Arbeitskollegen, bei den Menschen, mit denen wir in einem Verein oder einer Organisation zusammenarbeiten. Wir müssen das Thema, wie wir unsere Demokratie retten, wie wir unsere Kultur stärken, wie wir unsere Zivilisation so gestalten, dass sie eine Zukunft hat, auf unserer persönlichen Prioritätenliste nach oben schieben. Durch unser Verhalten, durch unser Kommunizieren in der Gesellschaft und vor allem durch unser gemeinsames Handeln zwingen wir unsere Politiker und unsere Regierungen, sich ernsthaft mit diesem Thema zu beschäftigen. Das Designen selbst muss zwar von oben her gesteuert werden, es wird aber von unten eingeleitet und getragen.

Damit ist der erste Schritt, unsere Zustimmung für die gegenwärtige Zivilisation zurückzuziehen und uns zu entscheiden, Bürger im Land einer nachhaltigen, menschenfreundlichen, edlen Zivilisation zu werden. Wenn viele von uns dies tun, ist der neuer Westen unvermeidbar.

Unsere Gegner

Wenn man sich auf eine schwierige Mission vorbereitet, ist es ratsam, sich über die größten Hürden und die Widersacher klar zu werden.

Der entscheidende und der mit Abstand schwierigste Kampf wird in unseren Köpfen ausgetragen. Wir haben in den letzten fünfzig Jahren unsere Gedanken- und Bilderwelt kampflos den Marketingabteilungen der Industrieunternehmen und den kommerziellen Medien überlassen. Sie haben keine kulturelle oder zivilisatorische Mission. Sie haben die Gewinn-und-Verlust-Rechnung ihrer Arbeitgeber in Sinne. Die Wünsche, Vorstellungen und Argumentationsketten, die sie in uns eingepflanzt haben, waren Mittel zu diesem Zweck. Sie werden das gewonnene Terrain nicht freiwillig zurückgeben.

Die Geschäftsführungen der Unternehmen werden ebenfalls mit allen ihnen zur Verfügung stehenden Mitteln gegen alles vorgehen, was den Umsatz und das Ergebnis gefährdet. Machen Sie sich auf einen Aufschrei der Wirtschaftslobby gefasst – sie wird Horrorbilder aufmalen, Armut und Untergang beschwören. Sie verfügt über Geld und Mittel, um gegen jegliche Begrenzung der Produktion oder zusätzliche Besteuerung vorzugehen.

Das gleiche ökonomische Prinzip kann uns allerdings auch helfen, wenn wir in der Gesellschaft genug Macht erobern, also genug Kaufkraft darstellen. Dann werden sich einige Unternehmen in dieser Marktnische etablieren wollen und unsere Positionen unterstützen. Wenn die Dynamik in der Gesellschaft stark genug wird, wird das „wie von unsichtbarer Hand" analoge Dynamik in der Wirtschaft erzeugen.

Die zweite wichtige Gruppe unserer Gegner werden die Fachleute, die Spezialisten sein. Sie wissen besser, wie die Wirtschaft funktioniert, was das Rechtssystem zusammenhält, wie Menschen denken, was man in den Schulen unterrichten muss usw. Sie haben es schon immer gewusst und die Praxis habe ihnen immer recht gegeben. Ein ganzheitlicher Ansatz muss ihnen einfach ungeheuer sein, weil sie Experten sind. Machen Sie sich auf Aussagen von selbst ernannten Koryphäen bereit, die die Situationsbeschreibung, das Ziel, die Methode und den Weg zerreden oder verspotten werden.

Vor allem die Spezialisten für die Wirtschaft werden uns Horrorszenarien aufmalen. Die Ökonomen werden uns mit Argumenten, mit Zeichnungen und Zahlenkolonnen konfrontieren und uns mit ihrer Komplexität und Unverständlichkeit einzuschüchtern versuchen. Ihre Gleichungen beschreiben das, was sie kennen. Ihre Argumente sind im Rahmen eines gänzlich anderen Systems wertlos.

Die Spezialisten sind notwendig und wertvoll, sie sollten allerdings erst dann die Bühne betreten, wenn die Generalisten das Stück, die Regie und das Bühnenbild entwickelt haben. Wenn wir die Situation, das Ziel und den Weg strikt faktenbasiert und logisch ausdiskutieren und beschreiben, werden wir genug Wissenschaftler und leitende Praktiker auf unserer Seite haben. Derselbe Mechanismus, der die unzähligen Fachdisziplinen des Wissens hervorgebracht hat, wird auch eine neue Elite der Zivilisationsdesigner hervorbringen.

Wenn wir der praktischen Spiritualität im Westen offiziell die Bürgerschaft verleihen, werden unzählige selbst ernannte spirituelle Lehrer und Lehrmeister auftauchen. Sie werden Glück und inneren Reichtum ohne Arbeit an sich selbst und ohne Schwierigkeiten versprechen. Es ist leider einfacher, dem Menschen einen magischen Glücksbringer für 10.000 Euro zu verkaufen, als ihn dazu zu bewegen, ernsthaft zu untersuchen, was ihn glücklich macht und warum. Wenn wir aber klar denken und sachlich bleiben, werden wir sie recht einfach demaskieren können. Eine wirkliche spirituelle Größe tut zwei Sachen nie: Reklame für seine oder ihre Person und sich persönlich bereichern. Wenn jemand viel Aufmerksamkeit oder Geld für sich verlangt, ist er garantiert kein spiritueller Meister.

Wir brauchen genügend spirituelle „Arbeiter" und sie sollen mit ihrer Arbeit für die Gesellschaft (vor allem in den Schulen) ihren Lebensunterhalt verdienen können. Sie dürfen sich aber nie über uns oder ihre Schüler erheben. Wenn wir unsere Werkzeuge (den Überall-Test, den Wem-nutzt-das-Test, den Zu-Ende-denken-Test, den Tun-was-man-predigt-Test) anwenden, werden wir Spreu vom Weizen trennen können. Wir haben das Glück, dass gerade ein Gottesmann als Oberhaupt der katholischen Kirche dient. Weltweit gibt es spirituelle Autoritäten, die mit ihrem Werk bewiesen haben, dass sie keinen Eigennutzen anstreben. Bei ihnen können wir Rat suchen.

Wenn wir mit dem Thema Spiritualität und persönliches Wachstum derart umgehen, werden sich irgendwann auch die strikten Materialisten, die sich natürlich in Scharen zu Wort melden werden, beruhigen.

Eine weitere mächtige Gruppe der Opponenten werden die Reichen sein, wenn sie nicht einsehen wollen, dass sie einen größeren Beitrag zur Rettung unserer Kultur und Zivilisation leisten müssen. Sie werden zwar bei dem Satz „Menschen sollen gesünder und glücklicher sein" noch zustimmend nicken, aber wenn man ihnen sagt, dass sie dafür deutlich weniger verdienen sollen oder einen Teil von ihrem angehäuften materiellen Vermögen abgeben müssen, wird ihr Wohlwollen abrupt aufhören. Sie werden überzeugend klingende ökonomische Argumente hervorzaubern, die uns allen Armut vorhersagen. Sie werden versuchen, Politiker und Meinungsbildner zu bezahlen oder verunglimpfen und die grundsätzlichen Regeln bei ihrer praktischen Umsetzung zu verwässern. Sie werden mit dem Abzug ihrer Vermögenswerte drohen. Nun, sie können tatsächlich in andere Kulturen auswandern, wenn sie ihrer Pflicht ausweichen möchten. Der Staat kann sich allerdings sicher Maßnahmen einfallen lassen, wie von dem Vermögen vor der Auswanderung die versteckten Verbindlichkeiten gegenüber der Natur und der Gesellschaft abgezogen werden.

Noch gefährlicher werden die Unternehmenseigner, wenn sie nicht auf ihre Milliardengewinne verzichten wollen – sie werden dem Staat und der Gesellschaft mit dem Weggang ihrer Unternehmen drohen. Dem muss der Staat entgegenwirken und die derzeitigen Regeln ändern. Wir haben in dem Kapitel „Neues Design" darüber geschrieben, dass das Eigenkapital der Unternehmen mit Schulden gegenüber der Natur, der Gesellschaft und der Kultur belegt ist. Das wird zwar nach heutigem Recht anders betrachtet, aber es ist uns sicher klar geworden, dass diese Betrachtung geändert werden muss. Auch hier kann der Staat dem Abziehen dieser Werte entgegenwirken. Stellen Sie sich vor, dass die Anteilseigner beim eventuellen Weggang die Fabriken, die Angestellten, die Marken und Technologien zurücklassen müssen und diese Unternehmen den dort angestellten Menschen übergeben werden. Eine nachhaltige Wirtschaft, Zivilisation im Allgemeinen, und eine vitale Kultur können nur etabliert werden, wenn wir alle Kosten unseres Handels berücksichtigen und die Kreisläufe ausgleichen.

Mit der Zeit werden zunehmend viele Unternehmer den Vorteil des Verbleibs im Westen trotz der höheren Kosten sehen. Stabile Gesellschaften mit Bürgern, die sich für den Fortbestand ihrer Zivilisation und die Stärke ihrer Kultur einsetzen, eine nachhaltige und gesunde Umwelt, eine ausgereifte Infrastruktur, gut ausgebildete Arbeitskräfte, effektiv funktionierender und stabiler Staat, Frieden und Sicherheit, alles das sind wichtige Argumente für Unternehmer, die langfristig investieren.

Trotzdem wird im Spannungsfeld zwischen der Gesellschaft und dem Kapital ein bitterer Krieg ausgetragen werden. Allein das Postulat der

Genügsamkeit ist für eine Kriegserklärung der Reichen ausreichend – es steht einfach zu viel Geld auf dem Spiel. Dieser Krieg wird vor allem um das Denken der Menschen geführt, das Kapital kann dabei Geld als Waffe einsetzen. Die Gesellschaft kann allerdings mit Entschlossenheit dagegenhalten. Entschlossenheit in einer gerechten Sache gewinnt gegen das Geld am Ende immer.

Wenn uns in gesellschaftlichen Diskussionen Einwände entgegengebracht werden, können wir zuerst den Wem-nutzt-das-Test anwenden: Falls wir dem Einwand folgen, wem würde das dienen? Falls es eine bestimmte Interessengruppe ist und wenn der Überall-Test unseren Vorschlag untermauert, können wir die Einwände getrost abweisen.

Letztendlich sind keine Gegner zu mächtig und keine Hürden zu hoch, wenn wir eine Veränderung wirklich wollen und wenn wir nicht der Illusion erliegen, dass man die Welt verändern kann, ohne sich selbst zu verändern. Das Gegenteil ist wahr: Man bewirkt eine Änderung in der Außenwelt nur durch eine innere Transformation. Ist das nicht entmutigend? Nein, weil der Lebenswandel der Menschen eine Änderung der Welt bedeutet. Das ist doch unser Ziel.

Der Plan

Ohne einen Plan und ohne entschlossenes Handeln wird sich nichts ändern. Wie kann man ein so großes Werk wie die Umgestaltung einer Zivilisation in Gang bringen? Alles fängt mit einer organisierten Bewegung an:

- Sie kann am besten mit einer simplen, mehrheitsfähigen Aufgabe ins Leben gerufen werden, wie die Erhaltung der intakten Natur als ein Grundrecht in die Grundgesetze der westlichen Länder aufzunehmen; dem kann sich zum Beispiel das Ziel anschließen, eine Veränderung des Kaufverhaltens in der Breite der Gesellschaft zu bewirken.
- Diese Wir-Bewegung setzt sich für das Umdenken in unserem Verhältnis zur Natur, zur Kultur, zur Zivilisation ein; sie diskutiert über die Ziele und Werte und legt sie für den Bedarf ihrer zukünftigen Arbeit fest; sie führt außerdem praktisch vor, dass man auch anders handeln und leben kann.
- Aus dieser Bewegung wird eine Partei gegründet, am besten gleich eine gesamteuropäische; eine der vorrangigen Ziele kann zum Beispiel

das Festschreiben einer auf Gleichgewicht basierenden Koexistenz der menschlichen Zivilisation und der Natur als ein Staatsziel in die Grundgesetze sein.

- Diese Partei führt eine sachliche gesellschaftliche Diskussion über die Neugestaltung unserer Zivilisation; sie schafft auch mehrheitsfähige Fakten, die das notwendige Umdenken in der Gesellschaft fördern, zum Beispiel ruft sie die Kammer der Weisen ins Leben (zu diesem Zeitpunkt noch ohne direkte politische Macht).
- Ohne auf den großen Umbruch zu warten, erproben engagierte Bürger im Kleinen das Leben, das auf dem Bedarf basiert; das macht das neue Lebensmodell für die Menschen konkret und erlebbar (dies sollte gut vorbereitet sein, um auch die Vorteile und nicht nur die Einschränkungen aufzuzeigen).
- Die Partei erzielt gute Ergebnisse bei den Nationalwahlen.
- Durch den gewonnenen politischen Einfluss verändert sie nach Möglichkeit die Gesetze so weit, dass sie die Umgestaltung zulassen.
- In dem Augenblick und in dem Land, wo sie zuerst an die Macht kommt und damit die direkten politischen Gestaltungsmöglichkeiten erreicht, fängt sie mit dem Design- und Umgestaltungsprozess an.

Bei diesem Vorhaben brauchen wir uns nicht mit denjenigen zu beschäftigen, die dagegenarbeiten werden. Es ist viel wichtiger, das Gute zu stärken, als das Schlechte zu eliminieren. Irgendwann später, wenn der Umbau im Gange ist, wird man Regeln brauchen, die das Schlechte und das Falsche in die Schranken weisen. Am Anfang ist es klüger, die ganze Energie in sein eigenes Werk zu stecken. Die Hunde bellen, die Karawane zieht weiter.

Allererster Schritt

Es gibt etwas, was jede und jeder von uns gleich verändern kann: das eigene Kaufverhalten. Es ist innerhalb des gegenwärtigen Zivilisationsmodells ein mächtiges Instrument. Wenn wir uns entscheiden, im Supermarkt das Billigste in den Einkaufswagen zu legen, unterstützen wir die Landwirtschaft, die die Natur zerstört. Wenn wir im Kaufhaus billige Artikel bevorzugen, verlagern wir ihre Produktion in Länder, in denen Menschen weniger verdienen und die Hersteller keine Rücksicht auf die Umwelt nehmen. Wir können uns aber auch bewusst für lokale, ökologische und qualitativ hochwertige (und dadurch langlebige) Produkte entscheiden. Wenn wir uns im Vorfeld unserer Kaufentscheidungen besser informieren, um herauszufinden, wer eigentlich den Gewinn bekommt, können wir sogar ganze Konzerne oder Länder zur Änderung ihrer Politik bewegen. Dieser Einfluss ist deutlich größer als die öffentliche Meinung. Handeln überbietet Reden.

Diese Änderung wäre eine logische Vorstufe des Umbaus, weil sie die neuen Kräfte in unseren Gesellschaften sichtbar machte. Sie würde auch die zu erwartenden Drohungen der Wirtschaftsbosse, Ökonomen und Shareholder, dass ein Eingriff in das existierende Wirtschaftssystem eine Katastrophe auslösen würde, relativieren.

Lassen Sie uns für diesen Zweck organisieren. Wir müssen aus der Anonymität des Konsumenten heraustreten. Wir brauchen das Wir-Gefühl und ein politisches und gesellschaftliches Gewicht. Lassen Sie uns auf diese Weise für den Umbau lernen.

Diese Bewegung organisiert sich mit dem Ziel, der Gesellschaft die Bedeutung der Kaufgewohnheiten für die Zivilisation zu erklären und Menschen zur Änderung ihrer Kaufentscheidungen zu mobilisieren. Das wird die Nachfrage nach Produkten erhöhen, die gezielt so entworfen, produziert und verkauft werden, dass sie die Natur weniger belasten. Die Hersteller werden darauf mit verändertem Angebot reagieren. Sie werden diese Unterscheidungsmerkmale ihrer Waren auch bewerben und uns damit unsere Kaufentscheidungen erleichtern. Diese Produkte werden den Anforderungen der Wir-Bewegung entsprechen: lokal hergestellt, langlebig, einfach für die getrennte Entsorgung abbaubar, umweltfreundlich verpackt. Auf Lebensmittel bezogen, wird das die ökologische Landwirtschaft entscheidend stärken und damit die zerstörerische Belastung des Ökosystems, des Bodens und des Grundwassers allmählich beenden.

Diese Art bewussten Einkaufens wird in den Menschen die für den Umbau unerlässliche Einstellung des Nichtmitmachens bei Sachen, die man gerne abgeschafft sähe, erzeugen. Dieses Nichtmitmachen ist die wirksamste Methode, Sachen zu verändern. Sie wird in unseren Gesellschaften die notwendige Dynamik hervorbringen. Sie kann die Welt formen.

Wir

Die Umgestaltung unserer Zivilisation fängt heute an – Sie, meine geliebte Leserin oder mein geliebter Leser, machen den Anfang. Wenn wir etwas in unserem Leben ändern wollen, kann uns niemand aufhalten. Wenn wir uns nicht verändern, wird sich der Westen nicht ändern. Ihre persönliche Veränderung bedeutet eine wesentliche Veränderung für die Welt!

Ihr Entschluss ist der erste Schritt. Alles hängt von unserem Denken ab. Jede Veränderung findet in Wirklichkeit dort statt. In unserem Alltag treffen wir ununterbrochen kleine Entscheidungen (oder wir unterlassen sie, was auch eine Entscheidung ist). Unser Essen hat einen gewaltigen Einfluss nicht nur auf unsere Gesundheit, sondern auch auf die Natur. Wir können uns entscheiden, anstatt mit den Augen oder mit den Erinnerungen unseres Gaumens mit unserer Vernunft einzukaufen. Wurde beim Anbau der Pflanzen der Boden vergiftet, das Leben im Boden systematisch getötet oder nicht? Wurde bei der Herstellung der Nahrungsmittel und ihrem Transport viel oder wenig Energie verbraucht? Unterstütze ich mit meinem Einkauf die umweltfreundliche Produktion des Biobauern in der Gegend oder erhöhe ich damit den Gewinn eines Lebensmittelkonzerns? Wie viel Verpackung pro Mahlzeit verbrauche ich? Wurden bei der Herstellung dieser Verpackung viele oder wenige Ressourcen der Natur verbraucht? Erzeuge ich mit dieser Verpackung toxischen Müll? Sie fragen sich vielleicht, ob alle das Geld für die biologischen, lokal angebauten Lebensmittel haben. Ja, fast alle haben es. Wir finden es in dem Essen, das wir wegwerfen, das teurer ist, weil es exotisch oder besonders hübsch vorbereitet wurde, in einem überflüssigen Erwerb eines Gerätes oder verzichtbaren Kauf eines Kleidungsstücks und über die Zeit in der besseren Gesundheit unseres Körpers.

Wir können unser Essen selbst vorbereiten und nicht bloß das aufwärmen, was die Industrie produziert, verpackt und transportiert hat. Haben wir die Zeit dafür? Ja. Wenn wir unseren Tag analysieren, finden wir Zeiten, die wir nutzlos verbringen oder in denen wir verzichtbare Dinge tun. Wenn wir ehrlich sind, hat unser Zeitmangel seinen Ursprung oft in unserer Bequemlichkeit oder Gedankenlosigkeit. Die Zeit, in der wir kochen, kann sehr schön sein und unser Leben bereichern. Wenn wir es zusammen mit Familienmitgliedern oder Bekannten tun, kann das die schönste Zeit des Tages sein. Wie viel Freude, Aufmerksamkeit und Liebe steckt dann in den Speisen, die wir gemeinsam essen? Falls Sie alleine leben, sprechen Sie Ihre Nachbarin an, laden Sie einen Bekannten zum gemeinsamen Kochen und Essen ein. Bereiten Sie miteinander eine simple, gesunde Mahlzeit mit Zutaten aus dem Biomarkt in Ihrer Gegend – es wird sicher ein schöner und interessanter Abend.

Wir können das Essen in einem Glas (das wir mal zusammen mit Gurken oder Marmelade gekauft haben) in den Kühlschrank stellen, anstatt es in Folie zu verpacken. Wir können uns mit Bekannten oder Nachbarn zusammentun und abwechselnd zum Wochenmarkt oder zum Bäcker fahren. Glauben Sie mir, ich unterscheide mich in manchem sehr von meinen Nachbarn, trotzdem teilen wir, was uns im Garten zu viel gewachsen ist, oder holen wir uns gegenseitig etwas aus der Apotheke. Das ist nicht nur umweltfreundlich, sondern macht auch die Nachbarschaft angenehm. Bei allem, was wir tun, können wir durch Nachdenken, Informieren, durch Aufmerksamkeit und Sorgfalt Energie, Wasser und die natürlichen Ressourcen sparen. Aus der Summe dieser kleinen Entscheidungen entsteht eine Veränderung des Marktes, der Landwirtschaft, der industriellen Produktion.

Aus dieser Veränderung resultiert übrigens auch eine neue Aufmerksamkeit, die wir auf unser eigenes Denken und Verhalten anwenden, und damit die Selbstreflexion und Konzentration. Wir werden ein Stück glücklicher. Die anderen werden diese Veränderung bemerken und uns darauf ansprechen. Es ist eine schöne Gelegenheit, dieses Denken zu verbreiten. Wenn wir ohne Stolz oder Besserwisserei unsere Gründe erklären, werden die anderen uns zuhören und darüber nachdenken. Wenn wir auch darüber hinaus liebevoll und aufmerksam kommunizieren, wird das unser Leben zusätzlich verändern. Wenn wir das dauerhaft und konsequent tun, werden wir von den anderen Liebe und Aufmerksamkeit bekommen – und ein Lächeln dazu. Der Schutz der Natur, unser Verhalten im Alltag, das Miteinander in der Gemeinde sind Themen, über die man konstruktiver kommunizieren kann, als über die Politiker zu meckern oder sich in Belanglosigkeiten zurückzuziehen. Es erzeugt eine positive Energie bei unseren sozialen Kontakten und tut uns gut. Probieren Sie es aus.

Handeln überbietet Reden. Gemeinsam etwas zu tun hat eine deutlich größere Wirkung, als wenn man es alleine tut. Über diese Schwelle sollen wir aus unserer Selbstwichtigkeit, unserer Unsicherheit oder unserem Egoismus treten. Bereits wenn man sich in der Nachbarschaft abspricht, dass eine Mutter mehrere Kinder in die Schule fährt oder dass man in der Straße gemeinsam Heizöl bestellt, entsteht eine Gemeinschaft. Schon allein damit, dass man zur Begründung außer den Kosten oder der Erleichterung auch den Umweltaspekt anspricht, bringt man viele Menschen zum Nachdenken und gibt einen Anstoß für andere Ideen. Das Wir-Gefühl entsteht. Es ist nicht jedermanns Sache, sich in Gemeinden oder politisch zu engagieren, aber fast alle werden uns zuhören, wenn wir ihnen unser Handeln und unsere Motive erklären und sie werden uns unterstützen. Eine Wir-Bewegung entsteht.

Aus der Veränderung im Denken Einzelner entstehen neue Verhaltensweisen, die zu neuem Bewusstsein in der Gesellschaft führen, das unsere Zivilisation verändert. Parallel dazu wachsen wir als Menschen und als Gesellschaft. Sicher? Sicher. Ich habe es ausprobiert.

DER WEG

Das Leben ist eine Reise. Die Frage, die wir uns stellen sollten, ist: Haben wir ein Ziel? Falls nicht, werden wir nie ankommen!

Mein Weg

Der Weg jeder und jedes Einzelnen von uns führt nach innen. Das ist das große Geheimnis. Wenn wir uns mit der Zeit dem Ziel nähern und zurückschauen, ist das augenscheinlich – klarer als alles andere in dieser Welt. Jedoch sehen wir das nicht, bevor wir uns auf den Weg gemacht haben, während wir noch herumirren. Alle anderen laufen ebenfalls da draußen herum und wirbeln viel Staub auf – er versperrt die Sicht. Christus hat uns übrigens dieses Geheimnis bereits verraten, indem er uns den schmalen Weg empfohlen hat.

Wenn man in seinem Inneren ein Zuhause hat, ist alles andere einfach und klar. Man nimmt zum Beispiel jeden Gedanken wahr, der aus dem Gedächtnis in das Denk- und Empfindungsorgan aufsteigen will, und kann entscheiden, ihn zu denken oder nicht. Wenn einen etwas innerlich bewegt, weiß man, ob das ein Spiel des Ich-Bewusstseins oder Inspiration ist. Wenn einen eine Emotion in Besitz zu nehmen versucht, weiß man, dass sie ein Angreifer ist, und weist sie zurück. Man hört auf, eine Marionette zu sein. Man ist frei. Freiheit verändert alles. Sie verändert auch unsere Interaktion mit anderen. Sie bringt damit gleichermaßen Erfolg in der Außenwelt.

Sie haben gemerkt: Mit „meinem Weg“ meine ich nicht mich – ich meine Sie. Die ganze Welt hat nur diesen einen Zweck, Ihnen Ihre Entwicklung zu ermöglichen. Stellen Sie sich vor: Gott hat das Universum nur deswegen geschaffen, um Ihnen Ihren Weg zu ermöglichen. Spüren Sie die Verantwortung? Spüren Sie Seine Liebe?

Unser Weg

Es gibt aber auch einen anderen Weg, den wir alle miteinander gehen. Sein Ziel ist nicht irgendwo in der Ferne, sondern links und rechts von uns. Auf diesem Weg können wir wachsen. Auf diesem Weg können wir

Gutes tun. Er ist ein Geschenk.

Gutes tun kann man nur, wenn man aus seinem inneren Zuhause heraus handelt. Es ist die Basis, der Stoff von allem: von jedem Miteinander, von der Gesellschaft. Wenn wir gemeinsam ein Haus bauen wollen, brauchen wir einen guten architektonischen Entwurf. Aus einem schlechten Material kann man allerdings kein gutes Haus bauen. Andererseits garantiert auch gutes Material kein stabiles Haus, wenn die Architektur falsch entworfen ist. Die Güte des Materials liegt in der Verantwortung von jedem Einzelnen von uns. Für die Architektur sind wir alle gemeinsam verantwortlich.

Mein Weg ist unser Weg

Der Unterschied zwischen Erfolg und Versagen bei jedem sozialen Vorhaben, bei jeder Änderung, die mehrere Menschen betrifft, ist die Konsequenz im Handeln. Es ist eine so simple Wahrheit. Ihre Umsetzung ist allerdings nicht einfach, weil sie von uns sehr viel Selbstdisziplin verlangt, extrem viel Selbstdisziplin. Sie ist nötig, weil unsere Organe des Geistes etwas anderes gewohnt sind. Unser Denk- und Empfindungsorgan gebärt Hunderte von Ideen jeden Tag und erzeugt Zweifel an der einen, die wir verfolgen. Es ist einfach sein Naturell. Das Ich-Bewusstsein verstärkt dieses Treiben durch Gefühle: Stolz, eigene Wichtigkeit, Rechthaberei. Es ist ebenso sein Naturell. Das einzige Werkzeug, das wir dagegen einsetzen können, ist unser Wille. Der Verstand gibt uns zwar die Begründung, um sie aber in konkretes Handeln umzusetzen, bedarf es des Willens. Dafür wird sehr viel geistige Energie benötigt. Um diese geistige Anstrengung dauerhaft zu betreiben, ist Selbstdisziplin erforderlich. Erst die heilige Allianz aus Vernunft, Willen, Selbstdisziplin und Handeln verändert die Welt.

Auf das Handeln kommt es an. Gute Ideen und weise Ratschläge gibt es in dieser Welt im Überfluss. Die Menschen nicken dazu und machen nach kürzester Zeit das Gegenteil. Es ist unser Naturell. Es ist einfacher. Es verbraucht weniger Energie. Gedankenlosigkeit kostet deutlich weniger Mühe jetzt, tut nur im Ergebnis richtig weh.

Auch eine kleine Gruppe Menschen kann die ganze Gesellschaft verändern, wenn sie konsequent handelt: nicht ein paar Monate lang, nicht zwei, drei Jahre lang, sondern über viele Jahre. Um zu dieser Gruppe von Menschen zu gehören, muss man zuerst das Verständnis erlangen, dann den Willen einsetzen, um die Schwelle zwischen dem bequemen Ort unserer Gedanken und dem konkreten Handeln in der Welt zu überqueren, und dann noch konsequent bleiben. Das ist der einzige Weg, um etwas in uns selbst oder in der Welt zu erreichen.

Unser persönlicher Weg und unser gemeinsamer Weg verlaufen parallel zueinander. Wenn wir handeln, wenn wir etwas für die anderen tun, verändert das nicht nur die Welt – es verändert auch uns. Was wir geben, bekommen wir vermehrt zurück.

Die neue Story unserer Zivilisation

Erinnern Sie sich an die Story aus der Einleitung? Wollen wir uns und unseren Kindern nicht eine andere Story über die menschliche Zivilisation erzählen? Hier ist mein Vorschlag:

Gott erschuf den Menschen. Er ließ sich dafür Zeit. Er zündete zuerst das Universum; es ist fast 14 Milliarden Jahre her. Nach 100 Millionen Jahren bildeten sich die ersten Sterne. In einem langen Prozess entstanden aus unvorstellbar vielen dieser Sterne unvorstellbar viele Galaxien. Und irgendwann, nach neun Milliarden Jahren, erwuchs aus einer Wolke Staub die Erde. Danach dauerte es eine weitere Milliarde Jahre, bis auf der Erde das biologische Leben begann. Vor eineinhalb Milliarden Jahren bildeten sich die ersten Mehrzeller, aus denen sich die unbegreiflich große Vielfalt der Natur entwickelte. Aus ihr ging, vor hunderttausend Jahren, der Mensch hervor.

Er richtete sich auf und blickte gen nächtlichen Himmel. Die unendliche Schönheit des Himmels spiegelte sich in seiner Seele. Er fing an, nach der Quelle dieser Unendlichkeit und Schönheit zu suchen. Er nannte sie Gott. Einmal saß er mit seiner Familie am Feuer und die Mutter erzählte, wie so oft, eine Geschichte. Diesmal ging es darum, wie Gott die ersten Menschen schuf. In dieser Geschichte sprach Gott zu ihnen: „Ich gebe euch die Fähigkeit, zwischen richtig und nicht richtig zu unterscheiden. Nutzt sie und lebt glücklich. Kümmert euch aber um die Fische des Meeres, um die Vögel des Himmels, um die Tiere, die sich auf dem Boden regen, und um die ganze Erde. Ihr gehört zusammen." Die Menschen taten es und erzählten ihren Kindern und Enkelkindern über Gottes Auftrag. Irgendwann jedoch dachte eins der Kinder bei sich: „Ist das wahr? Gibt es einen Gott, der meinen Vorvätern diese Verantwortung auferlegt hat? Das glaube ich nicht." Und er fing an, die Reichtümer der Erde an sich zu nehmen und zu horten, und sie den anderen zu rauben. Die anderen sahen, dass er durch sein Handeln unnötiges Leid den Schwestern Pflanzen und den Brüdern Tieren bereitete. Sie merkten auch, dass dieses Verhalten Unfrieden unter den Menschen brachte, und gingen von ihm fort. Und so blieb der eigensüchtige, gierige Mensch alleine, starb alleine und verstand, dass er nichts von seinem Reichtum mitnehmen konnte. Mutters Geschichte endete mit der Warnung davor, den Auftrag Gottes an die Menschen zu missachten. Die Geschichte gefiel allen und wurde weit und breit erzählt.

Und so blieb es lange, sehr lange. Es kam aber eine Zeit, in der diese Warnung in den Wind geschlagen wurde. Die Menschen fingen an, sich Land und Tiere, Gold und andere Menschen einzuverleiben. Sie lehrten ihre Kinder, zuerst an sich selbst zu denken, den Reichtum zu vermehren und so viele Sachen wie möglich zu kaufen. Nachdem das Land und die Tiere der Erde verteilt waren, fing der Mensch an, die unter der Erde und in den Ozeanen versteckten Reichtümer an sich zu nehmen, bis es für die Fische des Meeres, die Vögel des Himmels, die Tiere, die sich auf der Erde regen, und für die Menschen, die dem Ruf nach Reichtum nicht folgen konnten oder wollten, keinen Platz mehr gab. Und mit all seinem Reichtum merkte er, dass er einsam war, getrennt von den anderen, getrennt von seiner Mutter Natur, getrennt von dem Heiligen, das nicht besessen werden kann, getrennt vom Sinn, der in seinem Inneren wohnte, wo es aber nichts zu holen gab. Der Mensch schaute nicht mehr gen Himmel, sondern auf einen Bildschirm, auf dem sich eine von ihm kreierte Welt regte, die ihn jetzt mehr faszinierte als die Natur. In dieser Welt gab es viel, was er noch nicht hatte, und so wurde er noch gieriger und egoistischer.

Da spürten aber einige Menschen, dass an der Bildschirmwelt etwas faul war. Sie schauten auf die übrig gebliebenen Schwestern Pflanzen und Brüder Tiere, und ihre Herzen bluteten. Als sie in die Tiefe ihrer blutenden Herzen schauten, sahen sie, dass sich dort die unendliche Schönheit des Himmels spiegelte. Sie entschieden sich, in dieser Tiefe und gemeinschaftlich in Harmonie mit der Natur zu leben. Als die Katastrophen kamen, waren sie es, die überlebten, weil sie füreinander da und genügsam waren. Sie waren weise und sanftmütig, und so wurde die Welt, die sie aufbauten, weise und sanftmütig. Sie lebten in dieser Welt zusammen mit den Schwestern Pflanzen und den Brüdern Tieren, immer zu Hause in den Tiefen ihrer Herzen. Und Gott sah, dass diese Welt gut war, und lächelte.

WIR SIND GRÖSSER ALS UNSERE PROBLEME

Auf dem Fluss des Lebens gibt es unzählige Boote, die stromabwärts fahren. Sie verlocken die Passagiere mit gepolsterten Sitzen und einem Unterhaltungsprogramm. Wenn man allerdings etwas verändern will, sei es im eigenen Leben, sei es in seiner Gemeinde oder in der Gesellschaft, muss man sich auf die harte Bank in einem der wenigen Boote setzen, die gegen den Strom steuern. Unsere Zivilisation braucht dringend die Letzteren.

Wenn man an den bequemen Booten vorbeirudert, wird man kritisiert, ausgelacht und verspottet. Es werden einem auch hundert Gründe zugerufen dafür, warum man wenden soll. Um standhaft zu bleiben, braucht man deswegen außer Charakter auch einen klaren Plan, eine Landkarte, die einem die Sicherheit gibt, dass man dem richtigen Ziel entgegenrudert.

Weniger und damit alles

Stellen Sie sich vor, man hat Ihnen eine Aladin-Lampe geschenkt und der aus der Lampe befreite Dschinn bietet Ihnen die Erfüllung eines von zwei Wünschen an. Sie können ab heute neben Menschen wohnen, die sich liebevoll um den gemeinsamen Lebensraum kümmern und die freundlich, zuvorkommend und rücksichtsvoll miteinander umgehen. Entsprechend sauber, ruhig und liebenswürdig ist Ihre Lebensumgebung. Der Dschinn schenkt Ihnen außerdem auch genug Zeit, um Freude an dieser Lebensumgebung zu haben. Dafür müssen Sie aber auf einen Teil Ihres Geldes verzichten, sich mit weniger Besitz zufriedengeben. Der andere Wunsch, der zur Auswahl steht, ist ein Leben, in dem Sie viel besitzen, aber kaum Zeit haben. Um die Umgebung, in der Sie wohnen, kümmert sich niemand, weil sie den Menschen egal ist. Ihre Nachbarn nehmen weder Rücksicht noch tun sie etwas für Sie. Das ist Ihre Alternative. Wofür entscheiden Sie sich? Wenn Ihnen die zweite Möglichkeit lieber ist, ist der äußere Kreislauf Ihre Welt. Wenn Sie die erste bevorzugen, werden Sie wahrscheinlich im inneren Kreislauf leben wollen.

Ist das durch den Dschinn aufgemalte Bild des inneren Wirtschaftskreislaufs nicht idealisiert? Machen wir nicht jeden Tag eine gegensätzliche Erfahrung? In der heutigen Gesellschaft, in der Welt der Gier, Erwartungen und des Egoismus erfordern Selbstlosigkeit und Nächstenliebe viel Willensstärke und Charakter – man muss gegen den Strom rudern. In einer anderen Umgebung wären dieselben Menschen freundlich und hilfsbereit. Das ist nämlich ihr natürliches Wesen. Sie werden seit Langem durch unsere Zivilisation zum Egoismus „erzogen". Was man sät, erntet man auch.

Wenn Liebe und Gewissenhaftigkeit in jedem sozialen System einen Mindestschwellenwert überschreiten, entsteht eine positive Rückkopplung – sie fangen an, sich selbst zu verstärken. Danach reicht es, sie vor Bösartigkeit und Zynismus zu beschützen. Es ist wie mit einem Baumsetzling. Wenn man nicht zulässt, dass er von einem Pflanzenfresser gefressen oder von Blattläusen befallen wird, wächst er ganz von alleine zu einem Baum aus. Mit Liebe und Gewissenhaftigkeit gelingt in der Gesellschaft alles. Nur für den Anfang, für den Mindestschwellenwert werden wir genug mutige, weitsichtige und entschlossene Menschen brauchen. Von ihnen hängt alles ab.

Unsere Aktiva

Die Aktivseite unserer zivilisatorischen und kulturellen Bilanz ist noch voll. Auf dem Weg, den wir bisher gegangen sind, sind wir sehr weit gekommen. Wir haben die Demokratie und den Rechtsstaat erfunden und perfektioniert. Wir haben die Gleichheit aller in der Gesellschaft zu einem Pfeiler unserer Zivilisation gemacht. Wir haben die Solidarität des Sozialstaates in die Praxis umgesetzt. Wir haben die Menschenrechte, die freie Meinungsäußerung und die Würde jedes einzelnen Menschen zu tragfähigen Grundlagen unserer Gesellschaft gemacht. Wir fühlen uns verantwortlich für unsere Umwelt und den gesamten Globus.

Wir haben in unserem Denken und bei der Lösung unserer Probleme ausgeprägte Sorgfalt, Verantwortungsbewusstsein und Konsequenz entwickelt – viele von uns. Dieses Denken brachte uns unsere extrem genauen Maschinen, ausgeklügelte Technologien und das Verständnis für die komplexen Zusammenhänge in der Natur. Dieses Denken können wir benutzen, um die heutigen und zukünftigen Probleme unserer Zivilisation, Kultur und Umwelt zu lösen. Wir sind darüber hinaus gewohnt, neue Ideen zu entwickeln, neue Wege zu gehen.

Alles das sind wichtige Vermögenswerte und sie sind nicht selbstverständlich. Wir haben genug Mittel, um uns neu zu erfinden, sofern wir uns dafür entscheiden. Wenn wir uns klar werden, welche Annahmen und Vorstellungen uns in die falsche Richtung gelenkt haben, können wir sie ablegen und sie gegen andere austauschen.

Das, wovon wir uns verabschieden müssen, sind vor allem unsere Überheblichkeit der Natur und der Schöpfung gegenüber sowie unser Egozentrismus. Diese Lektion können wir von den alten orientalen Kulturen lernen, besonders von der indisch-vedischen.

Aus unserer eigenen Kultur brauchen wir das Ideal und die Praxis der Gleichberechtigung, das Prinzip der Solidarität in der Gesellschaft, das kritische und präzise Denken und die Orientierung an Regeln und Recht. Sehr nützlich sind unsere anpackende Art und das Streben nach genauen Lösungen. Wenn wir auch noch das Gefühl für die geistige und äußere Schönheit und eine gewisse Kultiviertheit mitgenommen haben, fühlen wir uns wahrscheinlich in unserer neuen Haut immer noch zu Hause, auch wenn wir unterwegs zusätzliche Ideale in unsere Kultur integriert haben.

Wenn wir das Beste aus dem Okzident zusammentragen, entsteht eine Liste, die uns als Schatzkammer für die neue Zivilisation dienen kann:

- Gerechtigkeit,
- Gleichberechtigung aller Menschen – nicht nur formell, sondern auch im gesellschaftlichen Umgang,
- Verpönen der Korruption und Ablehnung von Ungerechtigkeit,
- Reife des gesellschaftlichen Miteinanders, Rücksicht, Takt,
- Höflichkeit, gute Manieren,
- Präzision im Denken und Tun,
- wissenschaftliches und präzises Herangehen an die Lösung von Problemen,
- Fleiß, Effektivität,
- Unternehmungsgeist und Bereitschaft, Neues anzufangen,
- Aufgeschlossenheit, Offenheit,
- Mündigkeit, Verantwortung,
- Geschmack und Liebe zu nüchterner Schönheit,
- Sauberkeit, Ordnung, Ästhetik.

Legen wir noch die schönsten Juwelen des Orients dazu:

- Wohlergehen der Natur und Achtung vor der Schöpfung,
- praktische Spiritualität,
- Streben nach Harmonie,
- Selbstdisziplin, Charakterstärke, Willensstärke, Furchtlosigkeit,
- Demut, Geduld,
- Bereitschaft, zu dienen.

Die Grundlage

Über alles kann man diskutieren und das Ziel dieses Buches ist genau das: eine ernsthafte, sachliche, auf Fakten basierende Diskussion zu initiieren. Es gibt allerdings zwei grundsätzliche Voraussetzungen für jeden ernst gemeinten Umbau unserer Zivilisation, ohne die es nicht gehen wird. Die erste ist eine Veränderung in unserem Denken. Sie hat zwei Aspekte. Der erste zeigt nach innen. Wir müssen deutlich besser die Mechanismen unseres Denkens verstehen – und dadurch unsere Entscheidungen und Beweggründe. Dazu müssen wir uns praktisch mit der Funktionsweise unserer Organe des Geistes beschäftigen und versuchen, unseren Geist zu einem bewusst genutzten Instrument zu machen. Wir brauchen keine Psychologen oder Gehirnforscher dafür, sondern eine ernst gemeinte Introspektion, die Praxis also. Es ist eine Aufgabe, die jede und jeder von uns selbst bewältigen muss. Der zweite Aspekt ist das ganzheitliche Denken, Denken in Systemmodellen. Wir dürfen keine Lösung akzeptieren, die nicht mit dieser Methode erarbeitet wurde.

Die zweite Grundvoraussetzung ist, dass wir unsere Ziele (als Einzelne, aber vor allem als Gesellschaft) korrigieren. Wenn wir weiterhin Geld und Sachen anhäufen, unser Glück in der Steigerung des Konsums sehen und vor den Folgen für die Natur, Gesellschaft und Kultur die Augen schließen, wird unsere Zivilisation untergehen. Mit ihr auch wir.

Ist es realistisch, zu erwarten, dass alle beides tun? Natürlich nicht. Diese Erwartung haben wir aber auch nicht. Es reicht, wenn die meisten der Aktiven in der Gesellschaft, die meisten der Weitsichtigen, die meisten Gestalter es tun.

Was vor uns steht, ist ein schwieriges Unterfangen, ein Kampf. Wir dürfen allerdings nicht den Fehler machen, den Feind bei den Reichen, bei den Politikern, bei den anderen zu suchen. Die größten Feinde sind nicht da draußen. Jeder von uns hat seinen eigenen: sein bisheriges Denken. Schauen wir uns erneut die heutigen Glaubenssätze an: Der Mensch sei wichtiger als andere Lebewesen, als die Natur. Sie sei ihm untertan. Er dürfe sie verändern, er dürfe sie verbrauchen. Dieses Recht resultiere aus seiner Freiheit. Außerdem sei alles Übrige nur Materie ohne eigenständige Bedeutung, eigenständigen Sinn. Aus diesen Glaubenssätzen leitet sich einerseits unser gegenwärtiges Verständnis der Welt und unserer Rolle in ihr und andererseits unsere Vorstellung vom Zweck unseres Lebens ab.

Die Sackgassen des heutigen Denkens

der Mensch steht über die Natur und ist in seinem Handeln frei (Egozentrismus) + es gibt nur Materie (Materialismus) =

1)	2)
was ich glaube, ist objektiv (Hochmut); was ich will, ist berechtigt (Egoismus)	Reichtum macht glücklich (Hedonismus)
↓	↓
Wissenschaft ist für die Wahrheit, Spezialisten für alles andere zuständig	Werte werden in Geld gemessen (Kapitalismus)
↓	↓
ich bin nicht verantwortlich	Vergötzung des Fortschritts und Wachstums
↓	↓
Folge: Zerstörung der Gesellschaft	Folge: Zerstörung der Natur

Wir dürfen es nie vergessen: Wir reden hier nicht über etwas objektiv Existierendes. Wir sprechen über Glaubenssätze, also über Gedanken.

Werden Menschen ihr Denken und ihr Selbstbild infrage stellen? Werden sie anfangen, an sich selbst zu arbeiten? Warum sollen sie ihr lieb gewonnenes unlogisches, emotionales Verhalten ändern? Warum sollen sie sich für die Veränderung in der Gesellschaft einsetzen und politisch Initiative ergreifen? Weil sie durch Unterlassung ihre Lebensumgebung, die Natur zerstören würden. Weil sie sonst ihr Leben, das Leben ihrer Kinder, die Existenz unserer Gattung aufs Spiel setzen würden. Weil sonst unsere Gesellschaft und Kultur dem Ziel einiger weniger, nämlich der Vermehrung des Reichtums, zum Opfer fallen würden. Das sind doch valide Gründe.

Wir haben unseren Egozentrismus, Materialismus und unsere Gier als die eigentlichen Gründe für die zerstörerische Dynamik unserer Zivilisation ausgemacht. Wenn jemand andere Gründe sieht, soll er bitte vortreten. Wir brauchen eine ernsthafte gesellschaftliche Debatte darüber. Was immer das Ergebnis dieser Debatte sein wird, müssen wir danach sofort und konsequent aufhören, bei dem, was uns zerstört, mitzumachen, und verlangen, dass der demokratische Staat uns dabei mit Gesetzen und Maßnahmen unterstützt. Mit Verlangen sind nicht Worte gemeint, sondern Taten. Der Erfolg gehört den Mündigen und Entschlossenen. Was Mahatma Gandhi in einer mehrheitlich aus Analphabeten bestehenden Gesellschaft gegen eine fremde Besatzungsmacht und nicht demokratische Regierung vollbracht hat, können wir in Deutschland, Frankreich oder Großbritannien umso mehr.

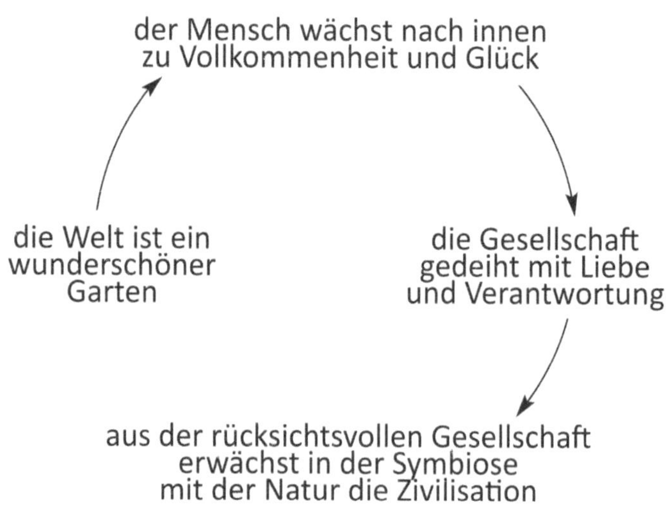

Wir brauchen eine andere Welt, eine Welt im Gleichgewicht, in der jede und jeder von uns als Mensch wachsen kann in Harmonie mit der Gesellschaft und Natur.

Diese Welt wird nicht für uns aus dem Himmel fallen. Sie wird uns nicht geschenkt. Wir müssen sie uns erkämpfen, gestalten, erarbeiten. Die Götter sind allerdings mit uns. Unter den Sternen wohnt die Siegesfreude.

Schlusswort

Denken Sie hoch. Behalten Sie das höchste Ziel vor Augen und machen Sie immer wieder kleine Schritte. Mit entschlossener Anstrengung werden Sie Ihr Ziel erreichen.

Paramahamsa Prajnanananda

In dieser Welt geschieht jede Entwicklung gegen einen Widerstand. Für alles, was gut und wertvoll ist, müssen Schwierigkeiten überwunden werden. Ohne Probleme würden wir uns nicht entwickeln. Das ist der „Plan" für die Welt. Das, was ohne Reibung und Widerstand erfolgt, ist keine Entwicklung, sondern ein Leerlauf aus der Sicht des Kosmos, der Erde, der Evolution. Das gilt für die Welt und für den Einzelnen gleichermaßen. Der Weg zur Perfektion des Einzelnen, zur Liebe, Güte und Weisheit, muss schwierig sein, weil ohne Widerstand die Güte, Liebe und Weisheit nicht wachsen könnten. Das ist der Grund, warum es Schöpfung gibt.

Die Welt ist so beschaffen, dass auf lange Sicht alles, was ihrer Entwicklung dient, gedeiht, und alles, was ihr im Wege steht, stirbt. Deswegen muss eine Zivilisation, die das Ziel hat, das Leben mühelos, problemlos und einfach zu machen, sterben. In diese Falle sind in der Vergangenheit bereits einige Zivilisationen gegangen. Unsere gegenwärtige Zivilisation ist bei der Verfolgung genau dieser Ziele extrem erfolgreich – sie wird deswegen mit großem Krach zusammenfallen. Ihre Umgestaltung mit dem Ziel, die Evolution des Einzelnen, der Zivilisation, der Schöpfung zu fördern, anstatt sie zu behindern, ist die einzige Chance, diesen Krach zu verhindern.

Ursachen haben Wirkungen oder wie Cicero es sagte: Wie du säst, so wirst du ernten. Diese simple Wahrheit versteht jeder, und trotzdem handeln wir nicht danach. Warum? Weil wir selten aus Vernunft handeln, sondern unseren banalen Wünschen, Lüsten, unserem Ego, unseren Emotionen folgen. Wir begreifen uns als einen Körper, der fühlen und denken kann. Und ein Körper bevorzugt immer die Bequemlichkeit und meidet Anstrengung. Er läuft auch lieber mit der Herde mit – es ist bequemer, einfacher. Wie komme ich also dazu, eine bewusste Entscheidung von vielen von uns vorauszusetzen, die mehr Mündigkeit, Selbstdisziplin und Mühe (um den Widerstand der meisten Experten und der Mehrheit der Gesellschaft zu überwinden) abverlangt? Ganz einfach: Ich glaube an Wunder. Ich muss aber auf kein Wunder warten. Das Wunder ist bereits geschehen. Das menschliche Herz ist voll Liebe, Freundlichkeit, Eintracht, Güte, Weisheit – trotz aller unserer bisherigen Bemühungen, sie zu verschütten. Das ist das eigentliche Wunder des Menschen. Wir müssen dieses Wunder lediglich zulassen und anschließend die Regeln so gestalten, dass sie Liebe zum Leben, zu unserem blauen Zuhause, zur göttlichen Schöpfung, dass sie die Freundlichkeit, Eintracht und Güte in der Gesellschaft verstärken. So viel Vernunft traue ich uns zu.

Und falls nicht? Dann werden wir zu diesem Wunder reifen müssen. Unser ökonomisches System ist derart designt, dass es die Natur zerstören und die Ungerechtigkeit erhöhen muss. Wenn die letzten frei lebenden Tiere aussterben, wenn es kaum eine Landschaft mehr gibt, die nicht umgebaggert oder mit Beton oder Kunststoff verunstaltet ist, wenn anstelle von Bienen und Schmetterlingen nur noch fliegende Roboter die Obst- und Gemüsegärten bestäuben, wird es vielen vielleicht der Hässlichkeit doch zu viel. Wenn die Bürger eines Morgens in einem Land aufwachen, das von einem Asset-Management-Unternehmen regiert wird, platzt ihnen vielleicht doch der Kragen. Meine Hoffnung ist, dass sie dann genug Weisheit an den Tag legen werden, um nicht die gleichen Fehler in neuer Verkleidung zu machen, und sich für eine diametral andere Zivilisation mit anderen Zielen entscheiden. Der Weg aus der Zerstörung und dem Chaos kann nur ein Weg der Neugestaltung sein – wir müssen dieses unerforschte Terrain betreten. Eine diametrale Systemänderung ist also unvermeidlich. Genügsamkeit, Gerechtigkeit und Frieden sind daher so sicher wie das Amen in der Kirche.

Kann diese Systemänderung aber erdacht, geplant, designt werden? Es ist mir bewusst, dass es einen solchen geplanten, demokratisch durchgeführten Umgestaltungsprozess in der Menschheitsgeschichte noch nicht gab. Und ja, ich weiß auch, dass Änderungen in komplexen sozialen Systemen eigentlich emergent sind, also aus dem System selbst entstehen, wenn sich in den Interaktionen innerhalb des Systems und in der Kultur etwas grundsätzlich verändert hat. Würden Sie aber im Angesicht der exponentiellen zerstörerischen Entwicklungen in der Biosphäre, Wirtschaft, Gesellschaft, an den Finanzmärkten und bei den politischen Kräften auf einen emergenten Deus ex Machina warten? Und wäre die sich selbsttätig aus diesen Entwicklungen ergebende Änderung gut? Würde Ihnen das Abwarten reichen, um zuversichtlich in die Zukunft Ihrer Kinder zu schauen?

Es gibt noch ein weiteres Argument für den hier beschriebenen Weg. Wir müssen aufhören, ausschließlich über Lösungen für nachrangige Probleme zu reden. Sie sind lediglich Modifizierungen des Übels. Sie vermitteln den Menschen nur den Eindruck, dass jemand sich um die Probleme kümmert und dass sie ihre Lebensweise, ihre lieb gewonnenen Glaubenssätze und Gewohnheiten beibehalten können. Nur wenn wir die unbequeme Diskussion über die grundsätzlichen Ursachen dieser Probleme führen, wird sich unser Denken schnell genug ändern, um den Katastrophen, die sich bereits anbahnen, zuvorzukommen.

Deswegen möchte ich dieses Buch mit dieser eindeutigen Aussage beenden: Wenn wir unsere Zivilisation nicht grundsätzlich verändern, wird sie untergehen! Nicht irgendwann, nicht in hundert Jahren, sondern während der Lebensspanne der Jüngeren von uns!

Sie müssen nicht mit den Aussagen dieses Buches einverstanden sein. Vielleicht finden Sie sogar bessere Lösungen. Wir müssen aber diesen gewaltigen Umbau jetzt anfangen. Unser Vorgehen soll nur zwei Bedingungen erfüllen: von der nackten Realität ausgehen, bar jeder Einbildung, und die systemische Methode nutzen.

Die Realität wird nackt, wenn man sie in einer ernsthaften Bemühung mit dem Verstand alleine erfasst. Das bedeutet, dass man dafür das Ich-Bewusstsein ausschalten muss und das Denk- und Empfindungsorgan unter Kontrolle hat. Andernfalls stellen sie zwischen uns und der Wahrheit Filter und Fata Morganas auf und man glaubt an Illusionen und läuft fixen Ideen nach. Für diese Aufgabe brauchen wir praktische Spiritualität.

Die zweite Bedingung, das Denken in Systemmodellen, ist etwas, das man lernen und unterrichten kann. Beides liegt definitiv in unserer Reichweite. Wir wissen also, was zu tun ist, und wir haben die Mittel.

Das wichtigste Wort in der Aufforderung zum Handeln ist: WIR. Der Staat, die politischen Parteien, die Wirtschaft, große gesellschaftliche Organisationen, die Kirchen, die Wissenschaft, also zusammengenommen, die anderen, werden diesen Umbau nicht einleiten. WIR sind dafür verantwortlich. Es gibt keinen anderen Weg. WIR sind VERANTWORTLICH.

Sollten diese Worte Wahrheit enthalten, ist das in keiner Weise ein Verdienst des Autors, der alles, was er über die Welt und den Menschen zu wissen glaubt, von Paramahamsa Prajnanananda und seinen Vorgängern als Geschenk erhalten hat. Nur die Fehler, die sind von mir.

In Demut,

Alan P. Stern

ÜBER DEN AUTOR

Alan P. Stern ist ein Grenzgänger: zwischen Ländern, Professionen, Kulturen, Denkschulen und Weltanschauungen. Akademisch in naturwissenschaftlichen wie auch in praktisch-wirtschaftlichen Fächern ausgebildet, arbeitete er in mehreren Ländern, am längsten in Deutschland, das zu seiner Wahlheimat wurde, als Manager und Unternehmensberater. Dabei beschäftigte er sich fast 20 Jahre lang mit der Systemwissenschaft, insbesondere mit der Gestaltung komplexer sozialer Systeme.

Als Agnostiker in einer atheistischen Familie aufgewachsen, kam er als junger Mann mit dem Christentum in Berührung. Später lernte er die alte Philosophie und spirituelle Praxis Indiens kennen, wobei er sich vor allem eingehend mit Advaita Vedanta und der Philosophie und Praxis des Yogas beschäftigte.

Dieses Buch ist also von einem in der westlichen Zivilisation und in der materialistischen, wissenschaftlich geprägten Weltanschauung fest verankerten Menschen geschrieben, der in den Lehren der großen Meister des indischen Subkontinents einen neuen Bezugsrahmen für sein Verständnis des Menschen und der Welt fand. Seine spirituelle Praxis brachte ihm die Antworten auf die Fragen, die ihn seit seiner Jugend beschäftigt haben: „Wer bin ich?“ und „Was ist der Zweck meiner Existenz?“ Aus beidem folgte eine tiefere Einsicht in die eigene Kultur. Sie ergänzte sein Wissen über die Gestaltung sozialer Systeme und seine praktische Erfahrung in der Wirtschaft und machte dieses Buch erst möglich.

PHILOSOPHISCHE ERGÄNZUNG

Wenn man sich entschließt, sein eigenes Lebensziel oder die Ziele der Gesellschaft zu überdenken, fängt man vielleicht an, auch über sein Selbstverständnis und seine Sicht der Welt zu reflektieren. Deswegen schließen wir das Buch mit dieser kurzen philosophischen Reflexion ab. Sollten Sie also den Wunsch nach einer theoretischen Untermauerung des hier benutzten Weltbildes verspüren, finden Sie diese Untermauerung in diesem Anhang. Sie können aber auch genauso gut dieses Kapitel weglassen – es ist für das richtige Verständnis des Buches nicht notwendig.

Sollten Sie sich allerdings mit diesem philosophischen Ausflug auseinandersetzen wollen, werden Sie zwei Sachen brauchen: Offenheit im Denken und den Mut, vertraute Pfade zu verlassen. Eine Wahrheit, die nicht unbequem ist, die nicht wehtut, ist wahrscheinlich auch keine.

Wesen des Glücks

Bhagavad Gita, die große, die Schöpfung und den Menschen vollständig erklärende Schrift beschreibt sehr präzise, was Glück ist und wie man sich dessen dauerhaft erfreuen kann. Sie kann uns helfen, das Wesen des Glücks zu erläutern.

Freuden, die ihren Ursprung im Sinnengenuss haben, machen den Menschen nicht glücklich. Sie sind angenehm am Anfang, am Ende aber schmerzlich – auch wenn der Schmerz lediglich darin liegt, dass sie vergehen müssen.

Gewinn, ob materiell oder zwischenmenschlich, macht genauso wenig glücklich. Er gibt uns das Gefühl der Freude, das allerdings schnell abklingt. Gefühle generell bringen mehr Leid als Glück. Sie reißen die Menschen, die nicht Herr oder Frau über ihre Organe des Geistes sind, in die Höhe, um sie anschließend fallen zu lassen. Je höher der Flug, umso größer der anschließende Schmerz.

Das Begehren und die Abneigung stehen am Anfang aller menschlichen Probleme. Derjenige, der Erwartungen hegt, erzeugt dadurch früher oder später seine eigene Enttäuschung. Ohne inneres Gleichgewicht, Beherrschung im Geiste und Herzen, ist beständiges Glücklichsein nicht möglich. Inneres Gleichgewicht, Hingabe an das Göttliche sowie selbstloses Handeln in der Welt sind die Quellen, aus denen sich der Strom des glücklichen Lebens speist. Sein Geheimnis liegt in der inneren Ausgeglichenheit. Dabei sind nicht die Sinnesfreuden oder der Erfolg an sich Hürden auf dem Weg zum glücklichen Leben, sondern unsere Abhängigkeit von ihnen.

Wo wohnt also das Glück? In unserem Inneren, in der Seele. Alle, die den inneren Weg gehen, die sich der Reinigung ihres Geistes und Herzens widmen, empfinden es. Je weiter sie vordringen, umso ungetrübter das Glück. Es ist eine der Regeln der Schöpfung, ein „Trick", den Gott angewendet hat, um uns den Weg zu weisen. Diejenigen, die ihre Seele ihr Zuhause nennen können, verspüren nichts als dauerhaftes Glück.

Wer glücklich sein möchte, muss sich also auf den inneren Weg machen. Und weil, wie Jesus das formuliert hat, der Weg auch schon das Ziel ist, erlangt man bereits nach den ersten aufrichtig gemachten Schritten dieses Ziel.

Unsere Vorbilder: Sokrates, Franz von Assisi und Gandhi waren vollkommen und dauerhaft glücklich. Wenn wir verstehen wollen, wie man ein glückliches Leben führt, können wir ihre Leben studieren.

Wissenschaft versus Spiritualität

Der Mensch ist ein räumlich und zeitlich beschränkter Teil des Ganzen, das wir als „Universum" bezeichnen. Er erlebt sich selbst, sein Denken und Fühlen, als getrennt vom Rest – eine Art optischer Täuschung seines Bewusstseins.

Albert Einstein

Wir denken, dass die Summe der Erkenntnisse aller Wissenschaften die Wahrheit über das Universum und den Menschen ergibt. Dieses Denken ist methodisch falsch. Es ist analytisch und für Synthesen gänzlich ungeeignet. Es erinnert an jemanden, der einen Elefanten Punkt für Punkt mit einer Lupe betrachtet. Er wird vieles entdecken, kein Zweifel, aber wenn er wirklich wissen will, was ein Elefant ist, muss er hundert Schritte zurückgehen, sich tarnen und den Elefanten in seiner Umgebung systematisch und lange genug beobachten.

Dem Verständnis der Welt und des Menschen können wir uns nur mit Synthesen nähern, weil sie uns ganzheitliche Aussagen ermöglichen. Dieses Verständnis wird per Definition immer eine Hypothese bleiben. Die beste dieser Hypothesen ist eine, die das System als ein Ganzes (zum Beispiel den Menschen; wohlgemerkt den ganzen Menschen, nicht nur den Körper oder sein Verhalten) am treffendsten erklärt. Ein so komplexes System wie die Schöpfung (Sie können das Wort durch Universum inklusive des Menschen und der lebenden Natur ersetzen, wenn Sie es bevorzugen) kann sogar nie vollständig definiert und beschrieben werden, weil es mit dem Instrumentarium menschlichen Denkens nicht abschließend erforschbar ist. Der Grund ist die Art und Weise, wie wir denken: in räumlichen und zeitlichen Ausschnitten. Das Denken in Synthesen kann zwar geübt werden, führt aber trotzdem lediglich zu Annäherungen an das Ganze. Wenn wir uns diesen Fakt nicht immer wieder ins Bewusstsein rufen, landen wir mit unserer wissenschaftlichen Arbeit zwangsläufig in Echokammern.

Sollten wir eine Hypothese finden, die widerspruchsfrei das Ganze erklärt, müssen wir sie vorübergehend als Wahrheit akzeptieren. Und wenn diese Hypothese uns einen logischen Rahmen für unsere einzelwissenschaftlichen Beobachtungen liefert und uns hilft, Erklärungen zu finden, sollten wir sie in unsere wissenschaftliche Arbeit einbeziehen. Das wird uns helfen, unsere Echokammern zu verlassen.

Mit der Wissenschaft ist hier alles gemeint, was auf den Universitäten unterrichtet wird und worüber man promovieren kann. Eins sollte uns aber klar sein: Dieses Verständnis der Wissenschaft ist einer der Gründe unserer zivilisatorischen Krise. Deswegen sollten wir ernsthaft darüber nachdenken, was Wissenschaft sein sollte. Ich würde sie als jede systematische Anstrengung des menschlichen Geistes definieren wollen, die unser Verständnis der objektiv (also unabhängig von unserem Denken und Fühlen) existierenden Realität erhöht. Die Ökonomie oder die Soziologie beispielsweise beschreiben nur die menschengemachten Systeme, die den aktuellen Stand unseres Denkens und Wünschens widerspiegeln und sich deswegen jederzeit ändern können. Mir geht es nicht darum, ihnen den Ritterschlag der Wissenschaft abzuerkennen. Aber wenn wir ihre Aussagen als die absolute Wahrheit nehmen (was leider immer wieder passiert – in den Medien oder wenn wichtige Entscheidungen getroffen werden), erschaffen wir eine Welt, anstelle sie zu beschreiben.

Leider wird in unserer Kultur alles, was die promovierten Vertreter dieser „Nicht-Wissenschaften" sagen, als wahr, objektiv und zwingend betrachtet. Auf diesem Wege fanden zum Beispiel das Paradigma des wirtschaftlichen Wachstums oder die Legitimation für die Befriedigung menschlicher Instinkte und niederer Wünsche den Eingang in die westliche Kultur und Zivilisation.

Wenden wir uns nun dem Teil der Wissenschaft zu, der unser Verständnis der objektiv existierenden Realität erhöht. Er beschreibt die Materie. Das ist sehr gut und notwendig. Das Problem mit den meisten Wissenschaftlern ist nur, dass sie alles, was über die Materie hinausgeht, ausblenden. Wann ist das ein Problem? Wenn ihre Forschungsergebnisse auf das Leben, auf die Menschen, auf die Natur angewendet werden und sie dadurch dem Leben, dem Menschen, der Natur vielleicht schaden. Das kommt daher, dass diejenigen, die sie formuliert haben, nicht die ganze Wahrheit gesehen haben. Ihnen lagen nicht alle Daten vor.

Für die Wissenschaft ist der Mensch ein extrem komplexes Gerät aus Biomasse. Ihre Erklärung des Lebens ist (falls sie schon das systemische Denken anwenden), dass es eine spontane Eigenschaft eines sehr komplexen Systems aus chemischen Verbindungen samt ihrer Wechselwirkungen sei. Das System sei so komplex, dass man den Punkt, an dem das Leben in der Materie entsteht, (noch) nicht mit wissenschaftlichen Formeln beschreiben kann. Eine dieser spontanen Eigenschaften der lebenden Materie sei die Reproduzierung ihrer Strukturen, was verbunden mit der Auslese der stärkeren Systeme in ihrer Umgebung zu ihrer Weiterentwicklung führe. Mit der wachsenden Komplexität habe sich in diesen Systemen aus Biomasse das Fühlen und Denken entwickelt. Wie, wissen wir zwar nicht, aber auch dies werden wir durch unsere Experimente mit der Materie irgendwann sicher noch herausfinden. Im Menschen seien die kognitiven Fähigkeiten der Materie weiter gestiegen, sodass sie sogar über sich selbst reflektieren könne, Werte entwickle und nach Idealen suche.

Damit hat man zwar etwas mit Worten beschrieben, aber nichts erklärt. Es ist eine Pyramide aus Annahmen. Wie wissenschaftlich ist das? Wenn man versucht, ein natürliches Phänomen auf eine extrem komplexe und komplizierte Weise zu erläutern, aber eine ganz simple Erklärung, die alle Aspekte dieses Phänomens und das Verhalten des gesamten Systems erklärt, grundsätzlich ausklammert, ist das ein sicheres Zeichen dafür, dass man mit seinem Denken in einer Sackgasse steckt.

Die Physiker sind da schon weiter. Wenn sie nicht mehr alles mit der Materie erklären konnten, haben sie eingesehen, dass es Energie gibt, die etwas grundsätzlich anderes, Feineres als Materie ist. Die Elementarteilchen, also die Materie, können aus Energie entstehen oder sich in ihr auflösen. Die Energie selbst ist allerdings etwas, das man nicht direkt beobachten kann – was wir sehen, ist immer nur ihre Wirkung auf die Materie.

Analog dazu ist die Biomasse lediglich ein mit den fünf Sinnesorganen beobachtbarer Aspekt von diesem Etwas, was Leben ist. Auch die elektrischen und biochemischen Vorgänge im Gehirn geben uns nur einen Hinweis darauf, was im Geiste passiert. Wir versuchen den Menschen durch die Beobachtung seines Schattens zu verstehen!

Das Leben und das Denken werfen lediglich einen Schatten auf die Materie, den man beobachten kann. Die Seele, das Reine Bewusstsein (über das wir noch weiter unten schreiben werden) wirft seinen Schatten nicht mal dorthin, sondern auf den Geist. Das ist noch eine Stufe weiter und weil die Wissenschaft nicht mal den Geist beobachten und messen kann, wird die Seele für sie immer verborgen bleiben. Dabei ist die Lösung einfach: alle Mess- und Beobachtungsgeräte in die Ecke stellen und in seinem Inneren die Konzentration auf seinen eigenen Geist anwenden. Wenn man etwas untersucht, dabei aber einen Teil der geeigneten Instrumente grundsätzlich ausschließt, wird man zwangsläufig nur einen Ausschnitt der Wahrheit über den untersuchten Gegenstand erkennen.

Die Wissenschaft könnte sogar in einem gewissen Grad untersuchen, wie das Reine Bewusstsein diese „Schatten" auf den Geist und dann auf die Materie wirft, wenn sie ihre Sturheit aufgeben würde. Ein simples EEG-Gerät am Kopf eines Yogis, der die Aktivität seines Geistes kontrollieren und anhalten kann, wirft die vielen Terabytes, die über die Funktion des Gehirns publiziert wurden, über den Haufen. Ausreichend viele Ärzte haben bereits den lang andauernden Zustand ohne Herzschlag und Atem eines verwirklichten spirituellen Meisters beobachten können. Warum wird über diese Fakten nicht in den wissenschaftlichen Journalen geschrieben? Weil sich der Autor damit bei seinen Fachkollegen diskreditieren würde. Wie wissenschaftlich ist das? Nüchtern betrachtet basiert die Wissenschaft auf Glaubenssätzen, und Glauben macht blind.

An diesem Punkt sollten wir uns an die Funktionsweise der Organe des Geistes erinnern. Nicht nur unsere tagtäglichen Meinungen und Entscheidungen können nicht ohne das Verständnis dieser Funktionsweise erfasst und bewertet werden. Unser gesamtes Wissen (von der Philosophie über die Medizin bis zur Astrophysik) ist von Menschen mit

Ego und mit von der Kultur geerbten Denkmustern und vorgefassten Meinungen aufgeschrieben worden. Bei dem wissenschaftlichen Wissen ist diese Verfärbung aber von den Wissenschaftlern getarnt, unsichtbar gemacht. Weil unsere Gesellschaft den Wissenschaftlern besondere Autorität zuspricht, wird diese Verfärbung auch nicht hinterfragt. Nur wenn wir das Wissen über die Funktionsweise der inneren Instrumente in unsere Kultur integrieren, werden die Wissenschaftler einen entscheidenden Schritt in Richtung Wahrheit machen können.

Außerdem wäre es an der Zeit, über die Vorgehensweise der Wissenschaft kritisch nachzudenken. Sie bedient sich fast ausschließlich der analytischen Methode. Diese determiniert bereits das Resultat. Sie führt zu einer Welt, die aus unabhängigen Individuen, aus Teilen und Teilchen besteht. Wenn man die Welt mit der synthetischen Methode untersucht, gelangt man zu einem völlig anderen Bild: Man betrachtet die Welt als eine Einheit und erkennt hinter der vordergründigen Zersplitterung ein Substrat, übergreifende Strukturen und Zusammenhalt. Die Weisen des indischen Subkontinents, die dortigen Yogis und Philosophen, benutzten die Synthese als Methode der Erkenntnis.

Die altindischen Philosophieschulen des Vedanta sehen hinter den Strukturen und Gesetzen des Universums ein Substrat und definieren es als das alles durchdringende, alles konstituierende Reine Bewusstsein, eine Einheit aus dem Sein, dem Bewusstsein und der Seligkeit. Die Wahrheit hat demnach drei Aspekte, die erst zusammengenommen zur wirklichen Erkenntnis führen. Unsere westliche Wissenschaft beschäftigt sich ausschließlich mit dem ersten dieser Aspekte: dem Sein. Damit sieht sie nur einen Teil der Wahrheit. Die im Vedanta beschriebene praktische Spiritualität hat alle drei Aspekte zum Gegenstand. Sie ist auch eine Wissenschaft, allerdings eine, die man nicht nur mit, sondern auch ohne die Benutzung seiner Sinnesorgane betreiben muss. Jeder kann es tun, wenn er es wirklich will und ernsthaft versucht.

Der Streit darüber mit den meisten Wissenschaftlern und Fachleuten erinnert an einen Farbenblinden, der zu einem Maler kommt und behauptet, dass es die Farben nicht gibt. Sein Sehorgan nimmt sie nicht wahr. Außerdem habe er sich ausführlich mit diesem Thema beschäftigt und etliche Experimente durchgeführt, die gut dokumentiert sind. Es gebe zwar geringfügige Unterschiede in der Frequenz der Lichtwellen, aber die Existenz der Farben kann er definitiv ausschließen. Der Maler nickt, spricht noch kurz mit seinem Gast über das Wetter und wenn dieser gegangen ist, wendet er sich wieder dem Malen zu.

Die beiden Bereiche der Wissenschaft (der materialistische und der des Bewusstseins) gelangen auf systematische Weise zu einem guten Verständnis der Welt. Sie tun es durch Experiment bzw. Erfahrung und durch Formulierung von überprüfbaren Gesetzen. Allerdings untersucht die eine Wissenschaft die Welt der Materie und die andere die Welt des Bewusstseins; die eine schaut nach außen, die andere nach innen. Und weil wir im Westen nur die erste akzeptieren, sind diese beiden Welten in der Wahrnehmung des modernen Menschen strikt voneinander getrennt. Sind sie es in der Realität? Gibt es zwei parallele Universen, die nebeneinander existieren und nichts voneinander wissen wollen?

Wieder ist es die Physik, die Königsdisziplin aller Experimentalwissenschaften, die die Begrenzungen des reduktionistischen Weltbildes (weitgehend ungewollt) sprengt. Aus der Relativitätstheorie geht zum Beispiel hervor, dass die Vergangenheit und die Zukunft nebeneinander existieren. Die Zeit ist kein Fluss: Die Dinge verändern sich nur aus unserer subjektiven Perspektive (also in unserem Geist). Die modernen Physiker geben zu, dass ihnen die Materie entweicht, wenn sie sie genau untersuchen. Auf der Ebene der Strings (die ja nach dem heutigem Stand der Wissenschaft die Grundlage der Materie sind) verschwindet die Materie völlig und verwandelt sich in Mathematik. Auch die klassische Quantenmechanik sagt uns, dass die Materie aus Wahrscheinlichkeiten besteht. Man kann genauso gut sagen, dass sie Mathematik ist, also Gedanken. Weil die Wissenschaftler die Wirklichkeit mit der Materie gleichsetzen, müssten sie letztendlich zugeben, dass die Wirklichkeit immateriell ist, dass sie nur durch Gedanken existiert.

Die Verschränkung der Teilchenpaare geschieht ohne eine Verbindung, die auf die Materie zurückzuführen wäre. Die Teilchen, also die Materie, scheinen damit nicht nur aus Gedanken, sondern auch aus Informationen zu bestehen. Wissenschaftler sind heute in der Lage, einzelne Teilchen zu teleportieren, also dasselbe Teilchen an einem entfernten Ort zu erzeugen. Was dabei übertragen wird, ist nur die Information, nicht die Materie oder Energie. In diesem Prozess verliert das ursprüngliche Teilchen die gesamte Information, die es ausmacht, hört also praktisch auf zu existieren. Warum eigentlich? Weil die Information für die Existenz der Materie verantwortlich ist. Geist pur. Das wissen die Quantenphysiker natürlich besser als ich, und trotzdem weigern sie sich hartnäckig, das Bewusstsein in ihr Weltbild einzulassen. Irgendwann aber werden sie den

„Quantensprung" von der Materie zum Bewusstsein machen müssen.

Es wäre für uns Menschen, für unsere Zivilisation und für den Planeten, den wir bewohnen, besser, wenn wir die Schizophrenie der modernen Kultur, die die Wissenschaft des Bewusstseins aus ihrem Blickfeld verdrängt, überwinden würden.

Wenden wir uns jetzt kurz der Biologie zu. Ich bin ein Systemdenker und kann die neueren Theorien der Wissenschaft, die die Evolution des Lebens, des Bewusstseins innerhalb des Lebens und der menschlichen Zivilisation als emergente Eigenschaften von unvorstellbar komplexen Systemen betrachten, sehr gut nachvollziehen. Ich nehme sogar an, dass die Wissenschaften irgendwann das Leben aus unbelebter Materie erzeugen werden, dass sie beweisen werden, dass unter bestimmten Bedingungen das Leben als eine spontane Eigenschaft sehr komplexer nicht lebender Systeme von selbst entsteht. Vielleicht werden sie sogar irgendwann auf diese Weise aus einem System lebender Zellen einige kognitive Fähigkeiten hervorrufen. Warum nicht? In Gottes Schöpfung ist alles logisch, kausal, aufeinander aufbauend – es sind keine Wunder notwendig. Darin liegt ihre Schönheit, ihre Vollkommenheit. Einige simple Regeln (die unsere Wissenschaftler irgendwann hoffentlich noch entdecken werden) reichen, um vom Urknall zu Christus zu kommen. Aber es gibt etwas, ohne das all diese Erklärungen zusammenfallen (wenn man den Mut aufbringt, auch die ausgeblendeten Fakten zu berücksichtigen und die unbequemen Fragen zu stellen). Und das ist die Entwicklung des Universums selbst. Sie ist weder zufällig noch sinnfrei. Sie hat eine klar erkennbare Richtung, weil sie im Bewusstsein wurzelt, das wir unbeholfen Gott nennen. Der Unterschied zwischen dem „materialistischen" Systemdenker und dem „spirituellen" Systemdenker ist eigentlich gering. Er resultiert aus der unterschiedlichen Perspektive. Für den ersten entsteht Bewusstsein aus der Materie, für den zweiten ist die Materie lediglich die „Hardware", in der sich Bewusstsein zunehmend manifestiert. Es ist ein erkenntnistheoretischer Unterschied und kann durch die wissenschaftlichen Experimente sowieso nie beseitigt werden. Und für alle praktischen Zwecke ist er unerheblich. Es sollte nicht darum gehen, wer recht hat: die materialistische, reduktionistische Wissenschaft oder die experimentelle Wissenschaft des Bewusstseins, also Yoga mit dem Unterbau der vedantischen Philosophie. Es ist kein Entweder-oder. Die Wahrheit wird durch die Synthese der beiden entdeckt.

Menschheit (und mit ihr auch unsere Erde) hat nur dann eine Chance, wenn sie das erkennt, wenn sie diese beiden Perspektiven miteinander versöhnt, also wenn sie, praktisch gesehen, die spirituelle Perspektive wieder zu ihrer eigenen macht. Sonst wird sie an ihrer Einbildung und ihrem Egozentrismus zugrunde gehen. Und diese Feststellung müssen auch diejenigen gelten lassen, die die spirituelle Perspektive nicht annehmen wollen. Sie können doch die Resultate des puren materialistischen Denkens messen, zählen und mit mathematischen Gleichungen beschreiben: in der Biosphäre, in der Wirtschaft, in der Gesellschaft.

Und das ist der springende Punkt, an dem wir hoffentlich bald aufeinandertreffen werden. Ohne die innere Entwicklung des Menschen als Ziel der Zivilisation werden wir unter der Last des aus dem Reduktionismus resultierenden Konsumismus, des Egoismus und der Seichtheit untergehen. Damit ist die Annäherung zwischen der Wissenschaft und der praktischen Spiritualität eine der dringenden Notwendigkeiten der Gegenwart.

Es wird auch weiterhin gelten, dass wir, wenn die materielle Welt verstehen und gestalten wollen, uns der Wissenschaft und Technologie bedienen. Die Vedanta-Philosophie und die Yoga Sadhana bestehen nur darauf, dass man sich, wenn man Geist und Bewusstsein erforschen möchte, dem Objekt seiner Studie zuwenden sollte, also nach innen schauen muss. Die Advaita Vedanta fügt hinzu, dass das Bewusstsein eine grundlegendere Realität ist als die materielle Welt. Dies ist eine philosophische Aussage und sehr wichtig, wenn es um unsere Sicht auf die Welt und uns selbst geht. Für die meisten praktischen Zwecke ist jedoch der wissenschaftliche Ansatz der richtige.

Die Ausführungen dieses Buches sind übrigens auch innerhalb unseres traditionellen westlichen Weltbildes schlüssig. Der Leser wird nicht genötigt, seine Vorstellungen über die Welt und seinen Platz in ihr infrage zu stellen. Das Einzige, was wir postulieren, ist, die Entscheidung darüber, ob etwas gut oder ungut, wahr oder unwahr, richtig oder falsch ist, lediglich davon abhängig zu machen, ob es dem Menschen, der menschlichen Gesellschaft und der Natur, in der wir leben, nutzt oder schadet, und zwar unabhängig von allen wissenschaftlich begründeten Dogmen oder Annahmen.

Die Welt des Menschen

Yoga ist der Weg zu dem göttlichen Zustand, wo du absolut frei von der Tyrannei des Geistes bist.

Paramahamsa Hariharananda

Es gibt zwar eine Welt aus Materie, die man sehen und messen kann, aber es ist nicht die Welt, in der wir leben. Menschen leben in einer Welt, die sie selbst geschaffen haben, einer Welt aus Emotionen, Ideen, Erwartungen, Träumen, Begehrlichkeiten, Ängsten, geistigen Bildern, fixen Ideen, aus Stolz, Eifersucht, Gier, Vernarrtheit und Eitelkeit... Diese Welt steht zwar mit der materiellen Realität in Verbindung, ist aber von ihr gänzlich verschieden – sie wird lediglich von jedem von uns auf die Materie projiziert. Wo ist die Welt, in der wir leben? In unserem Geist, in seinen vier Organen.

In diesem Zusammenhang ist es verheerend, dass wir im Westen den menschlichen Geist nicht ganzheitlich und systematisch erforschen, nicht über ihn reflektieren. Wir haben es den Experten überlassen: zum einen den Leuten, die über die Materie forschen, beispielsweise das Gehirn in MRT-Geräten beobachten, zum anderen den Psychologen, die entweder einfach nur das Verhalten des Menschen beschreiben oder bei ihrer Reflexion von den Ideen Freuds ausgehen. In Wirklichkeit kann der Mensch seinen Geist nur mit seinem Geist erforschen. Alle anderen Werkzeuge beschäftigen sich lediglich mit dem Schatten. Sie versperren uns nur die objektive Sicht auf uns selbst. Unser persönliches Glück, die Erfüllung unseres eigenen Lebens, aber auch der Ausweg aus der Sackgasse, in die wir unsere Zivilisation gefahren haben, liegt hinter dieser Versperrung.

Unser Denken hat auch Auswirkung auf die Welt, die wir miteinander teilen. Unsere analytische Herangehensweise erschafft in ihr Konflikte, Wettbewerb, Chaos. Sie zeichnet uns den Weg des Egoismus, Individualismus, Konkurrenz und Gier vor. Auch diese Welt entspricht nicht der objektiv existierenden – wir erschaffen sie durch unser Denken.

Versuchen wir, unser heutiges Denken über uns selbst kurz zusammenzufassen:

Der Mensch ist die Krone der Schöpfung (wobei wir das Wort Schöpfung nur bildlich benutzen, weil wir die Welt ohne einen Schöpfer denken). Er hat sich aus der Natur entwickelt durch die (darwinsche) Evolution, also durch ein Wechselspiel von Zufall und Selektion. Er steht der Natur vor. Er ist klüger als sie und darf sie deswegen verändern. Bildlich können wir uns unser Verständnis der Welt wie eine Pyramide vorstellen.

Der Mensch besteht aus dem Körper und dem Geist, also der Fähigkeit zu denken, zu empfinden, zu fühlen. Sigmund Freud hat uns überzeugt, dass der Geist des Menschen gespalten ist und dass das Individuum eigentlich für sein Handeln nicht verantwortlich gemacht werden kann. Das hat die Vorrangigkeit des Körpers gegenüber dem Geist zusätzlich betont.

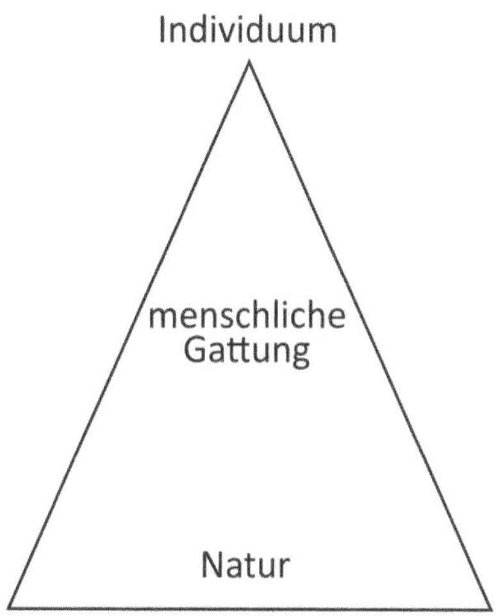

Der Mensch verändert die Natur, um seine Wünsche zu erfüllen. Diese werden ihm vor allem durch seine Sinne vorgegeben. Zusätzlich wartet sein Geist mit unzähligen Sehnsüchten auf. Weil der Mensch eine begrenzte Zeit zur Verfügung hat, versucht er möglichst viele seine Wünsche möglichst bald zu befriedigen, ist also gierig. Um seine Wünsche und Sehnsüchte zu befriedigen, darf er seinen Impulsen folgen und versucht, dadurch glücklich zu werden.

In unserer Kultur messen wir also dem Individuum einen absoluten Wert bei. Wir sind Individualitäten, Persönlichkeiten, einzigartig und frei, und haben einen berechtigten Anspruch auf alles, was uns körperliches und geistiges Vergnügen bereitet.

Die Alternative

> *It is the most tragic that humanity today has made it a habit to forget divinity and has imposed its own fanciful ideas onto things and people. This is the mistake – and it is a critical one.*
>
> *Paramahamsa Prajnanananda*

Nun haben wir allerdings in diesem Buch gesagt, dass nicht der Mensch als Körper, nicht seine drei niedrigeren Organe des Geistes (Gedächtnis, Denk- und Empfindungsorgan und das Ich-Bewusstsein), sondern sein Wachsen im Verstand, die Erweiterung des Raumes für seine Seele, die Entwicklung seiner besonderen menschlichen Fähigkeiten den absoluten Wert haben sollen.

Das Schöne an diesem Postulat ist, dass es mit unserer westlichen Kultur konform geht. Unsere humanistischen Werte, die Unantastbarkeit des menschlichen Lebens, die Würde und die Unabhängigkeit des Menschen, bieten für dieses Wachstum einen fruchtbaren Boden. Das Postulat des spirituellen Wachsens ist in der Lehre von Jesus enthalten und wurde von vielen christlichen Nonnen und Mönchen wunderschön in die Praxis umgesetzt. Bei Sokrates erstreckt es sich auf eine vortreffliche Weise auf alle Bereiche des Humanen: den intellektuellen, den moralischen und den spirituellen. Seine Wurzeln liegen allerdings in der uralten Kultur Indiens, wo seit vorhistorischen Zeiten die humane Entwicklung, also das Wachsen des Menschen im Bewusstsein, von unzähligen Weisen systematisch betrieben wurde. Ihre Bemühungen standen dabei nie im Widerspruch zur empirischen Erfahrung des Menschen und zum rationalen Denken. Diese geistige Anstrengung und ihre verallgemeinernden Aussagen, die seit Jahrtausenden vom Meister auf den Schüler weitergegeben werden, bezeichnet man dort als Yoga und die sie untermauernde philosophische Basis als Vedanta.

Das Verständnis und Wissen der zahllosen großen Yogis basiert auf Erfahrung. Sie betreiben keine Philosophie wie wir im Westen, wo man Hypothesen aufstellt, um mit ihnen die Realität zu erklären. Im Bereich des Geistigen, im Bereich des Spirituellen umso mehr, fehlt unseren westlichen Philosophen das Mittel der objektiv überprüfbaren Erfahrung, also des Experiments. Deswegen bleiben ihre Hypothesen ein intellektuelles Spiel. Das macht den Vorsprung der verschiedenen Philosophieschulen Indiens aus, die auf Vedanta basieren.

Die indischen Meister haben ihre praktischen Erfahrungen, die sie durch rigorose und lange spirituelle Praxis erwarben, verallgemeinert und mit den Erkenntnissen der anderen Meister verglichen. Dabei wurden große Überlappungen offensichtlich. Diese Überlappungen akzeptierte man als Wahrheit. Die Wahrheit über das Reine Bewusstsein und über den menschlichen Geist, der als Instrument für das Erlangen dieser Wahrheit diente, entstand also aus der kritischen Betrachtung von unzähligen Eigenerfahrungen und ihrer logischen Aufarbeitung. Die daraus resultierenden Erklärungen und Regeln haben deswegen eine allgemeine Gültigkeit, die von jedem überprüft werden kann, indem er sie in der Praxis anwendet.

Die Kulmination der Vedanta-Philosophie ist Advaita Vedanta. Er postuliert eine innewohnende Einheit aller Menschen, Lebewesen und Dinge – sie alle sind in letzter Konsequenz Reines Bewusstsein oder pures Sein, in Sanskrit Brahman („das Unbegrenzte"; vom Genus neutral). Dieses Bewusstsein ist die grundlegende Realität des Universums. Auch diese These stützt sich auf die Erfahrung von vielen Tausenden Yogis, die den Gipfel der spirituellen Evolution des Menschen, die vollkommene Verschmelzung der Seele mit dem kosmischen Reinen Bewusstsein erreicht haben (in Sanskrit: Nirvikalpa Samadhi, ein lang, oft stundenlang andauernder Zustand ohne Atem und Herzschlag). Dieses Bewusstsein erscheint unseren Sinnen und unserem Geist als das Universum mit seinen unzähligen Formen und mit den Beschränkungen des Raumes, der Zeit und der Kausalität. Dieses Phänomen wird Maya genannt.

Der Advaita Vedanta selbst beruft sich allerdings auf keine außerordentliche Erfahrung, sondern basiert auf logischer Analyse der Erfahrungen, die jedem zugänglich sind. Dabei sucht er nach dem Subjekt aller dieser Erfahrungen. Aus der logischen Feststellung, dass das Objekt und das Subjekt zwei verschiedene Dinge sind, und aus der Erfahrung, dass wir unseren Geist beobachten können, schließt er, dass der Geist nicht das Subjekt sein kann. Weiterhin analysiert er beispielsweise den Wach-, Traum- und Tiefschlafzustand des Menschen: Auch wenn im Tiefschlaf der Geist nicht arbeitet, gibt es einen bewussten „Zeugen" dieses Zustands. Das Subjekt liegt also hinter dem Geist und der Materie. Es ist das Einzige, was ohne Bezug auf etwas anderes „aus sich heraus" existiert. Die letztendliche Schlussfolgerung des Advaita Vedanta ist deswegen: Die Welt findet im Reinen Bewusstsein statt. Die Materie ist eine Projektion des Reinen Bewusstseins und erscheint uns als Formen, denen wir bestimmte Namen geben. Das mit dem Geist erfahrbare Universum, der Raum und die Zeit, gibt es nur aus dem Standpunkt der Maya.

Advaita Vedanta ist allerdings anders als der westliche Idealismus: Die Welt existiert. Mit der ultimativen Erfahrung des Nirvikalpa Samadhi entpuppt sie sich jedoch als eine Projektion des Reinen Bewusstseins. Brahman muss also die absolute Realität sein. Die Welt existiert im Verhältnis zu Brahman nur relativ – solange das Bewusstsein den Rahmen des Raumes und der Zeit nicht verlassen hat. Davor gibt es sie so, wie wir sie mit unseren Sinnesorganen und Messinstrumenten wahrnehmen.

Hier sei angemerkt, dass das Bewusstsein in allen auf dem Vedanta basierenden Philosophieschulen anders als von unseren modernen Wissenschaften verstanden wird: Es ist keine Aktivität des Gehirns. Das Gehirn und der menschliche Geist erzeugen das Bewusstsein nicht – sie „reflektieren" es nur. Man könnte sich das Bewusstsein vereinfacht als die feinste (und mächtigste) aller Energien vorstellen, aus der alle gröberen Energien entstehen.

Aus dem Weltbild des Advaita Vedanta ergeben sich wichtige Schlussfolgerungen:

- die Welt hat einen Zweck, und zwar die vollkommene Manifestation des Reinen Bewusstseins;
- das Ziel des menschlichen Lebens ist, so weit in der Menschlichkeit zu wachsen, bis der Geist das Reine Bewusstsein perfekt widerspiegeln kann;
- die Ethik hat eine objektive Begründung: das Leid, das man anderen antut, tut man auch sich selbst an;
- das Gleiche betrifft auch das Leid, das man bei anderen Lebewesen verursacht (damit bekommt Umweltschutz eine zusätzliche moralische Begründung).

Das Weltbild der Zukunft

Bis zum Ende des 19. Jahrhunderts gab es innerhalb der westlichen Kultur für die Intellektuellen keine überzeugende Alternative zum Materialismus. Das ist heute anders. Wir werden bald einsehen, dass der reduktionistische Materialismus nicht nur eine zerstörerische Zivilisation produziert, sondern auch wissenschaftlich falsch ist. Und dann werden wir ein anderes Welt- und Menschenbild brauchen. Dieses Welt- und Menschenbild existiert in seiner poetischen Form seit 5.000 und als Philosophie seit fast 2.000 Jahren. Es ist Advaita Vedanta.

Wenn uns die moderne Physik etwas lehrt, dann das, dass alles, was wir als Objekte und Fakten der Materie betrachten, infrage gestellt werden kann. Es gibt nur zwei Existenzen, die aus der allgegenwärtigen Flüchtigkeit herausragen und die wir deswegen als objektiv betrachten müssen. Die erste ist das Subjekt: Auch wenn uns alle Objekte entweichen, das Subjekt bleibt immer noch. Die zweite sind die Mathematik und die Logik, die purer Geist sind.

Jedes Mal, wenn ich die führenden Physiker darüber sprechen höre, muss ich schmunzeln: Sie kommen mit größter Mühe zu Schlussfolgerungen, die ich bereits von den Yogis und Mystikern, von den Rishis der Upanischaden und den Philosophen des Advaita Vedanta gehört habe, zum Beispiel, dass Materie nicht wirklich existiert oder dass Zeit und Raum nicht wirklich absolut sind. Die Physiker und Bewusstseinsforscher fangen heute an, darüber zu spekulieren, dass die Basis dessen, was wir die materielle Welt nennen, Bewusstsein sein könnte. „Ja, das ist sie", sagt der Advaita Vedanta.

In der Quantenwelt gibt es keine Existenz, wie wir sie mit unseren Sinnen erfassen. Dinge existieren nur, wenn man sie anschaut, Entfernungen im Raum verlieren ihre Bedeutung, die absolute Zeit und der dreidimensionale Raum zerplatzen. Was ist der Grund für diesen Unterschied zwischen der Mikro- und der Makrorealität? Die Physiker finden darauf seit Jahrzehnten keine Antwort, weil sie in ihrem Weltbild die Realität mit der Materie gleichsetzen. Was unterscheidet aber außer der Größe die Mikro- und die Makrorealität? Die Makrowelt ist etwas, was wir direkt beobachten. Die Mikrowelt lässt sich im Gegensatz dazu nicht beobachten. Wir urteilen über sie anhand der Ereignisse zweiten Grades, der Wirkungen, die sich unserer Beobachtung präsentieren. In der Mikrowelt mischt unser Geist nicht so mit wie in der Makrowelt. Die Wahrheit über die Welt an sich zeigt sich einfach dort, wo unsere Beobachtung (also unsere Sinne und die damit verbundenen geistigen Prozesse) und das durch diese Beobachtung determinierte Denken nicht reichen. Unser Geist macht den Unterschied zwischen der Quantenmechanik und der Physik! Unser Geist verursacht das Problem, das die Physiker nicht lösen können.

Jeder ernsthafte Philosoph oder Psychologe wird zugeben, dass wir nicht die Realität an sich erleben. Wir können nur das über sie wissen, was sie in unserem Geist auslöst. Die Welt geschieht also zuerst mal in unserem Geist. Das könnte auch ein Philosoph des Advaita Vedanta so sagen. Er würde aber hinzufügen, dass die Wirklichkeit an sich trotzdem noch weiter dahinter und überall gleich ist. Sie ist pures Bewusstsein und wird nur unserem Geist als Materie vorgegaukelt. Materie ist eine Realität zweiten Grades. Wir schauen mit unseren Sinnesorganen auf ein „Hologramm" und nehmen es als harte Materie des Universums wahr.

Gibt es also keine Materie, keine Welt, wie wir sie sehen, hören und tasten? Doch, die gibt es, sagt Advaita Vedanta, solange wir uns in ihr befinden, solange wir denken und wahrnehmen. Und auch uns, mit unserer Individualität und unseren Begehrlichkeiten, gibt es. Das Besondere an uns ist allerdings, dass wir die Schwelle zwischen der Welt der Materie und dem puren Bewusstsein überschreiten können. Diese Erfahrung verändert alles. Es ist eine Verschmelzung des Reinen Bewusstseins, das scheinbar zweigeteilt war. Sie ist das Ziel der Existenz.

Haben wir nicht oben gesagt, dass es zwei objektive Existenzen zu sein scheinen: das Subjekt und die Mathematik und Logik? Das Subjekt ist auch der „Beobachter" des Universums, sagt Advaita Vedanta, existiert damit außerhalb dieser Welt aus Raum, Zeit und Kausalität, ist also unabhängig, absolut. Die Mathematik und Logik gibt es aber nur innerhalb des Universums. Gott rollt unseren Wissenschaftlern einen Teppich mit dem wunderschönen Muster aus Mathematik und Logik aus und schaut ihnen bei ihrer Suche voller Liebe zu.

Wie ist also das Weltbild des Advaita Vedanta? Alles, was existiert, ist eine Projektion des einen unteilbaren, omnipräsenten Reinen Bewusstseins. Diese Sicht hat wichtige praktische Konsequenzen. Die erste ist Ahimsa, die Aufforderung, nichts und besonders keinem Leben unnötig Schaden zuzuführen. Die Welt ist kein totes Objekt, das wir nach Lust und Laune benutzen können. Sie ist Gott (so kann man auch für praktische Zwecke das Reine Bewusstsein nennen). Sie gehört weder Herrn Bezos noch Herrn Jinping, auch nicht nur in Teilen. Auch Frau Müller nicht. Jeder kann sie allerdings in seiner Totalität und uneingeschränkt „besitzen", wenn er sie als Reines Bewusstsein erfasst hat. Gier und Eigensinn, Hochmut und Täuschung, Furcht und Tod verschwinden dann für immer. Das ist das Ziel des menschlichen Lebens und des Universums.

Eine andere Konsequenz ist, dass Moral eine absolute Begründung hat. Der Mensch kann zwar nach Belieben gegen sie verstoßen, beispielsweise gewalttätig und eigensüchtig sein, er wird aber irgendwann die

Folgen seiner Gedanken und Taten tragen müssen – nicht als Strafe; sein Weg zum Ziel wird einfach mehr Schmerz und Tränen brauchen, weil Ursachen Wirkungen haben. Wenn er sich allerdings seiner Bestimmung bewusst nähern will, wird er aus freiem Willen moralisch handeln und seine Humanität entwickeln. Ein so handelnder Mensch wird Demut empfinden, weil er den absoluten Bezug spürt oder wenigstens vermutet. Er weiß, wie begrenzt und unvollkommen seine momentane Individualität ist und dass die anderen mit demselben Potenzial auf diese Erde gesetzt wurden – sie sind seine Schwestern und Brüder.

Demut ist die Voraussetzung dafür, dass wir als Zivilisation aufhören, lebende Systeme, die über lange Zeiträume ihre Robustheit bewiesen haben, kopflos zu verändern. Dazu gehört vor allem die Biosphäre, aber auch die Gesellschaft und die Kultur. Unsere Grundeinstellung sollte sein, zuerst von ihnen lernen zu wollen, anstatt sie unseren momentanen Wünschen und Vorstellungen anzupassen. Weise Menschen versuchen zuerst, sich selbst zu ändern. Und wenn sie danach noch immer etwas ändern wollen, dann nur, weil es dem Zweck ihres Lebens und des Universums dient.

Das sind die Umrisse des Weltbilds der Zukunft. Alles, was uns die Wissenschaften über die Materie sagen, ist wahr. Die Materie ist allerdings nur ein Aspekt der Wirklichkeit. Das andere ist Bewusstsein, das wir in dem Inneren Universum suchen müssen. Die Erde, das Leben und der Mensch sind keine Zufälle. Sie sind Ergebnisse einer Evolution, die der Zweck des Universums ist. Der letzte Schritt dieser Evolution ist allerdings kein unwillkürliches. Er wird von jedem Menschen bewusst und durch Bemühung „erarbeitet“, und zwar in seinem Geist. Das Ziel der menschlichen Kultur und Zivilisation sollte sein, ihn dabei zu unterstützen.

Die Welt wird eine andere, wenn wir dieses Welt- und Menschenbild in unsere Kultur aufgenommen haben. Die einzige Chance für die menschliche Zivilisation heute ist die Synthese der westlichen Wissenschaft und Technik einerseits und des vedantischen Weltbildes und der östlichen praktischen Spiritualität andererseits.

Unser Kommen und Gehen

In unserer westlich geprägten Vorstellung haben wir für unsere Entwicklung den Zeitrahmen eines Lebens zur Verfügung. Wir kommen aus dem Nichts und gehen in das Nichts zurück. Die Einmaligkeit dieser Erfahrung lenkt unser Denken in eine hedonistische Bahn und erzwingt geradezu falsche Zielsetzungen. Von den Berichten der Menschen, die ihre Entwicklung hin zum Reinen Bewusstsein zu einem erfolgreichen Ende gebracht haben, erfahren wir, dass unsere Entwicklung über unzählige Leben hinweg stattfindet. Wir nehmen dabei die Abdrücke, die Essenz dessen, was sich in unserem Geist abgespielt hat, mit. Dieses Kommen und Gehen dauert so lange an, bis unser eigenes Bewusstsein sich in seiner reinen Form manifestieren kann. Damit ist unser Wachstum der Weg zum Ziel und deswegen der eigentliche Zweck unserer Existenz und nicht eine nette Nebenbeschäftigung auf Zeit.

Wenn man sich nicht auf die Autorität der weisen Seher und Yogis verlassen möchte, kann man einfach seinen Verstand benutzen. Wie sähe die Welt ohne Reinkarnation aus? Zuerst hat man die Frage nach dem Wesen des Bewusstseins. In den Vorstellungen der Materialisten müsste das Bewusstsein aus der unbewussten Materie entstehen, was an sich ein Wunder wäre. Man kann versuchen, sich vorzustellen, dass die sich zu komplexen Strukturen verbindende Materie mit einem bestimmten Komplexitätsgrad das Bewusstsein gebärt. Dann gäbe es zwei Möglichkeiten. Die erste wäre, dass das Bewusstsein etwas Eigenständiges ist. Weil es aber aus der Materie entstanden ist, müsste es aus denselben Elementen wie sie gebaut sein. Diese Behauptung wird wohl auch der radikalste Materialist als absurd ablehnen (wenn er sich nicht auf den Umweg durch das Begriffsdickicht der Biologen, Psychologen und Gehirnforscher begibt und dort verliert). Außerdem wäre etwas Eigenständiges nicht dazu verdammt, mit dem Zerfall des materiellen Körpers aufzuhören zu existieren, was einem Materialisten schlaflose Nächte bereiten müsste. Etwas real Existierendes kann sich nach den Gesetzen dieser Welt nicht im Nichts auflösen. Was soll aber aus dem Bewusstsein entstehen? In was soll es sich mit dem Tod des Körpers verwandeln? In die Materie etwa? Die zweite der Möglichkeiten wäre, dass sich das Bewusstsein als eine Eigenschaft von sehr komplexen materiellen Systemen manifestiert, also nicht eigenständig ist. Aber mal ehrlich: Wie kann die Materie etwas kreieren, eine Idee entwerfen, einen Mikroprozessor oder eine Hängebrücke planen? Wie kann unbewusste Materie überhaupt die Fähigkeit besitzen, ein Design, wie den menschlichen Geist, aus sich selbst zu gebären?

Das Bewusstsein kann nicht aus dem Nichts entstehen und sich im Nichts auflösen. Dies ist sogar mit den Erkenntnissen unserer Wissenschaft unvereinbar. Also muss es seinen Ursprung in etwas, das die Fähigkeiten des Bewusstseins besitzt, haben. Nun könnte es aus einem Bewusstseinsdepot als Seele jedem Menschen zugewiesen werden und nach seinem Tod dorthin zurückgehen. Welchen Sinn diese einmalige Veranstaltung, die wir menschliches Leben nennen, dann haben soll, ist schwer vorstellbar. Die Theorie der Einmaligkeit des Lebens widerspricht außerdem unserer Beobachtung. Menschen sind sehr unterschiedlich. In einer Welt ohne Reinkarnation sind die geistigen Fähigkeiten einer Person oder ihre menschliche Reife, die oft sogar schon in einem sehr jungen Alter erstaunlich sein können, das Ergebnis des Zufalls. Oder schickt Gott mit Absicht dumme oder chancenlose Menschen auf die Erde?

Das eine einzelne Lebensspanne überdauernde Bewusstsein als Erklärung der Welt macht logisch gesehen deutlich mehr Sinn. Es ist einfach und schlüssig. Die Welt ist dann die Kulisse, in der sich das einzelne Bewusstsein entwickeln kann (oder präziser gesagt: zunehmend manifestieren kann). Sie bekommt einen Sinn, indem sie die Entwicklung dieses Bewusstseins hin zu der Vervollkommnung ermöglicht. Das Problem ist nur, dass diese Wahrheit der Meinung unserer Wissenschaft widerspricht. Das soll aber das Problem der Wissenschaft sein.

Wie du säest, so wirst du ernten

Der Mensch hat einen freien Willen. Er benutzt ihn meistens leider wie der Fisch, der um einen Köder schwimmt: Er schaut sich das Häppchen an, riecht daran und schnappt zu. Alles, was folgt, kommt, wie es kommen muss.

Naturgemäß bringt der freie Wille Verantwortung mit sich. Freier Wille und Verantwortung sind zwei Seiten einer Medaille. Wir versuchen sie aber trotzdem zu trennen. Wir nutzen den freien Willen, um uns Vorteile über andere zu verschaffen oder unseren Lüsten zu frönen, übernehmen aber die Verantwortung aus unseren Taten, Worten und Gedanken nicht. Wenn es niemand gehört und gesehen hat, denken wir: „Glück gehabt", und vergessen es schnell. Nichts aber geht verloren in den Tiefen unseres Geistes. Alles muss dort irgendwann ins Gleichgewicht gebracht werden. Die Hindus nennen dieses Naturgesetz das Gesetz des Karmas.

Alles, was wir tun, auch nur in Gedanken, also auch jeder starke Wunsch, wird früher oder später Früchte tragen; wenn nicht in diesem

Leben, dann weiter auf unserem Weg. Jeder ist seines Unglücks Schmied. Das Ursache-Wirkung-Prinzip gilt auch hier uneingeschränkt. Allerdings begleichen unsere guten Taten nicht die schlechten. Die Schöpfung ist kein Handelsplatz. Was wir tun, wird erst dann ausgeglichen, wenn es Früchte getragen hat. Daraus folgt aber auch, dass alles, was wir Gutes tun (also Mitgefühl und Dienst einerseits und unser Wachsen im Geiste und Bewusstsein andererseits), sich auf einem getrennten „Konto" ansammelt. Nichts davon geht verloren. Es unterstützt das Erreichen unserer Bestimmung. Die Welt ist nicht nur kausal, sie ist auch fair.

Das Universum ist verlorenes Gleichgewicht. Aus der allerersten Dynamik entstanden unzählige andere Dynamiken, aus denen wiederum weitere Dynamiken hervorgingen. Man nennt diesen Prozess Evolution. Jede nachfolgende Dynamik in diesem Prozess ist komplexer, kraftvoller und oft subtiler. So auch ihr Wirken in der Welt, ihre Folgen. Am Ende dieser Kette steht (vorläufig) der Homo sapiens. Sein freier Wille ist die mächtigste Dynamik, die die Welt kennt (wenigstens soweit wir sie überblicken können). Er kann willentlich die Welt verändern, sogar den Prozess der Evolution beeinflussen. Nur – je größer die Macht, umso größer die Wirkung. Heute löscht der freie Wille des Menschen ganze Städte und ganze Ökosysteme aus. Ein Defekt im System? Ein Fehler in der Schöpfung? Nein. Das größte Resultat kann nur mit den größten Mitteln erreicht werden. Wir müssen mit diesem Risiko leben. Wir können daran wachsen. Wir müssen wachsen, um zum Gleichgewicht, zum Frieden, zur Harmonie zu gelangen. Der Weg, der uns zum Ziel bringen wird, führt nach innen. Eine Zivilisation, die auf vielen Gleichgewichten aufgebaut ist, wird automatisch nachhaltig. Sie ist eine Schönheit.

Die Seele

The soul plus ignorance is the individual. And individual minus ignorance is the soul.

Paramahamsa Prajnanananda

Die Bezeichnung Seele hat in unserem Kulturkreis keine eindeutige Bedeutung und wird im Grunde genommen als Spekulation gesehen. Für einen weit fortgeschrittenen Yogi ist sie allerdings wahrnehmbare Realität, ungleich intensiver wahrnehmbar als das, zu dem ihm seine Sinnesorgane Zugang gewähren.

Die einfachste Definition der Seele ist die: Es ist das, was sich im Menschen im Laufe seines ganzen Lebens nicht verändert. Wir sehen sie nicht, weil wir uns mit unserem Bewusstsein von der Welt der Objekte nicht loslösen können. Sie kann dort nicht gefunden werden, weil sie das Subjekt ist. Sie ist ein „Teil" des unteilbaren Reinen Bewusstseins, einer allesumfassenden „Energie", die wir mit unseren Instrumenten nie werden messen können, die aber mit dem Denk- und Empfindungsorgan erfahrbar ist. Dafür muss es allerdings „gesäubert", „poliert" sein und still werden. Still wird es, wenn wir seinen Fluss der Gedanken, Emotionen und Gefühle anhalten. Das kann man durch tiefe Meditation oder vertieftes, lang anhaltendes Innehalten im Gebet erreichen. Mit dem „Säubern" ist ein Prozess der geistigen Entwicklung gemeint. Er wird durch strikt moralische Lebensführung, Selbsterkundung (also die ständige, kritische Beobachtung der Gedanken und Emotionen einerseits und das Erkennen der Illusionen, denen man unterliegt, andererseits) und Selbstdisziplin (vor allem die Herrschaft über die Sinne und das innere Loslassen der Menschen, Dinge und Wünsche) in Gang gehalten. Beides zusammen genommen definiert Yoga.

Die Seele ist kein Teil des menschlichen Geistes – sie „bewohnt" und „beleuchtet" ihn. Sie ist das eigentliche Selbst des Menschen, die Beobachterin seiner Gedanken, Träume, die Zeugin seiner Entwicklung. Sie kann sich also genau genommen nicht entwickeln, weil sie bereits perfekt ist – als wir über die Entfaltung der Seele sprachen, war dies bildlich gemeint. Unsere innere Entwicklung ist damit ein Weg unseres Bewusstseins: von grob zu fein zu durchscheinend.

Die Seele übt auf das Materielle in uns eine Anziehungskraft aus. Die Energie, mit der die Organe des Geistes (die eine sehr feine Form des Materiellen sind) arbeiten, ist dieser Anziehungskraft besonders stark ausgesetzt. Der Weg führt also von den groben Emotionen und Begierden über die beleuchtete Bühne des Verstandes zum Reinen Bewusstsein; anders gesagt: von der Dunkelheit der Materie zum reinen Licht der Seele.

In unserem Kulturkreis sind uns nur wenige Beispiele von Menschen bekannt, die diese direkte Erfahrung der Seele hatten. Das macht es uns einfach zu sagen, dass sie etwas Subjektives erlebten, was als Gegensatz zur Wahrheit verstanden wird. Swami Vivekananda, der erste vollendete Yogi, der den Westen bereiste, verglich dieses unser Problem mit jemandem, der zu einem berühmten Chemiker kommt und erklärt, dass er an die Chemie nicht glaubt. Er habe sein ganzes Leben versucht, ein Chemiker zu werden und es sei ihm nicht gelungen. „Was hast du denn gemacht?", fragt der Wissenschaftler. „Jeden Tag, bevor ich ins Bett ging, betete ich: O Chemie, komm zu mir! Sie kam aber nie, deswegen glaube ich nicht daran." Der Chemiker lacht herzhaft und erwidert: „Das ist nicht der richtige Weg. Warum kommst du nicht ins Labor, nimmst alle die Säuren und Laugensalze und verbrennst dir ab und zu die Hände damit?"

Bei der Betrachtung der vier Organe des Geistes haben wir den Willen und die höheren Gefühle, wie das Mitgefühl, ausgeklammert. Ebenso die reine Liebe. Jetzt können wir es nachholen. Das Denk- und Empfindungsorgan, wenn gesäubert und poliert, kann das Licht der Seele reflektieren. Die höheren Gefühle sind eine solche Reflexion. Das Gewissen ist eine solche Reflexion. Ihre Quelle liegt außerhalb des Körpers und damit seiner geistigen Organe. Der Wille seinerseits ist eine besondere geistige Energie, die sich im Denk- und Empfindungsorgan unter dem Einfluss des Verstandes manifestieren kann. Je nachdem, wofür sie angewandt wird, kann sie dunkle Begierden oder aber reinste Lichtreflexionen verstärken. Ein Aspekt dieser Energie ist die Konzentration, die das notwendige Mittel bei jedem effektiven Gebrauch des Verstandes, beim Erlangen von jeglichem Wissen, bei jeder sinnvollen Nutzung unserer Sinnesorgane und jedem zielführenden Handeln ist. Benutzen wir diese Energie im Licht des Verstandes und im Licht der Seele, erschaffen wir etwas. Überlassen wir sie dem Denk- und Empfindungsorgan, verwendet es sie für seine willkürlichen, destruktiven Spiele und verstärkt unsere Ignoranz. Unser Verstand und die Energie des Willens machen also den Unterschied zwischen Entwicklung und Zerstörung – in der Innen- wie in der Außenwelt. Unser Ziel soll damit sein, den Willen immer als ein Instrument des Verstandes zu benutzen.

Und die reine Liebe, die keine Erwartungen hegt und alles umfasst? Sie ist wie eine lichtdurchdrungene Allee, die uns durch die breiten Wiesen des Verstandes gen Sonne der Seele führt. Sie ist aus einem gänzlich andersartigen Stoff als die ambivalenten Gefühle des Denk- und Empfindungsorgans. Sie markiert den kürzesten Weg zur menschlichen Vervollkommnung, zur Erfüllung des Zwecks unseres Lebens.

Wer wir sind in Wirklichkeit?

Die Schöpfung ist ein Tanz des Bewusstseins.
Paramahamsa Hariharananda

Das letztendliche Ziel unserer Entwicklung, der Gipfel des Menschseins ist die direkte, anhaltende Erfahrung der Seele. Derselbe Swami Vivekananda, der nie ein Blatt vor den Mund nahm, bezeichnete dieses Ziel als „etwas hinter dieser Welt der Sinne, hinter dem endlosen Essen und Trinken, unsinnigen Gesprächen, hinter der Welt der trügerischen Schatten und des Egoismus".

Hinter dem Schleier der Illusion, dem Diktat der Sinne, der Verwirrung unseres Denk- und Empfindungsorgans und dem Rausch des Egos sind wir pures Bewusstsein. Dieses Bewusstsein, das wir Seele nennen, steht hinter dem Vorhang unserer Illusion und wartet auf uns. Wir spüren diese Anwesenheit auch, wenn wir sie vielleicht mit unserem Verstand ablehnen. Dieses Spüren, diese Kluft zwischen dem, wie wir uns selbst begreifen und der letztendlichen Wirklichkeit hinter dem Schleier, übt eine ständige, unterschwellige Anziehung auf uns aus. Diese Anziehungskraft nennen wir Gott.

Das Reine Bewusstsein kann nicht mit den Sinnesorganen erfasst werden, weil es kein Objekt ist. Deswegen wird es für unsere Wissenschaft für immer verborgen bleiben – sie untersucht ausschließlich die Welt der Objekte. Unsere Wissenschaftler betrachten das Denken und Wahrnehmen als das Subjekt. In Wirklichkeit ist das Reine Bewusstsein das eigentliche Subjekt, das hinter den Organen der Sinne und des Geistes die Wahrnehmung und das Handeln des Menschen ermöglicht. Eine Wissenschaft, wenn sie die Richtung ihrer Untersuchung ändert und zum Subjekt schaut, wird zur Philosophie und, wenn in die Praxis umgesetzt, zum Yoga. Sie bedient sich dann der Introspektion, Konzentration und Meditation.

Das Weltbild, das wir beim Schreiben dieses Buches vor Augen hatten, könnte man dem heute vorherrschenden wie folgt gegenüberstellen.

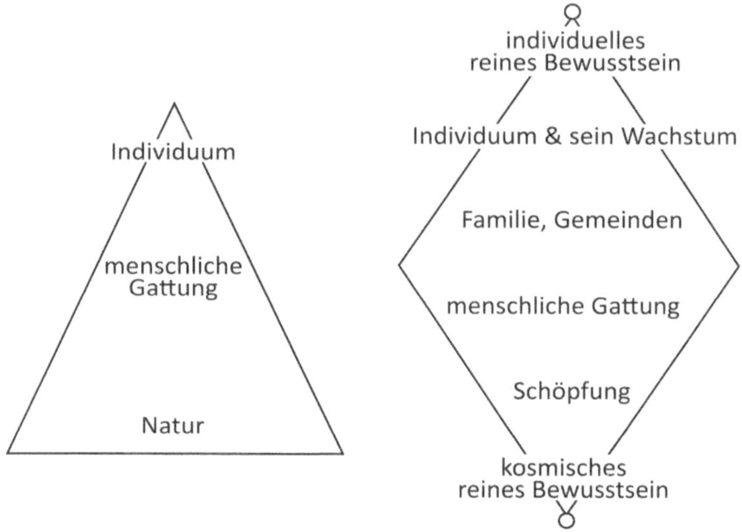

Nicht nur der Mensch, die ganze Schöpfung ist ein Schleier aus Materie und Energie um die allerfeinste Energie des Reinen Bewusstseins. Unsere Evolution ist also gewissermaßen eine sehr lange Entwicklung vom Reinen Bewusstsein zu diesem selben Bewusstsein zurück.

Das bedeutet aber, dass wir uns im Prinzip von dem, was wir Gott nennen, nicht unterscheiden. Was uns von Gott trennt, ist nur der Schleier, die Verpackung aus Geist und Körper, also letztendlich unsere Ignoranz. Das Einzigartige an dem Menschen ist, dass er mit besonderen Fähigkeiten ausgestattet ist, die ihn dazu befähigen, diese Ignoranz zu überwinden. Dies erfordert eine enorme Anstrengung, ist aber das eigentliche Ziel unserer Reise. Wir bemühen uns zwar nach Kräften, Umwege zu gehen, aber irgendwann werden wir alle die Einsicht des letztendlichen Zieles erlangen. Das Glück, zu dem man dann Zugang bekommt, lässt das Glück aus allen Umwegen verpuffen.

Evolution

Die Schöpfung besteht aus Identitäten und den Beziehungen zwischen ihnen – anders gesagt aus Systemen. Sie ist eine schier unendliche Verschachtelung von Zugehörigkeiten. Systeme sind Interaktionen von Identitäten, die selbst zu einer Identität werden. Die Entstehung der

Systeme, die Integration (das Zusammenkommen von Individuen, also die Tendenz, sich miteinander zu verbinden) ist kein Zufall, sondern ein fundamentales Gesetz der Schöpfung. Sie ist eine Folge der Fähigkeit der Systeme, Information zu speichern – dadurch erhöht sich ihre Komplexität automatisch. Sie ist einer der wichtigsten Gründe, warum trotz Entropie alles in der Welt entstehen konnte. Das Resultat sind immer komplexere Systeme, die immer feinere Strukturen bilden. In diesem Buch haben wir diese Gesetzmäßigkeit Evolution genannt.

Die immer feineren Strukturen weisen immer feinere Energien auf, bis die allerfeinste Energie des Reinen Bewusstseins erreicht wird. Bewusstsein ist die allem zugrunde liegende Substanz. Wenn man die Materie gedanklich (aber auch in physikalischen Experimenten) in immer simplere Partikel zerlegt, bewegt man sich hin zu immer feineren Schwingungen, also Energien. Am Ende dieser Kette befindet sich das Reine Bewusstsein, der Stoff des Universums. Zum gleichen Ergebnis kommt man, wenn man die Verschachtelung der Systeme in die entgegengesetzte Richtung verfolgt, also hin zu immer komplexeren Individuen, von der Materie hin zum Geist und zum Bewusstsein.

Die Schöpfung entspringt einer Einheit und mündet in dieser Einheit. Die Vielfalt ist aus der Einheit entstanden und führt mit der Zeit auf einer anderen Ebene zur Einheit zurück. Diese End-Einheit wird allerdings nicht von allen Systemen auf einmal erreicht. Sie ist das Ergebnis der Evolution einzelner Systeme, also einzelner Individuen. Man erreicht das Ziel als Individuum, nicht als das Universum, die Menschheit oder als Gesellschaft. Diese Erkenntnis ist der größte, der unschätzbare Beitrag der hinduistischen Philosophie zum menschlichen Verständnis der Welt.

Das Universum, und damit auch die Erde, unterliegt also einer Evolution. Ihre notwendige Bedingung liegt in der Fähigkeit der Materie, des Lebens und des Bewusstseins, Information zu speichern. Diese Fähigkeit erweitert sich mit der wachsenden Komplexität – die Evolution beschleunigt sich. Diese Bedingung ist aber nicht hinreichend. Wenn man das Leben betrachtet, beschreibt die darwinsche Theorie nur den ersten Aspekt dieser Entwicklung (genauer gesagt einen Teil davon, weil sie keine qualitativen Sprünge zulässt, die den Großteil der Entwicklung jedes komplexen Systems ausmachen). Wir wollen sie die horizontale Evolution nennen. Die hinreichende Bedingung der Entwicklung der Systeme ist immateriell – sie liegt im Zweck. Jedes System hat einen Zweck. So auch das gesamte Universum. Daraus folgt eine andere Evolution, die in jedem Individuum stattfindet und die ebenfalls über verschiedene, immer komplexere Lebensformen verläuft und schließlich zum Reinen Bewusstsein führt. Wir wollen sie die vertikale Evolution nennen. Die beiden Entwicklungen verlaufen parallel, auch wenn die horizontale die vertikale Evolution erst ermöglicht. Die letzte, die entscheidende Phase der vertikalen Evolution findet im Geist und im Herzen des Menschen statt. Jede und jeder von uns kann sie direkt und ganz konkret beeinflussen. Auch als Gesellschaft können wir die einzelnen Menschen bei ihrer Entwicklung unterstützen.

Um das Verständnis des Menschen zu erlangen, führt uns die Betrachtung der vertikalen Evolution ungleich weiter, als das Studieren der darwinischen Evolution. Sogar das Verständnis des Lebens können wir nur durch die Betrachtung des Wunders der Entwicklung zweier Zellen zu einem erwachsenen Menschen erlangen. Die Wunder von Sokrates, Franz von Assisi oder Gandhi erschließen sich uns nur im Kontext der Evolution des Bewusstseins.

Die horizontale und die vertikale Evolution sind in Wirklichkeit zwei Aspekte derselben Kraft. Die erfolgreiche Entwicklung zum Reinen Bewusstsein kann nur im Individuum erfolgen und ist das Ergebnis seiner eigenen Anstrengung.

Unter der oberflächlichen Strömung des Geistes mit seinen Gedanken, Emotionen und Gefühlen fließt der Strom der Reinen Liebe. Der Weg des Menschen zu seinem Selbst führt über diesen Fluss, über das gereinigte menschliche Herz. Dieser Fluss trägt uns zum Ozean der Erfüllung, zu unserem eigentlichen Ziel.

Die hinduistische Perspektive

Die Gesamtsumme aller Liebe ist Gott.
Swami Vivekananda

Die Schöpfung ist eine Einheit. Sie hat einen materiellen und einen geistigen Aspekt: Den ersten erfassen wir mit unseren Sinnesorganen, den zweiten mit unserem Geist. Dahinter befindet sich Reines Bewusstsein, reines Sein, was wir mit unserem gereinigten Geist direkt wahrnehmen können. Was man von der Schöpfung wahrnimmt, hängt also von dem Instrument ab, das man für diese Wahrnehmung benutzt.

Swami Vivekananda hat dies bereits vor über hundert Jahren in der für uns Westlern verständlichen Art und Weise und in vollendeter Form gesagt. Wir haben einige Auszüge aus seinen Reden, die 1986 unter dem Titel „Vedanta – Voice of Freedom" in New York in Buchform erschienen sind, für den Zweck dieses Buches ausgewählt und ins Deutsche übersetzt.

„Dann erschien Shankaracharya und belebte noch einmal die Philosophie des Vedanta wieder. Er machte sie zu einer rationalistischen Philosophie. Die Ausführungen in den Upanischaden sind oft unverständlich. Buddha betonte die moralische Seite der Philosophie des Vedanta und Shankaracharya die intellektuelle. Er erarbeitete, rationalisierte und übergab der Menschheit das wunderbare, kohärente System des Advaita.

In Europa herrscht heute der Materialismus. Man kann zwar für die Erlösung der modernen Skeptiker beten, sie geben aber nicht nach. Sie schwören auf die Vernunft. Die Erlösung von Europa hängt von einer rationalistischen Form der Religion ab und Advaita (Nichtdualität, Einheit, das Konzept eines nicht persönlichen Gottes) ist die einzige Religion, die bei Intellektuellen Zustimmung finden kann. Sie kommt auf, wann immer die Religion zu verschwinden scheint, und das ist der Grund, warum sie jetzt in Europa und in Amerika Fuß fasst.

In den altertümlichen Upanischaden finden wir erhabene Poesie. Ihre Autoren waren Dichter. Platon sagt, dass die Inspiration den Weg zu Menschen durch die Poesie findet, und es scheint, dass diese uralten Rishis, die Seher der Wahrheit, über den Rest der Menschheit aufstiegen, um uns diese Wahrheit durch Dichtung mitzuteilen. Sie predigten nicht noch philosophierten sie; aus ihren Herzen kam Musik. In Buddha bekamen wir ein großes, universales Herz und unendliche Geduld – er machte Religion praktisch und brachte sie an jede Haustür. In Shankaracharya sahen wir gewaltige intellektuelle Kraft, die auf alles das grelle Licht der Vernunft warf. Heute brauchen wir die strahlende Sonne des Geistes verbunden mit dem Herz Buddhas, dem wunderschönen, grenzenlosen Herz der Liebe und Barmherzigkeit. Diese Vereinigung wird uns die höchste Philosophie geben. Die Wissenschaft und die Religion werden sich treffen und sich die Hand geben. Die Poesie und die Philosophie werden Freunde. Das wird die Religion der Zukunft und wenn sie ihre Gestalt angenommen hat, bleibt sie für alle Zeiten und alle Menschen.

Dieser Weg wird sich als tragbar für die moderne Wissenschaft erweisen, weil er sich ihr nähert. Wenn Naturwissenschaftler behaupten, dass alles Manifestation einer Urenergie sei, erinnert uns das nicht an den formlosen Gott, den uns die Upanischaden beschreiben? ‚So wie ein Feuer in das Universum eingeht, um sich in verschiedenen Formen zu manifestieren, so auch die eine Seele äußert sich in jeder einzelnen Seele; und trotzdem ist sie darüber hinaus unendlich mehr.' (Katha Upanishad, 2.2.9) Sehen Sie nicht, wo sich die Wissenschaft hinbewegt? Die Hindus studierten die Organe des Geistes, die Metaphysik und die Logik. Die westlichen Nationen begannen mit der externen Natur, kommen aber zu denselben Ergebnissen. Wir sahen, dass wir durch die Erforschung der Organe des Geistes zum Schluss zu der Großen Einheit, zu dem universalen Einem, der allem innewohnenden Seele, dem letztendlichen Wesen und der Realität von allem kamen; dem Immer-Freien, Immer-Glückseligen, Immer-Existierenden. Durch die Erforschung der Materie steuern wir auf dieselbe Einheit zu."

Das Beste aus West und Ost

> *I must know the heart of this life, its essence, what it is – not merely how it works and what are its manifestations. I want the Why of everything. I leave the How to children.*
>
> *Swami Vivekananda*

Wir zitieren weiterhin Swami Vivekananda: „Wann immer unsere Welt einer Korrektur bedarf, sei es wegen Wachstum, sei es wegen geänderter Umstände, eine Kraftwelle kommt. So wie der Mensch auf zwei Ebenen aktiv ist, der spirituellen und der materiellen, wirkt diese Kraft auf beiden. Auf der materiellen Ebene dieser Korrektur nimmt gegenwärtig Europa den vordersten Platz. Auf der spirituellen hat und hatte ihn schon immer Asien. Gerade heute, wenn der Materialismus auf dem Höhepunkt seines Ruhms und seiner Macht steht, wenn Menschen sich aufgemacht haben, ihr göttliches Wesen durch die wachsende Abhängigkeit von der Materie zu vergessen und sich in geldmachende Maschinen zu verwandeln, ist eine Korrektur notwendig. Und tatsächlich ist eine Stimme erklungen. Eine Kraft steigt auf, um die Wolken des Materialismus zu vertreiben; eine Kraft, die, einmal in Bewegung gesetzt, die Erinnerung der Menschheit an ihr wahres Wesen zurückbringen wird. Auch diesmal hat sie in Asien ihren Ursprung.

Unsere Welt ist durch Aufgabenteilung gekennzeichnet. Ein Einziger kann nicht alles kennen. Dennoch, wie kindisch wir sind! Ein Kind denkt in seiner Ignoranz, dass eine Puppe der einzige begehrenswerte Besitz in diesem Universum ist. So auch eine Nation, die reich an materiellem Besitz ist, denkt, dass sie alles Begehrenswerte erreicht hat, dass sie alles verkörpert, was man unter Fortschritt und Zivilisation versteht. Diese Nation sieht vielleicht eine andere Nation, die sich nicht für den materiellen Besitz interessiert, als nicht überlebensfähig und nutzlos. Diese andere Nation kann wiederum denken, dass die materiell orientierte Nation völlig nutzlos ist. Aus dem Orient kam einmal die Stimme, dass, wenn der Mensch alles unter der Sonne besitze, aber die Spiritualität nicht habe, er davon keinen Nutzen ziehen wird. Das ist die orientalische Sicht. Die erste ist die okzidentale Sicht.

Jede dieser Sichten hat ihre Größe und ihre Würde. Die gegenwärtige Korrektur wird eine Harmonisierung, eine Vermengung dieser beiden Ideale bringen. Für den Orientalen ist die Welt der Seele genauso real wie die Welt der Sinne für den Okzidentalen. Der Erste findet in der Spiritualität alles, was er sich erhofft. Für den Okzidentalen ist er ein Träumer. Für den Orientalen ist der Westler ein Träumer, der mit vergänglichem Spielzeug spielt: Er lacht darüber, dass erwachsene Männer und Frauen sich so viel aus einer Handvoll Materie machen, die sie früher oder später zurücklassen müssen. Jeder nennt den anderen einen Träumer. Das Ideal des Orientalen ist für den Fortschritt der menschlichen Rasse genauso wichtig wie das des Okzidentalen; ich denke sogar, dass es wichtiger ist. Geräte haben den Menschen noch nie glücklich gemacht und werden es auch nie. Diejenigen, die uns das glauben lassen, sehen das Glück in den Geräten. Das Glück wohnt in unserem Geist. Nur derjenige kann glücklich sein, der Herr über seine Organe des Geistes ist, sonst niemand.

Welche Macht soll in den Geräten stecken? Warum soll man jemanden, der Elektrizität durch ein Kabel senden kann, als einen großen und besonders intelligenten Menschen bezeichnen? Macht die Natur das nicht in jedem Augenblick Millionen Male? Warum also nicht auf die Knie niederlassen und die Natur anbeten? Was nutzt es, wenn du die Macht über die ganze Welt, über jedes seiner Atome erlangst? Es wird dich nicht glücklich machen, wenn du die Kraft des Glücks nicht in dir hast, wenn du dich selbst nicht bezwungen hast. Es ist wahr, dass der Mensch dafür geboren ist, die Natur zu bezwingen. Der Westler meint damit die externe, physische Natur. Ja, sie ist majestätisch, mit ihren Bergen, Ozeanen und Flüssen, mit ihrer unendlichen Energie und Mannigfaltigkeit. Dennoch gibt es eine noch majestätischere innere Natur im Menschen, größer als die Sonne, der Mond und die Sterne, größer als unsere Erde, als das physische Universum. Sie übersteigt dieses unseres kleine Leben und bietet ein andersartiges Forschungsfeld. Auf diesem Feld tun sich die Orientalen hervor, so wie die Westler auf dem materiellen Feld hervortreten. Deswegen ist es verständlich, dass eine spirituelle Korrektur, wenn sie gebraucht wird, aus dem Orient kommt. Ebenso ist es verständlich, dass der Orientale, möchte er etwas über Geräte erfahren, er sich zu Füßen des Westlers setzt und von ihm lernt. Wenn der Westler aber etwas über das Reine Bewusstsein, über Gott, über die Seele erfahren will, muss er sich zu Füßen des Orientalen setzen und von ihm lernen."

Moral

Gott spricht durch das Herz. Durch den Intellekt sprichst du.
Swami Vivekananda

Das Handeln der meisten von uns wird zum überwiegenden Teil vom Ich-Bewusstsein und von Emotionen gesteuert. So auch unsere Entscheidungen; also auch die Kriterien, nach denen wir entscheiden, die Moral. Gut ist das, was mir dient. Was den Meinen hilft, ist richtiger als das, was den anderen, den Fremden wohltut. Meine Gefühle rechtfertigen mein Handeln. Wenn ich beispielsweise verliebt bin, erlaube ich mir vielleicht etwas zu tun, was davor mit meinem Gewissen nicht vereinbar war. Bei moralischen Entscheidungen auf dieser Ebene kann das Ego sein volles Instrumentarium ausbreiten: den Stolz, die Einbildung, Erwartungen, Gier… Diese Art Moral ist ein Teil unserer Kultur und der Boden ihres Individualismus und Egozentrismus.

Unsere Kultur bietet aber auch eine Ebene der Moral, die im Verstand begründet ist. Wenn wir bei der Entscheidung, was richtig und was falsch ist, allein unserer Vernunft folgen, wenn wir dabei versuchen, objektiv und selbstkritisch zu sein, führt uns unsere Moral in derselben Situation meistens zu anderen Schlüssen. Wir erkennen die Rechte anderer, sogar der Natur. Wir kommen zu der Folgerung, dass das Recht vieler dem Recht eines Einzelnen vorzuziehen ist, dass man beim Streben nach dem eigenen Vorteil nicht zerstören darf, dass ein Mensch nicht mehr natürliche Rechte hat, nur weil er in einem bestimmten Land oder in einer bestimmten Familie geboren ist. Die in diesem Buch postulierten Tests und die Haltung, sie bei gesellschaftlichen Entscheidungen konsequent benutzen zu wollen, sind auf dieser moralischen Ebene beheimatet.

So wie der Mensch drei Ebenen seiner Menschlichkeit besitzt (zuerst das Denk- und Empfindungsorgan und das Ich-Bewusstsein, dann den Verstand und zuletzt die Seele), so gibt es auch drei Ebenen, auf denen man die Moral begründen kann. Die dritte ist die Ebene der Seele, der absoluten Wahrheit, des reinen Lichts der Liebe. Von hier stammt das Gefühl und die Überzeugung, dass jedes menschliche Leben gleich wertvoll ist, dass jedes Leben im Universum seinen Platz und sein Recht besitzt. Hier nehmen Mitgefühl, Demut, die innere Einstellung, den anderen Gutes tun zu wollen, ihren Ursprung. Wenn wir der Herr oder die Herrin über unsere Emotionen sind, wenn wir unser Überlegen, unseren Geist zur Ruhe bringen, hören wir die unverfälschte Stimme unseres Gewissens. Das Gewissen reflektiert die absolute Güte und Wahrheit der Seele. Diese Ebene ist unsere wahre Natur. Sie kommt automatisch zum Vorschein, wenn wir die Organe des Geistes zum Schweigen bringen.

Wenn man die dritte Ebene der Moral nicht anerkennen möchte, ist das völlig in Ordnung, weil für die gesellschaftlichen Entscheidungen die Ebene des ungestörten Verstandes sowieso die richtige ist. In dem Rahmen unserer eigenen Menschlichkeit, auf dem Weg unserer individuellen Entwicklung, ist die absolute, die transzendentale Ebene allerdings das leitende Prinzip und das Ziel. Wenn wir wachsen wollen, müssen wir uns auf das Licht der Sonne öffnen. Das Gute in uns wird dann so selbstverständlich wie der Frühling.

In der altindischen Philosophie gibt es ein wunderschönes Konzept des Dharma. In seinem Kern bedeutet Dharma Verantwortung für sein eigenes Leben, für die Familie, die Gemeinde und die Gesellschaft, für die Lebensumgebung und die Natur. Aus dieser Verantwortung resultieren moralisch richtiges Handeln, Selbstdisziplin und Pflichtbewusstsein. Weil wir freien Willen besitzen, erwachsen aus unseren Entscheidungen Pflichten. Dharma bedeutet, diese Pflichten anzuerkennen. Dharma ist eine Einstellung zum eigenen Leben und zum Zusammenleben in der Gesellschaft, aus der ein zielgerichtetes Leben resultiert, das auf Prinzipien aufbaut. Diese Einstellung erwächst nicht aus Verboten oder äußeren Regeln, sondern aus einer autonomen Entscheidung des Menschen, der ein gutes, ein fruchtbares Leben zu führen versucht. Menschen, die dem inneren Ruf nach Verantwortung und Güte folgen, führen aus eigenem Antrieb ein rechtschaffenes Leben. Bei den übrigen muss die Gesellschaft ein Mindestmaß an gerechtem Verhalten durchsetzen. In der Summe führt Dharma deswegen zum friedlichen, gerechten Miteinander und zu einer starken, reifen Kultur.

Der so verstandene Dharma ist das Gegenteil des Egoismus. Er kann synonym zur praktischen Spiritualität verwendet werden und führt zur Entwicklung des Menschen in seiner Menschlichkeit. Shri Ramakrishna sagte einmal: „Erfülle deine Pflichten mit einer Hand und halte dich mit der anderen Hand an Gott. Nachdem die Pflichten zu Ende sind, halte dich an Gott mit beiden Händen." Die Erfüllung unserer Pflichten ist Dharma. Wir können dabei immer versuchen, eine Hand frei zu halten: Unser Weg wird einfacher, wenn wir uns von dem Ortskundigen an ihr führen lassen.

Warum?

Gott hat dich mit einem bestimmten Zweck geschaffen. Weißt du, was es ist?

Paramahamsa Hariharananda

An dieser Frage ist die Religion im Westen gescheitert. Wenn man die Welt verstehen möchte, muss man die Frage beantworten. Warum gibt es Leid, warum das Böse, warum Ungerechtigkeit, warum Krankheit und Tod? Auf diese Fragen hatten wir im Westen nie eine Antwort gefunden. Deswegen wurden wir zu Materialisten, zu Hedonisten, manche sogar zu Zynikern. Der Grund war, dass wir immer zwei grundsätzliche Fehler im Denken machten: Wir dachten linear und wir dachten egozentrisch.

Das lineare Denken führt in die Falle des Extrapolierens: Wenn wir weiter oder größer denken, verlängern oder vergrößern wir einfach alle Elemente unseres Gedankenkonstrukts. Daraus wurde ein Gott (in einer patriarchalischen Gesellschaft unhinterfragt ein Mann), der wie wir ist, nur größer, mächtiger, besser, weiser… Und wie sieht die ideale Welt aus? Wir denken uns eine Welt aus, die uns am angenehmsten wäre, und verlängern sie in die Ewigkeit: Die Folge sind Millionen von angeblich idealen Welten. Weil beide Annahmen von Grund auf falsch und unlogisch sind, mussten sie zu falschen und unlogischen Antworten führen. Deswegen wandten wir uns den logischen Antworten der Naturwissenschaften und des Geldes zu und wurden zu Materialisten und Hedonisten.

Gott ist aber kein besserer Mensch, sondern eine grundsätzlich andere Realität, eine andere Qualität dessen, was existiert. Es (Gott) steuert die

Welt nicht. Es ist die Ursache der Regeln, die die Schöpfung begründen. Die Schöpfung ist nicht in erster Linie Materie und Energie. Sie ist vor allem ein Regelwerk – eine Idee; wenn Sie so wollen, ein Gedanke Gottes. Wir fragen nach Beweisen und Gott antwortet mit einem sanften Lächeln im Gesicht: Schaut euch doch in meiner Schöpfung um. Ist eure Mathematik euch nicht Beweis genug? Spricht das Leben nicht für sich? Könnt ihr Liebe anders erklären? Um allerdings die objektive Realität zu sehen, müsst ihr aus der Subjektivität eures Ich-Bewusstseins herauswachsen. Um die objektive Wahrheit zu untersuchen, müsst ihr euer Bewusstsein von den Objekten der Sinnesorgane zurückziehen. Man kann die Radiowellen nicht mit einem Hammer abklopfen. Man kann das Ökosystem nicht dadurch begreifen, dass man einen Fisch verspeist.

Das Ziel der Schöpfung ist nicht, die Wünsche von Susanne Meier oder von Donald Trump (Gott bewahre!) zu erfüllen, sondern sie aus der Gefangenschaft ihres Geistes, ihres Egos, ihrer Begehrlichkeiten, ihrer fixen Ideen, ihrer Ignoranz in die Freiheit des Reinen Bewusstseins zu führen. Wenn uns etwas in unserem Leben widerfährt, ist das die Wirkung unserer eigenen Handlungen, unseres eigenen Denkens und Wollens in der Vergangenheit. Außerdem ist es eine neue Gelegenheit, ein Stück Wahrheit zu erkennen, einen Schritt nach vorne zu machen. Dass das meistens das genaue Gegenteil dessen ist, was wir uns wünschen, liegt auf der Hand: Schließlich muss es uns gegen die Sturheit unseres Ich-Bewusstseins und durch die Betonwand seiner Erwartungen führen.

Was ist also die Antwort auf die Frage „Warum"? Die Welt ist kein Mittel, um unseren Körper oder unseren Geist zu befriedigen, sondern unsere Seele.

Die Welt ist schwer zu verstehen und zu akzeptieren nur, wenn wir ihr mit unserem Denken und Fühlen, mit den Organen des Geistes begegnen. Diese bringen einfach die Widersprüche und die Komplexität mit sich. Die Schöpfung kann man wirklich verstehen nur mit der Liebe. Sie ist das einzige Hilfsmittel, das groß genug ist, um sie zu erfassen. Der Wahrheit, Gott, kann man sich nur mit dem Herzen nähern, wenn es breit wie ein Ozean wird.

Die Welt ist zusätzlich schwer zu begreifen, weil sie nicht fertig ist. Wenn wir ihr mit der Erwartung der Perfektion begegnen, müssen wir enttäuscht werden. Wenn Sie eine Baustelle betreten, werden Sie auch

Schmutz und Unordnung vorfinden. Es ist wirklichkeitsfremd etwas anderes zu erwarten, utopisch. Wenn man nur auf das angehäufte Baumaterial schaut, wird man nie den Plan des Gebäudes erkennen. Unser Leben, was wir tun, ist ein Teil des Schöpfungsprozesses. Die Antwort liegt nicht dort, wo wir sie suchen. Sie ist in der Reichweite, näher als das. Unser eigenes Bewusstsein ist die Antwort.

Wir haben bereits festgestellt, dass man die Menschen nicht ändern kann. Allerdings kann sich jeder Mensch, wenn er es nur will, selbst, aus eigener Kraft entwickeln. Ich schulde Ihnen noch ein kleines Geheimnis, aber Sie müssen versprechen, es für sich zu behalten …

Man kann die Welt nicht verbessern. Der Grund, warum wir es trotzdem versuchen sollen, ist, dass dies uns selbst besser macht. Das ist die einzige Verbesserung, die diese Welt kennt (von der universalen Evolution mal abgesehen). Dies muss allerdings ein Geheimnis bleiben, weil, wenn wir der Welt und den anderen helfen würden mit dem Ziel, uns selbst etwas Gutes zu tun, wir egoistisch und damit unsere Bemühungen umsonst wären.

Die Welt kann übrigens auch deshalb gar nicht verbessert werden, weil sie bereits perfekt ist. Sie ist perfekt für den Zweck, jeder und jedem von uns Gelegenheiten zu bieten, uns weiterzuentwickeln, also als Mensch zu wachsen.

Auflistung aller Textabschnitte

INDEX

E

F

G